2018年注册会计师全国统一考试

公司战略与风险管理

应试指导

黄静　编著

SPM 南方出版传媒　广东人民出版社
·广州·

图书在版编目（CIP）数据

公司战略与风险管理应试指导 / 黄静　编著. —广州：广东人民出版社，2018.4

ISBN 978-7-218-12658-6

Ⅰ. ①公…　Ⅱ. ①黄…　Ⅲ. ①公司—企业管理—资格考试—自学参考资料　②公司—风险管理—资格考试—自学参考资料　Ⅳ. ①F276.6

中国版本图书馆CIP数据核字（2018）第047473号

Gongsi zhanlüe Yu Fengxian Guanli Yingshi Zhidao

公司战略与风险管理应试指导

黄静　编著

出 版 人：肖风华

责任编辑：严耀峰
封面设计：钱国标
内文设计：奔流文化
责任技编：周　杰　吴彦斌

出版发行：广东人民出版社
地　　址：广州市大沙头四马路10号（邮政编码：510102）
电　　话：（020）83798714（总编室）
传　　真：（020）83780199
网　　址：http://www.gdpph.com
印　　刷：湛江南华印务有限公司
开　　本：787毫米×1092毫米　1/16
印　　张：30.5　　　字　　数：450千
版　　次：2018年4月第1版　2018年4月第1次印刷
定　　价：65.00元

如发现印装质量问题，影响阅读，请与出版社（020-83040176）联系调换。
售书热线：020-83780685

公司战略与风险管理应试指导编委会

主　　编：黄　静

编委会成员：戚纯生　杨善长　荆　晶　刘　丹
储成兵　柳　齐　黄根生　戴怡芳
吴艳丽　王毓震　张秀威　简倩梅
李　含

前 言

时至2018，注册会计师考试（简称CPA）已进行数载，每年一次的CPA考试对于每一个考生来说都是一次洗礼，CPA在会计界被认为是证书的王冠，是会计专业能力的最强背书，相信有理想的您已经在为顺利通关而努力。据中国注册会计师协会公布，2017年，CPA专业阶段考试的报名人数已达115.9万，比2016年增加21.2万人，2018年仍将有约10%的增长，而单科通过率仅在15%左右，每年通过CPA的人数也仅2万左右。为帮助各位考生顺利通过考试，本书编委会根据《2018年注册会计师全国统一考试大纲——专业阶段考试（概述）》的要求，针对性地推出了本套辅导系列丛书。

本套丛书附赠《重点难点随身记》与《历年真题试卷》等，是业内名师的心血之作，对于考点把握、知识梳理、重难点解答及命题规律总结，都有独到之处。

本套书具备如下特点：1．重点突出、讲解细致，每本书都是对考纲和教材内容的高度提炼，对于重难点的讲解尤为细致；2．图表总结简洁明了，对于许多需要记忆与容易混淆的考点，书中都使用图表的方式加以对比总结，让人一目了然；3．导图引领，脉络清晰，书中每章内容都有思维导图，目的是让考生迅速把握本章脉络以及重要知识点；4．题目存疑，官网答疑，考生可以将不懂的例题或习题发布至会计学堂官网https://www.acc5.com/的答疑区，将有专业的老师及时为大家解答；5．重点难点、视频讲解，本套书最具特色之处在于学到重难点内容时，能通过扫一扫学习卡上的二维码观看名师的视频讲解，进一步提高学习效率。

本书编写与出版过程中，尽管编者精益求精，但书中难免出现错漏和不足之处，恳请广大读者批评指正。

辅导资料不在量而在精，做题也必须有个度，我们不提倡题海战术，而在于帮助考生系统掌握知识。我们希望这套“快速通关”辅导丛书能在您的CPA征程上助您拿到通关之匙。

付出终会得到回报。最后，预祝各位考生顺利通过今年的CPA考试！

本书编委会

2018年1月

复习指导

一、考试基本情况

考试时间	2018年10月14日 13:30～15:30
考试形式	机考
题型及分值	单选题1分/题×24题=24分
	多选题1.5分/题×14题=21分
	简答题4题，共30分
	综合题1题，25分

二、命题特点分析

（一）考点全面，重点突出

《公司战略与风险管理》考试涉及的知识点很全面，重点内容也十分突出。比如第二章战略分析中从内部角度与外部角度进行战略分析的一系列模型工具的运用、第三章不同层次战略选择的类型判断以及第七章12项内部控制应用指引需关注的主要风险和内部控制要求与措施等经常成为主观题中的高频考点，考生必须全面掌握这些重点章节。

（二）难度适中，综合性强

本科目在CPA专业阶段六门课程中属于难度不大的一科，且章节不多，学习起来比较容易理解。但需要注意的是，本科目与管理学、经济学等学科有结合的地方，对于没有工作经验的考生来说，理解起来会有一定难度。特别是主观题的综合性很强，跨章节考核，这对考生判断分析能力有一定的要求。

（三）阅读量大，注重应用

本科目的主观题题干阅读信息量很大，而且许多案例都源于实际生活，这就意味着考题的实践性很强，考生应具备战略的眼光并从管理者的角度来思考问题。

三、2018年教材变化情况及章节重要程度

章节	变化内容	重要程度
第一章　战略与战略管理	第二节战略管理概述新增两个知识点：战略管理的内涵以及战略管理的特征。	★★
第二章　战略分析	无实质性变化。	★★★
第三章　战略选择	无实质性变化。	★★★
第四章　战略实施	将原第五节公司治理单独成立一章，在第五节信息技术在战略管理中的作用中新增一个知识点：大数据时代企业战略转型。	★★
第五章　公司治理	将原来第四章战略实施第五节公司治理独立成一章并进行了结构调整和内容扩充，增加了知识点“企业的起源与演进”，将原来的知识点“两大公司治理问题”变为知识点“三大公司治理问题”，即新增知识点“企业与其他利益相关者之间的关系问题”等。	★★
第六章　风险与风险管理	无实质性变化。	★★
第七章　内部控制	将内部控制18项应用删减为12项应用，删除了人力资源、企业文化、研究与开发、业务外包、内部信息传递、信息系统六个知识点。	★★★

四、复习方法

（一）理解为主，搭建框架

本科目基本为文字性内容，需要考生在理解的基础上加以记忆。全书的七章内容脉络清晰、主次分明，即公司战略部分从战略概述、战略分析、选择到实施，风险管理部分包括风险管理与内部控制，考生在学习时应建立一个战略管理的完整框架体系，这样有利于在解答主观题时思路清楚，快速检索答题关键点。

（二）注重应用，提升高度

公司战略问题通常需要站在公司管理者的角度去思考问题，相关考试也越来越贴合实际，因此考生必须学以致用，同时提升自己的视野，站在一个更高的位置去分析问题、解决问题。平时多积累一些实际案例进行思考分析总结，也是一个不错的学习方式。

（三）适量做题，寻找规律

本科目主观题的阅读量较大，许多考生看到大段文字就比较畏惧而不愿做主观题，造成恶性循环，但是如果试着做完几道综合题，迈过这个坎，你会发现万变不离其宗，都是围绕教材高频考点展开，只不过是换了一个场景。对教材内容熟悉，通过适量做题，总结其中的答题规律，自然熟能生巧。

五、考试技巧与注意事项

（一）看清题目，注意反选

单选和多选题经常要求考生选择“不正确”“不属于”“不符合”的选项，对于这些否定字眼，考生一定要非常敏感，因此失分可谓得不偿失。

（二）通读答案，巧用排除

对于能一眼看出答案的选择题，不用浪费时间，直接选出。万一出现记忆模糊，可尝试排除法，提高正确率。

（三）先看问题，标注答案

本科目的主观题阅读量很大，我们不妨先看看问题，带着问题去回文定位，把自己认为关键的点或者能作为答案的文字先进行标记。否则看完一遍还是没有任何印象，又得重新去寻找答案，就浪费宝贵的时间了。

（四）运用复制粘贴，提高速度

简答题与案例分析题的答案经常会需要引用题干中的原文，这时千万记得利用机考的优势，那便是直接进行复制粘贴，这样可大大节约答题时间。

（五）放平心态，战略性选择答题

考试过程中切忌浮躁，遇到不会的题慎重考虑后可以跳过往下做，若有剩余时间可以回顾此题，万一没有时间，战略性放弃也是一种答题策略，毕竟我们的目标只是考过60分。

目　录

第一章　战略与战略管理

本章思维导图

- 战略与战略管理
  - 公司战略的基本理论
    - 公司战略的定义
    - 公司的使命、目标
    - 公司战略的层次
      - 总体战略
      - 业务单位战略
      - 职能战略
  - 战略管理概述
    - 战略管理的内涵
    - 战略管理的特征
    - 战略管理过程
      - 战略分析
      - 战略选择
      - 战略实施
    - 战略变革管理
      - 含义
      - 战略变革的类型
      - 战略变革的主要任务
      - 战略变革的实现

本章概述及考情分析

本章介绍了公司战略和战略管理两个知识点，是对公司战略的总体介绍，起着统领全局的作用，为公司战略后续知识点的展开奠定基础，本章介绍的具体内容会在后续第二章到第四章中体现。本章考试分值不高，预计分值6～8分，总体难度一般，以客观题为主，主观题重点关注战略变革管理。

2018年教材主要变化

第二节战略管理概述新增两个知识点：战略管理的内涵以及战略管理的特征。章节名称微调，无实质性影响。

考点分析

考点	重要程度	考查题型	考查要点	大纲要求
公司战略的定义	★	单选题、多选题	理解公司战略的传统概念和现代概念	理解
公司的使命	★★	单选题、多选题	区分公司使命（公司目的、公司宗旨、经营哲学）	记忆
公司的目标	★★	单选题、多选题	区分公司目标（财务目标体系和战略目标体系）	记忆
公司战略的三个层次	★★	单选题、多选题	辨析总体战略、业务单位战略和职能战略	掌握
战略选择过程	★★	单选题、多选题	辨析战略形成的三种方法、评估战略备选方案的三个标准、战略选择的三种方法	记忆
战略管理的内涵	★★	单选题、多选题	理解战略管理的内涵	理解
战略管理的特征	★★	单选题、多选题	理解战略管理的特征	理解
战略变革的类型	★★★	单选题、多选题、简答题	辨析战略变革的四种类型	掌握
战略变革的实现	★★★	单选题、多选题、简答题	掌握变革受到抵制的三大原因和两大障碍以及克服变革阻力的策略	掌握

本章知识点精讲

第一节　公司战略的基本理论

知识点1　公司战略的概念（★）

表 1-1　公司战略的概念

传统概念	现代概念
波特：是公司为之奋斗的一些终点与公司为达到它们而寻求的途径的结合物。	明茨伯格：一系列或整套的决策或行动方式。这套方式包括刻意安排的（或计划性）战略和任何临时出现的（或非计划性）的战略。
计划性、全局性和长期性。	应变性、竞争性和风险性。

（续上表）

传统概念	现代概念
区别：1. 现代概念只包括为达到企业的终点而寻求的途径，而不包括企业终点本身； 2. 本质区别：现代概念强调应变性、竞争性和风险性。	

学堂点睛

汤姆森："战略既是预先性的（预谋战略），又是反应性的（适应性战略）"。即大部分战略是计划和应变的组合。

【例1–单选题】战略的现代概念不同于战略的传统概念，其更强调战略的（　　）。

A. 应变性　　B. 全局性

C. 长期性　　D. 计划性

【答案】A

学堂点拨

战略的传统概念强调公司战略的计划性、全局性和长期性；战略的现代概念更强调战略的应变性、竞争性和风险性。

知识点2 公司的使命、目标（★★）

一、公司的使命（主要阐明企业组织的根本性质与存在理由）

公司的使命：
- 公司目的
- 公司宗旨
- 经营哲学

图 1–1 公司的使命

（一）公司目的

公司目的是企业组织的根本性质和存在理由的直接体现。

组织按其存在理由可以分为两大类：营利组织和非营利组织。

1. 营利组织：首要目的是为其所有者带来经济价值，其次的目的是履行社会责任。企业是最普遍的营利组织。

2. 非营利组织：首要目的是提高社会福利、促进政治和社会变革。红十字会是最普遍的非营利组织。

【例2-2015-单选题】以盈利为目的而成立的组织，首要目的是（　　）。

A．保证员工利益　　B．实现经营者期望

C．履行社会职责　　D．为其所有者带来经济价值

【答案】D

学堂点拨

营利组织首要目的是为其所有者带来经济价值，其次的目的是履行社会责任。故本题正确答案为D选项。

（二）公司宗旨——公司的经营业务范围

公司宗旨旨在阐述公司长期的战略意向，其具体内容主要说明公司目前和未来所要从事的经营业务范围。

公司宗旨反映出企业的定位。

【案例1】上海建工集团股份有限公司公司宗旨：

为适应社会主义市场经济体制的总体要求，发挥上海建工在全国建筑行业已有的整体优势，依靠科技进步和科学管理，进一步调整产业结构，扩大经营规模，拓展经营领域，在参与地区和国际竞争中起骨干作用，成为跨行业、跨地区、跨国界和跨所有制的大型综合建设企业。

【案例2】内蒙古伊利实业集团股份有限公司公司宗旨：

专注乳品和食品行业，做中国乳品专家，不断创新，以追求人类健康生活为己任。与时俱进，勇于探索，广泛合作，不断超越，实现引领中国乳业、打造世界知名品牌的愿景。为股东创丰厚收益，为员工谋良好发展，为社会尽更多责任。

（三）经营哲学

经营哲学是公司为其经营活动所确立的价值观、基本信念和行为准则，是企业文化的高度概括。经营哲学主要通过公司对利益相关者的态度、公司提倡的共同价值观、政策和目标以及管理风格等方面体现出来。

学堂点睛

结论：公司关于使命的表述往往不详尽、不全面，只是展示公司主要的战略方向。

原因：在复杂多变的环境下，详尽的、全面的使命表述可能会使企业在战略实施过程中比较被动。

提示：实际上是公司战略应变性、竞争性和风险性的具体体现。

二、公司的目标

表 1–2　公司的目标

财务目标体系（定量）	满意的市场占有率、收益增长率、投资回报率、股利增长率、股票价格评价、良好的现金流以及公司的信任度等。
战略目标体系（定性）	获取足够的市场份额，在产品质量、客户服务或产品革新等方面压倒竞争对手，使整体成本低于竞争对手的成本，提高公司在客户中的声誉，在国际市场上建立更强大的立足点，建立技术上的领导地位，获得持久的竞争优势，抓住诱人的成长机会等。

学堂点睛

财务目标体系主要以具体数值（率、度、价格、现金流）体现，战略目标体系主要以动作（获取、压倒、低于、提高、建立、获得、抓住）体现。

公司目标是公司使命的具体化。

【例3–2011–单选题】下列各项表述中，可以作为企业使命的是（　　）。

A．加强开发项目的质量管理

B．5年内在市区建成两个地标性建筑

C．为城市建设的现代化、特色化、合理化添砖加瓦

D．在开发某地标建筑时，以中国传统文化为基础融入科技元素

【答案】C

学堂点拨

公司使命主要阐明企业组织的根本性质与存在理由，往往只是展示公司主要的战略方向，表述往往不详尽、不全面。选项C恰好体现这一特点。选项A、B、D表述均比较具体、详尽，因而不属于公司使命。

知识点3　公司战略的层次（★★）

一般将战略分为三个层次：总体战略、业务单位战略（竞争战略）和职能战略。

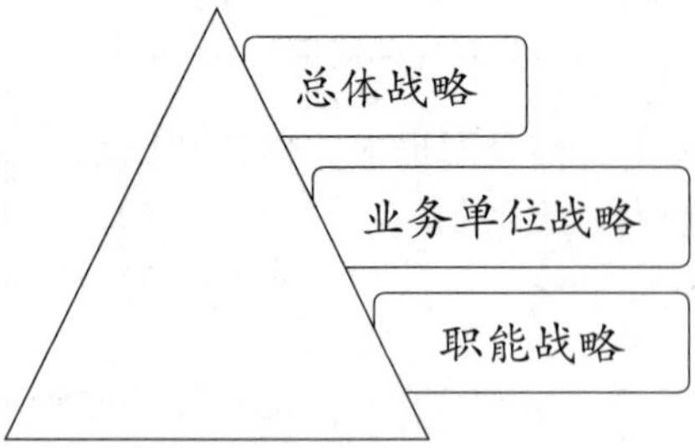

图 1–2　公司战略

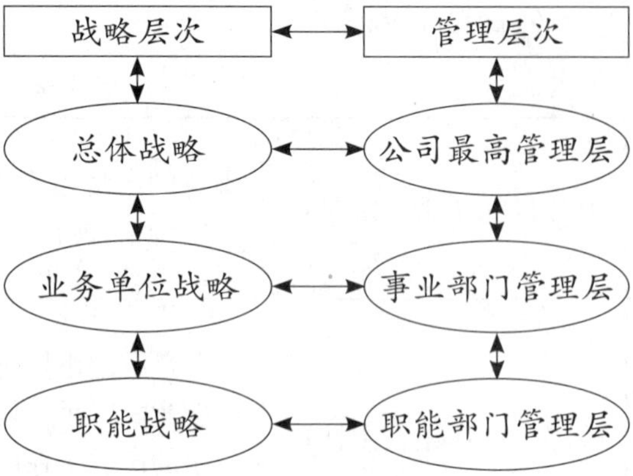

图 1–3　公司战略的结构层次

表 1–3　公司战略层次的定义和举例

战略层次	定义	举例
总体战略（公司层战略）	根据企业的目标，选择企业可以竞争的经营领域，合理配置企业经营所必需的资源，使各项经营业务相互支持、相互协调。	甲企业选择进入家电、服装、食品、房地产产业经营。
业务单位战略（竞争战略）	针对不断变化的外部环境，在各自的经营领域中有效竞争。	甲企业采取各种措施不断提高在房地产业务中的竞争力。
职能战略（职能层战略）	主要涉及企业内各职能部门，如营销、财务、生产、研发（R&D）、人力资源、信息技术等，如何更好地配置企业内部资源，为各级战略服务，提高组织效率。	甲企业分别设置各个职能部门，提高整个企业集团的运作效率。

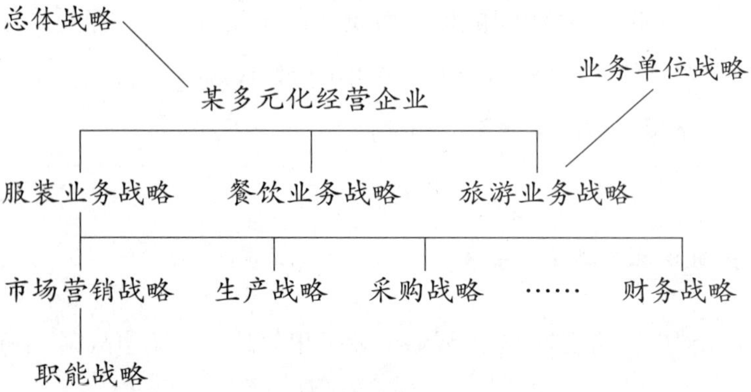

图 1–4　多元化经营企业的战略层次

学堂点睛

对于一家单业务公司来说，总体战略和业务单位战略只有一个，即合二为一，只有对业务多元化的公司来说，总体战略和业务单位战略的区分才有意义。

【例4-2014-单选题】甲集团的经营范围涉及网络游戏、医药保健，最近该集团宣布进军电子金融领域。根据以上信息可以判断，甲集团进军电子金融领域的战略属于（　　）。

A．总体战略　　　　B．业务单位战略

C．一体化战略　　　　D．职能战略

【答案】A

学堂点拨

总体战略的关键词是选择企业可以竞争的经营领域，业务单位战略的关键词是在各自的经营领域中有效竞争。甲集团进军电子金融领域说明甲集团在原有业务范围外又选择了新的可以竞争的经营领域，与总体战略的关键词描述相一致，因此选项A为正确答案。

【例5-2010-单选题】甲集团是国内大型粮油集团公司，近年来致力于从田间到餐桌的产业链建设，2008年收购了以非油炸方式生产“健康”牌方便面的乙公司，并全面更换了乙公司的管理团队。2009年“健康”牌方便面市场份额下降，为了从竞争激烈的方便面市场上重新赢得原有市场份额，2010年年初需要制订方便面竞争战略。该竞争战略属于（　　）。

A．公司战略　　　　B．业务单位战略

C．产品战略　　　　D．职能战略

【答案】B

学堂点拨

甲集团为了从竞争激烈的方便面市场上重新赢得原有市场份额，2010年年初需要制订方便面竞争战略，在已有的经营领域（方便面业务）中如何有效加强竞争，是属于在战略业务单位这个层次制订的竞争战略，故本题答案为B选项。此外，该问题问的是该竞争战略属于何种战略，而竞争战略又叫作业务单位战略，故不需要看题干即可轻松选择选项B。

第二节　战略管理概述

知识点1　战略管理的内涵（★★）

企业战略管理是为实现企业的使命和战略目标，科学地分析企业的内外部环境和条件，制定战略决策，评估、选择并实施战略方案，控制战略绩效的动态管理过程。

知识点2　战略管理的特征（★★）

一、战略管理是企业的综合性管理。

二、战略管理是企业的高层次管理。

三、战略管理是企业的一种动态性管理。

四、战略管理是企业的一项效能性管理。

知识点3　战略管理过程（★★）

战略管理包含三个关键因素：

战略分析——里外照镜子：明确企业目前处于什么位置；

战略选择——制定、评估和选择战略；

战略实施——战略付诸实施。

一、战略分析

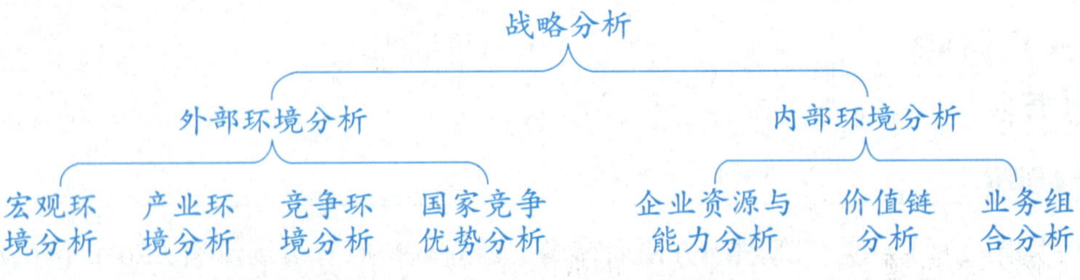

图 1–5　战略分析的内容

二、战略选择

（一）战略类型

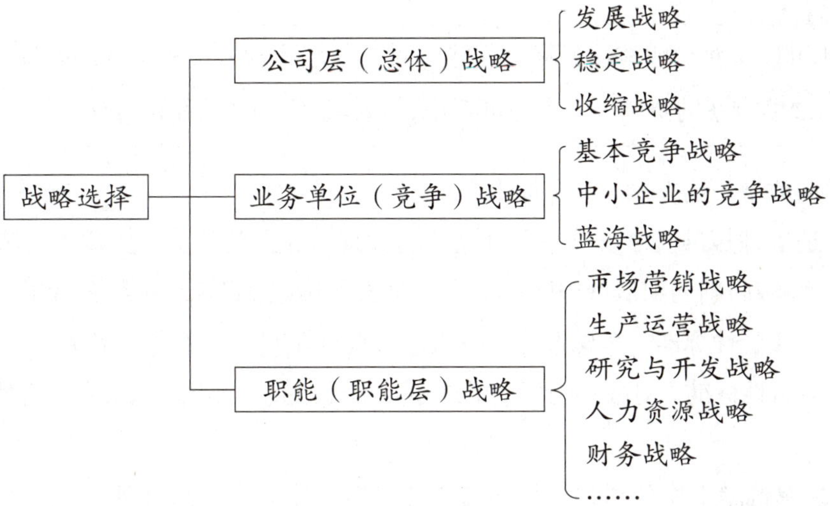

图 1–6　公司战略类型

（二）战略选择过程（三方法＋三标准＋三方法）

1．制定战略选择方案（三种方法）

（1）自上而下的方法：集权。

（2）自下而上的方法：分权。

（3）上下结合的方法：集权与分权相结合。

【例1–单选题】根据不同层次管理人员介入战略分析和战略选择工作的程度，可以将战略形成的方法进行分类。以下（　　）具有集权的特点。

A．自上而下的方法　　B．自下而上的方法

C．上下结合的方法　　D．上下分离的方法

【答案】A

学堂点拨

三种方法的主要区别在于战略制定中对集权与分权程度的把握。自上而下的方法属于集权的方法。

【例2–多选题】企业在选择适宜的战略制定方法时，要考虑的角度有（　　）。

A．对企业整体目标的保障　　B．对企业各部门的监督

C．企业各部门战略方案的协调　　D．对中下层管理人员积极性的发挥

【答案】ACD

学堂点拨

企业可以从对企业整体目标的保障、对中下层管理人员积极性的发挥，以及企业各部门战略方案的协调等多个角度考虑，选择适宜的战略制定方法。

2．评估战略备选方案（三个标准）

（1）适宜性标准。考虑选择的战略是否发挥了企业的优势，克服了劣势；是否利用了机会，将威胁削弱到最低程度；是否有助于企业实现目标。（结合SWOT分析）

（2）可接受性标准。考虑选择的战略能否被企业利益相关者所接受。

（3）可行性标准。对战略的评估最终还要落实到战略收益、风险和可行性分析的财务指标上。

【例3-单选题】甲公司评估战略备选方案时，主要考虑选择的战略是否发挥了企业优势，克服了劣势，是否利用了机会将威胁减弱到最低程度，是否有助于企业实现目标。甲公司评估战略备选方案使用的标准是（　　）。

A．适宜性标准　　B．可接受性标准

C．可行性标准　　D．外部性标准

【答案】A

学堂点拨

适宜性标准，考虑选择的战略是否发挥了企业的优势，克服了劣势，是否利用了机会，将威胁削弱到最低程度，是否有助于企业实现目标。选项A正确。

3．选择战略方法（三种方法）

（1）根据企业目标选择战略。

（2）提交上级管理部门审批。

（3）聘请外部机构。

4．战略政策和计划。

三、战略实施

战略实施要解决以下几个主要问题：

（一）确定和建立一个有效的组织结构；

（二）保证人员和制度的有效管理；

（三）正确处理和协调公司政治；

（四）选择适当的组织协调和控制系统；

（五）协调好企业战略、结构、文化和控制诸方面的关系。

学堂点睛

战略管理是一个循环过程。

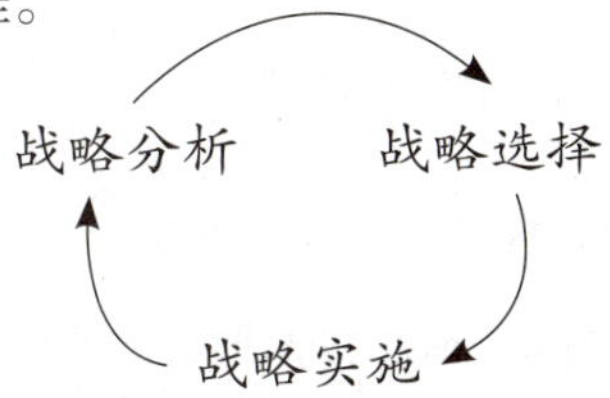

图 1–7　战略管理过程

【例4–2014–多选题】下列各项中，属于战略实施要解决的主要问题有（　　）。

A．企业的组织结构是否有效

B．企业战略、结构、文化和控制诸方面是否协调

C．企业自身所处的地位是否有利

D．人员和制度的管理是否合理

【答案】ABD

学堂点拨

此题考查对原文的记忆，战略实施要解决以下几个主要问题：1．确定和建立一个有效的组织结构；2．保证人员和制度的有效管理；3．正确处理和协调公司政治；4．选择适当的组织协调和控制系统；5．协调好企业战略、结构、文化和控制诸方面的关系。故选A、B、D项。

知识点4　战略变革管理（★★★）

一、什么是战略变革

企业战略变革是指企业为了获得可持续竞争优势，根据所处的内外部环境已经发生或预测会发生或想要使其发生的变化，按照环境、战略、组织三者之间的动态协调性原则，并涉及企业组织各要素同步支持性变化，改变企业战略内容的发起、实施、可持续化的系统过程。

二、渐近性变革与革命性变革的区别

表 1–4　渐近性变革与革命性变革比较

渐进性变革的特点（小碎步）	革命性变革的特点（大跨步）
1．在企业生命周期中常常发生。 2．稳步推进变化。 3．影响企业体系的某些部分。	1．在企业生命周期中不常发生。 2．全面转化。 3．影响整个企业体系。

三、战略变革的发展阶段

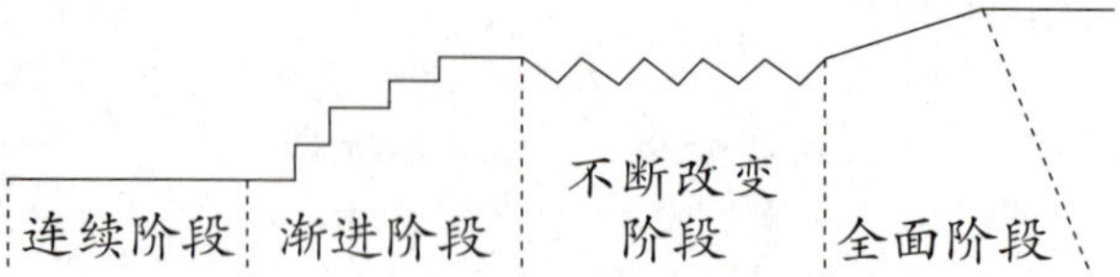

图 1–8　战略变革形式的演变图

表 1–5 战略变革不同发展阶段的特点

阶段名称	特点
连续阶段	基本上没有发生大的变化，仅有一些小的修正。
渐进阶段	发生缓慢的变化。可能是零打碎敲的，也可能是系统性的。
不断改变阶段	呈现无方向或无重心的特点。
全面阶段	在一个较短的时间内，发生革命性或转化性的变化。

四、战略变革的类型

表 1–6　战略变革的类型及定义

类型	定义
技术变革	涉及企业的生产过程，包括开发使之有能力与竞争对手抗衡的知识和技能。涉及工作方法、设备和工作流程等生产和服务技术。
产品和服务变革	企业产出的变革，包括开发新产品或改进现有产品。
结构和体系变革	企业运作的管理方法的变革，包括结构变化、政策变化和控制系统变化。
人员变革	企业员工价值观、工作状态、技能和行为方式的转变。

学堂点睛

结合案例辨识具体的变革类型，在变革中往往几种类型的变革一同发生。

【例5–单选题】某家电制造企业为了降低成本，提高效率，根据目前最先进的ERP系统结合本公司实际情况调整研发出新的系统。根据以上信息可以判断，该公司进行的战略变革种类是（　　）。

A．技术变革　　B．产品和服务变革

C．结构和体系变革　　D．人员变革

【答案】A

学堂点拨

技术变革涉及企业的生产过程，包括开发使之有能力与竞争对手抗衡的知识和技能。本题的关键词为“研发出新的系统”，属于技术变革，可以看出A项为正确答案。产品和服务变革的关键词为“新产品（服务）”，结构和体系变革的关键词为“组织结构变化”，人员变革的关键词为“员工”，均未在题干中提及。

【例6-单选题】某企业进行项目改革，由员工依据自己的能力、兴趣选择自己擅长的项目进行工作，这样有效地提高了员工的效率。根据以上信息可以判断，该公司进行的战略变革类型是（　　）。

A．技术变革　　B．产品和服务变革

C．结构和体系变革　　D．人员变革

【答案】D

学堂点拨

人员变革指企业员工价值观、工作态度、技能和行为方式的转变，确保职工努力工作，完成企业目标。从题干可以看出员工不是由上级硬性安排任务，而是员工自己选择感兴趣的工作，员工行为方式发生了很大的变化，故选项D正确。

【例7-简答题】光明集团专门从事化工原料贸易，化工原料主要来源于国内生产企业。在光明集团成立后的几年内，国内民用化工产品的市场不断扩大，对化工原料的需求日益增加，光明集团的业务开展得红红火火，利润持续增长。2010年开始，光明集团实施第一次战略转型：走“工贸结合”的道路，凭借光明集团的贸易优势，尤其是多年积累的信息优势和渠道优势，把产业链延伸到工业实体领域，做出自己的产品，树立自己的品牌，以适应未来市场趋势和行业环境的变化。

2011年，光明集团成立了一家化纤企业，产品主要是地毯纱线，这种纱线是地毯纺织企业的主要原料。这家企业成立后不久就实现了盈利，以后几年内产销量不断增加，成为光明集团新的利润增长点。2015年，化工产品制造行业遭遇了严重的困难，由于需求增速放缓以及企业自主创新能力不足、同质化竞争严重，行业的发展陷于停滞，光明集团化纤企业的销售量开始下降，难以实现当年的计划目标。光明集团组织实施了又一次战略变革：将光明集团的产业链进一步向下游延伸至终端产品——地毯行业。年底，光明集团克服了变革阻力，投资新建了地毯生产企业。几年来，随着中国酒店业、房地产业的迅猛发展以及人们居住条件的改善，国内地毯市场的潜力被逐渐开发出来，光明集团的地毯生产企业也持续呈现产销两旺的局面。

要求：简要分析光明集团所经历的两次战略变革的类型。

【答案】

产品和服务变革，指企业产出的变革，包括开发新产品或改进现有产品。

光明集团实施第一次战略变革：产品和服务变革，生产了地毯纱线。表现为“走‘工贸结合’的道路，凭借光明集团的贸易优势，尤其是多年积累的信息优势和渠道优势，把产业链延伸到工业实体领域，做出自己的产品，树立自己的品牌，以适应未来市场趋势和行业环境的变化。”“2011年，光明集团成立了一家化纤企业，产品主要是地毯纱线，这种纱线是地毯纺织企业的主要原料。”

第二次战略变革：产品和服务变革，开发出新产品——地毯。表现为“将光明集团的产业链进一步向下游延伸至终端产品——地毯行业。”光明集团投资新建了自己的地毯生产企业。

五、企业战略变革的主要任务（了解）

（一）调整企业理念

首先要确定企业使命，其次要确立经营思想，最后要靠行为准则约束和要求员工，使他们在企业经营活动中必须奉行一系列行为准则和规定。

（二）企业战略重新进行定位

在价值链配置系统中从产品范围（选择生产产品）、市场范围（选择消费者）和企业价值体系范围三方面进行定位。

（三）重新设计企业的组织结构

六、战略变革的实现（★★★）

（一）变革的支持者推进战略变革的步骤

1. 高级管理层是变革的战略家并决定应该做什么。

2. 指定一个代理人来掌握变革。

高级管理层通常有三种作用：（1）支持代理人；（2）审议和监控变革的进程；（3）签署和批准变革。

3. 变革代理人必须赢得关键部门管理人员的支持。

4. 变革代理人应督促各部门管理人员立即行动起来，并给予后者必要的支持。

（二）变革受到抵制的原因与实现障碍

变革会对人们的境遇产生重要的影响［生坏（环）心］：

1．生理变化：这是由工作模式、工作地点的变化造成的；

2．环境变化：新的关系、新的规则；

3．心理变化：（1）迷失方向；（2）不确定性可能导致无安全感；（3）无助。

变革会面临如下障碍（团体和个人）：

1．文化障碍（团体）

当企业所面对的环境发生了变化，并要求企业适应这种变化以求得生存时，原有文化的惯性会阻碍变革的进程。这种惯性的产生可能来自多个方面，例如在企业中任职时间很长的行政人员，虽然在企业繁荣时期熟悉自己的工作，却可能对处理变化毫无经验，他们所选择的规划和所执行的工作程序对于突然的变化来说可能是保守的；又如企业中的权力结构的改变可能使企业中受到威胁的团体去阻碍变化等。

2．私人障碍（个人）

（1）习惯。

（2）改革对个人收入的影响。

（3）对于未知的恐惧。

（4）选择性的接受和处理信息。

（三）克服变革阻力的策略

1．变革的节奏：循序渐进。

2．变革的管理方式：鼓励冲突领域的对话、为员工提供针对新技能和系统应用的学习课程、鼓励个人参与。

3．变革的范围：在同一个变革目标下，可以考虑采用变革范围比较小的方式。

【例8-2012-多选题】企业由于内外环境的变化而实行的战略变革，往往会遇到阻力。在克服变革的阻力时，管理层应当考虑到（　　）。

A．变革的方向　　B．变革的节奏

C．变革的管理方式　　D．变革的范围

【答案】BCD

学堂点拨

在处理变革的阻力时，管理层应当考虑变革的三个方面：变革的节奏、变革的管理方式和变革的范围，没有涉及变革的方向。故本题正确答案为B、C、D选项。

本章强化练习

一、单项选择题

1．甲企业的产品遭遇市场遇冷，管理者打算进行变革，但是员工认为工作习惯是很难改变的，对个人的收入影响可能也很大，该企业变革面临的障碍是（　　）。

A．私人障碍　　B．生理障碍　　C．文化障碍　　D．心理障碍

2．根据不同层次管理人员介入战略分析和战略选择工作的程度，可以将战略形成的方法分为自上而下的方法、自下而上的方法和上下结合的方法三种形式。三种方法的主要区别在于战略制定中对（　　）的把握。

A．集权与分权程度　　B．开放与集中程度

C．复杂与简单程度　　D．开放与封闭程度

3．下列选项中，属于公司层战略的是（　　）。

A．甲化工生产企业研发新型洗衣粉

B．乙家电企业投资设立办公家具生产基地

C．丙房地产公司加强营销以提高市场占有率

D．丁家具公司加强企业文化培育，提升公司凝聚力

4．主营家电业务的甲公司近年来发展迅速，2017年，甲公司决定在现有业务基础上进军新能源产业。在评估备选方案时管理层关注了该方案的战略收益、风险以及企业匹配的资源。甲公司评估战略方案时使用的标准是（　　）。

A．可行性标准　　B．可接受性标准

C．适宜性标准　　D．收益性标准

5．甲公司正处于转型的关键时期。为找准可持续发展道路，公司发动最高管理层和下属各部门的管理人员群策群力，为公司未来的发展出谋划策。通过上下级管理人员的交流，最后制定出适合企业发展的战略。则甲公司形成战略的方法是（　　）。

A．自上而下　　B．上下结合　　C．小组结合　　D．自下而上

6．战略分析包括外部环境分析和内部环境分析，下列属于企业外部环境分析的是（　　）。

A．企业资源分析　　B．企业能力分析

C．企业核心能力分析　　D．竞争环境分析

7．甲公司是一家豪华轿车生产企业，其原有的生产模式是根据企业收到的订单去生产相应的产品，随着人们消费水平的提高，对小汽车的需求迅速提高，为了更好地满足市场的需求，甲公司迅速调整公司的战略，从市场上采购大量的钢材，及时进行生

产，提高企业的产品库存。这体现甲公司战略的（　　）。

A．计划性　B．长期性　C．应变性　D．风险性

8．甲公司的管理者在工作例会中经常要求公司所有员工遵守规定：面对消费者应该信守承诺，不侵害客户的利益。从公司使命角度来看，此规定属于（　　）。

A．公司目的　B．公司宗旨　C．经营哲学　D．公司目标

9．甲公司的经营理念从“生产足够多的好药满足人民需要”向“关爱生命，呵护健康”转变。其中“生产足够多的好药满足人民需要”和“关爱生命，呵护健康”属于（　　）。

A．经营哲学　B．公司目标　C．公司宗旨　D．公司目的

10．下列选项中，属于战略目标体系致力于达到的结果的是（　　）。

A．满意的市场占有率　B．获取足够的市场份额

C．公司信任度　D．良好的现金流

11．公司总体战略的构成要素是（　　）。

A．选择经营范围，发挥协同作用

B．确立竞争优势，有效地控制资源的分配和使用

C．配置企业内部资源，发挥协同作用

D．选择经营范围，合理配置企业经营所必需资源

12．下列关于战略变革发展阶段的说法中，不正确的是（　　）。

A．不断改变阶段：在这个阶段中，战略变化呈现无方向或无重心的特点

B．全面阶段：在这个阶段中，企业战略是在一个较短的时间内，发生革命性或转化性的变化

C．连续阶段：在这个阶段中，制定的战略基本上没有发生较大的变化，仅有一些大的修正

D．渐进阶段：在这个阶段中，战略发生缓慢的变化，这种变化只可能是零打碎敲性的，也可能是系统性的

13．奇华集团为了实现持续性发展道路，该公司的研发部门不断制定政策体现对创新的鼓励，比如鼓励技术人员不断充电学习新技术，研发新产品设立创新基金等。这体现的战略是（　　）。

A．职能战略　B．竞争战略　C．业务单位战略　D．公司战略

14．由于自动化水平的提高，甲公司为了提高工作效率，为企业创造价值，以前的手工劳作逐渐地由机器替代。根据以上描述，该公司进行战略变革的类型是（　　）。

A．技术变革　B．产品和服务变革

C．结构和影响变革　D．人员变革

15．甲公司是一家大型农产品零售连锁企业，近年来关注上游环节的占领。2014年收购了一家粮食产品制造公司，投入了大量资金用于改善该企业的创新能力，希望推出有新鲜感的产品。短短几年时间，该企业推出了许多新产品，取得了很高的市场占有率。甲公司的此种做法属于（　　）。

A．总体战略　　B．职能战略　　C．营销战略　　D．业务单位战略

二、多项选择题

1．下列关于战略表述的选项中，错误的有（　　）。

A．传统战略概念既包括企业终点也包括寻求终点的途径

B．公司大部分战略是事先的计划和突发应变的组合

C．战略的核心在于预谋性

D．传统战略概念主要强调战略的全局性、应变性和长期性

2．下列选项中，说法正确的有（　　）。

A．公司战略常常涉及整个企业的财务结构和组织结构问题

B．业务单位战略要针对环境变化在各自经营领域有效竞争

C．资源的配置对于职能战略具有非常重要的意义

D．总体战略的重点是提高企业资源的利用效率

3．甲公司在2017年12月召开了一次工作例会，在会议中确定了公司未来发展目标。同时也规划了公司的各个部门如生产部、采购部、研发部、人力资源部等内部资源的配置和协调，以期发挥协同作用。其中涉及战略的层次包括（　　）。

A．业务单位战略　　B．竞争战略

C．公司战略　　D．职能战略

4．ABC企业在进行战略决策时，出现了多个战略备选方案，由于用多个指标对多个战略备选方案的评价产生了不一致的结果，下列选项中可以作为最终战略选择方法的是（　　）。

A．实际运作一段时间后再观察决定

B．根据ABC企业的目标选择战略

C．交由ABC企业的上级管理部门进行审批

D．聘请外部专门机构

5．评估战略备选方案的标准有（　　）。

A．可理解性标准　　B．适宜性标准

C．可行性标准　　D．可接受标准

6. 下列关于公司目标的说法中，错误的有（　　）。

A. 财务目标体系体现短期目标，战略目标体系体现长期目标

B. 战略目标体系的建立主要是公司最高管理层的决定

C. 公司目标是公司使命的具体化

D. 从整个公司的角度看，需要建立两种类型的业绩标准：和财务有关的业绩标准以及和战略有关的标准

7. 下列选项中，属于变革中面临私人障碍的有（　　）。

A. 如果改革，黄经理将去外地上班

B. 老李临近退休，不希望再去适应新的工作模式

C. 王某害怕自己无法胜任新的工作

D. 苏某认为变革会使自己收入锐减

8. 互联网技术的发展使得培训行业出现新的契机，在线直播教育对传统培训市场产生巨大冲击。因此，甲财经培训机构重新调整战略、组织结构，加大研发力度，采用先进的信息技术，走出单一面授培训的经营模式，推出在线直播课程。根据以上信息可以判断，该公司进行的战略变革种类包括（　　）。

A. 技术变革　　B. 产品和服务变革

C. 结构和体系变革　　D. 人员变革

9. A公司面临激烈的竞争环境下，于2017年新进入房屋维修行业，在提供运输服务的同时提供房屋维修业务，同时采用新的战略，以低成本、降低价格的方式吸引更多的客户。根据上述材料可知，该公司采用的战略有（　　）。

A. 总体战略　　B. 业务单位战略

C. 职能战略　　D. 研发战略

10. 关于企业战略结构层次的问题，下列表述正确的有（　　）。

A. 每家公司都有总体战略和业务单位战略之分

B. 协同作用对于职能战略具有重要意义

C. 三个层次的战略的侧重点和影响范围都是不同的

D. 业务单位战略是公司的二级战略

三、简答题

1. 激扬公司是一家大型运动用品零售集团，品牌连锁店分布于欧洲和亚洲，占公司收入的80%和20%。由于全球经济不利影响，欧洲业务未见起色，公司在未来两年希望将业务慢慢地转攻内地和台湾。由于欧洲业务营运成本不断增加，收入连续数年下滑，欧洲一些地区的业务甚至出现严重亏损，公司面临着巨大的财务压力。另一方面，

近年来亚洲及内地城市网上商城盛行，加剧了零售行业的竞争。为了开源节流，集团董事会正考虑在运营上可能实施的变革和重组方案，当中包括：

计划一：将东南亚地区的行政、支持性部门，包括人力资源部、会计部、采购部等工作重组为共享服务中心的运作模式，在上海集中处理，但是，公司的首席执行官担心此变革不能得到各地区管理层及员工的接受。

计划二：凭借激扬公司的优势，尤其是多年积累的信息优势和渠道优势，把产业链延伸到工业实体领域，做出自己的运动用品产品，树立自己的品牌，以适应未来市场趋势和行业环境的变化。

计划三：在全球范围内调整内部业务流程，进一步优化采购、库存管理等流程，以提高效率，降低营运成本。

计划四：鼓励员工为公司发展献言献策，建立“企业与员工效益同步增长”的理念，确保员工为完成企业目标尽心尽力。

要求：

（1）简要分析激扬公司未来两年进行的战略变革的类型；

（2）简要分析激扬公司各地区领导层及员工可能反对变革计划一的原因，并指出首席执行官在处理该变革阻力时应考虑哪些因素。

2．通用电气在战略变革过程中，采取如下方法：充分运用了与广大员工面对面进行研讨培训的方法，他们安排企业新员工就有关公司价值观等主题与公司高层领导进行对话，由于坦白和建设性冲突在通用新建立的价值观中相当受重视，所以讨论问题时大家敢于说真话，有时与领导进行的辩论甚至显得“肆无忌惮”。总裁对这类培训也予以高度关注。在面对面的讨论中，总裁也必须承受众人的攻击，但他也不放过每次说服别人赞同他的观念的机会。多年的实践证明，研讨培训在通用电气的大变革中起到了举足轻重的作用。

通用电气管理层充分认识到自上而下的过程因面临员工的反对而可能失败。变革通过自上而下的命令链来传达和执行，基层员工们表面听从这一命令，但在现实中，中层管理和基层对“上面命令”的阻挠或者消极静坐。

追求变革完成速度往往适得其反，会使整个变革失败。必要的真正变革的动力需要能力和感情力量。哪位领导者不试着到达员工的内心，那就得品尝变革失败的苦果。

要求：

（1）战略形成方法有哪几种？从案例中可以看出通用电气提倡的方法是什么？应该从哪些角度考虑，选择适宜的战略制定方法？

（2）简要分析通用电气克服变革阻力的策略。

答案及解析

一、单项选择题

1. 【答案】A

【学堂点拨】本题主要考查“战略变革面临的障碍”知识点。变革面临的障碍包括文化障碍和私人障碍。私人障碍包括：习惯，变革对收入的影响，对于未知的恐惧，选择性的接受和处理信息。本题中，员工认为工作习惯是很难改变的，对个人的收入影响可能也很大，均属于私人障碍。

2. 【答案】A

【学堂点拨】本题主要考查“制定战略选择方案”知识点。三种方法的主要区别在于战略制定中对集权与分权程度的把握。选项A符合题意。

3. 【答案】B

【学堂点拨】本题主要考查“公司战略的层次”知识点。公司战略是根据企业的目标，选择企业可以竞争的经营领域，合理配置企业经营所必需的资源，使各项经营业务相互支持、相互协调。选项B表明乙公司在原有家电业务的基础上进入新的业务领域家具业务，属于选择可以竞争的经营领域，因此属于公司层战略。选项A、C均属于涉及现有业务领域如何有效加强竞争，并需要职能部门如研发部门、市场营销部门的配合，不属于公司层战略。选项D属于战略实施需要解决的企业文化问题，也不属于公司层战略。

4. 【答案】A

【学堂点拨】本题主要考查“评估战略备选方案的三个标准”知识点。评估备选方案通常使用三个标准：一是适宜性标准，考虑选择的战略是否发挥了企业的优势，克服了劣势，是否利用了机会，将威胁削弱到最低程度，是否有助于企业实现目标；二是可接受性标准，考虑选择的战略能否被企业利益相关者所接受；三是可行性标准，对战略的评估最终还要落实到战略收益、风险和可行性分析上。依题意，选项A正确。

5. 【答案】B

【学堂点拨】本题主要考查“制定战略选择方案”知识点。根据不同层次管理人员介入战略分析和战略选择工作的程度，可以将战略形成的方法分为三种形式：（1）自上而下的方法，即先由企业总部的高层管理人员制定企业的总体战略，然后由下属各部门根据自身的实际情况将企业的总体战略具体化，形成系统的战略方案；（2）自下而上的方法，即在制定战略时，企业最高管理层对下属部门不做具体规定，而要求各部门积极提交战略方案。企业最高管理层在各部门提交的战略方案基础上，加以协调和平衡，对各部门的战略方案进行必要的修改后加以确认；（3）上下结合的方法，即企业最高管理层和下属各部门的管理人员共同参与，通过上下级管理人员的沟通和磋商，制定出适宜的战略。本题中，关键词为“公司发动最高管理层和下属各部门的管理人员群策群力，为公司未来的发展出谋划策”，属于上下结合的方法。因此选项B正确。

6. 【答案】D

【学堂点拨】本题主要考查“战略分析”知识点。外部环境分析可以从企业所面对的宏观环境、产业环境、竞争环境等方面展开，内部环境分析可以从企业的资源与能力、企业的核心竞争力等方面展开。选项D竞争环境属于外部环境分析，选项A、B、C属于内部环境分析。因此，选项D正确。

7. 【答案】C

【学堂点拨】本题主要考查“公司战略的定义”知识点。战略的传统概念强调计划性、全局性和长期性三种属性。战略的现代概念更强调应变性、竞争性以及风险性三种属性。本题关键词为“甲公司迅速调整公司的战略，从市场上采购大量的钢材，及时进行生产，提高企业的产品库存”，体现的是战略的应变性。

8. 【答案】C

【学堂点拨】本题主要考查“公司的使命”知识点。使命主要阐明企业组织的根本性质与存在理由。一般包括三个方面：公司目的、公司宗旨、经营哲学。其中，经营哲学是公司为其经营活动方式所确立的价值观、基本信念和行为准则，是企业文化的高度概括。经营哲学主要通过公司对利益相关者的态度、公司提倡的共同价值观、政策和目标以及管理风格等方面体现出来。本题中，“面对消费者应该信守承诺，不侵害客户的利益”属于价值观和行为准则的体现，因此，属于经营哲学。

9. 【答案】C

【学堂点拨】本题主要考查“公司的使命”知识点。公司的使命一般包括三个方面：（1）公司目的，是企业组织的根本性质和存在理由的直接体现；（2）公司宗旨，旨在阐述公司长期的战略意向，其具体内容主要说明公司目前和未来所要从事的经营业务范围；（3）经营哲学，是公司为其经营活动方式所确立的价值观、基本信念和行为准则，是企业文化的高度概括。公司目标是公司使命的具体化。题中“生产足够多的好药满足人民需要”和“关爱生命，呵护健康”体现了经营业务范围的变化，属于公司宗旨。提醒大家注意的是，随着时代的发展，公司使命越来越不具体，这是应变性的体现。

10. 【答案】B

【学堂点拨】本题主要考查“公司的目标”知识点。财务目标体系表明公司必须致力于达到下列结果：市场占有率、收益增长率、满意的投资回报率、股利增长率、股票价格评价、良好的现金流以及公司的信任度，等等。战略目标体系则不同，它的建立目的在于为公司赢得下列结果：获取足够的市场份额，在产品质量、客户服务或产品革新等方面压倒竞争对手，使整体成本低于竞争对手的成本，提高公司在客户中的声誉，在国际市场上建立更强大的立足点，建立技术上的领导地位，获得持久的竞争优势，抓住诱人的成长机会等。财务目标体系主要以具体数值（率、度、价格、现金流）体现，战略目标体系主要以动作（获取、压倒、低于、提高、建立、获得、抓住）体现。选项A、C、D都属于建立财务目标所要达到的结果。选项B的关键词为“获取”，因此选项B正确。

11. 【答案】D

【学堂点拨】本题主要考查“公司战略的层次”知识点。总体战略，又称公司层战略，是企业最高层次的战略。它需要根据企业的目标，选择企业可以竞争的经营领域，合理配置企业经营所必需的资源，使各项经营业务相互支持、相互协调。业务单位战略（竞争战略）针对不断变化的外部环境，在各自的经营领域中有效竞争。职能战略（职能层战略）主要涉及企业内各职能部门，如营销、财务、生产、研发（R&D）、人力资源、信息技术等，如何更好地配置企业内部资源，为各级战略服务，提高组织效率。选项A为职能战略，错误。选项B为竞争战略，错误。选项C为职能战略，错误。

12. 【答案】C

【学堂点拨】本题主要考查“战略变革的发展阶段”知识点。不断改变阶段：在这个阶段中，战略变化呈现无方向或无重心的特点，选项A正确；全面阶段：在这个阶段中，企业战略是在一个较短的时间内，发生革命性或转化性的变化，选项B正确；连续阶段：在这个阶段中，制定的战略基本上没有发生大的变化，仅有一些小的修正，选项C错误；渐进阶段：在这个阶段中，战略发生缓慢的变化。这种变化可能是零打碎敲性的，也可能是系统性的，所以选项D正确。

13. 【答案】A

【学堂点拨】本题主要考查“公司战略的层次”知识点。一般将战略分为三个层次：总体战略、业务单位战略或竞争战略和职能战略。职能战略，又称职能层战略，主要涉及企业内各职能部门，如营销、财务、生产、研发、人力资源、信息技术等，如何更好地配置企业内部资源，为各级战略服务，提高组织效率。依题意，关键词为“研发部门”，该部门通过一系列战略措施来帮助企业实现战略目标，因此属于职能战略。

14. 【答案】A

【学堂点拨】本题主要考查“战略变革的类型”知识点。技术变革涉及工作方法、设备和工作流程等生产和服务技术，甲公司以机器替代手工劳作，属于生产技术和工作方法的变革。因此选项A正确。

15【答案】D

【学堂点拨】业务单位战略又叫竞争战略，关注的是在已定的业务范围内如何有效加强竞争。甲公司推出新产品，取得很高的市场占有率，是在现有的经营领域（粮食产品制造业务内）加强竞争，故选项D正确。

二、多项选择题

1. 【答案】CD

【学堂点拨】本题主要考查“公司战略的定义”知识点。传统概念既包括为达到企业的终点而寻求的途径，也包括企业终点本身，选项A正确。战略既是预先性的（预谋战略），又是反应性的（适应性战略）。即大部分战略是计划和应变的有机组合，选项B正确，选项C错误。现代概念强调应变性、竞争性和风险性；传统战略概念主要强调战略的计划性、全局性和长期性，选项D错误。

2. 【答案】AB

【学堂点拨】本题主要考查“公司战略的层次”知识点。协同作用对于职能战略具有非常重要的意义，因此选项C的说法不正确。职能战略的重点是更好地配置企业内部资源，为其他各级战略服务，提高组织效率。因此选项D的说法不正确。

3. 【答案】CD

【学堂点拨】本题主要考查“公司战略的层次”知识点。一般将战略分为三个层次：公司战略、业务单位战略、职能战略。本题的关键词为“公司未来发展目标”以及“各个部门如生产部、采购部、研发部”，其中甲公司“在会议中确定了公司未来发展目标”是总体战略；“规划了公司的各个部门如生产部、采购部、研发部、人力资源部等内部资源的配置和协调，以期发挥协同作用”是职能战略，没有涉及业务单位战略（竞争战略）。

4. 【答案】BCD

【学堂点拨】本题主要考查“战略选择的方法”知识点。如果由于用多个指标对多个战略方案的评价产生不一致的结果，最终的战略选择可以考虑以下几种方法：根据企业目标选择战略；提交上级管理部门审批；聘请外部机构。因此选项B、C、D正确。

5. 【答案】BCD

【学堂点拨】本题主要考查“战略备选方案的评估标准”知识点。评估战略备选方案通常使用三个标准：可行性标准、可接受标准、适宜性标准。选项B、C、D正确。

6. 【答案】AB

【学堂点拨】本题主要考查“公司的使命、目标”知识点。财务目标体系和战略目标体系都应该从短期目标和长期目标两个角度体现出来，选项A错误；目标体系的建立需要所有管理者的参与，选项B错误。

7. 【答案】ABCD

【学堂点拨】本题主要考查“战略变革面临的障碍”知识点。文化障碍一般属于团体障碍，私人障碍属于影响个人的障碍。例如：（1）习惯，因为工作的习惯是很难改变的，新的不熟悉的工作方式通常让人感觉不舒服，安全也不可避免地受到威胁；（2）变革对个人收入的影响可能相当大；（3）对于未知的恐惧降低了人们学习新技能和程序的意愿和兴趣，因为他们可能缺乏自信去迎接新的挑战；（4）选择性的信息处理导致员工去选择应当听什么和忽略什么，这样他们就可以使用他们选择的信息来判断他们的处境，从而忽略管理层对于变革的要求。选项A、B、C、D分别提到了黄经理、老李、王某、苏某，是从个人角度谈及变革面临的障碍，因此均属于私人障碍。

8. 【答案】ABC

【学堂点拨】本题主要考查“战略变革的类型”知识点。战略变革共有四种类型：技术变革、产品和服务变革、结构和体系变革、人员变革。甲公司重新协调战略、组织结构属于结构和体系的变革。推出在线直播课程属于产品和服务的变革，加大研发力度，采用先进的信息技术属于技术变革。因此选项A、B、C正确。

9. 【答案】AB

【学堂点拨】本题主要考查“公司战略的层次”知识点。“新进入房屋维修行业”是进入新的经营领域，所以属于总体战略，而实行低成本的战略属于业务单位里面的集中成本领先战略。本题没有体现出职能战略。因此，选项A、B正确。

10. 【答案】BCD

【学堂点拨】本题主要考查“公司战略的层次”知识点。当公司为单一业务公司时，总体战略和业务单位战略是合二为一的；只有对业务多元化的公司来说，总体战略和业务单位战略的区分才有意义，所以选项A错误，选项B、C、D正确。

三、简答题

1.【答案】

本题主要考查“战略变革的类型”和“战略变革的实现”知识点。

（1）激扬公司战略变革的类型有：

①结构和体系变革，指企业运作的管理方法的变革，包括结构变化、政策变化和控制系统变化，表现为“将东南亚地区的行政、支持性部门，包括人力资源部、会计部、采购部等工作重组为共享服务中心的运作模式，在上海集中处理”；

②产品和服务变革，指企业产出的变革，包括开发新产品或改进现有产品。表现为“把产业链延伸到工业实体领域，做出自己的运动用品产品，树立自己的品牌”；

③技术变革，指工作方法、设备和工作流程等生产产品和服务技术，表现为“在全球范围内调整内部业务流程，进一步优化采购、库存管理等流程，以提高效率，降低营运成本”；

④人员变革，指企业员工价值观、工作状态、技能和行为方式的转变，表现为“鼓励员工为公司发展献言献策，建立‘企业与员工效益同步增长’的理念，确保员工为完成企业目标尽心尽力”。

（2）激扬公司各地区领导层及员工可能反对变革计划一的原因主要是变革会对人们的境遇产生重要影响，包括生理变化、环境变化和心理变化。其中心理变化包括：①迷失方向；②不确定性可能导致无安全感；③无助。

结合案例，变革使各部门的工作模式和工作地点可能发生改变，甚至出现部门调整和减少人员，从而导致人员心理出现了对未来工作存在不确定性和缺乏安全感。

处理变革阻力时应考虑的因素：

①变革的节奏，变革应循序渐进，有更多的时间来提出问题和解决问题。在许可的情况下让有关行政、支持性部门的主管参与，或让他们有足够的时间进行了解和提问；

②变革的管理方式，管理层应充分了解变革的细节，深刻地理解变革的必要性，看清变革的方向，鼓励冲突领域的对话，通过对话让大多数员工了解变革的必要性和可行性，从而接受即将开始的变革；

③变革的范围，管理层应注意此次变革是否幅度太大，范围太大的转变会带来巨大的不安全感和较多的刺激，可以考虑变革的范围是否可以小一些。

2.【答案】

本题主要考查“战略选择过程”和“克服变革阻力的策略”知识点。

（1）战略形成的方法分为自上而下的方法、自下而上的方法和上下结合的方法。从案例中可以看出通用电气提倡的是自下而上的方法或上下结合的方法。原因是“通用电气管理层充分认识到自上而下的过程因面临员工的反对而可能失败。”企业可以从对企业整体目标的保障、对中下层管理人员积极性的发挥，以及企业各部门战略方案的协调等多个角度考虑，选择适宜的战略制定方法。

（2）通用电气克服变革阻力的策略主要考虑如下两个方面：

①变革的节奏，“追求变革完成速度往往适得其反，会使整个变革失败”，因此过分追求速度反而适得其反，变革的节奏应该循序渐进；

②变革的管理方式，采取适宜的变革管理方式对于构建良好的氛围、明确变革的需求、平息对变革的抵制和恐惧情绪是非常重要的。“充分运用了与广大员工面对面进行研讨培训的方法，他们安排企业新员工就有关公司价值观等主题与公司高层领导进行对话，由于坦白和建设性冲突在通用新建立的价值观中相当受重视，所以讨论问题时大家敢于说真话，有时与领导进行的辩论甚至显得‘肆无忌惮’。”“在面对面的讨论中，总裁也必须承受众人的攻击，但他也不放过每次说服别人赞同他的观念的机会。多年的实践证明，研讨培训在通用电气的大变革中起到了举足轻重的作用。”“必要的真正变革的动力需要能力和感情力量。哪位领导者不试着到达员工的内心，那就得品尝变革失败的苦果。”由此可以看出，通用电气鼓励冲突领域的对话，鼓励员工个人参与。

第二章　战略分析

本章思维导图

- 战略分析
  - 外部环境分析
    - 宏观环境分析
      - 政治和法律环境
      - 经济环境
      - 社会和文化环境
      - 技术环境
    - 产业环境分析
      - 产品生命周期
      - 产业五种竞争力
      - 成功关键因素分析
    - 竞争环境分析
      - 竞争对手分析
      - 产业内的战略群组
    - 国家竞争优势（钻石模型）分析
  - 内部环境分析
    - 企业资源与能力分析
      - 企业资源分析
      - 企业能力分析
      - 企业的核心能力
    - 价值链分析
      - 基本活动和支持活动
      - 价值链确定
      - 企业资源能力的价值链分析
    - 业务组合分析
      - 波士顿矩阵
      - 通用矩阵
  - SWOT分析
    - 基本原理
    - 应用

本章概述及考情分析

战略分析实质就是照镜子，知己知彼，从外部环境和内部环境两个角度进行分析，对企业自身有一个清楚的认识。本章最大的特点就是模型工具特别多，因此要重点关注模型工具运用于主观题之中。

本章考试分值较高，预计分值15分左右，总体难度较大，以主观题为主，重点关注一系列模型工具的应用。

2018年教材主要变化

无实质性变化。

考点分析

考点	重要程度	考查题型	考查要点	大纲要求
宏观环境分析（PEST分析）	★★★	单选题、多选题、主观题	重点掌握宏观环境分析中的经济环境和社会与文化环境分析	掌握
产品生命周期	★★★	单选题、多选题、主观题	区分四个阶段的不同特征、战略目标和战略路径	掌握
五力模型	★★★	单选题、多选题、主观题	掌握五种竞争力量的内涵	掌握
战略群组	★★	单选题、多选题、主观题	结合案例进行战略群组分析	记忆
国家竞争优势（钻石模型）分析	★★	单选题、多选题、主观题	掌握钻石模型的四个要素内涵	记忆
企业资源判断标准	★★	单选题、多选题	掌握资源判断标准的教材举例	记忆
基准类型	★★	单选题、多选题	结合案例辨识基准类型	记忆
价值链分析	★★★	单选题、多选题、主观题	辨析九种价值链活动	掌握
波士顿矩阵	★★★	单选题、多选题、主观题	结合案例进行多元化经营公司业务分析	掌握
SWOT分析	★★★	单选题、多选题、主观题	结合案例进行SWOT分析	掌握

本章知识点精讲

第一节 企业外部环境分析

知识点1 宏观环境分析（PEST分析）（★★★）

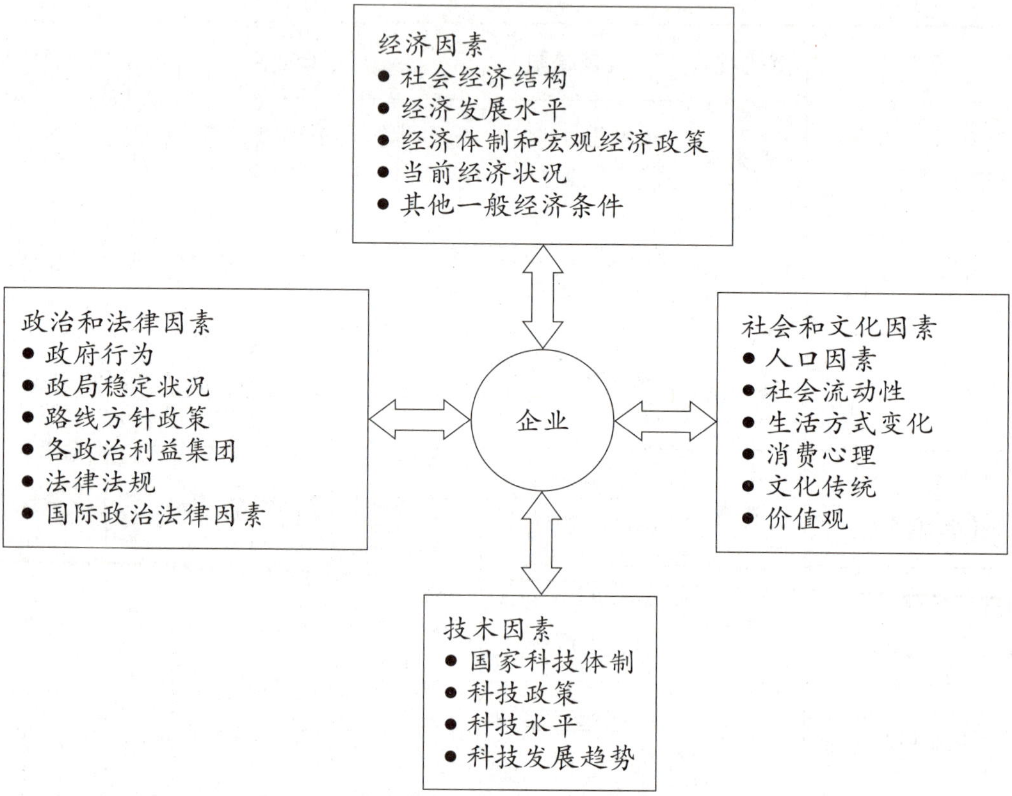

图 2–1 主要宏观环境因素

学堂点睛

1. 经济环境因素中两点说明：

（1）当前经济状况包括：税收水平、通货膨胀率、贸易差额和汇率、失业率、利率、信贷投放以及政府补助等；

（2）其他一般经济条件包括：工资水平、供应商及竞争对手的价格变化等。

2. 重点关注社会与文化环境中六种因素的辨识：人口因素、社会流动性、消费心理、生活方式变化、文化传统、价值观。

【例1-2011-单选题】商界有句名言“女人和孩子的钱好赚”。从战略分析角度来看，该说法主要分析的因素是（　　）。

A．人口因素　　B．价值观

C．生活方式变化　　D．消费心理

【答案】D

学堂点拨

购物过程中的消费心理多种多样，如追求新鲜感或追求实惠等，女人和孩子的消费心理往往以冲动性为主，所以“女人和孩子的钱好赚”反映的是社会和文化环境因素中的消费心理。

【例2-2009-单选题】某国际快餐连锁公司宣布在中东开设连锁店，但并不出售猪肉汉堡，只出售牛肉汉堡、鸡肉汉堡和鱼肉汉堡。这说明该国际快餐连锁公司在战略分析中考虑了（　　）。

A．政治和法律因素　　B．经济因素

C．社会和文化因素　　D．技术因素

【答案】C

学堂点拨

文化传统是一个国际或地区在较长历史时期内形成的一种社会习惯，中东地区由于长期形成的宗教信仰有不食猪肉的习惯，因此考虑的是社会和文化因素中的文化传统。

【例3-2009-单选题】下列各项中，不属于PEST分析的经济环境因素是（　　）。

A．产业结构　　B．经济发展水平

C．国民收入分配政策　　D．人口地区分布

【答案】D

学堂点拨

经济环境因素包括：社会经济结构、经济发展水平、经济体制和宏观经济政策、当前经济状况和其他一般经济条件。选项A、B、C均属于经济环境分析，而人口地区分布属于社会和文化环境因素。

【例4-2013-简答题】为缓解中小企业融资难的问题，2007年银监会提出大力发展新型农村金融机构村镇银行，提高对县域、乡村的金融服务水平；出台法规放宽村镇银行的准入条件，并给予一定的税收优惠，以促进农村金融业的发展。

在此背景下，2011年3月甲省君盛村镇银行成立，君盛村镇银行的主要客户为甲省小微企业和农户。成立之初，君盛银行面临不少困难：

第一，君盛经营以存贷款业务为主，中间业务很少。当地人均收入低、诚信度不高、保险和信贷担保发展滞后等因素制约了君盛业务的发展；

第二，村镇银行作为新生事物，品牌认可度、社会公信度和信誉度都还不高；

第三，适合村镇银行特点的业务终端机和ATM机等设备供应严重不足，村镇银行的支付清算系统因为技术原因不能纳入同城支付结算系统、征信系统；

第四，国有银行享受的一些优惠政策没有给予村镇银行。

要求：运用PEST分析方法，简要分析君盛银行面临的宏观环境。

【答案】

君盛银行面临的宏观环境：

1．政治和法律环境

有利因素表现为："为缓解中小企业融资难的问题，2007年银监会提出大力发展新型农村金融机构村镇银行，提高对县域、乡村的金融服务水平；出台法规放宽村镇银行的准入条件，并给予一定的税收优惠。"

不利因素表现为：村镇银行不能享受国有银行享受的一些优惠政策。

2．经济环境

有利因素表现为：政府推进农村金融业的大力发展。

不利因素表现为："当地人均收入低、诚信度不高、保险和信贷担保发展滞后等因素制约了君盛业务的发展。"

3．社会和文化因素

不利因素表现为："村镇银行作为新生事物，品牌认可度、社会公信度和信誉度都还不高。"

4．技术环境

不利因素表现为："适合村镇银行特点的业务终端机和ATM机等设备供应严重不足，村镇银行的支付清算系统因为技术原因不能纳入同城支付结算系统、征信系统"，导致了君盛银行不能更好地对客户提供服务，制约了经营业务的扩展。

学堂点睛

充分利用复制粘贴，在题干部分寻找答案。

知识点2 产业环境分析（★★★）

产业环境分析
- 产品生命周期
- 产业五种竞争力（五力模型）
- 成功关键因素分析

图 2-2 产业环境分析

学堂点睛

重点掌握产品生命周期和产业五种竞争力（五力模型）。

一、产品生命周期（★★★）

表 2-1 产品生命周期特征

	导入期	成长期	成熟期	衰退期
产品特征	不成熟	差异化	标准化	差别小
销量	小，高收入用户才会尝试	销售群扩大	稳定，基本饱和	下降
竞争	很少	竞争加剧	价格竞争（最激烈）	有些竞争者先于产品退出市场
利润	净利润较低	价格最高，单位净利润最高	毛利率和净利润率都下降，利润空间适中	产品的价格、毛利都很低，只有到后期，多数企业退出后，价格才有望上扬
经营风险	非常高	高	中	低
战略目标	扩大市场份额，争取成为“领头羊”	争取最大市场份额，坚持到成熟期	巩固市场份额，提高投资报酬率	防御，获取最后现金流
战略路径	研发以提高质量	市场营销	提高效率，降低成本	控制成本，若缺乏成本优势，尽早退出

学堂点睛

这些阶段以产业销售额增长率曲线的拐点划分，产业的增长与衰退由于新产品的创新和推广过程而呈现“S”形。

产品生命周期理论受到的批评：

1. 各阶段的持续时间随着产业的不同而非常不同，并且一个产业究竟处于生命周期的哪一阶段通常不清楚；

2. 产业的增长并不总是呈“S”形，有时产业跳过成熟阶段，直接从成长走向衰亡，有的产业在一段时间衰退之后又重新上升，还有的产业似乎完全跳过了导入期这个缓慢的起始阶段；

3. 公司可以通过产品创新和产品的重新定位，来影响增长曲线的形状；

4. 与生命周期每一阶段相联系的竞争属性随着产业的不同而不同。

【例5-2015-单选题】根据产品生命周期理论，产业从导入期到进入衰退期，其经营风险（　　）。

A. 不断下降　　B. 不断提高

C. 先提高后下降　　D. 先下降后提高

【答案】A

学堂点拨

导入期的经营风险非常高，成长期的经营风险有所下降，主要是产品本身的不确定性在降低。成熟期的经营风险进一步降低，达到中等水平。进入衰退期后，经营风险会进一步降低，主要的悬念是什么时间产品将完全退出市场。由此可以得出结论：企业的经营风险是不断降低的。

【例6-2014-单选题】根据产品生命周期理论，当企业的战略目标是争取最大市场份额时，企业所在的产业处于（　　）。

A. 导入期　　B. 衰退期　　C. 成熟期　　D. 成长期

【答案】D

学堂点拨

成长期属于产品生命周期的第二个阶段，导入期是扩大市场份额，成长期为争取最大市场份额，成熟期为巩固市场份额，衰退期为防御。因此选项D正确。

【例7-2014-多选题】下列关于产品生命周期的表述中，正确的有（　　）。

A. 以产业销售额增长率曲线的拐点划分，产业生命周期可以划分为导入期、成长期、成熟期和衰退期四个阶段

B. 成熟期开始的标志是竞争者之间出现挑衅性的价格竞争

C．与产品生命周期每一阶段相联系的竞争属性随着产业的不同而不同

D．一个产业所处的生命周期具体阶段通常比较清晰

【答案】ABC

学堂点拨

产品生命周期理论的第一个批评是：各阶段的持续时间随着产业的不同而明显不同，并且一个产业究竟处于生命周期的哪一个阶段通常不易区分清楚，所以选项D不正确。

【例8-2014-多选题】A公司是一家集团企业，业务涉及金融、出版、饮用水、水泥生产等。集团公司管理层进行分析时，发现该公司产业规模稳中有降，消费者对产品的要求较高，并出现了较多的企业兼并机会。对此，A公司的主要战略路径有（　　）。

A．生产能力　　B．市场营销　　C．提高效率　　D．降低成本

【答案】CD

学堂点拨

成熟期虽然市场巨大，但是已经饱和。从题干得知：A公司所处产业规模稳中有降，消费者对产品的要求较高，并出现了较多的企业兼并机会，可以判断该产业基本饱和，处于成熟期。成熟期的主要战略路径是提高效率，降低成本。

二、产业五种竞争力（★★★）

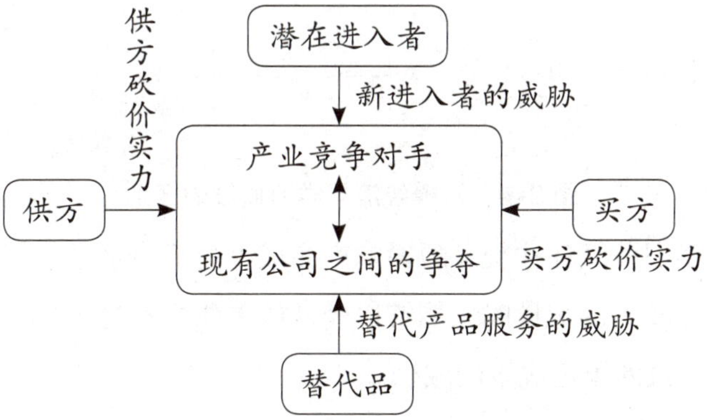

图 2-3　驱动产业竞争的力量

（一）五种竞争力分析

1．潜在进入者的进入威胁

进入威胁的大小取决于呈现的进入障碍（结构性障碍）与准备进入者可能遇到的现

有在位者的反击（行为性障碍/战略性障碍），统称为进入障碍。

表 2–2　进入障碍的概念及特点

<table>
<tr><td rowspan="4">结构性障碍</td><td>波特观点</td><td colspan="2">规模经济、产品差异、资金需求（指投资）、转换成本（指购买者的转换成本）、分销渠道、其他优势及政府政策。</td></tr>
<tr><td rowspan="3">贝恩观点（重点）</td><td colspan="2">规模经济——单位成本降低。</td></tr>
<tr><td colspan="2">现有企业对关键资源的控制（表现为对资金、专利或专有技术、原材料供应、分销渠道、学习曲线等资源及资源使用方法的积累与控制）。</td></tr>
<tr><td>现有企业的市场优势</td><td>1. 品牌优势：产品的差异化。
2. 政府政策。</td></tr>
<tr><td colspan="2">行为性障碍（或战略性障碍）</td><td colspan="2">1. 限制进入定价（降低价格）。
2. 进入对方领域（报复）。</td></tr>
</table>

学堂点睛

规模经济与学习曲线的区别：

规模经济是指在一定时期内，企业所生产的产品或劳务的绝对量增加时，其单位成本趋于下降。

学习曲线，又称经验曲线，是指当某一产品累计生产量增加时，由于经验和专有技术的积累所带来的产品单位成本的下降。

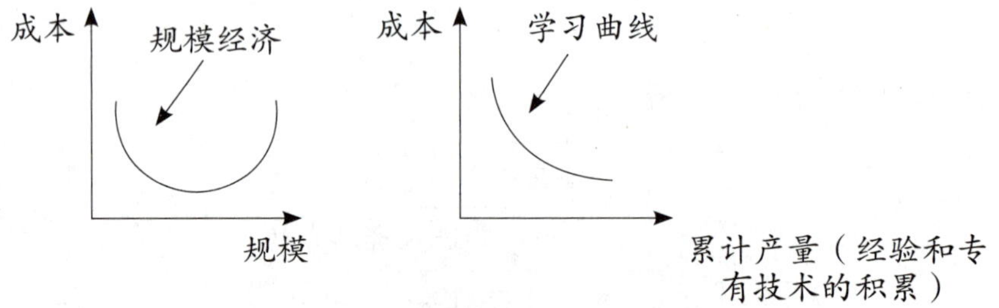

图 2–4　规模经济与学习曲线的区别

规模经济与学习曲线往往交叉地影响产品成本的下降水平。规模经济使得当经济活动处于一个比较大的规模时，能够以较低的单位成本进行生产，而学习经济是由于积累经验而导致的单位成本的减少。

在学习经济很小时，规模经济也可能是很大的。这在诸如铝罐制造这样的简单资本密集型的生产中通常能够产生。

在规模经济很小时，学习经济也可以是很大的。这存在于诸如计算机软件开发等复杂的劳动密集型产业中。

2. 替代品的替代威胁

（1）直接产品替代：即某一种产品直接取代另一种产品，如苹果计算机代替王安计算机。

（2）间接产品替代：即由能起到相同作用的产品非直接地取代另外一些产品，如人工合成纤维取代天然布料。

学堂点睛

老产品能否被新产品替代主要取决于两种产品的性能—价格比（公式：价值=功能／成本）的比较。替代品的替代威胁并不一定意味着新产品对老产品最终的取代。几种替代品长期共存也是很常见的情况。

3. 供应者、购买者讨价还价的能力

表 2–3　供应者、购买者讨价还价的能力对比

买方（或卖方）的集中程度或业务量的大小	集中度高和业务量大的一方，议价能力强。
产品差异化程度与资产专用性程度	供应者的产品存在着差别化，议价能力强。 供应者的产品高度专用化，议价能力强。
纵向一体化程度	如果购买者表现出后向一体化（自己生产）的威胁，议价能力强。 当供应者表现出前向一体化（自己销售）的威胁，议价能力强。
信息掌握的程度	信息掌握程度更高一方，议价能力强。

学堂点睛

购买者的转换成本：即从一个供应者转换到另一个供应者的成本。

供应者了解购买者的转换成本，议价能力增强。

4. 产业内现有企业的竞争在下面几种情况下可能是很激烈的：

（1）产业内有众多的或势均力敌的竞争对手；

（2）产业发展缓慢；

（3）顾客认为所有的商品都是同质的；

（4）产业中存在过剩的生产能力；

（5）产业进入障碍低而退出障碍高。

学堂点睛

多、慢、同、剩、进低出高。

（二）对付五种竞争力的战略（了解）

1. 自我定位，通过利用成本优势或差异优势把公司与五种竞争力相隔离，从而能够超越它们的竞争对手。

2. 识别在产业哪一个细分市场中，五种竞争力的影响更少一点（集中战略）。

3. 努力去改变这五种竞争力。公司可以通过与供应者或购买者建立长期战略联盟，以减少相互之间的讨价还价；公司还必须寻求进入阻绝战略来减少潜在进入者的威胁等等（合作共赢）。

（三）五力模型的局限性（了解）

1. 该分析模型基本上是静态的。

2. 该模型能够确定行业的盈利能力，但是对于非营利机构，有关获利能力的假设可能是错误的。

3. 该模型基于这样的假设：即一旦进行了这种分析，企业就可以制定企业战略来处理分析结果，但这只是一种理想的方式。

4. 该模型假设战略制定者可以了解整个行业（包括所有潜在的进入者和替代产品）的信息，但这一假设在现实中并不存在。

5. 该模型低估了企业与供应商、客户或分销商、合资企业之间可能建立长期合作关系以减轻相互之间威胁的可能性。

6. 该模型对产业竞争力的构成要素考虑不够全面。

哈佛商学院教授大卫·亚非提出第六个要素——互动互补作用力：任何一个产业内部都存在不同程度的互补互动（指互相配合一起使用）的产品或服务业务。

1. 在产业发展初期阶段，企业在其经营战略定位时，可以考虑控制部分互补品的供应，这样有助于改善整个行业结构，包括提高行业、企业、产品、服务的整体形象，提高行业进入壁垒，降低现有企业之间的竞争程度。

2. 随着行业的发展，企业应有意识地帮助和促进互补行业的健康发展，还可以考虑采用捆绑式经营（存话费送手机）或交叉补贴销售（打印机与墨盒）等策略。

【例9-2016-单选题】甲专车公司是基于互联网的专车服务提供商。甲专车公司采用“专业车辆、专业司机”的运营模式，利用移动互联网及大数据技术为客户提供“随时随地、专人专车”的全新服务体验，在专车服务市场取得了很大的成功。甲专车公司给潜在进入者设置的进入障碍是（　　）。

A. 规模经济　　B. 资金需求　　C. 价格优势　　D. 产品差异

【答案】D

学堂点拨

甲专车公司为客户提供全新有特色的服务体验——“随时随地、专人专车”的全新服务体验，属于差异化，所以选项D正确。

【例10-2016-单选题】根据波特的五种竞争力分析理论，下列各项关于供应商讨价还价能力的说法中，错误的是（　　）。

A．供应商提供的产品专用性程度越高，其讨价还价能力越强

B．供应商借助互联网平台掌握的购买者转换成本信息越多，其讨价还价能力越强

C．占市场份额80%以上的少数供应商将产品销售给较为零散的购买者时，其讨价还价能力强

D．供应商拥有足够的资源能够进行后向一体化时，其讨价还价能力强

【答案】D

学堂点拨

供应商如果能自己销售已经生产出的产品，而不需要依赖销售商时会提高其讨价还价能力，因此供应商具有前向一体化（自己销售）的实现威胁时，其讨价还价能力强，所以选项D错误。注意辨析前向一体化和后向一体化。

【例11-2016-单选题】哈佛商学院教授大卫·亚非在波特教授五种竞争力研究基础上，提出了影响产业利润的第六个要素。下列各项中，体现该要素作用的是（　　）。

A．某火力发电企业并购了一家煤矿，降低了原材料成本

B．某地区交通条件的改善促进了该地区房地产业的发展

C．某牛奶供应商控制了全市的销售渠道，使其他牛奶供应商在该市难以立足

D．两家大型超市通过降低销售，争夺消费者

【答案】B

学堂点拨

大卫·亚非提出了第六个要素，即互动互补作用力。亚非认为，任何一个产业内部都存在不同程度的互补互动（指互相配合一起使用）的产品或服务业务。例如，对于房地产业来说，交通、家具、电器、学校、汽车、物业管理、银行贷款、有关保险、社区、家庭服务等会对住房建设产生影响，进而影响到整个房地产业的结构。某地区交通条件的改善促进了该地区房地产业的发展体现了这种互动互补作用，因此选项B正确。

【例12-2015-单选题】达美公司在全国各地拥有10多个仓储物流中心，还控制了多个中药材交易市场。基于此优势，达美公司决定构建一个中药材电子商务市场，并把它建成“实体市场与虚拟市场相结合”、中药材电子交易与结算服务为一体的中药材大宗交易平台。目前许多企业计划进入中药材电子商务业务。达美公司给潜在进入者设置的进入障碍是（　　）。

A．规模经济　　　　　　　　　　B．资金需求

C．现有企业的市场优势　　　　　D．现有企业对关键资源的控制

【答案】D

学堂点拨

现有企业对关键资源的控制（表现为对资金、专利或专有技术、原材料供应、分销渠道、学习曲线等资源及资源使用方法的积累与控制）是公司给潜在进入者设置的进入障碍之一。达美公司在商品流通渠道、中药材市场包括电子商务市场中占据着资源优势属于现有企业对关键资源的控制，因此选项D正确。

【例13-2014-单选题】下列各项中，对规模经济和学习经济之间的关系做出正确表述的是（　　）。

A．两者总是同方向变动

B．在劳动密集型产业中，学习经济很小，规模经济却很大

C．在资本密集型产业中，规模经济很小，学习经济却很大

D．两者交叉地影响产品成本的下降水平

【答案】D

学堂点拨

规模经济使得当经济活动处于一个比较大的规模时，能够以较低的单位成本进行生产；学习经济是由于积累经验而导致的单位成本的减少。它与规模经济往往交叉地影响产品成本的下降水平，选项A错误，选项D正确。即使是学习经济规模很小的情况下，规模经济也可能是很大的。这在诸如铝罐制造这样的简单资本密集型的生产中通常能够产生，选项C错误；同样的，在规模经济很小时，学习经济也可以是很大的，这存在于诸如计算机软件开发等复杂的劳动密集型产业中，选项B错误。

【例14-2012-多选题】根据波特的五力模型，下列各项中，可以提高购买商议价

能力的原因有（　　）。

A．购买商主要为零散的个人，但是通过协议方式进行集体大量购买产品

B．市场上的替代产品多

C．购买商对于产品的性能、规格、质量以及售价信息很了解

D．购买商对于产品的供应时间要求迫切

【答案】ABC

学堂点拨

大量购买可以增加购买商的讨价还价能力（量大从优）；替代品较多，购买商的讨价还价能力增强（转向）；购买商对于产品的信息很了解，增强议价能力，而购买商对于产品的供应时间要求迫切，会削弱其讨价还价能力。

【例15-简答题】E公司是一家中小企业，成立的时间不长。在成立初期，为了在市场上取得较好的成绩，主要投资人以一个较高的起点设立了这家企业，花巨资购买了世界最先进的一条生产线，并通过给予优厚的待遇招聘到了一些资深的研发人员，为他们配备了很好的设备和环境，期望能够在最短的时间内研发出新产品。

E公司的产品质量在市场上处于中上游水平，仅位于一家主要竞争对手之后。产品一经推出即得到市场的认同，销售增长速度很快。针对该种产品客户对售后服务的要求，E公司主动与客户建立起了结构性关系，使客户对企业的服务形成了无法通过其他途径弥补的依赖。通过这种做法，该企业以优质的客户服务获得了客户的认同，也维持了现有的市场。为了制定自身的发展战略，采用五力模型对产业的竞争结构进行了分析。部分因素分析如下：

1．本产业的潜在进入者来自国内、国外两个方面。本产业是资本和技术密集型的产业，对国外进入者，国家有一定限制以对本产业进行必要的保护；

2．本公司产品的主要原材料供应者十分集中，采购量在各供应者之间分布较均匀，主要原材料暂无替代品；

3．由于本产业中各企业提供的产品差异性越来越小，因此顾客选择机会较多；

4．由于科技进步加快，市场上已开始出现性能更高的同类产品，只是目前的价格还略高于传统产品。

要求：

1．上述四方面因素分别属于五力模型中的哪个方面？

2．说明每个因素对该产业竞争强度的影响；

3．简述五力模型的局限性。

【答案】

本题主要考查“五力模型”知识点。

1．第一个因素属于潜在进入者的进入威胁因素。第二个因素属于供应者讨价还价的能力因素。第三个因素属于购买者讨价还价的能力因素。第四个因素属于替代品的替代威胁因素。

2．（1）潜在进入者的进入威胁。

潜在进入者来自于国内和国外两个方面。依题意，对潜在进入者具有结构性障碍。原因是本产业是资本和技术密集型的产业，同时，由于国家有一定限制以对本产业进行必要的保护，因此具有一定的结构性障碍，在一定程度上限制了潜在进入者（包括国外的潜在进入者）进入威胁。

同时，E公司主动与客户建立起了结构性关系，使客户对企业的服务形成无法通过其他途径弥补的依赖，也对潜在进入者造成了威慑。

总体来看，潜在进入者的威胁不大。

（2）供应者、购买者的讨价还价能力。

由于产品的主要原材料供应商十分集中，说明供应商数量较少，采购量在各供应商之间分布较均匀，主要原材料暂无替代品，说明供应商在市场中处于主导地位，因此供应者的讨价还价能力较强。

由于不同企业产品的差异性越来越小，顾客的选择机会较多，说明购买者的转换成本低，因此，购买者的讨价还价能力较强。

（3）替代品的替代威胁。

市场上已经出现了性能更高的同类产品，存在替代品威胁，但由于替代品目前的价格还略高于传统产品，因此短期内威胁不明显，但仍应予以关注。

3．五力模型的局限性：

（1）该分析模型基本上是静态的；

（2）该模型能够确定行业的盈利能力，但是对于非营利机构，有关获利能力的假设可能是错误的；

（3）该模型基于这样的假设：即一旦进行了这种分析，企业就可以制定企业战略来处理分析结果，但这只是一种理想的方式；

（4）该模型假设战略制定者可以了解整个行业（包括所有潜在的进入者和替代产品）的信息，但这一假设在现实中并不存在。对于任何企业来讲，在制定战略时掌握整个行业的信息既不可能也无必要；

（5）该模型低估了企业与供应商、客户或分销商、合资企业之间可能建立长期合作关系以减轻相互之间威胁的可能性。

【例16-2014-简答题】光澜公司是C国一家二级民营电信运营商，专注于宽带接入业务。

光澜公司的供应商主要分为宽带供应商和设备供应商。宽带供应商主要是3家一级电信运营商，他们控制了绝大部分互联网出口宽带资源。光澜公司与其他二级电信运营商一样，只能从这3家一级运营商手中购买宽带资源。设备供应商数量多、规模小，光澜公司每年都可以选择从不同供应商手中采购大量设备，在价格及付款方式等方面已达成很好的默契。光澜公司的客户主要是中小企业，这些企业的资金实力有限，对光澜公司产品的价格比较敏感，加之光澜公司目前的产品比较单一，容易被竞争对手复制。

2013年，C国政府制定政策，将宽带定位于重要的公共基础设施；放宽了民间资本进入电信运营业的限制，以适应经济快速增长和互联网普及率迅速提高的需求。面对十分广阔的市场前景，许多投资者跃跃欲试，准备跻身于宽带接入行业。尤其是3家一级运营商，手中积累了大量资金，打造“全产业链”正在成为其战略取向。一旦他们的业务延伸到宽带接入领域，将很可能成为该领域的主导者。有的一级供应商还有可能一举用更为先进的4G技术来代替传统的宽带接入技术，从根本上改变行业竞争格局。这些一级运营商在直接介入宽带业务之前，已经利用其市场知名度和资金优势调整市场开发策略，通过扶植众多的代理商参与市场竞争。这些代理商虽然目前实力较弱，覆盖区域较小，但价格灵活，服务的客户比较集中，他们往往以价格为利器与光澜公司展开竞争，其中个别代理商提供的产品价格已达到与光澜公司产品价格持平甚至略低的水平。

要求：

1. 从宏观环境角度简要分析光澜公司面临的机会与威胁；

2. 从五种竞争力角度简要分析光澜公司面临的机会与威胁。

【答案】

本题主要考查“PEST分析”以及“五力模型”知识点。

1. 从PEST角度分析光澜公司面临的机会与威胁。

机会：

（1）政治法律因素，表现为“政府制定政策，将宽带定位于重要的公共基础设施；放宽了民间资本进入电信运营业的限制”；

（2）经济因素，表现为C国“经济快速增长”；

（3）社会和文化因素。表现为“互联网普及率迅速提高”。

威胁：

技术因素。表现为“有的一级供应商还有可能一举用更为先进的4G技术来代替传统的宽带接入技术，从根本上改变行业竞争格局”。

2. 从五种竞争力角度分析光澜公司面临的机会和威胁。

机会：

供应商讨价还价的能力。表现为“设备供应商数量多、规模小，光澜公司每年都可以选择从不同供应商手中采购大量设备，在价格及付款方式等方面已达成很好的默契”。

威胁：

（1）潜在进入者的威胁，表现为“面对十分广阔的市场前景，许多投资者跃跃欲试，准备跻身于宽带接入行业。尤其是3家一级运营商，手中积累了大量资金，打造‘全产业链’正在成为其战略取向。一旦他们的业务延伸到宽带接入领域，将很可能成为该领域的主导者”；

（2）替代品威胁，表现为“有的一级供应商还有可能一举用更为先进的4G技术来代替传统的宽带接入技术”；

（3）购买者讨价还价的能力，表现为“光澜公司的客户主要是中小企业，这些企业的资金实力有限，对光澜公司产品的价格比较敏感，加之光澜公司目前的产品比较单一，容易被竞争对手复制”，因而使客户具有较强的议价能力；

（4）供应商讨价还价的能力，表现为“宽带供应商主要是3家一级电信运营商，他们控制了绝大部分互联网出口宽带资源。光澜公司与其他二级电信运营商一样，只能从这3家一级运营商手中购买宽带资源”；

（5）产业内现有企业的竞争，表现为“这些代理商虽然目前实力较弱，覆盖区域较小，但价格灵活，服务的客户比较集中，他们往往以价格为利器与光澜公司展开竞争，其中个别代理商提供的产品价格已达到与光澜公司产品价格持平甚至略低的水平”。

三、成功关键因素分析（★）

成功关键因素（KSF）是指公司在特定市场获得盈利必须拥有的技能和资产。成功关键因素所涉及的那些每个产业成员所必须擅长的东西，或者说是公司要取得竞争和财务成功必须集中精力搞好的一些因素。

成功关键因素是企业取得产业成功的前提条件。确认产业的关键成功因素必须考虑：

（一）顾客在各个竞争品牌之间进行选择的基础是什么？

（二）产业中的一个卖方厂商要取得竞争成功需要什么样的资源和竞争能力？

（三）产业中的一个卖方厂商获取持久的竞争优势必须采取什么样的措施？

学堂点睛

1. 随着产品寿命周期的演变，成功关键因素也发生变化。

2. 随产业的不同而不同，甚至在相同的产业中，也会因产业驱动因素和竞争环境的变化而随时间变化。

3. 即使是同一产业中的各个企业，也可能对该产业的成功关键因素有不同的侧重。

4. 成功的关键因素是产业和市场层次的特征。

知识点3 竞争环境分析（★★）

一、竞争对手分析（了解）

未来目标
存在于各级管理层和多个战略方面

现行战略
该企业现在如何竞争

竞争对手反应概貌

假设
关于其自身和产业

能力
强项和弱项

图 2-5 竞争对手反应概貌

表 2-4 竞争对手分析的内容

竞争对手的未来目标	对竞争对手未来目标的分析与了解，有利于预测竞争对手对其目前的市场地位以及财务状况的满意程度，从而推断其改变现行战略的可能性以及对其他企业战略行为的敏感性。 1. 竞争对手目标分析对本公司制定竞争战略的作用。 2. 分析竞争对手业务单位（包括其各个公司实体）的目标的主要方面。 3. 多元化公司母公司对其业务单位未来目标的影响。

（续上表）

竞争对手的假设	包括竞争对手对自身企业的评价和对所处产业以及其他企业的评价，了解竞争对手的假设有利于正确判断竞争对手的战略意图。
竞争对手的现行战略	揭示竞争对手正在做什么、能够做什么。
竞争对手的能力	1. 核心能力。 2. 成长能力。 3. 快速反应能力。竞争对手对其他公司的行动迅速做出反应的能力如何，或立即发动进攻的能力如何？这将由下述因素决定：自由现金储备、留存借贷能力、厂房设备的余力、定型的但尚未推出的新产品（对同行竞争对手的反应）。 4. 适应变化的能力（对外部环境的反应）。 5. 持久力。

【例17-2014-单选题】自由现金储备、留存借贷能力、厂房设备的余力、定型的但尚未推出的新产品等因素，决定着企业竞争对手的（　　）。

A. 快速反应能力　　B. 成长能力　　C. 适应变化的能力　　D. 持久力

【答案】A

学堂点拨

竞争对手对其他公司的行动迅速做出反应的能力（快速反应能力）将由下述因素决定：自由现金储备、留存借贷能力、厂房设备的余力、定型的但尚未推出的新产品。

【例18-2014-单选题】2008年美国次贷危机爆发，波及中国大部分金融企业。在此期间，国外投行K预计其竞争对手中国的甲银行将会逐步降低权益类投资，并逐渐降低对客户的理财产品的收益率。投行K对甲银行进行的上述分析属于（　　）。

A. 财务能力分析　　B. 快速反应能力分析

C. 成长能力分析　　D. 适应变化的能力分析

【答案】D

学堂点拨

次贷危机爆发，投行K预计其竞争对手中国的甲银行将会逐步降低权益类投资，并逐渐降低对客户的理财产品的收益率，以上分析是投行K对其竞争对手甲银行的分析，上述情形分析了竞争对手甲银行对外部环境的反应，即适应变化的能力分析。

二、产业内的战略群组

战略群组是指某一个产业中在某一战略方面采用相同或相似战略，或具有相同战略特征的各公司组成的集团。

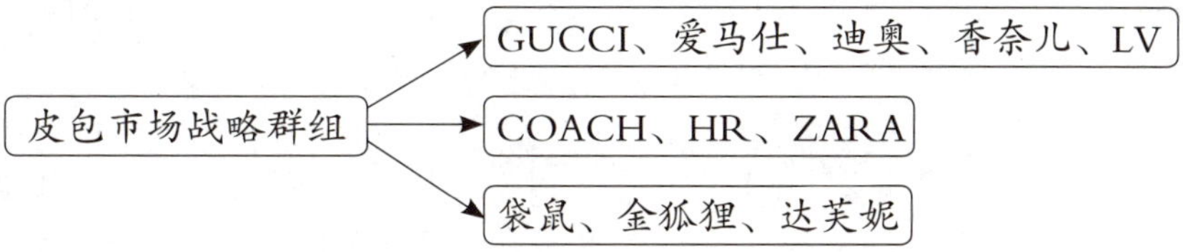

图 2-6　战略群组举例说明

（一）战略群组的特征

用于识别战略群组的特征可以考虑以下一些变量：产品（或服务）差异化（多样化）程度、品牌的数量、营销的力度等（教材上列举了17个，理解即可）。

为了识别战略群组，必须选择这些特征的2～3项。选择划分产业内战略群组的特征要避免选择同一产业中所有公司都相同的特征。

学堂点睛

两个极端：一是产业中可能只有一个战略群体，二是每一个公司也可能成为一个不同的战略群体。

（二）战略群组分析

1. 有助于很好地了解战略群组间的竞争状况，主动地发现近处和远处的竞争者，也可以很好地了解某一群体与其他群组间的不同。

2. 有助于了解各战略群组之间的“移动障碍”。移动障碍即一个群组转向另一个群组的障碍。

3. 有助于了解战略群组内企业竞争的主要着眼点。

4. 利用战略群组图还可以预测市场变化或发现战略机会（发现蓝海）。

【例19–2014–单选题】下列关于产业内战略群组分析的表述中，正确的是（　　）。

A. 有助于预测市场变化或发现战略机会

B. 有助于寻找产业内的合作伙伴结成战略联盟

C. 有助于了解产业的进入障碍

D. 有助于了解产业内企业之间的纵向或横向的联系

【答案】A

学堂点拨

战略群组分析有助于企业了解相对于其他企业本企业的战略地位以及公司战略变化可能的竞争性影响。1. 有助于很好地了解战略群组间的竞争状况，主动地发现近处和远处的竞争者，也可以很好地了解某一群体与其他群组间的不同。2. 有助于了解战略群组之间的“移动障碍”。3. 有助于了解战略群组内企业竞争的主要着眼点。4. 利用战略群组图还可以预测市场变化或发现战略机会。因此，选项A正确。

【例20-2014-简答题】福安公司为一家食品生产企业。2006年，福安公司拟扩大生产经营范围，投资于饮料行业。

福安公司管理层在对当时国内饮料行业进行深入调研后发现：已有一批大中型饮料企业从事各类知名品牌饮用水的生产和销售。有关情况如下：1. 水清公司生产饮用水的历史最长，其生产的矿泉水的市场综合占有率多年名列行业前三；2. 蓝宝公司实施相关多元化战略，早已形成瓶装水、高档玻璃瓶装水、碳酸饮料、茶饮料、果汁饮料等几大系列十几种产品，全方位地进入饮料市场；3. 童乐公司从儿童营养液起步，已形成奶制品、水、茶、可乐、八宝粥五大战略业务单元；4. 万宝公司以长期经营的多种饮料产品为基础，近年来开发了新产品果蔬饮料，仅短短两三年时间，万宝公司在果蔬饮料的开发、生产、销售及市场占有率等方面占据了绝对优势；5. K公司和B公司是两大国际知名外资企业，其产品集中于碳酸饮料。它们资金雄厚，研发能力强，依靠庞大的销售网络和低成本的产量扩张，在饮料市场占据了最大的份额，在碳酸饮料市场的占有率超过80%。

通过对饮料市场的深入调研，福安公司对市场竞争格局有了清晰的把握。公司管理层认为，开发上述公司已经占据优势地位的饮料产品市场难度太大。公司管理层决定：着手开发当时国内市场上尚属空白的功能饮料，而且选择高端市场，注重品质和功能。这部分市场虽然目前市场需求量有限，但发展前景良好。2008年，福安公司生产的第一批功能性饮料下线试销，受到消费者的广泛认同。

要求：

1. 简述战略群组的内涵，运用“产品多样化程度”“新产品程度”两个战略特征，各分为高、低两个档次，对福安公司所调研的国内饮料行业的企业进行战略群组划分；

2. 简述战略群组分析的主要作用，分析福安公司进入尚属空白的功能饮料的依据。

【答案】

1．一个战略群组是指某一个产业中在某一战略方面采用相同或相似战略，或具有相同战略特征的各公司组成的集团。运用“产品多样化程度”“新产品程度”两个战略特征，各分为高、低两个档次，对福安公司所调研的国内饮料行业的企业进行战略群组划分，可将饮料生产企业划分为三个战略群组：

（1）产品多样化程度高、新产品程度高的群组，包括万宝公司；

（2）产品多样化程度高、新产品程度低的群组，包括童乐公司、蓝宝公司；

（3）产品多样化程度低、新产品程度低的群组，包括水清公司、K公司、B公司。

2．战略群组分析有助于企业了解相对于其他企业本企业的战略地位以及公司战略变化可能的竞争性影响。

（1）有助于很好地了解战略群组间的竞争状况，主动地发现近处和远处的竞争者。

（2）有助于了解各战略群组之间的“移动障碍”。

（3）有助于了解战略群组内企业竞争的主要着眼点。

（4）可以预测市场变化或发现战略机会。

福安公司通过对饮料市场战略群组分析，认为开发上述公司已经占据优势地位的饮料产品市场难度太大（存在移动障碍）。因此公司管理层决定：着手开发当时国内市场上尚属空白的功能饮料，而且选择高端市场，注重品质和功能（发现战略机会）。这部分市场虽然目前市场需求量有限，但发展前景良好。2008年，福安公司生产的第一批功能性饮料下线试销，受到消费者的广泛认同。

由此可以看出，福安公司通过战略群组分析开辟了一片新天地，准确预测了市场变化，发现了新的战略契机，取得了成功。

【例21-2015-简答题】在C国，卫浴产品属于兼具功能性和时尚性的产品，其功能性和外观时尚性的不同导致了不同企业之间的差异。

T公司、K公司都为知名的国际品牌企业，设计研发水平高，在品牌塑造上投入较大，具有很强的品牌影响力，其提供的产品和服务的特征是追求顾客的高端体验，满足了顾客对于功能性与外观时尚性完美结合的要求，在行业中处于标杆地位。

英鸟、达成、维亚、恩典、雄高是C国国内老品牌，通过模仿国际品牌高端产品，其外观和功能都达到一定水准。生产这些产品的企业注重节约设计和研发成本，通过价格优势和广告攻势，不断扩大市场份额，实现了规模经济效益。

还有一批以各大产区的杂牌为代表的企业，其产品的功能和外观较为低端、简陋，但由于产品简单，生产线投资成本小，产品价格低廉，适合不发达地区一部分用户的需求。

近年来，伴随人工成本、原料成本的不断攀升，以及恶性竞争带来的大量广告支出，英鸟、达成、维亚、恩典、雄高等产品生产企业的利润率逐年下降，企业亟待寻求新的出路。由于T公司、K公司等国际品牌的产品研发成本很高，固定资产投入大，退出壁垒高，追赶这些企业难度较大。有专家建议，国内这些老品牌企业可以从增强售后服务功能寻找出路，因为目前C国国内各类品牌卫浴产品的生产企业都未对安装、更换、维修等售后服务投入应有的精力，而消费者对这类服务的需求很高。

要求：

1. 运用“功能性”“外观时尚性”两个战略特征，各分为高、中、低三个档次，将案例中所提及的C国卫浴产品生产企业进行战略群组划分；

2. 根据战略群组分析的作用，分析专家建议国内这些老品牌企业可以从增强售后服务功能寻找出路的依据。

【答案】

本题主要考查“战略群组分析”知识点。

1. 运用“功能性”“外观时尚性”两个战略特征，各分为高、中、低三个档次，对案例中所提及的C国卫浴产品企业进行战略群组划分，可分为三个战略群组：

（1）高档次即功能性高、外观时尚性高的群组：T公司、K公司；

（2）中档次即功能性中等、外观时尚性中等的群组：英鸟、达成、维亚、恩典、雄高等企业；

（3）低档次即功能性低、外观时尚性低的群组：一批以各大产区的杂牌为代表的企业。

2. 战略群组分析有助于企业了解相对于其他企业本企业的战略地位以及公司战略变化可能的竞争性影响。

（1）有助于很好地了解战略群组间的竞争状况，主动地发现近处和远处的竞争者。

（2）有助于了解各战略群组之间的“移动障碍”。

（3）有助于了解战略群组内企业竞争的主要着眼点。

（4）可以预测市场变化或发现战略机会。

依题意可知，基于对战略群组间的竞争状况、各战略群组之间的移动障碍、战略群组内企业竞争的主要着眼点的分析，“由于T公司、K公司等国际品牌的产品研发成本很高，固定资产投入大，退出壁垒高，追赶这些企业难度较大”，所以必须另辟蹊径，预测市场变化从而发现战略机会，专家建议“国内这些老品牌企业可以从增强售后服务功能寻找出路，因为目前C国国内各类品牌卫浴产品的生产企业都未对安装、更换、维修等售后服务投入应有的精力，而消费者对这类服务的需求很高”，则是很好的体现，因此C国老品牌企业可以开创全新的群组，向功能高、外观时尚性中等的群组（目前不存在）转移，开创一片新的蓝海。

知识点4 国家竞争优势（钻石模型）分析（波特）（★★）

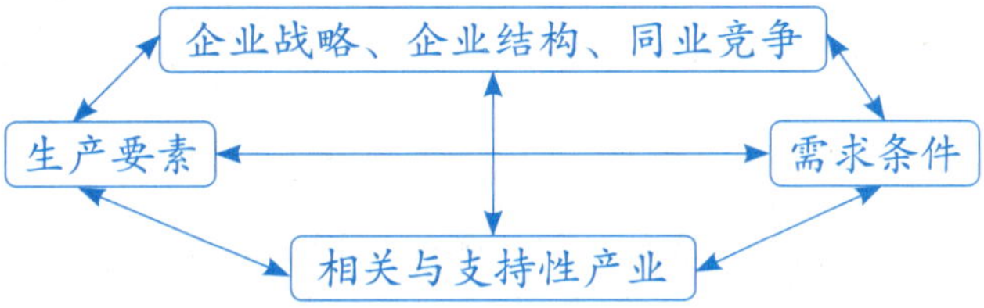

图 2-7 用于国家竞争优势分析的钻石图

表 2-5 国家竞争优势分析的主要内容

生产要素（两种分类）	1. 分为初级生产要素和高级生产要素。 （1）初级生产要素：天然资源、气候、地理位置、非技术工人、资金等。 （2）高级生产要素：现代通讯、信息、交通等基础设施，受过高等教育的人力、研究机构等。 2. 分为一般生产要素和专业生产要素。 （1）一般生产要素。 （2）专业生产要素：高级专业人才，专业研究机构，专用的软、硬件设施等。 【学堂点睛】 1. 一个国家如果想通过生产要素建立起产业强大而又持久的优势，就必须发展高级生产要素和专业生产要素。 2. 一个国家的竞争优势其实可以从不利的生产要素中形成，如日本自然资源匮乏，但高科技节能产品处于世界领先水平。
需求条件	国内需求市场是产业发展的动力。 （本地客户的挑剔本质、预期性需求）
相关与支持性产业	“产业集群”——如印刷业、造纸业、油墨业等强强联手。
企业战略、企业结构和同业竞争	动力来自于国际需求的拉力，也可能来自于本地竞争者的压力或市场的推力。

【例22-2014-多选题】甲公司是C国一家生产经营消费类电子产品的企业，准备到发展中国家N国投资彩电生产业务，对N国诸多条件进行了认真的调查分析。以下分析内容属于钻石模型四要素的有（　　）。

A. 国际名牌家电企业早已进入N国彩电市场，且竞争激烈

B. N国市场上质量高、价格适中的大众化彩电较少

C. 由于C国产品在N国名声不好，N国政府对于C国家电产品的进入制定了许多限制性政策

D. N国劳动力价格比C国明显偏低，且劳动者的文化与技术水平较低

【答案】ABD

学堂点拨

钻石模型四要素是：生产要素，需求条件，相关与支持性产业，企业战略、企业结构和同业竞争（竞争对手）的表现。选项A、B属于同业竞争（竞争对手）的表现。选项D属于生产要素（劳动力）的表现。选项C不属于钻石模型中的要素。

第二节　企业内部环境分析

知识点1　企业资源与能力分析（★★）

一、企业资源分析（★★★）

企业资源，是指企业所拥有或控制的有效因素的总和。

企业的资源禀赋是其获得持续竞争优势的重要基础。

企业资源分析的目的在于识别企业的资源状况、企业资源方面所表现出来的优势和劣势及其对未来战略目标制定和实施的影响。

（一）企业资源的主要类型

表2-6　企业资源的主要类型

资源类型	内容	提示
有形资源	主要包括物质资源和财务资源： 物质资源包括企业的土地、厂房、生产设备、原材料等，是企业的实物资源。 财务资源是企业可以用来投资或生产的资金，包括应收账款、有价证券等。	资产负债表所记录的账面价值并不能完全代表有形资源的战略价值。 具有稀缺性的有形资源能使公司获得竞争优势。

（续上表）

资源类型	内容	提示
无形资源	通常包括品牌、商誉、技术、专利、商标、企业文化及组织经验等。	技术资源就是一种重要的无形资源，它主要是指专利、版权和商业秘密等。技术资源具有先进性、独创性和独占性等特点。 资产负债表中的无形资产并不能代表企业的全部无形资源。 无形资源是一种十分重要的企业核心竞争力的来源。
人力资源	组织成员向组织提供的技能、知识以及推理和决策能力。	

【例1-2014-单选题】对于产品质量差异较小的软饮料行业而言，最重要的企业资源是（　　）。

A．财务资源　　B．企业文化　　C．商誉　　D．技术

【答案】C

学堂点拨

对于产品质量差异较小的行业，例如软饮料行业，企业的美誉度是赢得消费者的关键，因此商誉可以说是最重要的企业资源。

（二）决定企业竞争优势的企业资源判断标准（重点）

表 2-7　决定企业竞争优势的企业资源判断标准

资源的稀缺性	短缺。
资源的不可模仿性	1．物理上独特的资源：物质本身的特性所决定的。 例如，企业所拥有的房地产处于极佳的地理位置，拥有矿物开采权或是拥有法律保护的专利生产技术等。 2．具有路径依赖性的资源：必须经过长期的积累才能获得的资源。 例如，海尔有一支训练有素的售后服务人员队伍。 3．具有因果含糊性的资源：有些资源的形成原因并不能给出清晰的解释。 例如美国西南航空公司以拥有“家庭式愉快，节俭而投入”的企业文化著称。 4．具有经济制约性的资源：企业的竞争对手已经具有复制其资源的能力，但因市场空间有限不能与其竞争的情况（“一山不容二虎”）。
资源的不可替代性	一些旅游景点的独特优势很难被其他景点所代替。
资源的持久性	资源的贬值速度越慢，就越有利于形成核心竞争力。

【例2-2016-单选题】西江公司是一家拥有100多年历史的医药公司，其使用国家级保密配方配制的某种药品，从上世纪初推出以来，疗效显著，一直深受患者欢迎。西江公司拥有的具有不可模仿性的资源属于（　　）。

A．物理上独特的资源　　B．具有因果含糊性的资源

C．具有路径依赖性的资源　　D．具有经济制约性的资源

【答案】A

学堂点拨

资源的不可模仿性包括物理上独特的资源。即有些资源是物质本身的特性所决定的。例如企业所拥有的房地产处于极佳的地理位置，拥有矿物开采权或是拥有法律保护的专利生产技术等。这些资源都有它物理上的特殊性，是不可能被模仿的。本题属于拥有法律保护的专利生产技术，所以属于物理上独特的资源。

【例3-2015-单选题】W航空公司以“家庭式愉快，节俭而投入”的企业文化为基础，构建起在U国航空业的竞争优势，竞争对手对其难以模仿。W航空公司的竞争优势来源于（　　）。

A．物理上独特的资源　　B．具有路径依赖性的资源

C．具有因果模糊性的资源　　D．具有经济制约性的资源

【答案】C

学堂点拨

企业的文化常常是一种因果含糊性的资源，企业对有些资源的形成原因并不能给出清晰的解释。W航空公司以“家庭式愉快，节俭而投入”的企业文化为基础，构建起在U国航空业的竞争优势，竞争对手对其难以模仿，属于具有因果模糊性的资源。所以选项C正确。

【例4-2014-单选题】甲公司是一家连锁经营川式火锅的公司，在行业景气度一般的情况下经营业绩高速增长。甲公司的竞争优势来自于其优质的服务，包括每个分店都有一支长期训练有素的服务人员队伍，在顾客就餐时熟练表演“街舞拉面”的技艺。顾客都对公司的服务交口称赞。甲公司的具有不可模仿性的资源是（　　）。

A．物理上独特的资源　　B．具有路径依赖性的资源

C．具有因果含糊性的资源　　D．具有经济制约性的资源

【答案】B

学堂点拨

具有路径依赖性的资源是指那些必须经过长期的积累才能获得的资源。该公司有一支长期训练有素的服务人员队伍，属于具有路径依赖性的资源。选项B正确。

二、企业能力分析（★）

企业能力是指企业配置资源，发挥其生产和竞争作用的能力。企业能力来源于企业有形资源、无形资源和人力资源的整合，是企业各种资源有机组合的结果。

研发能力	营销能力	生产管理能力	财务能力	组织管理能力

图 2-8　企业能力的组成

三、企业的核心能力（★★）

（一）核心能力的定义

核心能力，就是企业在具有重要竞争意义的经营活动中能够比其竞争对手做得更好的能力。

（二）核心能力的辨别

同时满足以下三个关键测试才可称为核心能力：（三个YES）

1. 它对顾客是否有价值？
2. 它与企业竞争对手相比是否有优势？
3. 它是否很难被模仿或复制？

但是，企业的核心能力就其本质来讲非常复杂和微妙，有时很难同时满足上述三个关键性测试，在这种情况下，还需要运用其他识别方法，包括功能分析、资源分析以及过程系统分析。

1. 功能分析（常用）：只能识别出具有特定功能的核心能力。
2. 资源分析：分析实物资源比较容易，如企业商厦所处的区域、生产设备以及机器的质量等，而分析像商标或者商誉这类无形资源则比较困难。
3. 过程系统分析（知道名称即可）：过程涉及企业多种活动从而形成系统。

（三）核心能力的评价

评价的基础与方法：

1. 企业的自我评价；
2. 产业内部比较；
3. 基准分析；（重点）

4. 成本驱动力和作业成本法；

5. 收集竞争对手的信息。

基准分析，其目的是发现竞争对手的优点和不足，针对其优点，补己之短；根据其不足，选择突破口，从而帮助企业从竞争对手的表现中获得思路和经验，超越竞争对手。

表 2-8 基准分析的主要内容

基准类型	解释	举例
内部基准	企业内部各个部门之间互为基准进行学习与比较。	同一公司财务部门向采购部门学习。
竞争性基准	直接以竞争对手为基准进行比较。	航空公司向其他航空公司学习。
过程或活动基准	以具有类似核心经营的企业为基准进行比较，但是二者之间的产品和服务不存在直接竞争的关系。	航空公司向酒店学习。（类似核心业务）
一般基准	以具有相同业务功能的企业为基准进行比较。	航空公司向教育培训机构学习。（相同业务功能：大服务业）
顾客基准	以顾客的预期为基准进行比较。	按游客的需求比较旅游线路。

【例5-2016-单选题】M国的甲航空公司专营国内城际航线，以低成本战略取得很大成功。专营H国国内城际航线的H国乙航空公司也采用低成本战略，学习甲公司的成本控制措施，在H国竞争激烈的航空市场取得了良好的业绩。乙公司的基准分析类型是（ ）。

A. 内部基准　　B. 竞争基准　　C. 一般基准　　D. 过程或活动基准

【答案】D

学堂点拨

因为甲航空公司与乙航空公司经营不同国家的国内城际航线，虽处于同一行业提供相同服务，但不是直接竞争对手，排除竞争性基准，以一般基准来界定也不够精准，因为一般基准大多是服务类行业之间的比较，如服务业之旅游业与服务业之搬家公司之间的比较，所以乙公司的基准分析类型属于过程或活动基准。

【例6-2012-单选题】迅驰电梯公司是世界上最大的电梯、自动扶梯和自动走道的制造、安装和服务公司。2003年公司总裁鲍博在主持公司年度会议时，为迅驰电梯公司提出了一个愿景：超越自己，在提供卓越服务方面成为世界范围内所有公司——不仅仅是电梯公司——公认的领袖。为了追求服务卓越，迅驰电梯公司未来的参照标准是像

UPS这样具有类似核心业务的公司。从基准分析方法判断，鲍博的观点是基于（　　）

A. 竞争性基准　　B. 过程或活动基准

C. 一般基准　　D. 顾客基准

【答案】B

学堂点拨

迅驰电梯公司与UPS公司之间不存在直接竞争关系，“迅驰电梯公司未来的参照标准是像UPS这样具有类似核心业务的公司”，所以属于过程或活动基准。

【例7-2014-单选题】下列各项中，可以评价企业核心能力的方法是（　　）。

A. 功能分析　　B. 基准分析　　C. 资源分析　　D. 过程系统分析

【答案】B

学堂点拨

核心能力的评价方法：企业的自我评价、产业内部比较、基准分析、成本驱动力和作业成本法、收集竞争对手的信息。选项B正确。

（四）企业核心能力与成功关键因素

学堂点睛

成功关键因素应被看作是产业和市场层次的特征，而不是针对某个别公司。拥有成功关键因素是获得竞争优势的必要条件，而不是充分条件。

知识点2 价值链分析（★★★）

一、价值链的两类活动（基本活动和支持活动）

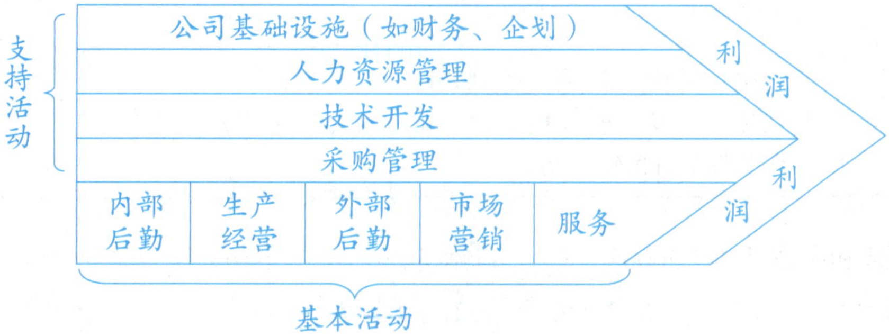

图2-9　价值链的两类活动

（一）基本活动

表 2-9　价值链基本活动的主要内容

名称	解释	举例
内部后勤（进货物流）	与产品投入有关的进货、仓储和分配等活动。（原材料的由外到内）	原材料的装卸、入库、盘存、运输以及退货等。
生产经营	将投入转化为最终产品的活动（原材料到产成品）。	机加工、装配、包装、设备维修、检测等。
外部后勤（出货物流）	与产品的库存、分送给购买者有关的活动（产成品由内到外）。	最终产品的入库、接受订单、送货等。
市场销售	与促进和引导购买者购买企业产品的活动。	广告、定价、销售渠道等。
服务	与保持和提高产品价值有关的活动。	培训、修理、零部件的供应和产品的调试等。

（二）支持活动

表 2-10　价值链支持活动的主要内容

名称	解释	举例
采购管理	采购企业所需投入品的职能，而不是被采购的投入品本身。	采购是广义的，既包括生产原材料的采购，也包括其他资源投入的管理。
人力资源管理	企业对职工的管理。	企业职工的招聘、雇用、培训、提拔和退休等各项管理活动。
技术开发	可以改进企业产品和工序的一系列技术活动。（不仅与企业最终产品直接相关，而且支持着企业的全部活动，成为判断企业竞争实力的一个重要因素）	广义的概念，既包括生产性技术，也包括非生产性技术。
公司基础设施	企业的组织结构、惯例、控制系统以及文化等活动（软环境），一般用来支撑整个价值链的运行。	企业高层管理人员。

二、价值链确定（★）

价值链中的每一个活动都能分解为一些相互分离的活动。

活动被分离的基本原则：

（一）具有不同的经济性；

（二）对产品差异化产生很大的潜在影响；

（三）在成本中比例很大或所占比例在上升。

三、企业资源能力的价值链分析（★★★）

（一）确认那些支持企业竞争优势的关键性活动（企业内部单个活动）。

（二）明确价值链内各种活动之间的联系（企业内部活动之间）。

（三）明确价值系统内各项价值活动之间的联系（企业与企业之间）。

【例8-2016-单选题】东海公司为了提升公司的信息化管理水平，聘请某知名咨询公司为其开发一套管理信息系统。东海公司的上述活动属于价值链支持活动中的（　　）。

A．采购管理　　B．人力资源管理　　C．公司基础设施　　D．技术开发

【答案】A

学堂点拨

采购管理是指采购企业所需投入产品的职能，而不是被采购的投入品本身。这里的采购是广义的，既包括生产原材料的采购，也包括其他资源的投入管理。例如企业聘请咨询公司为企业进行广告策划、市场预测、管理信息系统设计、法律咨询等均属于采购管理，本题就属于广义采购，关键词为“聘请”，因此选项A是正确的。

【例9-2015-多选题】按照波特的价值链分析方法，企业支持活动中的基础设施包括（　　）。

A．财务管理　　B．厂房、道路等

C．企业高层管理人员　　D．企业的组织结构、惯例、控制系统以及文化等活动

【答案】ACD

学堂点拨

基础设施指企业的组织结构、惯例、控制系统以及文化等活动，包括财务管理。企业高层管理人员往往在这些方面发挥着重要的作用，因此高层管理人员也往往被视作基础设施的一部分。基础设施的实质是软环境，并不强调硬件，因此，厂房、道路等不属于题中的基础设施。

【例10-2014-多选题】下列各项对企业资源能力的价值链分析表述中，正确的有（　　）。

A．支持企业竞争优势的关键性活动是企业的独特能力之一

B．选择或构筑价值链各项活动之间的最佳联系方式，有利于提高价值创造和战略能力

C．价值链分析适用于多元化经营企业对企业资源能力进行考察

D．价值活动的联系既存在于企业价值链内部，也存在于企业与企业的价值链之间

【答案】ABD

学堂点拨

企业资源能力的价值链分析要明确以下三点：1．确认那些支持企业竞争优势的关键性活动，支持企业竞争优势的关键性活动事实上就是企业的独特能力的一部分，选项A正确；2．明确价值链内各种活动之间的联系，价值链中基本活动之间、基本活动与支持活动之间以及支持活动之间存在各种联系，选择或构筑最佳的联系方式对于提高价值创造和战略能力是十分重要的，选项B正确；3．明确价值系统内各项价值活动之间的联系，价值活动的联系不仅存在于企业价值链内部，而且存在于企业与企业的价值链之间，选项D正确；4．价值链分析有助于对企业的能力进行考察，这种能力来源于独立的产品、服务或业务单位，但是，对于多元化经营的公司来说，还需要将企业的资源和能力作为一个整体来考虑，所以需要借助于业务组合分析如波士顿矩阵分析，因此选项C说法不正确。

【例11-2014-简答题】保圣公司是一家汽车制造企业。保圣公司进行战略分析后，选择了成本领先战略作为其竞争战略，并通过重构价值链各项活动以求获取成本优势。保圣公司主要重构措施包括：

1．与汽车发动机的供应厂家建立良好关系，保证生产进度不受影响；

2．生产所需要的外购配件大部分由就近的朝辉公司生产，与保圣公司总装厂距离非常近，减少了物流费用；

3．内部各个配件厂分布在保圣公司总装厂周围，建立大规模生产线实现规模经济；并根据销售量数据预测制订生产计划，最大限度地减少库存；

4．总装厂根据装配工序，采用及时生产模式（JIT），让配件厂按照流程进度提供配件，减少存储费用；

5. 订单处理人员根据全国汽车经销商的分布就近调配车型，并选择最优路线配送以降低物流费用；

6. 利用售前热线开展市场调查活动，有的放矢地进行广告宣传，提高广告效率；

7. 终端车主可以通过售后热线反馈不同车型的质量问题，将信息与汽车经销商共享，以获得最佳配件库存，提高前来维修的客户的满意度；

8. 通过市场调查，开发畅销车型，提高资金周转率；

9. 定期对员工进行培训，使其及时掌握公司所采用的最新技术、工艺或流程，尽快实现学习经济；

10. 从产品研发阶段就开始实施成本企划来控制成本，事业部制和矩阵式相交融，在减少了管理层次的同时提高了效率。

要求：

依据企业价值链分析理论，对保圣公司的价值活动进行分类。

【答案】

本题主要考查“价值链分析”知识点。价值链将企业的生产经营活动分为基本活动和支持活动两大类。

1. 基本活动（或主体活动）。基本活动是指生产经营的实质性活动，一般可以分为内部后勤（进货物流）、生产经营、外部后勤（出货物流）、市场销售和服务5种活动。

2. 支持活动（或辅助活动）。支持活动是指用以支持基本活动而且内部之间又相互支持的活动，包括采购、技术开发、人力资源管理和企业基础设施。

按照价值链活动的分类，保圣公司的10类活动可按如下划分：

（1）内部后勤（进货物流）：活动2；

（2）生产经营：活动3、4；

（3）外部后勤（出货物流）：活动5；

（4）市场销售：活动6；

（5）服务：活动7；

（6）采购：活动1；

（7）技术开发：活动8；

（8）人力资源管理：活动9；

（9）企业基础设施：活动10。

知识点3 业务组合分析（★★★）

一、波士顿矩阵（★★★）

（一）基本概念

波士顿矩阵（BCG Matrix），又称市场增长率—相对市场份额矩阵、波士顿咨询集团法、四象限分析法、产品系列结构管理法等。

（二）基本原理

表 2-11 波士顿矩阵的基本原理

纵轴表示市场增长率	指企业所在产业某项业务前后两年市场销售额增长的百分比。这一增长率表示每项经营业务所在市场的相对吸引力。	市场增长率＝（S_1-S_0）/S_0 通常用10%的平均增长率作为增长的高、低界限。
横轴表示企业在产业中的相对市场占有率	这一市场占有率反映企业在市场上的竞争地位。	相对市场占有率＝企业某项业务的市场占有率/这个市场上最大的竞争对手的市场占有率（相对市场占有率的分界线为1.0，该分界线将市场占有率划分为高、低两个区域）。

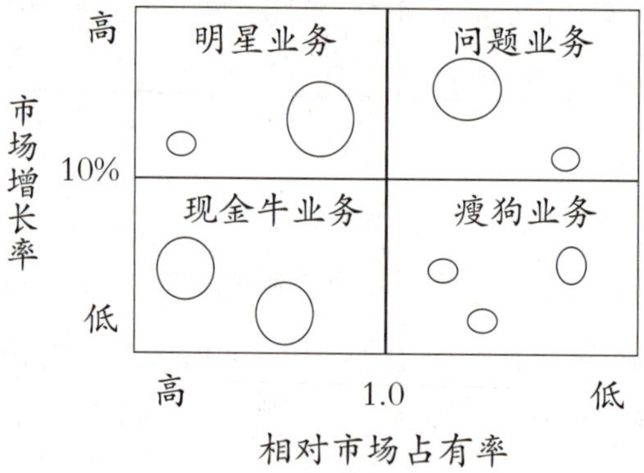

图 2-10 波士顿矩阵图示

表 2-12 波士顿矩阵的主要内容

类型	指标特征	现金流量	战略	组织结构
明星（双高）	市场占有率——高。 市场增长率——高。	此类业务的增长和获利有着极好的长期机会，是企业资源的主要消费者，需要大量的投资。	在短期内优先供给它们所需的资源，支持它们继续发展，积极扩大经济规模和市场机会，以长远利益为目标，提高市场占有率，加强竞争地位。	采用事业部形式，由对生产技术和销售两方面都很内行的经营者负责。

（续上表）

类型	指标特征	现金流量	战略	组织结构
问题（一低一高）	市场占有率——低。市场增长率——高。	通常处于最差的现金流量状态。	选择性投资战略。	最好是采取智囊团或项目组织等形式，选拔有规划能力、敢于冒风险、有才干的人负责。
"现金牛"（一低一高）	市场占有率——高。市场增长率——低。	本身不需要投资，反而能为企业提供大量资金，用以支持其他业务的发展。	采用收获战略，即所投入资源以达到短期收益最大化为限。1．把设备投资和其他投资尽量压缩；2．采用榨油式方法；3．对于市场增长率仍有所增长的业务，应进一步进行市场细分，维持现存市场增长率或延缓其下降速度。	用事业部制进行管理，其经营者最好是市场营销型人物。
"瘦狗"（双低）	市场占有率——低。市场增长率——低。	可获利润很低，不能成为企业资金的来源。	采用撤退战略： 1．应减少批量，逐渐撤退，对那些还能自我维持的业务，应缩小经营范围，加强内部管理；而对那些市场增长率和企业市场占有率均极低的业务则应立即淘汰； 2．将剩余资源向其他产品转移； 3．整顿产品系列，最好将"瘦狗"产品与其他事业部合并，统一管理。	最好将"瘦狗"产品与其他事业部合并，统一管理。

（三）波士顿矩阵的运用

表 2–13　波士顿矩阵的运用

运用	解释	情形
发展	以提高经营单位的相对市场占有率为目标，甚至不惜放弃短期收益。	"明星"业务和能成为"明星"业务的"问题"业务。
保持	投资维持现状，目标是保持业务单位现有的市场占有率。	较大的"现金牛"。

（续上表）

运用	解释	情形
收割	主要是为了获得短期收益，目标是在短期内尽可能地得到最大限度的现金收入。	处境不佳的“现金牛”类业务及没有发展前途的“问题”类业务和“瘦狗”类业务。
放弃	目标在于清理和撤销某些业务，减轻负担，以便将有限的资源用于效益较高的业务。	无利可图的“瘦狗”类和“问题”类业务。

（四）波士顿矩阵的贡献（了解）

1. 波士顿矩阵是最早的组合分析方法之一。

2. 波士顿矩阵将企业不同的经营业务综合在一个矩阵中，具有简单明了的效果。

3. 每个业务经营单位也可以从矩阵中了解自己在总公司中的位置和可能的战略发展方向。

4. 利用波士顿矩阵可以帮助企业推断竞争对手对相关业务的总体安排。其前提是竞争对手也使用波士顿矩阵分析方法。

（五）波士顿矩阵的局限（了解）

1. 在实践中，企业要确定各业务的市场增长率和相对市场占有率是比较困难的。

2. 波士顿矩阵过于简单。首先，它用市场增长率和企业相对市场占有率两个单一指标分别代表产业吸引力和企业竞争地位，不能全面反映这两方面的状况；其次，两个坐标的划分都只有两个位级，划分过粗。

3. 波士顿矩阵暗含了一个假设：企业的市场份额与投资回报是成正比的，但在有些情况下这种假设是不成立或不全面的。一些市场占有率小的企业如果实施创新、差异化和市场细分等战略，仍能获得很高的利润。

4. 波士顿矩阵的另一个条件是，资金是企业的主要资源。但在许多企业内，要进行规划和均衡的重要资源不仅是现金，还有技术、时间和人员的创造力。

5. 波士顿矩阵在具体运用中有很多困难。

【例12-2014-单选题】下列关于波士顿矩阵的表述中，错误的是（　　）。

A. 纵轴表示企业销售额增长率

B. 横轴表示企业在产业中的相对竞争地位

C. 市场增长率是决定企业产品结构是否合理的外在因素

D. 波士顿矩阵事实上暗含了一个假设，企业的市场份额与投资回报是正相关的

【答案】A

学堂点拨

波士顿矩阵的纵轴表示市场增长率，是指企业所在产业某项业务前后两年市场销售额增长的百分比，所以选项A错误。波士顿矩阵的横轴表示企业在产业中的相对市场占有率，是指以企业某项业务的市场份额与这个市场上最大的竞争对手的市场份额之比。这一市场占有率反映企业在市场上的竞争地位，所以选项B、C、D正确。

【例13–2016–单选题】近年来中国公民出境游市场处于高速发展的阶段，实行多元化经营的鸿湖集团于2006年成立了甲旅行社，该旅行社专门提供出境游的服务项目，其市场份额位列第二。根据波士顿矩阵原理，鸿湖集团的甲旅行社业务属于（　　）。

A．明星业务　　B．瘦狗业务　　C．问题业务　　D．现金牛业务

【答案】C

学堂点拨

因为出境旅游处于高速发展阶段，说明市场增长率高；甲旅行社的市场份额位列第二，与最大竞争对手相比相对市场占有率小于1，即低相对市场占有率，所以甲旅行社业务为问题业务。

【例14–简答题】美婷公司经营四种品牌的化妆品，分别为甲、乙、丙、丁四类产品，各产品2018年的销售情况如下表：（单位：万元）

产品	销售额	相对市场份额	市场增长率
甲	6 000	2	13%
乙	1 800	0.6	7%
丙	1 200	0.4	15%
丁	5 000	1.67	5%

假设市场增长率和相对市场占有率分别以10%和1.0作为高低的界限标准。

要求：

1．根据波士顿矩阵分析四种产品分别属于何种产品；

2．美婷公司对乙产品、丁产品应该采用何种策略？

【答案】

本题主要考查“波士顿矩阵”知识点。

1．甲产品：市场增长率大于10%，相对市场占有率大于1，因此属于明星产品；乙产品：市场增长率小于10%，相对市场占有率小于1，因此属于“瘦狗”产品；丙产

品：市场增长率大于10%，相对市场占有率小于1，因此属于问题产品；丁产品：市场增长率小于10%，相对市场占有率大于1，因此属于“现金牛”产品。

2．乙产品属于“瘦狗”业务。对于这类业务，应采用撤退战略。（1）应减少批量，逐渐撤退，对那些还能自我维持的业务，应缩小经营范围，加强内部管理；而对那些市场增长率和企业市场占有率均极低的业务则应立即淘汰。（2）将剩余资源向其他产品转移。（3）整顿产品系列，最好将“瘦狗”产品与其他事业部合并，统一管理。

丁产品为“现金牛”产品，对这一象限内的大多数产品，市场增长率的下跌已成不可阻挡之势，因此可采用收获战略，即所投入资源以达到短期收益最大化为限。（1）把设备投资和其他投资尽量压缩；（2）采用榨油式方法，争取在短时间内获取更多利润，为其他产品提供资金。对于这一象限内的市场增长率仍有所增长的业务，应进一步进行市场细分，维持现存市场增长率或延缓其下降速度。

二、通用矩阵

通用矩阵，又称行业吸引力矩阵，是美国通用电气公司设计的一种投资组合分析方法。

（一）基本原理

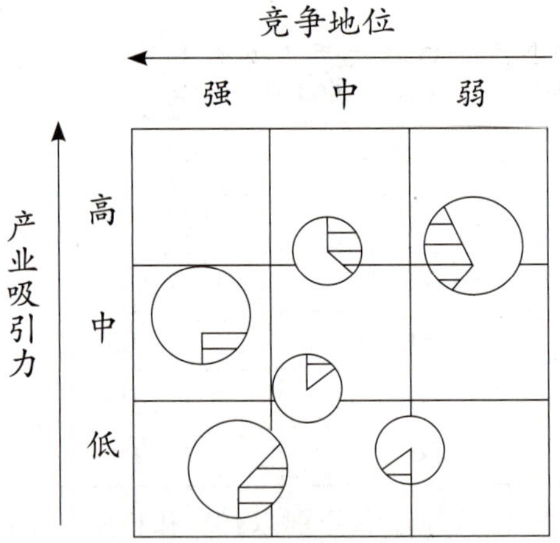

图 2-11　通用矩阵图示

表 2-14　通用矩阵的基本原理（结合上方图示）

处于左上方三个方格的业务（双高或一高一中）	适于采取增长与发展战略，企业应优先分配资源。
处于右下方三个方格的业务（双低或一低一中）	一般采取停止、转移、撤退战略。
处于对角线三个方格的业务（双中或一高一低）	应采取维持或有选择地发展的战略，保护原有的发展规模，同时调整其发展方向。

（二）通用矩阵的局限

1．用综合指标来测算产业吸引力和企业的竞争地位，这些指标在一个产业或一个企业的表现可能会产生不一致，评价结果也会由于指标权数分配的不准确而带来偏差。

2．分划较细，对于多元化业务类型较多的大公司必要性不大，且需要更多数据，方法比较繁杂。

【例15-单选题】根据通用矩阵理论，当某企业的特定业务竞争地位比较强，产业吸引力处于中等时，应该采取的对策是（　　）。

A．增长与发展战略　　B．停止　　C．转移　　D．维持

【答案】A

学堂点拨

竞争地位比较强，产业吸引力处于中等时是处于左上方三个方格的业务，最适于采取增长与发展战略。

第三节　SWOT分析

知识点　SWOT分析基本原理及应用（★★★）

一、基本原理

SWOT分析是一种综合考虑企业内部条件和外部环境的各种因素，进行系统评价，从而选择最佳经营战略的方法。

S是指企业内部的优势（Strengths）；

W是指企业内部的劣势（Weakness）；

O是指企业外部环境的机会（Opportunities）；

T是指企业外部环境的威胁（Threats）。

二、SWOT分析法的应用

		外部环境	
		机会O	威胁T
内部环境	优势S	增长型战略（SO）（I）	多种经营战略（ST）（IV）
	劣势W	扭转型战略（WO）（II）	防御型战略（WT）（III）

图2-12　SWOT分析

第I类型的企业具有很好的内部优势以及众多的外部机会，应当采取增长型战略，如开发市场、增加产量等。

第Ⅱ类企业面临着巨大的外部机会，却受到内部劣势的限制，应采用扭转型战略，充分利用环境带来的机会，设法清除劣势。

第Ⅲ类企业内部存在劣势，外部面临强大威胁，应采用防御型战略，进行业务调整，设法避开威胁和消除劣势。

第Ⅳ类企业具有一定的内部优势，但外部环境存在威胁，应采取多种经营战略，利用自己的优势，在多样化经营上寻找长期发展的机会；或进一步增强自身竞争优势，以对抗竞争对手的威胁。

【例1-2014-单选题】下列战略分析工具中，用来分析企业外部环境的是（　　）。

A．波士顿矩阵　　B．成功关键因素分析

C．SWOT分析　　D．通用矩阵

【答案】B

学堂点拨

选项A和D属于企业内部资源和能力的分析（业务组合分析），选项B属于外部环境中的产业环境分析，选项C属于外部环境和内部环境结合分析的模型，所以选项B正确。

【例2-2016-单选题】受国家政策扶持，3D打印产业及市场呈现爆发式增长，智创三维有限公司是国内一家3D打印设备制造商，该公司通过仿造国外同类产品，制造用来打印珠宝、齿科产品等中小型产品的3D打印设备，但是，受技术水平的制约，其产品质量欠佳，故障率明显高于国外同类产品。根据SWOT分析，该公司应采取的战略是（　　）。

A．增长型战略　　B．扭转型战略　　C．防御型战略　　D．多元化战略

【答案】B

学堂点拨

依题意，"受国家政策扶持，3D打印产业及市场呈现爆发式增长"说明企业外部面临着巨大的机会（O）；"受技术水平的制约，其产品质量欠佳，故障率明显高于国外同类产品"说明企业内部受到劣势的限制（W）。两者结合说明企业应采用扭转型战略（WO），充分利用环境带来的机会，设法清除劣势，因此本题选项B正确。

【例3-2015-多选题】甲公司是国内火力发电装备制造行业的龙头企业，拥有雄厚的资金实力和品牌优势。2012年，甲公司在国家政策支持下，投资开展了为核电企业提供配套设备的新业务。由于相关技术研发力量不足，且市场竞争激烈，该业务一直处于亏损状态。下列各项对甲公司所做的分析并提出的相应战略中，正确的有（　　）。

A. 甲公司新业务的相关技术研发力量不足，且市场竞争激烈，应将新业务出售。此为WT战略

B. 甲公司拥有雄厚的资金实力和品牌优势，但自身研发能力不足，应寻找有实力的公司，结成战略联盟。此为WO战略

C. 甲公司虽然新业务的相关技术研发力量不足，但面对国家政策的支持，应寻找有实力的公司，结成战略联盟。此为ST战略

D. 甲公司拥有雄厚的资金实力和品牌优势，应借国家政策支持的东风，加强技术攻关力度，争取新业务尽快扭亏为盈。此为SO战略

【答案】AD

学堂点拨

甲公司新业务的相关技术研发力量不足说明内部存在劣势（W），且市场竞争激烈说明外部存在威胁（T），应选择WT（防御型）战略，所以选项A正确。选项B只是描述了企业内部存在的优势和劣势，并没有表明外部的威胁和机会情况，所以无法判断，因此判定为WO战略错误。选项C新业务的相关技术研发力量不足说明企业内身存在劣势（W），但面对国家政策的支持属于外部存在机会（O），属于WO战略。选项D企业拥有雄厚的资金实力和品牌优势说明拥有自身优势（S），借国家政策支持的东风说明外部有机会（O），属于SO战略，所以选项D正确。

学堂点睛

此类题目仔细审题，分析外部为O或T，内部为S或W，将两者结合即可。

【例4-2014-多选题】下列各项中，属于企业内部环境分析常用的战略分析工具有（　　）。

A. 波士顿矩阵　　B. 通用矩阵

C. SWOT分析　　D. 成功关键因素分析

【答案】AB

学堂点拨

SWOT属于外部环境和内部环境结合分析的模型，所以选项C不正确；成功关键因素属于外部环境分析中的产业环境分析，选项D不正确。

【例5-2014-多选题】甲公司是C国一家以乳制品业务为主体的多元化经营企业，业务范围涉及乳制品、煤化工、房地产、新能源等。甲公司对其业务发展状况进行分析，以下各项符合SWOT分析的有（　　）。

A．乳制品行业增长缓慢，公司市场占有率高，应采用SO战略

B．房地产行业不景气，公司市场占有率低，应采用WT战略

C．新能源行业具有广阔的发展前景，公司在该行业不具有竞争优势，应采用WO战略

D．煤化工行业近年来发展势头明显回落，公司在该行业中具备一定优势，应采用ST战略

【答案】BCD

学堂点拨

乳制品行业增长缓慢，属于外部威胁（T），公司市场占有率高属于内部优势（S），所以应该采用ST战略，所以选项A错误，选项B、C、D均正确。

【例6-简答题】保险行业是一个提供保障性产品的行业，没有太多物质要素的投入，保险企业的核心竞争力主要取决于提供给客户的保障范围及程度。国内有三十家保险企业。保险行业在兴起阶段，市场不成熟，消费者对保险处于观望态度。国民对保险的意识较弱，人们相信养儿防老，对保险公司并不太信任，这主要是由于保险市场普遍采用佣金制，导致保险公司代理人的短期行为较严重，只注重销售新单而忽视业务质量后续服务。

随着经济发展进入高速成长阶段，国民可消费的收入增多，对健康及生活保障的要求提高了很多。在消费市场上的保险产品多是单一险种的产品，如财产保险、人寿保险、养老保险、医疗保险等，而这些产品一般在各保险公司都能提供，所以国民对保险公司的可选择性较强。可是，国民对于保险代理人或中介机构销售保险后的服务质量（特别是在客户提出理赔申请时）还是抱着怀疑和不信任的态度。

政府为配合国家的经济发展改革和市场开放，一方面鼓励国内企业持续发展，如设立创业板上市，鼓励企业进行融资集资的活动；另一方面，正计划开放市场，让实力雄

厚的外资保险公司有限度地进入国内市场。

万成保险公司（简称万成保险）是一家领先的保险企业之一。在成立初期，它是一家专营财险的地方性保险公司，经过多年努力，不断积累经验，实现了业务快速扩张，目前成为很有信誉的保险专家。万成保险利用保险代理人的团队负责保险销售、提供客户服务（如配置文件更新、客户关系）、理赔处理等活动。其一直经营的核心业务都以提供单一保障为目标，产品包括财产保险、人寿保险、养老保险、医疗保险等，这些产品均处于领先地位。在整个保险市场中还有几个主要的参与者，它们的营运方式与万成保险相同。

万成保险占保险市场份额的30%，受到广泛的公众认同，在2009年和2011年被国内知名财经杂志选为“最具发展潜力”企业，得到金融机构给予的最高信用评级。万成保险的年度盈利在过去三年均实现两位数增长，于2012年初正式成为上市企业。万成保险拥有一个经验丰富的管理团队。尽管如此，由于保险业中销售人员的薪酬多以佣金制为主，因此行业的人员流失率比其他服务性行业要高，万成保险每年的人员流失率维持在18%以上，稍高于行业的平均指标。

要求：简要说明SWOT分析的内涵及用处。根据文中信息，进行万成保险的SWOT分析。

【答案】

SWOT分析的内涵及用处：SWOT分析应用于企业战略分析阶段时所进行的企业评估，它综合考虑了企业内部条件和外部环境的各种因素，进行系统评价，从而选择最佳战略的方法。

SWOT分析可以帮助管理层判定企业的优势和劣势、机会和威胁，从而更容易地确定企业在市场中的地位，选择最佳的战略以实现企业目标。

万成保险的SWOT分析图如下：

优势：

公司在保险市场份额高，受到广泛的公众认同；

获得最高信用评级，拥有声誉优势；

盈利能力强，上市企业；

拥有一个经验丰富的管理团队。

劣势：

公司的核心业务都以提供单一保障为目标，没有特色产品；

销售人员流失率高，不稳定。

机会：

国内保险业市场处于兴起阶段，发展潜力大；

现有市场参与者不多，只有30家保险企业；

国民可消费收入增多，对健康及生活保障的要求增加；

政府支持，鼓励企业进行融资集资，促进保险公司的业务开展。

威胁：

消费者对保险抱观望态度，保险意识较弱；

国民对保险的意识较弱，对保险代理服务不太信任；

政府正计划开放市场让外资保险公司进入市场，加剧保险业竞争。

本章强化练习

一、单项选择题

1．在通用矩阵的九个方格中，处于右下方三个方格的业务适合采取的战略是（　　）。

A．增长与发展战略　　B．停止、转移、撤退战略

C．维持或有选择地发展的战略　　D．维持或收割战略

2．创业期和成长期的高风险因素已经消失，销售额和市场份额、盈利水平都比较稳定，现金流量变得比较容易预测。这种情形标志着该产品已进入生命周期的（　　）。

A．导入期阶段　　B．成长期阶段　　C．成熟期阶段　　D．衰退期阶段

3．波特试图对能够加强国家在产业中的竞争优势的因素进行分析，其模型为（　　）。

A．价值链模型　　B．钻石模型　　C．战略群组理论　　D．波士顿矩阵

4．大金酒店集团为了追求服务品质优越，完全满足商务旅行者的需要，派出酒店高级管理人员到佳美航空公司等具有类似核心业务的公司参观学习。从基准分析方法判断，属于（　　）。

A．竞争性基准　　B．过程或活动基准

C．一般基准　　D．顾客基准

5．关于产品生命周期，以下表述正确的是（　　）。

A．在衰退期后期，多数企业退出后，产品价格持续下降

B．从产品研发和生产角度考察，产品生命周期可以划分为导入期、成长期、成熟期和衰退期四个阶段

C．成长期的经营风险有所下降，主要是产品本身的不确定性在降低，但经营风险仍然维持在较高水平

D．从产业环境与从国际生产要素组合不同角度分析，产品生命周期的内涵是一致的

6．甲汽车制造公司准备到发展中国家A国投资，对A国诸多条件进行了认真的调查分析，以下分析内容不属于钻石模型要素的是（　　）。

A．A国汽车轮胎产业发展状况

B．A国政府对外来投资企业的优惠政策

C．A国生产工人工资水平和素质

D．本国消费者的品质

7．依据波士顿矩阵分析正确的是（　　）。

A．处于市场增长率高的业务保持谨慎，不宜投资过多

B．相对市场占有率下降的业务尽快加大投入

C．对于较大的现金牛业务应增加资金投入

D．减少对市场占有率下降且市场饱和的产品的投资

8．以下关于企业核心能力的表述，正确的是（　　）。

A．核心能力是企业在经营活动中能够比竞争对手做得更好的能力

B．企业的核心能力表现为强劲的营销能力

C．企业的竞争优势只来自企业的核心能力

D．跨国集团的核心能力表现为不同企业文化的有机融合

9．下列各项中，不能增加企业核心竞争力的是（　　）。

A．聘用生产外包商　　B．加强研发能力培育

C．产品推陈出新　　D．完善的营销体制

10．利用波特的价值链理论分析美容院的各项活动。以下各项中，属于美容店生产运营的活动是（　　）。

A．引导消费者充值成为会员　　B．购买美容仪器

C．招聘美容师　　D．为客户护理皮肤

11．在对企业外部环境和内部环境进行综合分析时，可以运用的战略分析工具包括（　　）。

A．波特五力模型　　B．价值链分析

C．通用矩阵　　D．SWOT分析

12．2017年5月，国内甲省A糖果公司收购了乙省两家糖果公司的股权，进入乙省市场。不久，乙省B糖果公司也收购甲省三家糖果公司的股权，进入甲省市场。该材料反映了行为性障碍中的（　　）。

A．品牌优势　　B．限制进入定价

C．学习曲线　　D．进入对方领域

13．根据产品生命周期理论，当企业的主要战略路径是投资于研究与开发和技术改进，提高产品质量时，说明企业处于（　　）。

A．成长期　　B．导入期　　C．成熟期　　D．衰退期

14．甲公司是某省唯一一家风力发电企业，另外两家发电企业是火力发电企业。与其他两家发电企业相比，甲公司具有一定的经营优势，包括：（1）风力发电站设在本省最适宜设立风电厂的出口，该出口常年具有风力发电所必需的有效风速；（2）风机和风车等风力发电设备全部从国外进口；（3）拥有省内水平最高的风电工程师；

（4）享受国家对风电企业给予的税收优惠政策。与省内其他两家发电企业相比，甲公司核心竞争力的资源是（　　）。

A. 先进的风力发电设备　　B. 正在享受的税收优惠政策

C. 地理位置和风力资源　　D. 拥有省内水平最高的风电工程师

二、多项选择题

1. 甲公司为国内上市的智能手机生产企业。甲公司正在研究收购A国家的乙手机生产企业。下列各项因素中，属于甲公司在PEST分析中应当考虑的有（　　）。

A. 甲公司收购乙企业符合其未来五年发展规划

B. 乙企业所在国政府对投资企业持支持态度，推行了许多优惠措施鼓励投资

C. 甲公司制造智能手机经验丰富

D. 乙公司所在国经济发展很快，智能手机需求增长迅速，过去十年增长了10倍

2. 按照波特的五力分析模型，下列各项因素中，可能对某家造船公司取得竞争优势产生不利影响的有（　　）。

A. 生产轮船的设备性能优良，不需更新改造

B. 造船产业的行业增长率开始处于下降趋势

C. 由于航空公司兴起，使得航运业受到一定影响

D. 进入造船业需要大量的资金

3. 下列关于企业资源的表述中，正确的有（　　）。

A. 企业组织经验属于企业的人力资源

B. 有形资源是一种十分重要的企业核心竞争力的来源

C. 企业的无形资源一般难以被竞争对手了解、购买、模仿或替代

D. 企业的有形资源列示在资产负债表的公允价值不能完全代表其战略价值

4. 按照波特的价值链理论，企业的下列各项活动中，属于辅助活动的有（　　）。

A. 新华书店提供网络在线销售服务

B. 家电生产企业利用外包仓库储存其产成品

C. 快递公司重整其人力资源管理，提升员工的服务能力

D. 制鞋企业设立特定研究中心专门从事人体工程学和产品生产的研究

5. 甲公司是一家国际知名的电梯制造企业。下列各项中，属于甲公司战略分析时关注的企业资源有（　　）。

A. 有序的运输车队　　B. 高效的安装服务

C. 优秀的生产工人　　D. 良好的售后服务

6．经过近几年的发展，家用轿车市场目前已进入成熟期。支持该结论的市场现象包括（　　）。

A．行业内出现企业之间挑衅性的竞争

B．轿车逐步标准化，局部生产能力过剩

C．扩大市场份额非常困难

D．同行业企业战略重点倾向于关注市场营销

7．甲公司是一家复印机生产企业。关于甲公司的价值链，以下表述正确的有（　　）。

A．进货材料搬运、部件装配、订单处理、广告、售后服务等活动属于基本活动

B．公司的基础设施包括厂房、建筑物等

C．原材料采购、信息系统开发、招聘等活动属于支持活动

D．价值链的每项活动对甲公司竞争优势的影响是不同的

8．陕西华山以险峻著称，每年吸引了大量游客观光游玩。以下表述正确的有（　　）。

A．是具有路径依赖性的资源　　B．是一种物理上独特的资源

C．是一种不可模仿的资源　　D．是一种有形资源

9．对于家电制造企业而言，其产业的成功关键因素包括（　　）。

A．拥有核心能力　　B．具有比其他竞争对手做得更好的能力

C．售后服务　　D．研发能力

10．以下关于企业战略群组的描述，正确的有（　　）。

A．产业中不可能只有一个战略群组

B．每一个公司也可能成为一个不同的战略群体

C．通过战略群组分析可以了解组内企业竞争的主要着眼点

D．通过创新，打破战略群组的边界属于“蓝海市场”

11．甲公司是国内一家印刷机制造企业，主要产品是胶印机。为了开发“印后设备”（即折页装订、模切、包装等设备），该公司进行了SWOT分析。在以下表述中，符合该公司SWOT分析要求的有（　　）。

A．甲公司产品在国内具有较高的品牌知名度和完善的销售渠道，但在短期内印后设备研发能力不足，甲公司寻求一家有印后研发能力的企业进行战略合作，此战略为WT战略

B．甲公司产品在国内具有较高的品牌知名度和完善的销售渠道，国家政策鼓励优势企业进行产品和技术开发进入市场需求旺盛的印后设备领域，甲公司决定借政策东风，迅速进入印后设备领域，此战略为SO战略

C．由于甲公司短期内印后设备研发能力不足，国外印后设备制造商竞争对手实力强大，因此，甲公司决定与一家国外印后设备制造商进行战略合作，此战略为ST战略

D．由于甲公司短期内印后设备研发能力不足，面对国内对印后设备日益强劲的市场需求，甲公司寻求一家有印后研发能力的企业进行战略合作，此战略为WO战略

12．甲公司是一家电器生产企业，正在打算进入小家电行业，并创立一个全新品牌。甲公司在考虑进入障碍时，应当考虑（　　）。

A．小家电行业竞争激烈

B．小家电行业是否能产生规模经济

C．甲公司是否具有小家电的分销渠道

D．为进入小家电行业的资金是否足够

13．依据波特五力分析模型，甲公司是一家有机大米生产供应商，通过分析普通大米生产商对有机大米行业产生的影响力主要是（　　）。

A．供应商的议价能力　　B．销售商的议价能力

C．替代产品的威胁　　D．潜在进入者的威胁

14．下列选项中，属于A公司对竞争对手分析的包括（　　）。

A．竞争对手的未来目标　　B．竞争对手的假设

C．竞争对手的现行战略　　D．竞争对手的快速反应能力

15．现有企业对关键资源的控制主要有（　　）。

A．资金　　B．专利　　C．学习曲线　　D．原材料供应

16．在某一产业中，竞争对手会有许多不同的分组，每个群组在相似产品、市场类别中遵循相似战略，这些群组被称为战略群组。以下属于同一战略群组的有（　　）。

A．肯德基　　B．日本寿司　　C．德克士　　D．四川火锅

三、简答题

1．甲公司为从事石油化工及投资的大型企业。甲公司下属子公司乙公司于2007年在香港成功发行股票并上市。2010年9月乙公司购入总部位于澳大利亚的丙公司4.2%的股份。经过与丙公司的接触，乙公司认为，全面收购丙公司符合其长远发展目标。丙公司在肯尼亚的全资子公司是其营业收入和净利润的主要来源，经营石油开采、管道运输、加工、销售等石油化工相关的业务，拥有的油气储量占肯尼亚已探明油气储量的五分之一。此外，丙公司于2009年年初在叙利亚以15亿英镑的价格购买了新的油田，目前正在进行深入勘探。对于丙公司购买的叙利亚油田，很多股东对该油田储量的预测并不

乐观，导致丙公司的股票价格自2009年开始一直低于每股15英镑。

2011年4月7日，乙公司认为收购丙公司的时机已经成熟。因而向丙公司的股东发出收购要约，拟以每股18英镑的价格收购丙公司其他股东持有的全部股份，该收购价格比报价前20个交易日丙公司股票的平均收盘价格高出25%。在乙公司发布要约收购丙公司消息的当天，丙公司股票价格大幅上涨，报收于每股19英镑，并且，澳大利亚政府相关监管部门表示，将密切关注乙公司收购丙公司的事宜。

要求：

（1）简要分析乙公司作出收购丙公司的决策时应当特别考虑的政治环境因素；

（2）简要分析乙公司收购丙公司应当特别考虑的当前经济状况因素。

2. 上海佳美糖果企业的产品主要有鲜奶糖、喜糖、喉糖、咖啡糖、水果糖、软糖，数据情况如下：

	市场增长率	相对市场占有率
水果糖、咖啡糖	5%	1.3
鲜奶糖、软糖	15%	1.2
喉糖	12%	0.8
喜糖	2%	0.4

要求：利用波士顿矩阵对佳美糖果企业的糖果进行分析并提出建议。

3. 作为中式快餐行业的领军企业，A餐饮集团采用五力分析模型分析了中式餐饮行业的竞争结构，分析因素如下：

（1）快餐行业需要大量蔬菜、肉类、粮食供应，很多大型餐饮集团都与供应商建立了合作伙伴关系，双赢互惠。从宏观方面来说，中国的农产品供应十分丰富。根据资料统计，中国在粮食、蔬菜、肉类等副食品产量位居世界前列，多个农副产品位居世界产量第一。从小方面来说，各个城市物流的发展导致农副产品流通十分便利，农副产品供应商很多，农产品市场基本属于完全竞争市场，蔬菜大棚也很多，为中式快餐提供了品种繁多的原材料。

就未来发展趋势看，中式快餐要做强做大，势必要建立稳定的供应商网络，例如可以与国内知名食品品牌企业强强合作，建立稳定的全国粮油、副产品批发直供基地，集中规模采购，节约了成本，并且质量可以得到保证。

（2）中式快餐行业直接面对着消费者，从消费群体来看，以年轻人居多，年轻人对快餐的需求多样性，从生理上说，人们都不愿意长期重复消费某类食物，必须经常变换口味，导致同一餐厅的消费忠诚度较低。餐饮企业在经营中常常面临两难选择：放弃品种单一性将降低效率、耗费更多资源；坚持品种单一性则面临顾客忠诚度降低的风险。餐饮行业要稳定零散的消费者，就需要中式快餐在创新多元化产品与保留精品上下功夫，才能真正获得消费者的青睐。

（3）由于中式快餐在技术上的门槛较低，加之目前快餐业的发展速度一直以高于同期GDP的增速高速发展，同时缺乏全国性的中式快餐强势品牌，这势必会吸引越来越多的企业进入中式快餐行业，目前一些外资企业和非快餐业企业都开始进军中式快餐业。比如百胜餐饮开始进入中式快餐，其中式快餐品牌“东方既白”已经在上海、北京等一线城市布局。大量潜在的市场进入者将使中式快餐在未来的几年内上演“春秋争霸”，对现有的快餐企业将形成不小的冲击。

（4）目前，中式快餐最大的替代品是洋快餐，麦当劳与肯德基在中国极速膨胀，不言而喻，这使国内快餐受到前所未有的冲击。麦当劳、肯德基对于中国快餐业的发展功不可没，它们带来了新的经营管理方法，新的生产技术方式。比如烹饪科学标准化。麦当劳对所有生产工艺过程科学地定性定量，达到标准化生产，麦当劳人宣称面包的气孔直径5毫米左右，厚度17厘米时，放在嘴中咀嚼味道最美；牛肉饼的重量在45克时，其边际效益达到最大值；可口可乐的温度恒定在4摄氏度时，口味最佳；吸管粗细若能用母乳般的速度将饮料送人口中，最感惬意。中国的快餐在他们的促进影响下也逐渐壮大起来，也已经开始尝试着厨房现代化，经营连锁化、规模化。

虽然世界快餐巨头麦当劳和肯德基早已率先进入中国市场，但由于中国人长期以来养成的饮食习惯和中餐不可抗拒的美味，所以未来的发展趋势仍将是中式快餐食品占主导地位，这无疑给中国快餐业者提供了一个潜力巨大且有待开发的市场。

（5）随着社会的发展，人民生活水平的提高，中式快餐的市场也在慢慢发展阶段，吃中式快餐的人也越来越多，中式快餐的竞争对手也变得越来越多。比如真功夫、吉祥馄饨、马兰拉面、永和豆浆等，一些大型中式餐饮集团营销网点遍布全中国，A餐饮集团要想规模化发展，势必要向这些竞争对手多学习、多借鉴。

要求：

（1）上述五方面因素分别属于五力模型中的哪个方面?

（2）说明每个因素对中式餐饮行业竞争强度的影响。

四、综合题

1．三聚氰胺事件后，政府高度重视牛奶行业的质量安全问题，牛力集团作为一家上市企业，通过国有资本股份入股，或许正是中央的意图，国有资本的加入逐步发挥了良好的协同效应，包括改善牛力的原奶质量，还包括政府的支持对牛力的海外扩张和国内发展提供了支持。

随着经济的快速发展，人民生活水平的日益提高，我国消费者（包括中国广大农村地区消费者）对奶制品的需求越来越多，乳品消费已经成为人民日常生活中不可或缺的一部分。此外，随着中国乳制品行业的发展，国内乳制品巨头已不满足于国内市场，目光已瞄向海外的目标市场，海外目标市场是具有一定的乳品消费能力，初具规模和发展潜力，但自身并非先进的乳品供应国，对乳制品还依赖于进口。随着科技进步的发展，乳业巨头都继续加大技术研发，从而形成自己的高端优势产品。

在三聚氰胺事件后，一部分消费者对饮用牛奶产生恐惧心理，牛奶的销量不断下滑。牛力集团作为中国知名品牌，凭借自己的信誉优势，不断提高市场占有率，引导中国消费者养成饮用牛奶的消费习惯。同时扩大自己的经营范围，创造自己的品牌声誉，提高了年轻消费者对健康营养饮食的重视程度，改变了中国消费者对饮用牛奶的生活习惯。2016年牛力集团收入全国行业排名由第300多位上升至前10位。其生产的产品获得了国家免检食品、QS质量安全认证、绿色食品认证等多项认证，牛力集团地处“大草原”呼和浩特，原奶供应具有得天独厚的优势，质量得到了保障，且极大节省了原奶成本，形成了规模经济。

而且牛力集团投入大量资金用于攻克技术难关，拥有奶制品方面的领先制造技术，在全国不断地扩大自己新的生产基地，保证了产品质量，取得了消费者的信赖，但是，牛力集团在做大做强的同时，竞争对手也在加快发展的脚步，使得竞争双方大打价格战，双方毛利率都有所下降，在对手推陈出新的同时，牛力新产品发展速度迟缓。

2017年，牛力集团推出高端奶，其营养价值远超过普通牛奶，迅速占领高端消费者市场，有了一定的忠诚顾客，在高端奶市场获得第一的市场占有率，且市场增长潜力很大，前景广阔。常温牛奶、酸奶作为牛力集团的传统产品，占据了市场的大半江山，但由于牛奶从高档消费品变成生活必需品时，市场发展增长潜力逐步缩小，因此，常温牛奶、酸奶的销量不太可能有太大增长，但其稳定的收入为牛力集团不断研发新的产品、开拓新的领域提供了源源不断的资金。冰激凌、奶酪业务不属于牛力集团的主攻项目，一直遭遇国外强劲竞争对手（雀巢、美赞臣、联合利华）强有力的进攻，市场增长率和自身市场占有率都不令人满意。此外，伴随二胎政策的放宽，婴儿奶粉增长持续走高，但年轻妈妈们青睐进口奶粉，如何让妈妈们信赖牛力的婴儿奶粉一直是让集团非常头疼的事情。

要求：

（1）结合案例，应用PEST分析进行牛力集团的宏观环境分析；

（2）结合案例，进行牛力集团的SWOT分析；

（3）结合案例，针对牛力集团的多元化经营业务进行波士顿矩阵分析。

2．2017年，佳美开始尝试进军日化行业，而此时日化行业的竞争已经异常激烈。B公司、L公司、D公司、H公司等国际巨头们凭借其规模经济、品牌、技术、渠道和服务等优势，基本上占领了C国日化行业的高端市场，并占据了牙膏市场60%以上的份额；清雅公司、蓝天公司等本土日化企业由于普遍存在产品特色不突出、品牌记忆度弱等问题，加上自身实力不足，因而多是在区域市场的中低端市场生存。整个产业的销售额达到前所未有的规模，且市场基本饱和。谁想要扩大市场份额，都会遭到竞争对手的顽强抵抗，已有相当数量的本土日化企业淡出市场。价格竞争开始成为市场竞争的主要手段，定位在高端市场的国际巨头们也面临着发展的瓶颈，市场份额、增长速度、盈利能力都面临着新的考验，它们的产品价格开始向下移动。

佳美进入日化行业先从牙膏市场开始。佳美没有重蹈本土企业的中低端路线，而是反其道而行之。通过市场调研，佳美了解到广大消费者对口腔健康日益重视，而当时市场上的牙膏产品大多专注于美白、防蛀等基础功能，具有更多口腔保健功能的药物牙膏还是市场的空白点。于是，佳美创出了一个独特的、有助于综合解决消费者口腔健康问题的药物牙膏——佳美牙膏，并以此树立起高价值、高价格、高端的“三高”形象。

佳美进入牙膏市场短短几年表现突出，不仅打破了本土品牌低端化的现状，还提升了整个牙膏行业价格体系。从2017年开始，随着佳美推出功能化的高端产品，国际巨头们也纷纷凭借自身竞争优势推出功能化的高端产品抢占市场。B公司推出抗过敏牙膏；L公司推出全优七效系列牙膏；D公司推出去渍牙膏；H公司推出专效抗敏牙膏。这些功能性很强的口腔保健牙膏定价都与佳美牙膏不相上下，这些功能化的高端牙膏产品出现后，消费者的需求得到进一步满足，整个市场呈现出“销售额增长大于销售量增长”的新特点。

要求：

（1）简要分析佳美进军日化行业时，日化行业所处的产品生命周期发展阶段；

（2）运用“解决口腔健康问题功能程度”和“价格水平”两个战略特征，各分为高、低两个档次，对2017年以前的B公司、L公司、D公司、H公司、清雅公司、蓝天公司、佳美进行战略群组划分；

（3）根据战略群组分析的作用，分析：①定位在高端市场的国际巨头们的产品价格开始向下移动的依据；②佳美在日化行业中战略群组定位的依据；③B公司、L公司、D公司、H公司相继推出功能化高端牙膏的依据。

答案及解析

一、单项选择题

1. 【答案】B

【学堂点拨】从矩阵图九个方格的分布来看，企业中处于左上方三个方格的业务最适于采取增长与发展战略，企业应优先分配资源；处于右下方三个方格的业务，一般就采取停止、转移、撤退战略；处于对角线三个方格的业务，应采取维持或有选择地发展的战略，保护原有的发展规模，同时调整其发展方向。

2. 【答案】C

【学堂点拨】本题主要考查“产品生命周期”知识点。成熟期的战略目标是巩固市场份额，提高投资报酬率。主要战略路径是提高效率，降低成本。成熟期的经营风险近一步降低，达到中等水平。创业期和成长期的高风险因素已经消失，销售额和市场份额、盈利水平都比较稳定，现金流量变得比较容易预测。因此选项C正确。

3. 【答案】B

【学堂点拨】本题主要考查“国家竞争优势分析——钻石模型”知识点。钻石模型是用来分析国家某产业中竞争优势的模型。战略群组理论属于外部环境分析中的竞争环境分析，价值链理论与波士顿矩阵属于企业内部环境分析。所以选项B正确。

4. 【答案】B

【学堂点拨】本题主要考查“基准类型”知识点。过程或活动基准，即以具有类似核心经营的企业为基准进行比较，但是二者之间的产品和服务不存在直接竞争的关系。酒店未来的参照标准是像航空公司这样具有类似核心业务的公司，两者之间不存在直接竞争的关系，依据题意关键词“具有类似核心业务的公司参观学习”可以看出属于过程或活动基准。

5. 【答案】C

【学堂点拨】本题主要考查“产品生命周期”知识点。在衰退期，产能严重过剩，只有大批量生产并有自己销售渠道的企业才具有竞争力。有些竞争者先于产品退出市场，产品的价格、毛利都很低，只有到后期，多数企业退出后，价格才有望上扬，所以，选项A错误。从产业环境分析，波特提出的产品生命周期理论以产业销售额增长率曲线的拐点为依据，将产品生命周期分为导入期、成长期、成熟期和衰退期四个阶段。美国哈佛大学教授弗农从产品的研发和生产角度进行考察，提出了产品生命周期理论（第三章知识点），将产品生命周期分为产品创新、成熟与标准化三个阶段，所以选项B、D错误；成长期的经营风险有所下降，主要是产品本身的不确定性在降低，但经营风险仍然维持在较高水平，原因是竞争激烈了，市场的不确定性在降低，所以选项C正确。

6. 【答案】B

【学堂点拨】本题主要考查“国家竞争优势分析——钻石模型”知识点。波特在《国家竞争优势》一书中，提出了国家竞争优势的四个决定因素：（1）生产要素：包括人力资源、天然资源、知识资源、资本资源、基础设施；（2）需求条件：主要是本国市场的需求；（3）相关与支持性产业：这些产业和相关上游产业是否有国际竞争力；（4）企业战略、企业结构和同业竞争的表现。所以，选项B不属于钻石模型的要素。选项A轮胎产业属于汽车产业的相关与支持性产业，选项C劳动力属于生产要素，选项D属于需求条件，选项B政府对外来投资企业的优惠政策属于宏观环境分析中的政治因素，不属于钻石模型要素，因此选项B正确。

7. 【答案】D

【学堂点拨】本题主要考查“波士顿矩阵”知识点。如果市场增长率高，则可以推断属于明星产品或问题产品，对于明星产品和有发展前途的问题产品应加大投资而不应保守，所以，选项A错误；相对市场占有率下降的产品，可以推断属于“现金牛”产品或“瘦狗”产品，对这两类业务由于市场饱和或下滑，通常不应追加投资，所以，选项B错误；对于较大的现金牛业务投资应维持现状，目标是保持该项业务现有的市场占有率，选项C错误；市场占有率下降且市场饱和的产品（双低）属于“瘦狗”产品，“瘦狗”产品应采用撤退战略，选项D中关键词“减少”即说明逐渐撤退战略。所以选项D正确。

8. 【答案】A

【学堂点拨】本题主要考查“核心能力”知识点。核心能力的产生是企业中各个不同部分有效合作的结果，也就是各种单个资源整合的结果，即企业在经营活动中能够比竞争对手做得更好的能力，所以选项A正确；企业是一种能力的组合，核心能力有不同的组合形式，不仅仅表现为强劲的营销能力或不同企业文化的有机融合，选项B、D错误；企业的竞争优势只来自企业的核心能力，从关键词“只来自”可以看出过于绝对，选项C错误。

9. 【答案】A

【学堂点拨】本题主要考查“核心能力”知识点。核心竞争力，是指能为企业带来相对于竞争对手的竞争优势的资源和能力。容易获取的能力一般不能直接成为企业的竞争优势，如聘用生产外包商，则过分依赖外包，企业失去自力更生的能力，不能形成竞争优势。

10. 【答案】D

【学堂点拨】本题主要考查“价值链分析”知识点。生产经营是指将各种投入品转化为最终产品形式相关的各种活动，如机加工、包装、组装、设备维护、检测等。这一活动的本质是输入向输出的转化。因此，美容店为客户护理皮肤属于美容店的生产运营活动，选项D正确。选项A为市场营销，选项B为采购，选项C为人力资源管理。

11. 【答案】D

【学堂点拨】本题主要考查“SWOT分析”知识点。SWOT分析属于内部环境和外部环境分析相结合的工具，所以选项D正确。五力模型属于外部环境分析中的产业环境分析，价值链分析属于内部环境分析，通用矩阵属于内部环境分析中的业务组合分析。

12. 【答案】D

【学堂点拨】行为性障碍是指现有企业对进入者实施报复手段所形成的进入障碍。报复手段主要有限制进入定价和进入对方领域。其中进入对方领域是寡头垄断市场常见的一种报复行为，其目的在于抵消进入者首先采取行动可能带来的优势，避免对方的行动给自己带来风险。选项D正确。

13. 【答案】B

【学堂点拨】导入期的主要战略路径是投资于研究开发和技术改进，提高产品质量；成长期的主要战略路径是市场营销，此时是改变价格形象和质量形象的好时机；成熟期的主要战略路径是提高效率，降低成本；衰退期的主要战略路径是控制成本，以求能维持正的现金流量。

14. 【答案】C

【学堂点拨】本题主要考查“决定企业竞争优势的企业资源”知识点。选项A可以通过购置获得先进设备；选项D可以通过招聘获得优秀人才，均属于可以被模仿或复制的资源；选项B优惠税收政策有失效性，属于不能持久的资源；选项C属于不可被模仿的资源，地理位置和风力资源属于物理上独特的资源，能够帮助企业建立核心竞争力。

二、多项选择题

1. 【答案】BD

【学堂点拨】本题主要考查“宏观环境分析”知识点。PEST分析用于外部宏观环境分析，包括政治和法律因素、经济因素、社会和文化因素以及技术因素。选项A甲公司收购乙企业符合其未来五年发展规划属于从内部角度分析问题，与题意不符；选项B

属于外部宏观环境分析中的政治法律环境因素；选项C强调企业的经验和技术属于内部环境分析，与题意不符；选项D属于外部宏观环境分析中的经济环境因素。

2. 【答案】BC

【学堂点拨】本题主要考查“五力分析模型”知识点。造船业的行业增长率开始处于下降趋势，会导致行业竞争程度增强，使得现有造船企业“吃不饱”，产生不利影响，所以，选项B正确；航空公司属于替代产品的威胁将使得对现有造船业的需求下降，从而产生不利影响，选项C正确。生产轮船的设备性能优良，不需更新改造，说明企业生产设备优势明显，进入造船业需要大量的资本投入，说明门槛高，潜在进入者不容易进入，都对现有在位者会产生利好影响，所以，选项A、D与题意相反，错误。

3. 【答案】CD

【学堂点拨】本题主要考查“企业资源分析”知识点。企业的资源主要分为三种：有形资源、无形资源和人力资源。其中，无形资源是指企业长期积累的、没有实物形态的，甚至无法用货币精确度量的资源，通常包括品牌、商誉、技术、专利、商标、企业文化及组织经验等，所以选项A错误；尽管无形资源难以精确度量，但由于无形资源一般都难以被竞争对手了解、购买、模仿或替代，因此，无形资源是一种十分重要的企业核心竞争力的来源，所以，选项C正确，选项B错误；资产负债表中的无形资产并不能代表企业的全部无形资源，甚至可以说，有相当一部分无形资源是游离在企业资产负债表之外的，同时，由于会计核算的原因，资产负债表所记录的账面价值或公允价值并不能完全代表其战略价值，所以选项D正确。

4. 【答案】CD

【学堂点拨】本题主要考查“价值链分析”知识点。书店提供网络在线销售服务，属于基本活动中的市场营销，所以选项A错误；家电生产企业利用外包仓库储存其产成品，属于基本活动中的外部后勤，所以选项B错误；快递公司重整其人力资源管理，提升员工的服务能力，属于辅助活动中的人力资源管理，所以选项C正确；制鞋企业设立特定研究中心专门从事人体工程学和产品生产的研究，属于辅助活动中的技术开发，所以选项D正确。

5. 【答案】ABCD

【学堂点拨】本题主要考查“企业资源的类型”知识点。甲公司战略分析时必须关注的企业资源包括有形资源、无形资源和人力资源。选项A属于有形资源中的实物资源；选项B和选项D属于无形资源；选项C属于人力资源。

6. 【答案】ABC

【学堂点拨】本题主要考查“产品生命周期”知识点。成熟期的特征为虽然市场巨大，但是已经基本饱和。任何竞争者想要扩大生产份额，都会遭遇激烈的价格竞争，导致行业内出现了较多的兼并机会，行业内出现企业之间挑衅性的竞争，产品逐步标准化，局部生产能力过剩，扩大市场份额非常困难，成熟期的主要战略路径为提高效率、降低成本。所以，选项A、B、C正确； 企业战略重点倾向于关注市场营销属于成长期的特征，选项D错误。

7. 【答案】ACD

【学堂点拨】本题主要考查“价值链分析”知识点。价值链将企业的生产经营活动分为基本活动和支持活动两大类。基本活动，又称主体活动，是指生产经营的实质性活动，一般可以分为内部后勤、生产经营、外部后勤、市场销售和服务五种活动。所以，选项A均属于基本活动，正确；支持活动，又称辅助活动，是指用以支持基本活动而且内部之间又相互支持的活动，包括采购、技术开发、人力资源管理和企业基础设施。所以选项C均属于支持活动，正确；基本活动和支持活动对企业竞争优势的影响是不同的，所以选项D正确；基础设施指企业的组织结构、惯例、控制系统以及文化等活动，属于软环境，而不是指厂房、建筑物等硬件设施，所以选项B不正确。

8. 【答案】BCD

【学堂点拨】本题主要考查“企业资源分析”知识点。华山以险峻著称，是一种不可模仿的有形资源，具体属于物理上独特的资源，而具有路径依赖性的资源是指经过长期积累才能获得的资源，如售后服务，与题意不符，因此选项A错误，选项B、C、D正确。

9. 【答案】CD

【学堂点拨】本题主要考查“成功关键因素”知识点。成功关键因素是指公司在特定市场获得盈利必须拥有的技能和资产。成功关键因素应被看作是产业和市场层次的特征，是从外部环境分析，而不是针对某个别公司。选项C、D属于产业的成功关键因素；核心能力，就是企业在具有重要竞争意义的经营活动中能够比其竞争对手做得更好的能力，是从内部环境分析。选项A、B是从内部角度出发，因此错误。注意区分成功关键因素和核心能力。

10. 【答案】BCD

【学堂点拨】本题主要考查“产业内的战略群组”知识点。如果产业中所有的公司基本认同了相同的战略，则该产业中就只有一个战略群体，就另一个极端而言，每一个公司也可能成为一个不同的战略群体，选项A错误，选项B正确。战略群组分析有助于了解战略群组内企业竞争的主要着眼点，选项C正确。不同于“红海战略”，“蓝海战略”是指不局限于现有产业边界而是极力打破这样的边界条件，通过提供创新产品和服务，开辟并占领新的市场空间的战略，因此选项D正确。

11. 【答案】BD

【学堂点拨】本题主要考查“SWOT分析”知识点。甲公司产品在国内具有较高的品牌知名度和完善的销售渠道属于优势分析，但在短期内印后设备研发能力不足属于劣势分析，选项A仅仅分析了企业内部存在的优势（S）和劣势（W），没有针对外部环境分析，所以无法判断战略类型，选项A错误；甲公司产品在国内具有较高的品牌知名度和完善的销售渠道属于优势分析（S），国家政策鼓励优势企业进行产品和技术开发进入市场需求旺盛的印后设备领域属于机会分析（O），结合起来属于SO战略，选项B正确；甲公司短期内印后设备研发能力不足属于劣势分析（W），国外印后设备制造商竞争对手实力强大属于威胁分析（T），结合起来属于WT战略，选项C错误；甲公司短期内印后设备研发能力不足属于劣势分析（W），面对国内对印后设备日益强劲的市场需求属于机会分析（O），此战略为WO战略，选项D正确。

12. 【答案】BCD

【学堂点拨】本题主要考查“五力模型”知识点。规模经济、分销渠道、资金均是进入障碍的分析因素，选项B、C、D正确；选项A属于产业内现有企业的竞争，不属于新进入者的进入威胁分析，所以选项A错误。

13. 【答案】CD

【学堂点拨】本题主要考查“五力模型”知识点。对于有机大米生产商而言，普通大米可以替代有机大米，属于替代品的替代威胁，同时普通大米生产商也可以进入有机大米产业，属于潜在进入者的威胁，依题意不涉及购买商和供应商的讨价还价能力，选项C、D正确。

14. 【答案】ABCD

【学堂点拨】对竞争对手的分析有四个方面的主要内容，即竞争对手的未来目标、假设、现行战略和能力（包括快速反应能力）。

15. 【答案】ABCD

【学堂点拨】现有企业对资源的控制一般表现在对资金、专利或专有技术、原材料供应、分销渠道、学习曲线等资源及资源使用方法的积累与控制。

16. 【答案】AC

【学堂点拨】肯德基、德克士属于快餐类食品，所以属于同一战略群组。火锅、寿司不属于洋快餐，所以选项A、C正确。

三、简答题

1.【答案】

本题主要考查“宏观环境分析”知识点。

（1）丙公司总部位于澳大利亚，丙公司的重要资产在肯尼亚和叙利亚，因此乙公司需要考虑的政治环境因素包括：

①澳大利亚、肯尼亚和叙利亚的政局稳定状况；

②澳大利亚、肯尼亚和叙利亚的政府行为对企业的影响；

③澳大利亚、肯尼亚和叙利亚的执政党对外资企业的态度和推行的基本政策以及这些政策的连续性和稳定性；

④澳大利亚、肯尼亚和叙利亚各政治利益集团对企业活动产生的影响。

（2）乙公司收购丙公司应当特别考虑的当前经济状况因素包括：

当前经济状况会影响企业的财务业绩，包括税收水平、通货膨胀率、贸易差额、汇率、失业率、利率、信贷投放以及政府补助。依题意，对乙公司而言，其应特别考虑的当前经济环境因素包括：

①税收水平，乙公司为香港上市企业，丙公司为澳大利亚企业，丙公司下属公司在肯尼亚和叙利亚，不同体制的国家税收水平差异很大，因此这些国家的税收水平差异可能会对乙公司产生重大影响；

②通货膨胀率，政局的稳定与否对通货膨胀会产生很大影响，丙公司的子公司处于非洲和中东地区，币值不稳定，通货膨胀将对乙公司产生重大影响；

③贸易差额和汇率，乙公司将涉及多个国家业务，对于外贸行业还需要考虑贸易差额带来的问题，以及需要多种货币兑换，汇率变动也会对乙公司产生重大影响。

此外，乙公司在投融资活动中也需要考虑利率、信贷投放等带来的影响。

2.【答案】

本题主要考查“波士顿矩阵”知识点。

（1）“现金牛”类业务：水果糖、咖啡糖。

这两种产品市场增长率不高，但是市场相对占有率较高，本身不需要投资，反而能为企业提供大量资金，用以支持其他业务的发展。这类产品通常并不需要进行过多的市场维护和资源投入，其产品销量主要来自于消费者的习惯性消费，产品的自然流动性较好，但是这类产品要随时注意竞争者的动态，以竞争为营销策略的导向。对于这两类业务可以采取收获战略，即投入资源已达到短期收益最大化为限，投资维持现状，产生更多的收益。

（2）明星类业务：鲜奶糖、软糖。

这两种产品处于高速增长期，市场占有率也很高，需要企业投入较大的资源去扶持和提升，明星业务的增长和获利有着极好的长期机会，但它们是企业资源的主要消费者，需要大量的投资。为了保护和巩固明星业务的增长的市场上的主导地位，企业应在短期内优先供给它们所需的资源，支持它们的发展。

（3）问题类业务：喉糖。

这个产品有较高的市场增长率，但是市场占有率很低，通常这种增长更多的是行业性的增长，所以对于企业来说，喉糖是一个机会，但是这个机会大小取决于竞争对手实力的强弱，资源投入的大小。佳美企业应考虑能否向明星业务转变，对问题业务的改进和扶持方案应列入佳美公司的长期计划之中，在喉糖的营销策略方面应该是在企业资源条件具备的前提下重点投入和有效投入。应想办法提高喉糖的市场占有率，将其从问题产品转变为明星产品。

（4）“瘦狗”类业务：喜糖。

喜糖是一个相对市场占有率很低，市场增长率也很低的产品，对于这个产品，企业进行资源投入的成效也不大，所以喜糖这个产品对于企业来说应该减少批量，缩小经营范围，减轻负担，以便将有限的资源用于效益较高的业务。如果喜糖进行详细的财务分析后，在亏损的前提下将其淘汰。

3.【答案】

本题主要考查“五力模型”知识点。

（1）第一个因素属于供应者讨价还价的能力因素。第二个因素属于购买者讨价还价的能力因素。第三个因素属于潜在进入者的进入威胁因素。第四个因素属于替代品的替代威胁因素。第五个因素属于行业内现有竞争者的竞争能力。

（2）①供应商的讨价还价能力

“从宏观方面来说，中国的农产品供应十分丰富。根据资料统计，中国在粮食、蔬菜、肉类等副食品产量位居世界前列，多个农副产品位居世界产量第一”以及“从小方面来说，各个城市物流的发展导致农副产品流通十分便利，农副产品供应商很多，农产品市场基本属于完全竞争市场，蔬菜大棚也很多，为中式快餐提供了品种繁多的原材料”说明供应商众多，供应商讨价还价能力较弱。

②购买者讨价还价的能力

"从消费群体来看，以年轻人居多，年轻人对快餐的需求多样性，从生理上说，人们都不愿意长期重复消费某类食物，必须经常变换口味，导致同一餐厅的消费忠诚度较低。餐饮企业在经营中常常面临两难选择：放弃品种单一性将降低效率、耗费更多资源；坚持品种单一性则面临顾客忠诚度降低的风险"以及"餐饮行业要稳定零散的消费者，就需要中式快餐在创新多元化产品与保留精品上下功夫，才能真正获得消费者的青睐"说明消费者的转换成本低，年轻消费者个性化消费需求较多，如果快餐业提供的快餐乏善可陈，则会遭遇消费者的拒绝。说明购买者讨价还价能力较强。

③潜在进入者的进入威胁

"由于中式快餐在技术上的门槛较低，加之目前快餐业的发展速度一直以高于同期GDP的增速高速发展，同时缺乏全国性的中式快餐强势品牌，这势必会吸引越来越多的企业进入中式快餐行业，目前一些外资企业和非快餐业企业都开始进军中式快餐业"以及"大量潜在的市场进入者将使中式快餐在未来的几年内上演'春秋争霸'，对现有的快餐企业将形成不小的冲击"说明潜在加入者的进入威胁较大。

④替代品的替代威胁

"目前，中式快餐最大的替代品是洋快餐，麦当劳与肯德基在中国极速膨胀，不言而喻，这使国内快餐受到前所未有的冲击"以及"虽然世界快餐巨头麦当劳和肯德基早已率先进入中国市场，但由于中国人长期以来养成的饮食习惯和中餐不可抗拒的美味，所以未来的发展趋势仍将是中式快餐食品占主导地位，这无疑给中国快餐业者提供了一个潜力巨大且有待开发的市场"说明洋快餐作为替代品对中式快餐具有一定的威胁，但中式快餐在中国仍是主流，用心对待仍能获得较高的市场占有率。

⑤行业内现有竞争者的竞争能力

"随着社会的发展，人民生活水平的提高，中式快餐的市场也在慢慢发展阶段，吃中式快餐的人也越来越多，中式快餐的竞争对手也变得越来越多"以及"一些大型中式餐饮集团营销网点遍布全中国，A餐饮集团要想规模化发展，势必要向这些竞争对手多学习、多借鉴"说明中式快餐行业连锁经营要遍及全国，还是会遭遇很多激烈竞争，行业内现有企业的竞争比较激烈。

四、综合题

1.【答案】

本题考核"PEST分析""SWOT分析""波士顿矩阵分析""总体战略"知识点。

（1）PEST分析

①政治和法律环境分析

政府加强对乳品行业的监管与支持，促进了乳制品行业的发展。表现为“政府高度重视牛奶行业的质量安全问题，牛力集团作为一家上市企业，通过国有资本股份入股，或许正是中央的意图，国有资本的加入逐步发挥了良好的协同效应，包括改善牛力的原奶质量，还包括政府的支持对牛力的海外扩张和国内发展提供了支持”。

②经济环境分析

经济环境的发展促进了乳制品行业发展。表现为“随着经济的快速发展，人民生活水平的日益提高”“此外，随着中国乳制品行业的发展，国内乳制品巨头已不满足于国内市场，目光已瞄向海外的目标市场”。

③社会和文化环境分析

人民生活方式的转变使得乳制品消费成为日常生活消费。表现为“我国消费者（包括中国广大农村地区消费者）对奶制品的需求越来越多，乳品消费已经成为人民日常生活中不可或缺的一部分”。

④技术环境分析

技术的发展为乳制品的质量提供了保障。表现为“随着科技进步的发展，乳业巨头都继续加大技术研发，从而形成自己的高端优势产品”。

（2）SWOT分析

①企业优势

表现为“牛力集团作为中国知名品牌，凭借自己的信誉优势，不断提高市场占有率，引导中国消费者养成饮用牛奶的消费习惯。同时扩大自己的经营范围，创造自己的品牌声誉，提高了年轻消费者对健康营养饮食的重视程度，改变了中国消费者对于饮用牛奶的生活习惯。2016年牛力集团收入全国行业排名由第300多位上升至前10位。其生产的产品获得国家免检食品、QS质量安全认证、绿色食品认证等多项认证；牛力集团地处‘大草原’呼和浩特，原奶供应具有得天独厚的优势，质量得到了保障，且极大节省原奶成本，形成规模经济”。

②企业劣势

表现为“在对手推陈出新的同时，牛力新产品发展速度迟缓”“年轻妈妈们青睐进口奶粉，如何让妈妈们信赖牛力的婴儿奶粉一直是让集团非常头疼的事情”。

③企业机会

表现为“包括政府的支持对牛力的海外扩张和国内发展提供了支持”“随着经济的快速发展，人民生活水平的日益提高，我国消费者（包括中国广大农村地区消费者）对奶制品的需求越来越多，乳品消费已经成为人民日常生活中不可或缺的一部分”以及

“随着中国乳制品行业的发展，国内乳制品巨头已不满足于国内市场，目光已瞄向海外的目标市场”。

④企业威胁

表现为“牛力集团在做大做强的同时，竞争对手也在加快发展的脚步，使得竞争双方大打价格战，双方毛利率都有所下降，在对手推陈出新的同时，牛力新产品发展速度迟缓”以及“一直遭遇国外强劲竞争对手（雀巢、美赞臣、联合利华）的强有力进攻”以及“由于牛奶从高档消费品变成生活必需品时，市场发展增长潜力逐步缩小”。

（3）波士顿矩阵分析

①高端奶：明星业务，市场增长率和相对市场占有率双高。

表现为“2017年，牛力集团推出高端奶，其营养价值远超过普通牛奶，迅速占领高端消费者市场，有了一定的忠诚顾客，在高端奶市场获得第一的市场占有率，且市场增长潜力很大，前景广阔”。

②常温牛奶、酸奶：“现金牛”业务，市场增长率低，相对市场占有率高。

表现为“常温牛奶、酸奶作为牛力集团的传统产品，占据了市场的大半江山，但由于牛奶从高档消费品变成生活必需品时市场发展增长潜力逐步缩小，因此，常温牛奶、酸奶的销量不太可能有太大增长，但其稳定的收入为牛力集团不断研发新的产品，开拓新的领域提供源源不断的资金”。

③冰激凌、奶酪业务：“瘦狗”业务，市场增长率和相对市场占有率双低。

表现为：“冰激凌、奶酪业务不属于牛力集团的主攻项目，一直遭遇国外强劲竞争对手（雀巢、美赞臣、联合利华）的强有力进攻，市场增长率和自身市场占有率都不令人满意”。

④婴儿奶粉：问题业务，市场增长率高，相对市场占有率低。

表现为“此外，伴随二胎政策的放宽，婴儿奶粉增长持续走高，但年轻妈妈们青睐进口奶粉，如何让妈妈们信赖牛力的婴儿奶粉一直是让集团非常头疼的事情”。

2. 【答案】

本题主要考查“产品生命周期”“战略群组分析”知识点。

（1）佳美进军日化行业时，日化行业所处的产品生命周期发展阶段为成熟期的典型特征。

①竞争者之间出现挑衅性的价格竞争。“价格竞争开始成为市场竞争的主要手段”，国际巨头的“产品价格开始向下移动”。

②成熟期虽然市场巨大，但是已经基本饱和。“整个产业的销售额达到前所未有的

规模，且市场基本饱和。谁想要扩大市场份额，都会遭到竞争对手的顽强抵抗。已有相当数量的本土日化企业淡出市场。”

③产品逐步标准化，差异不明显，技术和质量改进缓慢。“当时市场上的牙膏产品大多专注于美白、防蛀等基础功能”。

④市场稳定，局部生产能力过剩，“市场基本饱和”“定位在高端市场的国际巨头们也面临着发展的瓶颈”。

综上所述，佳美进军日化行业时，日化行业处于产品生命周期的成熟阶段。

（2）运用“解决口腔健康问题功能程度”和“价格水平”两个战略特征，各分为高、低两个档次，将案例中所提及的B公司、L公司、D公司、H公司、清雅公司、蓝天公司、佳美进行战略群组划分，可分为三个群组：

第一群组：解决口腔健康问题功能程度低、价格水平低的群组，有清雅公司、蓝天公司；

第二群组：解决口腔健康问题功能程度低、价格水平高的群组，有B公司、L公司、D公司、H公司；

第三群组：解决口腔健康问题功能程度高、价格水平高的群组，有佳美公司。

（3）根据战略群组分析的作用分析：

①定位在高端市场的国际巨头们的产品价格开始向下移动的依据。

原因：依题意，“日化行业的竞争已经异常激烈”说明群组间竞争激烈；“谁想要扩大市场份额，都会遭到竞争对手的顽强抵抗。已有相当数量的本土日化企业淡出市场”说明群组内竞争激烈；“定位在高端市场的国际巨头们也面临着发展的瓶颈”，但对于国际巨头来说，向下移动进入低端市场障碍不高，表现为“国际巨头们凭借其规模经济、品牌、技术、渠道和服务等优势……占据了C国牙膏市场60%以上的份额”。

②佳美定位于日化行业第三群组，是因为通过分析发现了新的战略机会，开创了一片蓝海，表现为“具有更多口腔保健功能的药物牙膏还是市场空白点”。

③B公司、L公司、D公司、H公司相继推出功能化的高端牙膏，是尝试进入新的群组即第三群组。表现为“国际巨头们也纷纷凭借自身竞争优势推出功能化的高端产品抢占市场”。说明对国际巨头而言，这一移动障碍也不高。

第三章 战略选择

本章思维导图

战略选择
- 总体战略（公司层）
  - 发展战略
    - 一体化战略（纵、横）
    - 多元化战略（相关、非相关）
    - 密集型战略（市场渗透、市场开发、产品开发）
    - 实现战略的途径
      - 外部发展
      - 内部发展
      - 战略联盟
  - 稳定战略
  - 收缩战略
    - 紧缩与集中战略
    - 转向战略
    - 放弃战略
- 业务单位（竞争）战略
  - 基本竞争战略
  - 中小企业的竞争战略
  - 蓝海战略
- 职能战略
  - 市场营销战略、生产运营战略、研究与开发战略
  - 财务战略、采购战略、人力资源战略
- 国际化经营战略
  - 企业国际经营动因
    - 国际生产要素的最优组合
      - 垄断优势理论（海默和多德尔伯格）
      - 区位理论
      - 产品生命周期理论（弗农）
      - 内部化理论（巴克利和卡森）
      - 国际生产折中理论（邓宁）
    - 寡占市场（即寡头垄断市场）的反应
      - 海默论跨国企业的寡头垄断反应行为
      - 尼克博克的“寡占反应理论”
    - 发展中国家企业国际化经营动因
  - 国际市场进入模式
  - 国际化经营的战略类型
  - 新兴市场的企业战略

本章概述及考情分析

战略选择是企业战略管理过程的核心环节。本章篇幅大，内容多，属于最重要的章节，里面详细介绍了第一章的知识点，战略的三个层次即企业总体战略、业务单位战略、职能战略，以及国际化经营战略（将各层次战略运用于国际化环境之中）。本章考试题型特别关注简答题、综合题，在七章之中分值最高。估计分值30分左右。

2018年教材主要变化

无实质性变化。

考点分析

考点	重要程度	考查题型	考查要点	大纲要求
总体战略的类型	★★★	单选题、多选题、主观题	掌握总体战略（特别是发展战略）的各种类型，结合案例进行相关分析	掌握
发展战略的主要途径	★★★	单选题、多选题、主观题	掌握并购、新建、战略联盟内涵，结合具体案例分析	掌握
业务单位战略	★★★	单选题、多选题、主观题	掌握成本领先战略、差异化战略、集中化战略各自的优势、实施条件和风险	掌握
中小企业的竞争战略	★★★	单选题、多选题、主观题	结合案例分析零散型产业、新兴产业的竞争战略	掌握
蓝海战略	★★★	单选题、多选题、主观题	结合案例理解蓝海战略的内涵、蓝海战略与红海战略的区别以及重建市场边界的基本法则	记忆
职能战略	★★★	单选题、多选题、主观题	重点掌握市场营销战略、生产运营战略、财务战略的相关内容	掌握
国际化经营战略	★★★	单选题、多选题、主观题	辨析国际化战略的四种类型	掌握
新兴市场的企业战略	★★★	单选题、多选题、主观题	掌握本土企业的战略选择	掌握

本章知识点精讲

第一节　总体战略（公司层战略）

知识点1　总体战略的主要类型（★★★）

总体战略，又称公司层战略，是企业最高层次的战略（自行回顾第一章知识点3：公司战略的层次）。

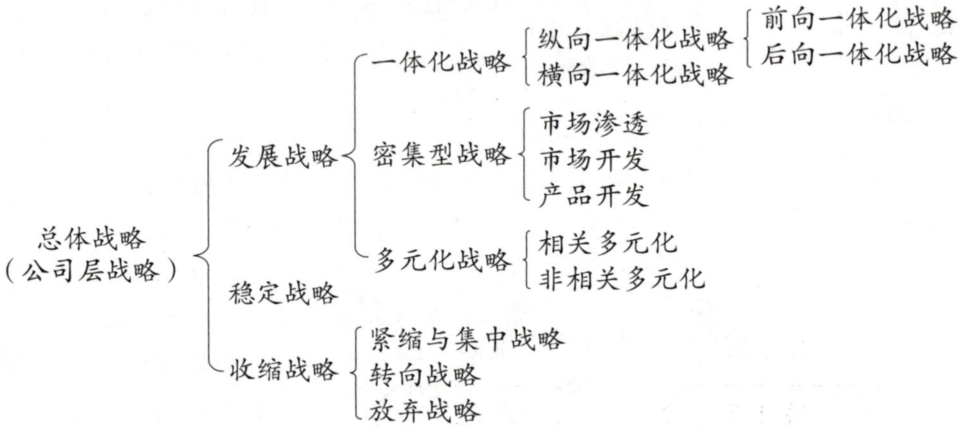

图 3–1　总体战略

一、发展战略（★★★）

企业发展战略强调充分利用外部环境，充分发掘企业内部的优势资源，以求得企业在现有的战略基础上向更高一级的方向发展，占据天时地利人和，走发展之路。

发展战略主要包括三种基本类型：一体化战略、密集型战略和多元化战略。

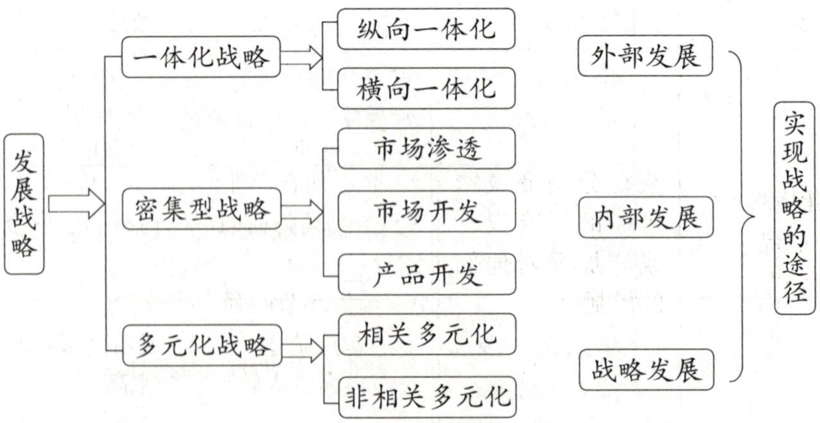

图 3–2　发展战略的类型

（一）一体化战略

一体化战略是指企业对具有优势和增长潜力的产品或业务，沿其经营链条的纵向或横向延展业务的深度和广度，扩大经营规模，实现企业成长的战略。

一体化战略按照业务拓展的方向可以分为：

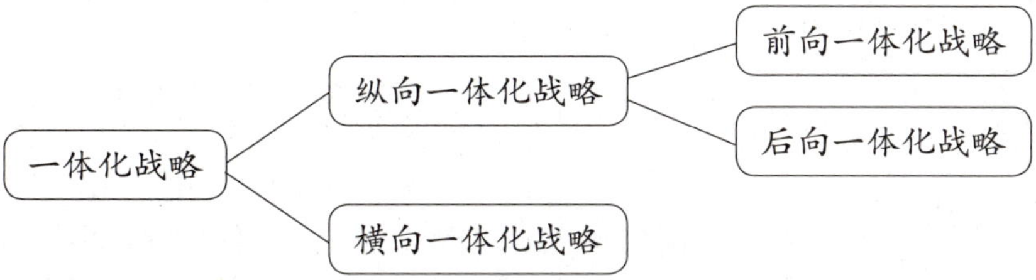

图 3–3　一体化战略的分类

1. 纵向一体化是指企业沿着产品或业务链向前或向后延伸和扩展企业现有业务的战略。

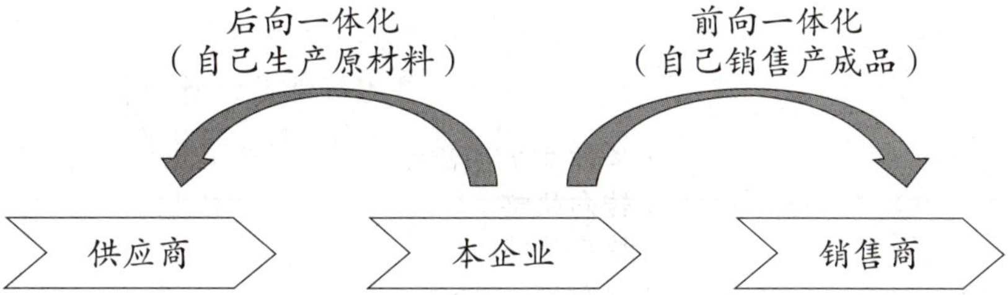

图 3–4　纵向一体化战略

优点：节约与上下游企业在市场上进行购买或销售的交易成本，控制稀缺资源，保证关键投入的质量（后向一体化）或者获得新客户（前向一体化）。

缺点：增加企业的内部管理成本。

表 3–1　纵向一体化战略的分类

分类	定义	适用条件
前向一体化战略（自己销售产成品，不依赖销售商）。	获得分销商或销售商的所有权，或者加强对他们的控制权。	1. 企业现有销售商的销售成本较高或者可靠性较差而难以满足企业的销售需要。 2. 企业所在产业的增长潜力较大。 3. 企业具备前向一体化所需的资金、人力资源等。 4. 销售环节的利润率较高。 【学堂点睛】（4个）成本高或可靠性差、增长潜力大、人钱、利润率高。

（续上表）

分类	定义	适用条件
后向一体化战略（自己生产所需原材料，自给自足，不依赖供应商）。	获得供应商的所有权或者加强对其控制权。	1．企业现有的供应商供应成本较高或者可靠性较差而难以满足企业对原材料、零件等的需求。 2．供应商数量较少而需求方竞争者众多（卖方市场）。 3．企业所在产业的增长潜力较大。 4．企业具备后向一体化所需的资金、人力资源等。 5．供应环节的利润率较高。 6．企业产品价格的稳定对企业十分关键，后向一体化有利于控制原材料成本，从而确保产品价格的稳定。 【学堂点睛】（4+2个） 成本高或可靠性差、增长潜力大、人钱、利润率高、卖方市场、价格稳定是关键。

风险：

（1）不熟悉新业务领域所带来的风险；

（2）纵向一体化，尤其是后向一体化，一般涉及的投资数额较大且资产专用性较强，增加了企业在该产业的退出成本。

2．横向一体化战略是指企业向产业价值链相同阶段方向扩张的战略。

目的：实现规模经济以获取竞争优势。

适用：（1）企业所在产业的增长潜力较大；

（2）企业具备横向一体化所需的资金、人力资源等；

（3）企业所在产业竞争较为激烈；

（4）企业所在产业的规模经济较为显著；

（5）企业的横向一体化符合反垄断法律法规，能够在局部地区获得一定的垄断地位。

学堂点睛

增长潜力大、人钱、竞争激烈、规模经济和垄断地位。

【例1-2016-单选题】福海公司是国内一家著名的肉类加工企业。为了保持业绩持

续增长，福海公司近年来陆续收购了几家规模较大的养殖场、肉类连锁超市。福海公司采取的发展战略属于（　　）

A．多元化战略　　B．一体化战略　　C．差异化战略　　D．产品开发战略

【答案】B

学堂点拨

因为福海公司是经营肉类加工的企业，收购养殖场即收购上游企业，是后向一体化，收购肉类连锁超市即自己销售，是前向一体化，所以采取的是一体化战略。

【例2-2016-多选题】后向一体化战略的适用条件包括（　　）

A．企业增长潜力大　　B．销售成本高或可靠性差

C．供应商少而需求方竞争者多　　D．企业价格稳定，对企业非常重要

【答案】ACD

学堂点拨

后向一体化战略的主要适用条件包括：

1．企业现有的供应商供应成本较高或者可靠性较差而难以满足企业对原材料、零件等的需求；

2．供应商数量较少而需求方竞争者众多；

3．企业所在产业的增长潜力较大，企业具备后向一体化所需的资金、人力资源等；

4．供应环节的利润率较高；

5．企业产品价格的稳定对企业而言十分关键，后向一体化有利于控制原材料成本，从而确保产品价格的稳定。选项B是前向一体化的适用条件，所以选项B不正确。

【例3-2015-多选题】下列各项中，属于前向一体化战略主要适用条件的有（　　）。

A．企业的销售商利润率较高

B．企业现有供应商可靠性差

C．企业现有销售商可靠性差

D．供应商数量较少而需求方竞争者众多

【答案】AC

学堂点拨

前向一体化战略的主要适用条件包括：

1. 企业现有销售商的销售成本较高或者可靠性较差而难以满足企业的销售需要；

2. 企业所在产业的增长潜力较大；

3. 企业具备前向一体化所需的资金、人力资源等；

4. 销售环节的利润率较高。

选项B、D是后向一体化战略的适用条件。

【例4-2015-多选题】下列各项中，属于后向一体化战略主要适用条件的有（　　）。

A. 公司的销售商利润率较高

B. 企业现有供应商可靠性差

C. 企业现有销售商可靠性差

D. 控制原材料成本对企业非常重要

【答案】BD

学堂点拨

选项A、C与销售有关，属于前向一体化的适用条件。

【例5-2012-多选题】甲公司是一家大型啤酒生产大型企业，利用自主研发的清爽型啤酒，在当地取得了50%的市场占有率。为通过保证质量、再降成本，强化成本领先战略优势，甲公司下一步应选择一体化战略中的（　　）。

A. 横向一体化　　B. 纵向一体化　　C. 前向一体化　　D. 后向一体化

【答案】BD

学堂点拨

为通过保证质量、再降成本，强化成本领先战略优势，甲公司下一步应该控制采购环节，保证质量，所以应该采用的是纵向一体化中的后向一体化（自己生产原材料），所以选项B、D正确。

【例6-2014-简答题（改）】良华集团创建于上世纪90年代，专门从事化工原料贸易，化工原料主要来源于国内生产企业。在良华集团成立后的几年内，国内民用化工产品的市场不断扩大，对化工原料的需求日益增加，良华集团的业务开展得红红火火，利润持续增长。2000年开始，在董事长的推动下，良华集团实施第一次战略转型，走“工贸结合”的道路。凭借良华集团的贸易优势，尤其是多年积累的信息优势和渠道优势，把产业链延伸到工业实体领域，做出了自己的产品，树立了自己的品牌，以适应未来市场趋势和行业环境的变化。2002年，良华集团成立了一家化纤企业，产品主要是地毯纱线，这种纱线是地毯纺织企业的主要原料。这家企业成立后不久就实现了盈利，以后几年内产销量不断增加，成为良华集团新的利润增长点。

2008年国际金融危机爆发，化工产品制造行业遭遇了严重的困难，由于需求增速放缓以及企业自主创新能力不足、同质化竞争严重，行业的发展陷于停滞。良华集团化纤企业的销售量开始下降，难以实现当年的计划目标。董事长从中既看到了挑战，也看到了机会，他又提出并组织实施了良华集团的又一次战略变革，将良华集团的产业链进一步向下游延伸至终端产品——地毯行业。年底，良华集团克服了变革阻力，投资新建了地毯生产企业。几年来，随着中国酒店业、房地产业的迅猛发展以及人们居住条件的改善，国内地毯市场的潜力逐渐被开发出来，良华集团的地毯生产企业也持续呈现产销两旺的局面。

要求：

1. 简要分析良华集团管理层应从哪些方面考虑克服第二次战略变革阻力的策略；

2. 简要分析良华集团第二次战略变革中实施纵向一体化战略所属的类型及其主要优点。

【答案】

本题主要考查“战略变革管理”“一体化战略”知识点。

1. 良华集团管理层在实施第二次战略变革时应考虑变革的三个方面：

（1）变革的节奏；

（2）变革的管理方式；

（3）变革的范围。

2. 前向一体化战略是指获得分销商或销售商的所有权或加强对他们的控制权，前向一体化的实质是向下游拓展。良华集团从地毯纱线生产延伸至地毯生产，是向下游拓展，所以属于前向一体化战略。前向一体化战略有利于企业控制和掌握市场，增强对消费者需求变化的敏感性，提高企业产品的市场适应性和竞争力，表现为“既看到了挑战，也看到了机会……国内地毯市场的潜力逐渐被开发出来，良华集团的地毯企业也持续呈现产销两旺的局面”。

（二）密集型战略

表 3-2　安索夫的“产品—市场战略组合”矩阵

		产品	
		现有产品	新产品
市场	现有市场	市场渗透： 在单一市场，依靠单一产品，目的在于大幅度增加市场占有率。	产品开发： 在现有市场上推出新产品；延长产品寿命周期。
	新市场	市场开发： 将现有产品推销到新地区；在现有实力、技能和能力基础上发展，改变销售和广告方法。	多元化（不属于密集型战略）： 以新技术或市场而言的相关多元化；与现有产品或市场无关的非相关多元化。

1. 市场渗透——现有产品＋现有市场（坚守阵地）

增加现有产品或服务的市场份额，或增加正在现有市场中经营的业务。目标是通过各种方法来增加产品的使用频率。

方法：

（1）扩大市场份额：适合于整体正在成长的市场；

（2）开发小众市场：适合于规模较小的企业；

（3）保持市场份额：适合于衰退的市场。

适用条件（了解）：

（1）整个市场正在增长，那些想要取得市场份额的企业能够以较快的速度达成目标，相反，向停滞或衰退的市场渗透会难得多；

（2）如果一家企业决定将利益局限在现有产品或市场领域，即使在整个市场衰退时也不允许销售额下降，那么企业就必须采取市场渗透战略；

（3）如果其他企业由于各种原因离开了市场，市场渗透战略可能是比较容易成功的；

（4）如果企业拥有强大的市场地位，并且能够利用经验和能力来获得强有力的独特竞争优势，那么实施市场渗透是比较容易的；

（5）市场渗透战略对应的是风险较低、高级管理者参与度较高，且需要的投资相对较低的情况，这种情形下市场渗透策略会比较适用。

学堂点睛

市场增长、利益局限、竞争者退出、地位高、风险低。

2. 市场开发——现有产品+新市场

原因：

（1）企业发现现有产品生产过程的性质导致难以生产全新的产品，因此他们希望能开发其他市场；

（2）市场开发往往与产品改进结合在一起；

（3）现有市场或细分市场已经饱和，这可能会导致竞争对手去寻找新的市场。

适用条件：

（1）存在未开发或未饱和的市场；

（2）可得到新的、可靠的、经济的和高质量的销售渠道；

（3）企业在现有经营领域十分成功；

（4）企业拥有扩大经营所需的资金和人力资源；

（5）企业存在过剩的生产能力；

（6）企业的主业属于正在迅速全球化的产业。

学堂点睛

有市场、有销售渠道、成功、人财物、过剩产能、全球化。

3. 产品开发——新产品+现有市场

原因：

（1）充分利用企业对市场的了解；

（2）保持相对于竞争对手的领先地位；

（3）从现有产品组合的不足中寻求新的机会；

（4）使企业能继续在现有市场中保持稳固的地位。

学堂点睛

了解市场+领先地位+新机会=稳固地位。

适用条件：

（1）企业产品具有较高的市场信誉度和顾客满意度；

（2）企业所在产业属于适宜创新的高速发展的高新技术产业；

（3）企业所在产业正处于高速增长阶段；

（4）企业具有较强的研究和开发能力；

（5）主要竞争对手以类似价格提供更高质量的产品。

学堂点睛

口碑好、创新产业、增长快、研发强、对手更强。

【例7-2015-单选题】某旅行社与航空公司、出租汽车公司合作，采用代购机票、免费机场接送等营销方法吸引更多的客户，该旅行社采用的战略是（　　）。

A．市场开发战略　　B．产品开发战略

C．相关多元化战略　　D．市场渗透战略

【答案】D

学堂点拨

市场渗透战略是现有产品和现有市场的组合，实质上就是通过各种途径坚守阵地以达到提高市场占有率的目的。市场渗透战略的基础是增加现有产品或服务的市场份额，或增加现有经营的业务。它的目标是通过各种方法来增加产品的使用频率，属于现有产品＋现有市场的结合。依题意，某旅行社通过与航空公司、出租汽车公司合作，采用代购机票、免费机场接送等营销方法就是属于通过各种途径提高市场占有率，所以选项D正确。

【例8-2016-多选题】下列选项中，属于企业采用市场渗透战略的是（　　）。

A．某酒店收购一旅行社，进入新的业务市场

B．某银行与某航空公司实行联合发行方式，使用该银行信用卡可累计航空里程积分

C．甲公司通过与国外经销商合作的方式将生产出来的智能手机销往拉美国家

D．某超市为了提高牙膏的销售，采用美化包装、买赠的促销方式

【答案】BD

学堂点拨

选项A属于多元化（新产品＋新市场）战略；选项B属于市场渗透（现有市场＋现有产品）战略；选项C属于市场开发（现有产品＋新市场）战略；选项D属于市场渗透（现有市场＋现有产品）战略。

【例9-2014-多选题】甲公司是M国的一家电子商务公司。2006年甲公司收购了N国一家从事电子商务业务的乙公司，从而正式进军N国。甲公司收购乙公司涉及的发展

战略的类型有（　　）。

A．横向一体化战略　　B．市场开发战略

C．产品开发战略　　D．相关多元化战略

【答案】AB

学堂点拨

甲公司和乙公司的业务相同都是电子商务，两者具有竞争关系，所以甲公司收购乙公司属于横向一体化战略，选项A正确；甲公司通过收购乙公司，可以将其电子商务业务扩展到N国，即现有产品+新市场，属于市场开发战略，所以选项B正确。

【例10-2012-多选题】甲公司主营定向爆破业务，在大型设施设备定向爆破拆除领域具有明显优势。甲公司确定的发展战略，一是向爆破拆除与拆除现场清理的一揽子承包工程拓展，二是向承揽矿山采掘爆破、筑路土方爆破业务拓展，甲公司业务开拓方向是密集型成长战略中的（　　）。

A．市场渗透战略　　B．市场开发战略

C．产品开发战略　　D．多元化战略

【答案】BC

学堂点拨

该公司主营定向爆破业务，向爆破拆除与拆除现场清理的一揽子承包工程拓展属于开发新产品，即产品开发战略；向承揽矿山采掘爆破、筑路土方爆破业务拓展属于开发新市场即市场开发战略，所以选项B、C正确。

（三）多元化战略——新有产品+新市场

多元化战略是指企业进入与现有产品和市场不同的领域的战略。

表3-3　多元化战略的类型

类型	定义	适用条件
相关多元化战略（同心多元化）	企业以现有业务或市场为基础进入相关产业或市场。	企业在产业或市场内具有较强的竞争优势，而该产业或市场的成长性或吸引力逐渐下降。
非相关多元化战略（离心多元化）	企业进入与当前产业和市场均不相关的领域。	企业当前产业或市场缺乏吸引力，而企业也不具备较强的能力和技能转向相关产品或市场。

原因：

1．在现有产品或市场中持续经营并不能达到目标；

2．企业以前由于在现有产品或市场中成功经营而保留下来的资金超过了其在现有产品或市场中的财务扩张所需要的资金；

3．与在现有产品或市场中的扩张相比，多元化战略意味着更高的利润。

学堂点睛

未达标、有钱、更高利润。

优点：

1．分散风险，当现有产品及市场失败时，新产品或新市场能为企业提供保护；

2．能更容易地从资本市场中获得融资；

3．在企业无法增长的情况下找到新的增长点；

4．利用未被充分利用的资源；

5．运用盈余资金；

6．获得资金或其他财务利益，例如累计税项亏损；

7．运用企业在某个产业或某个市场中的形象和声誉来进入另一个产业或市场，而在另一个产业或市场中要取得成功，企业形象和声誉是至关重要的。

风险：

1．来自原有经营产业的风险；

2．市场整体风险；

3．产业进入风险；

4．产业退出风险；

5．内部经营整合风险。

【例11-2011-单选题】下列企业采用的发展战略中，属于多元化战略的是（　　）。

A．甲碳酸饮料生产企业通过按季更换饮料包装、在各传统节日期间附赠小包装饮料等方式增加市场份额

B．乙汽车制造企业开始将其原在国内生产销售的小型客车出口到南美地区

C．丙洗衣粉生产企业通过自行研发，开始生产销售具有不同功效的洗发水

D．丁酸奶生产企业新开发出一种凝固型酸奶，并将其推向市场

【答案】C

学堂点拨

选项A属于密集型战略中的市场渗透（现有市场＋现有产品）战略；选项B属于密集型战略中的市场开发（现有产品＋新市场）战略；选项C属于多元化战略中的相关多元化（新市场＋新产品）战略；选项D属于密集型战略中的产品开发（新产品＋现有市场）战略。

【例12-2009-单选题】乙公司为国内经营多年的制药公司，近期成功研制了一种预防新型流感的疫苗。乙公司管理层计划将此疫苗规模化生产，并同时在国内市场和国外市场销售，预计该疫苗的销售可为公司未来数年带来较高的净收益。根据企业安索夫矩阵，乙公司进军国外市场的计划属于（　　）。

A. 市场渗透战略　　B. 市场开发战略

C. 产品开发战略　　D. 多元化战略

【答案】D

学堂点拨

由于要在国外市场（新市场）销售新型流感的疫苗（新产品），即新产品与新市场的组合属于多元化战略。

【例13-2009-多选题】企业多元化经营的优点有（　　）。

A. 能够分散业务风险

B. 企业可利用未被充分利用的资源

C. 为企业提供规模经济的成本优势

D. 企业可较容易地从资本市场中获得融资

【答案】ABD

学堂点拨

企业采用多元化战略具有如下优点：1. 分散风险；2. 能更容易地从资本市场中获得融资；3. 在企业无法增长的情况下找到新的增长点；4. 利用未被充分利用的资源；5. 运用盈余资金；6. 获得资金或其他财务利益，例如，累计税项亏损；7. 运用企业在某个产业或某个市场中的形象和声誉来进入另一个产业或市场，要在另一个产业或市场中取得成功，企业形象和声誉是至关重要的，因此，选项A、B、D正确。选项C为成本领先战略（业务单位战略）的优点，不属于多元化经营的优势，选项C错误。

二、稳定战略（★★）

稳定战略，又称为维持战略，是指限于经营环境和内部条件，企业在战略期所期望达到的经营状况基本保持在战略起点的范围和水平上的战略。

适用：对战略期环境的预测变化不大，而在前期经营相当成功的企业。

优点：

（一）充分利用原有生产经营领域中的各种资源；

（二）避免开发新产品和新市场所必需的巨大资金投入和开发风险；

（三）避免资源重新配置和组合的成本；

（四）防止由于发展过快、过急造成的失衡状态。

缺点：

（一）一旦企业外部环境发生较大变动，企业战略目标、外部环境、企业实力三者之间就会失去平衡，将会使企业陷入困境；

（二）减弱企业的风险意识，甚至形成惧怕风险、回避风险的企业文化，降低企业对风险的敏感性和适应性。

【例14-2010-单选题】某市自来水公司由市政府全资控股，其确定的公司使命和目标是为该市所有企事业单位和个人提供生产、生活用水服务。根据公司战略理论，下列各项战略类型中，该自来水公司可以选择的是（　　）。

A．密集型战略　　B．稳定战略

C．紧缩与集中战略　　D．转向战略

【答案】B

学堂点拨

稳定战略，又称维持战略，是指限于经营环境和内部条件，企业在战略期所期望达到的经营状况基本保持在战略起点的范围和水平上的战略。稳定战略适用于对战略环境的预测变化不大，而在前期经营相当成功的企业。该自来水公司的公司使命和目标是为该市所有企事业单位和个人提供生产、生活用水服务，自来水属于生活必需品，适合采用稳定战略。选项A属于发展战略，选项C、D属于收缩战略。

三、收缩战略（★★★）

收缩战略，也称为撤退战略，是指企业缩小原有经营范围和规模的战略。

表 3-4 收缩战略的类型

收缩战略类型	方式
紧缩与集中战略：往往集中于短期效益，主要涉及采取补救措施制止利润下滑，以期立即产生效果。	机制变革：调整企业领导班子；重新制定新的政策和管理控制系统等。
	财政和财务战略：严格控制现金流量；将负债转换为权益资本等。
	削减成本战略：如削减人工成本、材料成本，缩小部门规模等。
转向战略：更多地涉及企业的经营方向或经营策略的改变。	重新定位或调整现有的产品和服务（对内）。
	调整营销策略（对外）。
放弃战略：涉及企业（或子公司）产权的变更（彻底）。	特许经营、分包、卖断、管理层与杠杆收购、拆产为股/分拆、资产互换与战略贸易（不需要深入了解）。

原因：

（一）主动原因

1．大企业战略重组的需要：如为了筹措资本运营所需资金、改善企业投资回报率，大型企业可能会重新调整业务组合；

2．小企业的短期行为：例如，一些小型企业的目标是“赚100万”就罢休，当目标达到后，企业不愿再去承受继续经营的代价与风险。

（二）被动原因

1．外部原因：由于多种因素，比如整体经济形势、产业周期、技术变化、政策变化、社会价值观或时尚变化、市场饱和、竞争行为等，均会导致企业赖以生存的外部环境出现危机；

2．企业（或企业某业务）失去竞争优势：由于企业内部经营机制不顺、决策失误、管理不善等原因使企业经营陷入困境。

困难：

（1）对企业或业务状况的判断；

（2）退出障碍：

①固定资产的专用性程度；

②退出成本；

③内部战略联系；

④感情障碍；

⑤政府与社会约束。

【例15-2013-单选题】 M国的F汽车集团在经历了10余年的全面扩张之后，由于市场变化及公司竞争力下降，业绩全面下滑。为此，集团进行了重大战略调整，即从战略扩张改为战略收缩，只专注于北美市场，专注于其自有的核心品牌，以改变该集团地域性品牌分割状态，集团相继出售了旗下几个欧洲高端品牌。F汽车集团的战略收缩类型属于（　　）。

A．削减成本　　B．放弃　　C．紧缩与集中　　D．转向

【答案】 B

学堂点拨

放弃战略涉及企业（或子公司）产权的变更，是比较彻底的撤退方式。具体包括特许经营、分包、卖断、管理层与杠杆收购、拆产为股/分拆、资产互换与战略贸易。该题关键词为“出售”，属于彻底的产权变更方式。

【例16-2016-多选题】 甲公司是吉祥集团控股的一家钢厂，几年后，陷入债务危机，高炉等设备难以转产，吉祥集团拟通过甲公司破产的方式退出钢铁行业，并用买断方式终止与甲公司员工的劳动合同，但引起一些职工的抵触，后政府调解，甲公司被某外资企业收购。吉祥的退出障碍包括（　　）。

A．退出成本　　B．政府社会约束

C．固定资产专用性程度　　D．感情障碍

【答案】 ABCD

学堂点拨

退出障碍包括：1．固定资产的专用性程度；2．退出成本；3．内部战略联系；4．感情障碍；5．政府与社会约束。高炉等设备难以转产，说明是固定资产专用性程度高，而买断职工劳动合同属于退出成本，职工抵触说明是感情障碍，政府调解属于政府社会约束，因此，选项A、B、C、D均正确。

【例17-2014-多选题】 甲公司服装事业部的经营持续严重亏损。2014年年初，甲公司决定关闭服装事业部并进行清算，消息一传出，立即引发了职工的抗议。当地政府要求甲公司就职工补偿和重新安置提出方案，甲公司股东则担心其服装生产线专用性程

度高难以对外出售。甲公司关闭服装事业部碰到的退出障碍有（　　）。

A．固定资产的专用性程度　　B．退出成本

C．感情障碍　　D．政府和社会约束

【答案】ABCD

学堂点拨

退出障碍包括：1．固定资产的专用性程度；2．退出成本；3．内部战略联系；4．感情障碍；5．政府与社会约束。甲公司股东担心服装生产线的专用性程度高难以对外出售，体现了固定资产的专用性程度引起的退出障碍，选项A正确；甲公司关闭事业部，政府要求就职工补偿和重新安置提出方案，“政府要求”体现了政府和社会的约束，“职工补偿和重新安置”体现了退出成本，所以选项B和D正确；关闭服装事业部的消息一传出，立即引发职工的抗议，体现了感情障碍，因此选项A、B、C、D均正确。

【例18-2014-多选题】2014年年初，甲公司经营陷入困境。面对困境，甲公司采取了以下措施：高管减薪、加强广告宣传、委托其他公司生产本公司的产品。这些措施所体现的收缩战略的方式有（　　）。

A．削减成本　　B．调整营销策略　　C．分包　　D．资产互换

【答案】ABC

学堂点拨

高管减薪属于削减成本；加强广告宣传属于调整营销策略；委托其他公司生产本公司的产品属于分包，选项A、B、C正确。资产互换也属于放弃战略，但在甲公司中没有体现。

知识点2　发展战略的主要途径（★★★）

一、发展战略可选择的途径（★）

发展战略一般可以采用三种途径，即外部发展（并购）、内部发展（新建）与战略联盟。

（一）外部发展（并购）

外部发展是指企业通过取得外部经营资源谋求发展的战略。外部发展的狭义内涵是

并购。

（二）内部发展（新建）

内部发展是指企业利用自身内部资源谋求发展的战略。内部发展的狭义内涵是新建。

（三）战略联盟

战略联盟是指两个或两个以上经营实体之间为了达到某种战略目的而建立的一种合作关系。

二、并购战略（★★★）

（一）并购的类型（结合案例辨识具体类型）

表 3–5 并购的类型

依据	类别		定义
按并购双方所处的产业分类	横向并购		指并购方与被并购方处于同一产业。
	纵向并购	前向并购	沿着产品经营实体流动方向所发生的并购，如并购下游销售商。
		后向并购	沿着产品经营实体流动的相反方向所发生的并购，如并购上游供应商。
	多元化并购		指处于不同产业、在经营上也无密切联系的企业之间的并购。
按被并购方的态度分类	友善并购		指并购方与被并购方通过友好协商确定并购条件，在双方意见基本一致的情况下实现产权转让的一类并购。
	敌意并购		又叫恶意并购，通常是指当友好协商遭到拒绝，并购方不顾被并购方的意愿采取强制手段，强行收购对方企业的一类并购。
按并购方的身份分类	产业资本并购		一般由非金融企业进行，目的是获得产业利润。
	金融资本并购		一般由投资银行或非银行金融机构（如金融投资企业、私募基金、风险投资基金等）进行收购，目的是获得投资利润。
按收购资金来源分类	杠杆收购		收购方在实施企业收购时，如果其主体资金来源是对外负债，即是在银行贷款或金融市场借贷的支持下完成的。
	非杠杆收购		收购方的主体资金来源是自有资金。

（二）并购的动机

1. 避开进入壁垒，迅速进入，争取市场机会，规避各种风险。

2．获得协同效应，1+1>2。

3．克服企业负外部性，减少竞争，增强对市场的控制力（负外部性的一种表现：个体理性导致集体非理性）。

（三）并购失败的原因

1．决策不当；（并购前）

2．并购后不能很好地进行企业整合；（并购后）

3．支付过高的并购费用；

4．跨国并购面临政治风险。

具体措施：

（1）加强对东道国的政治风险的评估，完善动态监测和预警系统；

（2）采取灵活的国际投资策略，构筑风险控制的坚实基础；

（3）实行企业当地化策略，减少与东道国之间的矛盾和摩擦。

【例19-2014-单选题】如果并购方不以谋求产业利润为首要目的，而是靠购入然后售出企业的所有权来获得投资利润，按并购方的身份分类，则该并购属于（　　）。

A．产业资本并购　　B．杠杆并购

C．金融资本并购　　D．非杠杆并购

【答案】C

学堂点拨

金融资本并购，一般由投资银行或非银行金融机构（如金融投资企业、私募基金、风险投资基金等）进行。金融资本一般并不以谋求产业利润为首要目的，而是靠购入然后售出企业的所有权来获得投资利润。选项C正确。

【例20-2012-简答题】在全球稀土市场当中，矿产资源丰富但分布不平均。由于稀土开采的高污染性和资源稀缺性，很多国家通过进口满足本国稀土需求。建兴稀土是一家设立于A国的上市稀土企业，主要业务为稀土产业链的上游行业，包括配套设施建设、稀土矿探查、开采以及分离，但也从事出口对外销售业务。

由于A国政府认为稀土产品开采方式粗放、资源浪费情况严重，计划对稀土资源开采出台限制政策，倡导合理开发和利用，加快淘汰落后产能，提高产业的整体竞争力。作为国家战略性储备的稀缺资源，稀土开采量近年越来越受A国政府的关注。从A国全国稀土开采限额来看，2011年稀土开采限额为5.8万吨，比2010年减少15%。专家估计在未来几年A国政府将把开采限额保持在低水平。此外，A国政府提倡保护环境和节约资源，对稀土资源实施更严格的保护性开采政策和生态环境保护标准等基本原则。

从稀土产业的细分领域来看，目前产业内重点并购领域是稀土开采、加工以及稀土分离、深加工。建兴稀土正考虑收购B国科立资源的股权。科立资源不仅具有在B国开采稀土的能力，还能用高科技技术将稀土产品的纯度提高至99.99%。

要求：

1．简要分析建兴稀土在A国上游资源行业的宏观环境中所面临的政治法律环境方面的挑战及其对建兴稀土的影响；

2．简要分析建兴稀土考虑并购科立资源的动因，按并购双方所处的产业分类指出该并购的类型。

【答案】

本题主要考查“宏观环境分析”“并购的动机和类型”知识点。

1．建兴稀土所面对政治法律环境方面的挑战及其对建兴稀土可带来的影响，表现为政府行为对企业的影响，执政党所持的态度和推行的基本政策，以及这些政策的连续性和稳定性。

（1）A国政府认为稀土产业开采方式粗放，资源浪费情况严重，计划对稀土资源开采出台限制政策，倡导合理开发和利用，加快淘汰落后产能，提高产业的整体竞争力。

（2）稀土被A国政府视为国家战略性储备的稀缺资源。稀土开采量在近年越来越受A国政府的关注。A国政府实施的全国稀土矿开采限额，将影响建兴稀土的开采量，未来几年A国政府将把开采限额保持在低水平。

（3）A国政府提倡保护环境和节约资源，对稀土资源实施更严格的保护性开采政策和生态环境保护标准等基本原则。

这些都会对建兴稀土带来不利影响。

2．建兴稀土考虑并购科立资源的动因：

（1）避开进入壁垒，迅速进入，争取市场机会，规避各种风险。利用收购科立资源增加建兴稀土的稀土产量，满足对外销售的需求；

（2）获得协同效应，利用收购科立资源获得高技术与技能，特别是获得提高稀土产品纯度的能力，快速扩大市场，实现优势互补；

（3）克服企业负外部性，减少竞争，增强对市场的控制力。通过收购同一行业的企业进行规模扩张，对新进入者设置更为有效的壁垒。

由于建兴稀土和科立资源处于同一产业，因此这种并购属于横向并购。

三、内部发展（新建）战略（★★★）

内部发展，也称内生增长，是指企业在不收购其他企业的情况下利用自身的规模、利润、活动等内部资源来实现扩张的战略（自力更生）。

（一）企业采取内部发展的动因

1．开发新产品的过程能使企业最深刻地了解该市场及产品。

2．不存在合适的收购对象。

3．保持同样的管理风格和企业文化。

4．为管理者提供职业发展机会。

5．代价较低，因为获得资产时无须为商誉支付额外的金额。

6．收购通常会产生隐藏的或无法预测的损失，而内部发展不太可能产生这种情况。

7．这可能是唯一合理的、实现真正技术创新的方法。

8．可以有计划地进行，很容易从企业资源获得财务支持，并且成本可以按时间分摊。

9．风险较低，收购中购买者可能还需承担被并购者以前所作决策而产生的后果。

10．内部发展的成本增速较慢。

学堂点睛

内部发展，在风险较低、不存在合适收购对象的前提下，对外可以深刻了解市场及产品，对内可以实现内部财务支持、成本增速较慢、内部自主创新、为内部管理者提供职业发展机会，保持统一企业文化、代价较低、避免并购会产生的隐藏的或无法预测的损失以及并购溢价。

（二）内部发展的缺点

1．与购买市场中现有的企业相比，市场上增加了竞争者，可能会激化某一市场内部的竞争。

2．企业并不能接触到另一知名企业的知识及系统，可能会更具风险。

3．从一开始就缺乏规模经济或经验曲线效应。

4．当市场发展得非常快时，内部发展会显得过于缓慢。

5．可能会对进入新市场产生非常高的障碍。

（三）内部发展战略的应用条件

1．产业处于不均衡状况，结构性障碍还没有完全建立起来。

2．产业内现有企业的行为性障碍容易被制约。

3．企业有能力克服结构性壁垒与行为性障碍，或者企业克服障碍的代价小于企业进入后的收益。

学堂点睛

应用条件＝进入障碍低＋有能力克服障碍。

四、企业战略联盟（★★★）

战略联盟是指两个或两个以上经营实体之间为了达到某种战略目的而建立的一种合作关系。

（一）企业战略联盟的基本特征

1．从经济组织形式来看，战略联盟是介于企业与市场之间的一种“中间组织”。

2．从企业关系来看，组建战略联盟的企业各方是在资源共享、优势相长、相互信任、相互独立的基础上通过事先达成协议而结成的一种平等的合作伙伴关系。

联盟企业之间的协作关系主要表现为：（1）相互往来的平等性；（2）合作关系的长期性；（3）整体利益的互补性；（4）组织形式的开放性。

3．从企业行为来看，联盟行为是一种战略性的合作行为。

（二）企业战略联盟形成的动因

1．促进技术创新。高新技术产品的开发费用日益增大，单个企业难以独立支付，必须通过建立战略联盟的方式共同分担。

2．避免经营风险。通过建立战略联盟，扩大信息传递的密度与速度，可以避免单个企业在市场开发和研究开发中的盲目性和因孤军作战而引起的全社会范围内的创新资源浪费，并且可以降低市场开发与技术创新的风险。

3．避免或减少竞争。这种竞合思路不仅表现在供应者和购买者之间，也表现在同产业中的竞争对手之间。

4．实现资源互补。资源在企业之间的配置总是不均衡的，通过战略联盟可达到资源共享、优势互补的效果。

5．开拓新的市场。

6．降低协调成本（避免并购遭遇的整合难题）。例如美国思科公司在成功并购了

80多家大大小小的公司之后，总结出来的经验是，对于大的目标企业，并购后的整合效果一般不理想。

学堂点睛

创新、风险、竞争、资源、新市场、降低成本。

（三）企业战略联盟的主要类型

1. 合资企业：将各自不同的资产组合在一起进行生产，共担风险和共享收益。

2. 相互持股投资：双向交换彼此少量股份，不需要将彼此的设备和人员合并。

3. 功能性协议：契约式战略联盟，包括技术交流协议、合作研究开发协议、生产营销协议、产业协调协议。

（四）股权式联盟与契约式联盟的主要区别

表 3-6　股权式联盟与契约式联盟的主要区别

	股权式战略联盟	契约式战略联盟
合作双方信任感及灵活性	有利于扩大企业的资金实力，并通过部分“拥有”对方的形式，增强双方的信任感和责任感，因而更利于长久合作，不足之处是灵活性差。	具有较好的灵活性，但企业对联盟的控制能力差，松散的组织缺乏稳定性和长远利益，联盟内成员之间的沟通不充分，组织效率低下。

（五）战略联盟的管控

1. 订立协议：

（1）严格界定联盟的目标。

（2）周密设计联盟结构。

（3）准确评估投入的资产。

（4）规定违约责任和解散条款。

2. 建立合作信任的联盟关系（双方利益最大化）。

【例21-2015-单选题】与契约式战略联盟相比，股权式战略联盟（　　）。

A. 更具有战略联盟的本质特征

B. 更强调相关企业的协调与默契

C. 初始投入较大，转置成本较高

D. 在经营的灵活性、自主权等方面具有更大的优越性

【答案】C

学堂点拨

相对于股权式战略联盟而言，契约式战略联盟由于更强调相关企业的协调与默契，从而更具有战略联盟的本质特征。选项A、B错误。契约式战略联盟在经营的灵活性、自主权等方面具有更大的优越性，所以选项D错误。股权式战略联盟初始投入较大，转置成本较高，所以选项C正确。

【例22-2016-多选题】甲是媒体服务互联网公司，乙是电子商务公司，2017年，甲、乙互换30%股份达成战略合作关系，战略合作体现在网络支付合作上，同时，甲向乙提供社交媒体客户端的一级入口和其他主要平台，则联盟特点为（　　）。

A．投资转置成本高　　B．联盟成员之间沟通不充分

C．双方有信任和责任感　　D．企业对联盟控制力差

【答案】AC

学堂点拨

甲乙互换30%股份，属于股权式战略联盟。选项A、C为股权式战略联盟的特点，选项B、D属于契约式战略联盟的特点。

【例23-多选题】为了缓解资金压力，AB两家中小型公司签订协议，决定展开合作，包括建立定期交流机制，双方就各自掌握的技术资料进行交流，组成科研小组共同进行新产品的研发等。下列选项中，反映上述协议类型的包括（　　）。

A．合作研究开发协议　　B．产业协调协议

C．技术交流协议　　D．生产营销协议

【答案】AC

学堂点拨

建立定期交流机制，双方就各自掌握的技术资料进行交流属于技术交流协议，组成科研小组共同进行新产品的研发属于合作研究开发协议。

【例24-2014-简答题】江康公司是C国一家大型的药品生产企业。江康公司自身的优势在于药品的生产与新药研发的前期业务，近年来公司以多种方式进行业务拓展。

为了保障原料药的稳定供给与产品质量，降低产业链中的交易成本，2009年以来，江康公司在C国三个省建设了五个现代化原料药材种植基地，全面推进原料药材规范化绿色种植工程。

2011年，为建立营销网络，江康公司收购了两家医药分销公司。之后，又将并购重心转向特色原料药领域，收购了在这一领域具有优势地位的常丽制药公司70%的股权，以增强公司在特色原料药生产方面的竞争实力。

为了提高江康公司的研发效率，同时保持江康公司自身在经营中的相对独立性，2012年江康公司以合作研究开发协议的方式与通健公司进行合作，通健公司的优势在于新药研发后期的毒理学试验。这一合作使江康公司实现了从新药研发到临床前试验一体化的业务整合。

要求：

1．简要分析江康公司实施纵向一体化的具体类型、内涵与优点；

2．分析江康公司业务拓展所属的企业发展战略途径的具体类型。

【答案】

1．纵向一体化包括前向一体化和后向一体化两种类型。

前向一体化战略是指获得下游企业的所有权或加强对他们的控制权的战略。前向一体化是在目前经营基础上向下游拓展，江康公司本身属于药品生产企业，向医药分销领域延伸以及研发、向后期的毒理学试验延伸都是向下游拓展，均属于前向一体化战略。前向一体化战略有利于企业控制和掌握市场，增强对消费者需求变化的敏感性，提高企业产品的市场适应性和竞争力，表现为“实现了从新药研发到临床前试验一体化的业务整合”。

后向一体化战略是指获得供应商的所有权或加强对其控制权的战略。后向一体化是在目前经营的基础上向上游拓展，江康公司向原料药材业务延伸（建设五个原料药材现代化种植基地、收购在这一领域具有优势地位的常丽制药公司），属于后向一体化战略。后向一体化有利于企业有效控制关键原材料等投入的成本、质量及供应可靠性，确保企业生产经营活动稳步进行，表现为“为了保障原料药的稳定供给与产品质量，降低产业链中的交易成本”“以增强公司在特色原料药生产方面的竞争实力”。

2．发展战略一般可以采用三种途径，即外部发展（并购）、内部发展（新建）与战略联盟。

江康公司向原料药材业务延伸采用了新建与并购两种途径，“建设了五个原料药材现代化种植基地”说明是新建，“收购在这一领域具有优势地位的常丽制药公司70%股权”说明是并购。

“江康公司收购了两家医药分销公司”说明了江康公司向医药分销领域延伸采用了

并购方式，“江康公司以合作研究开发协议的方式与通健公司进行合作”说明了向研发毒理学试验延伸采用了战略联盟方式。

第二节 业务单位战略

知识点1 基本竞争战略（★★★）

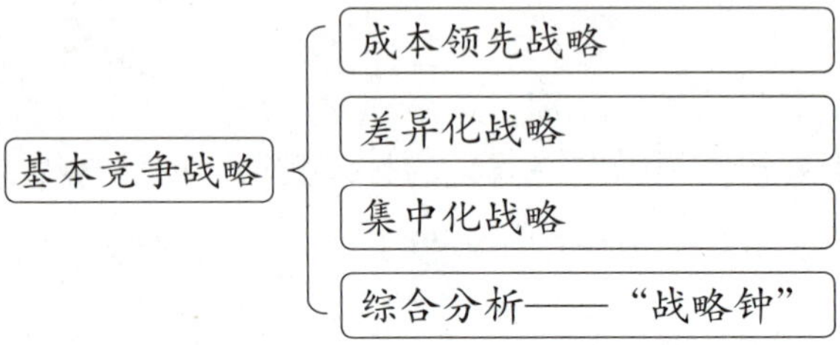

图 3-5 基本竞争战略

一、成本领先战略（★★★）

企业通过在内部加强成本控制，在研究开发、生产、销售、服务和广告等领域把成本降到最低限度，成为产业中成本领先者的战略。

（一）优势（结合五力分析模型）

1. 形成进入障碍。
2. 增强讨价还价能力。
3. 降低替代品的威胁。
4. 保持领先的竞争地位。

（二）实施条件

市场情况（外部条件）：

1. 产品具有较高的价格弹性（价格增长一点点，消费者都很介意），市场中存在大量的价格敏感用户；
2. 产业中所有企业的产品都是标准化的产品，产品难以实现差异化；
3. 购买者不太关注品牌，大多数购买者以同样的方式使用产品；
4. 价格竞争是市场竞争的主要手段，消费者的转换成本较低。

学堂点睛

标准化产品的供应——购买者不关注品牌——价格竞争是主要手段，价格弹性较高。

资源和技能（内部条件）：

1. 在规模经济显著的产业中建立生产设备来实现规模经济；

2. 降低各种要素成本、各种投入，包括资金、劳动力、原材料和零部件等生产要素都是企业成本的直接来源，力求以最优惠的供给价格获得各种要素；

3. 提高生产率，采用最新的技术、工艺流程和充分利用学习曲线来降低成本，这都是提高生产率必要的手段；

4. 改进产品工艺设计，采用简单的产品设计，通过减少产品功能的同时又充分满足消费者需要的方式来降低成本；

5. 提高生产能力利用程度，生产能力利用程度决定了分摊在单位产品上的固定成本是多少；

6. 选择适宜的交易组织形式，在不同的情况下，是采取内部生产还是靠市场获取。

7. 重点集聚：企业集中相关资源用于某一经验领域。

（三）风险

1. 技术的变化可能使过去用于降低成本的投资（如扩大规模、工艺革新等）与积累的经验一笔勾销。

2. 产业的新加入者或追随者通过模仿或者以高技术水平设施的投资能力，用较低的成本进行学习。

3. 市场需求从注重价格转向注重产品的品牌形象，使得企业原有的优势变为劣势。

学堂点睛

技术、新加入者、市场需求。

二、差异化战略（★★★）

企业向顾客提供的产品和服务在产业范围内独具特色，这种特色可以给产品带来额外的加价，如果一个企业的产品或服务的溢出价格超过因其独特性所增加的成本，那么，拥有这种差异化的企业将获得竞争优势。

（一）优势（结合五力分析模型）

1. 形成进入障碍。

2. 降低顾客敏感程度。

3. 增强讨价还价能力。

4. 防止替代品威胁。

（二）实施条件

市场情况（外部条件）：

1. 产品能够充分地实现差异化，且为顾客所认可；

2. 顾客的需求是多样化的；

3. 企业所在产业技术变革较快，创新成为竞争的焦点。

资源和技能（内部条件）：

1. 具有强大的研发能力和产品设计能力，具有很强的研究开发管理人员；

2. 具有很强的市场营销能力，具有很强的市场营销能力的管理人员；

3. 具有能够确保激励员工创造性的激励体制、管理体制和良好的创造性文化；

4. 具有从总体上提高某项经营业务的质量、树立产品形象、保持先进技术和建立完善分销渠道的能力。

（三）风险

1. 企业形成产品差别化的成本过高。

2. 市场需求发生变化。

3. 竞争对手的模仿和进攻使已建立的差异缩小甚至转向。

三、集中化战略（★★★）

针对某一特定购买群体、产品细分市场或区域市场，采用成本领先或产品差异化来获取竞争优势的战略。一般是中小企业采用的战略，可分为两类，集中成本领先战略和集中差异战略。

（一）优势

1. 抵御产业五种竞争力的优势。

2. 中小企业可以增强它们相对的竞争优势。

3. 大企业避免与竞争对手正面冲突，使企业处于一个竞争的缓冲地带。

（二）实施条件

1. 购买者群体之间在需求上存在着差异。

2. 目标市场在市场容量、成长速度、获利能力、竞争强度等方面具有相对的吸引力。

3. 在目标市场上，没有其他竞争对手采用类似的战略。

4．企业资源和能力有限，难以在整个产业实现成本领先或差异化，只能选定个别细分市场。

（三）风险

1．狭小的目标市场导致的风险。

2．购买者群体之间需求差异变小。

3．竞争对手的进入与竞争。

【例1-2015-简答题】C国太乐厨具有限公司（简称太乐公司）创办于1996年。近20年来，太乐公司运用成本领先战略，迅速提高市场占有率，在国内外享有较高的知名度。

太乐公司集中全部资源，重点发展厨具小家电产品。公司利用与发达国家企业OEM合作方式获得的设备，进行大批量生产，从而获得规模经济优势。在此基础上，公司多次主动大幅度降低产品价格，以致连生产劣质产品的企业都无利可图，在市场上既淘汰了高成本和劣质企业，又令新进入者望而却步。

太乐公司实行24小时轮班制，设备的利用率很高，因而其劳动生产率与国外同类企业基本持平。同时，由于国内劳动力成本低，公司产品成本中的人工成本大大低于国外家电业的平均水平。

对于一些成本高且太乐公司自身有生产能力的上游资源，如集成电路等，公司通过多种形式自行配套生产。这样，一方面可以大幅度降低成本，确保质量，降低经营风险,另一方面还可以获得核心元器件的生产和研发技术。而对于一些成本高、自身还不具备生产能力的上游资源，公司由于在其他各环节上成本低于竞争对手，也能够应付和消化这些高成本投入物的价格。

近几年来，C国厨具小家电的销售数量每年递增30%左右，吸引了众多国内外大型家电企业加入。这些企业放弃了原有在大家电市场走的高端产品路线，以中低端的价格进入市场。这些企业认为，在厨具小家电市场，企业销售的都是标准化的产品，消费者大都对价格比较敏感，价格竞争仍然是市场竞争的主要手段。

要求：

1．简要分析太乐公司在C国厨具小家电市场采用成本领先战略的优势；

2．从市场情况和企业资源能力两个方面，简要分析太乐公司在C国厨具小家电市场实施成本领先战略的条件。

【答案】

1．太乐公司在C国厨具小家电市场采用成本领先战略的优势：

（1）形成进入障碍，表现为“公司多次主动大幅度降低产品价格……令新进入者望而却步”；

（2）增强讨价还价能力，表现为“而对于一些成本高、自身还不具备生产能力的上游资源，公司由于在其他各环节上成本低于竞争对手，也能够应付和消化这些高成本投入物的价格”；

（3）保持领先的竞争地位，表现为“在市场上既淘汰了高成本和劣质企业”“迅速提高市场占有率，在国内外享有较高的知名度”。

2．太乐公司在C国厨具小家电市场实施成本领先战略的条件：

市场情况：

（1）产品具有较高的价格弹性，市场中存在大量的价格敏感用户：表现为“消费者大都对价格比较敏感”；

（2）产业中所有企业的产品都是标准化的产品，产品难以实现差异化，表现为“在厨具小家电市场，企业销售的都是标准化的产品”；

（3）价格竞争是市场竞争的主要手段，表现为“价格竞争仍然是市场竞争的主要手段”。

资源和能力：

（1）规模经济显著的产业通过建立生产设备来实现规模经济，表现为“利用与发达国家企业OEM合作方式获得的设备，进行大批量生产，从而获得规模经济优势”；

（2）降低各种要素成本，表现为“由于国内劳动力成本低，公司产品成本中的人工成本大大低于国外家电业的平均水平”“对于一些成本高且太乐公司自身有生产能力的上游资源……公司通过多种形式自行配套生产……可以大幅度降低成本”；

（3）提高生产率，表现为“太乐公司实行24小时轮班制，设备的利用率很高，因而其劳动生产率与国外同类企业基本持平”；

（4）提高生产能力利用程度，表现为“太乐公司实行24小时轮班制，设备的利用率很高。因而其劳动生产率与国外同类企业基本持平”；

（5）选择适宜的交易组织形式，表现为“对于一些成本高且太乐公司自身有生产能力的上游资源，如集成电路等，公司通过多种形式自行配套生产……可以大幅度降低成本”；

（6）重点集聚，表现为“太乐公司集中全部资源，重点发展厨具小家电产品”。

【例2-2013-简答题】一项调查报告显示，方便面虽然是方便食品，但我国消费者非常关注方便面的口味和品质。除了口味以49.0%的比率排在购买因素的第1位之外，有38.5%的消费者关注方便面的品质，关注品牌和价格的消费者比率分别为30.5%和27.0%，关注方便面的配料和面的弹性的消费者比率也分别达到26.5%和26.0%，同时还分别有18.5%和17.0%的消费者更关注方便面的营养和卫生。

K牌方便面在我国方便面市场占据1/3左右的市场份额，其在产品口味、品种、包装、品牌传播等方面都走在其他方便面企业的前面，但是，K牌方便面的特色程度正在逐步减退，一些中小方便面企业和新进入方便面市场的品牌通过差异化的品牌策划、产品策划、市场策划和销售策划，在某个细分市场或某个区域市场取得竞争优势，借此在方便面市场做强做大。

1．品牌定位差异化。例如，W牌方便面通过非油炸的品牌定位，与K牌方便面形成了明显的市场区隔，使W牌方便面很快成为方便面市场知名品牌。

2．产品卖点差异化。例如，J牌弹面以面的弹性作为产品的新卖点，与K牌方便面在产品上形成了差异，从而成就了J牌方便面品牌。

3．产品口味差异化。例如，T牌老坛酸菜牛肉面，通过推出新的产品口味，与K牌方便面等产品在口味方面形成了差异，赢得了消费者的认同，产品销量迅速增加，同时提升了T牌方便面的整体品牌形象。

要求：

1．根据调查报告显示的信息，你认为在方便面市场竞争适宜采用何种基本竞争战略?为什么?

2．W牌方便面、J牌弹面、T牌老坛酸菜牛肉面采用的是什么样的竞争战略？阐述采用这种竞争战略的优势；

3．分析K牌方便面所采用的竞争战略正在面临的风险。

【答案】

本题主要考查“业务单位战略”知识点。

1．竞争战略包括成本领先战略、差异化战略和集中化战略。通过分析，在方便面市场竞争适宜采用差异化战略，而不是成本领先战略。表现为：调查报告显示，“方便面虽然是方便食品，但我国消费者非常关注方便面的口味和品质”，关注口味、品质和品牌的消费者明显高于关注价格的消费者。

2. 集中化战略包括集中成本领先战略和集中差异战略。W牌方便面、J牌弹面、T牌老坛酸菜牛肉面分别通过“品牌定位差异化、产品卖点差异化、产品口味差异化”，从而在某个细分市场或某个区域市场取得竞争优势，均强调了差异化，因此这三个品牌均采用的是集中化战略中的集中差异战略。

由于采用集中差异战略是企业在一个特定的目标市场上实施差异化的战略，所以差异化战略抵御产业五种竞争力的优势也能在集中战略中体现出来。此外，集中战略的实施可以避免与竞争对手正面冲突，使企业处于一个竞争的缓冲地带，增强企业相对的竞争优势。

3. K牌方便面采用的是差异化竞争战略。表现为“在我国方便面市场占据1/3左右的市场份额，其在产品口味、品种、包装、品牌传播等方面都走在其他方便面企业的前面”。

采取差异化战略的风险主要有：

（1）企业形成产品差别化的成本过高；

（2）市场需求发生变化；

（3）竞争对手的模仿和进攻使已经建立的差异缩小甚至转向。

在本案例中，K牌方便面面临的风险主要体现在第三点竞争对手的模仿和进攻使已经建立的差异缩小甚至转向。表现为“中小方便面企业和新进入方便面市场的品牌通过差异化的品牌策划、产品策划、市场策划和销售策划”使得“K牌方便面的特色程度正在逐步降低”。

四、基本竞争战略的综合分析——“战略钟”（克利夫·鲍曼）（★）

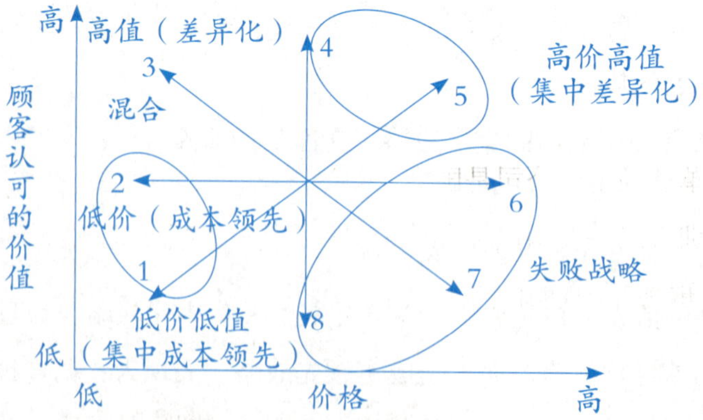

图 3-6 战略钟

表 3-7 基本战略分析

成本领先战略	包括途径1和途径2	途径1：低价低值战略，关注的是对价格非常敏感的细分市场。 途径2：低价战略，在降低价格的同时，努力保持产品或服务的质量不变。
差异化战略	包括途径4和途径5	途径4：高值战略，以相同或略高于竞争者的价格向顾客提供高于竞争对手的顾客认可价值。 途径5：高值高价战略，以特别高的价格为顾客提供更高的顾客认可价值。
混合战略	包括途径3	提供更高的认可价值的同时，获得成本优势。 一个企业同时获得两种优势的情况（良性循环）： 1. 提供高质量产品的公司会增加市场份额，而这又会因规模经济而降低平均成本。其结果是，公司可同时在该产业取得高质量和低成本的定位； 2. 高质量产品的累积经验降低成本的速度比低质量产品快，即工人必须更留心产品的生产，这又会因经验曲线的降低而平均成本； 3. 注重提高生产效率可以在高质量产品的生产过程中降低成本。
失败的战略	包括途径6、途径7、途径8	价格>顾客认可的价值，顾客不接受。

学堂点睛

1. 没有中价中值战略，但有高价高值战略和低价低值战略。
2. 注意低价低值战略、低价战略、高值战略、高价高值战略的内涵区别。

【例3-2014-单选题】甲公司是国内一家语言培训公司，公司率先采用引进外籍教师“一对一”的培训方式，在国内外办出了名气，考生们慕名而来，公司因此又获得规模经济优势。甲公司的竞争战略的类型属于（　　）。

A．集中战略　　B．混合战略

C．差异化战略　　D．成本领先战略

【答案】B

学堂点拨

依题意可以看出良性循环"率先采用外籍老师'一对一'的培训方式"，是差异化战略；"公司因此又获得规模经济优势"，是成本领先战略；成本领先战略与差异化战略的结合，属于混合战略。

【例4-2014-单选题】按照"战略钟"分析体系，下列各项中属于混合战略的是（　　）。

A. 在降低价格的同时，努力保持产品或服务的质量不变

B. 以特别高的价格为顾客提供更高的认可价值

C. 在为顾客提供更高的认可价值的同时，获得成本优势

D. 以中档的价格为顾客提供中等质量的产品或服务

【答案】C

学堂点拨

混合战略是指在某些情况下，企业可以在为顾客提供更高认可价值的同时，获得成本优势。选项C正确。选项A属于低价战略，选项B属于高值高价战略，选项D没有此战略。

【例5-2015-多选题】下列各项关于"战略钟"中几种竞争战略的表述中，正确的有（　　）。

A. 成本领先战略包括集中成本领先战略

B. 低价低值战略是一种很有生命力的战略

C. 混合战略包括可能导致企业失败的战略

D. 差异化战略包括高值战略和高值高价战略

【答案】ABD

学堂点拨

混合战略指"战略钟"中的途径3，可以同时获得两种优势实现良性循环。而失败战略是指"战略钟"中的途径6、7和8，即混合战略不包括导致企业失败的战略，所以选项C错误。

知识点2 中小企业的竞争战略（★★★）

一、零散型中的竞争战略

在零散型产业中，产业集中度很低，没有任何企业占有显著的市场份额，也没有任何一个企业能对整个产业的发展产生重大的影响。

（一）造成产业零散（产业集中度很低）的原因

1. 进入障碍低或存在退出障碍。

2. 市场需求多样导致高度产品差异化。

3. 不存在规模经济或难以达到经济规模。

4. 其他的因素，如政府政策和地方法规对某些产业集中的限制，以及一个新产业中还没有企业掌握足够的技能和能力以占据重要的市场份额等因素。

（二）零散产业的战略选择（业务单位三种战略在零散产业中的体现）

1. 克服零散——获得成本优势。

克服零散的途径：

（1）连锁经营或特许经营；

（2）技术创新以创造规模经济；

（3）尽早发现产业趋势——产业目前处于开发期或成长期。

2. 增加附加价值——提高产品差异化程度。

3. 专门化——目标集聚。

考虑以下几种专门化战略：

（1）产品类型或产品细分的专门化；

（2）顾客类型专门化；

（3）地理区域专门化。

（三）谨防潜在的战略陷阱

1. 避免寻求支配地位——徒劳无效。

2. 保持严格的战略约束力——持久战。

3. 避免过分集权化——权力下放。

4. 了解竞争者的战略目标与管理费用——掌握信息。

5. 避免对新产品做出过度反应——存在风险。

【例6-2015-单选题】下列各项中，属于造成产业零散原因的是（　　）。

A. 技术的不确定性　　B. 战略的不确定性

C. 成本的迅速变化　　D. 市场需求多样导致高度产品差异化

【答案】D

学堂点拨

造成产业零散的原因包括进入障碍低或存在退出障碍，市场需求多样导致高度产品差异化，不存在规模经济或难以达到经济规模，除此之外还包括政府政策和地方法规对某些产业集中的限制以及一个新产业中还没有企业掌握足够的技能和能力以占据重要的市场份额，所以选项D正确。选项A、B、C属于新兴产业共同的内部结构特征。

【例7-多选题】A公司在对自身所处产业进行分析时，发现产业表现出如下特征：1. 企业数量众多；2. 企业规模较小；3. 市场占有率分布较为平均，缺乏龙头企业。针对以上特征，适合该公司采取的战略类型是（　　）。

A. 连锁经营　　B. 技术创新以创造规模经济

C. 提高现有产品差异化程度　　D. 尽早发现产业趋势

【答案】ABCD

学堂点拨

根据已知条件，判断该产业属于零散产业（零散型产业，产业集中度很低，没有任何企业占有显著的市场份额，也没有任何一个企业能对整个产业的发展产生重大的影响）。选项A、B、D符合克服零散（获得成本优势）的战略思路，选项C符合增加附加价值（差异化）的战略思路。

二、新兴产业中的竞争战略

新兴产业是指新形成的或重新形成的产业。其形成的原因是技术创新、消费者新需求的出现或其他经济和社会变化将某个产品或服务提高到一种潜在可行的商业机会的水平。

（一）新兴产业的内部结构环境

1. 共同的结构特征：

（1）战略的不确定性；

（2）技术的不确定性；

（3）成本的迅速变化；

（4）萌芽企业和另立门户；

（5）首次购买者。

学堂点睛

记忆口诀：战技成立者。

2. 常见的早期进入障碍：

（1）专有技术；

（2）获得分销渠道；

（3）得到适当成本和质量的原材料和其他投入（如熟练劳动力）；

（4）经验造成的成本优势；

（5）风险。

（二）新兴产业的发展障碍（五力模型的三大障碍）

1. 原材料、零部件、资金与其他供给的不足——供应者。

2. 顾客的困惑与等待观望——购买者。

3. 被替代产品的反应——被替代品。

（三）新兴产业的战略选择

1. 塑造产业结构（建立游戏规则）。这种战略选择使企业能够在产品策略、营销方法以及价格策略等领域建立一套有利于自身发展的竞争原则，从而有利于企业建立长远的产业地位。

2. 正确对待产业发展的外在性。产业整体利益、自身的长远利益与企业短期利益的处理。

3. 注意产业机会与障碍的转变，在产业发展变化中占据主动地位。

4. 选择适当的进入时机与领域。

当下列基本情况具备时，早期进入是适当的：

（1）企业的形象和声望对顾客至关重要；

（2）产业中的学习曲线很重要，经验很难模仿，并且不会因持续的技术更新换代而过时，早期进入企业可以较早地开始这一学习过程；

（3）顾客忠诚非常重要，那些首先对顾客销售的企业将获益；

（4）通过早期对原材料供应、分销渠道等的承诺可带来绝对成本利益。

在下列情况下，早期进入将是非常危险的：

（1）早期竞争细分市场与产业发展成熟后的情况不同，早期进入的企业建立了竞争基础后，在产业发展成熟后面临过高的转换成本；

（2）为了塑造产业结构，需付出开辟市场的高昂代价，其中包括顾客教育、法规批准、技术开拓等，而开辟市场的利益无法成为企业专有；

（3）技术变化使早期投资过时，并使晚期进入的企业因拥有最新产品和工艺而获益。

【例8-2015-单选题】下列各项中，属于新兴产业共同的结构特征的是（　　）。

A．进入障碍低或存在退出障碍

B．不存在规模经济或难以达到经济规模

C．市场需求的多样导致产品差异化

D．战略的不确定性

【答案】D

学堂点拨

选项A、B、C属于造成产业零散的原因。新兴产业共同的结构特征包括：1．战略的不确定性；2．技术的不确定性；3．成本的迅速变化；4．萌芽企业和另立门户；5．首次购买者。因此选项D属于新兴产业共同的结构特征。

【例9-单选题】下列选项中，不属于新兴产业早期进入障碍的是（　　）。

A．得到适当成本和质量的原材料和其他投入（如熟练劳动力）

B．经验造成的成本优势

C．风险

D．政府政策限制

【答案】D

学堂点拨

新兴产业常见的早期进入障碍有：1．专有技术；2．获得分销渠道；3．得到适当成本和质量的原材料和其他投入（如熟练劳动力）；4．经验造成的成本优势；5．风险。所以，选项D不属于新兴产业早期进入障碍，而属于造成产业零散的原因。

知识点3 蓝海战略（★★★）

一、蓝海战略的内涵

蓝海的开拓者并不将竞争作为自己的标杆，而是遵循另一套完全不同的战略逻辑，即“价值创新”，这是蓝海战略的基石。之所以称为价值创新，原因在于它并非着眼于竞争，而是力图使客户和企业的价值都出现飞跃，由此开辟一个全新的、非竞争性的市场空间。

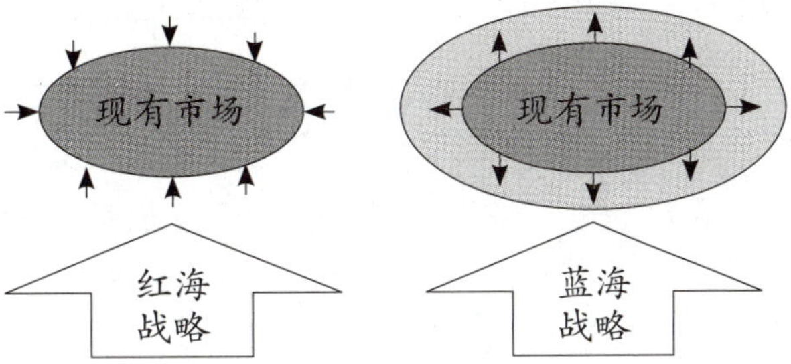

图 3–7　红海战略与蓝海战略图

表 3–8　红海和蓝海战略比较

红海战略（挤进来）	蓝海战略（走出去）
在已经存在的市场内竞争	拓展非竞争性市场空间
参与竞争	规避竞争
争夺现有需求	创造并搜取新需求
遵循价值与成本互替定律	打破价值与成本互替定律
根据差异化或低成本的战略选择，把企业行为整合为一个体系	同时追求差异化和低成本，把企业行为整合为一个体系

二、蓝海战略制定的原则

蓝海战略不同于典型的战略规划，开拓了一套条理清晰的绘制和讨论战略布局的过程，以将企业战略推向蓝海。

表 3–9　蓝海战略的六项原则

战略制定原则	各原则降低的风险因素
重建市场边界（重点）	↓搜寻的风险
注重全局而非数字	↓规划的风险
超越现有需求	↓规模的风险
遵循合理的战略顺序	↓商业模式风险
克服关键组织障碍	↓组织的风险
将战略执行建成战略的一部分	↓管理的风险

三、重建市场边界的基本法则

表 3-10 从肉搏式竞争到蓝海战略

	肉搏式竞争	开创蓝海战略
产业	专注于产业内的竞争者	审视他择产业
战略群体	专注于战略群体内部的竞争地位	跨越产业内不同的战略群体看市场
买方群体	专注于更好地为买方群体服务	重新界定产业的买方群体
产品或服务范围	专注于在产业边界内将产品或服务的价值最大化	放眼互补性产品或服务
功能——情感导向	专注于产业既定功能——情感导向下性价比的改善	重设产业的功能与情感导向
时间	专注于适应外部发生的潮流	跨越时间参与塑造外部潮流

（一）路径一：审视他择产业

他择品的概念要比替代品更广。形式不同但功能或者核心效用相同的产品或服务属于替代品，而他择品则还包括了功能和形式都不同目的却相同的产品或服务。

【举例】一家航空公司将飞机所有权16等份卖给客户，客户付出商业机票的成本却得到每年50小时私人飞机的的便利。

（二）路径二：跨越战略群体

【举例】一家健身俱乐部将传统健身业和家庭健身计划结合起来，专为女性服务，剔除奢华设施，小型化社区布点，每月只需30美元。

（三）路径三：重新界定产业的买方群体

【举例】一家胰岛素厂商将注意力从医生转向糖尿病患者，将胰岛素和注射笔结合创造出注射装置，便于病人随身携带使用。

（四）路径四：放眼互补性产品或服务

【举例】客车制造企业发现市政府并非关注公交车本身的价格而是后续维护费用，通过使用玻璃纤维车身，提高车价却降低维护成本，实现了与市政府的双赢。

（五）路径五：重设客户的功能性或情感性诉求

【举例】美发屋针对男性，取消按摩、饮料等情感元素，专注剪发，使理发时间减到10分钟，费用降低。

（六）路径六：跨越时间（正确预测外部环境发展变化的趋势）

【举例】T公司提供正版音乐下载服务，提供海量音乐库、高音质、单曲下载，走在潮流最前沿。

【例10-2016-单选题】甲公司是一家区别于传统火锅店方式的火锅餐饮企业，在给顾客提供餐饮服务的同时，还免费给顾客提供擦鞋、美甲、擦拭眼镜等服务。甲公司的经营模式取得了成功，营业额高速增长。甲公司实施蓝海战略的路径是（　　）。

A．跨越时间　　B．重新界定产业的买方群体

C．跨越战略群体　　D．重设客户的功能性或情感性诉求

【答案】D

学堂点拨

本题通过为顾客提供经营范围之外的其他服务，更好地满足消费者的需求，属于重设客户的功能性或情感性诉求，向情感性诉求转变，因此，选项D正确。

【例11-2015-单选题】下列各项关于蓝海战略的表述中，正确的是（　　）。

A．“蓝海”的开创是基于价值的创新

B．“蓝海”的开创是基于技术的突破

C．“蓝海”不会萌生在产业现有的“红海”之中

D．企业不能以系统的、可复制的方式去寻求“蓝海”

【答案】A

学堂点拨

由于蓝海的开创是基于价值的创新而不是技术的突破，选项A正确，B错误；“蓝海”战略的“突发奇想”既可以超越现有产业，也可以萌生在产业现有的“红海”之中，选项C错误，既然“蓝海”战略可以萌生在产业现有的“红海”之中，是可以基于对现有市场现实的重新排序和构建，企业就能够以系统的、可复制的方式去寻求它，所以选项D错误。

【例12-2015-单选题】下列各项中，属于蓝海战略内涵的是（　　）。

A．遵循价值与成本互替定律

B．专注于适应外部发生的潮流

C．根据差异化或低成本的战略选择，把企业行为整合为一个体系

D. 拓展非竞争性空间

【答案】D

红海战略和蓝海战略的比较如下:

表 3–11 红海和蓝海战略的比较

红海战略	蓝海战略
在已经存在的市场内竞争	拓展非竞争性市场空间
参与竞争	规避竞争
争夺现有需求	创造并搜取新需求
遵循价值与成本互替定律	打破价值与成本互替定律
根据差异化或低成本的战略选择，把企业行为整合为一个体系	同时追求差异化和低成本，把企业行为整合为一个体系

第三节 职能战略

职能战略又称职能层战略，主要涉及企业各职能部门如营销、财务、生产、研发、人力资源、信息技术等，如何更好地配置企业内部资源，为各级战略服务，提高组织效率。

知识点1 市场营销战略（★★）

市场营销战略是企业市场营销部门根据公司总体战略与业务单位战略规划，在综合考虑外部市场机会及内部资源状况等因素的基础上，确定目标市场，选择相应的市场营销策略组合，并予以有效实施和控制的过程。

一、确定目标市场

市场细分 | 目标市场选择 | 市场定位

图 3–8 确定目标市场

（一）市场细分——市场整体划分为若干个不同消费者群

1. 消费者市场细分的依据

表 3-12 消费者细分的依据

地理细分	按照消费者所在的地理位置以及其他地理变量（包括城市农村、地形气候、交通运输等）来细分消费者市场。
人口细分	按照人口变量（包括年龄、性别、收入、职业、教育水平、家庭规模、家庭生命周期阶段、宗教、种族、国籍等）来细分消费者市场。
心理细分	按照消费者的生活方式、个性等心理变量来细分消费者市场。
行为细分	按照消费者购买或使用某种产品的时机、消费者所追求的利益、使用者情况、消费者对某种产品的使用率、消费者对品牌（或商店）的忠诚程度、消费者待购阶段和消费者对产品的态度等行为变量来细分消费者市场。

【例1-2010-单选题】大型超市连锁店为不同地区分店选择重点销售商品时，会考虑到每个地区中居民的一般消费特性，其中一个分类是按居民的平均收入水平的高低，将居民消费者划分为高收入、中等收入及低收入三个客户群组，该细分过程属于（　　）。

A. 人口细分　　B. 行为细分　　C. 地理细分　　D. 心理细分

【答案】A

学堂点拨

人口细分，即企业按照人口因素来细分消费者市场，该题目属于按照人口细分中的收入进行的细分，所以选项A正确。

【例2-单选题】A公司将旗下沐浴露产品目标人群分为频繁使用者、一般使用者和偶尔使用者三类，分别设计超大容量、正常容量和小袋包装三种，以满足三类使用者的需求。这一战略决策的依据是对洗发水市场的（　　）。

A. 人口细分　　B. 行为细分　　C. 地理细分　　D. 心理细分

【答案】B

学堂点睛

该公司是根据消费者对某种产品的使用频率进行划分，属于行为细分。

【例3-单选题】某电器公司经过分析和调查，消费者的生活方式正在发生变化，喜欢足不出户就能满足自己的需求，所以电器公司也开通了网上购物，实现了电商模式，该电器公司的消费细分属于（　　）。

A. 人口细分　　B. 行为细分　　C. 地理细分　　D. 心理细分

【答案】D

学堂点睛

消费者的性格和生活方式也会影响消费者的购买行为，这属于心理细分。

【例4-2011-多选题】某笔记本电脑生产企业正在大力宣传其新推出的某系列笔记本电脑。该系列笔记本电脑具有多种可以选择的外壳颜色，其主要目的是满足追求时尚和个性化的年轻人的需要。根据上述情况可以判断，该笔记本电脑生产企业营销该系列笔记本电脑时重点考虑的市场细分基础包括（　　）。

A．人口细分　　B．行为细分　　C．地理细分　　D．心理细分

【答案】AD

学堂点拨

市场细分包括人口细分、地理细分、心理细分、行为细分。题中强调“年轻人”所以属于人口细分，“追求时尚”所以属于心理细分。所以选项A、D正确。

2．产业市场细分的依据

（1）最终用户：如轮胎制造商为飞机制造商客户提供的轮胎要比为拖拉机制造商客户提供的轮胎安全标准高。（通常客户为企业客户）

（2）顾客规模：如区分为大客户和小客户。

（3）其他变量。

【例5-2015-单选题】某轮胎制造商为汽车制造商和农用拖拉机制造商分别生产两种安全标准不同的轮胎，其中为汽车制造商生产的轮胎安全标准高于为农用拖拉机制造商生产的轮胎安全标准。该轮胎制造商进行市场细分的依据是（　　）。

A．最终用户　　B．顾客规模

C．消费者的欲望和需要　　D．消费者对某种商品的使用率

【答案】A

学堂点拨

本题中轮胎制造商为汽车制造商和农用拖拉机制造商分别生产两种安全标准不同的轮胎，是对企业客户细分，不属于消费者市场细分，而是属于产业市场细分，是根据最终用户进行划分的，所以选项A正确。

【例6-2015-单选题】某办公用品公司将顾客细分为两类：一类是大客户，这类顾客由该公司的全国客户经理负责联系；另一类是小客户，由外勤推销人员负责联系。该

公司进行市场细分的依据是（　　）。

A．顾客规模　　B．消费者的欲望和需求

C．消费者对某种商品的使用率　　D．最终用户

【答案】A

学堂点拨

某办公用品公司将顾客细分为两类：一类是大客户，另一类是小客户，属于产业市场的细分。该办公用品公司是根据顾客规模进行细分。

【例7-单选题】某日化用品企业在为某一地区零售商提供配送服务时，考虑到这些零售商在规模上的差异，采取了不同的策略。例如针对大型超市或连锁超市提供送货上门服务，并且随叫随到，而针对小超市，则要求其自行提货，不负责送货。根据以上信息可以判断，该企业使用的细分变量属于（　　）。

A．地理细分　　B．规模细分　　C．人口细分　　D．心理细分

【答案】B

学堂点拨

细分产业市场的常用变量：1．最终用户；2．顾客规模；3．其他变量。该食品企业把客户区分为大客户（大型超市和连锁超市）和小客户（小商店），采取不同的配送服务，属于按产业市场细分中的规模细分，选项A、C、D属于按消费者市场细分。

（二）目标市场选择

表 3-13　目标市场涵盖战略

无差异市场营销	企业在市场细分之后，不考虑各子市场的特性，而只注重子市场的共性，决定只推出单一产品，运用单一的市场营销组合，力求在一定程度上适合尽可能多的顾客的需求。
差异市场营销	企业决定同时为几个子市场服务，设计不同的产品，并在渠道、促销和定价方面都加以相应的改变，以适应各个子市场的需要。
集中市场营销	指企业集中所有力量，以一个或少数几个性质相似的子市场作为目标市场，试图在较少的子市场上占领较大的市场份额。

【例8-单选题】A公司针对年轻人推出一款运动跑鞋，以“××鞋，伴你青春飞

扬”的广告诉求突出产品特征。根据以上信息可以判断该企业的目标市场涵盖战略是（　　）。

A. 无差异市场营销　　B. 集中市场营销

C. 差异市场营销　　D. 全面市场营销

【答案】B

学堂点拨

目标市场涵盖战略包括三种：无差异市场营销、差异市场营销和集中市场营销。题目表明A公司针对年轻人细分市场推出一款产品，因此属于集中市场营销。

（三）市场定位（了解）

二、设计市场营销组合（4P组合）

产品（Product）、促销（Price）、分销（Place）、价格（Promotion）。

（一）产品策略

产品策略包括产品组合策略、品牌与商标策略和产品开发策略。

1. 产品组合策略

产品组合，是指某一企业所生产或销售的全部产品大类、产品项目的组合。

产品大类（又称产品线）是指产品类别中具有密切关系（或经由同种商业网点销售，或同属于一个价格幅度）的一组产品。

产品项目是指某一品牌或产品大类内由价格、功能及其他属性来区别的具体产品。

（1）产品组合的宽度、长度、深度和关联性。

表 3–14　产品组合的宽度、长度、深度和关联性分析

宽度	指一个企业有多少产品大类。如某公司有三个产品大类，即洗衣粉、牙膏、肥皂。
长度	指一个企业的产品组合中所包含的产品项目的总数。如某公司的产品组合中共有产品项目20个。
深度	指产品组合中每种产品有多少花色、品种、规格。例如某牌洗衣粉，假设有三种规格和两种配料，其深度为6。
关联性	指一个企业的各个产品大类在最终使用、生产条件、分销渠道等方面的密切相关程度。

（2）产品组合策略类型（依据不同情况，选择如下策略）

第一，扩大产品组合。包括拓展产品组合的宽度、长度和加强产品组合的深度。

第二，缩减产品组合。当市场不景气或原料、能源供应紧张时，从产品组合中剔除了那些获利很小甚至亏损的产品大类或产品项目，使企业可集中力量发展获得利润较多的产品大类和产品项目。

第三，产品延伸。具体做法有向下延伸（增加低档产品生产）、向上延伸（增加高档产品生产）和双向延伸（增加高档、低档产品生产）三种。

2. 品牌和商标策略

（1）单一的企业名称。比如，企业所有产品都使用同一商标。

（2）每个产品都有不同的品牌名称。企业生产的产品在市场中的定位不同或者市场被高度细分。

（3）自有品牌。零售商自有品牌。

3. 产品开发策略（了解）

新产品主要是指打开了新市场的产品、取代了现有产品的产品以及现有产品的替代品。

（二）促销策略

表 3–15 促销组合的四要素

广告促销	在媒体中投放广告。
营业推广	非媒体促销手段，如试用品、折扣、礼品等方式。
公关宣传	宣传企业形象，建立良好公众形象。
人员推销	面对面。

（三）分销策略

分销策略是确定产品到达客户手上的最佳方式。

表 3–16 分销策略分类

直接分销	不经过中间商，直接从生产商到消费者。
间接分销	利用了中间商（批发商、零售商等）的分销系统，包括独家分销和密集分销。

（四）价格策略（★★★）

表 3–17 定价法策略

产品差别定价法	对市场不同部分中的类似产品确定不同的价格。 1．基于细分市场定价。企业把同一种商品或服务按照不同的价格卖给不同的顾客（公交卡，学生与老年人群享受打折优惠）。 2．基于地点定价（经济舱与头等舱、电影院的座位类型）。 3．基于产品的版本定价（华为荣耀8手机分“荣耀8青春版”和“荣耀8”）。 4．基于时间定价。价格随着季节、日期甚至钟点的变化而变化。这样可以促使消费需求均匀化，避免企业资源的闲置或超负荷运转。 5．动态定价。例如廉价航空先确定一个较低初始价格，接着跟踪销量，当销量上升较快时，则提高价格。
产品上市定价法	1．渗透定价法：在新产品投放市场时确定一个非常低的价格，以便抢占销售渠道和消费者群体，从而使竞争者较难进入市场。这是牺牲短期利润来换取长期利润的策略（小米手机）； 2．撇脂定价法：指在新产品上市之初确定较高的价格，并随着生产能力的提高逐渐降低价格。这一方法旨在产品生命周期的极早阶段获取较高的单位利润（苹果手机）。

【例9–2012–单选题】某城市为了解决上下班高峰时段地铁拥挤问题，制定了非高峰时间段低于高峰时间段票价的方案。根据定价策略，该方法属于（　　）。

A．动态定价法　　B．差别定价法

C．渗透定价法　　D．质优价低定价法

【答案】B

学堂点拨

差别定价是指对市场不同部分中的类似产品确定不同的价格。题目中针对上下班高峰期地铁拥挤问题，制定非高峰期票价低于高峰期票价的方案正是采用了差别定价法中的基于时间定价的价格策略，促使消费需求均匀化，避免企业资源的闲置或超负荷运转。而动态定价，例如廉价航空先确定一个较低初始价格，接着跟踪销量，当销量上升较快时，则提高价格。与本题意不符。

【例10–2013–单选题】为了招揽消费者，餐饮服务类企业通常发放折扣券。从市场营销定价策略看，发放折扣券属于（　　）。

A．渗透定价　　B．撇脂定价　　C．差别定价　　D．营销组合

【答案】C

学堂点拨

发放折扣券属于区别定价。对价格敏感的消费群体，制定较低的折扣后价格；对价格不敏感的消费群体制定正常的价格。持折扣券消费与消费者对价格的敏感度相关。富裕的高收入阶层没有优惠券也会消费，但低收入的消费者可能只在持有折扣券时才会消费。

餐饮服务类企业通过只对持折扣券消费的顾客收取较低价格，与直接采取打折销售相比可以获取更多的利润，统一打折销售将会使得对价格不敏感的高收入阶层也享受到优惠，减少收入。因此，发放折扣券属于差别定价。选项A、D不属于市场营销定价策略，选项B针对新产品上市的定价，均不正确。

【例11–2014–多选题】下列各项中，属于企业市场营销组合中产品策略的有（　　）。

A．广告促销策略　　B．产品组合策略

C．营业推广策略　　D．品牌与商标策略

【答案】BD

学堂点拨

市场营销组合包括产品策略、促销策略、分销策略和价格策略。产品策略包括产品组合策略、品牌和商标策略以及产品开发策略。选项A和C属于促销策略。

知识点2　研究与开发战略（★）

表 3–18　研究与开发战略

类型	1．产品研究—新产品开发（新产品开发是竞争优势的主要来源）。 2．流程研究。
研发的动力来源	1．需求拉动（市场的新需求）。 2．技术推动（发明的应用）。
战略作用	1．波特的基本战略：研发促进成本领先战略、差异化战略的实现。 2．波特的价值链：研发是支持活动之一。 3．安索夫矩阵：研发实现市场渗透、市场开发、产品开发和产品多元化。 4．产品的生命周期：研发为企业提供替代品。
研发定位	1．成为向市场推出新技术产品的企业。 2．成为成功产品的创新模仿者。 3．成为成功产品的低成本生产者。

（续上表）

研发政策	外部机会与内部优势相结合。
鼓励创新性构思的政策	1．必须对创新给予财务支持，可以通过为研发和市场研究投入资金以及为新构思投入风险资金来实现； 2．必须使员工有机会在一个能够产生创新构思的环境中工作，这需要适当的管理风格和组织结构； 3．管理层积极地鼓励员工和客户提出新构思； 4．组建开发项目小组并建立相关管理机构； 5．在适当情况下，企业的招聘政策应集中于招聘具有创新技能的员工，应对员工进行培训并使其知识、技能与时俱进； 6．由专门的管理者负责从环境中或从企业的内部沟通中获取与创新构思有关的信息； 7．战略计划应有助于创新目标的达成，对成功实现目标的员工应给予奖励。

知识点3 生产运营战略（★★）

一、生产运营战略所涉及的主要因素和阶段

生产运营战略的四个主要因素：批量、种类、需求变动、可见性。

表 3–19　四要素分析

批量	高批量生产——低单位成本（规模经济） 低批量生产——高单位成本
种类	多种类——高单位成本、灵活性好 少种类——低单位成本、灵活性差
需求变动	需求变动大——产能利用率低——单位成本高 需求稳定——产能利用率较高——单位成本低
可见性（指生产运营流程为客户所见的程度）	可见性高（服务型行业）——单位成本高（员工技巧要求高） 可见性较低（生产型行业）——单位成本低（员工技巧要求低）

二、产能计划

产能计划是指确定企业所需的生产能力以满足其产品不断变化的需求的过程。

产能计划的目标就是使这种差距最小化。

表 3–20 产能计划

类型	领先策略（进攻型）	根据对需求增长的预期增加产能。
	滞后策略（保守型）	仅当企业因需求增长而满负荷生产或超额生产后才增加产能。
	匹配策略（稳健性）	少量地增加产能来应对市场需求的变化。
平衡产能与需求的方法	资源订单式生产	订单→资源→生产 例如建筑企业可能会收到承建新的道路桥梁的大订单。该建筑企业将仅在签订了合同之后才开始采购必需的资源。
	订单生产式生产	资源→订单→生产 例如旅行社会有一批兼职导游，在旅游旺季才为旅行社服务。
	库存生产式生产	资源→生产（库存）→订单 糖果生产企业在春节前夕就生产大量糖果等待销售。
	提示：三种类型主要看流程中的第二步骤来记忆。	

三、准时生产系统（JIT：Just In Time）

准时生产方法是指生产的产品能够精准地满足客户在时间、质量和数量上的需求，而无论客户是产品的最终用户还是处于生产线上的其他流程。

表 3–21 准时生产系统

要素	1．不断改进。 2．消除浪费。浪费共有七种类型：（1）生产过剩的浪费；（2）等待的浪费；（3）搬运的浪费；（4）加工的浪费；（5）库存的浪费；（6）运作的浪费；（7）不良产品的浪费。 3．良好的工作场所整理。 4．缩短生产准备时间。 5．企业中所有员工的参与。
优点	**缺点**
1．库存量低。 2．由于仅在需要时才取得存货，因此降低了花费在存货上的运营资本。 3．降低了存货变质、陈旧或过时的可能性。 4．避免因需求突然变动而导致大量产成品无法出售的情况出现。 5．由于JIT着重于第一次就执行正确的工作这一理念，因而降低了检查和返工产品的时间。	1．由于仅为不合格产品的返工预留了最少量的库存，因而一旦生产环节出错则弥补空间较小。 2．生产对供应商的依赖性较强，并且如果供应商没有按时配货，则整个生产计划都会被延误。 3．由于企业按照实际订单生产所有产品，因此并无备用的产成品来满足预期之外的订单。

【例12-2016-单选题】瑞华公司是一家啤酒生产企业，恰逢奥运会即将到来，公司预计销售会有较大增长，因而采取加大生产。这是一种（　　）。

A. 订单生产式　　B. 库存生产式　　C. 准时生产式　　D. 资源订单式

【答案】B

学堂点拨

库存生产式生产是指许多企业在收到订单之前或在知道需求量之前就开始生产产品或提供服务。该公司在预计销售有较大增长时就采取加大生产，属于在收到订单之前或在知道需求量之前就开始生产产品或提供服务，即库存生产式生产（资源→生产（库存）→订单），题目符合库存生产式的特点。

【例13-2016-单选题】甲公司是一家高科技环保企业，其自主研发的智能呼吸窗刚一推向市场即受到消费者欢迎，产品供不应求，企业一直处于满负荷生产状态。为满足持续增长的订单要求，公司决定增加一条生产流水线。甲公司实施的产能结合属于（　　）。

A. 滞后策略　　B. 匹配策略　　C. 维持策略　　D. 领先策略

【答案】A

学堂点拨

滞后策略是指仅当企业因需求增长而满负荷生产或超额生产后才增加产能的策略。依题意，关键词为“企业一直处于满负荷生产状态”，符合滞后策略的特征，所以选项A正确。

【例14-单选题】下列关于准时生产方法（J1T）的表述中，正确的是（　　）。

A. JIT要求企业为防止发生配送延迟的情况储备材料和部件

B. JIT使企业生产对供应商的依赖性降低

C. JIT可用于服务型企业和制造型企业

D. JIT着重于通过多次修正来实现正确的工作这一理念

【答案】C

学堂点拨

J1T思路为零库存，仅在需要时才取得存货，选项A错误；零库存使得企业生产对供应商的依赖性较强，选项B错误；JIT着重于第一次就执行正确的工作这一理念，选项D错误；J1T的理念可用于服务型企业及制造型企业，选项C正确。

知识点4 采购战略（Procurement）（★★）

一、货源策略

表 3-22 货源策略

策略	优点	缺点
单一货源策略	1. 采购方能与供应商建立较为稳固的关系。 2. 便于信息的保密。 3. 能产生规模经济。 4. 随着与供应商的关系的加深，采购方更可能获得高质量的货源。	1. 若无其他供应商，则该供应商的议价能力就会增强。 2. 采购方容易受到供应中断的影响。 3. 供应商容易受到订单量变动的影响。
多货源策略（与单一货源优缺点相反）	1. 能够取得更多的知识和专门技术。 2. 一个供应商的供货中断产生的影响较低。 3. 供应商之间的竞争有利于对供应商压价。	1. 难以设计出有效的质量保证计划。 2. 供应商的承诺较低。 3. 不利于实现规模经济。
由供应商负责交付一个完整的子部件	1. 允许采用外部专家和外部技术。 2. 可为内部员工安排其他任务。 3. 采购方能够就规模经济进行谈判。	1. 第一阶供应商处于显要地位。 2. 竞争者能够使用相同的供应商，因此企业在货源上不太可能取得竞争优势。

二、采购组合（了解）

质量、数量、价格、交货（交货时间及可靠性）。

三、采购经理的职责（了解）

（一）成本控制

（二）管理投入

（三）生产投入

（四）供应商管理

（五）获取有关以下的事项的信息，用于评价各种采购方案：可用性、质量、价格、分销以及供应商

（六）维持库存水平

【例15-2016-单选题】甲公司是一家中式连锁快餐企业，长期分别从三家粮油公司

采购大米、面粉和色拉油等。下列各项中，不属于甲公司货源策略优点的是（　　）。

A．可利用三家粮油公司之间的竞争压低采购价格

B．有利于促使三家粮油公司提供有统一质量保证的商品

C．不会因某家粮油公司的供货问题而严重影响企业经营

D．有利于从三家粮油公司获得更多的知识和技术信息

【答案】B

学堂点拨

甲公司采取的是多货源策略。多货源策略的优点：1．能够取得更多的知识和专门技术；2．一个供应商的供货中断产生的影响较低；3．供应商之间的竞争有利于对供应商压价。选项B属于单一货源采购的优点，所以错误。

【例16-2014-多选题】在采购战略中，相对单一货源策略，采用多货源策略的优点有（　　）。

A．能与供应商建立较为稳固的关系

B．能获取更多的知识和专门技术

C．能获得高质量的货源

D．有利于降低采购成本

【答案】BD

学堂点拨

采购方选择采用多货源策略的优点：1．能够取得更多的知识和专门技术；2．一个供应商的供货中断产生的影响较低；3．供应商之间的竞争有利于对供应商压价。选项A和C是单一货源策略的优点。

知识点5 人力资源战略（★）

一、人力资源战略的作用

人力资源战略是取得、开发、管理和激发企业的关键资源的一种战略性和一贯性方法，企业借此实现可持续竞争优势的目标。

任何战略的关键成功因素就是确保在适当的时间、适当的地点有可利用的适当的人力资源。

二、人力资源战略的主要内容

（一）精确识别出企业为实现短期、中期和长期的战略目标所需要的人才类型。

（二）通过培训、发展和教育来激发员工潜力。

（三）应尽可能地提高任职早期表现出色的员工在员工总数中所占的比重。

（四）招聘足够的、有潜力成为出色工作者的年轻新就业者。

（五）招聘足够的、具备一定经验和成就的人才，并使其迅速适应新的企业文化。

（六）确保采取一切可能的措施来防止竞争对手挖走企业的人才。

（七）激励有才能的人员实现更高的绩效水平，并激发其对企业的忠诚度。

（八）创造企业文化，使人才能在这种文化中得到培育并能够施展才华。

三、人力资源规划

人力资源规划包括人力资源总体规划和人力资源业务计划两个层次。

此外，人力资源战略还包括招聘与选拔、继任计划、激励和奖励制度、绩效评估、员工的培训和发展等。

知识点6 财务战略（★★★）

一、财务战略的概念（★）

财务战略：涉及财务性质的战略，属于财务管理的范畴。

财务战略主要考虑资金的使用和管理的战略问题并以此与其他性质的战略相区别。

财务战略主要考虑财务领域全局、长期发展方向问题，以此与传统财务管理相区别。

二、财务战略的确立（★★）

（一）融资渠道与方式

1. 融资方式

表 3-23 融资方式

融资方式	定义	优点	缺点
内部融资	使用内部留存利润进行投资。	管理层在做此融资时不需要听取任何企业外部组织或个人的意见，从而可以节省融资成本。	企业的一些重大事件（如并购）仅仅依靠内部融资是远远不够的； 股东看到企业的留存利润会预期下一期或将来的红利，这就要求企业有足够的盈利能力。

（续上表）

融资方式	定义	优点	缺点
股权融资	发行股票	没有固定的还本付息压力，适宜于大量资金需求。	引起控制权的变更。 融资成本比较高。
债权融资	贷款	与股权融资相比，融资成本较低、融资的速度也较快，并且方式也较为隐蔽。	还款的压力增加了企业的经营风险。
	租赁	不需要为购买设备、工具进行融资，因为融资的成本是比较高的。 租赁很有可能使企业享有更多的税收优惠（租金有抵税的作用）。 租赁可以增加企业的资本回报率，因为它减少了总资本。	企业使用租赁资产的权利是有限的，因为资产的所有权不是企业的。
资产销售融资	销售部分有价值的资产	简单易行，并且不用稀释股东权益。	无回旋余地。 如果销售的时机选择得不准，销售的价值就会低于资产本身的价值。

2．融资能力的限制

限制在两个方面：一是企业进行债务融资面临的困境，二是企业进行股利支付面临的困境。

（二）融资成本

表 3–24　融资成本

权益资本成本	资本资产定价模型	企业权益资本成本等于无风险资本成本加上企业的风险溢价。
	用无风险利率估计	首先要得到无风险债券的利率值，然后企业再综合考虑自身企业的风险在此利率值的基础上加上几个百分点，最后就是按照这个利率值计算企业的权益资本成本。
长期债务资本成本		等于各种债务利息费用的加权平均数扣除税收效应。
加权平均资本成本（WACC）		权益资本成本与长期债务资本成本的加权平均。 WACC＝长期债务成本×长期债务总额/总资本＋权益资本成本×权益总额/总资本

（三）最优资本结构

资本结构是权益资本与债务资本的比例，分析资本成本的最终目的是为企业作出最优的资本结构决策。

（四）股利分配政策

表 3–25　决定股利分配的因素

决定股利分配的因素	留存供未来使用的利润的需要。
	分配利润的法定要求（提取盈余公积等）。
	债务契约中的股利约束。
	企业的财务杠杆。
	企业的流动性水平。
	即将偿还债务的需要。
	股利对股东和整体金融市场的信号作用。

表 3–26　股利政策的分类和定义

股利政策	定义	特点
固定股利政策	每年支付固定的或者稳定增长的股利。	为投资者提供可预测的现金流，减少管理层将资金转移到盈利能力差的活动的机会，并为成熟的企业提供稳定的现金流，盈余下降时也可能导致股利发放遇到一些困难。
固定股利支付率政策	企业发放的每股现金股利除以企业的每股盈余保持不变。	保持盈余、再投资率和股利现金流之间的稳定关系，但投资者无法预测现金流、无法表明管理层的意图或者期望，并且如果盈余下降或者出现亏损的时候，这种方法就会出现问题。
零股利政策	所有剩余盈余都留存企业。	成长阶段通常使用，并将其反映在股价的增长中。当成长阶段已经结束，并且项目不再有正的现金净流量时，就需要积累现金并需要新的股利分配政策。
剩余股利政策	只有在没有现金净流量为正的项目的时候才会支付股利。	成长阶段，不能轻松获得其他融资来源的企业比较常见。

【例17-2015-单选题】下列股利政策中，适合于成熟企业且能为投资者提供可预测的现金流量的是（　　）。

A. 零股利政策　　B. 固定股利政策

C. 剩余股利政策　　D. 固定股利支付率政策

【答案】B

学堂点拨

固定股利政策，每年支付固定的或者稳定增长的股利，将为投资者提供可预测的现金流量，减少管理层将资金转移到盈利能力差的活动的机会，并为成熟企业提供稳定的现金流。选项B正确。

【例18-2012-多选题】以下各项中属于常见的股利政策的有（　　）。

A. 固定股利支付率政策　　B. 零股利政策

C. 剩余股利政策　　D. 股票股利政策

【答案】A B C

学堂点拨

实务中的股利政策有四大类：固定股利政策、固定股利支付率政策、零股利政策和剩余股利政策。股票股利和现金股利一样，属于股利支付方式，不属于股利政策。

三、财务战略的选择（★★★）

（一）基于产品生命周期的财务战略选择

1. 产品生命周期不同阶段的财务战略

表 3-27　产品生命周期不同发展阶段的经营特征

		企业的发展阶段			
		导入期	成长期	成熟期	衰退期
风险搭配情况	经营风险（由高到低）	非常高	高	中等	低
	财务风险（由低到高）	非常低	低	中等	高
财务战略	资本结构（权益减少，债务增加）	权益融资	主要是权益融资	权益+债务融资	权益+债务融资
	资金来源	风险资本	权益投资增加	保留盈余+债务	债务
	股利（由低到高）	不分配	分配率很低	分配率高	全部分配

（续上表）

		企业的发展阶段			
		导入期	成长期	成熟期	衰退期
常见指标	价格/盈余倍数（市盈率）（由高到低）	非常高	高	中	低
	股价（低—高—持平—低）	迅速增长	增长并波动	稳定	下降并波动

表 3–28 产品生命周期不同阶段的财务战略选择

发展阶段	资本结构	资本来源	股利分配政策
导入阶段的财务战略	由于导入期的经营风险很高，因此应选择低财务风险战略，应尽量使用权益筹资，避免使用负债。	引进风险投资者	不分配或少分配，主要考虑股票股利
成长阶段的财务战略	由于此时的经营风险虽然有所降低，但仍然维持在较高水平，继续使用权益融资，新的权益资金替代风险资本，不宜大量增加负债比例。	公开发行股票	低股利政策
成熟阶段的财务战略	由于经营风险降低，应当扩大负债筹资的比例，高效利用财务杠杆。	负债和权益	采用高股利政策，主要考虑现金股利
衰退阶段的财务战略	经营风险最小，应设法进一步提高负债筹资的比例，继续发挥财务杠杆的作用。	选择负债筹资	高股利政策

2. 财务风险与经营风险的搭配

经营风险大小是由特定的经营战略决定，财务风险大小由资本结构决定，它们共同决定了企业的总风险。

表 3–29 财务风险与经营风险的匹配方式

匹配方式	特点	举例
高经营风险与高财务风险的匹配	具有很高的总体风险。该种匹配不符合债权人的要求，符合风险投资者的要求。	一个初创期的高科技公司，假设能够通过借款取得大部分资金，其破产的概率很大，而成功的可能很小。
高经营风险与低财务风险的匹配	具有中等程度的总体风险。该种匹配是一种可以同时符合股东和债权人期望的现实搭配。	一个初创期的高科技公司，主要使用权益筹资，较少使用或不使用负债筹资。

（续上表）

匹配方式	特点	举例
低经营风险与高财务风险的匹配	具有中等程度的总风险。该种匹配是一种可以同时符合股东和债权人期望的现实搭配。	一个成熟的公用企业，大量使用借款筹资。
低经营风险与低财务风险的匹配	具有很低的总体风险。该种匹配不符合权益投资人的期望，不是一种现实的搭配。	一个成熟的公用企业，只借入很少的债务资本。

【例19-2016-多选题】甲公司是一家制造和销售洗衣粉的公司。目前洗衣粉产业的产品逐步标准化，技术和质量改进缓慢，洗衣粉市场基本饱和。处于目前发展阶段的甲公司具备的财务特征有（　　）。

A．股价迅速增长　　B．股利分配率高

C．资金来源于保留盈余和债务　　D．财务风险高

【答案】BC

学堂点拨

“洗衣粉产业的产品逐步标准化，技术和质量改进缓慢，洗衣粉市场基本饱和”，说明产品处于成熟期，处于成熟期的企业财务风险是中等，股利分配率高，资金来源于保留盈余和债务，股价稳定，所以选项B、C正确。选项A属于导入期特点，选项D属于衰退期的特点。

【例20-2015-多选题】在企业经营风险与财务风险结合的几种方式中，同时符合股东和债权人期望的有（　　）。

A．高经营风险与高财务风险搭配　　B．高经营风险与低财务风险搭配

C．低经营风险与高财务风险搭配　　D．低经营风险与低财务风险搭配

【答案】BC

学堂点拨

高经营风险与低财务风险搭配这种搭配以及低经营风险与高财务风险搭配这种搭配都具有中等程度的总体风险，是一种可以同时符合股东和债权人期望的现实搭配，所以选项B、C正确。

（二）基于价值创造或增长率的财务战略选择

1. 影响价值创造的主要因素（了解，不需要掌握原理）

表 3–30　影响价值创造的主要因素

企业的市场增加值	企业市场增加值＝企业资本市场价值－投资资本＝权益增加值＋债务增加值
影响企业市场增加值的因素	经济增加值＝（投资资本回报率－资本成本）×投资资本 市场增加值＝经济增加值/（资本成本－增长率） 市场增加值＝[（投资资本回报率－资本成本）×投资成本]/（资本成本－增长率） 【结论】影响企业市场增加值的因素有三个： 1. 投资资本回报率：公式的分子，提高盈利能力有助于增加市场价值（同向）； 2. 资本成本：同时出现在公式的分子（减项）和分母（加项）中，资本成本增加会减少市场增加值（反向）； 3. 增长率：增长率是分母的减项，提高增长率对市场增加值的影响，要看分子是正值还是负值。当公式分子的“投资资本回报率-资本成本”为负值时，提高增长率使市场增加值变小（即市场价值减损更多）。 【学堂点睛】 增长率＝投资资本增加/投资资本 投资资本回报率＝税后经营利润/投资资本

2. 销售增长率、筹资需求与价值创造

在资产周转率、销售净利率、资本结构、股利支付率不变（目前经营效率和财务政策不变）并且不增发和回购股份的情况下：

表 3–31　影响价值创造的情况

现金余缺	现金短缺	销售增长率超过可持续增长率
	现金剩余	销售增长率低于可持续增长率
	现金平衡	销售增长率等于可持续增长率
现金短缺	创造价值的现金短缺	设法筹资以支持高增长，创造更多的市场增加值
	减损价值的短缺	提高可持续增长率以减少价值减损
现金剩余	创造价值的现金剩余	应当用这些现金提高增长率，创造更多的价值
	减损价值的现金剩余	应当把钱还给股东，避免更多的价值减损

综上所述，影响价值创造的因素主要有：

（1）投资资本回报率；

（2）资本成本；

（3）增长率；

（4）可持续增长率。

3．价值创造和增长率矩阵（财务战略矩阵）

判断标准：

创造价值：EVA>0（投资资本回报率—资本成本>0）

减损价值：EVA<0（投资资本回报率—资本成本<0）

现金短缺：销售增长率—可持续增长率>0

现金剩余：销售增长率—可持续增长率<0

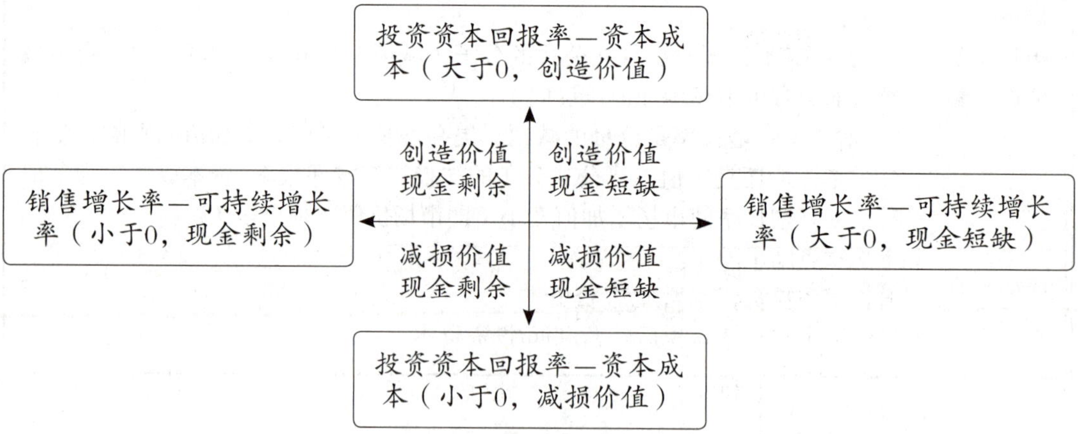

图 3–9 财务战略矩阵

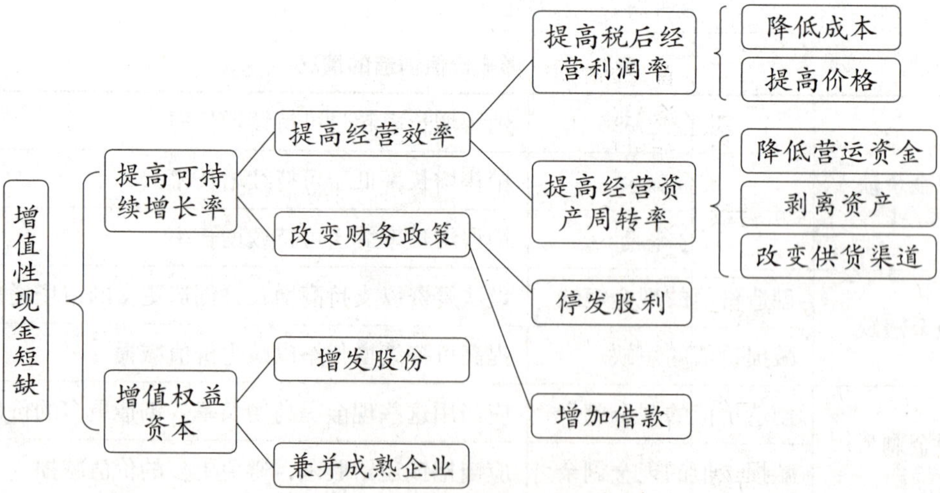

图 3–10 增值型现金短缺

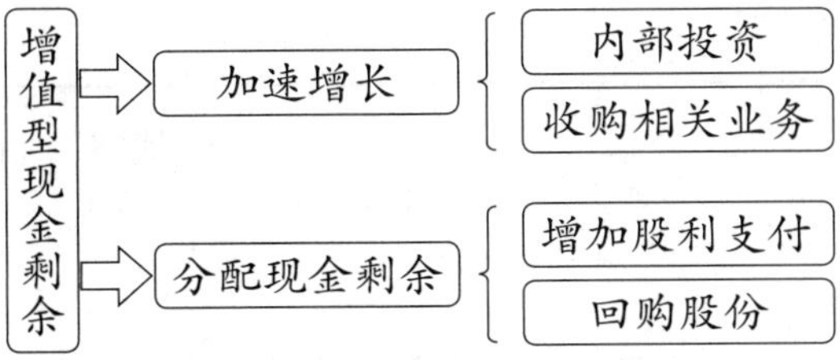

图 3-11 增值型现金剩余

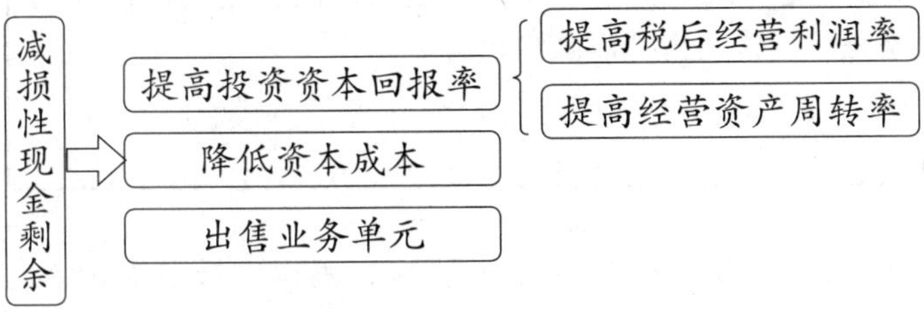

图 3-12 减损型现金剩余

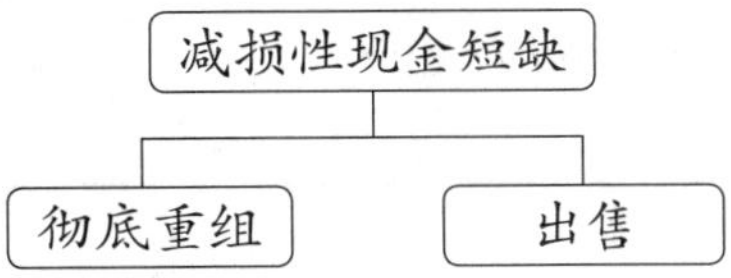

图 3-13 减损型现金短缺

表 3-32 财务战略的选择

情况	财务战略
增值型现金短缺（第一象限） （投资资本回报率—资本成本）大于0 （销售增长率—可持续增长率）大于0	1. 如果高速增长是暂时的，则应通过借款来筹集所需资金； 2. 如果高速增长是长期的，则资金问题有两种解决途径： （1）提高可持续增长率，包括提高经营效率（提高税后经营利润率和周转率）和改变财务政策（停止支付股利、增加借款），使之向销售增长率靠拢； （2）增加权益资本（增发股份、兼并成熟企业），提供增长所需资金。
增值型现金剩余（第二象限） （投资资本回报率—资本成本）大于0 （销售增长率—可持续增长率）小于0	首选的战略是利用剩余现金加速增长。 途径包括：1. 内部投资；2. 收购相关业务。 如果加速增长之后仍有剩余现金，找不到进一步投资的机会，则应把多余的钱还给股东，即分配剩余现金。 途径包括：1. 增加股利支付；2. 回购股份。
减损型现金剩余（第三象限） （投资资本回报率—资本成本）小于0 （销售增长率—可持续增长率）小于0	首选的战略是提高投资资本回报率。 途径包括：1. 提高税后经营利润率；2. 提高经营资产周转率。 在提高投资资本回报率的同时，如果负债比率不当，可以适度调整，以降低平均资本成本。 如果企业不能提高投资资本回报率或者降低资本成本，则应该将企业出售。

（续上表）

情况	财务战略
减损型现金短缺（第四象限） （投资资本回报率－资本成本）小于0 （销售增长率－可持续增长率）大于0	1. 如果盈利能力低是本公司独有的问题，并且觉得有能力扭转价值减损局面，则可以选择“彻底重组”； 2. 如果盈利能力低是整个行业的衰退引起的，则应该选择的财务战略是“尽快出售”以减少损失。

【例21-2015-单选题】甲公司某年的投资资本回报率为7%，销售增长率为10%；经测算甲公司的加权资本成本为7.5%，可持续增长率为7%。该年甲公司的业务属于财务战略矩阵中的（　　）。

A. 减损型现金短缺　　B. 增值型现金剩余

C. 增值型现金短缺　　D. 减损型现金剩余

【答案】A

学堂点拨

投资资本回报率7%小于加权平均资本成本7.5%，减损型；销售增长率为10%大于可持续增长率为7%，现金短缺；说明属于减损型现金短缺，选项A正确。

【例22-2012-单选题】某家电企业的发展进入成熟期。下列对该企业目前经营特征的相关表述中，错误的是（　　）。

A. 财务风险中等　　B. 资本结构主要是权益融资

C. 股利分配率高　　D. 股价稳定

【答案】B

学堂点拨

处于成熟期的企业资本结构是权益与债务融资。选项A、C、D均属于成熟期的经营特征，所以选项B是错误的。

【例23-2017-单选题】A公司主营业务取得较好发展，投资回报率17%，可持续增长率10%，综合资本成本8%，销售增长率7%。根据以上信息可以判断，最适合A公司业务采用的战略是（　　）。

A. 回购股份　　B. 增加股利支付

C. 出售该业务单元　　D. 横向并购

【答案】D

学堂点拨

当投资资本回报率大于资本成本并且可持续增长率大于销售增长率时，属于增值型现金剩余，首选的战略是利用剩余现金加速增长，途径包括：1. 内部投资；2. 收购相关业务。如果加速增长之后仍有剩余现金，找不到进一步投资的机会，则应把多余的钱还给股东，途径包括：1. 增加股利支付；2. 回购股份。根据题目信息可知，A公司该业务投资回报率17%，大于综合资本成本8%；可持续增长率10%，大于销售增长率7%，属于增值型现金剩余。首选的战略是利用剩余现金加速增长，途径包括：1. 内部投资；2. 收购相关业务，如横向并购，所以选项D正确。

【例24-2011-简答题（改）】甲公司是一家生产豆浆机的民营企业，成立于2014年。其企业愿景是将物美价廉的豆浆机摆进普通居民的厨房，让普通居民足不出户喝上新鲜香浓的豆浆。由于渣浆分离操作不便和内桶豆渣难以清理，豆浆机上市初期在市场上认同度较低，市场总体需求量不大，总体增长率偏低。豆浆机上市初期，甲公司的唯一竞争对手是乙公司。乙公司是一家生产多类型小家电的企业，其所生产的豆浆机性能虽与甲公司生产的豆浆机相当，但因其是知名品牌，其豆浆机市场占有率远高于甲公司。甲公司一直依赖促销手段赚取微薄的利润。市场上其他著名小家电生产企业尚未涉足豆浆机的研发和生产。

2017年11月，经过持续的革新和改造，甲公司生产的新型豆浆机实现了渣浆的轻松分离和内桶豆渣的简捷清理，获得了中老年客户群的广泛认可，而且随着健康饮食观念的推广，豆浆已逐渐成为时尚的健康饮料，因此甲公司新型豆浆机销售量快速增长，出现了供不应求的局面。

鉴于豆浆机市场的迅速扩张，其他著名小家电企业开始加强研发，拟推出类似产品，抢夺市场。甲公司亦应对变化，进一步完善了相关财务战略目标。下面是关于甲公司豆浆机产品2018年的相关预测信息。

因素	2018年预计（%）
销售增长率	60
可持续增长率	45
投资资本回报率	25
资本成本	15

要求：

1. 根据文中提供的信息和波士顿矩阵，简述甲公司的豆浆机在革新和改造前后所属的产品类型及其特征；

2. 根据甲公司2018年的相关预测信息，判断甲公司的业务在财务战略矩阵中所属的象限，并简要说明甲公司可能面临的财务挑战及可实施的应对措施；

3. 如果甲公司希望通过提高税后经营利润率的途径来提高可持续增长率，简要说明甲公司可以采用的具体方法。

【答案】

本题主要考查“波士顿矩阵”和“财务战略”知识点。

1. （1）革新和改造前：豆浆机由于渣浆分离操作不便和内桶豆渣难清理而在市场上没有获得广泛认同，市场的份额处于低位，而当时的豆浆机市场是一个低增长的市场。根据波士顿矩阵，在低市场份额和低市场增长率的情况下，这类产品属于“瘦狗”产品。“瘦狗”产品只能为企业带来一般的现金流，是融资的现金陷阱，并且投资回报不高。同时，这类产品由于缺乏吸引力而不会引起市场过分竞争。如果企业未能继续利用促销手段维持企业发展或进行革新，这类产品可能会被市场淘汰。

（2）革新和改造后：豆浆机在广大中老年人市场上逐渐获得了良好的口碑，销量快速增加，产品供不应求。随着消费者喜好的改变，豆浆机处于高增长阶段。根据波士顿矩阵，在高增长市场中占有高份额的情况下，改造后的豆浆机是明星产品。这类产品短期需要资本投入超过产生的现金，以便保持它们市场的地位，但是未来会为企业带来高额的回报。可是高增长率可能会吸引新来者和竞争者，甲公司须大量投入现金以维持其现有的地位并加以巩固。

2. 根据上文信息，有关决定财务战略矩阵中所属象限的因数是：

销售增长率－可持续增长率＝60%－45%＝15%

投资资本回报率－资本成本＝25%－15%＝10%

根据甲公司2018年的预测信息，甲公司在财务战略矩阵中的象限属于增值型现金短缺业务。这一象限的业务可为股东创造价值，但自身经营产生的现金未必足以支持销售增长，因而遇到现金短缺。甲企业的管理层应判断由销售增长率大于可持续增长率所出现的高速增长状态是暂时性还是长期性的。如果高速增长状态是暂时性的，企业可以通过借款来筹集所需资金，待销售增长率下降后企业会有多余现金归还借款。但是，当企业预计高速增长状态是长期性的，除了考虑通过借款解决资金短缺外，比较长远的方法是提高可持续增长率和增加权益资本。根据甲公司的状况，可持续增长率已经高达45%，所以增发股份应是较为合适的。

3. 要提高税后经营利润率，甲企业可考虑的两个方面：

（1）降低成本，进行豆浆机生产过程的分析，消除无增值的工序或考虑增加自动化生产，提高生产的效率；

（2）提高价格，改变豆浆机销售价格，在维持利润的同时抑制销售增长，减少资金需要。

第四节 国际化经营战略

知识点1 企业国际化经营动因（★）

一、国际生产要素的最优组合（★）（了解）

（一）垄断优势理论（海默和金德尔伯格观点）

市场不完全导致了对外直接投资，可以表现为四种类型：

1. 产品和生产要素市场不完全；
2. 由规模经济导致的市场不完全；
3. 政府干预引起的市场不完全；
4. 税赋与关税引起的市场不完全。

跨国企业在不完全竞争下取得各种垄断优势：

1. 来自产品市场不完全的优势，如产品差别、商标、销售技术与操纵价格等；
2. 来自生产要素市场不完全的优势，包括专利与工业秘诀、资金获得条件的优惠、管理技能等；
3. 企业拥有的内部规模经济与外部规模经济。

（二）区位理论

国际市场的不完全性会导致各国之间的市场差异，即在生产要素价格、市场规模、市场资源供给等方面存在着不同的差异。如果国外市场这些差异为准备投资的一国企业带来了有利的条件，企业就会发生对外直接投资。

影响区位优势的主要因素有生产要素、市场定位、贸易壁垒、经营环境等。

（三）产品生命周期理论

弗农：从技术创新入手，分析国际贸易、对外直接投资与产品生命周期的关系。

弗农：从产品的研发和生产角度，将产品生命周期分为产品创新、成熟与标准化三个阶段。

波特：从产业环境角度分析可将产品生命周期分为导入期、成长期、成熟期、衰退期。

学堂点睛

弗农的产品生命周期理论不要和战略分析中的产业环境分析之产品生命周期混淆。

（四）内部化理论

内部化理论是从市场不完全与垄断优势理论发展起来的。

市场不完全并非是指规模经济、寡头垄断或关税壁垒等，而是指由于某些市场失效，以及由于某些产品的特殊性质或垄断势力的存在，导致企业市场交易成本增加。

内部化理论建立在三个基本假设的基础上：

1．企业在市场不完全的情况下从事经营的目的是追求利润最大化；

2．当生产要素特别是中间产品市场不完全时，企业有可能统一管理经营活动，以内部市场代替外部市场；

3．内部化越过国界时就会产生国际企业。

（五）国际生产折中理论（国际生产综合理论）

邓宁的国际生产综合理论可以概括为以下公式：

所有权优势＋内部化优势＋区位优势＝对外直接投资

所有权优势＋内部化优势＝出口

所有权优势＝技术转移

学堂点睛

如果企业具有上述三种优势，却只采取技术转移的方法，则会丧失内部化优势与区位优势所能带来的收益。

二、寡占市场（即寡头垄断市场）的反应（★）

（一）海默论跨国企业的寡头垄断反应行为

对于发达国家之间的对向或交叉直接投资来说，海默认为，必须利用寡占反应行为来加以解释。

寡占反应行为是指各国寡占企业通过在竞争对手的领土上建立地盘来加强自己在国际竞争中的地位的行为。

（二）尼克博克的“寡占反应理论”

尼克博克将对外直接投资区分为“进攻性投资”与“防御性投资”。

表 3–33 对外直接投资的类型

类型	说明	依据
进攻性投资	在国外市场建立第一家子公司的寡头公司的投资。	弗农的产品周期理论解释。
防御性投资	同一行业其他寡头成员追随率先公司也建立子公司。	由寡占反应行为所决定。

三、发展中国家企业国际化经营动因（★★★）

（一）发展中国家跨国公司对外投资的主要动机

表 3–34 发展中国家跨国公司对外投资的主要动机

战略类型		说明
资产利用战略	寻求市场	巩固、扩大和开辟市场。
	寻求效率	主要动机为降低成本，特别是劳动力成本，利用国外廉价的生产要素，降低生产成本。
	寻求资源	获取一些战略性资产，主要是自然资源方面。
资产扩展战略	寻求现成资产	主要是发展中国家跨国公司向发达国家投资。 其主要动机是主动获取发达国家企业的品牌、先进技术与管理经验等现成资产。

（二）发展中国家跨国公司对外投资的主要竞争优势（★）

1. 发展中国家跨国公司的对外直接投资对发展中东道国的一大优势是具有更大的创造就业机会的潜力。

2. 发展中国家跨国公司的技术和经营模式一般比较接近于发展中东道国公司所用的技术和模式，这意味着有益联系和技术吸收的可能性较大。

3. 发展中国家跨国公司在进入模式上也往往是更多地采取新建投资的方式而不是

并购，在发展中东道国的投资尤其如此。就此而言，他们的投资更有可能直接提高发展中国家的生产能力。

【总结】

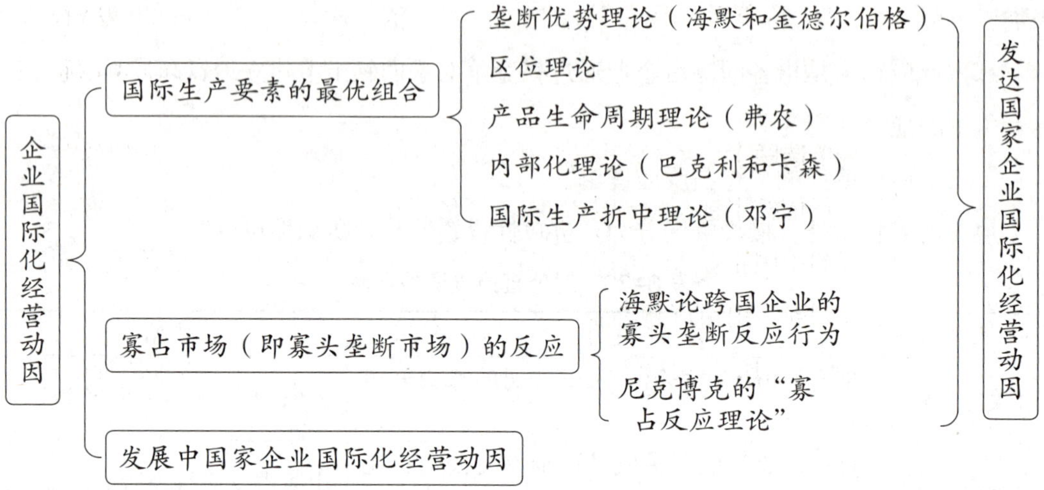

图 3-14　企业国际化经营的动因

【例1-2015-单选题】根据国际生产折中理论，如果企业同时具备所有权优势、区位优势与内部化优势，企业最适合采用的国际化经营方式是（　　）。

A．技术转移　　B．出口贸易　　C．证券投资　　D．对外直接投资

【答案】D

学堂点拨

邓宁的国际生产折中理论公式：所有权优势＋内部化优势＋区位优势=对外直接投资。企业对外直接投资，必须同时具备所有权优势、内部化优势与区位优势，所以选项D是答案。

【例2-2015-单选题】甲公司是国内一家电信设备生产企业。2000年公司开始实施国际化经营，对外直接投资国首先选择东南亚发展中国家Y国。这一选择基于以下三点考虑：一是开发Y国市场；二是以Y国为基地，向东盟市场进军，降低产品进入东盟的关税；三是以Y国为基地，辐射欧盟地区市场，避开反倾销调查。甲公司这一行为的动因是（　　）。

A．寻求市场　　B．寻求效率　　C．寻求资源　　D．寻求现成资产

【答案】A

学堂点拨

发展中国家对外投资动机中，最重要的是寻求市场型的外国直接投资，他们特别关心如何规避贸易壁垒和反倾销。甲公司作为中国的一家企业对外直接投资，主要关注Y国的市场、降低关税和避开反倾销调查，依题意，关键词为“开发Y国市场”“向东盟市场进军”“辐射欧盟地区市场”，反复强调市场，所以选项A正确。

【例3-2013-单选题】甲银行是国内一家商业银行，2008年10月甲银行纽约分行在曼哈顿开业。该分行依托甲银行的国内资源，致力成为专业的美元清算银行，客户主要定位于在美国投资的中国企业、在中国扩张的美国企业、从事中美贸易的美国公司等。根据上述信息可以判断，甲银行建立纽约分行的动因是（　　）。

A．寻求市场　　B．寻求效率　　C．寻求资源　　D．寻求现成资产

【答案】A

学堂点拨

在外向投资动机中，最重要的是寻求市场型的外国直接投资。与市场有关的因素是推动发展中国家的跨国公司走出母国或拉动它们进入东道国的强大力量。依题意，甲银行走出国门，客户主要定位于在美国投资的中国企业、在中国扩张的美国企业、从事中美贸易的美国公司等，体现的就是发展中国家为了寻求新的市场，进入发达国家的情形，因此，选项A正确。

【例4-简答题】C国亚威集团是一家国际化矿业公司，其前身是主营五金矿产进出口业务的贸易公司。

2004年7月，亚威集团在“从贸易型企业向资源型企业转型”的战略目标指引下，对北美N矿业公司发起近60亿美元的收购。当时国际有色金属业正处于低潮，收购时机较好。2005年5月，虽然购并双方进行了多个回合沟通和交流，但N矿业公司所在国政府否决了该收购方案，否决的主要理由有两点：一是亚威集团资产负债率高达69.82%，其收购资金中有40亿美元由C国国有银行贷款提供，质疑此项收购有C国政府支持；二是亚威集团在谈判过程中一直没有与工会接触，只与N矿业公司管理层谈判，这可能导致收购方案在管理与企业文化整合方面存在不足。

Z公司原是澳洲一家矿产上市公司，其控制的铜、锌、银、铅、金等资源储量非常可观。2008年，国际金融危机爆发，Z公司面临巨大的银行债务压力，于当年11月停牌，之后Z公司努力寻求包括出售股权在内的债务解决方案。亚威有色公司是亚威集团

下属子公司，主营业务为生产经营铜、铅、锌、锡等金属产品。2009年6月，经过双方充分协商，亚威有色公司以70% 的自有资金，成功完成对Z公司的收购，为获取Z公司低价格的有色金属资源奠定了重要条件。

1．根据并购的类型，从不同角度简要分析亚威集团和亚威有色公司跨国收购的类型。

2．简要分析亚威集团收购N矿业公司失败的主要原因。

3．简要分析亚威集团和亚威有色公司通过跨国收购实现国际化经营的主要动机。

【答案】

1．按并购双方所处的产业分类，分为横向并购、纵向并购和多元化并购。亚威集团收购N矿业公司属于纵向并购，表现为“从贸易型企业向资源型企业转型”；亚威有色公司对Z公司的收购属于横向并购，表现为“亚威有色公司是亚威集团下属子公司，主营业务为生产经营铜、铅、辞、锡等金属产品；Z公司原是澳洲一家矿产上市公司，其控制的铜、锌、银、铅、金等资源储量非常可观”。

按被并购方的态度分类，分为友善并购和敌意并购。亚威集团收购N矿业公司为友善并购，表现为“购并双方进行了多个回合沟通和交流”；亚威有色公司对Z公司的收购属于友善并购，表现为“经过双方充分协商”。

按并购方的身份分类分为产业资本并购和金融资本并购，亚威集团收购N矿业公司为产业资本并购；亚威有色公司对Z公司的收购也属于产业资本并购，因为它们均不属于金融机构。

按收购资金来源分类，分为杠杆收购和非杠杆收购。亚威集团收购N矿业公司属于杠杆收购，表现为“亚威集团收购资金中有40亿美元由C国国有银行贷款提供（总共60亿美元的收购）”；亚威有色公司对Z公司的收购属于非杠杆收购，表现为“亚威有色公司以70%的自有资金，成功完成对Z公司的收购”。

2．亚威集团收购N矿业公司失败的主要原因：

（1）并购后不能很好地进行企业整合，表现为“亚威集团在谈判过程中一直没有与工会接触，只与N矿业公司管理层谈判，这可能导致收购方案在管理与企业文化整合方面存在不足”；

（2）跨国并购面临政治风险，表现为“N矿业公司所在国政府否决了该收购方案……其收购资金中有40亿美元由C国国有银行贷款提供，质疑此项收购有C国政府支持”。

3．发展中国家企业对外投资的主要动机有：（1）寻求市场；（2）寻求效率；（3）寻求资源；（4）寻求现成资产。亚威集团公司和亚威有色公司跨国收购的主要动机都是寻求资源，表现为将亚威“从贸易型企业向资源型企业转型”“为获取Z公司低价格的有色金属资源奠定了重要条件”。

知识点2 国际市场进入模式（★★）

企业进入国外市场的模式一般有出口、股权投资、非股权安排等几种。

一、出口（★★）

（一）目标市场选择

1．目标市场的区域路径。

表 3-35 目标市场的区域路径

传统方式（连续方式）	新技术产品：先到相似国家，再到差异大的国家。 在发达国家出口的国别路径是先到经济技术发展水平相类似的发达国家，然后再到发展中国家。 发展中国家则是先到环境类似的发展中国家，最后再逐步走向发达国家。 发展中国家的农产品、矿产品等初级产品和劳动密集型的低端产品主要流向是发达国家。
新型方式	不论是发达国家还是发展中国家，该产业中的高新技术产品出口的国别路径是先到发达国家（特别是美国），以占领世界最大市场，然后再走向发展中国家。

2．选择目标客户。

（1）选择进入战略。

最重要的战略决策是：应该在全球推广标准化的产品，还是针对不同国家的不同需求修改产品和营销组合。

（2）选择分销渠道与出口营销。

国际分销渠道特点：

①一般说来，国际分销渠道比国内分销渠道更复杂，涉及更多的中间环节；

②国际分销渠道的成本通常比国内分销渠道的成本高；

③出口商有时必须通过与国内市场不同的分销渠道向海外市场进行销售；

④国际分销渠道通常为公司提供海外市场信息，包括产品在市场上的销售情况及其原因。

（3）贸易中介可以从两个方面加以归类和描述：

①商品的所有权：代理人（没有所有权）、分销商（拥有所有权）；

②对销售渠道的控制方法：直接法（公司拥有分销渠道）、间接法（分销渠道独立于公司之外）。

（4）出口市场上的定价

①定价偏高，以期获得大于国内市场的收益。

②制定使海外市场与国内市场收益水平接近的价格。

③在短期内定价较低，即使收益偏低甚至亏损也在所不惜。

④只要在抵消变动成本之后还能增加利润，就按能把超过国内市场需求量的产品销售出去的价格定价。

二、对外股权投资（★★★）

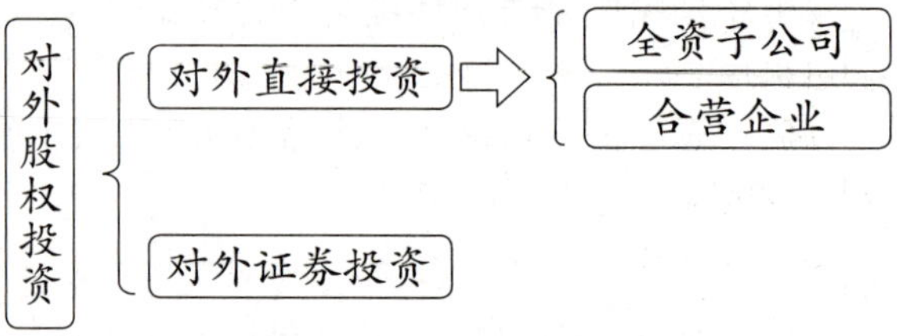

图 3–15　对外股权投资

表 3–36　对外股权投资类型

对外股权投资类型	定义	优点	缺点
对外证券投资（间接投资）	是指个人或机构取得外国证券，但并不控制该企业或参与管理。	1. 证券投资可能成为直接投资的前奏。 2. 证券投资可以作为企业长期计划的一部分。 3. 证券投资也是扩大企业在其他国家利益的一种方法。	1. 证券投资虽然涉及所有权问题，但很少或没有涉及管理和控制问题，不能管理企业所持有的资产。 2. 证券投资很难充分发挥该公司的技术或产品的优势。

（续上表）

对外股权投资类型	定义	优点	缺点
对外直接投资	企业将管理、技术、营销、资金等资源以自己控制企业的形式转移到目标国家（地区），以便能够在目标市场上充分地发挥竞争优势。	1. 缩短了生产和销售的距离，减少了运输成本。 2. 可利用当地廉价的劳动力、原材料、能源等生产要素，降低制造成本。 3. 能随时获得当地市场的信息和产品的信息反馈，从而可根据市场的需求来调整生产。 4. 使企业跨越东道国政府的各种贸易和非贸易壁垒，有时直接投资还能享受东道国提供的某种优惠。	对外直接投资需要大量的资金、管理和其他资源的投入，这就意味着风险更大，灵活性差。

表 3–37　对外直接投资类型

对外直接投资类型	优点	缺陷
全资子公司： 由母公司拥有子公司全部股权和经营权。	1. 管理者可以完全控制子公司在目标市场上的日常经营活动，并确保有价值的技术、工艺和其他一些无形资产都留在子公司。 2. 可以摆脱合资经营在利益、目标等方面的冲突问题，从而使国外子公司的经营战略与企业的总体战略融为一体。	1. 这种方式可能得耗费大量资金。 2. 由于成立全资子公司需要占用公司的大量资源。 3. 难以得到当地的政策与各种经营资源的支持，规避政治风险的能力也明显小于合资经营企业。
合资经营企业： 协议共同投资的各方各按一定比例的股份出资，共同组成一家具有法人地位、在经济上独立核算、在业务上独立经营的企业。	1. 减少国际化经营的资本投入。 2. 有利于弥补跨国经营经验不足的缺陷，有利于吸引和利用东道国合资方的资源。	多方参与投资，协调成本可能过大。主要表现在： 1. 合资各方目标的差异； 2. 合资各方的文化差异。

合资经营动因：

（一）加强现有业务；（二）将现有产品打入国外市场；（三）将国外产品引入国内市场；（四）一种新业务经营。

三、非股权形式（★）

非股权形式包括合约制造、服务外包、订单农业、特许经营、许可经营、管理合约及其他类型的合约关系。

【例5-2013-多选题】在以下进入国外市场的模式中，属于非股权安排形式的有（　　）。

A．合约制造　　B．对外证券投资

C．特许经营　　D．服务外包

【答案】ACD

学堂点拨

企业进入国外市场的模式主要有出口、股权投资、非股权安排等几种。非股权形式主要包括：合约制造、服务外包、订单农业、特许经营、许可经营、管理合约及其他类型的合约关系。选项B属于股权投资模式。

知识点3 国际化经营的战略类型（★★★）

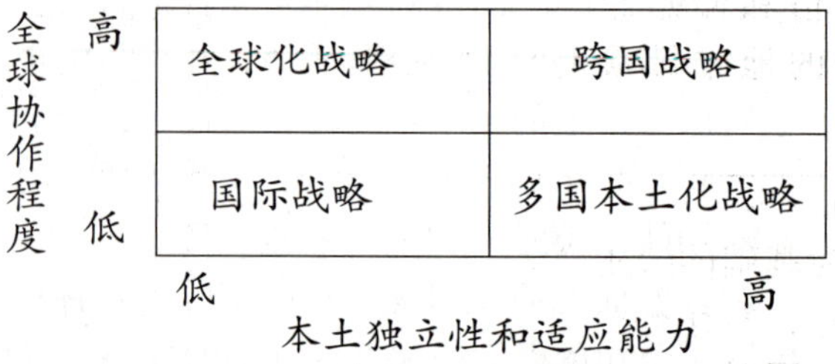

图 3-16　国际化经营

表 3-38　国际化的战略类型

类型	说明	表现形式	特点	适应情况
国际战略	企业将其具有价值的产品与技能转移到国外的市场，以创造价值的举措。 产品开发的职能留在母国，而在东道国建立制造和营销职能，总部一般严格地控制产品与市场战略的决策权。	1．出口。 2．东道国工厂只生产由母国总部开发出来的产品，当地没有决策权。	适应性较差、重复建设、经营成本高、集权化管理。	企业的特殊竞争力如果在国外市场上拥有竞争优势，而且在该市场上降低成本的压力较小时。

（续上表）

类型	说明	表现形式	特点	适应情况
多国本土化战略	根据不同国家的不同市场，提供更能满足当地市场需要的产品和服务（入乡随俗、接地气）。	国际品牌入乡随俗，在不同国家、地区生产销售的产品不一样。	适应性较好、经营成本高、无法获得经验曲线效益和区位效益、分权化管理。	在当地市场强烈要求根据当地需求提供产品和服务，并降低成本时。
全球化战略	向全世界的市场推销标准化的产品和服务，并在较有利的国家集中地进行生产经营活动，由此形成经验曲线和规模经济效益，以获得高额利润。 企业采用该战略的目的是实施成本领先战略，通过提供标准化产品来促使不同国家的习俗和偏好趋同（在最有利的地方做最合适的工作）。	总部决定生产何种产品，产品生产的各个环节在全球范围内安排到最合适的国家，生产出的标准化产品全球销售。	适应性较差、经营成本低、集权管理体制。	在成本压力大而当地特殊要求小的情况下。
跨国战略	形成以经验为基础的成本效益和区位效益，转移企业的核心竞争力，同时注意当地市场的需要。 为了避免外部市场的竞争压力，母公司与子公司、子公司与子公司的关系是双向的。	综合了多国本土化战略和全球化战略的做法。	适应性较好、经营成本低。	充分考虑到东道国的需求，同时也要保证跨国公司的核心目标和技能的实现，理想化而非现实的形式。

【例6-2014-单选题】甲公司是一家玩具制造商，其业务已经扩展到国际市场。甲公司在劳动力成本较低的亚洲设立玩具组装工厂，在欧洲设立玩具设计中心，产品销往全球100多个国家和地区。甲公司国际化经营的战略类型属于（　　）。

A．跨国战略　　B．全球化战略

C．国际化战略　　D．多国本土化战略

【答案】B

学堂点拨

甲公司将产品生产的不同环节配置在不同国家，产品销往全球100多个国家和地区，主要是实现了规模经济，在最有利的地方做最合适的工作，采用的是全球化战略。

【例7-2013-单选题】世界服装生产巨头Z公司开创了新的生产模式，该公司通过遍布全球各地的信息网络迅速捕获服装流行趋势和流行元素，总部的设计师团队随即以最快的速度仿制、修改。为了保证生产效率，采购和生产都在欧洲进行，亚洲、南美洲等低成本地区只生产基本款，一件服装从设计到摆上货架最长不超过20天。该公司全球所有门店几乎每周都会收到两次新货品。若以“全球协作”的程度和“本土独立性和适应能力”的程度两个维度来考察，Z公司采取的是（　　）。

A．国际战略　　　　B．多国本土化战略

C．全球化战略　　　　D．跨国战略

【答案】C

学堂点拨

全球化战略是向全世界的市场推销标准化的产品和服务，并在较有利的国家集中地进行生产经营活动，由此形成经营曲线和规模经济效益，以获得高额利润。本题采购生产在欧洲，总设计师团队设计，亚洲南美洲生产基本款，体现了全球协作程度高，在最有利的地方做最合适的工作，但是全球门店都只是收到总部发来的新货负责销售，说明全球门店的销售的是同款产品，说明本土适应性和独立性低，所以是全球化战略。

【例8-2012-单选题】甲公司经营高档餐厅，在内地完成布点，其连锁店也开到了中国香港、澳门特区和台湾地区，并已经编制完成了国际化经营的方案。该方案允许各地分店集中关注其所在地的消费需求、行业状况、政治法律制度和社会标准的特点，所以该方案选择的国际化经营战略是（　　）。

A．跨国战略　　　　B．全球化战略

C．多国本土化战略　　　　D．国际战略

【答案】C

学堂点拨

多国本土化战略是根据不同国家的不同的市场，提供更能满足当地市场需要的产品或服务。本题中甲公司的连锁店开到中国香港、澳门和台湾，并允许各地分店关注所在地的消费需求、行业状况、政治法律制度和社会标准，体现了入乡随俗，所以采取的国际化经营战略是多国本土化战略。

知识点4 新兴市场的企业战略（★★★）

新兴市场是指一些市场发展潜力巨大的发展中国家。

一、按产业特性配置资源（了解）

（一）认识不同行业面临的不同压力

（二）评估企业自身的优势资源

二、本土企业的战略选择（★★★）

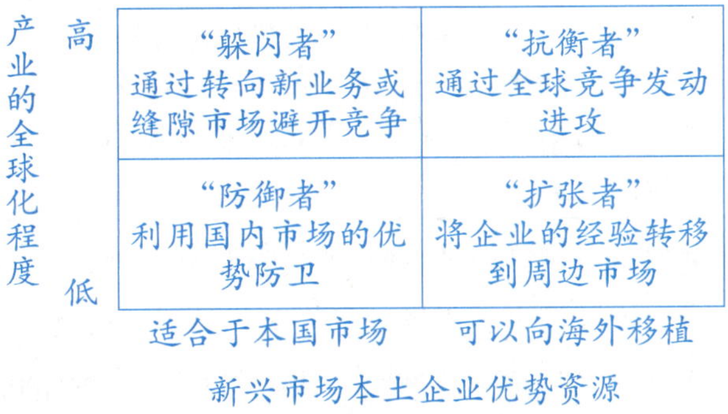

图 3-17　本土企业的战略选择

表 3-39　本土企业的战略

“防御者”的战略：利用本土优势进行防御	具体做法： 1．把目光集中于喜欢本国产品的客户，而不考虑那些崇尚国际品牌的客户； 2．频繁地调整产品和服务，以适应客户特别的甚至是独一无二的需求； 3．加强分销网络的建设和管理，缓解国外竞争对手的竞争压力。 在面临跨国竞争对手的挑战时应当注意： 1．不要试图赢得所有顾客； 2．不要一味模仿跨国竞争对手的战略。

（续上表）

"扩张者"战略：向海外（周边）延伸本土优势	在某种情况下，本土企业可以不仅仅局限于保住现有市场，它们可以通过合理运用可移植的优势资源，并以其在本地市场的成功为平台，向其他市场扩张。 在向海外延伸本土优势时应当注意寻找在消费者偏好、地缘关系、分销渠道或政府管制方面与本国市场相类似的市场，来最有效地利用自己的资源。
"躲闪者"战略：避开跨国公司的冲击（夹缝中求生存，委曲求全、妥协、隐忍、讨好）	企业最好的选择可能是以下几个： 1．与跨国公司建立合资、合作企业； 2．将企业出售给跨国公司； 3．重新定义自己的核心业务，避开与跨国公司的直接竞争； 4．根据自身的本土优势专注于细分市场，将业务重心转向价值链中的某些环节； 5．生产与跨国公司产品互补的产品，或者将其改造为适合本国人口味的产品。
"抗衡者"战略：在全球范围内对抗	1．不要拘泥于成本上竞争，而应该比照行业中的领先公司来衡量自己的实力（不要一味低成本战略，要做到高大上）； 2．找到一个定位明确又易于防守的市场； 3．在一个全球化的产业中找到一个合适的突破口； 4．学习从发达国家获取资源，以克服自身技能不足和资本的匮乏（虚心好学）。

【例9–2016–单选题】飞翔公司是国内一家奶粉生产企业。近年来，很多具有品牌优势的国外奶粉制造商纷纷涉足中国市场，竞争十分激烈。飞翔公司为了自身的长期发展，与新西兰乳品巨头甲公司结成战略联盟，双方以50%：50%的股权比例合资成立一家新的公司，产品从奶粉扩展到各类奶制品。从战略选择角度看，飞翔公司扮演的角色可称为（　　）。

A．防御者　　B．躲闪者　　C．抗衡者　　D．扩张者

【答案】B

学堂点拨

"躲闪者"适用的情形：如果全球化压力大，而企业优势资源只能在本土发挥作用，企业就必须围绕仍有价值的本土资源，对其价值链的某些环节进行重组，以躲避外来竞争对手的冲击，从而保持企业的独立性。其战略定位是通过转向新业务或缝隙市场避开竞争。本题的关键词为合资，说明属于躲闪者。

【例10-2015-单选题】当产业面临的全球化压力很大，而企业优势资源可以转移到其他市场时，新兴市场本土企业可以选择的战略方向是（ ）。

A. 作为“抗衡者”，通过全球竞争发动进攻

B. 作为“防御者”，利用国内市场的优势防卫

C. 作为“扩张者”，将企业的经验转移到周边市场

D. 作为“躲闪者”，通过转向新业务或缝隙市场避开竞争

【答案】A

学堂点拨

产业面临的全球化压力很大，企业优势资源可以转移到其他市场，属于“抗衡者”战略，即在全球范围内对抗，其战略定位是通过全球竞争发动进攻。选项A正确。

【例11-2015-多选题】当产业面临的全球化压力很大时，新兴市场本土企业只可能选择的战略方向有（ ）

A. 作为“防御者”，利用国内市场的优势防卫

B. 作为“躲闪者”，通过转向新业务或缝隙市场避开竞争

C. 作为“扩张者”，将企业的经验转移到周边市场

D. 作为“抗衡者”，通过全球竞争发动进攻

【答案】BD

学堂点拨

当产业面临的全球化压力很大时，新兴市场本土企业可能选择的战略方向是作为“躲闪者”或作为“抗衡者”；当产业面临的全球化压力较小时，新兴市场本土企业可能选择的战略方向是作为“防御者”或作为“扩张者”。

本章强化练习

一、单项选择题

1．M国手表制造集团在经历了10余年的全面扩张之后，由于市场变化及公司竞争力下降，业绩全面下滑。集团进行了重大战略调整，即从战略扩张改为战略收缩，企业察觉到国际金融市场的动荡很可能会影响到国际手表市场的消费能力，果断对产品进行重新定位，调整产品结构，将中高档表壳产量由占整个生产总量的60%调整到80%，其结果是尽管总产量稍有降低，但总产值上升了20%。该集团的战略收缩类型属于（　　）。

A．削减成本　　B．放弃　　C．紧缩与集中　　D．转向

2．甲公司是全球连锁经营的食品罐头制造企业。甲公司在劳动力成本较低的泰国设立统一的猪肉加工厂制作猪肉罐头，为实现规模化养殖，甲公司将所有猪肉在中国农场饲养。根据以上内容，适合甲公司选择的国际化发展战略是（　　）。

A．一体化战略　　B．全球化战略

C．多国化战略　　D．跨国战略

3．甲公司是一家智能手机生产企业，为了迎合年轻消费者的需求，新推出一款炫酷智能手机，为了提高销售量，甲公司对其首次上市定价采用了低价策略。甲公司对此款手机首次上市采用的产品上市定价法是（　　）。

A．细分定价法　　B．转移定价法

C．渗透定价法　　D．撇脂定价法

4．甲公司是一家路桥施工企业。为了降低经营风险和库存原材料，甲公司在与客户签订施工合同后，才向水泥、黄沙等原材料供应商订货。甲公司采用的平衡产能与需求的方法是（　　）。

A．订单生产式生产　　B．库存生产式生产

C．资源订单式生产　　D．滞后策略式生产

5．甲公司是一家洗衣粉生产企业，生产的产品与其他日化企业生产的洗衣粉基本无差别。面对的消费者群体主要是家庭主妇，她们非常关注性价比。在这种市场条件下，最适合甲公司选择的业务单位战略是（　　）。

A．成本领先战略　　B．集中化战略

C．差异化战略　　D．一体化战略

6．甲公司刚刚成立一年，属于高新技术企业，需要大量研发资金的投入，但研发成果具有很大不确定性。为了获得软件研发业务所需的资金，企业刚完成向机构投资者定向募集资金。根据财务风险与经营风险搭配理论，该企业属于（　　）。

A．高经营风险与高财务风险　　B．低经营风险与高财务风险

C．高经营风险与低财务风险　　D．低经营风险与低财务风险

7．根据企业在不同发展阶段的特征，下列各项中正确的是（　　）。

A．衰退期财务风险低、经营风险高，股利全部分配给股东，股价呈下降并波动趋势

B．成熟期财务风险和经营风险都是中等，股利分配率中等偏高，资本结构为权益资本加债务资本

C．成长期经营风险高而财务风险低，权益资本在资金来源中所占的比重增加，股利分配率低且股价也较低

D．导入期经营风险很高而财务风险很低，资金来源主要是风险资本，随着企业的发展股价迅速增长

8．甲公司是一家快餐企业，总部位于英国。该公司进入中国迎合中国消费者的口味，提供米饭、面条等本土化快餐。根据以上内容，甲公司所采用的国际化战略是（　　）。

A．全球化战略　　B．多国本土化战略

C．跨国战略　　D．跨国化战略

9．面包生产企业选择多货源方案作为采购策略。下列各项中，不具备多货源策略优点的是（　　）。

A．供应商之间的竞争有利于对供应商压价

B．可为内部员工安排其他工作

C．有利于从多个供应商处获得最新的知识和技术信息

D．一个供应商的供货中断产生的影响较低

10．在以下四种融资方式中，不属于债权融资方式的是（　　）。

A．长期贷款　　B．短期贷款　　C．租赁　　D．内部融资

11．以下选项属于人力资源规划的是（　　）。

A．继任计划对相关管理人员的发展表现作出评估

B．确定员工的等级

C．分析现有员工资源

D．通过晋升现有员工来进行内部招聘

12. 某城市商业银行，为了扩大信用卡的发行量，在当地与大型百货商场、航空公司合作，推出签账回赠礼品、签账换航空飞行里程等营销措施。从密集型战略来看，这种营销措施属于（　　）。

A. 产品开发战略　　B. 市场营销战略

C. 市场开发战略　　D. 市场渗透战略

13. 某家电企业的发展进入成熟期。下列对该企业目前经营特征的相关表述中，错误的是（　　）。

A. 市盈率中等　　B. 资本结构主要是权益融资

C. 经营风险中等　　D. 股价稳定

14. 某家用电器市场企业打算进入某地新建营销部。小李是营销部主管，认为要提高市场占有率，必须先对市场进行细分，在市场细分基础上选择确定目标市场，之后才是下一步（　　）。

A. 市场定位　　B. 市场开发　　C. 产品定位　　D. 产品推广

15. 根据邓宁的国际生产综合理论，当企业只拥有所有权优势与内部化优势，可以选择的方式是（　　）。

A. 对外直接投资　　B. 技术转移

C. 出口　　D. 许可证贸易

16. A公司是全球知名的地产服务综合提供商。2017年该公司宣布，获甲投资管理有限公司委任，为其位于上海陆家嘴的房地产项目提供全面的资产管理服务。根据以上信息可以判断，A公司采用的方式为（　　）。

A. 出口　　B. 对外证券投资

C. 对外股权投资　　D. 非股权形式

二、多项选择题

1. 下列具有不同特征的企业中，可以选择前向一体化战略的有（　　）。

A. 企业所在产业的增长潜力较大

B. 供应商数量少而需求方竞争者众多

C. 现有上游供应商供应成本较高的企业

D. 现有下游销售商销售成本较高或可靠性较差的企业

2. 下列关于企业财务战略矩阵分析的表述中，正确的有（　　）。

A. 对增值型现金短缺业务单位，应首先选择提高可持续增长率

B．对增值型现金剩余业务单位，应首先选择增加股利支付

C．对减损型现金剩余业务单位，应首先选择提高投资资本回报率

D．对减损型现金短缺业务单位，应首先选择提高投资资本回报率

3．下列各项关于经营风险与财务风险的搭配方式的表述中，正确的有（　　）。

A．低经营风险与低财务风险搭配通常因不符合债权人的期望而无法实现

B．高经营风险与低财务风险搭配是同时符合股东和债权人期望的现实搭配

C．低经营风险与高财务风险搭配是同时符合股东和债权人期望的现实搭配

D．高科技企业导入期主要使用权益筹资

4．下列各项中，属于促销组合构成要素的有（　　）。

A．广告促销　　B．人员推销　　C．营业推广　　D．公共关系

5．甲公司是国内一家上市的钢铁集团，其所有的产品均在国内销售。甲公司成功收购了加拿大A公司。A公司在加拿大拥有的钢铁资源为6亿吨，主要客户为欧美的钢铁制造商。根据上述信息，甲公司进行国际化经营的原因有（　　）。

A．寻求资源　　B．寻求横向一体，减少竞争压力

C．寻求现成资产　　D．寻求多元化成长机会

6．甲集团主营业务为房地产、物业管理。最近该集团利用手中闲置资金进入图书出版领域，由此可见，甲集团的公司战略层次包括（　　）。

A．总体战略　　B．业务单位战略

C．多元化战略　　D．职能战略

7．甲公司是一家家具制造企业，在其未来规划中确立了以下战略目标：（1）实现规模经济，降低产品成本；（2）为客户提供优质售后服务，提供特色化高端产品，加大广告投入，提高市场占有率；（3）根据市场调研结果，研发新的产品。以上目标所涉及的职能战略有（　　）。

A．成本领先战略　　B．差异化战略

C．研究与开发战略　　D．营销战略

8．下列各项关于战略中的人力资源配合的说法，正确的有（　　）。

A．通过培训、发展和教育来激发员工潜力

B．在制定招聘计划时，应先进行内部招聘，无法在内部找到合适人选时才进行外部招聘

C．确保采取一切可能的措施来防止竞争对手挖走企业的人才

D．外聘专家是成功继任计划内的一个重要元素

9．在海默和金德尔伯格提出的垄断优势理论中，市场不完全包括（　　）。

A．产品和生产要素市场不完全　　B．税负和关税引起的不完全

C．规模经济导致的市场不完全　　D．交易成本上升导致的市场不完全

10．弗农从产品的研发和生产角度，将产品生命周期分为（　　）。

A．创新阶段　　B．成熟阶段

C．成长阶段　　D．标准化阶段

11．M国F汽车集团在经历了10余年的全面扩张之后，由于市场变化及公司竞争力下降，业绩全面下滑。集团进行了重大战略调整，即从战略扩张改为战略收缩，只专注于北美市场，加强销售攻势和广告宣传，专注于其自有的核心品牌，大幅度降低价格以提高市场占有率。集团相继出售了旗下几个欧洲高端品牌，F汽车集团的战略类型属于（　　）。

A．收缩战略　　B．放弃

C．紧缩与集中　　D．转向

三、简答题

1．嘉和家具公司为中档卧室家具生产企业，成立于1995年，并于2000年在深圳证券交易所公开发行股票及上市。

鉴于2017年第一季度税前利润继续下滑，嘉和家具公司董事会于2017年5月召开扩大会议，销售总监张林、设计师与采购总监李工、财务总监王农等均参加了会议。

在讨论到嘉和家具公司未来发展时，张林认为，嘉和家具公司2017年度第一季度每件家具的税前边际贡献已经降至最低水平，建议采取措施增加销量。采取的措施包括扩大产能并降价，如果可能还可以进军客户众多的低档卧室家具市场。

王农不同意张林进军低档卧室家具市场的建议，认为该成本领先战略不能解决嘉和家具公司所面临的问题。王农建议继续采取有效措施发展公司现有的中档目标客户群，并力争增加边际贡献。

李工同意王农的看法。李工还建议委托国外顶级设计师设计多种类型的卧室家具，采取包括在高级时尚杂志刊登广告等更有效的销售推广措施，以此进军高档卧室家具市场，同时，改造现有生产线，考虑生产具有特色主题的家具以及与家具相关的附带装饰物品，并接受客户订制家具生产。

董事会对张林、王农和李工的建议进行了深入的讨论，但未能达成共识。

要求：

（1）列示嘉和家具公司选择进军低档卧室家具市场战略可能需要采取的措施；

（2）简要分析嘉和家具公司选择进军低档卧室家具市场战略的优点和不足；

（3）简要分析嘉和家具公司选择生产特色主题家具、家具附带装饰及订制服务的差异化战略的优点和不足。

2. VoIP是一种利用区域或互联网进行交换话音信号的技术服务，在专用的电话上可以采用IP网络，以VoIP模式进行通话，是一种较便宜的跨地区电话联系方式，适用于个人、家庭或商业机构用户。支持该技术服务的首要条件就是一个稳定的网络环境和宽带网络，在发达国家A国（其使用货币为“索拉”）已经蓬勃发展多年， VoIP已被A国的大多数人、家庭和商业机构普遍采用。A国市场上现有三家提供有关服务的营运商，大和电视是其中一家电视营运商，在A国使用其VoIP技术及设备服务的用户群组包括个人、家庭用户和设于A国的大型商业机构（主要是跨国企业）。在2017年，VoIP个人、家庭用户超过2 000万户，市场份额达62%，商业企业的大型商业机构更达到120万家，市场份额达68%。

大和电视针对全国不同地区不同用途的用户推出了14种套餐，但收费模式均以包月方式计算。例如，针对个人、家庭新用户使用综合计划（即包括宽带上网＋VoIP＋电视）的包月费用为400索拉，同一计划的现有宽带客户包月为330索拉。对于商业用途的客户就只有宽带和VoIP服务，且收费相对高。大和电视最大的优势就是用户能够在一家服务供应商获得视频、数据和话音服务。这不仅方便了消费者，也减少了用户流失率。

大和电视管理层正考虑进一步开拓海外市场。业务发展部总监黄羽建议可以与B国当地的电信营运商合作，设立联营公司以方便打进B国市场，开发VoIP的语音业务，同时并以本地模式运作。

而在B国的最大电信营运商美强电信也正计划开发VoIP这种技术服务及相关设备，在国内占领商机。美强电信现时的核心业务是以提供宽带和流动电话服务为主。

要求：

（1）利用产品生命周期和波士顿矩阵，简要分析大和电视在A国提供的VoIP技术及设备服务所属象限，并根据所处的营运市场的特征预计此产品在A国市场的战略方向；

（2）简要分析黄羽建议大和电视与美强电信组成合营企业的好处；

（3）如果美强电信能够独自成功在B国开拓VoIP技术及相关设备服务，简要介绍公司利用上市定价法时可选择的两种价格策略；

（4）简要说明大和电视在A国VoIP技术及设备服务所实施收费策略的类别、原理及使用条件；

（5）如果美强电信选择独自开发VoIP技术服务，简要分析内部开发方式对美强电信可能带来的不利之处；

（6）简要说明大和电视考虑开拓海外市场所属的发展战略类别（包含细分类别）。

3．甲公司、乙公司和丙公司为三家新能源领域的高科技企业，经营同类业务。甲公司为上市公司，乙公司、丙公司为非上市公司。甲公司总部在上海，乙公司总部在杭州，丙公司总部在拉萨。甲公司财务状况和银行信用良好，对于银行贷款能够提供足额担保。

（1）甲公司为扩大市场规模，进入江浙市场，于2013年1月着手筹备收购乙公司100%的股权。经双方协商同意，聘请具有证券业务资格的资产评估机构进行价值评估。经过评估，甲公司价值为60亿元，乙公司价值为15亿元，预计并购后的整体公司价值为85亿元，从价值评估结果看，甲公司收购乙公司能够产生良好的并购协同效应，在华东地区扩大规模，增强市场控制力。

经过一系列并购流程后，双方于2013年4月1日签署了并购合同，合同约定，甲公司需支付并购对价15亿元，在并购合同签署后6个月内支付完毕。甲公司主要依靠自有资金支付并购对价。

2013年8月底前，甲公司全额支付了并购对价，并办理完毕全部并购交易相关手续，甲公司在并购后整合过程中，为保证乙公司经营管理顺利过渡，留用了乙公司原管理层的主要人员及业务骨干，并对其他人员进行了必要的调整，将本公司行之有效的管理模式移植到乙公司；重点加强了财务一体化管理，向乙公司派出财务总监，实行资金集中管理，统一会计政策和会计核算体系。

（2）2014年1月，在成功并购乙公司的基础上，甲公司又着手筹备并购丙公司。2014年5月，双方经过多轮谈判后达成一致意见并签署并购合同。合同约定，甲公司需支付并购对价15亿元。甲公司因自有资金不足以全额支付并购对价，需要从外部融资11亿元。

甲公司就此次并购有两种外部融资方式可供选择，一是并购贷款，二是定向增发普通股。

假定不考虑其他因素。

要求：

（1）根据资料（1），说明甲公司并购乙公司的动机；

（2）根据资料（1）、（2），说明甲公司并购乙公司和丙公司的类型；

（3）根据资料（2），说明甲公司并购丙公司的外部融资方式各自的优缺点；

（4）根据资料（2），说明甲公司并购丙公司可能产生并购失败的原因。

4．AP公司CEO最近第二次访华，与中国工业和信息化部官员进行了会面，就中国新兴的信息与通信行业交流了意见。

中国是AP仅次于美国的第二大市场，因此，AP公司CEO此行的目的是要增强公司在中国的影响力。上季度中国为AP带来了30亿美元销售额，而整个亚太地区的总销售额也仅有45亿美元。

AP公司计划做好三件事。

（1）寻找实力雄厚的合作伙伴，将AP产品出售给对方，要求对方冠以AP商标才能进行出售。分销渠道独立于AP公司，双方基于长期合作为前提，AP公司对合作伙伴的要求非常严格，使得AP公司分销渠道稳定、持久。AP公司认为在海外推出价格低廉的电子产品是在贬低企业形象，加之存在开辟海外市场的成本，因此在华定价比在国内市场要高。

（2）与富士康公司合作，以生产外包的方式在华生产加工AP产品，以获得相对更加廉价的劳动力。AP公司已多次与富士康商谈，此次AP公司CEO参观了富士康公司在郑州和天津的工厂，希望尽快达成合作，生产产品。

（3）AP公司有着世界一流的研发能力，其总部位于美国硅谷，科研集中度很高。AP公司充分利用其在国际上领先的研发优势，面向全球把产品制造集中在几个最具有成本优势的工厂，这样就在全球范围内实现规模经济，以获得高效与低成本的有效结合。AP公司在全球销售标准化的产品，凭借AP产品的优势，逐渐改变当地的消费习惯，促使不同国家的习俗和偏好趋同。

要求：

（1）说明国际市场分销渠道与国内分销渠道有何不同，根据资料（1），基于商品所有权的两种类型和对销售渠道的控制方法的两种类型可以组合出四种基本组合，AP公司属于哪种组合形式；

（2）说明海外市场四种定价策略，根据资料（1），说明AP公司采取的具体定价策略并解释原因；

（3）国外进入模式有哪些？根据资料（2），说明AP公司进入国外市场的方式；

（4）根据资料（3），解释说明AP公司国际化经营的战略类型。

5. 甲公司系一家从事大型基础设施建设的上市公司（以下简称“公司”），为某国有控股集团（以下简称“集团”）所控制。因项目开发需要，公司设立了几家全资的项目公司（以下简称“项目公司”）。近年来，因大型基础设施项目建设市场不景气，公司面临较高市场风险和较大融资压力。近3年的公司年报显示，公司资产负债率一直在85%左右。

为进一步开拓市场，应对各种风险，公司于2018年3月召开了由管理层、职能部门经理、主要项目公司经理参加的“项目决策与财务战略”会。部分人员的发言要点如下：

（1）市场部经理：公司应制定和实施内部融资战略，充分利用母公司的实力，即从母公司集团融入资金用于项目公司的资金需要。据了解，目前集团的闲置货币资金余额经常保持在20亿元左右，这部分闲置资金没有充分发挥作用，机会成本很高。公司完全可以通过与集团采取“委托贷款”等方式用于项目公司的资金需要。这既可以提高集团闲置资金的效益，也缓解公司的筹资压力。

（2）项目公司经理：公司应鼓励多元化项目战略。目前，项目公司运作的大型基础实施项目投资高，市场不景气。项目公司可以尝试凭借自身优势进入房屋建筑项目市场，建筑市场业务需求较多，所需资金也比大型基础设施项目所需资金少。

（3）董事会秘书：公司融资应考虑股价表现，充分考虑股利分配政策。当前，公司处于稳定阶段，股东希望获得较高的投资回报，如果公司筹资主要利用内部融资，势必使得股利分配受到影响，股东没有获得满意的股利回报，则可能对公司股价产生不利影响。公司应充分考虑融资对股价的影响。

假定不考虑其他因素。

要求：

（1）根据资料（1），判断市场部经理的观点是否存在不当之处，如存在不当之处，说明理由；

（2）根据资料（2），指出项目公司经理提出的是何种具体多元化战略，该公司是否适宜采用此战略；

（3）根据资料（3），说明成熟阶段的经营特征，建议此时公司采用何种股利政策。

四、综合题

富贵实业是香港一家餐饮企业集团，已经在香港经营餐饮业30余年。富贵实业在香港开设了20多家以“富贵大酒楼”“富贵皇宫”等命名的传统粤菜酒楼，富贵实业的酒楼面向中、高档消费者，虽然菜式价格高于一般粤菜酒楼，但其菜式以高质量取胜，生意门庭若市，已经形成了一批忠实的老客户。“富贵”品牌酒楼已经成为香港传统粤菜的著名品牌，占有较高的市场份额。

除了粤菜酒楼外，富贵实业还在香港各地区开设了100余家“富贵”品牌的快餐店。虽然是快餐生意，但其经营模式仍以高质量为主，因此“富贵”品牌的快餐店在中式快餐行业取得了领导地位。在香港餐饮界，“富贵”就是品质的标志。

富贵实业的大股东李大志已临近退休年龄，其女儿李佳明在取得工商管理硕士学位后已经在富贵实业工作了一段时间，李大志随后任命李佳明为富贵实业的总经理。李佳明接任后，首先分析了富贵实业餐饮业务现状及市场情况。

按照李佳明的分析，香港目前的年轻人以及中年的中产阶层更崇尚新鲜事物，在餐饮方面不再喜欢传统菜。李佳明还发现，富贵实业各酒楼的主要收入来源为各类喜庆筵席，但近几年来很多年轻人婚宴均在场面较为宏大的五星级饭店举行，富贵实业酒楼目前的主要顾客群为中、老年的忠实熟客，顾客群已经开始出现缓慢的萎缩趋势。同时，一些竞争对手模仿富贵实业的高质量、高档次经营模式，对富贵实业的酒楼形成了较大竞争压力，同时对其菜式价格产也产生了一定的压力。一些较弱的传统粤菜竞争对手则选择了放弃，退出了传统粤菜市场。

根据李佳明的调查，中式快餐的顾客群主要为午饭时段的各类顾客，以及习惯在外用晚餐的单身人士，用餐人数较为稳定。虽然富贵实业的快餐店在质量方面领先竞争者，但其几家主要竞争对手已经开始采用提高质量并降低价格的方式招揽顾客，对富贵实业的快餐店形成了较大竞争压力。同时由于各类快餐店的产品差异很小，新的快餐店不断出现，因此快餐店竞争日趋激烈。

李佳明将其在硕士课程中学到的生命周期理论与波士顿矩阵结合起来，得出一个新的矩阵，据此分析富贵实业的业务形势。

经过分析后，李佳明认为，为保持并提高盈利能力，富贵实业必须改变企业战略和经营方式。李佳明将其父亲一直采用的稳定型战略变革为发展战略，并采取了一系列的变革措施。

富贵实业与某银行结成战略联盟，凡使用该银行发行的食用卡在富贵实业的粤菜酒楼结账均可获得9折优惠，另外，对消费满3 000元的顾客派发礼券，可于下次用餐时免费获得一碗鱼翅。同时，各酒楼在不同月份推出广东不同地区的传统粤菜专题系列，例如1月份为顺德菜，2月份为潮州菜，3月份为肇庆菜等。各酒楼还按季节和传统节日推出“富贵”品牌的粽子、月饼、年糕等，并销售各种调料，供顾客购买回家食用等。

除此之外，富贵实业的酒楼营业区域从中环商业区及富裕住宅区扩大到各大型中产阶层住宅区。为了避免破坏富贵实业一贯的高档形象，所有在中产阶层住宅区新开设的粤菜酒楼均不使用“富贵”名称，而是各自使用不同的名称，如彩云楼、九月花、金月居等。

李佳明同时意识到，年轻人喜欢尝新。为了进一步扩大市场，李佳明招聘了一批有相关经验的员工，以不同名称开设了北京菜、四川菜、上海菜等不同地方风格的酒楼，而且还将菜系拓展到日本菜、韩国菜、越南菜等外国特色餐饮。

在快餐店方面，李佳明在最高档次的商业和办公大楼内开设了多家新的高档快餐店，店名不使用“富贵”，而改用“朝九晚五”。与“富贵”品牌快餐店及其竞争对手的档次不同，这些“朝九晚五”快餐店装修高级豪华，主要面向高薪白领阶层，销售高质量的健康快餐，因此价格偏高。为吸引原顾客群以外的家庭主妇及学生顾客，现有的“富贵”品牌快餐店还在非繁忙时段推出了各类优惠套餐。

由于酒楼和快餐店数量的快速增加，富贵实业在数量和品种上对食品原料的需求都大幅增加。为了确保稳定的食品原料供应，削弱竞争对手的食品原料供应，李佳明收购了富贵实业的两家主要食品原料供应商。

李佳明上任总经理后不久就推出了上述一系列的战略变革措施，引起了不少在富贵实业追随李大志多年的创业元老们的不满。他们联合起来，一同向李大志表达了对李佳明的作风及其新战略的不满和疑虑，包括：一是富贵实业进入很多新的、不同的地方菜系领域，可能导致富贵实业一贯注重的食品质量无法得到有效保证；二是开设大量新的酒楼、餐馆和快餐店，对富贵实业的资金链产生巨大的压力，李佳明这些激进的做法，可能导致富贵实业因资金短缺出现倒闭危机。

当李大志与李佳明讨论这些创业元老们的不满和疑虑时，李佳明认为这些创业元老们跟不上潮流，只是为了个人私利而投诉，而且，李佳明认为改革已经取得了初步成果，新业务均已为富贵实业带来了较为丰厚的利润。李佳明因此希望李大志和她一样，不要理会这些创业元老们的不满和疑虑，并希望李大志支持她进行更深层次的改革。

要求：

1. 列示将生命周期理论与波士顿矩阵结合后分析产品生命周期四个阶段的名称、特征以及在各个阶段企业所应采取的战略，结合富贵实业的实际情况，分析富贵实业粤菜酒楼和快餐店各自所处的生命周期阶段；

2. 简述稳定型战略的内涵，并简要分析李大志采用稳定型战略的原因；

3. 逐一简述发展战略的具体分类及其内涵，结合李佳明战略变革的具体措施，分析每项具体变革措施所属的发展战略的具体类型。

4. 分析李佳明的战略变革遭到富贵实业创业元老们反对的主要原因，指出在战略变革开始时李佳明应采取何种方式推行变革才能降低或消除变革的阻力。

答案及解析

一、单项选择题

1. 【答案】D

【学堂点拨】本题主要考查“收缩战略”知识点。转向战略属于收缩战略的一种类型，更多地涉及企业经营方向或经营策略的改变，包括重新定位或调整现有的产品和服务，调整营销策略。依题意，关键词为“对产品进行了重新定位”，说明属于转向战略，所以选项D正确。

2. 【答案】B

【学堂点拨】本题主要考查“国际化经营的战略类型”知识点。国际化经营的战略类型为：国际战略、多国本土化战略、全球化战略、跨国战略。全球化战略是指在全世界范围内生产和销售同一类型和质量的产品或服务。企业根据最大限度地获取低成本竞争优势的目标来规划其全部的经营活动，它们将研究与开发、生产、营销等活动按照成本最低原则分散在少数几个最有利的地点来完成，但产品和其他功能则采取标准化和统一化以节约成本。全球化战略强调最有利的地方做最适合的工作。依题意，在泰国建立加工厂使得人工成本降低，中国饲养可以实现规模经济。所以选项B正确。

3. 【答案】C

【学堂点拨】本题主要考查“市场营销战略之价格策略”知识点。渗透定价法是指在新产品投放市场时确定一个非常低的价格，以便抢占销售渠道和消费者群体，从而使竞争者较难进入市场。依题意，关键词为“甲公司对其首次上市定价采用了低价策略”，因此选项C正确。

4. 【答案】C

【学堂点拨】本题主要考查“生产运营战略之平衡产能与需求的方法”知识点。资源订单式生产是指当需求不确定时，企业仅在取得订单的基础上，购买完成订单所需的材料并在需要时才开始生产所需的产品或提供所需的服务，其特征是订单——资源——生产。依题意，甲企业先签合同，后采购资源，最后生产建造体现这一思路，选项C正确。

5. 【答案】A

【学堂点拨】本题主要考查“业务单位战略”知识点。成本领先战略适用于市场中存在大量的价格敏感用户、产品难以实现差异化以及购买者不太关注品牌的情形。依题意，家庭主妇对价格非常敏感，说明适合于成本领先战略。

6. 【答案】C

【学堂点拨】本题主要考查“财务战略”知识点。负债越高说明财务风险越大，负债越低说明财务风险越小。该企业刚成立一年，属于经营初期因此经营风险比较高；企业刚完成向机构投资者募集资金，说明负债程度低则财务风险较低，因此属于高经营风险与低财务风险的反向搭配。所以选项C正确。

7. 【答案】D

【学堂点拨】本题主要考查“财务战略”知识点。衰退期财务风险高和经营风险低，股利全部分配给股东，股价呈下降并波动趋势，选项A错误；成熟期财务风险和经营风险都是中等，股利分配率高，资本结构为权益资本加债务资本，选项B错误；成长期经营风险高而财务风险低，权益资本在资金来源中所占的比重增加，股利分配率低且股价增长并波动，选项C错误；导入期是因为刚进入新的行业，所以经营风险很高，由于资金来源主要是风险资本，所以财务风险低，所以选项D正确。

8. 【答案】B

【学堂点拨】本题主要考查“国际化经营战略类型”知识点。多国本土化战略采用高度分权的方式，允许每个部门集中关注一个地理区域、地区或国家，多国本土化战略实质为入乡随俗。本题关键词为“进入中国迎合中国消费者的口味，提供米饭、面条等本土化快餐”，说明属于多国本土化战略。选项B正确。

9. 【答案】B

【学堂点拨】本题主要考查“采购战略”知识点。选项B属于由供应商负责交付一个完整的子部件策略的特点，所以选项B错误。

10. 【答案】D

【学堂点拨】本题主要考查“财务战略”知识点。债权融资方式包括贷款和租赁两类。内部融资是指通过企业税后净利润形成的留存收益融资，属于内部股权融资方式。所以选项D错误。

11. 【答案】C

【学堂点拨】本题主要考查“人力资源战略”知识点。人力资源规划包括人力资源总体规划和人力资源业务计划两个层次，选项C正确。选项A属于继任计划，选项B属于绩效评估，选项D属于招聘与选拔。

12. 【答案】D

【学堂点拨】本题主要考查“密集型战略”知识点。密集型战略包括市场渗透战略、市场开发战略和产品开发战略。市场渗透战略（现有产品+现有市场）的基础是增加现有产品或服务的市场份额，或增加正在现有市场中经营的业务，它的目标是通过各种方法来增加产品的使用频率。依题意，与大型百货商场、航空公司合作，推出签账回赠礼品、签账换航空飞行里程等营销措施就是属于通过各种途径提高市场占有率，所以选项D正确。

13. 【答案】B

【学堂点拨】本题主要考查“财务战略”知识点。成熟期的融资来源主要是权益融资和债务融资相结合，所以选项B错误。

14. 【答案】A

【学堂点拨】本题主要考查“市场营销战略”知识点。选择目标市场之后，下一步就是找出这些客户有哪些需求，也就是对本企业产品做出市场定位。所以选项A正确。

15. 【答案】C

【学堂点拨】本题主要考查“企业国际化经营动因”知识点。邓宁的国际生产综合理论可以概括为一个简单的公式：所有权优势+内部化优势+区位优势=对外直接投资。企业可以根据自己所具备的不同优势，分别采用不同的国际经营方式。企业对外直接投资，必须同时具备所有权优势、内部化优势与区位优势；该企业如果只拥有所有权优势与内部化优势，只能进行出口贸易；企业如果只有所有权优势，则只能考虑采用技术转移的形式，将技术出让给其他企业，因此选项C正确。

16. 【答案】D

【学堂点拨】本题主要考查“国际市场进入模式”知识点。非股权形式包括合约制造、服务外包、订单农业、特许经营、许可经营、管理合约及其他类型的合约关系。题目表明的形式为管理合约。

二、多项选择题

1. 【答案】AD

【学堂点拨】本题主要考查“前向一体化”知识点。前向一体化战略的主要适用条件包括：（1）现有销售商销售成本较高或者可靠性较差，难以满足企业的销售需要；（2）企业所在产业的增长潜力较大；（3）企业具备前向一体化所需的资金、人力资源等；（4）销售环节的利润率较高，所以，选项A、D正确。后向一体化战略的主要适用条件包括：（1）供应商成本较高、可靠性较差而难以满足企业需要；（2）供应商数量少而需求方竞争者众多；（3）企业所在产业增长潜力较大；（4）企业具备后向一体化所需的资金、人力资源等；（5）供应环节的利润率较高；（6）企业产品价格的稳定对企业而言十分关键，后向一体化有利于控制原材料成本，从而确保产品价格的稳定。所以，选项B、C为后向一体化战略的适宜条件。

2. 【答案】AC

【学堂点拨】本题主要考查“财务战略”知识点。对于增值型现金短缺业务单位，首先应判明这种高速增长是暂时性的还是长期性的。如果高速增长是暂时的，企业应通过借款来筹集所需资金，等到销售增长率下降后企业会有多余现金归还借款。如果预计这种情况会持续较长时间，不能用短期周转借款来解决，则企业必须采取战略性措施解决资金短缺问题。长期性高速增长的资金问题有两种解决途径：一是提高可持续增长率，使之向销售增长率靠拢；二是增加权益资本，提供增长所需的资金。不管增长是暂时性的还是长期性的，由于企业目前处于现金短缺的状况，应该首先提高可持续增长率来缓解现金短缺。所以选项A正确。对于增值型现金剩余业务单位，应首先选择加速增长，充分利用剩余现金，所以选项B错误。对于减损型现金剩余业务单位，其存在的主要问题是盈利能力差，而不是增长率低，简单的加速增长很可能是有害无益的，应首先选择提高投资资本回报率或降低资本成本的途径，使得投资资本回报率超过资本成本，所以选项C正确。对于减损型现金短缺业务单位，应选择彻底重组。所以选项D错误。

3. 【答案】BCD

【学堂点拨】本题主要考查“财务战略”知识点。低经营风险与低财务风险的匹配具有很低的总风险，该种匹配不符合权益投资人的要求，而符合债权人的期望，所以选项A错误；高经营风险与低财务风险的匹配以及低经营风险与高财务风险的匹配，具有中等程度的总风险，该种匹配是一种可以同时符合股东和债权人期望的现实搭配，所以选项B和C正确；高科技企业在导入期经营风险较高，要降低财务风险，因此主要使用权益筹资，所以选项D正确。

4. 【答案】ABCD

【学堂点拨】本题主要考查“市场营销战略”知识点。促销组合由四个要素构成：广告促销、营业推广、公关宣传（公共关系）和人员推销，因此选项A、B、C、D均正确。

5. 【答案】AC

【学堂点拨】本题主要考查“发展中国家企业国际化经营动机”知识点。甲公司是国内一家上市的钢铁集团说明属于发展中国家，发展中国家企业国际化经营动机包括寻求市场、效率、资源以及现成资产。甲公司收购A公司，由于A公司在加拿大拥有的钢铁资源为6亿吨，所以主要是为了获取钢铁资源，所以选项A正确。A公司拥有欧美钢铁制造商客户，说明动机是寻求现成资产，所以选项C正确。选项B、D不属于发展中国家国际化经营的动机。

6. 【答案】ABD

【学堂点拨】本题主要考查“企业战略的层次”知识点。按战略层次划分，在大中型企业中，特别是多元化经营的企业，公司战略分为三个层次：总体战略、业务单位战略（或竞争战略）和职能战略。多元化战略属于总体战略之发展战略。依题意，是按战略层次划分并非分析总体战略之类型。选项A、B、D正确。

7. 【答案】CD

【学堂点拨】本题主要考查“职能战略”知识点。成本领先战略和差异化战略属于业务单位战略。加大广告投入，提高市场占有率属于营销战略，根据市场调研结果，研发新的产品属于研发战略。

8. 【答案】AC

【学堂点拨】本题主要考查“人力资源战略”知识点。制定招聘计划时，内部招聘和外部招聘没有先后之分，所以选项B错误；外聘专家，不属于成功继任计划的一个重要元素，所以选项D错误。

9. 【答案】ABC

【学堂点拨】本题主要考查“企业国际化经营动因”知识点。海默和金德尔伯格认为，是市场不完全导致了对外直接投资。市场不完全可以表现为四种类型：（1）产品和生产要素市场不完全；（2）由规模经济导致的市场不完全；（3）由政府干预引起的市场不完全；（4）由税赋与关税引起的市场不完全。因此选项A、B、C正确。

10. 【答案】ABD

【学堂点拨】本题主要考查“企业国际化经营动因”知识点。其中产品生命周期理论是由美国哈佛大学教授弗农提出，将产品生命周期划分为产品创新、成熟与标准化三个阶段。

11. 【答案】ABD

【学堂点拨】本题主要考查“收缩战略”知识点。收缩战略包括紧缩与集中战略、转向战略和放弃战略。紧缩与集中战略包括机制变革、财政和财务战略、削减成本战略，本题没有涉及。转向战略包括重新定位或调整现有的产品和服务以及调整营销策略。依题意，“加强销售攻势和广告宣传”“大幅度降低价格以提高市场占有率”属于调整营销策略，因此选项A、D正确。放弃战略涉及产权的变更，是比较彻底的撤退方式，关键词“出售”说明采取了放弃战略。因此选项B正确。

三、简答题

1. 【答案】

本题主要考查“成本领先战略”和“差异化战略”知识点。

（1）嘉和家具公司进军低档家具市场战略可能需要采取的措施：

嘉和家具公司进军低档家具市场的战略，属于成本领先战略，需要匹配相应的资源和能力，采取的措施可能包括：

①购置生产设备来实现规模经济；

②降低各种要素成本，向供应商获取更优惠的供应价格，或在可行的情况下采用廉价的劳动力，尽可能降低制造成本；

③提高生产率，对于家具这类依赖于劳动技能的行业，应充分利用学习曲线效应，并达到较低的平均成本，采用最新的技术来降低成本或改进生产力，如通过改变生产流程来节约成本；

④改进工艺设计，通过减少产品的功能但同时又能符合消费者需要来降低成本；

⑤提高生产能力利用程度；

⑥选择适宜的交易组织形式，如所需原料是自行生产还是靠市场获得更有利。

（2）优点：

①形成进入障碍，保持领先的竞争地位，嘉和家具公司将与低档家具市场的众多小公司进行竞争，具有很强的竞争优势，有可能对众多小公司造成巨大冲击；

②增加讨价还价的能力，企业成本低，可以使自己应付投入费用的增长，提高企业与供应者讨价还价的能力，降低投入因素变化所引起的影响，同时，也可以对抗有力的购买者；

③降低替代品的威胁；

④保持领先的竞争地位。

缺点：

①成本领先战略将不可避免地造成价格竞争，嘉和家具公司甚至会遇到低档家具供应商的激烈竞争，产业的新加入者或追随者通过模仿或者以高技术水平设施的投资能

力，用较低的成本进行学习；

②技术的变化可能使过去用于降低成本的投资（如扩大规模、工艺革新等）与积累的经验一笔勾销，嘉和家具公司可能将会无法弥补固定成本支出造成亏损；

③由于专注于降低成本，公司关注价格以外的产品特征的能力下降，创新不足，难以适应家具市场出现的新变化，市场需求从注重价格转向注重产品的品牌形象，使得企业原有的优势变为劣势。

（3）差异化战略优点：

①采用差异化战略进入其他细分市场，将分散嘉和家具公司的经营风险；

②用差异化战略进入成长率较高的细分市场，形成进入障碍，防止替代品威胁，有可能取得巨大成功；

③对于同类中档家具企业，嘉和家具公司可以迅速形成竞争优势，降低顾客敏感程度，增强讨价还价能力；

④能够提高嘉和家具公司经营的灵活性。

差异化战略缺点：

①家具公司没有经营传统卧室家具以外的家具的经验，这会带来经营风险，市场需求发生变化或竞争对手的模仿和进攻使已建立的差异缩小甚至转向；

②企业形成产品差别化的成本过高，这种差异化方式将不可避免地增加嘉和家具公司的营运成本和员工成本；

③初期的市场调研及推广工作的成本将会很高；

④销售传统卧室家具和销售特色主题家具需要不同的营销技能，嘉和家具公司必须确保两种不同类型的营销得到恰当执行，以使公司利润最大化。

2. 【答案】

本题主要考查“发展战略”“市场营销战略”“波士顿矩阵”知识点。

（1）大和电视所属象限和现在处于营运市场的特征及战略方向：

大和电视在A国提供的VoIP技术及设备服务，拥有非常高的市场占有率，在个人、家庭和跨国企业客户群组的份额分别达62%和68%，这说明大和电视相对市场占有率大于1，但VoIP已被A国的大多数个人、家庭和商业机构普遍采用，这显示了市场基本饱和，增长速度低于10%，处于低速增长空间。

依题意，该项目属于“现金牛”业务。大和电视并不需要大量资本投入，反而能为企业提供大量的资金，用以支持其他业务的发展。

由于市场需求已经基本饱和，可增长率有限。根据产品生命周期发展阶段分析，此时处于成熟阶段。成熟期的特征是新的客户减少，主要靠现有客户的重复购买支撑，产品价格开始下降，毛利率和净利率都在下降，利润空间适中。

由于整个产业销售额可能达到前所未有的规模，并且比较稳定，大和电视要继续扩大市场份额，都会遇到市场上其他运营商的顽强抵抗，并可能会引发价格竞争。

既然扩大市场份额已经变得很困难，大和电视的经营战略重点就会转向在巩固市场份额及提高投资报酬率。

（2）大和电视采用与美强电信组成合营企业的好处：

①可以减少国际化经营的资本投入。大和电视可以较少的资源开拓B国市场；

②有利于弥补跨国经营经验不足的缺陷，合营可以作为大和电视在海外发展业务的一项学习和经验累积的活动；

③有利于吸引和利用东道国合资方的资源。可让大和电视获得B国本土经营环境的知识，减低因不熟悉地方特性可能出现的经营风险；进入B国市场时，也可减少B国政府干预的风险；

④大和电视采用合营方式可对经营进行更紧密的控制，专注于B国的业务和营运的效率或绩效，能够帮助大和电视从美强电信的品牌及固有宽带的用户群组中建立市场的核心竞争力。

（3）可选择的两个价格策略：

如果美强电信能够独自在B国成功开拓VoIP技术及相关设备服务，属于产品上市。产品上市有两个常见的定价策略，即渗透定价法和撇脂定价法。

渗透定价法是指在新服务及相关设备投放市场时确定一个非常低的价格，以便抢占销售渠道和消费者群体，从而使竞争者较难进入市场。 这是一种通过牺牲短期利润来换取长期利润的策略，可以缩短服务生命周期的最初阶段，以便尽快进入成长期和成熟期。

撇脂定价法是指在新产品上市之初确定较高的价格，并随着生产能力的提高逐渐降低价格。这一方法旨在产品生命周期的较早阶段获取较高的单位利润。

（4）大和电视在A国所实施的收费战略的类别属于差别定价法。差别定价法是指对市场不同部分中的类似产品确定不同的价格。

大和电视通过以下途径定出差别：

基于细分市场定价。按照个人、家庭用户和商业机构、新增客户或现有客户。

基于地点定价。对全国不同地区的消费、物价或类似经济指标作为定价基准。

使用差别定价法的基本原理是如果对所有产品确定相同的价格，那么其价格会低于购买力最强的客户细分市场（无价格弹性的需求）愿意支付的价格，从而损失收益；但是其价格又会高于购买力稍弱的客户细分市场（有价格弹性的需求）愿意支付的价格，从而损失销量。对前者定高价、对后者定低价能够使企业的收益最大化。要实现成功的差别定价，不同市场必须具有不同的弹性，并且实施差别定价的市场间的“渗漏”必须很小，这样才能保持市场的相对独立性。

（5）以内部开发方式实现VoIP技术服务对美强电信可能带来的不利之处：

①与并购市场中现有的企业相比，在市场中增加了竞争者，内部开发可能会激化市场竞争；

②美强电信无法接触到其他企业的知识及系统，这将令服务产品开发更具投资风险；

③从一开始就缺乏规模经济或经验曲线效应；

④当市场发展速度非常快时，美强电信进行内部发展会显得过于缓慢；

⑤进入新市场可能要面对非常高的障碍。

（6）大和电视正考虑的发展战略。

大和电视考虑开拓海外市场所属的发展战略类别属于密集型战略。利用现有的技术及设备服务，强化竞争地位的战略，拓展海外市场，根据密集型战略基本框架，属于市场开发战略。

3.【答案】

本题主要考查“并购”和“财务战略”知识点。

（1）甲公司并购乙公司的动机：

①避开进入壁垒，迅速进入，争取市场机会，规避各种风险，表现为“甲公司为扩大市场规模，进入江浙市场，于2013年1月着手筹备收购乙公司100%的股权”；

②获得协同效应，“经过评估，甲公司价值为60亿元，乙公司价值为15亿元，预计并购后的整体公司价值为85亿元，从价值评估结果看，甲公司收购乙公司能够产生良好的并购协同效应”；

③克服企业负外部性，减少竞争，增强对市场的控制力，“在华东地区扩大规模，增强市场控制力”。

（2）①按并购双方所处的产业分类，可分为横向并购、纵向并购、多元化并购，甲公司并购乙公司和并购丙公司均属于横向并购。表现为“甲公司、乙公司和丙公司为三家新能源领域的高科技企业，经营同类业务”。

②按被并购方的态度分类，可分为友善并购、敌意并购。甲公司并购乙公司和并购丙公司均属于友善并购。表现为“2014年1月，在成功并购乙公司的基础上，甲公司又着手筹备并购丙公司。2014年5月，双方经过多轮谈判后达成一致意见签署并购合同。”说明甲公司并购乙、丙公司均是通过友好协商完成。

③按并购方的身份分类，可分为产业资本并购、金融资本并购。甲公司并购乙公司和并购丙公司均属于产业资本并购，原因是甲公司不属于金融企业。

④按收购资金来源分类，可分为杠杆收购、非杠杆收购。甲公司并购乙公司属于非杠杆并购，表现为“甲公司主要依靠自有资金支付并购对价”，并购丙公司属于杠杆并购，表现为“合同约定，甲公司需支付并购对价15亿元。甲公司因自有资金不足以全额支付并购对价，需要从外部融资11亿元”。

（3）融资的四种方式，分别为内部融资、股权融资、债权融资（贷款和租赁）、资产销售融资。甲公司并购丙公司的外部融资方式为股权融资和债权融资。

其中，股权融资的优点是能够筹集大量的资金，且没有还本付息的压力，仅仅需要在企业盈利时向股东支付股利；缺点是股份容易被恶意收购从而引起控制权的变更，并且股权融资成本比较高。债权融资的优点是融资成本较低、融资的速度也较快，并且方式也较为隐蔽；缺点是限制较多，额度有限，需要按期还本付息，对企业的压力大。

（4）并购失败的原因。

①决策不当的并购。

企业在并购前，没有认真地分析目标企业的潜在成本和效益，或者过高估计并购对象所在产业的吸引力和自己对被并购企业的管理能力，从而高估并购后所带来的潜在经济效益，结果失败。表现为“合同约定，甲公司需支付并购对价15亿元。甲公司因自有资金不足以全额支付并购对价，需要从外部融资11亿元”，依题意，需要慎重考虑丙公司是否值得投资，是否会给自身带来巨大的财务风险。

②并购后不能很好地进行企业整合。

并购后的整合状况将最终决定并购战略的实施是否有利于企业的发展。企业文化的整合是最基本、最核心，也是最困难的工作。甲公司和丙公司分别位于上海和拉萨，地域差异较大，需要考虑企业文化带来的冲突。

③支付过高的并购费用。

如果不能够给被并购企业进行准确的价值评估，并购方就可能要承受支付过高并购费用的风险。甲公司需要支付15亿对价，应考虑估值是否过高。

4.【答案】

本题考核“国际市场进入模式”和“国际化经营战略类型”知识点。

（1）国际分销渠道的特点：

①一般说来，国际分销渠道比国内分销渠道更复杂，涉及更多的中间环节；

②国际分销渠道的成本通常比国内分销渠道的成本高；

③出口商有时必须通过与国内市场不同的分销渠道向海外市场进行销售；

④国际分销渠道通常为公司提供海外市场信息，包括产品在市场上的销售情况及其原因。

贸易中介可以从两个方面加以归类和描述：

①商品的所有权：代理人（没有所有权）、分销商（拥有所有权）；

②对销售渠道的控制方法：直接法（公司拥有分销渠道）、间接法（分销渠道独立于公司之外）。

基于商品所有权的两种类型和对销售渠道的控制方法的两种类型可以组合出四种基本组合，AP公司属于采取分销商的形式，原因为“将AP产品出售给对方，要求对方冠以AP商标才能进行出售”，对销售渠道的控制方法为间接法，表现为“分销渠道独立于AP公司”。

（2）出口市场上的定价有四种：

①定价偏高，以期获得大于国内市场的收益；

②制定使海外市场与国内市场收益水平接近的价格；

③在短期内定价较低，即使收益偏低甚至亏损也在所不惜；

④只要在抵消变动成本之后还能增加利润，就按能把超过国内市场需求量的产品销售出去的价格定价。

AP公司采用的定价策略是定价偏高，以期获得大于国内市场的收益。考虑到海外市场比国内市场的风险要大一些，而且通常会产生一些隐含成本，而这些成本不会被标准的会计制度确认。因此，海外市场的价格与收益应该比国内市场要高，否则不要出口。表现为“AP公司认为在海外推出价格低廉的电子产品是在贬低企业形象，加之存在开辟海外市场的成本，因此在华定价比在国内市场要高”。

（3）国外进入模式包括出口、股权投资、非股权安排等几种。AP公司与富士康合作属于非股权安排形式，表现为“与富士康公司合作，以生产外包的方式在华生产加工AP产品”，属于合约制造形式。

（4）AP公司国际化经营的战略类型是全球化战略，即向全世界的市场推销标准化的产品和服务，并在较有利的国家集中地进行生产经营活动，由此形成经验曲线和规模经济效益，以获得高额利润。总部决定生产何种产品，产品生产的各个环节在全球范围内安排到最合适的国家，生产出的标准化产品全球销售。企业采用该战略的目的是实施成本领先战略，通过提供标准化产品来促使不同国家的习俗和偏好趋同，表现为在最有利的地方做最合适的工作，在硅谷研发，在几个最具有成本优势的工厂制造产品。

5. 【答案】

本题主要考查“产品生命周期”“财务战略”“多元化战略”知识点。

（1）市场部经理的观点存在不当之处。

理由：内部融资方式是指企业可以选择使用内部留存利润来进行投资。留存利润是指企业分配给股东红利后剩余的利润。这种融资方式是企业最普遍采用的方式，但企业的一些重大事件，如并购，仅仅依靠内部融资是远远不够的。依题意，甲公司从母公司集团融入资金用于项目公司的资金需要不属于内部融资战略，因为甲公司并未使用自身内部留存利润来解决资金问题。

（2）项目公司经理提出的是相关多元化战略。相关多元化也称同心多元化，是指以现有业务或市场为基础进入相关产业或市场。采用相关多元化有利于获取融合优势，即两种业务或两个市场同时经营的盈利能力大于各自经营时的盈利能力之和。

该公司适宜采用相关多元化，因为相关性可以是产品、生产技术、管理技能、营销渠道、营销技能或用户等方面的类似。项目公司在大型基础设施产业或市场内具有较强的竞争优势，而该产业或市场的成长性或吸引力逐渐下降，可以尝试进入比较景气的建筑行业，找到新的利润增长点。

（3）成熟阶段公司的风险再次降低，在这一阶段的企业风险在于能否维持这种稳定成熟的阶段，以及能否保持已经获得的市场份额。现在的战略重点应转移到提高效率、保持市场份额上来。

成熟阶段的经营风险和财务风险均是中等，资本结构主要是权益融资和债务融资，市盈率中等，所以此时应该保持较高的股利分配率，投资者期望公司支付更高的股利，这样利于公司股价稳定。

四、综合题

【答案】

本题主要考查“产品生命周期”“发展战略”“稳定战略”“战略变革管理”知识点。

1. 生命周期理论的四个阶段：

（1）导入期。

在这个阶段，产品的用户很少，只有高收入用户会尝试新的产品；产品的质量和可靠性有待提高；由于成败未知，因此很少竞争对手；营销成本高，销量低，产能过剩，生产成本高；可以采取高价格、高毛利政策，但由于销量小使得净利润较低。

在这个阶段，企业的战略目标是扩大市场份额，争取成为领头羊，为此企业需投资于研究开发，提高产品质量。

（2）成长期。

在这个阶段，产品的销量增加，顾客群扩大，消费者对质量的要求不高，各竞争对手的产品在技术和性能方面有较大差异；由于市场扩大，竞争者涌入，企业之间开始争夺人才和资源，由于需求大于供应，此时产品价格最高。

在这个阶段，企业的战略是争取最大的市场份额，因此着重于营销。

（3）成熟期。

在这个阶段，竞争者之间出现价格竞争。虽然市场巨大，但是已经基本饱和，新的客户减少，主要是靠老客户的重复购买支持；产品逐步标准化，差异不明显，技术和质量改进缓慢；局部生产能力过剩，价格开始下降，毛利率和净利润都下降，利润空间适中，任何竞争者想扩大市场份额均会遇到顽强抵抗，并引发价格竞争。

在这个阶段，企业的战略为巩固市场份额，提高效率，降低成本。

（4）衰退期。

在这个阶段，客户大多成熟精明，对性价比要求高，各企业的产品差别小，因此价格差异也会缩小；为降低成本，产品质量可能出现问题，产能严重过剩，有些竞争者退出市场，价格和毛利都很低。只有到后期，多数企业退出后，价格才有望上扬。

在这个阶段，企业的战略首先是防御，因此必须控制成本，以求能维持正的现金流。如缺乏成本控制的优势，就应尽早退出市场。

根据本案例材料可知，富贵实业的粤菜酒楼面对市场萎缩，质量优势的消失及价格压力，部分对手已经退出市场，由此可以判断，富贵实业粤菜酒楼处于生命周期阶段的衰退期。

富贵实业的快餐店处于一个成熟和稳定的市场，竞争激烈，产品差异缩小，由此可以判断，富贵实业快餐店处于生命周期阶段的成熟期。

2. 稳定型战略，又称为防御型战略、维持型战略。是指限于经营环境和内部条件，企业在战略期所期望达到的经营状况基本保持在战略起点的范围和水平上的战略。

由于富贵实业在行业内取得了领导地位，而且李大志年纪渐长，趋于保守，因此企业战略以稳定战略为主。

3. 发展战略强调充分利用外部环境的机会，充分发掘企业内部的优势资源，以求得企业在现有的战略基础上向更高一级的方向发展。发展战略主要包括三种基本类型：一体化、密集型和多元化。

（1）一体化战略是指企业对具有优势的业务，沿其经营链条的纵向或横向扩大业务的深度和广度，扩大经营规模。一体化战略分为纵向及横向两种。纵向一体化战略是指企业沿着产品或业务链条向前（即获得分销商或零售商的所有权）或向后（即获得供应商的所有权）延伸和扩展的战略。横向一体化战略是指企业收购竞争对手的战略。

李佳明收购食材供应商是后向一体化战略。

（2）密集型战略是指企业充分利用现有产品或服务的潜力，强化现有产品或服务竞争地位的战略。密集型战略可进一步细分为市场渗透、产品开发和市场开发等三种类型。

市场渗透战略是用于现有产品和现有市场，目的是增加现有产品或服务的市场份额，它的目标是通过各种方法来增加产品的使用频率。

富贵实业酒楼所用的信用卡折扣及赠送鱼翅方法，正是市场渗透战略。

产品开发战略是在现有市场推出新的产品，通过技术改进和开发研制新产品，特别适合富贵实业这种拥有细分市场、综合性不强的服务范围窄小的企业。例如，提供不同尺寸和不同颜色的产品，对产品使用不同的包装等。

富贵实业粤菜酒楼推出粽子、月饼及调料、推出广东各地方的传统特色菜系列等属于产品开发战略。

市场开发战略是指将现有的产品打入新市场的战略，主要途径包括开辟其他区域市场和细分市场。以不同品牌将富贵实业的粤菜酒楼开进中产住宅区、在高档商场和办公大楼开设不同品牌的高档快餐店均属于市场开发。富贵实业快餐店以新的优惠套餐在非繁忙时段吸引新的主妇顾客群是一种结合产品开发的市场开发战略。

（3）多元化战略是指企业进入与现有市场和产品不同的领域，即在新市场开发新产品。多元化包括相关多元化和非相关多元化两种，前者是指企业以现有业务为基础进入相关产业，后者是指企业进入与当前业务部相关产业。

富贵实业以不同名称开设中国各地方菜式酒楼，以及开设其他国家菜式的餐馆均为多元化战略。

4．在变革的过程中，人的行为至关重要。变革可能会对企业中的人员产生重要影响，包括由于工作模式、工作地点的变化造成的生理变化，按照新规则工作，建立新工作关系而造成的环境变化，以及由于迷失方向，不确定性等原因导致无安全感的心理变化。

基于上述的各种因素，变革可能面临以下的障碍：

（1）文化障碍——结构惯性是企业确保一贯性和质量的累积效果。当变革与团队或部门的规范不一致时，或会使得某些人员的技能和经验弱化甚至冗余时，团体惯性就可能阻碍变革；

（2）私人障碍——除了文化障碍之外，变革也可能在习惯、收入、权力等方面影响某些个人，令他们认为变革是一种威胁。

富贵实业创业元老们长期安于现状，李佳明的改革把企业推入新的市场和新的产品中，亦招聘了一批新的员工，因此无论是对创业元老们的个人以及团队均引起了文化和私人的障碍，令他们产生不满，形成阻力。

在推行战略变革时，应考虑以下三个方面以减低变革的阻力：

（1）变革的节奏：越是循序渐进，就越能得到个人的关注和支持。反之，如果这种变革是激进的，就会导致个人视之为一种威胁，令怨恨感增加；

（2）变革的范围：范围越大的变革越会带来不安全感；

（3）变革的管理方式：良好的气氛、明确需求、平息恐惧、积极鼓励个人的接受和参与。压制只能将抵制转为地下，变成谣言并转化为敌对状态。

李佳明推行改革的节奏太快太急、范围太大，而且在管理方面可能未充分和创业元老沟通，因而引起创业元老们的不满以及向李大志投诉。因此，李佳明应当将各种改革措施分批分期推行，并在过程中多向创业元老们解释其用意和方法，取得他们的支持和理解。

第四章　战略实施

本章思维导图

- 战略实施
  - 公司战略与组织结构
    - 组织结构的构成要素
      - 分工
      - 整合
    - 纵横向分工结构
      - 纵向分工结构
      - 横向分工结构
    - 企业战略与组织结构
      - 组织结构与战略的关系
      - 组织的战略类型
        - 防御型战略组织
        - 开拓型战略组织
        - 分析型战略组织
        - 反应型战略组织
  - 公司战略与企业文化
    - 企业文化的概念
    - 企业文化的类型
      - 权力导向型
      - 角色导向型
      - 任务导向型
      - 人员导向型
    - 文化与绩效
    - 战略稳定性与文化适应性
  - 战略控制
    - 战略控制的过程
    - 战略控制方法
      - 预算与预算控制
      - 企业业绩衡量指标
      - 平衡计分卡的业绩衡量方法
      - 统计分析与专题报告
  - 战略管理中的权利与利益相关者
    - 企业主要的利益相关者
      - 内部利益相关者及其利益期望
      - 外部利益相关者及其利益期望
    - 企业利益相关者的利益矛盾与均衡
      - 投资者与经理人员的矛盾与均衡
      - 企业员工与企业之间的利益矛盾与均衡
      - 企业利益与社会效益的矛盾与均衡
    - 权利与战略过程
  - 信息技术在战略管理中的作用
    - 信息技术与组织变革
    - 信息技术与竞争战略
    - 信息技术与企业价值链网
    - 大数据时代企业战略转型

本章概述及考情分析

本章主要阐述了如何实施战略。选择好了战略，如何为实现战略目标保驾护航？这就需要全面考虑，本章从组织结构、企业文化、战略控制、战略管理中的权力与利益相关者、信息技术五个角度进行分析：如何有效实施战略。本章知识点碎散，一般以客观题形式出现，主观题涉及不多，但因为知识点多，仍需加以关注。

本章考试分值适中，预计分值10分，总体难度一般，以客观题为主，主观题重点关注横向分工组织结构。

2018年教材主要变化

将原第五节公司治理单独成立一章，放到第五章。在第五节信息技术在战略管理中的作用中新增一个知识点：大数据时代企业战略转型。

考点分析

考点	重要程度	考查题型	考查要点	大纲要求
横向分工结构的基本类型	★★★	单选题、多选题、主观题	结合案例辨识八种横向分工的类型，掌握其优缺点	掌握
战略与组织结构	★★	单选题、多选题	理解组织结构与战略的关系、企业发展阶段与结构，识记组织的战略类型	记忆
企业文化的类型	★★★	单选题、多选题	掌握企业文化的四种类型	掌握
战略稳定性与文化适应性	★★	单选题、多选题	理解四种类型各自适用范围	掌握
战略失效	★★	单选题、多选题	理解战略失效的原因及类型	记忆
预算与平衡计分卡	★★★	单选题、多选题、主观题	掌握预算的类型以及优缺点，结合案例进行平衡计分卡分析	掌握
企业利益相关者的权力来源	★★	单选题、多选题	识记权力来源，掌握权力与职权的区别	掌握
在战略决策与实施过程中的权力运用	★★★	单选题、多选题	辨识五种行为模式	掌握
信息技术在战略管理中的作用	★★	单选题、多选题	理解信息技术在组织变革、竞争战略与企业价值链网中的作用以及理解大数据时代企业如何实现战略转型	记忆

本章知识点精讲

第一节　公司战略与组织结构

知识点1　组织结构的构成要素（★）

组织结构：组织为实现共同目标而进行的各种分工和协调的系统，属于价值链中的支持活动——基础设施，其基本构成要素是分工与整合。

一、分工

企业为创造价值而对其人员和资源进行分配的方式。

（一）纵向分工

企业高层管理人员必须在如何分配组织的决策权上作出选择，以便很好地控制企业创造价值的活动。

（二）横向分工

企业高层管理人员必须在如何分配人员、职能部门以及事业部方面作出选择，以便增加企业创造价值的能力。

二、整合

企业为实现预期的目标而用来协调人员与职能的手段。

学堂点睛

分工是由总到分的状态，整合是由分到总的状态。

知识点2　纵横向分工结构（★★★）

一、纵向分工结构（★）

（一）纵向分工结构的基本类型

在纵向分工中，基本有两种形式：一是高长型组织结构；二是扁平型组织结构。

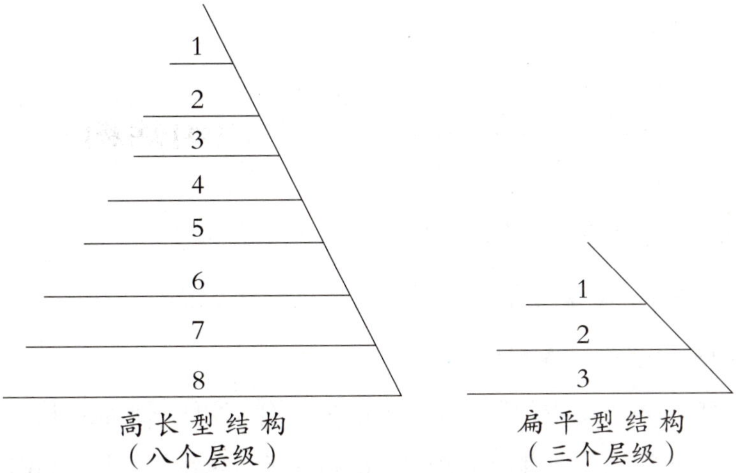

图 4–1 高长型和扁平型组织结构

1. 高长型组织结构

特点：管理层级多。在每个层次上，管理人员的控制幅度较窄。

有利于企业内部的控制，但对市场变化的反应较慢。

2. 扁平型组织结构

特点：管理层级较少。在每个层次上，管理人员的控制幅度较宽。

可以及时地反映市场的变化，并作出相应的反应（快），但容易造成管理的失控。

（二）集权与分权

表 4–1 集权与分权

集权（高长型）	分权（扁平型）
优点： 1. 易于协调各职能间的决策； 2. 易于对上下沟通的形式进行规范（比如利用管理账户）； 3. 能与企业的目标达成一致； 4. 危急情况下能够作出快速决策； 5. 有助于实现规模经济； 6. 这种结构比较适用于由外部机构（比如专业的非营利性企业）实施密切监控的企业，因为所有的决策都能得以协调。	优点：减少了信息沟通的障碍，提高了企业反应能力，能够为决策提供更多的信息并对员工产生激励效应。
缺点： 1. 高级管理层可能不会重视个别部门的特殊要求； 2. 由于决策时需要通过所有层级向上汇报，因此决策时间过长； 3. 对级别较低的管理者而言，其职业发展空间有限。	形式：事业部制结构、控股企业型结构、将非关键性活动外包。

学堂点睛

企业为了降低成本，使其结构效率化，应尽量减少管理层次。

企业内部管理层次越多，信息在传递的过程中就会发生不同程度的扭曲，不能完整地到达信息传递的目的地。这样，也会增加管理的费用。

扁平型结构比高长型结构更能调动管理人员的积极性。

二、横向分工结构（★★★）

（一）横向分工结构的基本类型

企业组织结构有八种基本类型：创业型组织结构、职能制组织结构、事业部制组织结构、M型企业组织结构（多部门结构）、战略业务单位组织结构（SBU）、矩阵制组织结构和H型结构（控股企业/控股集团组织结构）和国际化经营企业的组织结构。

1．创业型组织结构

表 4–2　创业型组织结构的定义及特点

定义	创业型组织结构是一种最早的、最简单的组织结构。这种组织结构没有职能机构，从最高管理层到最低管理层实现直线垂直领导。企业的所有者或管理者对若干下属实施直接控制，并由其下属执行一系列工作任务。
特点	弹性较小并缺乏专业分工，其成功主要依赖于该中心人员的个人能力。
适用范围	小型企业。

2．职能制组织结构

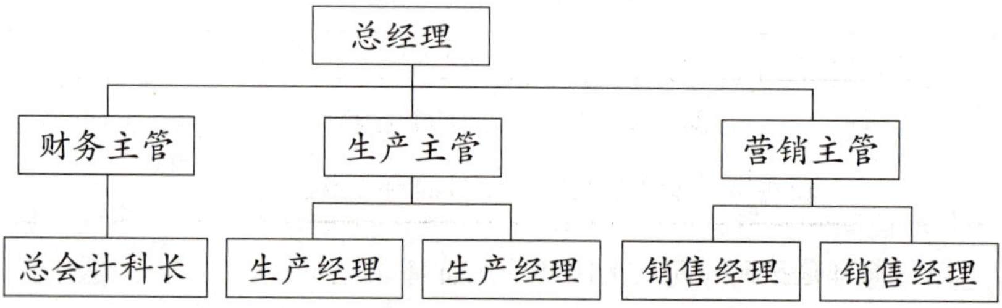

图 4–2　职能制组织结构

表 4–3　职能制组织结构的定义及优缺点

定义	职能制组织结构是一种按职能划分部门的纵向职能结构。企业内部按职能划分成若干部门，各部门独立性很小，均有企业高层领导直接进行管理，即企业实行集中控制和统一指挥。它被大多数人认为是组织结构的典型模式。
优点	1．能够通过集中单一部门内所有某一类型的活动来实现规模经济。 2．有利于培养职能专家。 3．由于任务为常规和重复性任务，因而工作效率得到提高。 4．董事会便于监控各个部门。

（续上表）

缺点	1. 由于对业务流程进行了过度细分，在协调不同职能时可能出现问题。 2. 难以确定各项产品产生的盈亏。 3. 导致职能间发生冲突、各自为政，而不是出于企业整体利益进行相互合作。 4. 等级层次以及集权化的决策机制会放慢反应速度。
适用情况	单一业务企业。

3．事业部制组织结构

按照产品、服务、市场或地区为依据进行细分。

企业总部负责计划、协调和安排资源。

事业部则承担运营和职能责任。

事业部制组织结构的战略决策和经营决策相分离。

（1）区域事业部制结构

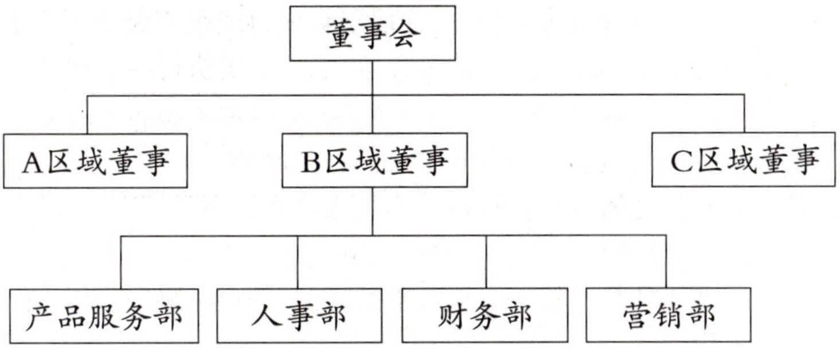

图 4–3　区域事业部制结构

表 4–4　区域事业部制结构的定义及优缺点

定义	区域事业部是按照特定的地理位置对企业的活动和人员进行分类。
优点	1. 在企业与其客户的联系上，区域事业部制能实现更好更快的地区决策。 2. 与一切皆由总部来运作相比，建立地区工厂或办事处会削减成本费用。 3. 有利于海外经营企业应对各种环境变化。
缺点	1. 管理成本的重复。 2. 难以处理跨区域的大客户的事务。
适用情况	企业在不同的地理区域开展业务。

（2）产品/品牌事业部制结构

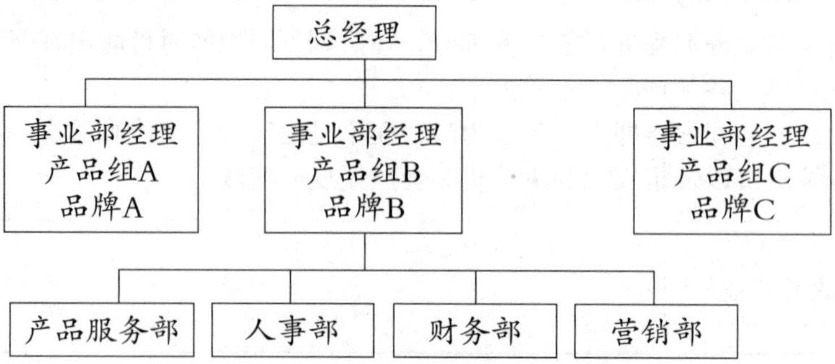

图 4–4　产品 / 品牌事业部制结构

表 4–5　产品 / 品牌事业部制结构的定义及优缺点

定义	产品事业部是以企业产品种类为基础设立若干产品部，而不是以职能或区域为基础进行划分。
优点	1．生产与销售不同产品的不同职能活动和工作可以通过事业部/产品经理来予以协调和配合。 2．各个事业部都可以集中精力在其自身的区域。 3．易于出售或关闭经营不善的事业部。
缺点	1．各个事业部会为了争夺有限资源而产生摩擦。 2．各个事业部之间会存在管理成本的重叠和浪费。 3．若产品事业部数量较大，则难以协调。 4．若产品事业部数量较大，事业部的高级管理层会缺乏整体观念。
适用情况	具有若干生产线的企业。

（3）客户细分或市场细分事业部制结构

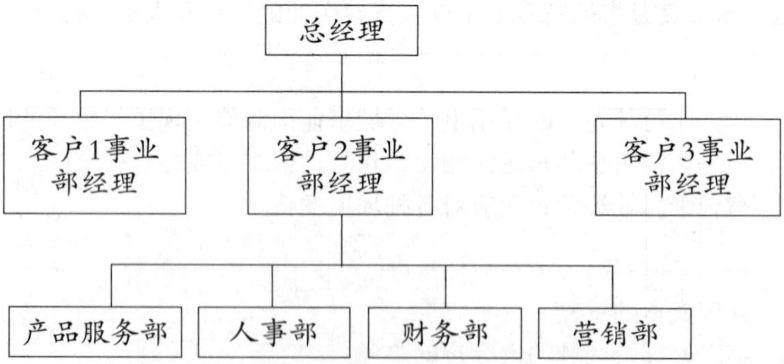

图 4–5　客户细分或市场细分事业部制结构

适用范围：与销售部门和销售工作相关，批销企业、分包企业。

4．M型企业组织结构（多部门结构）

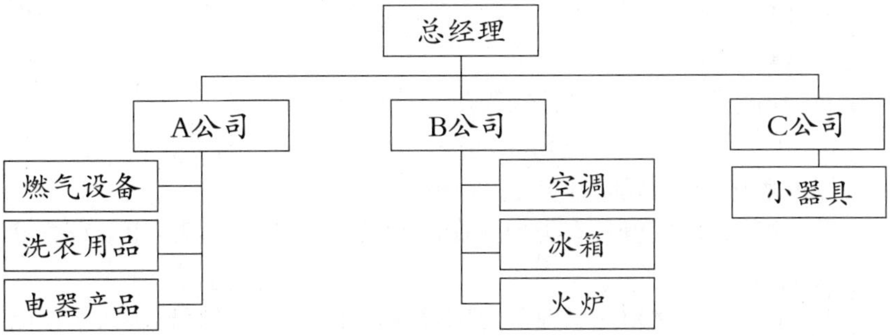

图 4–6　M 型组织结构

表 4–6　M 型组织结构的定义及优缺点

定义	通过产品线的增加，企业会不断扩张；随着企业规模的扩大，在这一阶段，具有多个产品线的企业应当采用M型结构。
优点	1．便于企业的持续成长。随着新产品线的创建或收购，这些新产品线可能被整合到现有的事业部中，或者作为新开发的事业部的基础。 2．由于每一个事业部都有其自身的高层战略管理者，首席执行官就有更多的时间分析各个事业部的经营情况以及进行资源配置。 3．职权被分派到总部下面的每个事业部，并在每个事业部内部进行再次分派。 4．能够通过诸如资本回报率等方法对事业部的绩效进行财务评估和比较。
缺点	1．为事业部分配企业的管理成本比较困难并略带主观性。 2．事业部之间滋生功能失调性的竞争和摩擦。 3．当一个事业部生产另一事业部所需的部件或产品时，确定转移价格也会产生冲突。
适用情况	具有多个产品线。

5．战略业务单位组织结构（SBU）

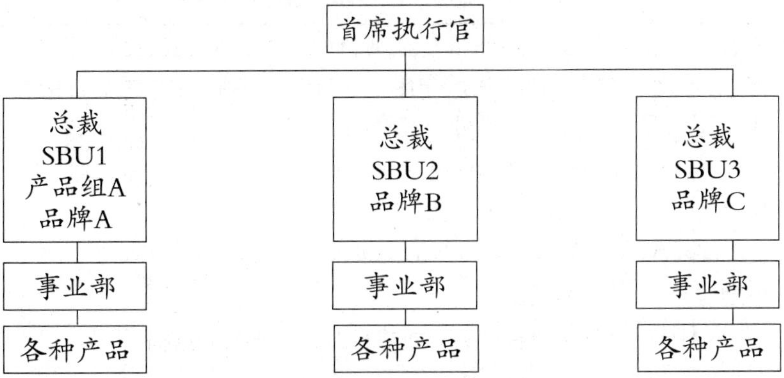

图 4–7　战略业务单位组织结构

表 4-7　战略业务单位组织结构定义及优缺点

定义	企业的成长最终需要将相关产品线归类为事业部，然后将这些事业部归类为战略业务单位。
优点	1. 降低了企业总部的控制跨度（管理幅度）。 2. 由于不同的企业单元都向其上级领导报告其经营情况，因此控制幅度的降低也减轻了总部的信息过度情况。 3. 这种结构使得具有类似使命的产品、市场或技术的事业部之间能够更好地协调。 4. 由于几乎无须在事业部之间分摊成本，因此易于监控每个战略业务单位的绩效。
缺点	1. 由于采用这种结构多了一个垂直管理层，因此总部与事业部和产品层的关系变得更疏远。 2. 战略业务单位经理为了取得更多的企业资源会引发竞争和摩擦，从而对企业的总体绩效产生不利影响。
适用范围	规模较大的多元化经营企业。

6. 矩阵制组织结构

矩阵结构是一种具有两个或多个命令通道的结构，包含两条预算权力线以及两个绩效和奖励来源。

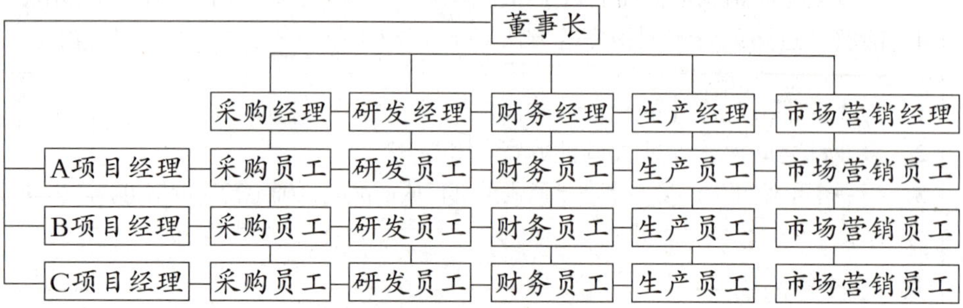

图 4-8　矩阵制组织结构

表 4-8　矩阵制组织结构的定义及优缺点

定义	矩阵制组织结构是为了处理非常复杂项目中的控制问题而设计的，这种结构在职能和产品或项目之间起到了联系作用。这样员工就拥有了两个直接上级，其中一名上级负责产品或服务，而另外一名负责职能活动。
优点	1. 由于项目经理与项目的关系更紧密，因而能更直接地参与到与其产品相关的战略中来，从而激发其成功的动力。 2. 能更加有效地优先考虑关键项目，加强对产品和市场的关注，从而避免职能型结构对产品和市场的关注不足。 3. 与产品主管和区域主管之间的联系更加直接，从而能够做出更有质量的决策。 4. 实现了各个部门之间的协作以及各项技能和专门技术的相互交融。 5. 双重权力使得企业具有多重定位，这样职能专家就不会只关注自身的业务范围。

（续上表）

缺点	1．可能导致权力划分不清晰（比如谁来负责预算），并在职能工作和项目工作之间产生冲突。 2．双重权力容易使管理者之间产生冲突。如果采用混合型结构，非常重要的一点就是确保上级的权力不相互重叠，并清晰地划分权力范围。下属必须知道其工作的各个方面应对哪个上级负责。 3．管理层可能难以接受混合型结构，并且管理者可能会觉得另一名管理者将争夺其权力，从而产生危机感。 4．协调所有的产品和地区会增加时间成本和财务成本，从而导致制定决策的时间过长。
适用范围	非常复杂项目中的控制问题。

7．H型结构（控股企业/控股集团结构）——母子公司形成的企业集团

表 4–9　H 型结构

定义	控股企业其下属企业具有独立的法人资格，下属公司能独立经营并可能保留其原本的企业名称。母公司的作用仅限于作出购买或出售这些企业的决策，而很少参与它们的产品或市场战略。
特点	1．其业务单元的自主性强。 2．企业无须负担高额的中央管理费，因为母企业的职员数量很可能非常少；业务单元能够自负盈亏并从母企业取得较便宜的投资成本。 3．在某些国家如果将这些企业看成一个整体，业务单元还能够获得一定的节税收益。 4．控股企业可以将风险分散到多个企业中，但是有时也很容易撤销对个别企业的投资。
适用范围	业务领域涉及多个方面，甚至上升到全球化竞争层面。

8．国际化经营企业的组织结构（回忆第三章国际化经营战略之知识点国际化的战略类型）

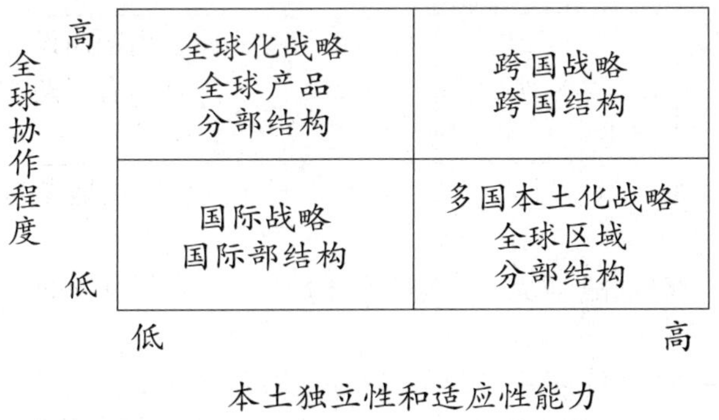

图 4–9　国际化经营战略类型及其相对应的组织结构

（1）国际部结构（国际战略）——事业部制

学堂点睛

“国际战略”是企业国际化经营早期的战略类型。这时企业发挥全球协作程度低，产品对东道国市场需求的适应能力也比较弱。企业多把产品开发的职能留在母国，而在东道国建立制造和营销职能，其组织结构往往采用国际部结构。

组织结构：总经理下设置副总经理（国内部1）、副总经理（国内部2）、副总经理（国际部），其中副总经理（国际部）管理国外子公司1、国外子公司2等。

（2）全球区域分部结构（多国本土化战略）——事业部制或战略业务单位

学堂点睛

多国本土化战略是根据不同国家的不同市场，提供更能满足当地市场需要的产品和服务。这种类型的企业往往采用“全球区域分布结构”。

地区分部可以是事业部，或战略业务单位。下属公司是高度自治的利润中心。

组织结构：总经理下设置副总经理（北美洲）、副总经理（南美洲）、副总经理（欧洲）等，其中副总经理（欧洲）管理国外子公司（英国）、国外子公司（法国）、国外子公司（德国）等。

（3）全球产品分部结构（全球化战略）——事业部制或战略业务单位

学堂点睛

“全球化战略”是向全世界的市场推销标准化的产品和服务，并在较有利的国家集中地进行生产经营活动，由此形成经验曲线和规模经济效益，以获得高额利润。这种类型的企业往往采用“全球产品分部结构”，此考点需要与跨国结构区分。

产品分部可以是事业部，或战略业务单位。下属公司没有太大自主权，并被作为一个成本中心来评估。

组织结构：总经理下设置副总经理（A产品部）、副总经理（B产品部）、副总经理（C产品部）等。

（4）跨国结构（跨国战略）——矩阵结构

学堂点睛

跨国战略是将全球化战略的高效率与多国本土化的适应能力结合起来的战略类

型。采用这种战略的企业试图获得全球区域分部结构和全球产品分部结构的优势，其本质上是一个运作网络，多个总部分布在不同国家。下属公司对本地产品有绝对的控制权，对某些全球化产品提供支持，并控制其他部分全球化产品。跨国结构的目的是力求同时最大限度地提高效率、地区适应能力和组织学习能力。

从全球性产品——地区混合结构思路出发，属于矩阵结构。下属公司可在某些地区为正常盈利标准，在其他地区为成本中心标准。

组织结构：总经理下设置副总经理（A产品部）、副总经理（B产品部）、副总经理（地区甲）、副总经理（地区乙），从而会形成甲地某家生产B产品的子公司的“产品——地区混合结构”。

【例1-2012-单选题】甲公司是一家内河航运公司，原主要经营水路客货运输业务。为抓住沿岸经济规模扩张和市场领域开放竞争的机遇，公司决定将水路客货运输业务上市筹集的资本金，主要投向已经涉及的物流、仓储、码头、旅游、宾馆、餐厅、航道工程、船舶修造、水难救生等多个业务领域，通过采取兼并收购、战略联盟和内部开发的方式，实现一体化和多元化成长战略，形成规模，建树品牌。为使公司成长战略得以协调实施，公司原有组织结构应当调整为（　　）。

A．区域事业部结构　　B．产品/品牌事业部结构

C．客户细分/市场细分事业部结构　　D．M型企业组织结构（多部门结构）

【答案】D

学堂点拨

M型企业组织结构适合于具有多个产品线即多元化经营的企业。依题意，该公司通过采取兼并收购、战略联盟和内部开发的方式，实现一体化和多元化成长战略，关键词多元化说明适合采用M型企业组织结构。因此，选项D正确。

【例2-2015-多选题】大众火锅店规定：10万元以下的开支，各个分店的店长就可以做主；普通的一线员工，拥有免单权，而且可以根据客人的需求，赠送水果盘。根据组织纵向分工结构集权与分权理论，大众火锅店这种组织方式的优点有（　　）。

A．降低管理成本　　B．易于协调各职能间的决策

C．提高企业对市场的反应能力　　D．能够对普通员工产生激励效应

【答案】ACD

学堂点拨

分权型结构一般包含更少的管理层次，并将决策权分配到较低的层级，给予员工更大的权力，提高了企业的反应能力。依题意，10万元以下的开支，各个分店的店长就可以做主；普通的一线员工，拥有免单权，而且可以根据客人的需求，赠送水果盘。说明企业采用的是分权型结构，分权型结构减少了信息沟通的障碍，提高了企业反应能力，能够为决策提供了更多的信息并对员工产生了激励效应。选项B为集权型结构的优点。

【例3-2009-多选题】甲公司是上海一家集团企业，其核心业务为批发外国高级品牌的休闲服及内衣，其他业务包括代理世界各地不同品牌的化妆品、手表和鞋。最近，甲公司购入了在国内拥有五家玩具连锁分店的乙公司，并与丙公司签订战略联盟协议参与餐饮业务。为配合甲公司的总体战略实施，甲公司可以选择的组织结构类型有（　　）。

A．产品／品牌事业部制组织结构　　B．职能制组织结构

C．M型企业组织结构　　D．创业型组织结构

【答案】AC

学堂点拨

该公司涉及多个业务，会有多个产品线，可以采用事业部制组织结构和M型企业组织结构。本题可以采用排除法，创业型组织结构适合于小型企业，职能制组织结构适合于单一业务企业，因此选项B、D可以排除。

【例4-2009-多选题】企业以其目标或使命为出发点，计划组织结构。与其他组织结构比较，战略业务单元组织结构的优点有（　　）。

A．降低企业总部的控制跨度

B．使企业总部与事业部和产品层关系更密切

C．使具有类似使命、产品、市场或技术的事业部能够更好的协调

D．更易于监控每个战略业务单元的绩效

【答案】ACD

学堂点拨

战略业务单位组织结构的优点：

1．降低了企业总部的控制跨度（管理幅度）；

2．由于不同的企业单元都向其上级领导报告其经营情况，因此控制幅度的降低也减轻了总部的信息过度情况；

3．这种结构使得具有类似使命、产品、市场或技术的事业部之间能够更好地协调；

4．由于几乎无须在事业部之间分摊成本，因此易于监控每个战略业务单位的绩效。

选项A、C、D正确。由于采用战略业务单位组织结构多了一个垂直管理层，因此总部与事业部和产品层的关系变得更疏远，选项B错误。

【例5-2010-简答题】乙公司是一家历史悠久的英国奶制品公司，业务遍布欧洲、亚洲和美洲，其规模在英国同行业排行第二。乙公司生产的主要产品包括婴儿奶粉、全脂成人奶粉、各类乳酪制品，并一直使用单一品牌在各地市场上销售。

乙公司在英国总部聘用了400余名营销人员，分别负责各地区的销售业务。大多数营销人员的大部分时间均出差在外国，与当地大型超市及经销商洽谈业务。乙公司生产总部的厂房与农场均设于英国市郊，采用劳动密集型的生产及包装模式。乙公司各生产线的生产成本占公司总运营成本的30%，比同行业平均水平高约5%。

近年来，某些地区兴起以瘦为美的理念、崇尚多样化口味的饮料等，导致奶制品市场竞争激烈。由于乙公司未能对各个地区市场变化采取应对措施，导致其总体市场份额和利润率均下降10%以上，在成人奶粉细分市场的份额下降了20%。

经研究分析，最高管理层发现乙公司在战略制定、内部组织结构和经营管理等方面存在缺陷，急需进行调整。最高管理层决定在乙公司内推行全新的运营模式，并拟将总部直接管理各地区业务的业务管理模式调整为区域事业部制的组织结构。

要求：简要分析乙公司实施“区域事业部制”组织结构的好处，并提出乙公司应如何组织“区域事业部制”组织结构的建议。

【答案】

乙公司实施区域事业部的主要好处是：

1．在企业与其客户的联系上，区域事业部制能实现更好更快的地区决策；

2．与一切皆由总部来运作相比，建立地区工厂或办事处会削减成本费用；

3．有利于海外经营企业应对各种环境变化。

针对该企业的实际经营状况，当企业在不同的地理区域开展业务时，可以按照特定的地理位置来对企业的人员和活动进行分类。该公司可以设置亚洲、美洲、欧洲（不含英国）和英国（本土）四个事业部，分别负责亚洲、美洲、欧洲（英国之外的其他欧洲国家）和英国本土的相关事务。

（二）横向分工结构的基本协调机制（★）

表 4-10 横向分工结构的基本协调机制

类型	说明	举例说明
相互适应，自行调整	是一种自我控制方式，组织成员直接通过非正式的、平等的沟通达到协调，相互之间不存在指挥与被指挥的关系，也没有来自外部的干预。 适合于最简单的组织结构。在十分复杂的组织里，由于人员构成复杂，工作事务事先不能全部规范化，因而也采用这种协调机制。	两个极端：最简单和最复杂的结构。
直接指挥，直接控制	组织的所有活动都按照一个人的决策和指令行事。	如同大脑指挥协调两只手的活动。
工作过程标准化	组织通过预先制定的工作标准，来协调生产经营活动。	企业制定好自动生产流水线的标准以后，工人在生产中便根据这个标准来检查和调整。
工作成果标准化	组织通过预先制定的工作成果标准，实现组织中各种活动的协调。	出版社只要求印刷厂按照一定的质量标准完成任务，而不限制书在哪里印刷。
技艺（知识）标准化	组织对其成员所应有的技艺、知识加以标准化。如就职前已有的经验和技能。（属于超前的间接协调机制）	病人手术会遇到很多突发情况，需要外科大夫和麻醉师凭借他们个人所掌握的知识和经验各自履行自己的职责。
共同价值观	组织内全体成员要对组织的战略、目标、宗旨、方针有共同的认识和共同的价值观念，充分地了解组织的处境和自己的工作在全局中的地位和作用，互相信任、彼此团结，具有使命感，组织内的协调和控制达到高度完美的状态。	鉴于内外部环境的不断变化，企业对内要及时调整，发挥创新精神，协同效果和整体优势；对外要灵活适应，快速行动。

【例6-单选题】在十分复杂的组织结构中，适宜采用的组织协调机制是（　　）。

A．共同价值观　　　　B．直接指挥，直接控制

C．标准化体系结构　　　　D．相互适应，自行调整

【答案】D

学堂点拨

相互适应，自行调整是一种自我控制方式。这种机制适合于最简单的组织结构。在十分复杂的组织中，工作事务事先不能全部规范，因而也采用这种协调机制，使组织成员边工作、边调整、互相适应、互相协调。因此选项D正确。

【例7-单选题】甲公司是一家手机生产企业。该公司在制定好自动生产流水线的标准以后，工人在生产过程中便根据这个标准进行生产和检验产品。一旦生产出现问题，管理人员便用这个标准来检查和调整。根据横向分工结构的基本协调机制分类，该公司属于（　　）。

A．相互适应，自行调整　　　　B．工作过程标准化

C．工作成果标准化　　　　D．技艺（知识）标准化

【答案】B

学堂点拨

工作过程标准化是指组织通过预先制定的工作成果标准，来协调生产经营活动。在生产之前，企业向职工明确工作的内容，或对工作制定出操作规程及其规章制度，然后要求工作过程中所有活动都要按这些标准进行，以实现协调。因此选项B正确。

知识点3　企业战略与组织结构（★★）

一、组织结构与战略的关系（★★）

钱德勒的组织结构服从战略理论可以从以下两个方面展开：

（一）战略的前导性与结构的滞后性

1．战略前导性：指企业战略的变化快于组织结构的变化。

2．结构滞后性：指企业组织结构的变化常常慢于战略的变化速度。

造成这种现象的原因有两种：一是新、旧结构交替有一定的时间过程；二是管理人

员的抵制。

（二）企业发展阶段与结构

表 4–11　企业发展阶段与结构

产业发展阶段	结构类型	企业特征
1	从简单结构到职能结构	简单的小型企业，面对一个独特的小型市场。
2	从职能结构到事业部结构	在较大的或多样化的市场上提供单一的或密切相关的产品与服务系列。
3	从事业部结构到矩阵结构	在多样化的市场上扩展相关的产品系列。
4	从事业部结构到战略业务单位结构	在大型的多元化产品市场进行多种经营，提供不相关的产品与服务。

表 4–12　产业发展阶段

产业发展阶段	战略类型	企业结构类型
产业发展阶段（初期）	市场渗透战略	简单结构
产业进一步发展	市场开发战略	职能结构
产业增长阶段后期	纵向一体化战略	事业部结构
成熟期	多元化经营战略	矩阵制结构或经营业务单位结构

二、组织的战略类型（★★）

表 4–13　组织的战略类型

类型	特点	适合情形
防御型战略组织	1. 追求一种稳定的环境，试图通过解决开创性问题来达到自己的稳定。创造一个稳定的经营领域，占领一部分产品市场。常采用竞争性定价或高质量产品来阻止竞争对手进入自己的领域。 2. 运用大量的资源解决自身的工程技术问题，集中于技术效率，尽可能有效地生产与销售产品或提供服务。 3. 采取“机械式”结构机制。	适合于较为稳定的产业。但是，该产业也有潜在的危险，不可能对市场环境做重大的改变。
开拓型战略组织	1. 追求一种更为动态的环境，将其能力表现在探索和发现新产品和市场的机会上，技术具有很大的灵活性。 2. 行政管理具有很大的灵活性，采用“有机式”机制。	在不断求变当中可以减少环境动荡的影响，但它要冒利润较低与资源分散的风险。 缺乏效率性，很难获得最大利润。

（续上表）

类型	特点	适合情形
分析型战略组织	1．在寻求新的产品和市场机会的同时，保持传统的产品和市场。需要在保持技术的灵活性与稳定性之间进行平衡。 2．主要任务是如何区分组织结构的各个方面，以适应既稳定又变动的经营业务，使两种经营业务达到平衡。这个问题可以由分析型组织的矩阵结构解决。	稳定性与灵活性并存的状态，在一定程度上限制了组织的应变能力。如果分析型组织不能保持战略与结构关系的必要平衡，它最大的危险就是既无效能又无效率。
反应型战略组织	对其外部环境的反应上采取一种动荡不定的调整模式，缺少在变化的环境中随机应变的机制。往往会对环境变化和不确定性做出不适当的反应，随后又会执行不力，对以后的经营行动犹豫不决。结果，反应型组织永远处于不稳定的状态。	一个企业组织之所以成为反应型组织，主要有三个原因： 1．决策层没有明文表达企业战略； 2．管理层次中没有形成可适用于现有战略的组织结构； 3．只注重保持现有的战略与结构的关系，忽视了外部环境条件的变化。

【例8-2014-单选题】甲公司是研发音乐耳塞的企业，其近期面向舞台表演者和音乐发烧友推出的3款“入耳型”音乐耳塞产品，虽然外形并不时尚，但凭借着先进的音频技术和舒适的佩戴感觉，得到了客户的认可。甲公司决定不断完善3款产品的制造工艺技术，降低产品成本并提高产品质量，从而能够继续保持这一部分耳塞市场份额。甲公司宜采取的组织战略类型为（　　）。

A．防御型战略组织　　B．开拓型战略组织

C．分析型战略组织　　D．反应型战略组织

【答案】A

学堂点拨

防御型组织主要是要追求一种稳定的环境，试图通过解决开创性问题来达到自己的稳定性。从防御型组织的角度来看，所谓开创性问题就是要创造一个稳定的经营领域，占领一部分产品市场，即生产有限的一组产品，占领整个潜在市场的一小部分。在这个有限的市场中，防御型组织常采用竞争性定价或高质量产品等经济活动来阻止竞争对手进入它们的领域，保持自己的稳定。本题中，甲公司生产的耳塞得到客户认可后，仍不断完善产品制造工艺技术，从而能够继续保持这一部分耳塞市场份额，达到追求稳定的目的。因此选项A正确。

【例9-单选题】下列关于企业战略与组织结构的说法中，错误的是（　　）。

A. 开拓性组织追求一种更为动态的环境，将其能力表现在探索和发现新产品和市场的机会上，技术具有很大的灵活性

B. 如果分析型组织不能保持战略与结构关系的必要平衡，它最大的危险就是既无效能又无效率

C. 防御型战略组织缺少在变化的环境中随机应变的机制

D. 防御型组织主要是要追求稳定的环境

【答案】C

学堂点拨

反应型战略组织缺少在变化的环境中随机应变的机制，选项C说法不正确。

【例10-2013-单选题】在以下四种组织类型中，不能对环境变化和不确定性做出适当反应、总是处于不稳定状态的是（　　）。

A. 防御型战略组织　　B. 开拓型战略组织

C. 反应型战略组织　　D. 分析型战略组织

【答案】C

学堂点拨

反应型组织在对其外部环境的反应上采取一种动荡不定的调整模式，缺少在变化的环境中随机应变的机制。它往往会对环境变化和不确定性做出不适当的反应，随后又会执行不力，对以后的经营行动犹豫不决。结果，反应型组织永远处于不稳定的状态。因此选项C为答案。

【例11-2014-简答题】2005年之前金宝集团着重于公用事业，主要围绕城市燃气来推动企业发展。从2005年开始金宝集团专注于清洁能源的开发和利用，依托技术创新和商业模式创新，形成从能源开发、能源转化、能源物流到能源分销的上中下游纵向一体化的产业链条，为客户提供多种清洁能源组合的整体解决方案。金宝集团“清洁能源生产与应用”的宗旨日益清晰。

随着集团清洁能源战略目标的日益清晰，金宝集团于2006年初进行了重大调整。

一是调整组织结构，将金宝集团的原有三大产业集团调整为能源分销、能源装备、能源化工、生物化工等产业板块，总部下设的支持保障机构也做了相应的变更。

二是人力资源政策调整，实施以科技牵引集团发展清洁能源的战略升级。金宝集团启动科技人才梯队建设，努力实现拥有科研人员、工程设计人员、技术管理人员、项目管理人员、技术工人五类人才和领军人物、核心人才、骨干人才三级智力网络的优秀科技人才梯队。

三是在科技人才激励体系、运行机制方面，金宝集团依据价值共创与价值共享的人本思想建立科技人才激励机制。金宝集团的激励政策致力于激发员工创新能力，重实绩、重贡献、重成果，向优秀科技创新人才和关键技术岗位倾斜，实行"智慧参与分配"和"技术参与股利分配"政策。技术与资本、劳动、管理一起，作为集团价值分配要素，以引导技术人员创造性地工作，全力攻克技术难关。建立以项目为基本单元，以项目成果为导向的激励机制，使激励和项目运作有机地结合起来。

要求：

1. 简要分析金宝集团从2005年开始启动的战略变革的类型；

2. 简要分析钱德勒"组织结构服从战略"理论在金宝集团的战略变革中是如何应用的；

3. 简要分析金宝集团还可采取哪些人力资源战略措施。

【答案】

本题考核"战略变革类型""组织结构服从战略""人力资源战略"知识点。

战略变革的类型包括产品与服务变革、结构与体系变革、人员变革和技术变革。

1. 金宝集团战略变革的类型有：

（1）产品和服务变革，指企业的产出的变革，包括开发新产品或改进现有产品，表现为"2005年之前金宝集团着重于公用事业，主要围绕城市燃气来推动企业发展，从2005年开始金宝集团专注于清洁能源的开发和利用"；

（2）结构和体系变革，指企业运作的管理方法的变革，包括结构变化、政策变化和控制系统变化，表现为"集团的原有三大产业集团调整为能源分销、能源装备、能源化工、生物化工等产业板块，总部下设的支持保障机构也做了相应的变更"；

（3）人员变革，这指企业员工价值观、工作态度、技能和行为方式的转变，目的是确保职工努力工作，完成企业目标，表现为"金宝集团启动科技人才梯队建设……建立科技人才激励机制……以引导技术人员创造性地工作"。

2. 钱德勒的组织结构服从战略理论可以从以下两个方面展开：

（1）战略的前导性与结构的滞后性，这是指企业战略的变化快于组织结构的变化，企业组织结构的变化常常慢于战略的变化速度，企业最先对经济发展做出反应的是战略，而不是组织结构，即在反应的过程中存在着战略的前导性和结构的滞后性现象，企业应努力缩短结构反应滞后的时间，使结构配合战略的实施，依题意，表现为“从2005年开始金宝集团专注于清洁能源的开发和利用”，体现战略前导性；“随着集团清洁能源战略目标的日益清晰，金宝集团组织结构也在不断调整”，体现结构的滞后性；

（2）企业发展阶段与结构，企业发展到一定阶段，其规模、产品和市场都发生了变化，这时，企业应采用合适的战略，并要求组织结构做出相应的反应，依题意，表现为“一是调整组织结构，将金宝集团的原有三大产业集团调整为能源分销、能源装备、能源化工、生物化工等产业板块，总部下设的支持保障机构也做了相应的变更”，说明了当企业发展到一定阶段，企业会采用合适的战略，组织结构也随之调整。

3. 金宝集团还可采取的人力资源战略措施：

（1）精确识别出企业为实现短期、中期和长期的战略目标所需要的人才类型；

（2）通过培训、发展和教育来激发员工潜力；

（3）尽可能地提高任职早期表现出色的员工在员工总数中所占的比重；

（4）招聘足够的、有潜力成为出色工作者的年轻新就业者；

（5）确保采取一切可能的措施来防止竞争对手挖走企业的人才；

（6）招聘足够的、具备一定经验和成就的人才，并使其迅速适应新的企业文化；

（7）激励有才能的人员达到更高的绩效水平，并激发对企业的忠诚度；

（8）创造企业文化，使人才能在这种文化中得到培育并施展才华。

第二节　公司战略与企业文化

知识点1　企业文化的概念及类型、文化与绩效（★★）

一、企业文化的概念（★）

关键词：企业内部共有的价值观、信仰和道德规范。

二、企业文化的类型（★★★）

表 4-14 企业文化的类型

类型	特点	适用范围
权力导向型	掌权人试图对下属保持绝对控制，企业组织结构往往是传统框架。企业的决策可以很快地做出，但其质量在很大程度上取决于企业经理人员的能力。企业的变革主要由企业中心权力来决定。	通常存在于家族式企业和刚开创企业。
角色导向型	尽可能追求理性和秩序，角色文化十分重视合法性、忠诚和责任。企业的权力仍在上层，十分强调等级和地位。 具有稳定性、持续性的优点，可能导致高效率，但是，这类企业不太适合动荡的环境。	最常见于国有企业和公务员机构。
任务导向型	管理者关心的是不断地和成功地解决问题。采用的组织结构往往是矩阵式。实现目标是任务导向型企业的主导思想。企业强调的是速度和灵活性，专长是个人权力和职权的主要来源，并且决定一个人在给定情景中的相对权力。 具有很强的适应性，个人能高度控制自己分内的工作，在十分动荡或经常变化的环境中会很成功。也会给企业带来很高的成本。	常见于新兴产业中的企业，特别是一些高科技企业。
人员导向型	企业存在的目的主要是为其成员的需要服务，员工通过示范和助人精神来互相影响，而不是采用正式的职权。这类文化中的人员不易管理，企业能给他们施加的影响很小。	常见于俱乐部、协会、专业团体和小型咨询公司。

【例1-2014-单选题】甲公司是一家关注于高科技移动领域的互联网公司。公司没有森严的等级制度，强调员工平等，崇尚创新，在处理多样化的问题时，鼓励员工跨部门合作，在工作中发挥自己的专长和创意，努力打造客户需要的产品。甲公司的企业文化类型属于（　　）。

A. 权力导向型　　B. 角色导向型

C. 人员导向型　　D. 任务导向型

【答案】D

学堂点拨

任务导向型企业强调的是速度和灵活性，专长是个人权力和职权的主要来源，并且决定一个人在给定情景中的相对权力。这类文化常见于新兴产业中的企业，特别是一些高科技企业。本题中甲公司是高科技公司，没有森严的等级制度，强调员工平等，崇尚创新，说明不属于角色导向型企业文化，在处理多样化的问题时，鼓励员工跨部门合作，说明管理者关心的是不断地和成功地解决问题，这些都是任务导向型的特点。选项D正确。

【例2-多选题】下列关于企业文化类型表述错误的有（　　）。

A．任务导向型常见于小型咨询公司

B．角色导向型员工通过示范和助人精神来互相影响，而不是采用正式的职权

C．权力导向型十分重视合法性、忠诚和责任，可能导致高效率

D．角色导向型强调企业的变革主要由企业中心权力来决定

【答案】ABCD

学堂点拨

人员导向型常见于小型咨询公司，选项A错误；人员导向型员工通过示范和助人精神来互相影响，而不是采用正式的职权，选项B错误；角色导向型十分重视合法性、忠诚和责任，可能导致高效率，选项C错误；权力导向型强调企业的变革主要由企业中心权力来决定。

三、文化与绩效（★）

（一）企业文化为企业创造价值的途径（积极作用）

1．文化简化了信息处理。

2．文化补充了正式控制。

3．文化促进合作并减少讨价还价成本。

（二）文化、惯性和不良绩效（消极作用）

当战略与环境相匹配时，文化与绩效存在积极联系。而当企业所面对的环境产生了变化，并显著地要求企业对此适应以求得生存时，文化对绩效的负面影响就变得重要起来。

（三）企业文化成为维持竞争优势源泉的条件

首先，文化必须为企业创造价值；其次，公司文化必须是企业所特有的；最后，企业文化必须是很难被模仿的。

知识点2 战略稳定性与文化适应性（★★）

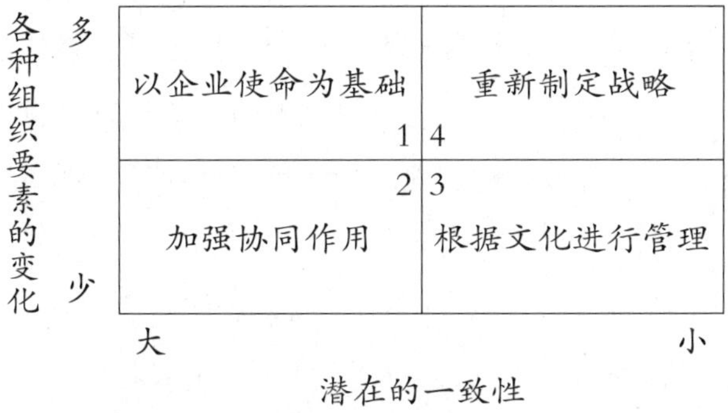

图 4-10　战略稳定性与文化适应性

表 4-15　战略稳定性与文化适应性的含义及说明

类型	基本含义	说明
以企业使命为基础	这种企业多是那些以往效益好的企业，可以根据自己的实力，寻找可以利用的重大机会，或者试图改变自己的主要产品和市场，以适应新的要求。	注意： 1．企业在进行重大变革时，必须考虑与企业基本使命的关系； 2．发挥企业现有人员在战略变革中的作用； 3．在调整企业的奖励系统时，必须注意与企业组织目前的奖励行为保持一致； 4．考虑进行与企业组织目前的文化相适应的变革，不要破坏企业已有的行为准则。
加强协调作用	发生在企业采用稳定战略（或维持不变战略）时。	考虑： 1．利用目前的有利条件，巩固和加强企业文化； 2．利用文化相对稳定的这一时机，根据企业文化的需求，解决企业生产经营中的问题。
根据文化的要求进行管理	企业要素变化不大，但多与企业组织目前的文化不大一致。	可以根据经营的需要，在不影响企业总体文化一致的前提下，对某种经营业务实行不同的文化管理。
重新制定战略	企业首先要考察是否有必要推行这个新战略，如果没有必要，企业则需要考虑重新制定战略。	四个方面采取管理行动： 1．企业的高层管理人员要痛下决心进行变革，并向全体员工讲明变革的意义； 2．招聘或从内部提拔一批与新文化相符的人员； 3．将奖励的重点放在具有新文化意识的事业部或个人的身上，促进企业文化的转变； 4．设法让管理人员和员工明确新文化所需要的行为，形成一定的规范。

【例3-2016-单选题】甲公司是一家成功的家电企业，多年来致力于为消费者提供整套家电解决方案。随着互联网技术的兴起，公司于2004年制定并实施了进军智能家居领域的战略，通过建立“家庭网络标准产业联盟”，推出了一系列信息及多媒体共享的智能家居产品。同时，公司组织结构进行了重大改革，管理制度也作了相应调整，并与企业多年形成的文化保持了一致。根据战略稳定性与文化适应性矩阵的要求，甲公司在实施上述新战略时，应当（　　）。

A．加强协同作用　　B．以企业使命为基础

C．根据文化进行管理　　D．重新制定战略

【答案】B

学堂点拨

案例表明该公司对战略进行了较大调整，“公司组织结构进行了重大改革，管理制度也作了相应调整”，但与企业多年形成的文化保持了一致，所以属于以企业使命为基础（企业实施一个新的战略时，重要的组织要素会发生很大变化，这些变化大多与企业目前的文化有潜在的一致性），选项B正确。

第三节　战略控制

知识点1　战略控制的过程（★★）

一、战略失效与战略控制

（一）战略失效（★★）

概念：企业战略实施的结果偏离了预定的战略目标或战略管理的理想状态。

原因：

1．企业内部缺乏沟通，企业战略未能成为全体员工的共同行动目标，企业成员之间缺乏协作共事的愿望，未形成凝聚力；

2．战略实施过程中各种信息的传递和反馈受阻；

3．战略实施所需的资源条件与现实存在的资源条件之间出现较大缺口；

4．用人不当，主管人员、作业人员不称职或玩忽职守；

5．公司管理者决策错误，使战略目标本身存在严重缺陷或错误；

6．企业外部环境出现了较大变化，而现有战略一时难以适应等。

表 4-16　战略失效的类型

早期失效	战略实施初期
偶然失效	意想不到的因素出现
晚期失效	战略推进一段时间之后

【例1-单选题】甲公司是一家大型钢铁企业集团，因铁矿石资源短缺、物流成本高等因素影响，今后相当长一个时期，该企业将处于微利甚至亏损局面，面临更大压力和考验。2016年，该公司决定建设养殖场，进入养殖业。由于养殖具有典型的周期性，2017年，受市场价格波动、疫病频发等问题困扰，养殖产业亏损严重。根据以上信息可以判断，该集团战略没有达到预期效果，出现的战略失效类型属于（　　）。

A．早期失效　　B．偶然失效　　C．晚期失效　　D．中期失效

【答案】A

学堂点拨

2016年进入养殖业，2017年（初创期）亏损严重，属于战略实施初期的早期失效。

（二）战略控制（★★）

概念：战略控制是指监督战略实施进程，及时纠正偏差，确保战略有效实施，使战略实施结果符合预期战略目标的必要手段。

表 4-17　战略控制与预算控制区别

战略控制	预算控制
期间比较长，从几年到十几年以上	期间通常为一年以下
定性方法和定量方法	定量方法
重点是内部和外部	重点是内部
不断纠正行为	通常在预算期结束之后采用纠正行为

（三）战略控制系统（★）

表 4-18　战略控制系统

战略控制系统的考虑因素	1．链接性。如果在重要机构之间架起沟通的桥梁，那么应以避免破坏的方式进行合作。 2．多样性。从多种系统中选择适合性较高的控制系统。 3．风险。根据风险程度不同选择不同的控制系统。 4．变化。企业必须迅速应对战略控制系统环境的变化。 5．竞争优势。具有较弱竞争优势的业务：市场份额或质量是成功的源泉。具有较强竞争优势的业务：需要在更多地区获得成功。

（续上表）

战略性业绩计量	特征：1. 重点关注长期的事项（股东财富）； 2. 有助于识别战略成功的动因； 3. 通过企业提高业绩来支持企业学习； 4. 提供的奖励基础是基于战略性的事项而不仅仅是某年的业绩。 要求：可计量的、有意义的、持续计量的、定期重新评估的、战略定义或者与之相关的，并且是可接受的。

二、企业经营业绩的衡量 （★）

表 4-19 对衡量企业业绩的不同观点

股东观	企业是为股东盈利的，因而应该把股东回报率作为企业业绩的指标。股东回报率的计算由两部分组成，资本利得与股利。
利益相关者观	每个利益相关者在一定程度上都对该企业具有依赖性，他们会对企业做出相应的要求，不同利益相关者之间的期望和利益有可能产生矛盾和冲突。

【例2-多选题】下列关于企业业绩衡量的表述中错误的有（　　）。

A．使用比率进行绩效评价可能鼓励短期行为

B．利益相关者观认为应该把股东回报率作为企业业绩的指标

C．股东观认为企业是为股东和管理者的利益而存在的

D．股东回报率的计算以企业会计资料为基础

【答案】BCD

学堂点拨

使用比率进行绩效评价可能鼓励短期行为，比率一般按年、季度、月计算，过度追求月度、季度及年度的目标可能不符合企业长期战略发展的需要，因此选项A正确。股东观认为企业应基于股东的利益而存在，如果没有股东投入的股本，企业将无法启动，如果没有股东的再投入，企业将会停止运转，这就引出一个结论，即企业是为股东盈利的，因而股东观认为应该把股东回报率作为企业业绩的指标，选项B错误，选项C错误。股东回报率的计算由两部分组成，资本利得与股利，这是基于市场的方法，这种方法对传统会计方法的有效性提出了质疑，选项D错误。

知识点2 战略控制方法（★★）

一、预算与预算控制（★★）

表 4-20 预算的类型

类型	定义	优点	缺点
增量预算	新的预算使用以前期间的预算或者实际业绩作为基础来编制，在此基础上增加相应的内容。	1. 预算是稳定的，并且变化是循序渐进的。 2. 经理能够在一个稳定的基础上经营他们的部门。 3. 系统相对容易操作和理解。 4. 遇到类似威胁的部门能够避免冲突。 5. 容易实现协调预算。	1. 它假设经营活动以及工作方式都以相同的方式继续下去。 2. 不能拥有启发新观点的动力。 3. 没有降低成本的动力。 4. 它鼓励将预算全部用光以便明年可以保持相同的预算。 5. 它可能过期，并且不再和经营活动的层次或者执行工作的类型有关。
零基预算	在每一个新的期间必须重新判断所有的费用。	1. 能够识别和去除不充分或者过时的行动。 2. 能够促进更为有效的资源分配。 3. 需要广泛的参与。 4. 能够应对环境的变化。 5. 鼓励管理层寻找替代方法。	1. 它是一个复杂的、耗费时间的过程。 2. 它可能强调短期利益而忽视长期目标。 3. 管理团队可能缺乏必要的技能。

【例3-2014-单选题】下列关于企业增量预算的说法中，正确的是（　　）。

A. 增量预算是稳定的，并且变化是循序渐进的

B. 增量预算能够促使企业降低成本

C. 增量预算拥有启发新观点的动力

D. 增量预算假设经营活动以及工作方式都以不同的方式继续下去

【答案】A

学堂点拨

选项B、C是零基预算的特点；增量预算假设经营活动以及工作方式都以相同的方式继续下去，选项D错误。

【例4-2010-单选题】甲公司是国内一家大型农业生产资料集团，近年来致力于推进横向一体化和纵向一体化战略，以保持国内规模优势。甲公司对其各子公司实行预算管理，并通常使用增量预算方式进行战略控制，子公司预算需要经甲公司预算管理委员会批准后执行。2009年9月，甲公司在化肥市场低迷时期，收购了乙化肥厂。甲公司收购乙化肥厂后更换了其总经理和财务总监，并计划全面改变乙化肥厂的经营策略。2009年11月，甲公司启动2010年度预算编审工作，此时甲公司应要求乙化肥厂编制（　　）。

A. 增量预算　　B. 零基预算　　C. 动态预算　　D. 静态预算

【答案】B

学堂点拨

该题目中的乙化肥厂属于全新的公司，没有之前的预算基础可以利用，所以应当编制零基预算。

【例5-2016-多选题】南江公司全面成本管理，年底将当年实际业绩作为第二年的预算编制基础，此行为的不利之处是（　　）。

A. 没有降低成本的动力　　B. 不能拥有启发新观点动力

C. 可有效分配资源　　D. 能应付环境变化

【答案】AB

学堂点拨

依题意，南江公司年底将当年实际业绩作为第二年的预算编制基础，说明采用的是增量预算。增量预算的缺点在于：1. 它假设经营活动以及工作方式都以相同的方式继续下去；2. 不能拥有启发新观点的动力；3. 没有降低成本的动力；4. 它鼓励将预算全部用光以便明年可以保持相同的预算；5. 它可能过期，并且不再和经营活动的层次或者执行工作的类型有关。选项A、B正确，选项C、D属于零基预算的优点。

二、企业业绩衡量指标（★）

（一）财务衡量指标：盈利能力和回报率指标；股东投资指标；流动性指标；负债和杠杆作用指标（了解）。

（二）非财务指标：能够很快提供给管理层，容易计算，被非财务管理层理解并有效使用。

三、平衡计分卡的业绩衡量方法（★★★）

（一）平衡计分卡的基本概念

表 4-21　平衡计分卡的衡量角度

财务角度	主要关注股东对企业的看法，以及企业的财务目标。 采用的指标： 包括利润、销售增长率、投资回报率、现金流等。
顾客角度	采用的指标： 1．滞后指标：市场份额、客户保留率、新客户开发率、客户满意度和盈利率（事后才能计算出结果）； 2．领先指标：时间、质量、价格、可选性、客户关系、企业形象（事先的计划安排）。
内部流程角度	采用的指标： 在新工作中与顾客相处的时间、每个雇员的收入、收益率、交货时间、工程进度完成率。
创新与学习角度	平衡计分卡最大的优点就是能够把创新与学习列为四个角度中的一个。 采用的指标： 新产品占销售的比例、雇员调查、主要员工保留率、员工能力评估与发展。

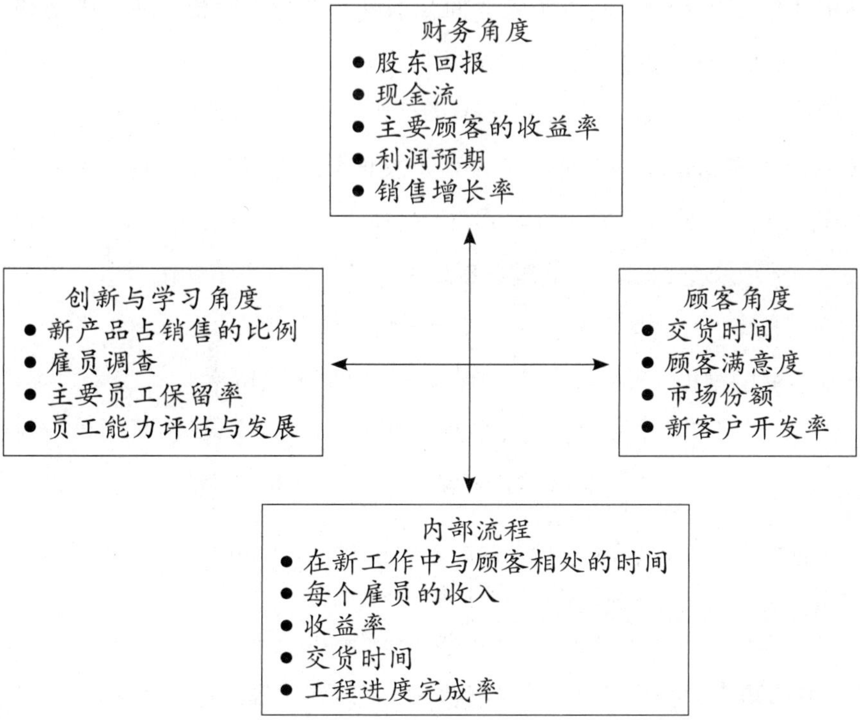

图 4-11　平衡计分卡

平衡计分卡不仅可以应用于以营利为目的的企业，还可以应用于非营利的组织，这是因为平衡计分卡同样看重财务与非财务指标在企业实现其战略目标中的作用。

平衡特点：平衡了短期与长期业绩、外部与内部的业绩、财务与非财务业绩以及不同利益相关者的角度。

（二）平衡计分卡的特点

1. 平衡计分卡为企业战略管理提供强有力的支持。

2. 平衡计分卡可以提高企业整体管理效率。

3. 注重团队合作，防止企业管理机能失调。

4. 平衡计分卡可提高企业激励作用，扩大员工的参与意识。

5. 平衡计分卡可以使企业信息负担降到最少。

（三）平衡计分卡的作用

1. 平衡计分卡的出现，使得传统的绩效管理从人员考核和评估的工具转变成为战略实施的工具。

2. 平衡计分卡的出现，使得领导者拥有了全面的统筹战略、人员、流程和执行四个关键因素的管理工具。

3. 平衡计分卡的出现，使得领导者拥有了可以平衡长期和短期、内部和外部，确保持续发展的管理工具。

4. 平衡计分卡被誉为近75年来世界上最重要的管理工具和方法。

【例6-2012-单选题】甲企业是一家处于成长期的健身公司，地处高校密集的大学城。公司实行会员制，顾客主要通过电话和网络预约方式来门店进行健身。甲企业决定采用平衡计分卡进行绩效管理，从顾客的角度考虑，其平衡计分卡的内容包括（　　）。

A. 销售增长率　　B. 顾客续卡率

C. 健身器材的维护　　D. 主要员工保留率

【答案】B

学堂点拨

选项A属于财务角度；选项B属于顾客角度中的客户保留率；选项C属于内部流程角度；选项D属于创新与学习角度。

【例7-多选题】甲公司是一家钢铁生产企业，为了提高企业竞争力，甲公司决定采用平衡计分卡衡量公司绩效，并选用销售增长率、现金流、交货时间、顾客满意度作为衡量指标，该公司选用的衡量指标涵盖的角度有（　　）。

A．财务角度　　B．创新与学习角度

C．内部流程角度　　D．顾客角度

【答案】ACD

学堂点拨

销售增长率和现金流属于财务角度，交货时间属于顾客角度和内部流程角度，顾客满意度属于顾客角度。创新与学习角度没有涉及。

【例8–简答题】佳美公司成立于2010年，2015年进入房地产业，是目前我国最大的专业住宅开发企业。该公司的企业文化主要有四点：客户是伙伴；人才是资本；体制是阳光；增长是未来。从2018年开始，该公司采用平衡计分卡的业绩衡量方法。

佳美公司以股东利益最大化为财务目标，用净利润、集团资源回报率考核各个一线公司。同时各个一线公司还要证明实现了价值增值，这些价值不以实际利润的形式存在，但能影响一段时期的收益（如土地储备周转期，周转期越短，该资产带来利润的能力就越强）。“客户是伙伴”被列为企业文化的第一条，从2015年开始，佳美公司总部设立总额为200万元的客户忠诚度大奖，用于奖励在客户忠诚度建设方面成果最突出的一线公司，客户忠诚度下降的则会遭到总部的通报批评。公司在新市场的扩张程度则用新客户开发率来表示，这两个指标相辅相成，既能衡量客户对公司的满意度和忠诚度，也能及时掌握竞争市场中公司的市场占有状况。

以项目经营计划关键节点完成率为例，佳美公司细分了十个节点。影响上述十个节点的，各职能部门必须上报集团公司，由集团公司严格考核项目关键节点的按时达成率。运作与管理系统、职业经理人和企业文化构成了佳美公司平衡计分卡的最后一个层面，骨干人员价值流失率则表现骨干人员离职造成的人员培养损失，从造成损失的大小衡量公司骨干人员的保有能力，骨干人员价值流失率构成衡量这一角度的指标。

要求：

1．平衡计分卡包括哪四个角度？

2．根据上述案例，分析佳美公司在进行业绩衡量时所使用的指标；

3．简述平衡计分卡的特点和作用。

【答案】

1．平衡计分卡包括：财务角度、顾客角度、内部流程角度、创新与学习角度。

2．财务角度：净利润、集团资源回报率、土地储备周转期；

顾客角度：客户忠诚度、新客户开发率；

内部流程角度：项目经营计划关键节点完成率；

创新与学习角度：骨干人员价值流失率。

3．平衡计分卡具有如下特点：（1）平衡计分卡为企业战略管理提供强有力的支持；（2）平衡计分卡可以提高企业整体管理效率；（3）平衡计分卡注重团队合作，防止企业管理机能失调；（4）平衡计分卡可提高企业激励作用，扩大员工的参与意识；（5）平衡计分卡可以使企业信息负担降到最少。

平衡计分卡的作用：（1）平衡计分卡的出现，使得传统的绩效管理从人员考核和评估的工具转变成战略实施的工具；（2）平衡计分卡的出现，使得领导者拥有了全面的统筹战略、人员、流程和执行四个关键因素的管理工具；（3）平衡计分卡的出现，使得领导者拥有了可以平衡长期和短期、内部和外部，确保持续发展的管理工具；（4）平衡计分卡被誉为近75年来世界上最重要的管理工具和方法。

【例9-2012-简答题】华海科技集团利用生物净化技术对土壤、农家肥和水进行解毒、净化和修复，并通过吸附土壤重金属、采用生物植物保护剂防治虫害，在华东生产基地成功试产了高于欧盟、日本标准的有机大米。华海公司采用“政府+公司+大米专业合作社+农户”的协议式生产模式，通过向农户无偿提供生产资料和技术服务，保证了大米的质量和产量。目前，该有机大米的收购价格高于普通大米市场收购价的120%以上，有机大米的市场零售价格是普通大米的10倍以上，产品主要目标市场是日本、东南亚和国内主要大城市。

为了确保对产品质量的控制，华海公司的发展战略是采用非并购方式，自主研发核心技术、培养技术专才。公司在有机大米的市场占有率逐年快速增长后，位居同类产品销售额第一名，环保、安全、健康的产品理念契合了追求生活品质的消费群体，有机大米的品质和品牌逐渐被消费者高度认可并拥有一些忠实消费者。华海公司在生产有机大米的良好基础上，还生产其他有机农产品，包括水产、蔬菜和水果，并先后在河北、山东、四川等地建成了有机农产品基地。

目前，华海公司为单体公司，采用传统型组织结构，设置了采供部、生产部、市场部、销售部（按省区下设办事处）和新产品研发部、财务部、行政人事部。

华海公司采用财务和非财务指标进行业绩考核。公司层面的财务指标主要有销售额、销售费用率、净利润、流动比率、速动比率和资产负债率，其他指标主要有市场占有率。

要求：

1．根据波特五力模型和差异化战略理论，分别从消费者和同业竞争两方面简要分析华海公司实施差异化战略的优点和缺点（无需描述波特五力模型）；

2．简要说明华海公司职能制组织结构的优缺点；

3．简要说明平衡计分卡的业绩衡量方法，针对华海公司业绩考核应当补充哪些指标，并阐明原因。

【答案】

1．实施差异化战略的优点和缺点

优点：

（1）消费者的角度来看，消费者不容易在市场上找到合适的替代产品；品牌的忠诚度也会降低消费者对价格的敏感度；

（2）从竞争者的角度来看，以环保、安全、健康为特色的高品质有机农产品可以减少直接竞争，因为有同样研发、技术能力的竞争对手不多。

缺点：

（1）从消费者的角度来看，消费者可能因为种种原因变得对价格敏感，从而选择价格低廉的产品；

（2）从竞争者的角度来看，差异化产品的高利润会吸引竞争者进入，竞争者会模仿华海公司的产品；竞争者采取的价格竞争导致丧失部分利润空间。

2．职能制组织结构的优缺点

优点：

（1）可以集中一个部门内的所有同一类型活动以实现规模经济效益，如华海公司的销售部专门负责各区域的销售工作；

（2）有利于培养职能专家，比如专门设置市场部以实施公司市场战略规划；

（3）各部门任务多是常规和重复性任务，从而提高工作效率，比如采供部专事采购和供应；

（4）有利于董事会监控各个部门。

缺点：

（1）由于对战略重要性的流程进行了过度细分，在协调不同职能时可能出现问题；

（2）难以确定各项产品产生的盈亏；

（3）导致职能间发生冲突、各自为政；

（4）等级层次以及集权化的决策制定机制会放慢反应速度。

3. 平衡计分卡是从财务角度、顾客角度、内部流程角度、学习与创新角度四个方面衡量企业，它平衡了短期与长期业绩、内部与外部业绩、财务与非财务业绩以及不同利益相关者之间的关系。

对华海公司的建议：华海公司采用财务和非财务作为业绩考核指标，可以参考平衡计分卡，对业绩考核指标进行补充。

从财务角度，建议补充销售毛利率反映企业产品本身的盈利能力；补充投资回报率有利于投资者评估和比较投资回报；补充存货周转率和应收账款周转天数来反映企业运营效率。

从顾客角度，建议补充客户投诉次数，从而反映已售产品的质量问题，并为客户提供意见反馈渠道。

从创新和学习角度，建议补充新产品占销售额的比重等指标。

从内部流程角度，建议补充人均产量或人均销售额指标，以便对生产、销售部门进行业绩考核。

四、统计分析与专题报告（★）

（一）统计分析报告

统计分析结果可以通过表格式、图形式和文章式等多种形式表现出来。

统计分析报告，就是指运用统计资料和统计分析方法，以独特的表达方法和结构特点，表现所研究事物本质和规律性的一种应用文章。

特点：

1. 统计分析报告是以统计数据为主体；
2. 统计分析报告是以科学的指标体系和统计方法来进行分析研究说明；
3. 统计分析报告具有独特的表达方式和结构特点。

（二）专题报告

专题报告是根据企业管理人员的要求，指定专人对特定问题进行深入、细致的调查研究，形成包括现状与问题、对策与建议等有关内容的研究报告，以供决策者参考。

第四节 战略管理中的权力和利益相关者

知识点1 企业主要利益相关者以及企业利益相关者的利益矛盾与均衡（★）

一、企业主要的利益相关者

表 4-22 企业主要的利益相关者

类型		利益期望
内部利益相关者	向企业投资的利益相关者	资本收益（股息、红利）
	经理阶层	销售额最大化
	企业员工	个人收入和职业稳定的极大化
外部利益相关者	政府	对企业税收的期望
	购买者和供应者	在他们各自的阶段增加更多的价值
	债权人	企业有理想的现金流量管理状况，以及较高的偿付贷款和利息的能力
	社会公众	企业能够承担一系列的社会责任

二、企业利益相关者的利益矛盾与均衡（★）

（一）投资者与经理人员的矛盾与均衡

1. 鲍莫尔——“销售最大化”模型

经理期望：销售额最大化

股东期望：利润最大化

矛盾：销售最大化无法实现利润最大化。

2. 马里斯——增长模型

经理期望：公司规模的增长（兼并增多）

股东期望：利润最大化

矛盾：以牺牲利润追求增长最大化，这与股东的目标相冲突。

3. 威廉森的管理权限理论

反映企业经理人员运用自身相对股东的信息优势来实现对企业的利益追求。

经理期望：力求最大化他们自己的效用函数，从而使他们的权力和声望最大化主要体现在三个重要变量中：

雇员开支（雇用人员的数量和质量）；

酬金开支（支出账目、高质量办公服务等）；

可支配的投资开支（超越严格经济动机，反映管理者权力和偏好的投资）。

股东期望：利润最大化

（二）企业员工与企业（股东或经理）之间的利益矛盾与均衡——列昂惕夫模型

员工期望：工资收入最大化和工作稳定

企业期望：利润最大化

均衡：在最佳就业水平，在工资水平约束下以实现企业利润最大化。

（三）企业利益与社会效益的矛盾与均衡

企业期望：利润最大化

社会期望：企业承担社会责任（保证利益相关者的基本利益要求、保护自然环境、赞助和支持社会公益事业等）

【例1-2015-单选题】鲍莫尔（Baumol W. J）的“销售最大化”模型，描述了企业在追求利润最大化和销售额最大化之间的博弈过程。这一模型反映了（　　）。

A．股东与经理人员的利益矛盾与均衡

B．企业利益与社会效益的矛盾与均衡

C．企业与外部利益相关者的矛盾与均衡

D．企业员工与企业之间的利益矛盾与均衡

【答案】A

学堂点拨

鲍莫尔“销售最大化”模型、马里斯的增长模型、威廉森的管理权限理论描述了投资者与经理人员的矛盾与均衡。

知识点2　权力与战略过程（★★）

权力是指个人或利益相关者能够采取（或者说服其他有关方面采取）某些行动的能力。

职权是指管理职位所固有的发布命令和希望命令得到执行的一种权力。

表 4-23 权力与职权的区别

权力的影响力在各个方面	职权沿着企业的管理层次方向自上而下
受制权力的人不一定能够接受这种权力	职权一般能够被下属接受
权力来自各个方面	职权包含在企业指定的职位或功能之内
权力很难识别和标榜	职权在企业的组织结构图上很容易确定

一、企业利益相关者的权力来源

（一）对资源的控制与交换的权力：资源的稀缺程度与企业的依赖性

企业的利益相关者由于控制着企业所需要的具体资源，而存在着许多交换权力的机会。他们可以利用这些权力争取和保卫自己的利益。

（二）在管理层次中的地位（正式职权：法定权、奖励权、强制权或惩罚权）

企业管理层次的不同地位使得处于层次高的位置上的人比处于层次低的位置上的人拥有更多的正式权力，这种权力被称之为职权。由于在管理层次中的地位而获得的权力主要有三个基础：法定权、奖励权、强制权（惩罚权）。

（三）个人的素质和影响（非正式职权：榜样权和专家权）

个人的素质和影响是一种非正式职权的权力的重要来源，如榜样权和专家权，这两者比正式职权、奖励权或强制权更具有持久性。

（四）参与或影响企业的战略决策与实施过程：有机会接触决策

那些有机会接触决策制定人的人们可以说具有一定的权力。

（五）利益相关者集中或联合的程度：团结就是力量

股东、经理、劳动者影响企业决策的实力与他们自身的联合程度有关。

【例2-2014-单选题】成功的管理者需要建立起榜样权和专家权。关于榜样权和专家权，下列表述中正确的是（　　）。

A．是管理者的权力来源之一　　B．主要存在于正式组织中

C．是管理者在管理层次中的体现　　D．是管理者对资源的控制的体现

【答案】A

学堂点拨

榜样权和专家权是一种非正式职权的权力的重要来源，这两者比正式职权、奖励权或强制权更具有持久性。榜样权和专家权是个人素质和影响的重要方面。榜样权与专家权不仅存在于正式组织之中，企业的非正式组织中也大量存在。因此，选项A正确。

【例3-2014-多选题】下列各项对权力与职权的概念的理解中，正确的有（　　）。

A．职权也是权力的一种类型

B．利益相关者内部的联合程度会影响其职权大小

C．榜样权和专家权是个人素质和影响的重要方面

D．权力只沿着企业的管理层次自上而下

【答案】AC

学堂点拨

利益相关者内部的联合程度会影响其权力的大小，而非职权，选项B错误；权力的影响力在各个方面，职权沿着企业的管理层次方向自上而下。所以选项D错误。

二、在战略决策与实施过程中的权力运用（主要应对案例分析的选择题）

如果用合作性和坚定性两维坐标来描述企业某一利益相关者在企业战略决策与实施过程中的行为模式，可以分为以下五种类型。

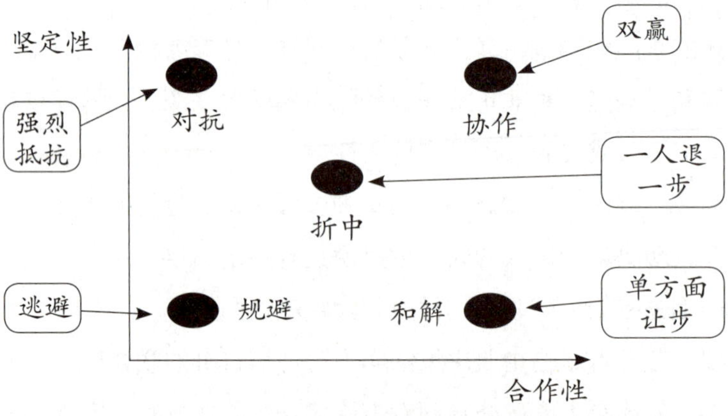

图 4-12　对待矛盾与冲突的行为模式

表 4-24　对待矛盾与冲突的行为模式

对抗	坚定行为＋不合作行为	企业利益相关者运用这种模式处理矛盾与冲突，目的在于使对方彻底就范，根本不考虑对方的要求，并坚信自己有能力实现所追求的目标。
和解	不坚定行为＋合作行为	一方利益相关者面对利益矛盾与冲突时，设法满足对方的要求，目的在于保持或改进现存的关系。和解模式通常表现为默认和让步。
协作	坚定行为＋合作行为	在对待利益矛盾与冲突时，既考虑自己利益的满足，也考虑对方的利益，力图寻求相互利益的最佳结合点，并借助于这种合作，使双方的利益都得到满足。

（续上表）

折中	中等程度的坚定性＋中等程度的合作性行为	通过各方利益相关者之间的讨价还价，相互做出让步，达成双方都能接受的协议。折中模式既可以采取积极的方式，也可以采取消极的方式。前者是指对冲突的另一方做出承诺，给予一定的补偿，以求得对方的让步；后者则以威胁、惩罚等要挟对方做出让步。多数场合，则是双管齐下。
规避	不坚定行为＋不合作行为	以时机选择的早晚区分为两种情况：一种是当预期将要发生矛盾与冲突时，通过调整来躲避冲突；另一种情况是当矛盾与冲突实际发生时主动撤出。

【例4–2015–单选题】某公司管理层拟将该公司旗下的两家子公司合并以实现业务重组，这两家子公司的大部分员工面临工作环境改变甚至下岗的风险。这些员工联合起来进行了坚决的抗争，致使公司管理层放弃了上述决定。公司管理层对待和处理这场冲突的策略是（　　）。

A．规避　　B．协作　　C．折中　　D．和解

【答案】D

学堂点拨

管理层采取的是放弃决定，是不坚定行为与合作行为的组合，即为和解，和解模式通常表现为默认和让步。

【例5–单选题】甲公司是我国一家国有特大型远洋运输企业。公司管理层考虑到业务重组的需要，决定将原有按地区划分的事业部组织结构改为按产品进行划分。这样，原来的一家子公司的资产被合并至另一家子公司，致使这家子公司的员工大部分处于"待岗"状态。这家子公司的全体员工联合起来，为捍卫自己的基本权益进行了坚决的抗争，最后，总公司不得不做出让步，恢复该公司的船主地位。全体员工对待这场冲突的策略属于（　　）。

A．对抗　　B．和解　　C．协作　　D．折中

【答案】A

学堂点拨

对抗是企业利益相关者运用这种模式处理矛盾与冲突，目的在于使对方彻底就范，根本不考虑对方的要求，并坚信自己有能力实现所追求的目标。对抗是坚定的不合作，员工采用的方式是对抗。

第五节　信息技术在战略管理中的作用

知识点　信息技术在战略管理中的作用（★★）

一、信息技术与组织战略

（一）信息技术与组织变革的关系

信息技术与组织变革是相互影响的关系。一方面，信息技术是推动组织变革的诱因；另一方面，组织变革又进一步促进信息技术应用。

（二）信息技术与组织结构变革

1. 支持组织扁平化调整。

2. 支持新型组织结构：

（1）团队结构：是以团队作为协调组织活动的主要方式。

（2）虚拟组织：是组织扁平化在企业之间的形式，是当市场出现新机遇时，具有不同资源与优势的企业为了共同开拓市场，共同对付其他的竞争者而组织、建立在信息网络基础上的共享技术与信息，分担费用，联合开发的、互利的企业联盟体。

（三）信息技术与业务流程重组

业务流程重组，简称重组，是通过对业务流程彻底地再设计而大幅度改善成本、质量、进度和服务效益，企业从而可以在市场上成为一名成功的竞争者的过程。

信息处理能力不仅可以大大提高业务流程的效率，使现有过程运行得更快、更好，还在于使组织打破传统的规则，建立全新的工作方式。

二、信息技术与竞争战略

（一）信息技术与成本领先战略

信息技术在企业中的应用可以帮助企业在生产、工程、设计、服务等环节有效降低成本，甚至达到行业中最低的运营成本。

（二）信息技术与差异化战略

企业可以借助信息技术推出区别于竞争对手的新产品、新服务，从而获取竞争优势。

（三）信息技术与集中化战略

借助信息技术，可以帮助企业聚焦于目标市场，并在目标市场的竞争中胜出。

三、信息技术与企业价值链网

（一）信息技术与企业价值链

在价值链的每一个阶段，都可以考虑如何利用信息技术来改善运行效率，提升增值过程，为客户创造更多的价值。

信息技术能够帮助企业全面渗透到企业价值链的各主要环节，有效降低成本，提升客户价值，赢得竞争优势。

（二）信息技术与企业价值网

1．价值网模型

价值网是由利益相关者之间相互影响而形成的价值生成、分配、转移和使用的关系及其结构。价值网络强调“以顾客为中心”，在专业化分工的生产服务模式下，把处于“价值链”上不同位置并存在密切关联的企业或者相关利益体整合在一起，建立一个以顾客为核心的价值创造体系，共同为顾客创造价值。

2．信息技术与企业生态系统

企业生态系统是以组织和个人的相互作用为基础的经济联合体，该系统超越了传统价值链，也不局限于行业部门，而是涉及供应商、分销商、外包服务公司、融资机构、关键技术提供商、互补产品制造商，甚至包括竞争对手、客户、监管机构与媒体等对公司经营产生直接或间接影响的诸多因素。

其主要特点包括以下方面：

（1）由一个或少数几个企业统领着这个生态系统，并建造了平台以供其他专业定位企业应用；

（2）信息技术在企业生态系统建立与运作中扮演着强有力的角色。

【例1-2016-多选题】信息系统与企业组织结构的关系已经越来越紧密。下列各项关于信息系统对组织结构变革影响的表述中，正确的有（　　）。

A．信息系统增加组织层次，扩大控制跨度

B．信息系统支持虚拟组织，不支持团队结构

C．信息系统在业务流程重组中发挥着重要作用

D．信息系统有助于企业组织的规范化

【答案】CD

学堂点拨

信息系统减少组织层次，扩大控制跨度，选项A不正确。信息系统支持新型组织结构，在信息技术的支持下，一些组织设计并采用了一些新型的组织结构以增强组织竞争力，其中最为重要的是团队结构和虚拟组织，所以是支持团队结构，选项B不正确。选项C、D正确。

【例2-2015-多选题】甲公司专门经营一项其率先推出的手机业务。该业务以基于位置定位的手机信息技术为核心，使用户到与甲公司合作的商家消费时，可得到一定的优惠，甲公司也可从合作商家得到佣金。甲公司实施的竞争战略有（　　）。

A．混合战略　　B．差异化战略

C．集中化战略　　D．成本领先战略

【答案】BC

学堂点拨

信息技术与竞争战略的关系：1．信息技术与成本领先战略。信息技术在企业中的应用可以帮助企业在生产、工程、设计、服务等环节有效降低成本，甚至达到行业中最低的运营成本。2．信息技术与差异化战略。企业可以借助信息技术推出区别于竞争对手的新产品、新服务，从而获取竞争优势。类似数据挖掘这样的信息技术，企业可以利用产品销售和客户数据分析消费者的购买模式和偏好，从而更好地发现目标客户、服务于目标市场，并针对性地开展营销和市场竞争活动。3．信息技术与集中化战略。在本题中，甲公司实施的竞争战略有差异化战略、集中化战略。故本题答案为B、C选项。

【例3-2016-简答题】缘梦公司成立于2004年，公司主营业务是将工业二氧化碳共聚物材料经过提纯改性，应用于医用耗材类产品。缘梦公司的核心优势在于科研与技术支持、企业获得多项专利，在国内外都处于领先地位，成功地进入高附加值的医疗制品应用领域。

缘梦公司的发展战略分为三个阶段，公司根据不同阶段的发展状况，采用不同模式构筑企业竞争优势。

第一阶段：一体化商业模式（2004年至2010年）

缘梦公司实施科研、中试、生产一体化，将资源和能力配置到价值链的各个环节，牢牢掌握价值链的各个经营活动，把握生产经营的全部所得。

第二阶段：外包转型（2010年至2014年）

随着企业业务发展，缘梦公司发现自己在融资、采购、生产、销售等价值活动方面处于劣势，导致企业开发出的产品无法尽快实现商业化转化。于是以增加最终的企业利润为目标，公司将自身的经营业务聚焦于研发和营销服务两个价值创造环节上，而将企业制造环节外包出去。同时，缘梦公司还在价值链上增加了一个价值创造环节，将自己的核心专利业务通过许可的方式获取专利许可使用费，提高企业的价值。

第三阶段：平台战略（2014年至今）

第二阶段的转型外包，不仅使缘梦公司优化了资源配置，而且使缘梦公司与生产企业达成了协作关系，这提供了平台战略实施的前提。而网络技术的发展，使得缘梦公司实施平台战略成为可能。缘梦公司的平台战略是以技术研发以及核心医疗产品为核心，以网络效应吸引生产企业、客户（医院、养老院、药店）等多方加入，搭建起跨企业、跨区域、跨行业的医疗设备资源合作、共享的专业化平台。

要求：

1. 运用价值链分析方法，简要分析缘梦公司在各个发展阶段是如何通过运用价值链分析自身的资源和能力而构筑其竞争优势的；

2. 简要分析信息技术在缘梦公司平台战略中的作用。

【答案】

本题考核“价值链”和“信息技术与企业价值链网”知识点。

1. 依据：企业资源能力的价值链分析

（1）确认那些支持企业竞争优势的关键性活动；（企业内部单个活动）

（2）明确价值链内各种活动之间的联系；（企业内部活动之间）

（3）明确价值系统内各项价值活动之间的联系。（企业与企业之间）

缘梦公司在第一阶段通过确认那些支持企业竞争优势的关键性活动，表现为“将资源和能力配置到价值链关键活动中，把握生产经营的全部所得”。

缘梦公司在第二阶段通过明确价值链内各种活动之间的联系，表现为“以增加最终的企业利润为目标，公司将自身的经营业务聚焦于研发和营销服务两个价值创造环节上”，同时“增加了一个价值创造环节，将自己的核心专利业务通过许可的方式获取专利许可使用费，提高企业的价值”。

缘梦公司在第三阶段通过明确价值系统内各项价值活动之间的联系，表现为“平台战略是以技术研发以及核心医疗产品为核心，以网络效应吸引生产企业、客户（医院、养老院、药店）等多方加入，搭建起跨企业、跨区域、跨行业的医疗设备资源合作、共享的专业化平台”。

2. 信息技术在公司的平台战略中扮演着强有力的角色，平台中的各方通过网络技术凝聚在一起，形成整体运作的企业生态系统。

四、大数据时代企业战略转型

（一）大数据时代的数据分析

1. 大数据

大数据指所涉及的资料规模巨大，无法通过目前常规软件工具，在合理时间内达到撷取、管理、处理、整理成为有用信息的数据集合。大数据的主要特征为大量性(Volume)、多样性(Variety)、高速性(Velocity)、价值性(Value)。

（1）大量性，是指大数据的数据量巨大。

（2）多样性，是指数据类型繁多。大数据包括结构化数据、半结构化和非结构化数据，并以半结构化和非结构化数据为主。

（3）高速性，指大数据处理时效性高。

（4）价值性，指大数据价值巨大，但价值密度低（有价值的信息可能转瞬即逝）。

2. 大数据时代

大数据时代是指在大量数据信息基础上所形成的新型信息时代，是建立在通过互联网、物联网等现代网络渠道广泛大量数据资源收集基础上的数据存储、价值提炼、智能处理和展示，促进数据发挥价值的信息时代。

3. 大数据时代的数据分析

数据分析的目的是把隐藏在一大批看似杂乱无章的数据背后的信息挖掘和提炼出来，进而总结出研究对象的内在规律。

数据分析是大数据处理流程的核心。大数据的价值产生于分析过程，从规模巨大的数据中挖掘隐藏的、有价值信息所进行的分析过程就是大数据分析。

大数据分析和传统数据分析最重要的区别在于数据量。大数据分析建立在海量原始数据基础上，不需要预先设定研究目的和方法，而要从大量数据中通过数据挖掘技术找到数据之间的关系并建立模型，寻找导致现实情况的根源因素，甚至形成理论和新的认知，在此基础上对未来进行预测和优化，以实现社会运行中各个领域的持续改善与创新。

传统的数据分析是“向后分析”，主要针对结构化数据，分析的是已经发生的情况。而在大数据时代，数据分析是“向前分析”，具有预测性。

（二）大数据对企业战略决策模式的影响

1. 决策依据

企业管理者可以利用大数据技术充分分析企业当前的经营能力、市场环境的要求，进而作出更加符合企业需求的管理决策。

2. 决策主体

大数据的应用使得企业的管理决策活动从原本的管理层独立决策模式转化成全员决策模式。企业所有员工的参与充分保障了管理决策的有效性。

3. 决策技术与方法

在大数据时代，数据处理与分析技术对企业的决策模式产生了颠覆性的影响。一是基于云计算的数据处理与分析技术。二是大数据下的知识发现技术可以有效提升决策质量与决策速度。三是大数据下的决策支持系统。

（三）大数据时代企业战略转型的主要方面

1. 市场调研与预测

（1）市场需求调研与预测。

（2）资金需要量预测。

（3）现金流量预测。

2. 营销管理

（1）用户行为与特征分析。

（2）企业重点客户的筛选。

（3）客户分级管理。

（4）改善用户体验。

（5）竞争对手监测与品牌传播。

（6）品牌危机监测与管理。

3. 生产管理

（1）产品创新过程调研。

（2）生产流程优化。

（3）提高质量管理水平。

（4）科学制定生产计划。

（5）产品科学合理定价。

（6）优化库存管理。

（7）完善供应商管理。

（8）实现产品生命周期管理。

（9）提高固定资产利用率。

4. 应收账款管理

（四）大数据时代企业战略转型面临的困难

1. 数据容量问题——大数据背景下数据飞速剧增。

2. 数据安全问题。

3. 数据分析与处理问题。

（五）大数据时代企业战略转型的主要任务

1. 树立大数据思维，转变经营管理模式。

2. 优化专业人才队伍，提升对数据收集、挖掘与分析的能力。

3. 加强基础设施建设，积极推进共享模式。

4. 提高风险管理水平，确保企业与客户信息安全。

（1）客户个人数据管理。

（2）企业数据管理。

（3）建立应急管理系统。

【例4- 单选题】以下说法正确的是（ ）。

A. 在大数据时代，数据分析是“向后分析”，具有预测性

B. 大数据时代企业战略转型的主要方面用于市场调研与预测方面，如市场需求调研与预测、资金需要量预测、现金流量预测以及用户行为与特征分析

C. 大数据的应用使得企业的管理决策活动从原本的全员决策模式转化成管理层独立决策模式

D. 大数据的主要特征为大量性(Volume)、多样性(Variety)、高速性(Velocity)、价值性(Value)

【答案】D

学堂点拨

在大数据时代，数据分析是“向前分析”，具有预测性，选项A错误。大数据时代企业战略转型的主要方面用于市场调研与预测方面，如市场需求调研与预测、资金需要量预测、现金流量预测，用户行为与特征分析属于营销管理方面，选项B错误。大数据的应用使得企业的管理决策活动从原本的管理层独立决策模式转化成全员决策模式，选项C错误。选项D正确。

本章强化练习

一、单项选择题

1．甲公司经营业务比较复杂，为了工作的正常运作需要在职能和产品或项目之间起到联系作用，这样，员工就拥有了两个直接上级，其中一名上级负责产品或服务，而另一名负责职能活动。根据上述情况，适合甲公司选择的最佳组织结构类型是（　　）。

A．职能制组织结构　　B．事业部制组织结构

C．战略业务单位组织结构　　D．矩阵制组织结构

2．甲公司是一家历史悠久的集团企业，过去一直采用增量预算的方式进行管理。2017年下半年，该公司通过并购将一家家电制造企业纳入公司旗下，并进行重组成为子公司。在编制2018年预算时，该家电制造企业应编制的预算是（　　）。

A．增量预算　　B．零基预算　　C．动态预算　　D．静态预算

3．企业在对部门的绩效进行评测时，常常选用股东回报率指标。下列选项中，说法错误的是（　　）。

A．股东回报率的计算由两部分组成，资本利得与股利

B．股东回报率指标基于股东观提出的

C．股东回报率是基于市场的方法

D．这种方法和传统会计方法是一致的

4．甲公司是一家台灯生产企业，已成立十余年。甲公司在企业运营过程中，一直追求稳定，希望能占领一部分市场，通过提高技术效率生产高质量的产品，来阻止竞争对手进入他们的领域，保持自己的稳定。根据以上信息可以判断，甲公司选择的战略组织类型是（　　）。

A．分析型战略组织　　B．开拓型战略组织

C．反应型战略组织　　D．防御型战略组织

5．甲公司原本组织结构非常简单，仅拥有两个产品事业部：厨房灶具和淋浴设备。现在通过采取兼并收购等方式，收购乙公司（空调、彩电生产企业）和丙公司（加湿器制造企业），实现一体化和多元化成长战略，不断扩张产品线。因此，甲公司应将原组织结构调整为（　　）。

A．职能制组织结构　　B．产品/品牌事业部结构

C．区域事业部结构　　D．M型企业组织结构（多部门结构）

6. 下列关于财务指标表述错误的是（　　）。

A. 财务指标比非财务指标更能及时传递信息

B. 财务指标通常可以进行项目比较并有助于计量绩效

C. 财务指标通常可以在类似的企业进行比较

D. 财务指标会鼓励短期行为

7. 甲企业是一家美容院。甲企业决定采用平衡计分卡进行绩效管理，从创新与学习的角度考虑，其平衡计分卡的内容包括（　　）。

A. 现金流　　B. 顾客续卡率

C. 美发器材的维护　　D. 主要员工保留率

8. 王某个人经营了一家小吃店，小吃店地处大学生密集的区域，由于吃客渐多，一人忙不过来，王某打算招聘几个员工，小吃店适宜的组织形式是（　　）。

A. 创业型结构　　B. 职能制结构

C. 事业部制结构　　D. M型组织结构

9. 对于经常进行新产品开发的组织来说，同时按产品和职能划分部门以及实施双重授权制是比较适宜的。在下列组织结构中，最适合于该类型组织的结构是（　　）。

A. 创业型组织结构　　B. 职能制组织结构

C. 战略业务单位组织结构　　D. 矩阵制组织结构

10. 以下关于战略控制与预算控制的表述中，不正确的是（　　）。

A. 预算控制的期限通常在一年以内

B. 战略控制的重点是企业内部和外部

C. 战略控制采用定性与定量结合的办法

D. 预算控制通常不断纠正行为

11. 甲公司是一家中外合资制药公司，中国政府价格管理部门要求其生产的药品销售价格降低25%，后甲公司与该部门协商，双方最终达成在未来五年内逐步降低销售价格，但减少降低品种的协议。此种行为模式为（　　）。

A. 和解　　B. 协作　　C. 让步　　D. 折中

12. 某控股公司拥有多家各自独立经营的子公司，这些子公司可以自主作出战略决策。该公司的横向分工结构应为（　　）。

A. M型组织结构　　B. 战略业务单位组织结构

C. H型结构　　D. 矩阵制组织结构

13. 国有企业的企业文化，基本上属于（　　）。

A. 能力导向型　　B. 人员导向型

C. 角色导向型　　D. 专长导向型

14. 在以下四种组织类型中，不能对环境变化和不确定性做出适当反应，总是处于不稳定状态的是（　　）。

A. 防御型战略组织　　B. 反应型战略组织

C. 开拓型战略组织　　D. 分析型战略组织

15. 皇宫酒店是一家处于起步期的餐饮企业，其业务主要为通过电话订购的方式销售东北特色食品。该公司决定采用平衡计分卡来计量明年的绩效。下列选项中，属于创新与学习角度计量的是（　　）。

A. 餐厅销售额　　B. 客户关系维护

C. 处理单个订单的时间　　D. 新产品类型的开发

二、多项选择题

1. 战略的稳定性和文化适应性包括以下几种情况（　　）。

A. 以企业使命为基础　　B. 加强协同作用

C. 根据文化进行管理　　D. 重新制定战略

2. 相比其他类型的组织结构，职能制组织结构的优点包括（　　）。

A. 实现规模经济　　B. 降低了总部的控制跨度

C. 有利于培养职能专家　　D. 工作效率提高

3. 佳佳鲜生公司是沿海地区的一家大型超市，承诺通过APP订货，30分钟内免费送货上门，即使购物者只购买一把价值一元的青菜。佳佳鲜生公司采用平衡计分卡对企业绩效进行衡量。从顾客的角度看，甲公司的平衡计分卡内容可以包括（　　）。

A. 处理单个订单时间　　B. 承诺30分钟内送货

C. 承诺无门槛免费送货　　D. 送货上门派送员礼貌用语

4. 甲公司为比较实际业绩与预期是否相符，在内部运营、创新等方面是否与公司的战略目标相符，可以采用的评价方法有（　　）。

A. SWOT分析　　B. 预算控制

C. 平衡计分卡　　D. 统计分析报告

5. 关于平衡计分卡，说法错误的有（　　）。

A. 平衡包括外部业绩与内部业绩的平衡

B. 平衡包括定期业绩与不定期业绩的平衡

C. 各指标要求能够准确量化

D. 包括财务、顾客、内部控制、外部环境四个角度

6. 下列指标中，在平衡计分卡中被归为滞后指标的有（　　）。

A. 新客户开发率　　B. 盈利率　　C. 质量　　D. 销售额

7. 下列关于统计分析报告的说法中，正确的是（　　）。

A. 统计分析的结果可以通过表格式、图形式和文章式等多种形式表现出来

B. 文章式的统计分析报告是全部表现形式中最完善的一种

C. 统计分析报告是以统计数据为主体

D. 统计分析报告是以科学的指标体系来进行分析研究说明

8. 企业利益相关者的权力来源包括（　　）

A. 对资源的控制与交换的权力

B. 在管理层次中的地位

C. 个人的素质和影响

D. 参与或影响企业的战略决策与实施过程

9. 以下说法正确的是（　　）

A. 信息技术与组织变革是相互影响的关系

B. 组织变革是推动信息技术的诱因

C. 组织变革又进一步促进信息技术应用

D. 信息技术支持组织高长化调整

三、简答题

1. 华美公司发展历程经历如下四个阶段：

第一阶段：1980年至1988年，华美公司刚成立时，由于员工数量较少，产品的研发种类也比较集中，组织结构比较简单，总经理直接带领业务员完成公司的经营活动，这种快速反应的组织结构使得华美公司在创业初期迅速完成了原始资本的积累。

第二阶段：1989年至1996年，渐渐地，随着公司高端路由器在市场上取得成功，华美公司的员工总数也有最初的6个人发展到800人，产品领域也从单一的交换机向其他数据通信产品机及移动通信产品扩张，市场范围遍及全国各地，单纯的直线管理的缺点日益突出，没有专门的职能机构，管理者负担过重，难以满足多种能力要求；一旦"全能"管理者离职时，一时很难找到替代者；部门之间协调性差。因此，华美公司在总经

理的领导下分别设置了研发部门、财务部门、销售部门和人力资源部门。之前，华美公司一直实行中央集权，但其集权不是独裁，而是在集权的基础上进行层层有序的分权，并且在分权的过程中，进行授权，严格监督。随着华美公司的发展，分权管理的优势逐步凸显。

第三阶段：1997年至2008年，随后在早期管理体系基础上进一步完善创新，先后成立了地区公司，地区公司在公司规定的区域内有效利用公司的资源开发经营，成为华美最主要的利润中心，由地区公司承担实际盈利的责任，加快了公司的发展速度。实行地区公司的华美公司在管理上大有起色，由于事业部制对产品的生产和销售实行统一管理，自主经营，独立核算，所以极大调动了员工的积极性、主动性。

第四阶段：2009年至2018年，之后，华美公司进一步扩张，在海外设立了22个地区部，100多个分支机构，更加贴近客户，倾听客户需求并快速响应。华美公司在美国、德国、瑞典、俄罗斯、印度以及中国等地设立了17个研发所，每个研发中心的研究侧重点及方向不同。采用国际化的全球研发体系，聚集全球的技术、经验和人才来进行产品研究开发，使产品一上市，技术就与全球同步。华美公司在全球设立了30个培训中心，为当地培养技术人员，并大力推行员工的本地化，以期望同时获得地区适应性和全球化效率。

要求：

（1）分析华美公司全球化扩张属于的国际化经营的战略类型，具有什么特点；

（2）分析华美公司成长的四个阶段分别属于何种横向分工组织结构，并简要分析第一、第四阶段的组织结构特点以及第二、第三阶段组织结构的优缺点；

（3）分析华美公司管理体制的变化，并简要分析其变化前的优缺点以及变化后的优点。

2. 大华酒店属于A地区老牌酒店，考核指标一直依赖于预算，预算的编制一直在上一年度预算基础上进行调整，资源的分配也是基于以前期间的资源分配情况。并且以财务指标作为唯一考核指标，采用相互打分的方式，绩效考核仅仅实现了考核功能，员工并不清楚自己的工作对酒店的贡献，绩效考核流于形式。

随着市场竞争的日益激烈，酒店客户收入减少，餐饮和康乐项目的收入入不敷出，员工对酒店的绩效考核体系不满。大华酒店意识到以往采用的战略控制方法不能很好地实现效果，因此计划采用平衡计分卡建立绩效考核指标体系。据此，酒店对发展战略进行梳理，并根据平衡计分卡的四个维度，总结了成功关键要素，提取了绩效指标，形成了下一年度酒店的关键绩效指标。

酒店下一年度考核的关键绩效指标为:

（1）餐饮康乐销售计划完成100%，权重25%；

（2）提高酒店净资产收益率达到1.8%，权重20%；

（3）引用国际通用的服务质量测评问卷，权重15%；

（4）引进“本土国际化人才”4名，权重10%；

（5）核心员工流失率控制在10%以内，权重5%；

（6）强化品牌认知度，保持品牌知名度，权重5%；

（7）提高健康与安全系数，卫生清洁达标率为100%，各系统设施设备维修及时率达到100%，权重5%；

（8）完善各部门、各岗位的工作标准化流程，权重5%；

（9）酒店员工培训时长达到人均20日，培训一次通过率90%，权重5%；

（10）客人投诉率下降3%，权重5%。

在酒店绩效指标确定之后，要进一步将酒店关键绩效指标分解到各个部门，形成各个部门的绩效指标。各部门按照同样的方法分解其部门绩效指标，并将各个指标分解到岗位。酒店高管层的绩效指标就是酒店级指标。部门主管的绩效指标就是部门级指标。各岗位员工的绩效指标除了按照该岗位职责确定的指标之外，还要承担一部分酒店级指标和部门级指标。

要求：

（1）大华酒店之前采用的战略控制方法是什么？简要分析其优缺点；

（2）简要分析平衡计分卡的四个维度，结合大华酒店，分别分析该酒店的关键绩效指标分别属于哪个维度。

3．HER集团是在80年代成立的电器生产企业，曾一度亏损严重，濒临破产倒闭，经过多年的艰苦奋斗和卓越创新，HER集团发展到拥有白色家电、黑色家电、米色家电在内的产品群，并出口到世界160多个国家和地区。在家电行业竞争激烈的环境中，HER集团以优质的服务取胜，以前崇尚国外洋品牌的消费者也纷纷支持HER产品，HER集团生产的产品供不应求，经常脱销，其目标为成为市场占有率第一的王牌企业。

（1）创新是被全体HER员工认同的价值观。为了创造有价值的订单，HER文化以观念创新为先导，以技术创新为手段、以市场创新为目标，最终使其走向世界。管理者关心的是如何解决问题，任人唯贤，“英雄不问出处”“不管黑猫白猫，抓到耗子就是好猫”。

（2）HER重视并购重组后的文化建设，促进文化融合。HER通过吃“休克鱼”来实现其多元化发展战略。从20世纪90年代初开始，HER先后兼并了18家企业，其中有14家被兼并企业的亏损总额达到5.5亿元，但最终扭亏为盈，盘活的资产增至14.2亿元。被兼并企业大多数为亏损企业，急需注入资金和技术，从而脱胎换骨。HER集团的并购方案使得双方一拍即合。HER注重并购后双方文化的融合，最终实现双赢。

（3）HER集团在制造电子产品过程中，将电子元器件的生产授权给大龙元器件制造公司生产，使得HER公司能有更多的精力用于更擅长的电子零部件生产及整体组装工作。

要求：

（1）根据资料（1），说明HER集团企业文化的类型；

（2）根据资料（2），说明HER集团在战略决策和实施过程中的权力运用；

（3）根据资料（3），说明HER集团的货源策略以及优缺点；

（4）建议HER集团可以采取的产能计划类型以及平衡产能与需求的方法。

四、综合题

A公司是一家新能源设备生产企业，位于华东某省，采用传统型组织结构，设置了采供部、生产部、市场部、销售部（按省区下设办事处）和新产品研发部、财务部、行政人事部。近几年，我国开始大力发展新能源，出台了若干促进行业发展的政策。A公司借助政策东风，也进入了快速发展阶段，销售额和出口额近十年来平均增长20%以上。员工也由原来的不足100人增加到了2 000多人。

A公司采用财务和非财务指标进行业绩考核。经财务部分析，公司产品销售状况良好，但利润水平却不高，主要原因如下：

第一：费用支出过大。针对每年居高不下的费用支出，公司决策层决定在全公司各个部门实行预算管理。要求每个部门在考虑未来实际支出需要的基础上重新编制本部门的预算，并在年底时对预算执行情况进行考核，考核结果与部门领导和员工的报酬直接挂钩。

第二：公司出口额增大，海外市场扩张速度明显加快，业务范围已经覆盖日韩、西欧等地，这些地区的相关关税水平较高，直接影响了产品在当地的竞争力和盈利水平。同时，这些地区对于能源类产品直接投资采取了严格审查的政策。

第三：现有组织形式存在缺陷，导致费用上升明显。A公司决定在公司内推行全新的运营模式，并拟将原有的业务管理模式进行调整。

要求：

1. 简要分析纵向分工结构的基本类型，并指出A公司所属的纵向分工结构类型；

2. 简要分析A公司横向分工组织结构类型，并指出该种类型的优点；

3. 简要分析预算的类型。指出A公司采取的预算编制办法，并指出该种预算编制办法的优点；

4. 简要分析企业进入国外市场的模式。指出A公司在目前情况下还可以采取什么形式进入国外市场；

5. 简要分析A公司如果推行新的运营模式，应采取何种类型的组织结构，并指出该种类型的优点。

答案及解析

一、单项选择题

1. 【答案】D

【学堂点拨】矩阵制组织结构是为了处理非常复杂项目中的控制问题而设计的。这种结构在职能和产品或项目之间起到了联系的作用。从题目中可以看出关键词“甲公司经营业务比较复杂”，说明采用矩阵制组织结构比较合适。

2. 【答案】B

【学堂点拨】编制预算最常用的方法有增量预算和零基预算。增量预算是指新的预算使用以前期间的预算或者实际业绩作为基础来编制，在此基础上增加相应的内容。零基预算是指在每一个新的期间必须重新判断所有的费用。该家电制造企业进行了重组，重新开始，因此编制预算时属于零基预算。

3. 【答案】D

【学堂点拨】股东回报率是基于市场的方法，这种方法对传统会计方法的有效性提出来质疑，例如会计反映的是过去的业绩，而市场方法反映的是对企业未来业绩的预期等。因此选项D错误。

4. 【答案】D

【学堂点拨】防御型组织主要是要追求一种稳定的环境，试图通过解决开创性问题来达到自己的稳定性。技术效率是组织成功的关键。有的防御型组织通过纵向整合来提高技术效率，即将从原材料供应到最终产品的销售的整个过程合并到一个组织系统里来。依题意，甲公司选择的是防御型战略组织。

5. 【答案】D

【学堂点拨】M型企业组织结构适合于具有多个产品线的企业。该公司通过采取兼并收购等方式，实现一体化和多元化成长战略，不断扩张产品线，适合采用M型企业组织结构。

6. 【答案】A

【学堂点拨】非财务指标能够很快地提供给管理层。选项A错误。

7. 【答案】D

【学堂点拨】选项A为从财务角度进行分析，选项B为从顾客角度进行分析，选项C从内部流程角度进行分析，选项D正确。

8. 【答案】A

【学堂点拨】创业型结构是指企业的所有者或管理者对若干下属实施直接控制，并由其下属执行一系列工作任务，适合于小型企业。依题意，小吃店属于小型企业，因此属于创业型结构。

9. 【答案】D

【学堂点拨】同时按产品和职能划分部门以及实施双重授权制属于矩阵制组织结构。

10. 【答案】D

【学堂点拨】战略控制的期限通常比较长，从几年到十几年以上，预算控制期间通常为一年以内，所以，选项A正确。预算控制的重点是企业内部，战略控制的重点是内部和外部，选项B正确。战略控制采用定性与定量结合的办法，预算控制采用定量方法，选项C正确。预算控制通常在预算期结束之后采用纠正行为，所以选项D错误。

11. 【答案】D

【学堂点拨】折中是中等程度的坚定性和中等程度的合作性行为的组合。通过各方利益相关者之间的讨价还价，相互做出让步，达成双方都能接受的协议。本题中甲公司和政府都做出了让步，最后折中为逐步降价但减少降价品种，这符合折中含义。

12. 【答案】C

【学堂点拨】控股企业/控股集团组织结构（H型结构）是一种多个法人实体集合的母子体制，母子之间主要靠产权纽带来连接。控股企业/控股集团结构较多地出现在由多元化合并而形成的企业之中，这种结构使合并后的各子公司保持了较大的独立性。子公司可分布在完全不同的行业，而母公司则通过各种委员会和职能部门来协调和控制子公司的目标和行为。

13. 【答案】C

【学堂点拨】角色导向型尽可能追求理性和秩序，角色文化十分重视合法性、忠诚和责任。企业的权力仍在上层，十分强调等级和地位。最常见于国有企业和公务员机构。所以选项C正确。

14. 【答案】B

【学堂点拨】反应型组织是指企业根据外部环境变化做出反应时，采取一种动荡不定的调整模式的组织形态。由于这种组织形态缺少在变化的环境中随机应变的机制，所以它往往会对环境变化和不确定性做出不适当的反应，对以后的经营行动犹豫不决，随后又会执行不适当的战略决策。结果，反应型组织永远处于不稳定的状态。

15. 【答案】D

【学堂点拨】选项A属于财务角度，选项B属于顾客角度，选项C属于内部流程角度，选项D属于创新与学习角度。

二、多项选择题

1. 【答案】ABCD

【学堂点拨】战略的稳定性和文化适应性包括以企业使命为基础、加强协同作用、根据文化进行管理、重新制定战略。所以选项A、B、C、D正确。

2. 【答案】ACD

【学堂点拨】职能制组织结构的优点包括：（1）能够通过集中单一部门内所有某一类型的活动来实现规模经济；（2）有利于培养职能专家；（3）由于任务为常规和重复性任务，因而工作效率得到提高；（4）董事会便于监控各个部门。选项B为战略业务单位组织机构的优点。

3. 【答案】BCD

【学堂点拨】选项A属于内部流程角度的内容；选项B、C、D均属于与客户满意度有关的驱动指标，即属于顾客角度的内容。

4. 【答案】BC

【学堂点拨】战略控制方法包括预算控制、企业业绩衡量指标、平衡计分卡的业绩衡量方法、统计分析与专题报告，比较实际业绩与预期是否相符属于预算控制，在内部运营、创新等方面是否与公司的战略目标相符属于平衡计分卡，题中没有涉及企业业绩衡量指标、统计分析与专题报告，所以答案是B、C项。

5. 【答案】BCD

【学堂点拨】平衡包括短期和长期、外部和内部、财务与非财务以及不同利益相关者的角度，选项B错误。平衡计分卡的各项指标并不能够全部量化，选项C错误。平衡计分卡包括财务角度、顾客角度、内部流程角度、创新与学习角度，选项D错误。最大的优点就是把创新与学习角度列为四个角度之一。

6. 【答案】ABD

【学堂点拨】顾客角度：目标市场的销售额（或市场份额）以及客户保留率、新客户开发率、客户满意度和盈利率称为滞后指标；时间、质量、价格、可选性、客户关系和企业形象称为潜在的领先指标。

7. 【答案】ABCD

【学堂点拨】统计分析结果可以通过表格式、图形式和文章式等多种形式表现出来。文章式的主要形式是统计分析报告，是全部表现形式中最完善的一种。

统计分析报告特点：

（1）统计分析报告是以统计数据为主体；

（2）统计分析报告是以科学的指标体系和统计方法来进行分析研究说明；

（3）统计分析报告具有独特的表达方式和结构特点。

8. 【答案】ABCD

【学堂点拨】企业利益相关者的权力来源包括对资源的控制与交换的权力、在管理层次中的地位、个人的素质和影响、参与或影响企业的战略决策与实施过程、利益相关者集中或联合的程度。

9. 【答案】AC

【学堂点拨】信息技术与组织变革是相互影响的关系：一方面，信息技术是推动组织变革的诱因；另一方面，组织变革又进一步促进信息技术应用。信息技术支持组织扁平化调整以及支持新型组织结构（团队结构、虚拟组织）。

三、简答题

1. 【答案】

（1）国际化经营的战略类型包括国际战略、多国本土化战略、全球化战略以及跨国战略。华美公司采取的是跨国战略。跨国战略是在全球激烈竞争的情况下，形成以经验为基础的成本效益和区位效益，转移企业的核心竞争力，同时注意当地市场的需要。这种战略充分考虑到东道国的需求，同时也要保证跨国公司的核心目标和节能的实现。跨国战略试图兼顾全球效率、国别反应和世界性学习效果这三种战略需要。依题意，表现为“在海外设立了22个地区部，100多个分支机构，更加贴近客户，倾听客户需求并快速响应”，“采用国际化的全球研发体系，聚集全球的技术、经验和人才来进行产品研究开发，使产品一上市，技术就与全球同步”，“华美公司在全球设立了30个培训中心，为当地培养技术人员，并大力推行员工的本地化，以期望同时获得地区适应性和全球化效率”，说明华美公司兼顾了地区适应性和全球化效率的平衡，因此属于跨国战略。

（2）第一阶段：1980年至1988年，华美公司的横向分工组织结构为创业型组织结构。该结构是企业的所有者或管理者对若干下属实施直接控制，并由其下属执行一系列工作任务。表现为“华美公司刚成立时，由于员工数量较少，产品的研发种类也比较集中，组织结构比较简单，总经理直接带领业务员完成公司的经营活动”，其特点为弹性较小并缺乏专业分工，其成功主要依赖于该中心人员的个人能力。

第二阶段：1989年至1996年，华美公司的横向分工组织结构为职能型组织结构。表现为“华美公司在总经理的领导下分别设置了研发部门、财务部门、销售部门和人力资源部门”。

其优点为：

①能够通过集中单一部门内所有某一类型的活动来实现规模经济；

②有利于培养职能专家；

③由于任务为常规和重复性任务，因而工作效率得到提高；

④董事会便于监控各个部门。

缺点为：

①由于对业务流程进行了过度细分，在协调不同职能时可能出现问题；

②难以确定各项产品产生的盈亏；

③导致职能间发生冲突、各自为政，而不是出于企业整体利益进行相互合作；

④等级层次以及集权化的决策机制会放慢反应速度。

第三阶段：1997年至2008年，华美公司的横向分工组织结构为区域事业部制组织结构。表现为“先后成立了地区公司，成为华美最主要的利润中心，由地区公司承担实际盈利的责任，加快了公司的发展速度”，“实行地区公司的华美公司在管理上大有起色，由于事业部制对产品的生产和销售实行统一管理，自主经营，独立核算，所以极大调动了员工的积极性、主动性”，“地区公司在公司规定的区域内有效利用公司的资源开发经营”。

其优点为：

①在企业与其客户的联系上，区域事业部制能实现更好更快的地区决策；

②与一切皆由总部来运作相比，建立地区工厂或办事处会削减成本费用；

③有利于海外经营企业应对各种环境变化。

其缺点为：

①管理成本的重复；

②难以处理跨区的大客户的事务。

第四阶段：2009年至2018年，华美公司的横向分工组织结构为跨国结构（跨国战略）。由于华美公司国际化经营战略采用跨国战略，与此相配套的组织结构为“跨国结构”，即从全球性产品——地区混合结构思路出发，属于矩阵结构。跨国结构试图同时获得地区分布结构和产品分布结构的所有优势，其目的为力求同时最大限度地提高效率、地区适应能力和组织学习能力。

（3）华美公司管理体制由集权向分权管理体制转化。表现为“之前，华美公司一直实行中央集权，但其集权不是独裁，而是在集权的基础上进行层层有序的分权，并且在分权的过程中，进行授权，严格监督。随着华美公司的发展，分权管理的优势逐步凸显。”

集权型的优点：易于协调各职能间的决策；易于对上下沟通的形式进行规范（比如利用管理账户）；能与企业的目标达成一致；危急情况下能够做出快速决策；有助于实现规模经济；比较适用于由外部机构（比如专业的非营利性企业）实施密切监控的企业，因为所有的决策都能得以协调。

集权型的缺点：高级管理层可能不会重视个别部门的特殊要求；由于决策时需要通过所有层级向上汇报，因此决策时间过长；对级别较低的管理者而言，其职业发展空间有限。

分权型决策的优点：减少了信息沟通的障碍，提高了企业反应能力，能够为决策提供更多的信息并对员工产生激励效应。

2.【答案】

（1）大华酒店之前采取的战略控制方法是增量预算（“考核指标一直依赖于预算，预算的编制一直在上一年度预算基础上进行调整，资源的分配也是基于以前期间的资源分配情况。”）以及财务衡量指标（“并且以财务指标作为唯一考核指标”）。

增量预算的优点：

①预算是稳定的，并且变化是循序渐进的；

②经理能够在一个稳定的基础上经营他们的部门；

③系统相对容易操作和理解；

④遇到类似威胁的部门能够避免冲突；

⑤容易实现协调预算。

增量预算的缺点：

①它假设经营活动以及工作方式都以相同的方式继续下去；

②不能拥有启发新观点的动力；

③没有降低成本的动力；

④它鼓励将预算全部用光以便明年可以保持相同的预算；

⑤它可能过期，并且不再和经营活动的层次或者执行工作的类型有关。

财务衡量指标的优点：

①通过比较各个时期的相应比率可以很容易发现这些比率的变动；

②相比对于实物数量或货币价值的绝对数，比率更易于理解；

③比率可以进行项目比较并有助于计量绩效；

④比率可以用作目标；

⑤比率提供了总结企业结果的途径，并在类似的企业之间进行比较。

财务衡量指标的缺点：

①可比信息的可获得性以及历史信息的使用均存在局限性；

②比率不是一成不变的；

③信息存在被扭曲的结果，需要仔细解读；

④鼓励短期行为，忽略战略目标；

⑤无法控制无预算责任的员工。

（2）平衡计分卡平衡了短期与长期业绩、外部与内部业绩、财务与非财务业绩以及不同利益相关者的角度，包括：财务角度、顾客角度、内部流程角度、创新与学习角度。

①财务层面：利润的增长主要在于收入的增加和成本控制。客户创造价值的增加、项目的转型都会带来新的收入，对酒店资产的使用效率也是关键。具体包括：（1）餐饮康乐销售计划完成100%，权重25%；（2）提高酒店净资产收益率达到1.8%，权重20%。

②顾客层面：通过客户的视野来看酒店，从质量、服务、成本等几个方面关注客户需求。酒店品牌建设也有利于引入新客户。具体包括：（6）强化品牌认知度，保持品牌知名度，权重5%；（10）客人投诉率下降3%，权重5%。

③内部流程层面：对客户满意度影响最大的流程在于工作标准化、服务专业化。根据竞争对手的经验，灵活的定价机制和大客户定制服务也可以提高酒店产品的竞争力。具体包括：（7）提高健康与安全系数，卫生清洁达标率为100%，各系统设施设备维修及时率达到100%，权重5%；（8）完善各部门、各岗位的工作标准化流程，权重5%。

④创新与学习层面：酒店运营人才是关键，即要留住核心人才，也要加强关键人才的引进，同时注重通过培训不断提高现有员工素质。信息化建设方面，重点在于网络预计系统。具体包括：（3）引用国际通用的服务质量测评问卷，权重15%；（4）引进“本土国际化人才”4名，权重10%；（5）核心员工流失率控制在10%以内，权重5%；

（9）酒店员工培训时长达到人均20日，培训一次通过率90%，权重5%。

3. 【答案】

本题考核“企业文化的类型”“在战略决策和实施过程中的权力运用”“生产运营战略”“采购战略”知识点。

（1）企业文化的类型包括权力导向型、角色导向型、任务导向型和人员导向型。HER集团企业文化的类型为任务导向型，即管理者关心的是不断地和成功地解决问题。实现目标是任务导向型企业的主导思想。企业强调的是速度和灵活性，专长是个人权力和职权的主要来源，并且决定一个人在给定情景中的相对权力。常见于新兴产业中的企业，特别是一些高科技企业。表现为“管理者关心的是如何解决问题，任人唯贤，‘英雄不问出处’‘不管黑猫白猫，抓到耗子就是好猫’。”

（2）在战略决策和实施过程中的权力运用包括对抗、和解、协作、折中和规避。HER集团在战略决策和实施过程中的权力运用模式为协作，即在对待利益矛盾与冲突时，既考虑自己利益的满足，也考虑对方的利益，力图寻求相互利益的最佳结合点，并借助于这种合作，使双方的利益都得到满足。表现为“从20世纪90年代初开始，HER先后兼并了18家企业，其中有14家被兼并企业的亏损总额达到5.5亿元，但最终扭亏为盈，盘活的资产增至14.2亿元。被兼并企业大多数为亏损企业，急需注入资金和技术，从而脱胎换骨。HER集团的并购方案使得双方一拍即合。”以及“HER注重并购后双方文化的融合，最终实现双赢。”

（3）HER集团的货源策略为由供应商负责交付一个完整的子部件。

其优点为：

①允许采用外部专家和外部技术；

②可为内部员工安排其他任务；

③采购方能够就规模经济进行谈判。

其缺点为：

①第一阶供应商处于显要地位；

②竞争者能够使用相同的供应商，因此企业在货源上不太可能取得竞争优势。

（4）HER集团可以采取的产能计划类型包括领先策略、滞后策略、匹配策略。领先策略是一种进攻型策略，是根据对需求增长的预期增加产能，其目标是将客户从企业的竞争者手中吸引过来。由于HER集团的“目标为成为市场占有率第一的王牌企业”，所以可以采取领先策略。

平衡产能与需求的方法有资源订单式生产、订单生产式生产、库存生产式生产三种方法。库存生产式生产在制造型企业非常常见。可以在收到订单之前或在知道需求量之前就开始生产产品或提供服务，其模式为采购资源→组织生产（库存）→接受订单。由于“HER集团生产的产品供不应求，经常脱销”，可以采取库存生产式生产。

四、综合题

【答案】

1．在纵向分工中，基本有两种形式：一是高长型组织结构；二是扁平型组织结构。高长型组织结构是指具有一定规模的企业的内部有很多管理层次，在每个层次上，管理人员的控制幅度较窄。扁平型组织结构是指具有一定规模的企业的内部管理层次较少，在每个层次上，管理人员的控制幅度较宽。A公司员工人数达到2 000多人，只有三个层次，即经理层、部门、一线员工，因此属于扁平型组织结构。

2．A公司“采用传统型组织结构，设置了采供部、生产部、市场部、销售部（按省区下设办事处）和新产品研发部、财务部、行政人事部”，所以A公司横向分工组织结构类型为职能制组织结构。

职能制组织结构的优点：（1）能够通过集中单一部门内所有某一类型的活动来实现规模经济效益，如A公司的销售部专门负责各区域的销售工作；（2）有利于培养职能专家，比如专门设置的市场部，对企业市场信息的搜集分析、公司市场战略规划；（3）由于任务为常规和重复性任务，从而提高工作效率，比如采供部专事采购和供应；（4）有利于董事会监控各个部门。

3．预算有两种类型，一种是增量预算，指新的预算使用以前期间的预算或者实际业绩作为基础来编制，在此基础上增加相应的内容；另一种是零基预算，指在每一个新的期间必须重新判断所有的费用。

“A公司要求每个部门在考虑未来实际支出需要的基础上重新编制本部门的预算”，因此属于零基预算。零基预算的优点：（1）能识别和去除不充分或者过时的行动，因为A公司要求每个部门在考虑未来实际支出需要的基础上编制预算，完全是按需支出；（2）能促进更有效的资源分配，按需编制的预算对资源的配置更为有效；（3）需要广泛的参与，从零开始编制预算需要全体员工共同参与，这样也保证了预算的全面性；（4）能够应对环境的变化；（5）鼓励管理层寻找替代方法。

4．企业进入国外市场的模式一般有出口、股权投资、非股权安排。对外股权投资包括对外证券投资和对外直接投资两种形式。非股权形式包括合约制造、服务外包、订单农业、特许经营、许可经营、管理合约及其他类型的合约关系。

A公司出口目的地国家的关税水平较高，直接影响了产品在当地的竞争力和盈利水平。同时，对于能源类产品直接投资采取了严格审查的政策。因此，A公司可以更多地采用非股权方式，例如许可证交易的方式进入国外市场。

5. A公司海外市场扩张速度明显加快，业务范围已经覆盖日韩、西欧，因此应改为区域事业部制。区域事业部制结构的优点：一是在企业与其客户的联系上，区域事业部制能实现更好更快的地区决策；二是与一切皆由总部来运作相比，建立地区工厂或办事处会削减成本费用；三是有利于海外经营企业应对各种环境变化。

第五章　公司治理

本章思维导图

公司治理
- 企业的起源与演进
- 公司治理的概念及理论
- 三大公司治理问题（代理型、剥夺型、其他利益相关者）
- 公司内部治理结构（股东大会、董事会、监事会、经理层）
- 外部治理机制（产品市场、资本市场、经理人市场）
- 公司治理的基础设施（信息披露制度、中介机构、法律法规、政府监管、媒体专业人士的舆论监督）
- 公司治理原则

本章概述及考情分析

本章主要阐述了公司治理相关内容。本章从公司治理的概念及理论、三大公司治理问题、公司内部治理结构和外部治理机制、公司治理基础设施与治理原则等角度进行分析，介绍如何形成完善有效的公司治理机制。本章一般以客观题形式出现，主观题涉及不多，但治理问题独立形成一章，仍需加以关注。

本章考试分值适中，预计分值8分左右，总体难度一般，主观题重点关注公司内部治理结构。

2018年教材主要变化

将原来第四章战略实施第五节公司治理独立自成一章并进行了结构调整和内容扩充，增加知识点“企业的起源与演进”，将原来的知识点“两大公司治理问题”变为知识点“三大公司治理问题”，即新增知识点“企业与其他利益相关者之间的关系问题”等。

考点分析

考点	重要程度	考查题型	考查要点	大纲要求
企业的起源与演进	★	单选题、多选题	了解企业的起源与演进	了解
公司治理的概念	★★	单选题、多选题	了解公司治理的概念	记忆
公司治理理论	★★	单选题、多选题	了解公司治理基本理论	记忆
三大公司治理问题	★★★	单选题、多选题	掌握三大公司治理问题	掌握
公司内部治理结构	★★★	单选题、多选题、主观题	掌握公司内部治理结构构成	掌握
外部治理机制	★★	单选题、多选题	理解外部治理机制构成	理解
公司治理基础设施与治理原则	★★	单选题、多选题	了解公司治理基础设施与治理原则	记忆

本章知识点精讲

第一节　企业的起源与演进

知识点　企业的起源与演进（★）

一、企业的起源与演进

企业的形式经历了“单人业主制 — 合伙制 — 公司制”的发展。

（一）业主制企业

业主制（the single proprietorship）是最早存在的企业制度。

特点：

1. 企业内部组织形式简单、便于管理，且政策法规、宏观经济等外部环境变化带来的风险对企业影响较小；2. 企业的资产所有权、控制权、经营权、收益权均归业主所有；3. 业主自负盈亏，对企业负债承担无限责任，个人资产与企业资产不存在绝对的界限。

业主制企业的缺点：

1. 规模小，资金筹集困难，企业容易因资金受限而难以扩大生产和规模。

2. 企业所有权、收益权、控制权、经营权高度统一归业主所有，使企业存续受制于业主的生命期。

3. 因业主承担无限责任所带来的风险较大，企业为规避风险而缺乏动力进行创新行为，不利于新产业发展。

随着企业规模的不断扩大，业主制企业逐渐被合伙制企业所取代。

（二）合伙制企业

合伙制企业(the partnership)是由两个或多个出资人联合组成的企业。在基本特征上，它与业主制企业并无本质的区别。在合伙制企业中，企业归出资人共同所有、共同管理，并分享企业剩余或亏损，对企业债务承担无限责任。

与业主制企业相比，合伙制企业具有以下优点：

1. 扩大了资金来源，有助于企业扩大规模、生产发展；

2. 合伙企业虽然拥有多个产权主体，但其产权结构完整统一，更有利于整合发挥合伙人的资源优势，促进技术、土地、资金等资源共享；

3. 合伙人共同经营企业、共担风险，在企业经营管理上可以实现优势互补、集思广益，一定程度上分散了经营压力。

缺点：

1. 合伙人对企业债务承担无限责任，风险较大；

2. 合伙人间缺乏有效制约机制，监督履责困难，可能产生“搭便车”行为；

3. 合伙人的退伙会影响企业的生存和寿命；

受到上述局限，合伙制企业又不断向公司制企业演变。

（三）有限责任制

股份公司具有三个重要特点：

1. 有限责任制；

2. 股东财产所有权与企业控制权分离；

3. 公司的永续生命。

二、企业理论

（一）古典企业理论与新古典企业理论

古典经济学家亚当·斯密在《国富论》中论述，随着生产力的发展，劳动社会化程度不断提升，精细分工的趋势催生了劳动合作的需求。而企业就是一种可以实现劳动的有效分工与合作的组织形式，通过企业实现劳动力的有效合作从而更好地实现财富的增值，提升经济绩效。

在古典理论的基础上，新古典经济学家对相关理论进行了进一步的完善与阐述。

新古典企业理论认为企业是一个生产函数，在技术和资源既定的条件下，通过生产将资本、土地、劳动力等生产要素转换为产出，以追求实现利益最大化的目标。

（二）交易成本理论

随着产权理论的提出，以交易成本理论为代表的经济学家开始关注生产与交易之间的区别，并从交易成本入手对市场—企业双重治理结构进行探讨。交易成本理论认为，企业产生是因为市场交易成本的存在。

（三）不完全契约理论

格罗斯曼、哈特和莫尔范式（简称GHM范式）将企业看成是可控制的物质资产集合，认为企业本身是一个合约关系。

公司治理研究基本遵循从新古典经济学的厂商理论、新制度主义经济学派的交易成本理论到不完全契约理论的研究思路，将企业的本质分别视为简单生产单元、治理结构、契约集合。当前，公司治理研究集中关注于企业契约本质特征以及因有限理性和机会主义而导致的不完全契约问题。

第二节 公司治理的概念及理论

知识点1 公司治理问题的产生以及公司治理的概念（★★）

一、公司治理问题的产生

随着公司制企业的不断发展，现代公司呈现出股权结构分散化、所有权与经营权分离等典型特征，由此产生了治理问题，使公司治理成为现代企业所应关注的核心问题。

二、公司治理的概念

（一）公司治理的定义

1．狭义的公司治理是指所有者（主要是股东）对经营者的一种监督与制衡机制，即通过一种制度安排，合理地配置所有者和经营者之间的权力和责任关系。它是借助股东大会、董事会、监事会、经理层所构成的公司治理结构来实现的内部治理。其目标是保证股东利益的最大化，防止经营者对所有者利益的背离。

2．在广义上，公司已不仅是股东的公司，而是一个利益共同体，公司的治理机制也不仅限于以治理结构为基础的内部治理，而是利益相关者通过一系列的内部、外部机制来实施共同治理，治理的目标不仅是股东利益的最大化，而是保证所有利益相关者的利益最大化。

3．泛广义的公司治理概念，认为公司治理是董事和高级管理人员为了股东、职员、顾客、供应商及提供间接融资的金融机构的利益而管理与控制公司的制度或方法。即泛广义的公司治理概念在涵盖狭义与广义的公司治理内涵的同时，还包括了企业的战略决策系统、企业文化、企业高管控制制度、收益分配激励制度、财务制度、人力资源管理等制度。

（二）公司治理的概念理解

1．公司治理结构与治理机制

依据公司内外部环境差异，公司治理可以被划分为治理结构和治理机制两个维度。

治理结构主要侧重于公司的内部治理，包括股东大会、董事会、监事会、高级管理团队及公司员工间权责利相互监督制衡的制度体系。

治理机制主要指除企业内部的各种监督机制外的各项市场机制对公司多维度的监督与约束。包括限制经理人的道德风险、公司并购和接管市场及公司产品市场的竞争程度等。此外，信用中介机构、政府、媒体舆论等依据公司法、证券法、会计准则等政策法规对公司进行监督也发挥了重要的作用。公司治理机制主要有三大类，即权益机制、市场机制和管理机制。权益性的公司治理机制主要是与利益相关者的专用性资产相对应，包括股权机制、债权机制、经营者机制、工会机制和消费者供给者机制。

2．从权力制衡到科学决策

即“公司治理的目标不是相互制衡，它只是保证公司科学决策的方式与途径”，权力制衡只是方法，科学决策才是公司治理的核心。

3．公司治理能力

这种能力与公司领导者的个人能力、治理工具、治理环境等要素密切相关。这些要素相互影响、相互作用，综合地体现了公司的治理能力。

一个公司的治理结构与治理机制是可以模仿的，但其背后的治理能力是难以学习和替代的。公司治理结构、治理机制、治理能力以及治理环境等因素共同组成了完整的公司治理体系，并综合地形成了公司的治理能力系统。

知识点2 公司治理理论（★★）

三种公司治理理论，即委托代理理论、资源依赖理论和利益相关者理论。

一、委托代理理论

（一）委托代理理论概述

委托代理理论的主要观点认为：委托代理关系是随着生产力大发展和规模化大生产的出现而产生的。其原因一方面是生产力发展使得分工进一步细化，权利的所有者由于知识、能力和精力的原因不能行使所有的权利了；另一方面专业化分工产生了一大批具有专业知识的代理人，他们有精力、有能力代理行使好被委托的权利。

（二）两类典型代理问题

产生两类典型委托代理问题：逆向选择与道德风险。在所有权分散的现代公司中同所有权与控制权分离相关的所有问题，最终都与代理问题有关。

委托代理问题的产生主要有以下三个方面的原因：

1. 委托人和代理人之间利益存在不一致；

2. 委托人和代理人之间存在信息不对称；

3. 代理成本的存在。这包括委托人监督支出、代理人保证支出和剩余损失。

注：剩余损失是指代理人的决策与委托人福利最大化的决策之间会存在某些偏差，委托人的福利将遭受一定的货币损失。

信息不对称可依据交易（契约的订立）是否完成细分为事前信息不对称和事后信息不对称。事前信息不对称主要产生了委托人和代理人间的逆向选择问题，委托人不能判定代理人具备的具体能力。委托人在不知情的情况下设计契约，事前信息不对称的存在可能导致代理人的能力与契约不匹配，这又可能进一步导致事后的机会主义行为，即道德风险问题。

根据两类信息不对称的作用机理，解决委托代理问题的主要措施可以分为事前和事后两种。针对事前信息不对称采用信号显示机制措施，即经理人员采用某些信号传递给委托人有关其能力的信息，从而降低事前代理问题发生的可能性。具体而言，信号显示机制可以分为：1. 学历信号显示；2. 财富信号显示；3. 经历信号显示。

改善事后信息不对称问题可以进行契约的完善、委托人的监督和对经理人的激励。

（三）对委托代理理论的评价

很多国家的上市公司要同时解决股东和经营者以及不同股东之间的利益冲突问题。此时，针对股权分散公司而构建的西方传统委托代理理论并不能有效解决这些问题。

二、资源依赖理论

资源依赖理论认为组织需要通过获取环境中的资源来维持生存，没有组织可以完全实现资源自给，企业经营所需的资源大多需要在环境中进行交换获得。组织对环境及其中资源的依赖，也是资源依赖学派解释组织内权力分配问题的始点。

相较于委托代理理论，资源依赖理论可以更好地解释企业董事会的功能。董事会为获取资源发挥的作用主要包括：（一）为企业带来忠告，建议形式的信息；（二）获得公司和外部环境之间的信息通道；（三）取得资源的优先条件；（四）提升企业的合法性。此外，处于不同生命周期的企业对董事的资源依赖也不同。

三、利益相关者理论

企业的利益相关者是指那些与企业决策行为相关的现实及潜在的、有直接和间接影响的人和群体，包括企业的管理者、投资人、雇员、消费者、供应商、债权人、社区、政府等，这既包括股东在内，又涵盖了股东之外与企业发展相关的群体。从利益相关者视角来分析企业的公司治理问题，如今得到了普遍的认可。

利益相关者理论的要点主要体现在以下几个方面：

（一）在现代公司中，所有权是一个复杂的概念，股东并不是唯一的所有者，他们只能拥有企业的一部分；

（二）所有的利益相关者都应该参与公司治理；

（三）从对企业发展的贡献上说明了重视非股东的其他利益相关者的必要性；

（四）从产权角度论证了其“新所有权观”的合理性。出资者投资形成的资产公司经营过程中的财产增值和无形资产共同组成公司的法人财产，法人财产是相对独立的。

四、公司治理的重要性

良好的公司治理可以促进企业的股权结构合理化。加强企业的内部控制、降低企业的代理成本，实现增强企业的核心竞争力、提高经营业绩、实现企业的可持续发展。

第三节　三大公司治理问题

知识点　三大公司治理问题（★★★）

一、经理人对于股东的“内部人控制”问题

企业的内部成员（如厂长、经理或工人）能够直接参与企业的战略决策，并掌握了大部分企业实际控制权，在公司战略决策中追求自身利益，甚至内部各方面联手谋取各自的利益，从而架空所有者的有效控制，并以此来侵蚀作为外部人（股东）的合法权

益，这就是所谓的“内部人控制”现象。

内部人控制问题主要表现有：过高的在职消费，盲目过度投资；信息披露不规范、不及时；经营者的短期行为，过度耗用资产，工资、奖金等收入增长过快，侵占利润；资产转移，敷衍偷懒；大量拖欠债务，甚至严重亏损等。国有资产流失、会计信息失真是我国国企改革过程中的“内部人控制”的主要表现形式。

（一）“内部人控制”问题提出的背景

（二）“内部人控制”的成因

内部人控制问题的形成，实际上是在所有权和经营权分离的公司制度下，委托代理关系所带来的必然结果。另外，公司治理机制的不完善为内部人控制提供了有利条件。

（三）治理“内部人控制”问题的基本对策

首先，完善公司治理体系，加大监督力度。其次，强化监事会的监督职能，形成企业内部权力制衡体系。最后，完善和加强公司的外部监督体系，使利益相关者参与到公司的监管中，再结合以经济、行政、法律等手段，构建对企业经营者的外部监督机制。

二、终极股东对于中小股东的“隧道挖掘”问题

当公司有大股东存在时，公司的主要代理问题将不再是管理人员与股东之间的冲突，而是控股股东与中小股东之间的利益冲突问题。因此，此时公司治理的重点应是如何防止大股东利用对企业的控制权对其他中小股东利益的侵占，以防止“隧道挖掘”行为的出现。

“隧道挖掘”有许多种表现形式，例如，可以通过资产购销、产品购销的关联交易，以对控股大股东有利的形式转移定价，债务担保，对公司投资机会进行侵占。另外，还可以利用各种金融手段直接实现利益侵占，如采用通过扩股发行稀释其他股东权益、冻结少数股权、操纵上市公司的会计报告、渐进的收购行为、以低于市场价格回购中小股东的股票，以及“高派现”等其他旨在侵害中小股东的各种财务交易行为。

三、企业与其他利益相关者之间的关系问题（新增）

在企业的治理模式中过度强调股东利益最大化，而缺乏必要机制维护各利益相关者的权益的现象十分普遍。在利益相关者对企业经营和公司治理的影响越来越明显的背景下，企业经营必须重视将利益相关者融入企业的治理模式中，让外部与企业利益相关的主体共同参与公司治理。

与此同时，也有学者提出了让所有利益相关者直接参与公司治理事务的弊端。所有

利益相关者共同参与公司治理会产生权责不清的问题，从而降低公司运作效率，企业容易陷入“泛利益相关者治理”的困境。所以应当对利益相关者进行选择，应当依据潜在利益相关者对公司稀缺资源的贡献程度、利益相关者因公司破产或关系终结而承担的风险损失的大小、优先利益相关者的利益诉求、利益相关者在组织里的权力大小来安排公司治理。

【例–多选题】下列选项中，属于内部人控制问题主要表现的有（　）。

A．过高的在职消费　　B．过度耗用资产

C．对公司投资机会进行侵占　　D．以低于市场价格回购中小股东的股票

【答案】AB

学堂点拨

内部人控制问题主要表现有：过高的在职消费，盲目过度投资；信息披露不规范、不及时；经营者的短期行为，过度耗用资产，工资、奖金等收入增长过快，侵占利润；资产转移，敷衍偷懒；大量拖欠债务，甚至严重亏损等。国有资产流失、会计信息失真是我国国企改革过程中的“内部人控制”的主要表现形式。

“隧道挖掘”有许多种表现形式，例如，可以通过资产购销、产品购销的关联交易，以对控股大股东有利的形式转移定价，债务担保，对公司投资机会进行侵占。另外，还可以利用各种金融手段直接实现利益侵占，如采用通过扩股发行稀释其他股东权益、冻结少数股权、操纵上市公司的会计报告、渐进的收购行为、以低于市场价格回购中小股东的股票，以及“高派现”等其他旨在侵害中小股东的各种财务交易行为。选项C、D属于隧道挖掘问题。

第四节　公司内部治理结构和外部治理机制

知识点1　公司内部治理结构（★★★）

涵盖股东大会、董事会（监事会）、高级管理团队以及公司员工之间责权利相互制衡的制度体系。在公司内部就需要一个制度机制，来约束经理人员的败德行为。

在实践中股东并不是将公司的控制权直接交给经理人员，而是以一种信托关系首先交给了董事会，董事会再通过委托代理关系聘用经理人员进行经营管理。

一、股东大会

（一）股东及股东权利

股东可以分为普通股股东和优先股股东。

1．普通股股东

普通股股东享有的权利：（1）剩余收益请求权和剩余财产清偿权；（2）监督决策权（“用手投票”）；（3）优先认股权；（4）股票转让权（“用脚投票”的途径和体现）。

2．优先股股东

优先股股东的权利：（1）利润分配权：优先股股东在利润分配上有优于普通股股东的权利；（2）剩余财产清偿权（优先股股东有权按票面价值优先于普通股股东得到清偿）；（3）管理权（优先股股东的管理权是有严格限制的。通常，在公司的股东大会上，优先股股东没有表决权。但是，当公司研究与优先股有关的问题时有权参加表决）。

（二）股东大会

一般来说，股东主要是通过其参与股东大会来行使权利。

股东大会具有两个基本特征：一是公司内部的最高权力机构和决策机构；二是公司的非常设机构，除了每年的例行年会和特别会议外，股东大会并不会在公司出现。

股东大会按照股东持有的股份进行表决公司设立的董事会，是公司的决策机构。股东大会是权力机构。股东大会是股东表达意见的主要渠道。在股东大会上，股东不但可以对公司的经营方针做出决策，还可以通过改选董事会，来对经理层施加压力。也就是说，股东虽然没有权力直接解聘不称职的经理人员，但他们可以通过手中的投票权威胁董事会，使公司的董事会更加尽责，进而使得经理人员不敢随意侵占股东的利益。

股东大会分为一年一度定期召开的年度股东大会和非定期的、因公司特殊事项而组织召开的临时性股东大会。年度股东大会应当于上一会计年度结束后的6个月内举行。

股东大会主要行使以下职权：1．决定公司的经营方针和投资计划；2．选举和更换非由职工代表担任的董事、监事，决定有关董事、监事的报酬事项；3．审议批准董事会的报告；4．审议批准监事会或者监事的报告；5．审议批准公司的年度财务预算方案、决算方案；6．审议批准公司的利润分配方案和弥补亏损方案；7．对公司增加或者减少注册资本作出决议；8．对发行公司债券作出决议；9．对公司合并、分立、解散、清算或者变更公司形式作出决议；10．修改公司章程；11．公司章程规定的其他职权。

（三）机构投资者

机构投资者是指用自有资金或者从分散的公众手中筹集的资金专门进行有价证券投资活动的法人机构，包括证券投资基金、社会保障基金、商业保险公司和各种投资公司等。

机构投资者的行动主义内涵包括：1. 机构投资者与所投资公司董事会举行一对一的例会，即参与和对话过程；2. 机构投资者积极在股东大会上行使表决权；3. 机构投资者积极关注所投资公司的董事会成员构成；4. 机构投资者联合向公司管理层提出公司战略和经营建议。

二、董事会

董事会是由股东大会选举产生的，负责公司及其经营活动的指挥与管理。它对股东大会负责，是股东大会闭幕期间公司常设的权力机构，是集体行使权力的机构。股东大会所作的公司重大事项的决定，董事会必须执行。

（一）董事会的职能

董事会对股东大会负责，行使下列职权：1. 负责召集股东大会，并向股东大会报告工作；2. 执行股东大会的决议；3. 决定公司的经营计划和投资方案；4. 制订公司的年度财务预算方案、决算方案；5. 制订公司的利润分配方案和弥补亏损方案；6. 制订公司增加或者减少注册资本的方案以及发行公司债券的方案；7. 拟订公司合并、分立、解散的方案；8. 决定公司内部管理机构的设置；9. 聘任或者解聘公司经理，根据经理的提名，聘任或者解聘公司副经理、财务负责人，决定其报酬事项；10. 制定公司的基本管理制度。另外，《公司法》在第四十六条对有限责任公司董事会的职权也有相似的规定，除了第七种职权为“拟订公司合并、分立、变更公司形式、解散的方案”以外，其他都相同。

（二）董事及其分类

董事是指由公司股东大会选举产生的具有实际权力和权威的管理公司事务的人员，是公司内部治理的主要力量，对内管理公司事务，对外代表公司进行经济活动。

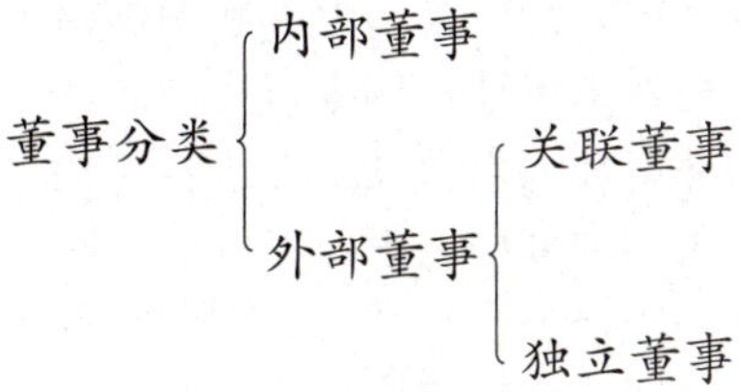

图 5–1　董事分类

董事按照其与公司的关系分为内部董事与外部董事。

内部董事也称执行董事，主要指担任董事的本公司管理人员，如总经理、常务副总经理等。

外部董事是指不在公司担任除董事以外的其他职务的董事，如其他上市公司总裁、公司咨询顾问和大学教授等。公司的外部董事还可以进一步分为关联董事和独立董事。

关联董事是指虽然不在公司中担任其他职位，但仍与公司保持着利益关系的董事，如公司关联机构的雇员或咨询顾问等。

独立董事才是真正具有独立性的董事，他们不仅是公司的外部董事，而且还需要与公司或公司经营管理者没有重要的业务联系或专业联系，并对公司事务做出独立判断的董事，如大学的教授、退休的政府官员等。

（三）董事的权利及义务

董事的权利主要见于公司章程包括：1. 出席董事会会议；2. 表决权；3. 董事会临时会议召集的提议权；4. 通过董事会行使职权而行使权利。

董事义务又称作勤勉义务或专项，主要包括善管义务和竞业禁止义务。

1. 善管义务

善管义务包括：（1）董事必须忠实于公司；（2）董事必须维护公司资产；（3）董事在董事会上有审慎行使决议权的义务。

2. 竞业禁止义务

竞业禁止即竞业行为的禁止，指特定地位的人不得实施与其所服务的营业具有竞争性质的行为。

（四）几个专门委员会

董事会一般可以下设几个专门委员会，分别从事各方面的工作。董事会的这些委员会原则上都应由独立董事构成，分别召开会议，承担各自的工作。

表 5-1　几个专门委员会的职责

专门委员会	职责
审计委员会	1. 检查公司会计政策、财务状况和财务报告程序。 2. 与公司外部审计机构进行交流。 3. 对内部审计人员及其工作进行考核。 4. 对公司的内部控制进行考核。 5. 检查、监督公司存在或潜在的各种风险。 6. 检查公司遵守法律、法规的情况。

（续上表）

专门委员会	职责
薪酬与考核委员会	1. 负责制定董事、监事与高级管理人员考核的标准，并进行考核。 2. 负责制定、审查董事、监事、高级管理人员的薪酬政策与方案。
提名委员会	1. 分析董事会构成情况，明确对董事的要求。 2. 制定董事选择的标准和程序。 3. 广泛搜寻合格的董事候选人。 4. 对股东、监事会提名的董事候选人进行形式审核。 5. 确定董事候选人提交股东大会表决。
战略决策委员会	1. 制定公司长期发展战略。 2. 监督、核实公司重大投资决策等。

三、监事会

监事会的设置在国际上有以下三种类型。

（一）公司内部不设监事会，相应的监督职能由独立董事发挥（如美国）。在这种模式下，董事会既有监督职能又有决策职能。

（二）设立监事会，且监事会的权力在董事会之上，这种董事会模式又名为双层董事会，以德国为代表。在这种模式下，监事与董事不能兼任，从而使监督权与执行权从机构上明确分开，而且监事会具有任命和监督董事会成员的权利。

（三）设立监事会，但监事会与董事会是平行机构，也叫复合结构（如日本、我国大陆和台湾地区、韩国以及东南亚的一些国家）。这种模式下的董事会具有决策职能，但由于董事会大都由执行董事构成，因此同时具有执行职能。为了避免监督者监督自己，法律规定由股东大会选举法定审计人或监事，对董事和经理层进行监督。

我国《公司法》第五十二条规定：有限责任公司，经营规模较大的，设立监事会，其成员不得少于3人。监事会应在其组成人员中推选1名召集人。有限责任公司，股东人数较少和规模较小的，可以设1至2名监事。董事、经理及财务负责人不得兼任监事。股份有限公司设监事会，其成员不得少于3人。

四、经理层

经理人是公司日常经营管理和行政事务的负责人，由公司董事会聘任，在法律、法规及公司章程规定和董事会授权范围内，代表公司从事业务活动的高级管理人员。

在我国，总经理虽受聘于董事会，但其职权的主体部分却不为董事会所授权，而是由《公司法》明文规定。

（一）公司经理人员的职权包括：

1. 主持公司的生产经营管理工作，组织实施董事会决议；
2. 组织实施公司年度经营计划和投资方案；
3. 拟订公司内部管理机构设置方案；
4. 拟订公司的基本管理制度；
5. 制定公司的具体规章；
6. 提请聘任或者解聘公司副经理、财务负责人；
7. 决定聘任或者解聘除应由董事会决定聘任或者解聘以外的负责管理人员；
8. 董事会授予的其他职权。

（二）经理人的薪酬激励如下：

表 5–2 经理人的薪酬激励

年薪制	股权激励
企业经营者为实施对象，以一个经营周期即以年度为单位，确定经营者的基本报酬，并视其经营业绩发放风险收入的一种薪酬制度。	通过经营者获得公司股权形式给予企业经营者一定的经济权利，使他们能够以股东的身份参与企业决策、分享利润、承担风险，从而勤勉尽责地为公司的长期发展服务的一种激励方法。股权激励包括股票期权、股票增值权、虚拟股票、业绩股票及限制性股票、延期支付、经理人持股等。
优点：以这一制度将经营者的收入与其经营业绩挂钩，体现出了经营者人力资本的价值，从而能更好地发挥经营者的积极性和创造性。 缺点：易导致经营者的短期行为。	优点：股权激励兼具“报酬激励”和“所有权激励”双重作用。

【例1–多选题】下列关于公司内部治理结构的选项中，描述正确的有（　）。

A．外部董事也称执行董事

B．内部董事也称执行董事

C．股东大会是公司的常设机构

D．董事会下的专门委员会原则上都应由独立董事构成

【答案】BD

学堂点拨

董事按照其与公司的关系分为内部董事与外部董事。内部董事也称执行董事，主要指担任董事的本公司管理人员，如总经理、常务副总经理等。董事会是公司的常设机构，董事会下的专门委员会原则上都应由独立董事构成。

【例2-多选题】下列选项中，属于审计委员会职责的有（　）。

A. 检查公司会计政策　　B. 与公司外部审计机构进行交流

C. 广泛搜寻合格的董事候选人　　D. 监督、核实公司重大投资决策

【答案】AB

学堂点拨

1. 审计委员会。其主要职责是：（1）检查公司会计政策、财务状况和财务报告程序；（2）与公司外部审计机构进行交流；（3）对内部审计人员及其工作进行考核；（4）对公司的内部控制进行考核；（5）检查、监督公司存在或潜在的各种风险；（6）检查公司遵守法律、法规的情况。

2. 薪酬与考核委员会。其主要职责是：（1）负责制定董事、监事与高级管理人员考核的标准，并进行考核；（2）负责制定、审查董事、监事、高级管理人员的薪酬政策与方案。

3. 提名委员会。其主要职责是：（1）分析董事会构成情况，明确对董事的要求；（2）制定董事选择的标准和程序；（3）广泛搜寻合格的董事候选人；（4）对股东、监事会提名的董事候选人进行形式审核；（5）确定董事候选人提交股东大会表决。

4. 战略决策委员会。其主要职责是：（1）制定公司长期发展战略；（2）监督、核实公司重大投资决策等。

选项C是提名委员会的职责，选项D是战略委员会的职责。

知识点2　公司外部治理机制（★★）

外部治理机制主要是指除企业内部的各种监控机制外，还包括各个市场机制（如产品市场、资本市场、经理人市场）对公司的监控和约束。

一、产品市场

产品市场的竞争对经理人员的约束主要来自两个方面：

一方面，市场竞争越激烈，经理人员败德行为的空间就越小；另一方面，产品市场的竞争可以提供有关经理人员行为的更有价值的信息。

二、资本市场

资本市场也称为控制权市场。资本市场对经理人员行为的约束是通过接管和兼并方式进行的，也就是通过资本市场上对企业控制权的争夺的方式进行的。

因此，收购和重组的威胁被认为是控制经理人员行为的最有效方法之一。

三、经理人市场

管理者对自己职业生涯的关注主要来源于经理人市场。经理人市场之所以对经理人员的行为有约束作用，是因为在竞争的市场上声誉是决定个人价值的重要因素。

第五节　公司治理基础设施

知识点1　公司治理的基础设施（★）

公司治理基础设施主要包括公司信息披露制度、评价公司财务信息和治理水平的信用中介机构、保护投资者利益的法律法规、政府监管以及媒体和专业人士的舆论监督等。

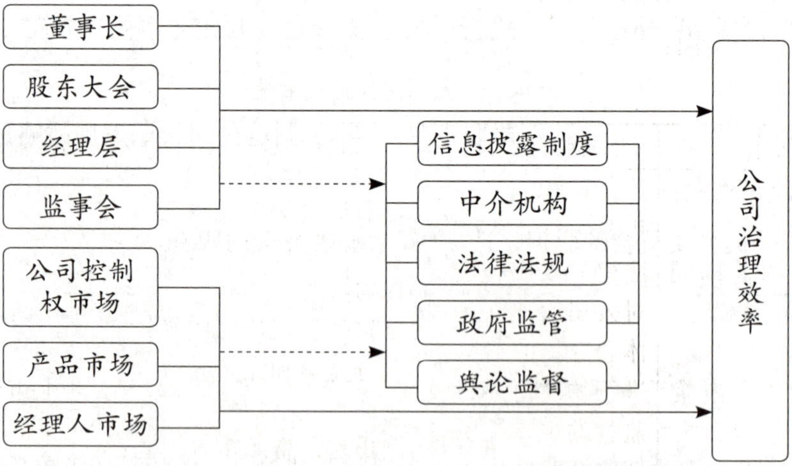

图 5-2 公司治理效率影响因素的分析框架

一、信息披露制度

它包括公司证券发行前的披露和上市后的持续信息公开，主要由招股说明书制度、定期报告制度和临时报告制度组成。

信息披露制度的特征主要包括：信息披露义务的强制性和自愿性、信息披露内容的多样性和信息披露时间的持续性等。

二、中介机构

中介机构包括会计师事务所、投资银行和律师事务所等。它们在工作中一般会严格遵守工作准则和职业道德。

如何通过制度安排确保中介机构的独立性就成了公司治理中中介机构信用机制建构的核心。

三、法律法规

公司治理是以法治为基础的，《公司法》《银行法》《证券法》《破产法》《劳动法》等各部门法律均会对公司治理产生重大影响。

对中小投资者法律保护越好，公司价值越高。对小股东的权利保护较好时，普通投资者预期他们未来的投资收益被大股东剥夺的可能性较小，从而更愿意购买这些公司的股票。

四、政府监管

政府监管的必要性和重要性在于：一是信息不对称问题导致市场失灵，从而需要政府监管；二是由于法律的不完备性，需要通过政府监管加以弥补。有效的政府监管体系应包括以下四个方面：

表 5-3　有效的政府监管体系

法律监管	行政监管	市场环境监管	信息披露监管
1．制定法律规章，即立法监管； 2．法院执法，即司法介入监管。 不足之处： 1．法律规章的制定不完善、不健全； 2．司法介入监管一般是被动的和事后的，不利于保护受损人的利益。	指各级行政机关依法律的授权和规定对公司治理中各主体和客体的行为所进行的监督。行政监管的主体主要有证监会及其派出机构、财政部、国资委、保监会等。	政府通过对市场环境的建设来达到公司治理的目的。 良好的公司治理依赖充分竞争和完备的市场体系，如竞争的产品市场、资本市场、经理人市场、劳动力市场、健康的破产机制等。	上市公司信息披露的管理体制是一国或地区对上市公司信息披露行为所采取的管理体系、管理结构和管理手段的总称，是上市公司监管体制的重要组成部分。 负责上市公司信息披露监管的管理机构主要包括证券主管机关和证券交易所。

五、媒体、专业人士的舆论监督

舆论监督的实施主体主要分为两个层次，即公众和媒体层次。

公众作为舆论监督的主体，是舆论话题的发现者与提供者。公众监督对公司治理的影响主要来自专业人士的作用。

媒体监督具有全方位性和独立性，媒体监督无处不在。

知识点2 公司治理的原则（★）

一、确保有效的公司治理框架。

公司治理框架的构建应着眼于其对于整体经济运行的影响，着眼于其对市场参与者提供的激励，着眼于提升市场的透明度和效率。

二、股东权利和关键所有权功能。公司治理框架应该保护和促进股东权利的行使。

（一）股东的基本权利。

（二）股东有权参与涉及公司重大变化的决策并为此获得充分信息。

（三）股东应有机会参加股东大会并在大会行使投票权，有权了解包括投票程序在内的股东大会的有关规则。

（四）如果公司的资本结构和安排使得一部分股东享有与其所有权不相称的某种程度的控制权，相关的情形应予以披露。

（五）公司控制权市场应被允许以有效和透明的方式运作。

（六）应为包括机构投资者在内的所有人员行使股东权利创造有利条件。

（七）包括机构投资者在内的全体股东应有权利就与上述基本股东权利有关的问题互相咨询，可能造成不正当密谋的情形除外。

三、平等对待全体股东。

公司治理框架应保障包括少数股东和外国股东在内的全体股东得到平等的对待。所有股东在权利受到侵害时都有权得到有效的赔偿。

（一）同一类别、同一系列的股东应当得到同样的公平待遇。

（二）禁止内部交易和滥用权力的自我交易。

（三）在直接影响到企业的任何交易或事件中，无论董事会成员和关键经营人员直接、间接或在第三方利益上对于董事会具有实质性利益的，都应当被要求公开。

四、利益相关者在公司治理中的作用。公司治理框架应承认法律规定的利益相关者在公司治理中的权利，并鼓励公司与利益相关者共同创造财富、工作和财务稳健、可持续发展的企业。

五、信息披露和透明度。公司治理框架应确保与公司重大事件有关的信息及时、准确地予以披露，其中包括财务状况、业绩、所有权及公司的治理情况。

六、董事会的义务。公司治理结构应确保董事会对公司的战略指导和对管理层的有效监督，确保董事会对公司和股东的责任和忠诚。

（一）董事会成员应在全面了解情况的基础上，诚实、尽职、谨慎地开展工作，最大程度地维护公司和股东的利益。

（二）如果董事会的决策可能对不同的股东团体造成不同的影响，董事会应做到公平对待全体股东。

（三）董事会应具备高度的道德准则，以维护股东的利益为己任。

（四）董事会应履行特定的职责。

（五）董事会应能够在公司事务中做出客观独立的判断。

（六）为了更好地履行职责，董事会成员应能够及时、准确地获取与履行职责有关的信息。

本章强化练习

一、单项选择题

1. 下列选项中，不属于外部治理机制的是（　　）。

A. 产品市场　　B. 资本市场

C. 经理人市场　　D. 金融市场

2. 公司治理的基础设施不包括（　　）。

A. 信息披露制度　　B. 投资银行

C. 市场环境监管　　D. 产品市场

3. 公司治理原则不包括（　　）。

A. 平等对待全体股东

B. 董事会应能够在公司事务中做出客观独立的判断

C. 确保有效的公司治理框架

D. 包括机构投资者在内的全体股东应有权利就与基本股东权利有关的全部问题互相咨询

4. 下列选项中，公司治理的概念说法错误的是（　　）。

A. 广义的公司治理不局限于股东对经营者的制衡，还涉及广泛的利益相关者

B. 狭义的公司治理的目标是保证债权人的利益最大化

C. 广义的公司治理的目标是保证所有利益相关者的利益最大化

D. 公司治理不仅需要建立完备有效的公司治理结构，更需要建立行之有效的公司治理机制

5. 下列选项中，说法错误的是（　　）。

A. 委托代理理论和利益相关者理论均属于公司治理理论

B. 所有权与控制权分离导致的直接后果是委托——代理问题的产生

C. 从委托代理视角来分析企业的公司治理问题，如今得到了普遍的认可

D. 公司不得不根据对利益相关者的依赖程度做出权衡，优先考虑某类利益相关者

二、多项选择题

1. 下列选项中，属于公司治理基础设施的有（　　）。

A. 信息披露制度　　B. 法律法规

C. 中介机构　　D. 媒体、专业人士的舆论监督

2．下列选项中，属于终极股东对于中小股东的“隧道挖掘”问题主要表现的有（　　）。

A．信息披露不规范

B．冻结少数股权

C．以低于市场价格回购中小股东的股票

D．会计信息失真

3．下列关于公司内部治理结构的选项中，描述不正确的有（　　）。

A．审计委员会负责制定公司长期发展战略

B．外部董事是真正具有独立性的董事

C．经理人受聘于董事会，其职权的主体部分为董事会授权

D．股权激励兼具有“报酬激励”和“所有权激励”双重作用

4．下列选项中，属于提名委员会职责的有（　　）。

A．分析董事会构成情况，明确对董事的要求

B．对股东、监事会提名的董事候选人进行形式审核

C．广泛搜寻合格的董事候选人

D．负责制定董事、监事与高级管理人员考核的标准，并进行考核

5．下列关于公司外部治理机制的选项中，描述不正确的有（　　）。

A．产品市场又称控制权市场，产品市场的竞争对经理人员具有约束作用

B．管理者对自己职业生涯的关注主要来源于资本市场

C．市场竞争越激烈，经理人员败德行为的空间就越大

D．产品市场对经理人员行为的约束是通过接管和兼并方式进行的，即通过产品市场上对企业控制权的争夺方式进行的

三、简答题

2018年1月12日，上市公司AA集团独立董事提请股东向审计委员会推荐2017年报审计机构及内部控制审计机构，发布《关于提请股东向审计委员会推荐2017年报审计机构及内部控制审计机构的函》，内容如下：

独立董事关于提请股东向审计委员会推荐
2017年报审计机构及内部控制审计机构的函

AA集团董事会及全体股东：

公司2017年12月26日召开的2017年第一次临时股东大会，再次否决了《关于聘请公司2017年度财务审计机构和内部控制审计机构的议案》。至此公司关于聘请2017年报审计机构的议案已经两次被股东大会否决，目前面临着无法完成2017年报披露以及由此可能带来的被监管部门处罚的局面。作为公司的独立董事，我们肩负着维护公司整体利益、保护全体股东（尤其是中小股东）合法权益的重任。鉴于目前的局面，我们再次向全体股东呼吁，从维护上市公司整体利益的角度出发，请向公司审计委员会推荐您认为合适的审计机构。

为了完成2017年报审计机构的聘请任务，上市公司及审计委员会作了大量深入细致的工作。在公司2017年6月26日召开的2016年度股东大会否决了《关于续聘公司财务审计机构和内部控制审计机构的议案》后，公司从2017年7月开始，积极与具有丰富国际业务背景及化工行业背景的国际四大会计师事务所中进行沟通，拟聘请其中一家为公司2017年度审计机构。但是，由于公司目前情况的复杂化，四大会计师事务所均拒绝了公司拟聘请其为2017年度财务审计机构和内部控制审计机构的邀约。在此情况下，公司积极对在国内具有证券期货审计资格的其他家会计师事务所进行沟通，并筛选出21家具有国际审计业务背景的事务所，并向他们发出了邀请函。最终，通过公司面谈及筛选，选定了四家会计师事务所提交到公司审计委员会。

审计委员会为了客观、公平、公正地选聘会计师事务所，召开了审计委员会扩大会议，邀请了董事和高管一起参加了审计师选聘的会议，并请出席董事对候选审计机构进行沟通，打分评选。评选后，并请股东派出的董事及时根据打分情况与股东进行充分沟通，听取股东对候选机构的意见。根据董事们与股东沟通后的意见反馈，审计委员会推荐得分最高的BC会计师事务所到董事会审议。在董事会上，BC会计师事务所得到9位董事的一致同意，并被推荐到股东大会进行审议，但该议案仍未获得股东大会的审议通过。

由于《关于聘请公司2017年度财务审计机构和内部控制审计机构的议案》在公司2017年第一次临时股东大会上未能获得通过，严重影响了公司的2017年度审计及年报工作。目前情况下，如果股东们仍不积极配合公司的审计师选聘工作，公司2017年度审计工作将无法如期进行，年报工作将无法按期披露，这对公司的正常经营将带来严重的影响，也会因此而给全体股东（包括中小股东）带来损失。

因此，作为公司的独立董事，我们郑重呼吁所有股东，应当基于建设性的立场，积极配合公司完成2017年报审计机构的选聘工作。提请公司全体股东在收到此函五个工作日内向上市公司审计委员会推荐您认为合适的2017年报审计机构及内部控制审计机构，并由审计委员会审议后提请董事会和股东大会审议，以使公司能够如期完成2017年度审计及年报披露任务。

AA集团独立董事

甲、乙、丙、丁

2018年01月12日

要求：从函件涉及的内容分析相关的公司治理效率影响因素。

答案及解析

一、单项选择题

1. 【答案】D

【学堂点拨】外部治理机制主要是指除企业内部的各种监控机制外，还包括各个市场机制（如产品市场、资本市场、经理人市场）对公司的监控和约束。

2. 【答案】D

【学堂点拨】公司治理的基础设施包括信息披露制度、中介机构、法律法规、政府监管、舆论监督，投资银行属于中介机构，市场环境监管属于政府监管，产品市场不属于基础设施，属于外部治理机制。

3. 【答案】D

【学堂点拨】包括机构投资者在内的全体股东应有权利就与基本股东权利有关的问题互相咨询，可能造成不正当密谋的情形除外，选项D错误。

4. 【答案】B

【学堂点拨】狭义的公司治理的目标是保证股东利益的最大化，防止经营者对所有者利益的背离，选项B错误。

5. 【答案】C

【学堂点拨】从利益者相关者视角来分析企业的公司治理问题，如今得到了普遍的认可，选项C错误。

二、多项选择题

1. 【答案】ABCD

【学堂点拨】公司治理的基础设施包括信息披露制度、中介机构、法律法规、政府监管（有效的政府监管体系应包括四个方面：第一，法律监管；第二，行政监管，行政监管的主体主要有证券委及其派出机构、财政部、国资委、保监会等；第三，市场环境监管；第四，信息披露监管，负责上市公司信息披露监管的管理机构主要包括证券主管机关和证券交易所）、媒体及专业人士的舆论监督。

2. 【答案】BC

【学堂点拨】选项B、C属于“隧道挖掘”问题。选项A、D属于内部人控制问题的主要表现形式。

3. 【答案】ABC

【学堂点拨】战略委员会负责制定公司长期发展战略，选项A错误；外部董事进一步分为关联董事和独立董事，独立董事才是真正具有独立性的董事，选项B错误；经理人虽受聘于董事会，但其职权的主体部分却不为董事会所授权，而是由《公司法》明文规定，选项C错误；选项D正确。

4. 【答案】ABC

【学堂点拨】提名委员会其主要职责是：（1）分析董事会构成情况，明确对董事的要求；（2）制定董事选择的标准和程序；（3）广泛搜寻合格的董事候选人；（4）对股东、监事会提名的董事候选人进行形式审核；（5）确定董事候选人提交股东大会表决。选项D是薪酬与考核委员会的职责。

5. 【答案】ABCD

【学堂点拨】资本市场又称控制权市场，选项A错误；管理者对自己职业生涯的关注主要来源于经理人市场，选项B错误；市场竞争越激烈，经理人员败德行为的空间就越小，选项C错误；资本市场对经理人员行为的约束是通过接管和兼并方式进行的，即通过资本市场上对企业控制权的争夺方式进行的，选项D错误。

三、简答题

【答案】

公司治理正是通过一套正式或非正式的、内部或外部的制度或机制来协调公司与所有利益相关者之间的利益关系，以保证公司决策的科学性与公正性，从而维护各方面的利益。在治理过程中要关注大股东对于中小股东的“隧道挖掘”问题，在公司治理层次上增加对中小股东等弱势群体的保护，以防止“隧道挖掘”行为的出现。

完善的公司治理机制应当包括公司内部治理结构、外部治理机制以及公司治理的基础设施。

1. 公司内部治理结构

公司内部治理结构是指涵盖股东大会、董事会（监事会）、高级管理团队以及公司员工之间责权利相互制衡的制度体系。由于所有权与经营权相分离，经理人员与股东的利益不一致，这就需要在公司内部通过一个制度机制，来约束经理人员的败德问题。在实践中，股东并不是将公司的控制权直接交给经理人员，而是以一种信托关系首先交给了董事会，董事会再通过委托代理关系聘请经理人员进行经营管理。

（1）股东大会

股东大会是股东表达意见的主要渠道。在股东大会上，股东不但可以对公司的经营方针做出决策，还可以通过改选董事会，来对经理层施加压力。

股东主要通过其参与股东大会来行使权利。本文表现为“至此公司关于聘请 2017 年报审计机构的议案已经两次被股东大会否决”以及“在董事会上，BC会计师事务所得到9位董事的一致同意，并被推荐到股东大会进行审议，但该议案仍未获得股东大会的审议通过”。可以看出股东大会是公司内部的最高权力机构和决策机构。

（2）董事会

董事会是由股东大会选举产生的，负责公司及其经营活动的指挥与管理。它对股东大会负责，是股东大会闭幕期间公司常设的权力机构，是集体行使权力的机构。股东大会所做的公司重大事项的决定，董事会必须执行。董事按照其与公司的关系分为内部董事与外部董事。公司的外部董事还可以进一步分为关联董事和独立董事。

独立董事才是真正具有独立性的董事，他们不仅是公司的外部董事，而且还需要与公司或公司经营管理者没有重要的业务联系或专业联系，并对公司事务做出独立判断的董事，如大学的教授、退休的政府官员等。独立董事的建立制度对于保护中小股东的利益有着积极的作用。本文表现为“作为公司的独立董事，我们肩负着维护公司整体利益、保护全体股东（尤其是中小股东）合法权益的重任。鉴于目前的局面，我们再次向全体股东呼吁，从维护上市公司整体利益的角度出发，请向公司审计委员会推荐您认为合适的审计机构”以及“作为公司的独立董事，我们郑重呼吁所有股东，应当基于建设性的立场，积极配合公司完成 2017 年报审计机构的选聘工作”。

（3）审计委员会

董事会一般可以下设几个专门委员会，分别从事各方面的工作。

其中，审计委员会其主要职责是：检查公司会计政策、财务状况和财务报告程序；与公司外部审计机构进行交流；对内部审计人员及其工作进行考核；对公司的内部控制进行考核；检查、监督公司存在或潜在的各种风险；检查公司遵守法律、法规的情况。

依题意，“审计委员会为了客观、公平、公正地选聘会计师事务所，召开了审计委员会扩大会议，邀请了董事和高管一起参加了审计师选聘的会议，并请出席董事对候选审计机构进行沟通，打分评选。评选后，并请股东派出的董事及时根据打分情况与股东进行充分沟通，听取股东对候选机构的意见。根据董事们与股东沟通后的意见反馈，审计委员会推荐得分最高的BC会计师事务所到董事会审议”以及“提请公司全体股东在收到此函五个工作日内向上市公司审计委员会推荐您认为合适的 2017 年报审计机构及内部控制审计机构，并由审计委员会审议后提请董事会和股东大会审议，以使公司能够如期完成 2017 年度审计及年报披露任务”。说明审计委员会是企业董事会下设立的专门委员会，接受董事会委派的责任。

（4）经理层

经理人是公司日常经营管理和行政事务的负责人，由公司董事会聘任，在法律、法规及公司章程规定和董事会授权范围内，代表公司从事业务活动的高级管理人员。本文表现为“邀请了董事和高管一起参加了审计师选聘的会议”，其中“高管”是指高级管理人员。

2．公司治理的基础设施

（1）信息披露制度

信息披露制度，是上市公司为保障投资者利益，接受社会公众的监督而依照法律规定必须将自身的财务变化、经营状况等信息和资料向证券管理部门和证券交易所报告，并向社会公开或公告，以便使投资者充分了解情况的制度，具有强制性的特点。本文表现为“目前面临着无法完成 2017 年报披露”以及“以使公司能够如期完成 2017 年度审计及年报披露任务”。会计信息披露在内部治理结构中的监督作用、激励作用、契约沟通作用和外部治理机制的有序运作都发挥了作用。

（2）中介机构

会计师事务所一方面审查财务报告，另一方面查找内控的漏洞，防止虚假信息的出现。会计师事务所需要保持足够的独立性，对公司披露的信息出具客观公正的评估，为公司的利益相关者负责。如果对公司披露的虚假信息表示认可，会面临承担相应法律责任的风险，所以，在工作中会计师事务所会严格遵守职业道德。本文表现为“由于公司目前情况的复杂化，四大会计师事务所均拒绝了公司拟聘请其为 2017 年度财务审计机构和内部控制审计机构的邀约”，在某种程度上说明四大会计师事务所基于风险的考虑，拒绝了该集团的审计要求。

（3）政府监管

包括法律监管、行政监管、信息披露监管等。本文表现为“目前面临着无法完成 2017 年报披露以及由此可能带来的被监管部门处罚的局面”。

此外，良好的公司治理机制还包括外部治理机制等内容。

综上所述，是依据函件的内容进行分析涉及的相关的公司治理效率影响因素。

第六章　风险与风险管理

本章思维导图

- 风险与风险管理
  - 风险管理基本原理
    - 风险的概念
    - 企业面对的风险种类
    - 风险管理的概念
  - 风险管理目标
  - 风险管理基本流程
    - 收集风险管理初始信息
    - 进行风险评估
    - 制定风险管理策略
    - 提出和实施风险管理解决方案
    - 风险管理的监督与改进
  - 风险管理体系
    - 风险管理策略
    - 风险管理组织体系
    - 内部控制系统
    - 风险理财措施
    - 风险管理信息系统
  - 风险管理技术与方法（11种）

本章概述及考情分析

本章是对风险及风险管理进行的全面讲述，属于教材第二大部分风险管理的总体介绍，与后续“第七章内部控制”构成了风险管理的完整内容。本章涉及的知识点较多，包括企业面对的风险种类、风险管理策略、风险理财措施、风险管理组织体系以及11种风险管理技术和方法。本章考试分值较高，预计分值15分左右，此章容易与其他章节结合出主观题。

2018年教材主要变化

无实质性变化。

考点分析

考点	重要程度	考查题型	考查要点	大纲要求
风险的概念	★	单选题、多选题	从四方面理解风险的概念	理解
企业面对的风险种类（7+4）	★★★	单选题、多选题、主观题	结合案例辨析企业面临的风险种类	掌握
风险管理的概念	★★	单选题、多选题	区分风险管理的新旧概念对比以及风险管理的主要特征	记忆
风险管理的目标	★★	单选题、多选题	记忆风险管理的五大目标	记忆
风险管理的基本流程	★★	单选题、多选题	理解风险管理的五大基本流程	记忆
风险管理策略	★★★	单选题、多选题、主观题	辨析风险管理策略的七种类型	掌握
风险管理组织体系	★★★	单选题、多选题、主观题	掌握董事会、风险管理委员会、风险管理职能部门的职责	掌握
风险理财措施	★★★	单选题、多选题、主观题	掌握损失事件管理和套期保值	掌握
内部控制系统与风险管理信息系统	★	多选题、单选题	内部控制系统在第七章详讲	理解
风险管理技术与方法	★★	单选题、多选题	理解11种方法的基本原理	记忆

本章知识点精讲

第一节　风险管理基本原理

知识点1　风险的概念（★）

2006年我国国务院国有资产监督管理委员会发布《中央企业全面风险管理指引》，将企业风险定义为“未来的不确定性对企业实现其经营目标的影响”，并以能否为企业带来盈利等机会为标志，将风险分为纯粹风险（只有带来损失一种可能性）和机会风险（带来损失和盈利的可能性并存）。

理解这个的定义需要从以下几个方面把握：

一、企业风险与企业战略相关。企业风险是影响企业实现战略目标的各种因素和事项，公司经营中战略目标不同，企业面临的风险也就不同（所以本课程为公司战略与风险管理）；

二、风险是一系列可能发生的结果，不能简单理解为最有可能的结果；

三、风险既具有客观性，又具有主观性。风险是事件本身的不确定性，但却是在一定具体情况下的风险，可以由人的主观判断来决定选择不同的风险；

四、风险总是与机遇并存。可以把负面的风险称为威胁，而把正面的风险称为机会。

【例1-2014-多选题】关于现代市场经济中人们对风险观念的理解，下列表述中正确的有（　　）。

A．可以由人的主观判断来决定选择不同的风险

B．风险是一系列可能发生的结果而不是最有可能的结果

C．风险总是与机遇并存

D．风险是可预测、可度量的负面因素

【答案】ABC

学堂点拨

风险包括纯粹风险和机会风险，其中机会风险会带来损失和盈利的可能性并存，说明风险总是和机遇并存的，不能简单地理解为风险就是负面因素，所以选项D错误。

知识点2　企业面对的风险种类（★★★）

表 6-1　企业面对的风险种类

风险种类	内容
外部风险（7种）	政治风险、法律风险与合规风险、社会文化风险、技术风险、自然环境风险、市场风险、产业风险
内部风险（4种）	战略风险、操作风险、运营风险、财务风险

一、外部风险

（一）政治风险

政治风险是指完全或部分由政府官员行使权力和政府组织的行为而产生的不确定性。包括：

1．外汇管制的规定；（限制资金汇回母国）

2．进口配额和关税；

3．组织结构及要求最低持股比例；（要求有东道国企业参与）

4．限制向东道国的银行借款；（仅向本国企业提供资金）

5．没收资产。

（二）法律风险与合规风险

合规风险是指因违反法律或监管要求而受到制裁、遭受金融损失以及因未能遵守适用法律、法规、行为准则或相关标准而给企业信誉带来损失的可能性。

法律风险是指企业在经营过程中因自身经营行为的不规范或者外部法律环境发生重大变化而导致不利法律后果的可能性。法律风险通常包括以下三方面：一是法律环境因素，包括立法不完备、执法不公正等；二是市场主体自身法律意识淡薄，在经营活动中不考虑法律因素等；三是交易相对方的失信、违约或欺诈等。

【举例】银行与客户约定的利率超出了人民银行规定的基准利率幅度。

合规风险突出表现在监管机关的行政处罚、重大财产损失和声誉损失；法律风险则侧重于银行对客户民事赔偿责任的承担。

【总结】合规风险侧重于行政责任和道德责任的承担，而法律风险侧重于民事责任的承担。（合规风险和法律风险有时会同时发生）

（三）社会文化风险

社会文化风险是指文化这一不确定性因素给企业经营活动带来的影响。包括：

1．跨国经营活动引发的文化风险；（东道国和母国文化差异）

2．企业并购活动引发的文化风险；（企业之间文化差异）

3．组织内部因素引发的文化风险。（组织内部文化差异）

（四）技术风险

从风险范围考察，技术风险可分为：

1．广义的技术风险。某一种新技术给某一行业或某些企业带来增长机会的同时，可能对另一行业或另一些企业形成巨大的威胁；（高性能塑料和陶瓷材料的研制和开发严重削弱了钢铁的获利能力）

2．狭义的技术风险。技术在创新过程中，由于技术本身复杂性和其他相关因素变化的不确定性而导致技术创新遭遇失败的可能性。

从技术活动过程所处的不同阶段考察，技术风险可分为：

1．技术设计风险：技术在设计阶段，由于技术构思或设想的不全面性致使技术及技术系统存在先天“缺陷”或创新不足而引发的各种风险。例如，氟利昂技术在设计之初就存在着“缺陷”，其产生的氯原子会不断分解大气中的臭氧分子而破坏臭氧层；（先天不足）

2．技术研发风险：在技术研究或开发阶段，外界环境变化的不确定性、技术研发项目本身的难度和复杂性、技术研发人员自身知识和能力的有限性都可能导致技术的研发面临着失败的危险；（正在进行时面临）

3．技术应用风险：技术成果在产品化、产业化的过程中由一系列不确定性带来的负面影响或效应。（产出时面临）

（五）自然环境风险

自然环境风险是指企业由于其自身或影响其业务的其他方造成的自然环境破坏而承担损失的风险。

（六）市场风险

市场风险是指企业所面对的外部市场的复杂性和变动性所带来的与经营相关的风险。包括：

1．产品或服务的价格（P）及供需变化（Q）带来的风险；

2．能源、原材料、配件等物资供应的充足性（Q）、稳定性（Q）和价格（P）的变化带来的风险；

3．主要客户、主要供应商的信用风险；（5力之2力）

4．税收政策和利率、汇率、股票价格指数的变化带来的风险；（金融市场）

5．潜在进入者、竞争者与替代品的竞争带来的风险。（5力之3力）

【总结】PQ+5力+金融市场。

（七）产业风险

产业风险是指在特定产业中与经营相关的风险。包括以下因素：

1．产业（产品）生命周期阶段；（导入、成长、成熟、衰退）

2．产业波动性；（不确定性）

3．产业集中程度。（垄断）

二、内部风险

（一）战略风险

战略风险指企业在战略管理过程中，由于内外部环境的复杂性和变动性以及主体对环境的认知能力和适应能力的有限性，而导致企业整体性损失和战略目标无法实现的可能性及其损失。具体体现在以下三个方面（结合第七章内部控制12项应用指引之第2号——发展战略）：

1. 缺乏明确的发展战略或发展战略实施不到位，可能导致企业盲目发展，难以形成竞争优势，丧失发展机遇和动力；

2. 发展战略过于激进，脱离企业实际能力或偏离主业，甚至危及企业过度扩张，甚至经营失败；

3. 发展战略因主观原因频繁变动，可能导致资源浪费，甚至危及企业的生存和持续发展。

（二）运营风险

运营风险是指企业在运营过程中，由于内外部环境的复杂性和变动性以及主体对环境的认知能力和适应能力的有限性，而导致运营失败或使运营活动达不到预期目标的可能性及其损失。包括：

1. 企业产品结构、新产品研发方面可能引发的风险；（产品）

2. 企业新市场开发、市场营销策略（包括产品或服务定价与销售渠道、市场营销环境状况等）方面可能引发的风险；（市场）

3. 企业组织效能、管理现状、企业文化及高、中层管理人员和重要业务流程中专业人员的知识结构、专业经验等方面可能引发的风险；（企业组织）

4. 期货等衍生产品业务中发生失误带来的风险；（衍生）

5. 质量、安全、环保、信息安全等管理中发生失误导致的风险；

6. 因企业内、外部人员的道德因素或业务控制系统失灵导致的风险；

7. 给企业造成损失的自然灾害等风险；（自然灾害）

8. 企业现有业务流程和信息系统操作运行情况的监管、运行评价及持续改进能力方面引发的风险。

（三）操作风险

操作风险是指由于内部程序、人员和系统的不完备或失效，或由于外部事件造成损失的风险。包括：

1. 内部欺诈：机构内部人员参与；

2. 外部欺诈：第三方参与；

3. 雇用合同以及工作状况带来的风险事件：不履行合同，或不符合劳动法规等导致赔偿；

4．客户、产品以及商业行为引起的风险事件：无法满足顾客的需求，或产品的设计等存在问题；

5．有形资产的损失；

6．经营中断和系统出错。如软件或者硬件错误、通信问题以及设备老化；

7．涉及执行、交割以及交易过程管理的风险事件。如交易失败、与合作伙伴的合作失败、交易数据输入错误、不完备的法律文件、未经批准访问客户账户，以及卖方纠纷等。

（四）财务风险

财务风险是指企业在生产经营过程中，由于内外部环境的各种难以预料或无法控制的不确定性因素的作用，使企业在一定时期内所获得的财务收益与预期收益发生偏差的可能性。

财务风险只能采取有效措施来降低，不可能完全消除。其包括的内容如表5–2所示：

表 6–2　财务风险的内容

筹资风险	企业筹资渠道：借入资金和所有者投资。 借入资金的筹资风险：企业是否能按时还本付息。 所有者投资的筹资风险：使用效益的不确定性。（产生的回报投资人不满意）
投资风险	投资项目不能达到预期收益，从而影响企业盈利水平和偿债能力的风险。
资金回收风险	销售时：成品资金→结算资金→货币资金。转化过程在时间和金额上的不确定性（如赊销产生坏账），就是资金回收风险。
收益分配风险	由于收益分配而可能给企业今后的生产经营活动带来的不利影响。来源于： 1．收益确认的风险。当期少计成本费用，多确认当期收益，从而虚增当期利润，使企业提前纳税，导致大量资金提前流出而引起企业财务风险；或者有可能多计成本费用，少确认当期收益，从而虚减了当期利润，影响了企业声誉； 2．对投资者分配收益的形式、时间和金额的把握不当而产生的风险。如资金紧缺，却大规模分配而影响后续经营。

【例2–2016–单选题】我国某纺织生产企业甲公司向欧洲H国出口“双羊”牌高档羊绒被，其英文名为“Goats”，该产品质量上乘，但在H国一直销路不佳。甲公司进行详细调查后发现，在H国，“Goats”除了有山羊的意思以外，还有其他的贬义，一些消费者因此产生不好的联想，影响了产品的销售，这个案例表明，企业跨国营销可能面临（　　）。

A．市场风险　　B．环境风险　　C．品牌风险　　D．文化风险

【答案】D

学堂点拨

东道国文化和母国文化的差异会带来文化风险。甲公司没有了解“Goats”一词在我国和H国有不同的含义，在H国有其他的贬义，这就是社会文化风险。

【例3-2016-单选题】下列各项中，属于企业操作风险的是（　　）。

A．缺乏好的企业文化，导致企业凝聚力不足

B．人民币汇率升值导致某外贸企业损失100万元

C．由于科技企业总经理管理知识缺乏，企业仍处于粗放式管理阶段

D．设备零件发送故障，导致某化工企业生产被迫中断

【答案】D

学堂点拨

选项A属于运营风险（关键词“企业文化”），选项B属于市场风险（关键词“汇率”），选项C属于运营风险（关键词“管理”），选项D属于操作风险（关键词“故障”和“中断”）。

【例4-2016-单选题】甲公司以公开招标方式采购一批设备，乙公司以最低价中标。在签订正式采购合同前，乙公司发现钢材等原材料价格突然暴涨，如继续以中标价格签订合同，公司将蒙受重大损失。乙公司与甲公司商议能否提高合同价格，遭到甲公司拒绝。于是乙公司放弃了该项目，甲公司则根据约定没收了甲公司的投标保证金。在上述案例中，甲公司采购设备时面临的风险是（　　）。

A．市场风险　　B．运营风险　　C．操作风险　　D．产业风险

【答案】A

学堂点拨

市场风险包括PQ+5力+金融市场。“乙公司发现钢材等原材料价格突然暴涨，如继续以中标价格签订合同，公司将蒙受重大损失”属于能源、原材料、配件等物资供应的充足性、稳定性和价格的变化带来的风险（P），即市场风险。所以选项A正确。

【例5-2014-单选题】企业信息安全管理中发生失误导致的风险属于（　　）。

A．市场风险　　B．运营风险　　C．技术风险　　D．操作风险

【答案】B

学堂点拨

运营风险至少要考虑以下几个方面：1. 企业产品结构、新产品研发方面可能引发的风险；2. 企业新市场开发、市场营销策略（包括产品或服务定价与销售渠道、市场营销环境状况等）方面可能引发的风险；3. 企业组织效能、管理现状、企业文化及高、中层管理人员和重要业务流程中专业人员的知识结构、专业经验等方面可能引发的风险；4. 期货等衍生产品业务中发生失误带来的风险；5. 质量、安全、环保、信息安全等管理中发生失误导致的风险；6. 因企业内、外部人员的道德因素或业务控制系统失灵导致的风险；7. 给企业造成损失的自然灾害等风险；8. 企业现有业务流程和信息系统操作运行情况的监管、运行评价及持续改进能力方面引发的风险。企业信息安全管理中发生失误导致的风险是上述第5项，所以选项B正确。

【例6-2015-多选题】甲公司是我国一家长期向X国出口摩托车的企业。2013年，X国对我国出口的摩托车大幅提高了关税。面对这种情况，甲公司在X国与当地企业组建了一家合资公司，生产销售摩托车。甲公司在X国组建合资公司规避的风险有（　　）。

A. 运营风险　　B. 市场风险　　C. 政治风险　　D. 产业风险

【答案】BC

学堂点拨

市场风险包括税收风险。税收风险指由于税收政策变化使企业税后利润发生变化产生的风险。X国对我国出口的摩托车大幅提高了关税，组建合资公司可以有效规避高关税引发的利润变化风险，所以选项B正确。同时，组建合资公司同样可以规避政治风险，关税也是政治风险的一种表现形式，所以选项C正确。

【例7-2016-多选题】甲公司是一家从事手机研发和制造的高科技企业。2015年，甲公司将手机的制造外包给乙公司。此后，市场上发生多起甲公司的手机电池爆炸，给用户造成人身和财产损失的事故。甲公司详细调查后发现乙公司提供的手机电池质量不合格，存在很大的安全隐患，甲公司将手机的制造外包给乙公司后面临的风险有（　　）。

A. 法律风险　　B. 运营风险　　C. 操作风险　　D. 技术风险

【答案】ABC

学堂点拨

甲公司将手机的制造外包给乙公司，可能会出现在制造等关键业务由于外部事件造成损失的风险，所以属于操作风险；市场上发生多起甲公司的手机电池爆炸，给用户造成人身和财产损失的事故，可能会引起法律诉讼赔偿等，这属于法律风险；甲公司详细调查后发现乙公司提供的手机电池质量不合格，存在很大的安全隐患，这属于运营风险的第5条“质量、安全、环保、信息安全等管理中发生失误导致的风险”。本题站在甲公司的角度不牵涉技术风险，但站在乙公司的角度会面临技术风险，所以选项A、B和C正确。

【例8-2016-多选题】甲会计师事务所为了节约成本，减轻管理人员压力，将公司信息系统软硬件服务外包给了乙公司。3个月后，甲公司出现客户财务数据泄密事件。甲公司经过调查，发现是乙公司技术人员在对信息系统进行维护时操作不当导致信息安全漏洞被黑客攻击所致。在上述案例中，甲会计师事务所面临的风险有（　　）。

A．运营风险　　B．市场风险　　C．操作风险　　D．技术风险

【答案】AC

学堂点拨

外包属于操作风险的一种，将公司信息系统软硬件服务外包给了乙公司，这有可能使企业面临业务失控的风险，属于操作风险中的外包引起的；乙公司技术人员在对信息系统进行维护时操作不当导致信息安全漏洞被黑客攻击，属于运营风险中的“企业现有业务流程和信息系统操作运行情况的监管、运行评价及持续改进能力方面引发的风险”，甲会计师事务所没有涉及技术风险，但乙公司存在技术风险。所以选项A、C正确。

【例9-2014-多选题（改）】近年来，受出口番茄酱价格持续上涨影响，某省原有的番茄企业纷纷增加生产线，导致产能过剩。甲番茄酱厂于2013年新建了2条生产线，投产以来一直面临着原料紧缺的问题。在番茄种植季节，甲番茄酱厂与农民签订了收购合同，但到了收购季节，随着番茄收购价格一路攀升，部分农民拒绝供货，转而将番茄卖给了出价更高的企业。甲番茄酱厂此时面临的风险包括（　　）。

A．社会文化风险　　B．技术风险

C．市场风险　　D．产业风险

【答案】CD

学堂点拨

番茄酱价格持续上涨和番茄收购价格一路攀升均属于市场风险中的价格风险；部分农民拒绝供货，属于主要供应商的信用风险，仍属于市场风险；某省原有的番茄企业纷纷增加生产线，导致产能过剩，体现了产业集中程度低，属于产业风险。所以选项C、D正确。

知识点3 风险管理的概念（★★）

一、风险偏好与风险承受度

风险偏好是企业希望承受的风险范围。（定性）

风险承受度是指企业风险偏好的边界，它是企业采取行动的预警指标，企业可以设置若干风险承受度指标，以显示不同的警示级别。（定量）

二、风险管理的定义与特征

《中央企业全面风险管理指引》对风险管理给出如下定义："全面风险管理，指企业围绕总体经营目标，通过在企业管理的各个环节和经营过程中执行风险管理的基本流程，培育良好的风险管理文化，建立健全全面风险管理体系，包括风险管理策略、风险理财措施、风险管理的组织职能体系、风险管理信息系统和内部控制系统，从而为实现风险管理的总体目标提供合理保证的过程和方法。"

企业风险管理主要特征：

表 6-3　企业风险管理的主要特征

战略性	尽管风险管理渗透到现代企业各项活动中，存在于企业管理者对企业的日常管理当中，但它主要运用于企业战略管理层面，站在战略层面整合和管理企业层面风险是全面风险管理的价值所在。
全员化	企业全面风险管理是一个由企业治理层、管理层和所有员工参与，旨在把风险控制在风险容量以内，增进企业价值的过程。（注意管理层和治理层）
专业性	要求风险管理的专业人才实施专业化管理。
二重性	企业全面风险管理的商业使命在于：1．损失最小化（当风险损失不能避免时，尽量减少损失至最小化）；2．不确定性管理（风险损失可能发生，也可能不发生，设法降低风险发生的可能）；3．绩效最优化管理（风险预示着机会时，化风险为增进企业价值的机会）。全面风险管理既要管理纯粹的风险，也要管理机会风险。
系统性	全面风险管理必须拥有一套系统的、规范的方法，建立健全全面风险管理体系，包括风险管理策略、风险理财措施、风险管理的组织职能体系、风险管理信息系统和内部控制系统，从而为实现风险管理的总体目标提供合理的保证。

表 6-4　风险管理的新旧理念对比

	传统风险管理	全面风险管理
涉及面	主要由财务会计主管和内部审计等部门负责；就单个风险实施个体风险管理，主要是可保风险和财务风险	在高层的参与下，每个成员都承担与自己行为相关的风险管理责任；从总体上集中考虑和管理所有风险（包括纯粹风险和机会风险）
连续性	只有管理层认为必要时才进行	企业系统的、有重点的、持续的行为
态度	被动地将风险管理作为成本中心	主动积极地将风险管理作为价值中心
目标	与企业战略联系不紧，目的是转移或避免风险	紧密联系企业战略，目的是寻求风险优化措施
方法	事后反应式的风险管理方法，即先检查和预防经营风险，然后采取应对措施	事前风险防范，事中风险预警和及时处理，事后风险报告、评估、备案及其他相应措施
注意焦点	专注于纯粹和灾害性风险	焦点在所有利益相关者的共同利益最大化上

【例10–2016–多选题】下列各项关于企业全面风险管理的表述中，正确的有（　　）。

A．企业全面风险管理是增进企业价值的过程

B．企业全面风险管理旨在把风险控制在风险容量以内

C．企业全面风险管理的参与者由管理层和全体员工组成

D．企业全面风险管理对企业所有风险进行管理

【答案】ABD

学堂点拨

企业全面风险管理是一个由企业治理层、管理层和所有员工参与的，旨在把风险控制在风险容量以内，增进企业价值的过程。所以选项C错误。

【例11–2015–单选题】下列各项关于企业全面风险管理的说法，错误的是（　　）。

A．全面风险管理主动将风险管理作为价值中心

B．全面风险管理既管理纯粹风险也管理机会风险

C．全面风险管理主要由财务会计和内部审计等部门负责

D．全面风险管理的焦点在所有利益相关者的共同利益最大化上

【答案】C

学堂点拨

传统风险管理认为主要由财务会计主管和内部审计等部门负责；全面风险管理认为在高层的参与下，每个成员都承担与自己行为相关的风险管理责任，从总体上集中考虑和管理所有风险（包括纯粹风险和机会风险），所以选项C错误。

【例12-2014-多选题】下列关于企业全面风险管理特征的表述中，正确的有（　　）。

A．使用系统的、规范的方法，以确保所有的风险都得到识别

B．主要运用于企业的日常风险管理层面

C．对企业所有风险进行管理

D．由风险管理专业人才实施专业化管理

【答案】ACD

学堂点拨

企业风险管理的特征主要有战略性、全员化、专业性、二重性、系统性。选项A和C是系统性的体现，选项D是专业性的体现。由于企业风险管理具有战略性，尽管风险管理渗透到现代企业各项活动中，存在于现代企业管理者对企业的日常管理当中，但它主要运用于企业战略管理层面，站在战略层面整合和管理企业层面风险是全面风险管理的价值所在。所以选项B不正确。

第二节　风险管理的目标

知识点　风险管理的总体目标（★★）

风险管理的总体目标如下：

一、确保将风险控制在与公司总体目标相适应并可承受的范围内；

二、确保内外部，尤其是企业与股东之间实现真实、可靠的信息沟通，包括编制和提供真实、可靠的财务报告；

三、确保遵守有关法律法规；

四、确保企业有关规章制度和为实现经营目标而采取的重大措施的贯彻执行，保障经营管理的有效性，提高经营活动的效率和效果，降低实现经营目标的不确定性；

五、确保企业建立针对各项重大风险发生后的危机处理计划，保护企业不因灾害性风险或人为失误而遭受重大损失。

第三节 风险管理基本流程

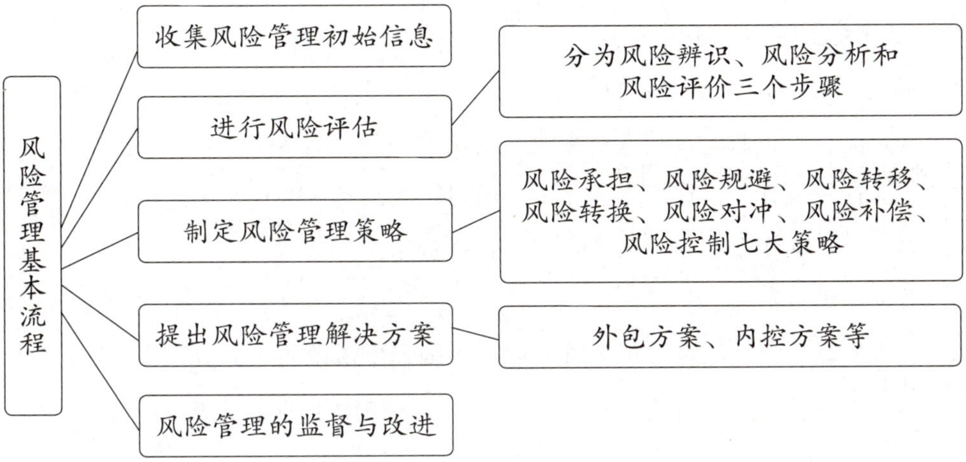

图 6-1 风险管理基本流程

知识点 风险管理基本流程（★★）

一、收集风险管理初始信息（★★）

- 要广泛地、持续不断地收集与本企业风险和风险管理相关的内部、外部初始信息，包括历史数据和未来预测。
- 应把收集初始信息的职责分工落实到各有关职能部门和业务单位。
- 收集初始信息包括战略风险、财务风险、市场风险、运营风险、法律风险等相关信息。

（一）分析战略风险，至少收集与本企业相关的以下重要信息：

1. 国内外宏观经济政策以及经济运行情况、企业所在产业的状况、国家产业政策；

2. 科技进步、技术创新的有关内容；

3. 市场对本企业产品或服务的需求；

4. 与企业战略合作伙伴的关系，未来寻求战略合作伙伴的可能性；

5. 本企业主要客户、供应商及竞争对手的有关情况；

6. 与主要竞争对手相比，本企业的实力与差距；

7. 本企业发展战略和规划、投融资计划、年度经营目标、经营战略，以及编制这些战略、规划、计划、目标的有关依据；

8. 本企业对外投融资流程中曾发生或易发生错误的业务流程或环节。

（二）分析财务风险，企业应广泛收集国内外企业财务风险失控导致危机的案例，并至少收集本企业的以下重要信息：

1. 负债或负债率、偿债能力；

2. 现金流、应收账款及其占销售收入的比重、资金周转率；

3. 产品存货及其占销售成本的比重、应付账款及其占购货额的比重；

4. 制造成本和管理费用、财务费用、营业费用；

5. 盈利能力；

6. 成本核算、资金结算和现金管理业务中曾发生错误的业务流程或环节；

7. 与本企业相关的产业会计政策、会计估算、与国际会计制度的差异与调节（如退休金、递延税额等）信息。

（三）分析市场风险，企业应广泛收集国内外企业忽视市场风险、缺乏应对措施导致企业蒙受损失的案例，并至少应收集与本企业相关的以下重要信息：

1. 产品或服务的价格及供需变化；

2. 能源、原材料、配件等物资供应的充足性、稳定性和价格变化；

3. 主要客户、主要供应商的信用情况；

4. 税收政策和利率、汇率、股票价格指数的变化；

5. 潜在竞争者、竞争者及其主要产品、替代品情况。

（四）分析运营风险。企业应至少收集与本企业、本行业相关的以下信息：

1. 产品结构、新产品研发；

2. 新市场开发、市场营销策略，包括产品或服务定价与销售渠道、市场营销环境等；

3. 企业组织效能、管理现状、企业文化，高、中层管理人员和重要业务流程中专业人员的知识结构、专业经验；

4. 期货等衍生产品业务中曾发生或易发生失误的流程和环节；

5. 质量、安全、环保、信息安全等管理中曾发生或易发生失误的业务流程或环节；

6. 因企业、外部人员的道德因素使企业遭受损失或业务控制系统失灵；

7. 给企业造成损失的自然灾害以及除上述有关情形之外的其他纯粹风险；

8. 对现有业务流程和信息系统操作运行情况的监督、运行评价及持续改进能力；

9. 企业风险管理的现状和能力。

（五）分析法律风险方面，企业应广泛收集国内外企业忽视法律法规风险、缺乏应对措施导致企业蒙受损失的案例，并至少收集与该企业相关的以下信息：

1. 国内外与该企业相关的政治、法律环境；
2. 影响企业的新法律法规和政策；
3. 员工的道德操守；
4. 该企业签订的重大协议和有关贸易合同；
5. 该企业发生重大法律纠纷案件的情况；
6. 企业和竞争对手的知识产权情况。

企业还要对收集的初始信息进行必要的筛选、提炼、对比、分类、组合，以便进行风险评估。

【例-2014-单选题】下列各项中，不属于分析企业战略风险应收集的信息是（　　）。

A. 主要客户、供应商及竞争对手的有关情况

B. 市场对企业产品或服务的需求

C. 科技进步、技术创新的有关内容

D. 企业组织效能和管理现状

【答案】D

学堂点拨

分析战略风险，企业应广泛收集国内外企业战略风险失控导致企业蒙受损失的案例，并至少收集与本企业相关的以下重要信息：1. 国内外宏观经济政策以及经济运行情况、企业所在产业的状况、国家产业政策；2. 科技进步、技术创新的有关内容；3. 市场对本企业产品或服务的需求；4. 与企业战略合作伙伴的关系，未来寻求战略合作伙伴的可能性；5. 本企业主要客户、供应商及竞争对手的有关情况；6. 与主要竞争对手相比，本企业实力与差距；7. 本企业发展战略和规划、投融资计划、年度经营目标、经营战略，以及编制这些战略、规划、计划、目标的有关依据；8. 本企业对外投融资流程中曾发生或易发生错误的业务流程或环节。企业的组织效能和管理现状是运营风险应该考虑的方面，所以答案是选项D。

二、进行风险评估（★★★）

风险评估包括风险辨识、风险分析、风险评价三个步骤。

表 6–5　风险评估的步骤

风险辨识	指查找企业各业务单元、各项重要经营活动及其重要业务流程中有无风险，有哪些风险。	辨识风险种类
风险分析	对辨识出的风险及其特征进行明确的定义描述，分析和描述风险发生可能性的高低、风险发生的条件。	分析风险发生概率
风险评价	评估风险对企业实现目标的影响程度、风险的价值等。	评价影响结果

● 进行风险辨识、分析、评价，应将定性与定量方法相结合。（第五节风险管理技术与方法展开介绍了11种方法）

风险评估的方法：定性与定量方法相结合。

定性方法：问卷调查、集体讨论、专家咨询、情景分析、政策分析、行业标杆、管理层访谈、由专人主持的工作访谈和调查研究等。

定量方法：统计推论（如集中趋势法）、计算机模拟（如蒙特卡洛分析法）、失效模式与影响分析、事件树分析等。（在本章第五节展开）

风险分析应包括风险之间的关系分析，以便发现各风险之间的自然对冲、风险事件发生的正负相关性等组合效应，从风险策略上对风险进行统一集中管理。

企业在评估多项风险时，应根据对风险发生可能性的高低和对目标的影响程度的评估，绘制风险坐标图，对各项风险进行比较，初步确定对各项风险管理的优先顺序和策略。

风险评估应由企业组织有关职能部门和业务单位实施，也可聘请有资质、信誉好、风险管理专业能力强的中介机构协助实施。

企业应对风险管理信息实施动态管理，定期或不定期实施风险辨识、分析、评价，以便对新的风险和原有风险的变化重新评估。

三、制定风险管理策略（★★★）（后续第四节重点展开）

风险管理策略，是指企业根据自身条件和外部环境，围绕企业发展战略，确定风险偏好、风险承受度、风险管理有效性标准，选择风险承担、风险规避、风险转移、风险转换、风险对冲、风险补偿、风险控制等适合的风险管理工具的总体策略，并确定风险管理所需人力和财力资源的配置原则。

四、提出和实施风险管理解决方案（★★★）

（一）风险管理解决方案的两种类型（★★）

表 6–6　风险管理解决方案的两种类型

外部解决方案——外包	注重成本与收益的平衡、外包工作的质量、自身商业秘密的保护以及防止自身对风险解决外包产生依赖性风险等，并制定相应的预防和控制措施。
内部解决方案——风险管理体系（第四节）的运转	综合应用：风险管理策略、组织职能、内部控制、信息系统、风险理财措施。

（二）关键风险指标管理（★）

关键风险指标管理是对引起风险事件发生的关键成因指标进行管理的方法。关键风险指标可以管理单项风险的多个关键成因，也可以管理影响企业主要目标的多个主要风险。

1. 关键风险指标管理的步骤

（1）分析风险成因，从中找出关键成因。

（2）将关键成因量化，确定其度量，分析确定导致风险事件发生（或极有可能发生）时该成因的具体数值。

（3）以该具体数值为基础，以发出风险信息为目的，加上或减去一定数值后形成新的数值，该数值即为关键风险指标。

（4）建立风险预警系统，即当关键成因数值达到关键风险指标时，发出风险预警信息。

（5）制定出现风险预警信息时应采取的风险控制措施。

（6）跟踪监测关键成因的变化，一旦出现预警，即实施风险控制措施。

2. 关键风险指标分解

在企业的总体领导和整体战略的指导下进行部门和业务单位间的协调。

（三）落实风险管理解决方案

1. 高度重视，要认识到风险管理是企业时刻不可放松的工作，是企业价值创造的根本源泉。

2. 风险管理是企业全员的分内工作，没有风险的岗位是不可创造价值的岗位，没有理由存在。

3．落实到组织，明确分工和责任，全员进行风险管理。

4．为确保落实到位，要对风险管理解决方案的实施进行监控改进，并与绩效考核联系起来。

五、风险管理的监督与改进（★★）

企业应以重大风险、重大事件和重大决策、重要管理及业务流程为重点，对风险管理初始信息、风险评估、风险管理策略、关键控制活动及风险管理解决方案的实施情况进行监督，采用压力测试、返回测试、穿行测试以及风险控制自我评估等方法对风险管理的有效性进行检验，根据变化情况和存在的缺陷及时加以改进。

企业各有关部门和业务单位：应定期对风险管理工作进行自查和检验，及时发现缺陷并改进，其检查、检验报告应及时报送企业风险管理职能部门。

企业风险管理职能部门：定期对各部门和业务单位风险管理工作实施情况和有效性进行检查和检验，要根据在制定风险策略时提出的有效性标准的要求对风险管理策略进行评估，对跨部门和业务单位的风险管理解决方案进行评价，提出调整或改进建议，出具评价和建议报告，及时报送企业总经理或其委托分管风险管理工作的高级管理人员。

企业内部审计部门：至少每年一次对包括风险管理职能部门在内的各有关部门和业务单位能否按照有关规定开展风险管理工作及其工作效果进行监督评价，监督评价报告应直接报送董事会或董事会下设的风险管理委员会和审计委员会。

企业可聘请有资质、信誉好、风险管理专业能力强的中介机构对企业全面风险管理工作进行评价，出具风险管理评估和建议专项报告。

第四节　风险管理体系

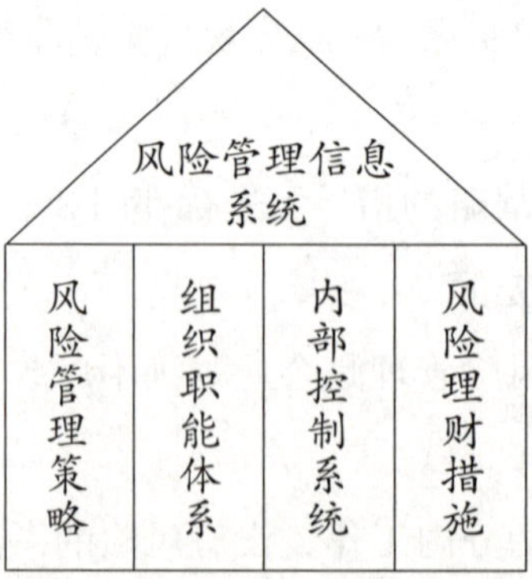

图 6-2　企业风险管理体系

知识点1 风险管理策略（★★★）

一、风险管理策略总体定位与作用（★）

风险管理策略，是指企业根据自身条件和外部环境，围绕企业发展战略，确定风险偏好、风险承受度、风险管理有效性标准，选择风险承担、风险规避、风险转移、风险转换、风险对冲、风险补偿、风险控制等适合的风险管理工具的总体策略，并确定风险管理所需人力和财力资源的配置原则。

风险管理策略的总体定位：

（一）风险管理策略是根据企业经营战略制定的全面风险管理的总体策略；

（二）风险管理策略在整个风险管理体系中起着统领全局的作用；

（三）风险管理策略在企业战略管理的过程中起着承上启下的作用，制定与企业战略保持一致的风险管理策略减少了企业战略错误的可能性。

二、风险管理工具（★★★）

风险管理工具共有七种：风险承担、风险规避、风险转移、风险转换、风险对冲、风险补偿和风险控制。具体内容如表6–7所示。

表 6–7 风险管理工具

名称	定义	说明
风险承担	亦称风险保留、风险自留。是指企业对所面临的风险采取接受的态度，从而承担风险带来的后果。	1. 对未能辨识出的风险，企业只能采用风险承担。 2. 对辨识出的风险，可能由于以下原因采用风险承担： （1）缺乏能力进行主动管理； （2）没有其他备选方案； （3）从成本效益考虑，风险承担最适宜。 3. 对于重大风险，一般不应采用风险承担。
风险规避	指企业回避、停止或退出蕴含某一风险的商业活动或商业环境，避免成为风险的所有人。	例如： 1. 退出某一市场以避免激烈竞争； 2. 拒绝与信用不好的交易对手进行交易； 3. 外包某项对工人健康安全风险较高的工作； 4. 停止生产可能有潜在客户安全隐患的产品； 5. 禁止各业务单位在金融市场进行投机； 6. 不准员工访问某些网站或下载某些内容。

（续上表）

名称	定义	说明
风险转移	指企业通过合同将风险转移到第三方，企业对转移后的风险不再拥有所有权。转移风险不会降低其可能的严重程度，只是从一方移除后转移到另一方。	例如： 1．保险（将风险由企业转移给保险公司）； 2．非保险型的风险转移（将风险转移给非保险机构）。例如，服务保证书等； 3．风险证券化：通过证券化保险风险形成的保险连接型证券（ILS）。如与地震有关的债券发行。这种债券的利息支付和本金偿还取决于某个风险事件的发生或严重程度。
风险转换	指企业通过战略调整等手段将企业面临的风险转换成另一个风险。风险转换的手段包括战略调整和衍生产品等。	1．风险转换一般不会直接降低企业总的风险，其简单形式就是在减少某一风险的同时，增加另一风险。例如，通过放松交易客户信用标准，增加了应收账款，但扩大了销售。 2．企业可以通过风险转换在两个或多个风险之间进行调整，以达到最佳效果。 3．风险转换可以在低成本或者无成本的情况下达到目的。
风险对冲	指采取各种手段，引入多个风险因素或承担多个风险，使得这些风险能够互相对冲。	风险对冲必须涉及风险组合，而不是对单一风险；对于单一风险，只能进行风险规避、风险控制。例如，资产组合使用，多种外币结算的使用和战略上的多种经营，利用期货进行套期保值等。
风险补偿	指企业对风险可能造成的损失采取适当的措施进行补偿。	风险补偿的形式有财务补偿、人力补偿、物资补偿等。财务补偿是损失融资，包括企业自身的风险准备金或应急资本等。
风险控制	指控制风险事件发生的动因、环境、条件等，来达到减轻风险事件发生时的损失或降低风险事件发生的概率的目的。	1．降低发生概率：室内使用不易燃地毯、山上禁止吸烟。 2．减轻损失：修建水坝防洪、设立质量检查防止次品出厂等。

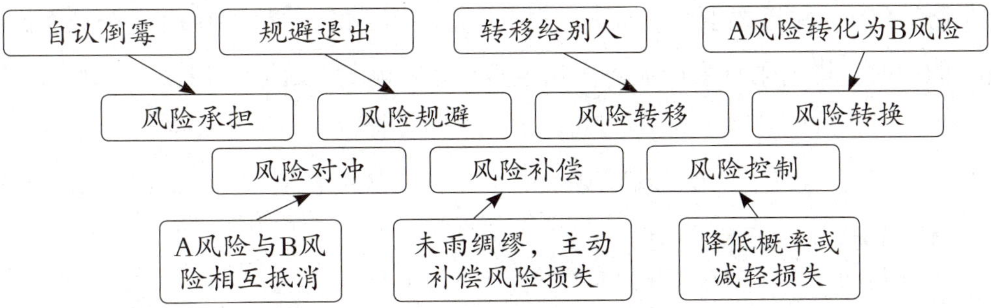

图 6-3 风险管理工具

【例1-2016-单选题】下列各项中，属于企业一般不应把风险承担作为风险管理策略的情况是（　　）。

A．企业管理层及全体员工都未辨识出风险

B．企业以成本效益考虑，认为选择风险承担是最适宜的方案

C．企业面临影响企业目标实现的重大风险

D．企业缺乏能力对已经辨识出的风险进行有效管理与控制

【答案】C

学堂点拨

对未能辨识出的风险，企业只能采用风险承担。对于辨识出的风险也可能由于以下原因而采取风险承担：缺乏能力进行主动管理；有其他备选方案；从成本效益考虑，风险承担最适宜。对于重大风险，一般不应采用风险承担。因此选项C是答案。

【例2-2016-单选题】R国W公司于2002年发行了名为Pioneer的巨灾债券。该债券能够同时为北美飓风、欧洲风暴以及美国加利福尼亚和日本地震提供救灾资金保障。这种具有金融衍生品特性的债券，属于风险管理策略工具中的（　　）。

A．风险补偿　　B．风险转化　　C．风险转移　　D．风险对冲

【答案】C

学堂点拨

风险转移包括保险、非保险型的风险转移、风险证券化。风险证券化即通过证券化保险风险形成的保险连接型证券（ILS），如与地震有关的债券发行。这种债券的利息支付和本金偿还取决于某个风险事件的发生或严重程度。依题意，Pioneer巨灾债券，同时为北美飓风、欧洲风暴以及美国加利福尼亚和日本地震提供保障，该种债券属于保险风险证券化的一种，所以选项C正确。

【例3-2015-单选题】甲公司是一家生产遮阳用品的企业。2013年，公司在保留原有业务的同时，进入雨具生产业务。从风险管理策略的角度看，甲公司采取的策略是（　　）。

A．风险承担　　B．风险规避　　C．风险转换　　D．风险对冲

【答案】D

学堂点拨

风险对冲指采取各种手段，引入多个风险因素或承担多个风险，使得这些风险能够互相对冲。遮阳用品和雨具用品属于对立面的产业，同时生产可以实现风险对冲。

【例4-2014-单选题】企业对所面临的风险采取接受的态度，从而承担风险带来的后果，其原因不包括（　　）。

A．企业能够采取措施以补偿风险造成的损失

B．企业未能辨识出风险

C．企业缺乏能力进行主动的风险管理

D．企业没有其他备选方案

【答案】A

学堂点拨

题干是指风险承担，对未能辨识出的风险，企业只能采用风险承担。对于辨识出的风险也可能由于以下原因而采取风险承担：缺乏能力进行主动管理；有其他备选方案；从成本效益考虑，风险承担最适宜。对于重大风险，一般不应采用风险承担。而选项A是风险补偿的特点。风险补偿表现在企业主动承担风险，并采取措施以补偿可能的损失。所以选项A是答案。

【例5-2013-多选题】甲公司是一家生产高档不锈钢表壳的企业，产品以出口为主，以美元为结算货币。公司管理层召开会议讨论如何管理汇率风险，与会人员提出不少对策。关于这些对策，以下表述正确的是（　　）。

A．部门经理刘某提出“风险规避”策略：从国外进口相关的原材料，这样可以用外币支付采购货款，抵消部分人民币升值带来的影响

B．业务员李某提出“风险对冲”策略：运用套期保值工具来控制汇率风险

C．财务部小王提出“风险转移”策略：干脆公司把目标客户从国外转移到国内，

退出国外市场，这样就从根本上消除了汇率风险

D. 负责出口业务的副总张某提出“风险控制”策略：加强对汇率变动趋势的分析和研究，以减少汇率风险带来的损失

【答案】BD

学堂点拨

选项A属于风险对冲（关键词“抵消”）；选项C属于风险规避（关键词“退出”）。所以选项B、D正确。

【例6-简答题】2017年，某食品罐头集团爆发丑闻。经过深入调查，发现该公司存在如下问题：

1. 该食品罐头集团为了不丧失对果品的控制，在收购水果时对果品要求比其他企业低；

2. 该集团的果品采购业务存在商业贿赂，不正当交易，霉烂果品也被收购。不合格的水果罐头就在商业贿赂中流向市场；

3. 该集团已经先后接到反馈，食用罐头后出现腹泻、中毒现象。但该集团在发现问题后，并没有将问题公开，其销售部试图通过加大品牌广告投放和宣传消除不良影响。

要求：

1. 指出该集团可能存在的主要风险类型；

2. 列举出三种风险应对策略。

【答案】1. 该集团可能存在的主要风险类型有：运营风险、法律/合规风险、操作风险、市场风险等。

（1）运营风险：该食品罐头集团为了不丧失对果品的控制，在收购果品时对果品要求比其他企业低。但该集团在发现问题后，并没有将问题公开，其销售部试图通过加大品牌广告投放和宣传消除不良影响。

（2）市场风险：该食品罐头集团为了不丧失对果品的控制，在收购果品时对果品要求比其他企业低。

（3）法律/合规风险：该集团已经先后接到反馈，食用罐头后出现腹泻、中毒现象。但该集团在发现问题后，并没有将问题公开，其销售部试图通过加大品牌广告投放和宣传消除不良影响。

（4）操作风险：该集团的果品采购业务存在商业贿赂，不正当交易，霉烂果品也被

收购。不合格的水果罐头就在商业贿赂中流向市场。说明该集团由于舞弊导致操作风险。

2．应对风险策略：风险补偿、风险转移和风险承担。

风险补偿：该集团可以与银行签订应急资本协议，规定在出现问题时，由银行提供资本以保证公司的持续经营。

风险转移：该集团可以通过购买保险、非风险型的风险转移和风险证券化将风险转移到第三方。

风险承担：该集团可以对所面临的风险采取接受的态度，从而承担由于存在问题带来的风险。

【例7-2013-简答题】作为中国第四大能源进口战略通道，中缅油气管道缅甸段和中国段分别于2010年6月3日和9月10日开工建设。原油管道中国段全长1631公里；天然气管道中国段全长1727公里；缅甸段油气管道并行铺设，全长771公里。正式投运后，该油气管道每年将向中国输送2200万吨原油和120亿立方米天然气。

对于中缅油气管道项目的意义，业界及媒体都给予高度评价，认为中缅油气管道对外彻底破解了"马六甲困局"，对内填补了中国西南地区原油运输的空白，能够极大地保障中国石油安全，在地缘政治方面具有重大战略意义。

但是，如果深入了解缅甸目前的社会政治局势及其发展趋势，详细考察中国油气进口来源及运输的整体格局，以及中国西南地区的油气加工能力、消费水平、管网建设等因素，就会发现实际上中缅油气管道对于破解"马六甲困局"的作用微乎其微，各种条件限制使中缅油气管道对保障中国石油安全的作用也将大打折扣，相反，中缅油气管道面临的国际政治风险却在迅速增大，未来国内需要的配套建设与投资也仍然是任重道远。

1．目前缅甸政局的不确定性。民主化后的缅甸在进行经济与政治改革的路径选择，不确定的前景令中国在缅项目面临挑战。中缅油气管道项目，面临着同样的苦恼。自缅甸政治转型以来，中资企业在缅屡屡受挫，三大"千亿工程"中的密松电站项目和莱比塘铜矿项目被迫取消或停工。

硕果仅存的中缅油气管道，正面临巨大风险——该项目协议是在前军政府时期签署，这不利于中国在缅甸树立发展民生的形象，也容易遭到民众反对。对此，中国政府和投资公司一直努力促成缅甸政局稳定。

2．中缅油气管道沿途地貌复杂，环境恶劣，如果员工业务能力达不到要求或者不按照安全生产要求进行作业，容易造成重大意外伤亡。为此公司为所有相关员工购买了高额的意外伤亡保险。

3．因不具备可控、足量的上游资源，中缅油气管道项目将很难满负荷运转；除了前期应对复杂地貌而投入的巨资外，中石油还将面对投运后每年不菲的过境费，这些都对项目盈利性构成挑战。

4．该工程对沿途自然环境破坏严重。中缅油气管道的“插入”，打破了沿途的田园风光。工程所过之处，尘土飞扬，路边学校的孩子们咳嗽不已。到了雨季，更是泥泞不堪，在工地上打零工的当地人需要不断搬来砖头和石板垫泥坑，才能保持工程车辆不陷进去，周边村子的村民只能手拎拖鞋光脚挪步。

自中缅油气管道动工开始，就遭到缅甸一些非政府组织（NGO）和当地居民强烈反对。这些人多次聚在该管道的起点——缅甸西海岸的皎漂市和马德岛，反对该项目。除了环保方面的指责，NGO和当地居民的另一不满，是项目沿途地区的多数居民未能从油气资源中获益。对此，投资公司准备给予当地居民一定的物资和货币补偿。

要求：

1．根据上述资料，分析中缅油气管道项目面临的风险；

2．分析上述资料中，投资公司采用的风险管理工具的类型。

【答案】

1．中缅油气管道项目面临的风险有：

外部风险：

政治风险。由于目前缅甸政局的不稳定，不确定的前景使得该项目面临挑战，也容易遭到民众反对；

自然环境风险。由于该项目对沿途自然环境破坏严重，遭到了当地环保部门以及一些非政府组织和当地居民强烈反对，使得该项目可能承担项目终止或巨额赔偿的风险；

市场风险。该项目面临上游物资供应的充足性、稳定性和价格变化的市场风险，表现为“因不具备可控、足量的上游资源，中缅油气管道项目将很难满负荷运转；除了前期应对复杂地貌而投入的巨资外，中石油还将面对投运后每年不菲的过境费，这些都对项目盈利性构成挑战”。

内部风险：

操作风险。表现为“中缅油气管道沿途地貌复杂，环境恶劣，这对员工的业务能力提出了更高的要求，如果员工业务能力达不到要求或者不按照安全生产要求进行作业，容易造成重大意外伤亡”。

2. 投资公司采用的风险管理工具有：

风险转移。表现为“公司为所有相关员工购买了高额的意外伤亡保险”；

风险补偿。表现为“投资公司就产生的自然环境风险，给予当地居民一定的物资和货币补偿”。

三、确定风险偏好和风险承受度（★）

确定风险偏好和风险承受度，要正确认识和把握风险和收益的平衡，防止和纠正忽视风险，片面追求收益而不讲条件、范围，认为风险越大、收益越高的概念和做法；同时，也要防止单纯为规避风险而放弃发展机遇。（防止两个极端）

一般来讲，风险偏好和风险承受度是针对公司的重大风险制定的，对企业的非重大风险的风险偏好和风险承受度不一定要十分明确，甚至可以先不提出。

重大风险的风险偏好是企业的重大决策，应由董事会决定。

四、风险度量（★）

表 6–8 风险度量的内容

关键在于量化	风险偏好可以定性，但风险承受度一定要定量。
风险度量模型	指度量风险的方法。
风险度量方法	1. 最大可能损失。最大可能损失指风险事件发生后可能造成的最大损失。企业一般在无法判断发生概率或无须判断概率的时候，使用最大可能损失作为风险的衡量。（只有最大可能损失不使用概率） 2. 概率值。概率值是指风险事件发生的概率或造成损失的概率。在可能的结果只有好坏、对错、是否、输赢、生死等简单情况下，常常使用概率值。 3. 期望值。期望值通常指的是数学期望，即概率加权平均值。期望值的方法综合了概率和最大损失两种方法。 4. 在险值。又称VaR，是指在正常的市场条件下，在给定的时间段中和给定的置信区间内，预期可能发生的最大损失。在险值具有通用、直观、灵活的特点，其局限性是适用的风险范围小，对数据要求严格，计算困难，对肥尾效应无能为力。
概率方法与直观方法	不依赖于概率统计结果的度量是人们直观的判断，如专家意见。 当统计数据不足或需要度量结果包括人们的偏好时，可以使用直观的度量方法如层次分析法（AHP）等。
选择适当的度量	对不同种类的风险要使用不同的度量模型。对外部风险的度量包括市场指标、景气指数等。对内部运营风险的度量包括各种质量指标、执行效果、安全指数等。要找到一种普遍性的风险度量是很困难的，也没有必要，因为人们有不同的目的和偏好。

【例8-2015-多选题】下列风险度量方法中，建立在概率基础上的方法有（　　）。

A．期望值法　　B．在险值法

C．层次分析法　　D．最大可能损失法

【答案】AB

学堂点拨

风险度量方法包括最大可能损失、概率值、期望值、在险值。首先排除选项C。期望值即概率加权平均值，是建立在概率基础上的，所以选项A正确。在险值对数据要求非常严格，同样是建立在概率统计基础之上，所以选项B正确。最大可能损失指风险事件发生后可能造成的最大损失。企业一般在无法判断发生概率或无须判断概率的时候，使用最大可能损失作为风险的衡量。所以选项D错误。

五、风险管理的有效性标准（★）

风险管理的有效标准是衡量企业风险管理是否有效的标准。确立风险管理有效性标准的原则有：

（一）风险管理的有效性标准要针对企业的重大风险，能够反映企业重大风险管理的现状；

（二）风险管理有效性标准应当对照全面风险管理的总体目标，在所有五个方面保证企业的运营效果；

（三）风险管理有效性标准应当在企业的风险评估中应用，并根据风险的变化随时调整；

（四）风险管理有效性标准应当用于衡量全面风险管理体系的运行效果。

六、风险管理的资源配置（★）

风险管理的资源包括人才、组织设置、政策、设备、物资、信息、经验、知识、技术、信息系统、资金等。企业应当统筹兼顾，将资源用于管理需要优先管理的重大风险。

七、确定风险管理的优先顺序（★）

原则是风险与收益相平衡的原则，在风险评估结果的基础上，全面考虑风险与收益。

要特别重视对企业有影响的重大风险，要首先解决“颠覆性”风险问题，保证企业持续发展。

八、风险管理策略检查（★）

风险管理策略要随着企业经营状况的变化、经营战略的变化、外部环境风险的变化而调整。

风险管理策略定期检查的频率依赖于企业面临的风险。

制定风险管理策略要注意整个全面风险管理体系的配合。

知识点2 风险管理组织体系（★★★）

企业风险管理组织体系，主要包括规范的公司法人治理结构、风险管理职能部门、内部审计部门和法律事务部门以及其他有关职能部门、业务单位的组织领导机构及其职责。

一、规范的公司法人治理结构（★★★）

企业应建立健全规范的公司法人治理结构，股东（大）会、董事会、监事会、经理层依法履行职责，形成高效运转、有效制衡的监督约束机制。

应建立外部董事、独立董事制度，外部董事、独立董事人数应超过董事会全部成员的半数，以保证董事会能够在重大决策、重大风险管理等方面做出独立于经理层的判断和选择。

董事会就全面风险管理工作的有效性对股东（大）会负责。董事会在全面风险管理方面主要履行以下职责：

（一）审议并向股东（大）会提交企业全面风险管理年度工作报告；（只有一个“提交”，其余多为“批准、督导”）

（二）确定企业风险管理总体目标、风险偏好、风险承受度，批准风险管理策略和重大风险管理解决方案；

（三）了解和掌握企业面临的各项重大风险及风险管理现状，做出有效控制风险的决策；

（四）批准重大决策、重大风险、重大事件和重要业务流程的判断标准或判断机制；

（五）批准重大决策的风险评估报告；

（六）批准内部审计部门提交的风险管理监督评价审计报告；

（七）批准风险管理组织机构设置及其职责方案；

（八）批准风险管理措施，纠正和处理任何组织或个人超越风险管理制度做出的风险性决定的行为；

（九）督导企业风险管理文化的培育；

（十）全面风险管理的其他重大事项。

二、风险管理委员会（★★★）

具备条件的企业，董事会可下设风险管理委员会。该委员会的召集人应由不兼任总经理的董事长担任；董事长兼任总经理的，召集人应由外部董事或独立董事担任。该委员会成员中需有熟悉企业重要管理及业务流程的董事，以及具备风险管理监管知识或经验、具有一定法律知识的董事。

风险管理委员会对董事会负责，主要履行以下职责：

（一）提交全面风险管理年度报告；（只有一个“提交”，其余多为“审议”）

（二）审议风险管理策略和重大风险管理解决方案；

（三）审议重大决策、重大风险、重大事件和重要业务流程的判断标准或判断机制，以及重大决策的风险评估报告；

（四）审议内部审计部门提交的风险管理监督评价审计综合报告；

（五）审议风险管理组织机构设置及其职责方案；

（六）办理董事会授权的有关全面风险管理的其他事项。

学堂点睛

企业总经理就全面风险管理工作的有效性向董事会负责。总经理或总经理委托的高级管理人员，负责主持全面风险管理的日常工作，负责组织拟订企业风险管理组织机构设置及其职责方案。

三、风险管理职能部门（★）

企业应设立专职部门或确定相关职能部门履行全面风险管理的职责。该部门对总经理或其委托的高级管理人员负责，主要履行以下职责：

（一）研究提出全面风险管理工作报告；

（二）研究提出跨职能部门的重大决策、重大风险、重大事件和重要业务流程的判断标准或判断机制；

（三）研究提出跨职能部门的重大决策风险评估报告；

（四）研究提出风险管理策略和跨职能部门的重大风险管理解决方案，并负责该方案的组织实施和对该风险的日常监控；

（五）负责对全面风险管理有效性的评估，研究提出全面风险管理的改进方案；

（六）负责组织建立风险管理信息系统；

（七）负责组织协调全面风险管理日常工作；

（八）负责指导、监督有关职能部门、各业务单位以及全资、控股子企业开展全面风险管理工作；

（九）办理风险管理的其他有关工作。

结论："研究提出+负责"。

四、审计委员会

企业应在董事会下设立审计委员会，企业内部审计部门对审计委员会负责。

内部审计部门在风险管理方面，主要负责研究提出全面风险管理监督评价体系，制定监督评价相关制度，开展监督与评价，出具监督评价审计报告。

五、企业其他职能部门及各业务单位

企业其他职能部门及各业务单位在全面风险管理工作中，应接受风险管理职能部门和内部审计部门的组织、协调、指导和监督。

六、下属公司

企业应通过法定程序，指导和监督其全资、控股子企业建立与企业相适应或符合全资、控股子企业自身特点、能有效发挥作用的风险管理组织体系。

【小结】董事会、风险管理委员会、风险管理职能部门的职责，如表6–9所示：

表 6–9　董事会、风险管理委员会、风险管理职能部门的职责

职责	风险管理职能部门	风险管理委员会	董事会
企业全面风险管理年度工作报告	研究提出	提交	审议并向股东（大）会提交
企业一系列重大风险管理事项	研究提出	审议	批准

【例9–2014–单选题】下列各项中，属于风险管理委员会职责的是（　　）。

A．组织协调全面风险管理日常工作

B．批准重大决策的风险评估报告

C．审议风险管理策略和重大风险管理解决方案

D．督导企业风险管理文化的培育

【答案】C

学堂点拨

风险管理委员会对董事会负责，主要履行以下职责：1. 提交全面风险管理年度报告；2. 审议风险管理策略和重大风险解决方案；3. 审议重大决策、重大风险、重大事件和重要业务流程的判断标准或判断机制，以及重大决策的风险评估报告；4. 审议内部审计部门提交的风险管理监督评价审计综合报告；5. 审议风险管理组织机构设置及其职责方案；6. 办理董事会授权的有关全面风险管理的其他事项。选项B、D属于董事会的职责，选项A属于风险管理职能部门的职责。

【例10-多选题】下列各项中，属于风险管理委员会职责的是（　　）。

A．提交全面风险管理年度报告

B．审议风险管理组织机构设置及其职责方案

C．负责指导、监督有关职能部门、各业务单位以及全资、控股子企业开展全面风险管理工作

D．批准重大决策的风险评估报告

【答案】AB

学堂点拨

风险管理委员会对董事会负责，主要履行以下职责：1. 提交全面风险管理年度报告；2. 审议风险管理策略和重大风险管理解决方案；3. 审议重大决策、重大风险、重大事件和重要业务流程的判断标准或判断机制，以及重大决策的风险评估报告；4. 审议内部审计部门提交的风险管理监督评价审计综合报告；5. 审议风险管理组织机构设置及其职责方案；6. 办理董事会授权的有关全面风险管理的其他事项。选项A、B是风险管理委员会的职责，选项C属于风险管理职能部门的工作（关键词“负责”），选项D属于董事会的职责（关键词“批准”）。

知识点3　风险理财措施（★★★）

一、风险理财的一般概念

风险理财是用金融手段管理风险。例如，购买巨灾保险、使用外币套期保值、与银行签订应急资本合同等。

风险理财是全面风险管理的重要组成部分。

对于可控的风险，所有的风险控制措施，除了规避风险在特定范畴内完全有效外，

其余均无法保证不会发生。

风险理财可以针对不可控的风险。

（一）风险理财的特点（★★）

1. 风险理财的手段既不改变风险事件发生的可能性，也不改变风险事件可能引起的直接损失程度。

2. 风险理财需要判断风险的定价，因此量化的标准较高，即不仅需要风险事件的可能性和损失的分布，更需要量化风险本身的价值。

3. 风险理财的应用范围一般不包括声誉等难以衡量其价值的风险，也难以消除战略失误造成的损失。

4. 风险理财手段技术强，许多风险理财工具本身有着比较复杂的风险特性，使用不当容易造成重大损失。

（二）风险理财与公司理财（★）

风险理财在很多情况下超出了公司财务管理的范畴。具体表现在：

1. 风险理财注重风险因素对现金流的影响；

2. 风险理财影响公司资本结构，注意以最低成本获得现金流；

3. 风险理财成为公司战略的有机部分，其风险经营的结果直接影响公司整体价值的提升。

（三）风险理财创造价值（★）

传统的风险理财是损失理财，即为可能发生的损失融资，补偿风险造成的财务损失，如购买保险。传统的风险理财的目的是降低公司承担的风险。

与损失理财相反，公司可能通过使用金融工具来承担额外的风险，改善公司的财务状况，创造价值。风险理财对机会的利用是整个经营战略的有机组成部分和战略举措。

二、风险理财的策略与方案（★）

（一）选择风险理财策略的原则和要求

1. 与公司整体风险管理策略一致。

2. 与公司所面对风险的性质相匹配。

3. 选择风险理财工具的要求。企业在选择风险理财工具时，要考虑如下几点：合规的要求；可操作性；法律法规环境；企业的熟悉程度；风险理财工具的风险特征；不同的风险理财手段可能适用同一风险。

4. 成本与收益的平衡。

（二）对金融衍生产品的选择

1．金融衍生产品的概念和类型

金融衍生产品是其价值决定于一种或多种基础资产或指数的金融合约。常用衍生产品包括：远期合约、互换交易、期货、期权等。

表 6-10 金融衍生产品的类型

类型	定义	说明
远期合约	远期合约指合约双方同意在未来日期按照固定价格交换金融资产的合约，承诺以当前约定的条件在未来进行交易的合约，会指明买卖的商品或金融工具种类、价格及交割结算的日期。	1．远期合约是必须履行的协议，不像可选择不行使权利（即放弃交割）的期权。 2．远期合约也与期货不同，其合约条件是为买卖双方量身定制的，通过场外交易（OTC）达成，而后者则是在交易所买卖的标准化合约。 3．如果即期价格低于远期价格，市场状况被描述为正向市场或溢价。 如果即期价格高于远期价格，市场状况被描述为反向市场或差价。
互换交易	互换交易主要指对相同货币的债务和不同货币的债务通过金融中介进行互换的一种行为。	互换的种类：利率互换、货币互换、商品互换、其他互换等。
期货	期货是指在约定的将来某个日期按约定的条件（包括价格、交割地点、交割方式）买入或卖出一定标准数量的某种资产。按现货标的物之种类，期货可分为商品期货与金融期货两大类。	期货合约的主要类型： 商品期货、外汇期货、利率期货、股票指数期货。
期权	期权是在规定的一段时间内，可以以规定的价格购买或者出卖某种规定的资产的权利。	1．按交易主体划分，期权可分为买方期权和卖方期权两类： （1）买方期权（看涨期权）：指赋予期权持有人在期权有效期内按执行价格买进（但不负有必须买进的义务）规定的资产的权利。 ·实际价格 > 执行价格，行权 ·实际价格 ≤ 执行价格，不行权 （2）卖方期权（看跌期权）：指赋予期权持有人在期权有效期内按执行价格卖出（但不负有必须卖出的责任）规定的资产的权利。 ·实际价格 < 执行价格，行权 ·实际价格 ≥ 执行价格，不行权 2．按行权时间不同，分为美式期权和欧式期权。 如果在到期日之前的任何时间以及到期日都能执行，称这种期权为美式期权。（灵活） 如果只能在到期日执行，称为欧式期权。

2．运用衍生产品进行风险管理的主要思路

（1）增加自己愿意承担的风险；

（2）消除或减少自己不愿承担的风险；

（3）转换不同的风险。

3．衍生产品的特点

（1）优点：准确性；时效；使用方便；成本优势；灵活性；对于管理金融市场等市场风险有不可替代的作用。

（2）缺点：衍生产品的杠杆作用很大，因而风险很大，如用来投机可能会造成巨大损失。

4．运用衍生产品进行风险管理需满足的条件

（1）满足合规要求；

（2）与公司的业务和发展战略保持一致；

（3）建立完善的内部控制措施，包括授权、计划、报告、监督、决策等流程和规范；

（4）采用能够准确反映风险状况的风险计量方法，明确头寸、损失、风险限额；

（5）完善的信息沟通机制，保证头寸、损失、风险敞口的报告及时可靠；

（6）合格的操作人员。

三、损失事件管理（★★★）

损失事件管理是指对可能给企业造成重大损失的风险事件的事前、事后管理的方法。损失的内容包括企业的资金、声誉、技术、品牌、人才等。

（一）损失融资

损失融资是为风险事件造成的财物损失融资，是从风险理财的角度进行损失事件的事后管理。

损失融资是损失事件管理中最有共性，也是最重要的部分。

企业损失分为预期损失和非预期损失，因此损失事件融资也相应分为预期损失融资和非预期损失融资。

预期损失融资一般作为运营资本的一部分，而非预期损失融资则是属于风险资本的范畴。

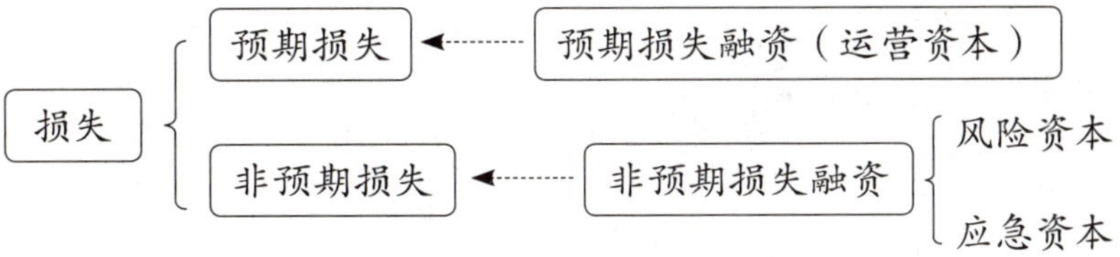

图 6-4　损失的分类

（二）风险资本

风险资本即除经营所需的资本之外，公司还需要额外的资本用于补偿风险造成的财务损失。传统的风险资本表现形式是风险准备金。

风险资本是使一家公司破产的概率低于某一给定水平所需的资金，因此取决于公司的风险偏好。

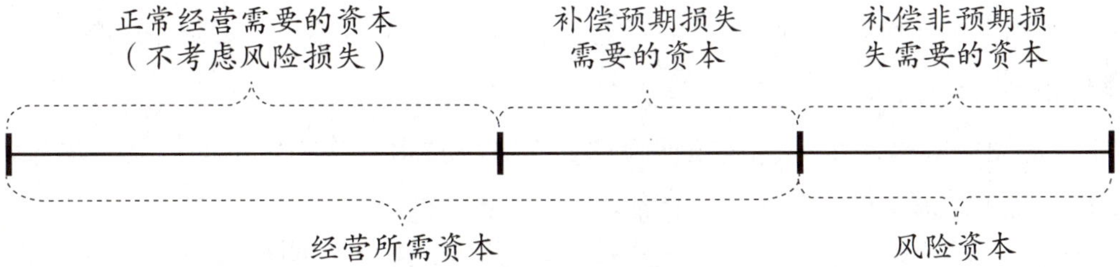

图 6-5　风险资本

例如：一家公司每年的最低运营资本是5亿元，但是有5%的可能性需要7.5亿元维持运营，有1%的可能性需要10亿元才能维持运营。

换句话说，如果风险资本为2.5亿元，那么这家公司的生存概率就是95%，而5亿元的风险资本对应的则是99%的生存概率。

（三）应急资本

应急资本是风险资本的表现形式之一。

应急资本是一个金融合约，规定在某一个时间段内、某个特定事件发生的情况下公司有权从应急资本提供方处募集股本或贷款（或资产负债表上的其他实收资本项目），并为此按时间向资本提供方缴纳权力费，这里特定事件称为触发事件。

应急资本费用、利息和额度在合同签订时约定。

应急资本最简单的形式是公司为满足特定条件下的经营需要而从银行获得的信贷额度，一般通过与银行签订协议加以明确，比如信用证、循环信用工具等。

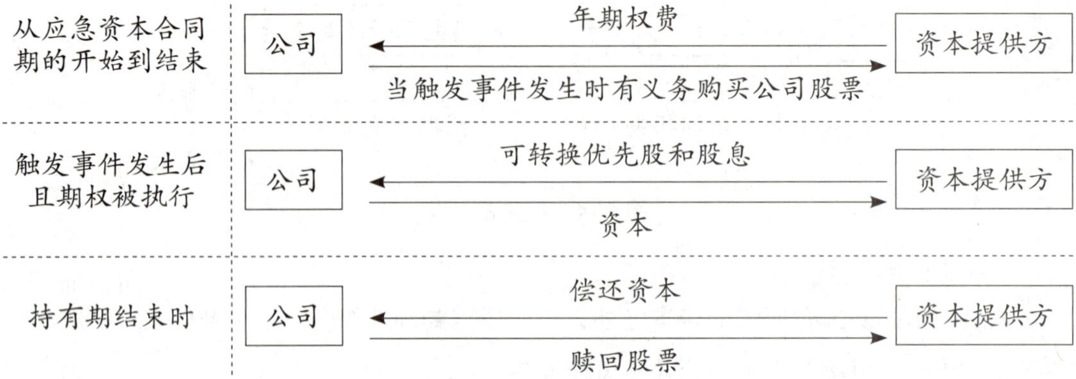

图 6-6　应急资本的结构

应急资本具有如下特点：

1. 应急资本的提供方并不承担特定事件发生的风险，而只是在事件发生并造成损失后提供用于弥补损失、持续经营的资金。事后公司要向资本提供者归还这部分资金，并支付相应的利息；

2. 应急资本是一个综合运用保险和资本市场技术设计和定价的产品。与保险不同，应急资本不涉及风险的转移，是企业风险补偿策略的一种方式；

3. 应急资本是一个在一定条件下的融资选择权，公司可以不使用这个权利；

4. 应急资本可以提供经营持续性的保证。

【例11–2015–单选题】宏远海运公司为加强对风险损失事件的管理，与甲银行签订协议，规定在一定期间内，如果宏远海运公司由于台风等自然灾害遭受重大损失，可从甲银行取得贷款，并为此按约定的期间向甲银行缴纳权力费。宏远海运公司管理损失事件的方法称为（　　）。

A. 损失融资　　B. 专业自保　　C. 应急资本　　D. 风险补偿合约

【答案】C

学堂点拨

应急资本是一个金融合约，规定在某一时间段内、某个特定事件发生的情况下公司有权从应急资本提供方处募集股本或贷款（或资产负债表上的其他实收资本项目），并为此按时间向资本提供方缴纳权力费，这里特定事件称为触发事件。依题意，触发事件为台风等自然灾害导致重大损失，所以选项C正确。

（四）保险

保险合同降低了购买保险一方的风险，但把损失的风险转移给了保险公司，保险公司则是通过损失的分散化来降低自己的风险。

保险是风险转移的传统手段，可保风险是纯粹风险，机会风险不可保。

（五）专业自保

专业自保公司又称专属保险公司，是非保险公司的附属机构，为母公司提供保险，并由其母公司筹集保险费，建立损失储备金。

专业自保的特点：由被保险人所有和控制；要承保其母公司的风险，但可以通过租借的方式承保其他公司的保险；不在保险市场上开展业务。

【例12-2014-单选题】甲公司每年最低运营资本是1 000万元，但是有5%的可能性需要1 500万元才能维持运营。如果该公司风险资本为510万元，该公司生存的概率是（　　）。

A．5%　　B．95%　　C．小于5%　　D．大于95%

【答案】D

学堂点拨

企业风险资本为1 500－1 000＝500万元时，有5%的可能性需要1 500万元维持运营，企业的生存概率为95%；当风险资本是510万元，大于500万元，那么企业有1 510万元，则生存概率大于95%，所以选项D正确。

四、套期保值（★★★）

（一）套期保值与投机

表 6-11　套期保值与投机的内容

	套期保值	投机行为
定义	为冲抵风险而买卖相应的衍生产品的行为	与套期保值相反
目的	降低风险	承担额外的风险以盈利
结果	降低风险	增加了风险

（二）期货套期保值

1．期货价格与现货价格

绝大多数期货合约不会在到期日用标的物兑现。期货价格表现的是市场对标的物的远期预期价格。

“基差”用来表示标的物的现货价格与所用合约的期货价格之差。基差在期货合约到期日为零，在此之前可正可负。一般而言，离到期日越近，基差就越小。如图6-7所示。

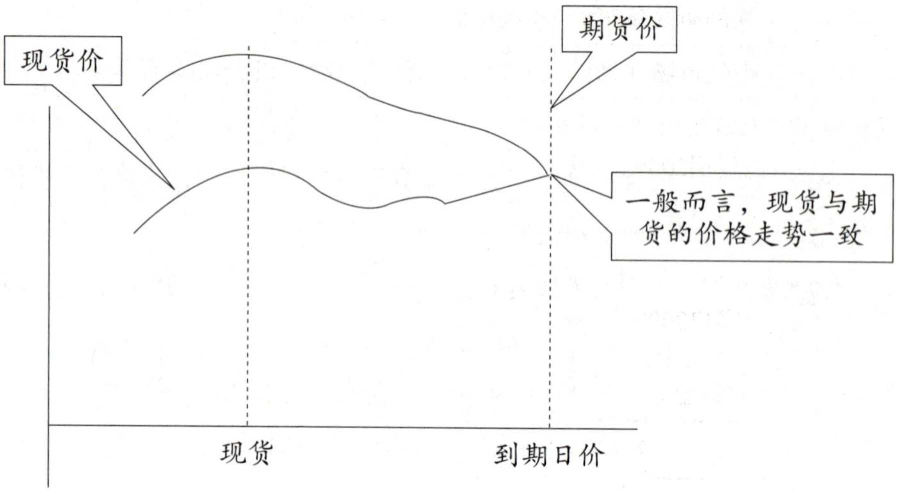

图 6–7 基差的变化

2. 期货套期保值

期货的套期保值亦称为期货对冲，是指为配合现货市场上的交易，而在期货市场上做与现货市场商品相同或相近但交易部位相反的买卖行为，以便将现货市场的价格波动的风险在期货市场上抵销。

基本原理：某一特定商品的期货价格和现货价格受相同的经济因素影响和制约。

期货套期保值的两种方式：空头套期保值和多头套期保值。具体内容如表6–12所示。

表 6–12 期货套期保值的两种方式

方式	概念	时点	现货市场	期货市场
空头套期保值	如果某公司要在未来某时间出售资产，可以通过持有该资产期货合约的空头来对冲风险（期货市场先卖后买）。	目前时点		卖出期货
		未来时点	卖出资产	买入期货（与同期现货市场反向操作）
多头套期保值	如果要在未来某时买入某种资产，则可采用持有该资产期货合约的多头来对冲风险（期货市场先买后卖）。	目前时点		买入期货（持有多头）
		未来时点	买入资产	卖出期货（与同期现货市场反向操作）

表 6-13 商品期货空头套期保值实例（只需要掌握商品期货套期保值案例）

日期	现货市场（先买后卖）	期货市场（先卖后买）
7月	签订合同承诺在12月提供200吨铜给客户，因此购买现货铜200吨，每吨价格7 000美元（现货市场买入）	在期货交易所卖出12月到期的期铜200吨，每吨期铜价格7 150美元（期货市场卖出）
12月	现货市场每吨铜的价格是6 800美元。按现货价格提交客户200吨铜（现货市场卖出）	当月期铜价格接近现货价格，为每吨6 800美元。按此价格买进期铜200吨（期货市场买入）
结果	每吨亏损200美元	每吨盈利350美元

表 6-14 商品期货多头套期保值实例

日期	现货市场（先卖后买）	期货市场（先买后卖）
7月	签订合同承诺在12月购买1 000吨原油，此时，现货每吨价格380美元	在期货交易所买进12月到期的原油期货1 000吨，每吨价格393美元（期货市场买入，持有多头）
12月	现货市场每吨原油价格是400美元。按现货价格购买1 000吨原油（现货市场买入）	当月原油期货价格接近现货价格，为每吨399美元，按此价格卖出原油期货1 000吨（期货市场卖出）
结果	每吨亏损20美元	每吨盈利6美元

3．期货投机的风险（了解）

期货投机，是指基于对市场价格走势的预期，为了盈利在期货市场上进行的买卖行为。由于远期市场价格的波动性，与套期保值相反，期货的投机会增加风险。

例如，假设原油市场现价每桶75美元，而公司判断原油市场在半年后会大跌至每桶50美元。因此公司卖出100万桶半年后交割的原油期货，卖出价格每桶80美元。

如果市场发展如公司预期，则公司将盈利＝100×（80－50）＝3 000万美元；

半年后，原油价格涨为每桶100美元，公司因此亏损＝100×（100－80）＝2 000万美元；

半年后，原油价格涨为每桶150美元，则公司亏损为＝100×（150－80）＝7 000万美元。

（三）期权套期保值（了解）

1．利用期权套期保值

期权作为对冲的工具可以起到类似保险的作用，如同时在股票市场与期权市场反向操作。

2．期权投机的风险

期权也可以作为投机的工具，但风险更大。单纯在期权市场上操作。

综上所述，运用风险理财措施要明确以下几点：

1．风险理财是全面风险管理的重要组成部分，在对许多风险的管理上，有着不可替代的地位和作用；

2．风险理财形式多样，应用灵活，时效性强，具有许多其他手段不可比拟的优点；

3．风险理财技术性强，需要专门的人才、知识、组织结构、程序和法律环境；

4．风险理财手段的不当使用，包括策略错误和内控失灵，可能带来巨大的损失。因此风险理财本身的风险管理尤为重要。

【例13-2015-多选题】乙公司近年来实施全面风险管理，运用衍生产品等风险理财工具防范风险。下列对乙公司风险理财的表述中，正确的有（　　）。

A．乙公司运用风险理财工具不需要判断风险定价

B．乙公司运用风险理财工具的主要目的是降低风险

C．乙公司运用风险理财工具注重风险因素对现金流的影响

D．乙公司运用风险理财工具既可以针对不可控风险也可以针对可控风险

【答案】CD

学堂点拨

风险理财需要判断风险的定价，因此量化的标准较高，即不仅需要风险事件的可能性和损失的分布，更需要量化风险本身的价值。风险理财需要判断风险的定价，所以选项A错误。传统的风险理财的目的是降低公司承担的风险，而风险理财是对机会的利用，所以选项B错误。

【例14-2014-多选题】某商品经销商在期货市场上做与现货市场商品相同或者相近但交易部位相反的买卖行为，以便将现货市场价格波动的风险在期货市场上抵消。下列各项中，对该经销商采用的风险管理方法表述正确的有（　　）。

A．该经销商采用的风险管理方法是风险对冲

B．该经销商采用的风险管理方法主要是为了盈利

C．该经销商采用的风险管理方法回避了价格风险

D．该经销商采用的风险管理方法主要是为了管理财务风险

【答案】AC

学堂点拨

风险对冲指采取各种手段，引入多个风险因素或承担多个风险，使得这些风险能够互相对冲。风险对冲必须涉及风险组合，而不是对单一风险；对于单一风险，只能进行风险规避、风险控制。例如资产组合使用、多种外币结算的使用和战略上的多种经营、利用期货进行套期保值。该商品经销商采用的风险管理办法是期货的套期保值，而套期保值的目的是降低风险，投机的目的才是承担额外的风险以盈利，所以选项B错误；套期保值主要是回避价格风险，所以主要管理的是市场风险，所以选项D错误。

【例15-2013-单选题】甲企业是一家大型纺织企业，主要生产原材料为棉花。甲企业预计未来棉花价格将持续上涨。为了降低已经承接的纺织品订单的生产成本上涨风险，甲企业决定以套期保值的方式规避棉花现货风险。下列选项中，不符合套期保值特征的是（　　）。

A．甲企业从事棉花套期保值的目的是通过降低棉花价格变动风险而获利

B．甲企业为套期保值所持有的棉花期货合约可以在到期日之前卖出平仓或者到期交割

C．甲企业棉花期货合约开仓时的价格反映了市场参与者对棉花的远期预期价格

D．甲企业持有的棉花期货合约对应的“基差”反映了棉花现货和棉花期货的价格差异，该差异在期货合约到期日之前，既可以为正，也可以为负

【答案】A

学堂点拨

套期保值属于风险对冲，风险对冲的目的是降低风险，投机恰恰相反，投机的目的是承担额外的风险以盈利。甲企业从事棉花套期保值的目的是降低棉花价格变动的风险，但不是为了获利，所以选项A错误。

知识点4 内部控制系统与风险管理信息系统（★）

一、内部控制系统（第七章精讲）

二、风险管理信息系统

企业应将信息技术应用于风险管理的各项工作，建立涵盖风险管理基本流程和内部

控制系统各环节的风险管理信息系统，包括信息的采集、存储、加工、分析、测试、传递、报告、披露等。

企业应采取措施确保向风险管理信息系统输入的业务数据和风险量化值的一致性、准确性、及时性、可用性和完整性。对输入信息系统的数据，未经批准，不得更改。

风险管理信息系统应能够对各种风险进行计量和定量分析、定量测试；能够实时反映风险举证和排序频谱、重大风险和重要业务流程的监控状态；能够对超过风险预警上限的重大风险实施信息报警；能够满足风险管理内部信息报告制度和企业对外信息披露管理制度的要求。

风险管理信息系统应实现信息在各职能部门、业务单位之间的集成与共享，既能满足单项业务风险管理的要求，也能满足企业整体和跨职能部门、业务单位的风险管理综合要求。

企业应确保风险管理系统的稳定运行和安全，并根据实际需要不断改进、完善或更新。

已建立或基本建立企业管理信息系统的企业，应补充、调整、更新已有的管理流程和管理程序，建立完善的风险管理信息系统；尚未建立企业管理信息系统的，应将风险管理与企业各项管理业务流程、管理软件统一规划、统一设计、统一实施、同步运行。

【例16-2014-多选题】下列关于风险管理信息系统功能的表述中，正确的有（　　）。

A．能够对各种风险进行计量和定量分析

B．实时反映风险矩阵和排序频谱、重大风险和重要业务流程的监控状态

C．对超过风险预警上限的重大风险实施信息预警

D．实现风险相关信息与企业外部利益相关者的共享

【答案】ABC

学堂点拨

风险管理信息系统应实现信息在各职能部门、业务单位之间的集成与共享，既能满足单项业务风险管理的要求，也能满足企业整体和跨职能部门、业务单位的风险管理综合要求。一般不涉及与企业外部利益相关者，因此选项A、B、C正确，选项D错误。

第五节 风险管理技术与方法

知识点 风险管理技术与方法（★★）

一、头脑风暴法（★★）

头脑风暴法又称智力激励法、BS法、自由思考法，是指刺激并鼓励一群知识渊博、知悉风险情况的人员畅所欲言，开展集体讨论的方法。（面对面）

表 6-15 头脑风暴法的分类

直接头脑风暴法（“头脑风暴法”）	尽可能激发专家们的创造性，使其产生尽可能多的设想的方法。
质疑头脑风暴法（“反头脑风暴法”）	对前者提出的设想、方案逐一质疑，分析其现实可行性的方法。

（一）适用范围

适用于充分发挥专家意见，在风险识别阶段进行定性分析。

（二）主要优点和局限性

表 6-16 头脑风暴法的主要优点和局限性

主要优点	1. 激发了想象力，有助于发现新的风险和全新的解决方案。 2. 让主要的利益相关者参与其中，有助于进行全面沟通。 3. 速度较快并易于开展。
局限性	1. 参与者可能缺乏必要的技术及知识，无法提出有效的建议。 2. 由于头脑风暴法相对松散，因此较难保证过程的全面性。 3. 可能会出现特殊的小组状况，导致某些有重要观点的人保持沉默而其他人成为讨论的主角。 4. 实施成本较高，要求参与者有较好的素质，这些因素是否满足会影响头脑风暴法实施的效果。

【例1–简答题】A公司是中国一家中型民营企业，2016年初，公司的内部信息出现泄露的情况，企业的董事会决定针对此项事件进行彻查。经过调查发现是由于企业的信息系统操作失误导致的信息泄露。该企业为了评估企业信息系统方面的风险并及时找到解决方法，专门组成了一个小组进行探讨。首先，明确探讨的主题是：企业信息系统风险评估与解决方案。然后由小组内的人员进行大胆想象，想象可能出现的问题以及采取的措施。大家各抒己见，最后在规定的时间内做出汇总并形成结论。

要求：

1．简述该企业面临的风险种类；

2．简述企业风险管理技术与方法的种类，分析判断该企业采取的方法属于哪类，并说明其优缺点。

【答案】

1．企业面临的风险属于操作风险，表现为“由于企业的信息系统操作失误导致的信息泄露”。

2．风险管理技术与方法包括：头脑风暴法；德尔菲法；失效模式影响和危害度分析法；流程图分析法；马尔科夫分析法；风险评估系图法；情景分析法；敏感性分析法；事件树分析法；决策树法；统计推论法。

头脑风暴法是指刺激并鼓励一群知识渊博、知悉风险情况的人员畅所欲言，开展集体讨论的方法。该公司首先明确探讨的主题，然后小组内的人员进行探讨并形成结论，采用的是头脑风暴法。

主要优点：

（1）激发了想象力，有助于发现新的风险和全新的解决方案；

（2）让主要的利益相关者参与其中，有助于进行全面沟通；

（3）速度较快并易于开展。

主要缺点：

（1）参与者可能缺乏必要的技术及知识，无法提出有效的建议；

（2）由于头脑风暴法相对松散，因此较难保证过程的全面性；

（3）会出现特殊的小组状况，导致某些有重要观点的人保持沉默而其他人成为讨论的主角；

（4）实施成本较高，要求参与者有较好的素质，这些因素是否满足会影响头脑风暴法实施的效果。

二、德尔菲法（★★）

德尔菲法又名专家意见法，是在一组专家中取得可靠共识的程序，其基本特征是专家单独、匿名表达各自的观点，同时随着过程的进展，他们有机会了解其他专家的观点。（背对背、不见面）

（一）适用范围

适用于在专家一致性意见基础上，在风险识别阶段进行定性分析。

（二）主要优点和局限性

表 6–17 德尔菲法的主要优点和局限性

主要优点	1. 由于观点是匿名的，因此更有可能表达出那些不受欢迎的看法。 2. 所有观点有相同的权重，避免重要人物占主导地位的问题。 3. 专家不必一次聚集在某个地方，比较方便。 4. 这种方法具有广泛的代表性。
局限性	1. 权威人士的意见影响他人的意见。 2. 有些专家碍于情面，不愿意发表与其他人不同的意见。 3. 出于自尊心而不愿意修改自己原来不全面的意见。 主要缺点是过程比较复杂，花费时间较长。

三、失效模式影响和危害度分析法（了解）

FMECA，即失效模式影响及危害分析法，是一种bottom–up分析方法，可用来分析、审查系统的潜在故障模式。FMECA按规定的规则记录系统中所有可能存在的影响因素，分析每种因素对系统的工作及状态的影响，将每种影响因素按其影响的严重度及发生概率排序，从而发现系统中潜在的薄弱环节，提出可能采取的预防改进措施，以消除或减少风险发生的可能性，保证系统的可靠性。

（一）适用范围

适用于对失效模式、影响及危害进行定性或定量分析，还可以对其他风险识别方法提供数据支持。

（二）主要优点和局限性

表 6–18 FMECA 的主要优点和局限性

主要优点	1. 广泛适用于人力、设备和系统失效模式，以及硬件、软件和程序。 2. 识别组件失效模式及其原因和对系统的影响，同时用可读性较强的形式表现出来。 3. 通过在设计初期发现问题，从而避免了开支较大的设备改造。 4. 识别单点失效模式以及对冗余或安全系统的需要。
局限性	1. 只能识别单个失效模式，无法同时识别多个失效模式。 2. 除非得到充分控制并集中充分精力，否则研究工作既耗时且开支较大。

四、流程图分析法（★★）

流程图分析法是对流程的每一阶段、每一环节逐一进行调查分析，从中发现潜在风险，找出导致风险发生的因素，分析风险产生后可能造成的损失以及对整个组织可能造成的不利影响。

（一）适用范围

通过业务流程图方法，对企业生产或经营中的风险及其成因进行定性分析。流程图分析是识别风险最常用的方法之一。

（二）主要优点和局限性

表 6-19　流程图分析法的主要优点和局限性

主要优点	清晰明了，易于操作，且组织规模越大，流程越复杂，流程图分析法就越能体现出优越性。
局限性	该方法的使用效果依赖于专业人员的水平。

五、马尔科夫分析法（了解）

如果系统未来的状况仅取决于其现在的状态，那么就可以使用马尔科夫分析法。通常用于对那些存在多种状态（包括功能、降级、故障状态）的可维修复杂系统进行分析。马尔科夫分析是一项定量技术，可以是不连续的（利用状态间变化的概率）或者连续的（利用各状态的变化率）。

（一）适用范围

适用于对复杂系统中不确定性事件及其状态改变的定量分析。

（二）主要优点和局限性

表 6-20　马尔科夫分析法的主要优点和局限性

主要优点	能够计算出具有维修能力和多重降级状态的系统的概率。
局限性	1. 无论是故障还是维修，都假设状态变化的概率是固定的。 2. 所有事项在统计上具有独立性，因此未来的状态独立于一切过去的状态，除非两个状态紧密相连。 3. 需要了解状态变化的各种概率。 4. 有关矩阵运算的知识比较复杂，非专业人士很难看懂。

六、风险评估系图法（★★）

（一）适用范围

适用于对风险初步的定性分析。

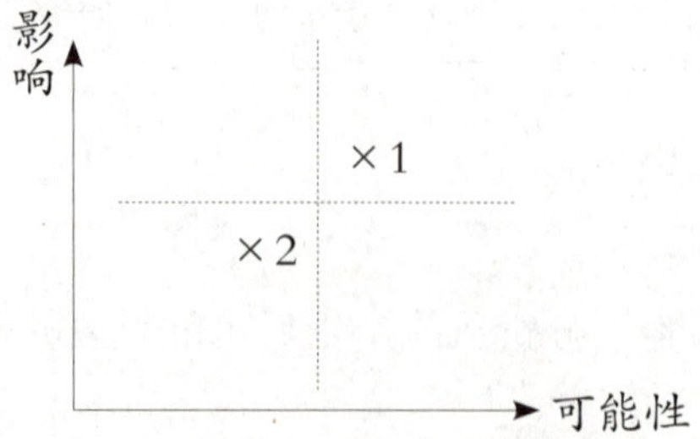

图 6-8　风险评估系图法

结论：1比2更值得关注。

（二）主要优点和局限性

表 6-21 风险评估系图法的主要优点和局限性

主要优点	风险评估系图法作为一种简单的定性方法，直观明了。
局限性	如需要进一步探求风险原因，则显得过于简单，缺乏有效的经验证明和数据支持。

七、情景分析法（★★）

（一）适用范围

通过模拟不确定性情景（最佳情景、基准情景、最差情景），对企业面临的风险进行定性和定量分析。

（二）主要优点和局限性

表 6-22 情景分析法的主要优点和局限性

主要优点	对于未来变化不大的情况能够给出比较精确的模拟结果。
局限性	1. 在存在较大不确定性的情况下，有些情景可能不够现实。 2. 在运用情景分析时，主要的难点涉及数据的有效性以及分析师和决策者开发现实情境的能力，这些难点对结果的分析具有修正作用。 3. 如果将情景分析作为一种决策工具，其危险在于所用情景可能缺乏充分的基础，数据可能具有随机性，同时可能无法发现那些不切实际的结果。

八、敏感性分析法（★★）

敏感性分析是针对潜在的风险性，研究项目的各种不确定因素变化至一定幅度时，计算其主要经济指标变化率及敏感程度的一种方法。

敏感性因素：某参数的小幅度变化能导致效果指标的较大变化。

（一）适用范围

适用于对项目不确定性对结果产生的影响进行的定量分析。

（二）主要优点和局限性

表 6-23 敏感性分析法的主要优点和局限性

主要优点	为决策者提供有价值的参考信息；可以清晰地为风险分析指明方向；可以帮助企业制定紧急预案。
局限性	主要包括：分析所需要的数据经常缺乏，无法提供可靠的参数变化；分析时借助公式计算，没有考虑各种不确定因素在未来发生变动的概率，无法给出各参数的变化情况，因此其分析结果可能和实际相反。

九、事件树分析法（★★）

事件树是一种表示初始事件发生之后互斥性后果的图解技术，其根据是为减轻其后果而设计的各种系统是否起作用，它可以定性地和定量地应用。

（一）适用范围

适用于对故障发生以后，在各种减轻事件严重性的影响下，对多种可能后果的定性和定量分析。

（二）主要优点和局限性

表 6–24　事件树分析法的主要优点和局限性

主要优点	1. 事件树分析法（ETA）以清晰的图形显示了经过分析的初始事项之后的潜在情景，以及缓解系统或功能成败产生的影响。 2. 它能说明时机、依赖性，以及故障树模型中很烦琐的多米诺效应。 3. 它生动地体现事件的顺序，而使用故障树是不可能表现的。
局限性	1. 为了将ETA作为综合评估的组成部分，一切潜在的初始事项都要进行识别，这可能需要使用其他分析方法（如危害及可操作研究法），但总是有可能错过一些重要的初始事项。 2. 事件树只分析了某个系统的成功及故障状况，很难将延迟成功或恢复事项纳入其中。 3. 任何路径都取决于路径上以前分支点处发生的事项。因此，要分析各可能路径上众多从属因素。然而，人们可能会忽视某些从属因素，如常见组件、应用系统以及操作员等。如果不认真处理这些从属因素，就会导致风险评估过于乐观。

十、决策树法（★★）

决策树是考虑到在不确定性的情况下，以序列方式表示决策选择和结果。

（一）适用范围

适用于对不确定性投资方案期望收益的定量分析。

（二）主要优点和局限性

表 6–25　决策树法的主要优点和局限性

主要优点	1. 对于决策问题的细节提供了一种清楚的图解说明。 2. 能够计算到达一种情形的最优路径。
局限性	1. 大的决策树可能过于复杂，不容易与其他人交流。 2. 为了能够用树形图表示，可能有过于简化环境的倾向。

十一、统计推论法（★★）

统计推论是进行项目风险评估和分析的一种十分有效的方法，它可分为前推、后推和旁推三种类型。

前推就是根据历史的经验和数据推断出未来事件发生的概率及其后果。

后推是在手头没有历史数据可供使用时所采用的一种方法。是把未知的想象的事件及后果与一已知事件及后果联系起来，把未来风险事件归结到有数据可查的造成这一风险事件的初始事件上，从而对风险做出评估和分析。

旁推法就是利用类似项目的数据进行外推，用某一项目的历史记录对新的类似建设项目可能遇到的风险进行评估和分析。

（一）适用范围

适用于各种风险分析预测。

（二）主要优点和局限性

表 6-26　统计推论法的主要优点和局限性

主要优点	1．在数据充足可靠的情况下简单易行。 2．结果准确率高。
局限性	1．由于历史事件的前提和环境已发生了变化，不一定适用于今天或未来。 2．没有考虑事件的因果关系，使外推结果可能产生较大偏差。为了修正这些偏差，有时必须在历史数据的处理中加入专家或集体的经验修正。

【总结】

定性分析：头脑风暴法；德尔菲法；流程图分析法；风险评估系图法。［风流的（德）脑］

定量分析：马尔科夫分析法；敏感性分析法；决策树法。［马赶（感）树］

定性和定量分析：失效模式影响和危害度分析法；情景分析法；事件树分析法。（情事失效）

适用于各种风险分析预测：统计推论法。

【例2-2016-单选题】甲公司是一家计划向移动互联网领域转型的大型传统媒体企业。为了更好地了解企业转型中存在的风险因素，甲公司聘请了20位相关领域的专家，根据甲公司面临的内外部环境，针对六个方面的风险因素，反复征询每个专家的意见，直到每一个专家不再改变自己的意见，达成共识为止。该种风险管理方法是（　　）。

A．德尔菲法　　B．情景分析法　　C．头脑风暴法　　D．因素分析法

【答案】A

学堂点拨

德尔菲法又名专家意见法，是在一组专家中取得可靠共识的程序，其基本特征是专家单独、匿名表达各自的观点，同时随着过程的进展，他们有机会了解其他专家的观点。德尔菲法采用背对背的通信方式征询专家小组成员的意见，专家之间不得互相讨论，不发生横向联系，只能与调查人员发生关系。通过反复填写问卷，搜集各方意见，以形成专家之间的共识。依题意，甲公司聘请了20位相关领域的专家，反复征询每个专家的意见，直到每一个专家不再改变自己的意见，达成共识为止，符合德尔菲法的定义。

【例3-2016-单选题】甲公司是一家化工企业，每年都对设备进行检修。甲公司在对设备故障风险进行分析时，先将设备运行情况划分为几种情景状态，然后用随机转移矩阵描述这几种状态之间的转移，最后用计算机程序计算出每种状态发生的概率。甲公司采用的这种风险管理方法是（　　）。

A．事件树分析法　　B．马尔科夫分析法

C．失效模式影响和危害度分析法　　D．情景分析法

【答案】B

学堂点拨

马尔科夫分析法通常用于对那些存在多种状态（包括功能、降级、故障状态各种使用状态）的可维修复杂系统进行分析。该方法主要围绕“状态”这个概念展开，而随机转移概率矩阵可用来描述状态间的转移，以便计算各种输出结果。（注意：不要被情景误导，关键词为“状态”。）

【例4-多选题】下列风险管理方法中，既可以进行定性分析也可以进行定量分析的方法是（　　）。

A．马尔科夫分析法　　B．敏感性分析法

C．失效模式影响和危害度分析法　　D．情景分析法

【答案】CD

学堂点拨

马尔科夫分析法适用于对复杂系统中不确定性事件及其状态改变的定量分析，选项A错误。敏感性分析法适用于对项目不确定性对结果产生的影响进行的定

量分析，选项B错误。失效模式影响和危害度分析法适用于对失效模式、影响及危害进行定性或定量分析，还可以对其他风险识别方法提供数据支持，选项C正确。情景分析法通过模拟不确定性情景，对企业面临的风险进行定性和定量分析，选项D正确。定性和定量分析包括失效模式影响和危害度分析法、情景分析法、事件树分析法。

【例5-单选题】今年以来，受国内外各种不确定性因素的影响，房地产行业的发展进入了一个新阶段，甲房地产公司从定性和定量的角度，按照很好、较好、一般、较差四种不同的假设条件，预测了本公司年度将面临的各种不确定因素，以及由此给企业带来的各种不同结果。甲房地产公司采用的风险管理技术方法是（　　）。

A．敏感性分析法　　B．统计推论法

C．情景分析法　　D．条件预测法

【答案】C

学堂点拨

情景分析法，在识别和分析那些反映诸如最佳情景、最差情景及期望情景的多种情景时，可用来识别在特定环境下可能发生的事件并分析潜在的后果及每种情景的可能性。情景分析法通过模拟不确定性情景，对企业面临的风险进行定性和定量分析。题目中，甲房地产公司从定性和定量的角度，按照很好、较好、一般、较差四种不同的假设条件，预测了本公司年度将面临的各种不确定因素。依据“按照很好、较好、一般、较差四种不同的假设条件”可以判断属于情景分析法，选项C正确。

【例6-2015-单选题】甲公司拟新建一个化工项目。经过可行性研究，该项目预计净现值为420万元，内部收益率为13%。甲公司进一步分析初始投资、建设期及寿命期的变动对该项目预计净现值的影响及影响程度。甲公司采取的风险管理技术与方法是（　　）。

A．情景分析法　　B．事件树分析法

C．敏感性分析法　　D．决策树分析法

【答案】C

学堂点拨

敏感性分析是针对潜在的风险性，研究项目的各种不确定因素变化至一定幅度时，计算其主要经济指标变化率及敏感程度的一种方法。敏感性分析是在确定性分析的基础上，进一步分析不确定性因素对项目最终效果指标的影响及影响程度。敏感性因素一般可选择主要参数（如销售收入、经营成本、生产能力、初始投资、寿命期、建设期、达产期等）进行分析。依据“进一步分析初始投资、建设期及寿命期的变动对该项目预计净现值的影响及影响程度”可以判断属于敏感性分析法。

【例7-2014-单选题】下列风险管理技术与方法中，能够对风险进行定量分析的是（　　）。

A．专家意见法　　B．事件树分析法

C．流程图分析法　　D．风险评估系图法

【答案】B

学堂点拨

定量分析包括马尔科夫分析法、敏感性分析法、决策树法［马赶（感）树］；定性和定量分析包括失效模式影响和危害度分析法、情景分析法、事件树分析法（情事失效），选项A、C、D是定性分析；选项B，事件树分析法是定性和定量分析，能够对风险进行定量分析，所以选项B正确。

【例8-2014-单选题】乙公司是一家国内知名的互联网企业。乙公司去年以来推出了多款新的互联网金融产品。为了消除部分客户对其产品风险的质疑，乙公司组织了来自学术界、企业界以及政府相关职能部门的专家，通过电子信箱发送问卷的调查方式征询专家对公司产品风险的意见。下列各项对乙公司采用的风险管理技术与方法优点的表述中，正确的是（　　）。

A．这种方法速度较快，容易开展

B．这种方法通过专家群体决策，产生尽可能多的设想

C．这种方法更有可能表达出那些不受欢迎的看法

D．这种方法能够激发专家们的想象力

【答案】C

学堂点拨

根据题干描述，乙公司采用的是德尔菲法。选项A、B、D是头脑风暴法的优点。

本章强化练习

一、单项选择题

1．下列各项关于应对风险的措施中，属于风险控制的是（　　）。

A．甲公司是一家牙膏生产企业。为了推广高端牙膏产品，甲公司决定按照“买一送一”的政策对牙膏新产品和传统牙膏产品进行捆绑销售

B．乙公司是一家上市企业。为了筹建更多销售网点，扩大市场占有率，乙公司要求母公司为其金额为2亿元的中长期贷款提供担保

C．丙公司是一家稀有资源开发企业。按照国际惯例，丙公司每年向矿区所在地政府支付一定金额的补偿费

D．丁公司是一家规模较小的唱片制作企业。为了保护唱片版权，丁公司与一家网上音乐商店签订合作协议，由该网上音乐商店每年支付固定版权费用，商店会员即可无限次下载受到版权保护的丁公司制作的唱片音乐

2．如果5月1日的大豆现货价格为700美分/蒲式耳，6月份大豆期货合约的价格为800美分/蒲式耳，那么该小麦的基差为（　　）美分/蒲式耳。

A．–100　　B．200　　C．–200　　D．–300

3．企业一般在无法判断发生概率或无须判断概率的时候，衡量风险一般使用（　　）。

A．在险值　　B．概率值

C．期望值　　D．最大可能损失

4．下列各项中，不属于操作风险的是（　　）。

A．期货等衍生产品业务发生失误带来的风险

B．雇用合同以及工作状况带来的风险事件

C．经营中断或系统出错

D．外部欺诈

5．某企业使用净现值法评价一个投资项目。有关最佳决策路径是考虑各条路径上的条件概率和结果值可以产生的最高期望值来做出最优选择。根据描述，这种风险管理技术是（　　）。

A．净现值法　　B．敏感性分析

C．决策树　　D．决策矩阵

6．某钢铁公司铁矿石原料主要依赖进口，下列各项中，属于其市场风险的是（　　）。

A．政治风险　　B．合规风险　　C．操作风险　　D．汇率风险

7．甲公司为一家大型施工企业，现正为可能开发的项目进行风险评估。以下是所制定的风险评估系图。

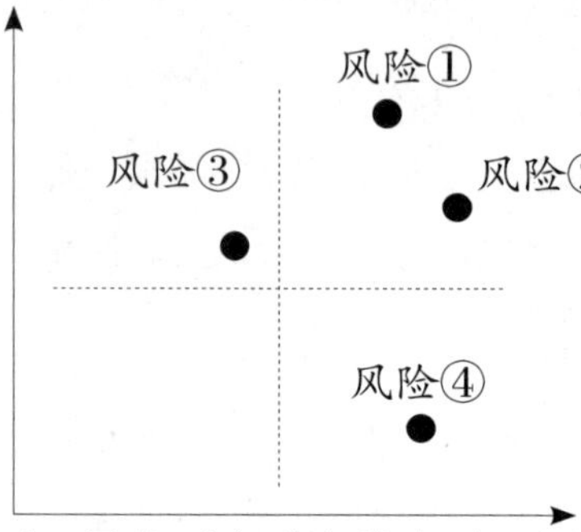

在风险管理的基本原则下，甲公司应重点关注（　　）。

A．风险①和风险②

B．风险①、风险②和风险③

C．风险①、风险②和风险④

D．风险①、风险②、风险③和风险④

8．某路桥集团投资金额大，周期长，其所需原材料50%从国外进口，经营项目遍及全球，经营所需流动资金40%需要负债解决，月平均需求贷款约为15亿元（等值人民币）。2017年初市场预测，当年人民币对美元将均衡升值2%，人民银行将从7月开始每季度加息25个基点，人民币和美元存、贷款利率相同且将同步调整。下列各项关于该企业2017年度预算的筹资方案中，最符合管理层（属于保守型）要求的是（　　）。

A．借入1年期人民币借款20亿元

B．借入1年期美元借款（等值20亿元人民币）

C．借入1年期美元借款（等值20亿元人民币），并对利率进行套期保值

D．借入1年期美元借款（等值20亿元人民币），同时买入等额1年到期远期合约

9．在管理风险时，符合成本效益的做法是（　　）。

A．管理所有已识别的风险

B．管理所有已识别发生可能性较高的风险

C．管理所有已识别发生可能性较高且对企业财务影响不大的风险

D．管理所有已识别发生可能性较大且其对企业影响较大的主要风险

10. 甲公司是一家大型基础设施承建企业，根据业务发展需要，甲公司需要在美国采购一套大型机械设备。管理层经过讨论确定了与此次设备采购相关的主要风险。下列各项与该设备采购有关的风险中，最便于管理的是（　　）。

A. 采购部门可能由于不熟悉美国市场供应商的情况，无法在有限时间内寻找到最佳设备供应商

B. 该套设备由于采用了某项国防科技核心技术，可能受到美国政府的监控，甚至可能限制外国厂商购买

C. 账务人员可能由于不熟悉外汇市场交易规则，发生错误的外汇套期操作指令

D. 该套设备购置单价较高，甲公司向一家外资申请专项贷款，但是由于无法提供同等金额的担保物/质押品，甲公司可能无法获得必要的贷款

11. 甲公司是一家食品加工企业，需要在6个月后采购一批大豆。目前大豆的市场价格是4 000元/吨。甲公司管理层预计6个月后大豆的市场价格将超过4 500元/吨，但因目前甲公司的仓储能力有限，现在购入大豆将不能正常存储。甲公司计划通过衍生工具交易抵消大豆市场价格上涨的风险，下列方案中，甲公司可以采取的是（　　）。

A. 卖出6个月后到期的执行价格为4 400元/吨的看涨期权

B. 卖出6个月后到期的执行价格为4 600元/吨的看涨期权

C. 买入6个月后到期的执行价格为4 400元/吨的看涨期权

D. 买入6个月后到期的执行价格为4 600元/吨的看涨期权

二、多项选择题

1. 下列关于风险管理的描述中，不正确的有（　　）。

A. 风险管理基本流程的第一步是进行风险评估

B. 企业内审部门应至少每两年一次对风险管理工作及其工作效果进行监督评价，监督评价报告应直接报送总经理

C. 对于关键风险指标的分解要注意职能部门和业务单位之间的协调

D. 风险评估应由企业风险管理部门实施

2. 下列选项中，符合《中央企业全面风险管理指引》要求的有（　　）。

A. 确保将风险控制在与公司总体目标相适应并可承受的范围内

B. 确保企业建立针对各项风险发生后的危机处理计划，保护企业不因灾害性风险或人为失误而遭受重大损失

C. 外聘风险管理中介机构进行风险管理评价并出具报告

D. 确保内外部，尤其是企业与股东之间实现真实、可靠的信息沟通，包括编制和提供真实、可靠的财务报告

3. 以下风险管理应对措施中，正确的有（　　）。

A. 跨国合营经营投资项目属于风险转移

B. 外包某项对工人健康安全风险较高的工作属于风险规避

C. 通过放松交易客户信用标准，增加了应收账款，但扩大了销售，属于风险控制

D. 基于成本效益考虑，管理层认为不利事件发生的可能性低而且即使发生对企业影响也很小，决定接受风险

4. 企业面临的市场风险有（　　）。

A. 信用风险　　B. 技术风险

C. 产品价格风险　　D. 股票价格风险

5. 下列各项中，属于分析企业战略风险应收集的信息是（　　）。

A. 该企业对外投融资流程中曾发生或易发生错误的业务流程或环节

B. 市场对企业产品或服务的需求

C. 新市场开发，市场营销策略

D. 企业组织效能和管理现状

6. 下列关于风险管理的表述中，正确的有（　　）。

A. 有效的风险管理为实现风险管理的总体目标提供绝对保证

B. 有效的风险管理有助于管理层实现公司总体目标

C. 风险本身不一定是坏事，存在正面的风险

D. 全面风险管理既要管理纯粹风险，也要管理机会风险

7. 某国内矿业集团近期收购了尼日利亚铜矿，下列各项中，该铜矿可能面对的风险包括（　　）。

A. 政治风险　　B. 市场风险　　C. 技术风险　　D. 合规风险

8. 甲公司是一家小额贷款公司，公司采取的风控措施主要包括：（1）加强对借款人的信用评估；（2）在手续费中按一定比例提取风险准备金；（3）坚持“小额分散”的原则，即借款的客户分散在不同的地域、行业、年龄和学历，单个借款人最高借款额为25万。根据以上信息判断，甲公司使用的风险管理工具包括（　　）。

A. 风险对冲　　B. 风险补偿　　C. 风险转移　　D. 风险控制

9. 常用的衍生产品包括（　　）。

A. 远期合约　　B. 互换交易　　C. 期货　　D. 期权

10. 以下属于定量分析方法不属于定性分析方法的有（　　）

A. 马尔科夫分析法　　B. 敏感性分析法

C. 失效模式影响和危害度分析法　　D. 情景分析法

三、简答题

1. 某大型集团企业，以房地产和新能源为核心，同时业务范围还涉及煤炭矿产开发。企业成立近10年来，规模逐渐扩大，但是企业在逐步向多元化发展的过程中也面临着更大的经营风险。

公司希望能够通过规范风险管理五大流程来保障企业经营效果和效率，确保集团在财务、市场、法律法规等方面得到有效管控，最终实现企业稳步经营。该企业为了评估企业风险并及时找到解决方法，专门组成了一个小组进行探讨。由小组内的人员进行大胆想象，想象可能出现的问题以及采取的措施。大家各抒己见，最后在规定的时间内做出汇总并形成结论。

第一步，广泛地、持续地收集与本企业风险和风险管理有关的内部、外部初始信息，包括历史数据和未来预测。针对战略风险、财务风险、市场风险、运营风险、法律风险具体展开。

第二步，收集了风险评估初始信息后，对企业外部及内部的风险进行评估分析，包括风险辨识、风险分析、风险评价三个步骤。

第三步，制定风险管理策略。根据风险的不同类型选择其适宜的风险管理策略。

第四步，制定风险管理实施方案，各部门学习、细化风险管理实施方案，将关键风险控制点分解到部门职能，然后由各部门试点运行风险管理实施方案，项目组根据方案运行情况不断修改调整。

第五步，组织和人才建设，通过建立风险管理体系，设立风险管理委员会，并明确各层级、各部门在风险管理中的职责，对风险管理的有效性进行检验，根据变化情况和存在的缺陷及时加以改进。

要求：

（1）第一步中收集市场风险需要关注哪些信息？

（2）第三步中风险管理策略包括哪些策略？

（3）第四步中说明风险管理解决方案的两种类型以及关注点。

（4）第五步中各个部门如何进行风险管理的监督和改进工作？

（5）本文提及的小组讨论方法属于哪种风险管理技术与方法，其优缺点是什么？

2. 在我国，每年有数以万计的企业倒闭。尽管企业倒闭的原因很多，但根本问题是缺乏必要的战略管理。由于战略管理不到位，使企业难以构建明确有效的发展方向，致使其在市场上走错路。如果战略定位不够长远，目光短浅，其成立和运行仅出于对地方资源的即时利用或短期出现，将会使企业错失发展良机。

ABC公司是以零售百货为主营业务的大型集团企业，为寻求新的利润增长点，计划通过并购金融企业进入相关领域。为满足国家对金融监管的牌照要求，拟通过收购地方股份制商业银行（简称DE银行）来解决。

ABC公司聘请大佳会计师事务所向DE银行进行审计，审计结果表明DE银行收益不佳，DE银行主营房地产贷款业务，当房地产贷款的风险增加时，投资者也就对银行发行的住房抵押贷款证券失去兴趣，以此来经营的银行或抵押贷款机构也就会出现流动性的危机。DE银行存在坏账率、不良资产比例较高，同时审计中发现诸多高风险贷款项目，建议为不参与收购。ABC集团经过慎重考虑，决定终止收购DE银行。

在终止收购后，ABC集团的金融扩张之路并不顺利，由于没有获得金融牌照，各项金融业务很难开展，错失很多发展机会，导致一直停滞不前。ABC公司开始反思终止收购DE银行对集团可持续发展带来的重大不利影响，最后根据自己的风险管理承受能力再次展开并购DE银行活动并成功收购。事实证明，在未来的10年中，由于ABC公司获得金融监管牌照尝到了巨大“甜头”，多元化发展道路越走越顺。

要求：

（1）根据《企业内部控制应用指引第2号——发展战略》，说明制定和实施发展战略需关注的主要风险。ABC公司终止收购DE银行的战略导致出现什么不良结果？

（2）ABC集团决定终止收购DE银行属于何种风险管理策略，该种风险管理策略出现什么结果？举例说明该种风险管理策略。

（3）ABC公司在确定风险偏好和风险承受度时，要防止和纠正哪种错误倾向？

（4）按并购双方所处的产业分类，ABC公司并购DE银行属于何种并购？ABC公司为何选择并购而非新建银行？

四、综合题

1. 资料一：

大嘉公司是一家民营科技型小企业，由刘明和李杰于2007年成立。由于刘明和李杰多年在电力行业工作，对农作物秸秆等生物质能源转化和利用领域比较熟悉，准备进入这一领域。

两位年轻人用了一年时间做调研，进行战略分析，结果如下:

2006年国家颁布了《可再生能源法》，2007年又颁布了《关于可再生能源的中长期发展战略规划》，为新能源产业发展奠定了法律框架。欧盟最早开展可再生能源生产，从法律制度、市场行为到组织都比较成熟。美国政府也提出新能源的发展战略，要开辟一个完全不同于传统工业领域的新领域。

中等发达国家有一个人均能源消耗的数量指标，即人均4吨标煤，而国内目前人均消耗2吨多标煤。2050年中国要达到中等发达国家的水平，靠目前的能源储备是根本无法实现的，唯一的出路就是开发新能源。

现在农村能源消费结构与三四十年前相比，发生了根本性的变化。40年前，农村能源主要是秸秆，用它做饭和取暖。改革开放30多年来，农村开始烧煤、烧气、用电。上述情况带来两个问题：一是农村人对煤、气、电等能源需求量迅猛增长；二是秸秆随地乱扔，或者就地烧掉，造成新的环境污染。

用秸秆作为再生能源的技术在国内已经开始采用。主要使用者是国家电网、发电集团等。这些企业直接从国外引进技术，其基本工艺就是“固化压缩成型”。但是，直接运用国外技术存在很大问题：其一，秸秆资源的多样性、季节性强、分散、单位体积热值低等自然性状特征，难以满足“工厂式”的集中加工方式对其稳定、连续、规模化等工业化生产的要求；其二，原状秸秆收集难、运输难、储存难，物流成本高，安全隐患大，这是世界性的难题。相对于发达国家大规模、高度专业化和机械化的农业经营模式，国内至今仍是小农经济为主的农业经营模式使得上述问题更为突出。

两位年轻人认识到，如果要进入农作物秸秆等生物质能源转化和利用领域，就必须开发适应国情的新技术和新设备。

资料二：

经过调研和分析，刘明和李杰决定进入这一领域。原因如下：

（1）这是一个朝阳产业，进入这个领域的企业不多，规模很小，竞争不太激烈；

（2）这一产业正处于高速发展时期，受到政府政策的大力支持；

（3）两人都在传统能源行业工作过，对这一领域相对比较熟悉；

（4）这是创业者想成就一番事业的舞台，要去大潮中经受磨炼。

大嘉公司创业方向确定之后，首先是制定研究开发计划。

（1）明确研究开发方向。确定了就地固化加工生物质，研究小型、可移动、粉碎、成型一体机的技术思路。

（2）为研发业务寻求财力支持。研究开发新产品，投入大，周期长，眼前挣不到钱。所以公司还必须有一个挣钱的业务，以支持新能源业务的开发。

（3）获得政府支持。作为创业的中小企业应该寻求政府政策与资金的支持。大嘉公司在研发过程中获得过至少3项政府项目基金的支持。

（4）落实示范基地。企业创业应该有根据地。根据专家建议，大嘉公司将示范基地建在首都的一个生态涵养区。

资料三：

大嘉公司研发团队设定研究目标，并分阶段付诸实施。研发团队坚持在试验现场进行科研攻关，终于成功研制出创新性的生物质粉碎成型一体机，获得发明专利授权，并被认定为国内自主创新产品，大嘉公司也被认定为国家级高新技术企业。

大嘉公司面临着商业模式的选择：是成为小型秸秆固化压缩成型设备供应商，还是成为秸秆固化压缩颗粒的再生新能源供应商。公司处于两难境地。

如果成为秸秆固化压缩成型设备供应商，因为是自主开发的新技术，还需要不断改进产品，很难保证产品上市后一定有销路。而且，作为一个小企业，一旦产品被仿制，公司没有资金和精力去打官司。大嘉公司也知悉一些同行业企业为了尽早盈利，在产品不成熟的情况下，向农户推销家庭式秸秆固化成型机。农民使用效果很不理想，因而可能对大嘉公司的产品也很不信任。

如果成为秸秆固化压缩颗粒的再生新能源供应商，公司又可能面临农民提高秸秆价格的可能性。国内一些秸秆发电厂都有这样的经历，在秸秆没有人要时，农民把它当成废物扔掉；而当发电厂要收购秸秆，农民就开始讨价还价；当发电厂急需时，秸秆就涨价，甚至被囤积不卖。如果遇到这种情况，大嘉公司很难继续生存和发展。另外，大嘉公司也担心如果遭遇客户拖欠货款或拒绝付款，作为一家缺乏资金的新公司，将无法运营下去。

如何解决这些问题，大嘉公司正在进行新的探索和尝试。

要求：

（1）运用宏观环境分析中的四个关键要素，分析大嘉公司所面临的宏观环境；

（2）简要说明产品生命周期的概念，分析大嘉公司进入的农作物秸秆等生物质能源转化与利用领域在行业生命周期中所处的阶段及其特征；

（3）简要说明发展战略的三种途径，分析大嘉公司所选择的类型及选择的动因；

（4）战略实施中的研发战略要求管理层制定鼓励创新型构思的政策，分析大嘉公司研发过程中是如何体现这些政策的；

（5）根据题中资料，指出大嘉公司面对哪几种经营风险。

2. 资料一：

嘉华公司是D省一家食品进出口集团公司旗下的子公司，主营业务是生产和出口A地区生猪。

A地区生猪市场有如下特点：

（1）市场需求量大、市场容量比较稳定。猪肉是居民肉类消费的最主要来源，占日常肉类消费的60%以上。由于A地区传统消费习惯的长期存在，其他肉类对猪肉的替代性不大。A地区的农副产品不能自给自足，市场需求基本由大陆地区供给；

（2）国家对内地出口A地区生猪实行配额管理及审批制度。现通过审批的企业近400家。但是目前看来，配额管理政策有全面放开的趋势；

（3）产品价格高于内地市场价，但质量要求也较高。由于供A地区生猪业务不仅是经济行为，还是一项政治任务。因此，当大陆生猪供应量减少、内地猪肉价格急剧上升时，A地区生猪供应量和价格不会迅速做出相应的调整。但是在市场力量的作用下，随着时间的推移，A地区的生猪价格将缓慢升至合理价位；

（4）市场竞争激烈。由于A地区市场具有很大的特殊性，进入障碍很高，退出却非常容易，因此，各出口企业始终把质量和安全作为核心竞争力，努力把政策性的盈利模式变为市场性的盈利模式，从而在市场中立足。此外，近年来，一些国际金融巨头在中国大肆收购专业养猪场，因而潜在进入者的威胁也不容忽视；

（5）原材料市场还处于买方市场。供A地区生猪企业主要原材料包括饮料、兽药、种猪。从目前国内情况来看，主要原材料产业均是竞争比较激烈的产业，供应商数量较多。

资料二：

嘉华公司资源和能力状况如下：

主要优势：

（1）有50多年的供A地区生猪生产与出口的历史和经验；

（2）掌握向A地区出口配额许可权，有在国家商务部注册的供A地区生猪的两个定点猪场；

（3）供A地区生猪的品质长期得到肯定；

（4）有良好的企业信誉和知名度。

主要劣势：

（1）生猪养殖规模较小；

（2）在整个供A地区生猪产业链中创造价值点单一；

（3）技术水平、管理水平较低。

嘉华公司在其“十二五”规划中的战略定位为：扩大生猪养殖和出口规模，形成规模化养殖，并积极打造生猪产业链，力保并扩大公司出口A地区业务市场份额，全面整合原材料供给、生猪养殖、出口销售产业链，扩展业务空间，全面提升企业竞争力。嘉华公司的目标是：扩大生猪出口规模，至2015年实现出口生猪规模50万头（即原有规模10万头的5倍）。

在发展途径的选择上，嘉华公司做了认真的分析。如果采用内部发展方式，需要开发、应用先进技术，迅速扩大生产规模，进入饲料、兽药、种猪等产业，根据嘉华公司的资源能力状况，一时难以解决发展瓶颈问题。而通过并购方式，需要选择合适的并购对象，还要考虑如何进行价值评估才不会支付过高的收购价格。更重要的是，并购方与被并购方需要很长时间的整合和协调，这些条件在短期内难以达到。因此，嘉华公司管理层决定采用战略联盟的方式。

资料三：

宏达公司是D省一家大型畜牧业企业集团，是中国目前最大的种猪育种和肉猪生产基地。该公司生产规模大，具有生猪经营“原材料供给、生猪养殖、销售”完整的产业链，技术力量雄厚，创新能力较强。但是，该公司没有获得向A地区出口配额许可权，其猪场也不是在商务部注册的供A地区生猪定点猪场，而A地区市场的开发对宏达公司的发展至关重要。

在这样的背景下，嘉华公司和宏达公司结成战略联盟成为双方共同的意愿。双方管理层就战略联盟事宜进行了协商和谈判。首先确定了战略联盟的类型。根据双方的具体情况，决定采用契约式战略联盟，具体方案是建立产销合作联盟：双方签订收益共享合同，宏达公司给嘉华公司一个较低的生猪价格，而嘉华公司给宏达公司一定的收益分成，双方风险共担、收益共享。此外，协商和谈判中对生猪产品的质量标准、双方利益分配、交货、运输及费用的承担问题，以及双方的违约责任和联盟解体等问题都进行了商定。

嘉华公司对于实施战略联盟方案可能面临的风险也进行了分析，认为战略联盟方案实施过程中可能存在两类风险。一类风险主要体现在由于双方利益分配不均、管理协调不畅导致双方战略意图无法实现；另一类风险主要体现在生猪价格波动、生猪疾病疫情、生猪出口配额管理体系变化导致的风险，嘉华公司管理层认识到，必须建立风险预控机制，成立专门的风险管理委员会，以便对风险进行预测、识别和应对。

要求：

（1）简述产业五种竞争力的基本概念，并对A地区生猪市场进行五种竞争力分析；

（2）简述企业发展战略可采用的内部发展、外部发展、战略联盟三种途径的主要内涵，结合嘉华公司战略定位和目标、嘉华公司的资源能力状况，具体分析嘉华公司没有选择内部发展途径的原因；

（3）简述企业战略联盟形成的动因，分析嘉华公司与宏达公司结成战略联盟的主要动因；

（4）简述企业战略联盟的主要类型，说明嘉华公司与宏达公司采用的战略联盟类型的优点与不足；

（5）依据《中央企业全面风险管理指引》，简述分析市场风险可以考虑的几个方面，根据案例中嘉华公司提出的战略联盟方案实施过程中可能存在的两类风险，分析其应该考虑的市场风险；

（6）依据《中央企业全面风险管理指引》，简述分析风险管理组织体系包括的主要内容，简述嘉华公司管理层准备成立的风险管理委员会应该履行的主要职责。

答案及解析

一、单项选择题

1. 【答案】A

【学堂点拨】本题主要考查“风险应对策略的类型”知识点。风险控制是指控制风险事件发生的动因、环境、条件等，来达到减轻风险事件发生时的损失或降低风险事件发生的概率的目的。选项 A推出新产品进行捆绑销售，就是为了达到减轻风险事件发生时的损失或降低风险事件发生的概率的目的。选项B属于风险补偿；选项C属于风险补偿；选项D属于风险转移。

2. 【答案】A

【学堂点拨】本题主要考查“期货套期保值”知识点。基差是现货价格跟对应产品期货合约的价格差，公式是：现货价格−期货价格，所以答案为700−800=-100。基差在期货合约到期日为零，在此之前可正可负。一般而言，离到期日越近，基差就越小。

3. 【答案】D

【学堂点拨】本题主要考查“常用的风险度量方法”知识点。最大可能损失是指风险事件发生后可能造成的最大损失。企业一般在无法判断发生概率或无须判断概率的时候，使用最大可能损失作为风险的衡量，所以选项D正确。选项A、B和C均需要考虑概率才能度量风险。

4. 【答案】A

【学堂点拨】本题主要考查“企业面对的风险种类”知识点。选项A属于运营风险，所以选项A是答案。

5. 【答案】C

【学堂点拨】本题主要考查“风险管理技术与方法”知识点。依题意，净现值法是决策树法的典型应用，选项C正确。

6. 【答案】D

【学堂点拨】本题主要考查“企业面对的风险种类”知识点。市场风险包括利率风险、汇率风险、商品价格风险和股票价格风险。所以选项D正确。

7. 【答案】A

【学堂点拨】本题主要考查“风险管理技术与方法”知识点。按照风险评估系图法原理，应关注风险1和2，因为它们属于发生可能性和影响都比较大的风险，需要重点关注。

8. 【答案】C

【学堂点拨】本题主要考查“套期保值”知识点。对利率进行套期保值是为了降低风险，该企业管理层属于保守型，因此选项C正确。

9. 【答案】D

【学堂点拨】本题主要考查“风险管理策略”知识点。确定风险管理的优先顺序时应该考虑风险事件发生的可能性和影响。在管理时，应重点关注发生可能性较大及其对企业影响较重大的主要风险。

10. 【答案】C

【学堂点拨】本题主要考查“操作风险”知识点。最便于管理的风险是操作风险。操作风险属于内部风险，选项C是由于企业内部账务人员操作失误导致发出错误的指令，属于操作风险。

11. 【答案】C

【学堂点拨】本题主要考查“套期保值”知识点。企业需要在6个月后采购一批大豆，由于预计大豆价格将要上涨，为了锁定原材料成本应采用套期保值的措施，即应买入看涨期权。将来大豆的市场价格超过4 500元/吨，买入6个月后到期的执行价格为4 400元/吨的看涨期权，就可以将价格锁定至低于市场价（4 500元）的购买价格即4 400元了。这样期权投资的盈利就可以全部或部分地抵消大豆现货市场价格上涨带来的原材料成本增加的风险。基于以上的分析，选项C是最佳选项。

二、多项选择题

1. 【答案】ABD

【学堂点拨】本题主要考查“风险管理基本流程”知识点。风险管理基本流程的第一步是收集风险管理初始信息，所以选项A错误。企业内部审计部门应至少每年一次对包括风险管理职能部门在内的各有关部门和业务单位能否按照有关规定开展风险管理工作及其工作效果进行监督评价，监督评价报告应直接报送董事会或董事会下设的风险管理委员会和审计委员会，所以选项B错误。风险评估应由企业组织有关职能部门和业务单位实施，也可聘请有资质、信誉好、风险管理专业能力强的中介机构协助实施，所以选项D错误。

2. 【答案】ACD

【学堂点拨】本题主要考查“风险管理的目标”知识点。确保企业建立针对各项重大风险发生后的危机处理计划，保护企业不因灾害性风险或人为失误而遭受重大损失，选项B错误。

3. 【答案】ABD

【学堂点拨】本题主要考查“风险应对策略的类型”知识点。通过放松交易客户信用标准，增加了应收账款，但扩大了销售，属于风险转换，所以选项C错误。

4. 【答案】ACD

【学堂点拨】本题主要考查“市场风险”知识点。企业需要管理的主要市场风险是PQ+5力+金融市场，技术风险不属于市场风险。

5. 【答案】AB

【学堂点拨】本题主要考查“收集风险管理初始信息”知识点。分析战略风险，企业应广泛收集国内外企业战略风险失控导致企业蒙受损失的案例，并至少收集与本企业相关的以下重要信息：（1）国内外宏观经济政策以及经济运行情况、企业所在产业的状况、国家产业政策；（2）科技进步、技术创新的有关内容；（3）市场对本企业产品或服务的需求；（4）与企业战略合作伙伴的关系，未来寻求战略合作伙伴的可能性；（5）本企业主要客户、供应商及竞争对手的有关情况；（6）与主要竞争对手相比，本企业实力与差距；（7）本企业发展战略和规划、投融资计划、年度经营目标、经营战略，以及编制这些战略、规划、计划、目标的有关依据；（8）本企业对外投融资流程中曾发生或易发生错误的业务流程或环节。选项C、D属于运营风险应收集的信息。

6. 【答案】BCD

【学堂点拨】本题主要考查“风险管理的特征”知识点。有效的风险管理为实现风险管理的总体目标提供合理保证，并非绝对保证，所以选项A错误，选项B、C和D正确。

7. 【答案】AB

【学堂点拨】本题主要考查“企业面对的风险种类”知识点。某国内矿业集团近期收购了尼日利亚铜矿，海外投资会遭遇政治风险，以及汇率波动带来的市场风险，本题未涉及技术风险和合规风险。

8. 【答案】ABD

【学堂点拨】本题主要考查“风险应对策略的类型”知识点。加强对借款人的信用评估；单个借款人最高借款额为25万。这两种措施属于风险控制，可以降低风险发生的概率，以及风险发生后造成的影响。坚持“小额分散”的原则，即借款的客户分散在不同的地域、行业、年龄和学历，属于风险对冲。在手续费中按一定比例提取风险准备金，属于风险补偿。

9. 【答案】ABCD

【学堂点拨】本题主要考查“金融衍生产品”知识点。常用的金融衍生产品包括远期合约、互换交易、期货、期权。

10. 【答案】AB

【学堂点拨】本题主要考查“风险管理技术与方法”知识点。属于定量分析的有：马尔科夫分析法；敏感性分析法；决策树法。属于定性和定量分析方法的有：失效模式影响和危害度分析法；情景分析法；事件树分析法。选项A、B正确。

三、简答题

1. 【答案】

本题考核“风险管理基本流程” “风险管理技术与方法”知识点。

（1）第一步中收集市场风险需要关注的信息包括：

①产品或服务的价格及供需变化带来的风险；

②能源、原材料、配件等物资供应的充足性、稳定性和价格的变化带来的风险；

③主要客户、主要供应商的信用风险；

④税收政策和利率、汇率、股票价格指数的变化带来的风险；

⑤潜在竞争者、竞争者及其主要产品、替代品情况。

（2）风险管理策略，是指企业根据自身条件和外部环境，围绕企业发展战略，确定风险偏好、风险承受度、风险管理有效性标准，选择风险承担、风险规避、风险转移、风险转换、风险对冲、风险补偿、风险控制等适合的风险管理工具的总体策略。

（3）风险管理解决方案的两种类型以及关注点：

①外部解决方案即外包：注重成本与收益的平衡、外包工作的质量、自身商业秘密的保护以及防止自身对风险解决外包产生依赖性风险等，并制定相应的预防和控制措施；

②内部解决方案即风险管理体系的运转。

综合应用：风险管理策略；组织职能；内部控制；信息系统；风险理财措施。

（4）第五步中各个部门按以下内容进行风险管理的监督和改进工作：

①企业各有关部门和业务单位：应定期对风险管理工作进行自查和检验，及时发现缺陷并改进，其检查、检验报告应及时报送企业风险管理职能部门；

②企业风险管理职能部门：定期对各部门和业务单位风险管理工作实施情况和有

效性进行检查和检验，要根据在制定风险策略时提出的有效性标准的要求对风险管理策略进行评估，对跨部门和业务单位的风险管理解决方案进行评价，提出调整或改进建议，出具评价和建议报告，及时报送企业总经理或其委托分管风险管理工作的高级管理人员；

③企业内部审计部门：至少每年一次对包括风险管理职能部门在内的各有关部门和业务单位能否按照有关规定开展风险管理工作及其工作效果进行监督评价，监督评价报告应直接报送董事会或董事会下设的风险管理委员会和审计委员会；

④企业可聘请有资质、信誉好、风险管理专业能力强的中介机构对企业全面风险管理工作进行评价，出具风险管理评估和建议专项报告。

（5）本文提及的小组讨论方法属于头脑风暴法。

主要优点：

①激发了想象力，有助于发现新的风险和全新的解决方案；

②让主要的利益相关者参与其中，有助于进行全面沟通；

③速度较快并易于开展。

主要缺点：

①参与者可能缺乏必要的技术及知识，无法提出有效的建议；

②由于头脑风暴法相对松散，因此较难保证过程的全面性；

③可能会出现特殊的小组状况，导致某些有重要观点的人保持沉默而其他人成为讨论的主角；

④实施成本较高，要求参与者有较好的素质，这些因素是否满足会影响头脑风暴法实施的效果。

2. 【答案】

本题考核“制定和实施发展战略需关注的主要风险”“风险管理策略”“风险偏好和风险承受度”“并购”知识点。

（1）制定与实施发展战略需关注的主要风险：

①缺乏明确的发展战略或发展战略实施不到位，可能导致企业盲目发展，难以形成竞争优势，丧失发展机遇和动力；

②发展战略过于激进，脱离企业实际能力或偏离主业，可能导致企业过度扩张，甚至经营失败；

③发展战略因主观原因频繁变动，可能导致资源浪费，甚至危及企业的生存和持续

发展。

ABC公司终止收购DE银行的战略出现“没有获得金融牌照，各项金融业务很难开展，错失很多发展机会，导致一直停滞不前”，从而难以形成竞争优势，丧失发展机遇和动力。

（2）ABC集团决定终止收购DE银行属于风险规避。风险规避是指企业回避、停止或退出蕴含某一风险的商业活动或商业环境，其结果为避免成为风险的所有人。依题意，DE银行存在坏账率、不良资产比例较高，ABC集团采取风险规避方式避免为DE银行不良贷款接盘。

常见风险规避如下：

①退出某一市场以避免激烈竞争；

②拒绝与信用不好的交易对手进行交易；

③外包某项对工人健康安全风险较高的工作；

④停止生产可能有潜在客户安全隐患的产品；

⑤禁止各业务单位在金融市场进行投机；

⑥不准员工访问某些网站或下载某些内容。

（3）制定风险管理策略的一个关键环节是企业应根据不同业务特点统一确定风险偏好和风险承受度，并据此确定风险的预警线及相应采取的对策。确定风险偏好和风险承受度，要正确认识和把握风险与收益的平衡，防止和纠正两种错误倾向：一是忽视风险，片面追求收益而不讲条件、范围，认为风险越大，收益越高的观念和做法；二是单纯为规避风险而放弃发展机遇。

ABC公司在确定风险偏好和风险承受度时，要防止和纠正单纯为规避风险而放弃发展机遇的错误倾向。尽管收购业务对企业有可能带来战略风险，从短期来看，的确规避了潜在的经营风险，但是从企业发展长期战略来看，却恰恰是“拣了芝麻丢了西瓜”，放弃了发展机遇。

当企业对于短期风险有能力进行控制的时候，选择恰当的风险预警指标，以服务于企业的中长期发展战略，绝对不能因为短期风险而忽视了更具长远意义的战略风险，短期行为严重。

（4）按并购双方所处的产业分类，可以分为横向并购、纵向并购和多元化并购。ABC公司并购DE银行属于多元化并购。

ABC公司并购的动机为：避开进入壁垒，迅速进入，争取市场机会，规避各种风险，获得协同效应。

四、综合题

1.【答案】

本题考核“宏观环境分析”“产品生命周期”“发展战略的主要途径”“研发战略”“企业面对的风险类型”知识点。

（1）大嘉公司所面临的宏观环境如下：

政治与法律环境。表现为“2006年国家颁布了《可再生能源法》，2007年又颁布了《关于可再生能源的中长期发展战略规划》，为新能源产业发展奠定了法律框架”。说明国家颁布了一系列关于可再生能源领域的法律规范，为发展可再生能源和新能源带来了发展机会；

经济环境。表现为“中等发达国家有一个人均能源消耗的数量指标，即人均4吨标煤，而国内目前人均消耗2吨多标煤。2050年中国要达到中等发达国家的水平，靠目前的能源储备是根本无法实现的，唯一的出路就是开发新能源”。说明国内人均能源消耗水平与中等发达国家的差距较大，要达到中等发达国家水平唯一的出路就是开发新能源，为发展可再生能源和新能源带来了发展机会；

社会文化环境。表现为“现在农村能源消费结构与三四十年前相比，发生了根本性的变化。40年前，农村能源主要是秸秆，用它做饭和取暖。改革开放30多年来，农村开始烧煤、烧气、用电。上述情况带来两个问题：一是农村人对煤、气、电等能源需求量迅猛增长；二是秸秆随地乱扔，或者就地烧掉，造成新的环境污染”。说明国内农业人口能源消费结构发生巨大变化，农村生活方式发生了变化，农作物秸秆已经成了废物，如何变废为宝为发展可再生能源和新能源带来了发展机会；

技术环境。表现为“直接运用国外技术存在很大问题。相对于发达国家大规模、高度专业化和机械化的农业经营模式，国内至今仍是小农经济为主的农业经营模式使得上述问题更为突出”。说明直接从国外引进的技术，无法适应国内至今仍是小农经济为主的农业经营模式，急需开发适合中国的技术，这为发展可再生能源和新能源带来了发展机会。

（2）产品生命周期包括导入期、成长期、成熟期和衰退期。大嘉公司准备进入的农作物秸秆生物质能源转化与利用领域正处于产品生命周期的导入期。表现为：“这是一个朝阳产业，进入这个领域的企业不多，规模很小，竞争不太激烈”“研究开发新产品，投入大，周期长，眼前挣不到钱”。导入期具备“企业规模可能会非常小”“销量小，使得净利润较低，研发的产品具有较大不确定性”的特征。

所以，大嘉公司准备进入的农作物秸秆等生物质能源转化与利用领域符合产品生命周期起步期的各种特征，可以判断其正处于导入期。

（3）企业战略发展方式可以分为三种类型：内部发展、外部发展、战略联盟。

大嘉公司所采用的是内部发展战略。内部发展指企业利用自身内部资源谋求发展的战略。内部发展的狭义内涵是新建，新建与并购相对应，是指建立一个新的企业。

大嘉公司采取内部发展战略有以下动因：

第一，大嘉公司开发新产品的过程使企业能深刻地了解市场及产品。表现为“两位年轻人认识到，必须开发适应国情的新技术和新设备”；

第二，大嘉公司调研发现，不存在合适的收购对象。表现为这是一个朝阳产业，这个领域进入者还不多，企业规模也很小；

第三，可以为管理者提供职业发展机会。表现为“这是创业者想成就一番事业的舞台，要去大潮中经受磨练”；

第四，内部发展可能是唯一合理的实现真正技术创新的方法。表现为大嘉公司所要开发的技术在国内尚属首创，后来开发的产品获得发明专利；

第五，可以有计划地进行，容易从企业获得财务支持。表现为大嘉公司为了维持产品开发，“需要有一个挣钱的业务”给予新能源业务财务支持；

第六，风险较低。不需承担并购带来的风险问题。

（4）第一，对创新给予财务支持。表现为“还必须有一个挣钱的业务，以支持新能源业务的开发”“获得政府支持。作为创业的中小企业应该寻求政府政策与资金的支持”。

第二，使员工有机会在一个能够产生创新构思的环境中工作，管理层积极鼓励员工和客户提出新构思，组建开发项目小组并建立相关管理架构。表现为“大嘉公司研发团队设定研究目标，并分阶段付诸实施。研发团队坚持在试验现场进行科研攻关，终于成功研制出创新性的生物质粉碎成型一体机，获得发明专利授权”。

（5）大嘉公司面对的风险有：

内部风险：

①操作风险。大嘉公司面临的操作风险主要是外部欺诈，表现为产品被仿制；

②运营风险。表现为“大嘉公司也知悉一些同行业企业为了尽早盈利，在产品不成

熟的情况下，向农户推销家庭式秸秆固化成型机。农民使用效果很不理想，因而可能对大嘉公司的产品也很不信任”；

③财务风险。表现为“大嘉公司也担心如果遭遇客户拖欠货款或拒绝付款，作为一家缺乏资金的新公司，将无法运营下去”，即面临资金回收风险（企业产品售出后，就从成品资金转化为结算资金，再从结算资金转化为货币资金。这两个转化过程在时间和金额上的不确定性，就是资金回收风险）；

④战略风险。如果成为秸秆固化压缩成型设备供应商，面临使用效果很不理想，被仿制和农民不信任的危险；如果成为秸秆固化压缩颗粒的再生新能源供应商，面临农民涨价，甚至囤积不卖，大嘉公司很难继续生存和发展；两种情况都会导致无法实现战略目标，遭遇战略风险。

外部风险：

①市场风险。市场风险包括物资供应的充足性、稳定性和价格变化带来的风险以及主要客户、主要供应商的信用风险等。表现为农民可能会提高秸秆价格和如果遭遇客户拖欠货款或拒绝付款，将无法运营下去，均属于信用风险的范畴；

②技术风险。表现为“大嘉公司知悉一些同行业企业为了尽早盈利，在产品不成熟的情况下，向农户推销家庭式秸秆固化成型机。农民使用效果很不理想，因而可能对大嘉公司的产品也很不信任”，这将会导致技术应用风险；

③产业风险。在导入期，产业风险非常高。农作物秸秆等生物质能源转化和利用领域是一个朝阳产业，正处于导入阶段，产业风险较为明显。

2. 【答案】

本题考核“五力模型”“发展战略的主要途径”“企业面对的风险类型”“风险管理组织体系”知识点。

（1）产业五种竞争力是指潜在进入者威胁、替代品的替代威胁、供应者的讨价还价能力、购买者的讨价还价能力、产业内现有企业的竞争。在一个产业中，这五种力量共同决定产业竞争的强度以及产业利润率，最强的一种或几种力量占据着统治地位并且从战略形成角度来看起着关键性作用。

A地区生猪市场五种竞争力分析：

①潜在进入者威胁。表现为“国家对内地出口A地区生猪实行配额管理及审批制度”“进入障碍高”，说明目前潜在进入者进入威胁不大，但随着配额管理政策的放开，“潜在进入者的威胁也不容忽视”；

②替代品的替代威胁。表现为"由于A地区传统消费习惯的长期存在，其他肉类对猪肉的替代性不大"。说明替代品的威胁不大；

③供应者的讨价还价能力。"原材料市场还处于买方市场……从目前国内情况来看，主要原材料产业均是竞争比较激烈的产业，供应商数量较多"。说明供应者的讨价还价能力不大；

④购买者的讨价还价能力。表现为"产品价格高于内地市场价，但质量要求也较高。由于供A地区生猪业务不仅是经济行为，还是一项政治任务。因此，当大陆生猪供应量减少、内地猪肉价格急剧上升时，A地区生猪供应量和价格不会迅速做出相应的调整"。说明购买者讨价还价能力强；

⑤产业内现有企业的竞争。表现为"市场竞争激烈""各出口企业始终把质量和安全作为核心竞争力，努力把政策性的盈利模式变为市场性的盈利模式，从而在市场中立足"。说明产业竞争激烈，竞争对手威胁较大。

（2）企业发展战略可采用的内部发展、外部发展、战略联盟三种途径的主要内涵：

①外部发展是指企业通过取得外部经营资源谋求发展的战略。外部发展的狭义内涵是并购，并购包括收购和合并。收购是指一个企业（收购者）收购和吸纳了另一个企业（被收购者）的业务。合并指同等企业之间的重新组合，新成立的企业常常使用新的名称；

②内部发展是指企业利用自身内部资源谋求发展的战略，内部发展的狭义内涵是新建，即建立一个新的企业；

③战略联盟是指两个或两个以上经营实体之间为了达到某种战略目的而建立的一种合作关系。

内部发展最大的问题就是当市场发展非常快时，内部发展显得过于缓慢。嘉华公司的"十二五"规划中的战略定位为"扩大生猪养殖和出口规模，形成规模化养殖至2015年实现出口生猪规模50万头（即原有规模10万头的5倍），积极打造生猪产业链，力保并扩大公司出口A地区业务市场份额，全面整合原材料供给、生猪养殖、出口销售产业链，扩展业务空间"，而其自身不足为"生猪养殖规模较小；在整个供A地区生猪产业链中创造价值点单一；技术水平、管理水平较低"。因此如果采用内部发展途径，一时难以解决发展瓶颈问题，失去发展机会。

（3）促使战略联盟形成的主要动因可以归纳为以下六个方面：①促进技术创新；

②避免经营风险；③避免或减少竞争；④实现资源互补；⑤开拓新的市场；⑥降低协调成本。

嘉华公司与宏达公司结成战略联盟的主要动因主要体现在：

①促进技术创新。表现为嘉华公司“技术水平、管理水平较低”，而宏达公司“技术力量雄厚，创新能力较强”。嘉华公司通过战略联盟方案实施，促进技术创新；

②实现资源互补。双方可以实现资源互补，表现为嘉华公司“有50多年的供A地区生猪生产与出口的历史和经验”“掌握向A地区出口配额许可权，有在国家商务部注册的供A地区生猪的两个定点猪场”，但是，“生猪养殖规模较小；在整个供A地区生猪产业链中创造价值点单一；技术水平、管理水平较低”；而宏达公司“生产规模大，具有生猪经营完整的产业链，技术力量雄厚……但是，该公司没有获得向A地区出口配额许可权，其猪场也不是在商务部注册的供A地区生猪定点猪场”；

③开拓新的市场。表现为嘉华公司要“扩大公司出口A地区市场业务份额”，而“A地区市场的开发对宏达公司的发展至关重要”，所以可以通过战略联盟开拓新的市场；

④降低协调成本。避免并购方式带来的整合问题。表现为嘉华公司认为“并购方与被并购方需要很长时间的整合和协调”。

（4）从股权参与和契约联结的方式来看，可以将企业战略联盟归纳为三种类型：

①合资企业。是指将各自不同的资产组合在一起进行生产，共担风险和共享收益。与一般意义上的合资企业相比，它更多体现了联盟企业之间的战略意图，而并非仅仅限于寻求较高的投资回报率；

②相互持股投资。是指联盟成员之间通过交换彼此的股份而建立起一种长期的相互合作的关系。与合资企业不同的是，这种方式不需要将彼此的设备和人员加以合并，只是便于双方在某些领域采取协作行为。与合并或兼并也不同，这种方式仅持有对方少量股份，联盟企业之间仍保持相对独立性，而且股权持有往往是双向的；

③功能性协议。这是一种契约式的战略联盟，与前面两种有股权参与的方式明显不同，企业之间决定在某些具体领域进行合作。

嘉华公司与宏达公司采用的战略联盟类型属于第三种——功能性协议。这种方式的优点是在经营灵活性、自主权和经济效益等方面比股权式战略联盟具有更大的优越性；不足之处在于企业对联盟的控制能力差、松散的组织缺乏稳定性和长远利益、联盟内成员之间的沟通不充分、组织效率低下等。

（5）依据《中央企业全面风险管理指引》，分析市场风险可以考虑以下几个方面：

①产品或服务价格及供需变化带来的风险；

②能源、原材料、配件等物资供应的充足性、稳定性和价格的变化带来的风险；

③主要客户、主要供应商的信用风险；

④税收政策和利率、汇率、股票价格指数的变化带来的风险；

⑤潜在进入者、竞争者与替代品的竞争带来的风险。

根据案例中嘉华公司提出的战略联盟方案实施过程中可能存在的内部与外部两类风险，其应该考虑的市场风险主要体现在①③⑤。

产品或服务价格及供需变化带来的风险。表现为“生猪价格波动、生猪疾病疫情”。

主要供应商的信用风险。表现为“由于双方利益分配不均、管理协调不畅导致双方战略意图无法实现”。

潜在进入者带来的风险。表现为“生猪出口配额管理体系变化” “配额管理政策有全面放开的趋势”，可能带来潜在进入者进入的风险。

（6）依据《中央企业全面风险管理指引》，企业风险管理组织体系包括：

①规范的公司法人治理结构；

②风险管理委员会；

③风险管理职能部门；

④审计委员会；

⑤企业其他职能部门及各业务单位；

⑥下属公司。

风险管理委员会对董事会负责，主要履行以下职责：

①提交全面风险管理年度报告；

②审议风险管理策略和重大风险管理解决方案；

③审议重大决策、重大风险、重大事件和重要业务流程的判断标准或判断机制，以及重大决策的风险评估报告；

④审议内部审计部门提交的风险管理监督评价审计综合报告；

⑤审议风险管理组织机构设置及其职责方案；

⑥办理董事会授权的有关全面风险管理的其他事项。

第七章　内部控制

本章思维导图

- 内部控制
  - 内部控制概述
    - COSO委员会关于内部控制的定义与框架
    - 我国内部控制规范体系
  - 内部控制要素
    - 控制环境
    - 风险评估
    - 控制活动
    - 信息与沟通
    - 监控
  - 内部控制的应用 → 组织架构、发展战略、社会责任、资金活动、采购业务、资产管理、销售业务、工程项目、担保业务、财务报告、全面预算、合同管理
  - 内部评价与审计
    - 评价
      - 遵循的原则 → 全面性原则、重要性原则、客观性原则
      - 评价的内容
      - 内部控制评价的程序 → 制定评价控制方案、组成评价工作组、实施评价工作与测试、汇总评价结果
      - 内部控制缺陷的认定
        - 按照内部控制本质上的不同 → 设计缺陷、运行缺陷
        - 按照内部控制严重程度分类 → 重大缺陷、重要缺陷、一般缺陷
      - 内部控制评价报告
    - 审计
      - 内部控制的审计要求
      - 注册会计师的责任与要求
    - 审计委员会
      - 审计委员会的内部控制
      - 审计委员会履行职责的方式
      - 审计委员会与合规
      - 审计委员会与内部审计
      - 向股东报告内部控制

本章概述及考情分析

本章是对内部控制的详细介绍，重要知识点包括内部控制的五大要素（主要是我国内部控制基本规范）、内部控制的应用（我国内部控制12项应用指引）、内部控制评价与审计、审计委员会在内部控制中的作用等内容。本章内容难度较高，尤其是12项应用指引篇幅较大，涉及记忆的知识点很多。考试题型较为全面，重点关注内部控制12项应用指引在主观题中的应用，考试分值在15分左右。

2018年教材主要变化

将内部控制18项应用删减为12项应用，删除了人力资源、企业文化、研究与开发、业务外包、内部信息传递、信息系统六个知识点。

考点分析

考点	重要程度	考查题型	考查要点	大纲要求
内部控制五要素	★★★	单选题、多选题、主观题	掌握我国《企业内部控制基本规范》关于五大要素的要求	掌握
内部控制的应用（12项）	★★★	单选题、多选题、主观题	掌握12项内部控制应用指引需关注的主要风险以及内部控制具体要求与措施	掌握
内部控制评价	★★	单选题、多选题	辨识内部控制缺陷的分类和整改	记忆
企业内部控制审计	★★	单选题、多选题	理解内部控制的审计要求和注册会计师的责任与角色	理解
审计委员会在内部控制中的作用	★★★	单选题、多选题、主观题	掌握审计委员会在内部控制中的作用	掌握

本章知识点精讲

第一节　内部控制概述

知识点1　内部控制的定义与框架（★）

COSO委员会（美国反虚假财务报告委员会下属的发起人委员会）对内部控制的定

义是“公司的董事会、管理层及其他人士为实现以下目标提供合理保证而实施的程序：运营的效益和效率，财务报告的可靠性和遵守适用的法律法规”。

特别指出：

（1）内部控制是一个实现目标的程序及方法，而其本身并非目标；

（2）内部控制只提供合理保证，而非绝对保证；

（3）内部控制要由企业中各级人员实施与配合。

《内部控制——整合框架》提出了内部控制的三项目标和五大要素，如图7-1所示。

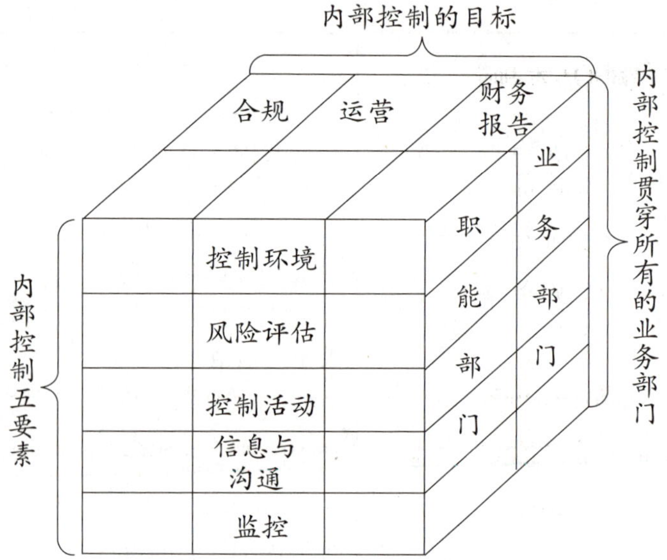

图 7-1　COSO 内部控制整合框架

三项目标：取得经营的效率和有效性；确保财务报告的可靠性；遵循适用的法律法规。

五大要素：

一、控制环境：包括员工的正直、道德价值观和能力，管理当局的理念和经营风格，管理当局确立权威性和责任、组织和开发员工的方法等；

二、风险评估：为了达成组织目标而对相关的风险所进行的辨别与分析；

三、控制活动：为了确保实现管理当局的目标而采取的政策和程序，包括审批、授权、验证、确认、经营业绩的复核、资产的安全性等；

四、信息与沟通：为了保证员工履行职责而必须识别、获取的信息及其沟通；

五、监控：对内部控制实施质量的评价，主要包括经营过程中的持续监控，即日常管理和监督、员工履行职责的行动等，也包括个别评价，或者是两者的结合。

学堂点睛

环评活动信沟肩（勾肩搭背）。

知识点2 我国内部控制规范体系（★★★）

我国内部控制规范体系包括基本规范、应用指引、评价和审计指引三个类别。基本规范、应用指引、评价和审计指引三个类别构成一个相辅相成的整体，标志着适应我国企业实际情况、融合国际先进经验的中国企业内部控制规范体系基本建成。

一、《企业内部控制基本规范》

《企业内部控制基本规范》（以下简称《基本规范》）规定内部控制的目标、要素、原则和总体要求，是内部控制的总体框架，在内部控制标准体系中起统领作用。

《基本规范》要求企业建立内部控制体系时应符合以下目标：合理保证企业经营管理合法合规、资产安全、财务报告及相关信息真实完整；提高经营效率和效果；促进企业实现发展战略。

《基本规范》借鉴了COSO委员会内部控制整合报告为代表的国际内部控制框架，并结合中国国情，要求企业所建立与实施的内部控制，应当包括下列五个要素：（一）内部环境；（二）风险评估；（三）控制活动；（四）信息与沟通；（五）内部监督。

二、《企业内部控制应用指引》

《企业内部控制应用指引》（以下简称《应用指引》）是对企业按照内部控制原则和内部控制"五要素"建立健全本企业内部控制所提供的指引，在配套指引乃至整个内部控制规范体系中占据主体地位。

三、《企业内部控制评价指引》和《企业内部控制审计指引》

《企业内部控制评价指引》（以下简称《评价指引》）和《企业内部控制审计指引》（以下简称《审计指引》）是对企业按照内部控制原则和内部控制"五要素"建立健全本企业"事后控制"的指引，是对企业贯彻《基本规范》和《应用指引》效果的评价与检验。

学堂点睛

基本规范——统领作用；应用指引——主体地位；评价和审计指引——事后控制。

第二节　内部控制的要素

图 7-2　内部控制整合框架与内部控制基本规范的比较

知识点　内部控制的要素（★★★）

一、控制环境（★★★）

表 7-1　关于控制环境 / 内部环境要素的要求与原则

COSO委员会《内部控制框架》（了解）	要求： 1. 控制环境决定了企业的基调，直接影响企业员工的控制意识。控制环境提供了内部控制的基本规则和构架，是其他四要素的基础； 2. 控制环境包括：员工的诚信度、职业道德和才能；管理哲学和经营风格；权责分配方法、人事政策；董事会的经营重点和目标等； 原则： 1. 企业对诚信和道德价值观做出承诺； 2. 董事会独立于管理层，对内部控制的制定及其绩效施以监控； 3. 管理层在董事会的监控下，建立目标实现过程中所涉及的组织架构、报告路径以及适当的权利和责任； 4. 企业致力于吸引、发展和留住优秀人才，以配合企业目标达成； 5. 企业根据其目标，使员工各自担负起内部控制的相关责任。
我国《企业内部控制基本规范》（掌握）	要求： 1. 企业应当根据国家有关法律法规和企业章程，建立规范的公司治理结构和议事规则，明确决策、执行、监督等方面的职责权限，形成科学有效的职责分工和制衡机制； 2. 董事会负责内部控制的建立健全和有效实施。监事会对董事会建立与实施内部控制进行监督。经理层负责组织领导企业内部控制的日常运行。企业应当成立专门机构或者指定适当的机构具体负责组织协调内部控制的建立实施及日常工作；

（续上表）

我国《企业内部控制基本规范》（掌握）	3. 企业应当在董事会下设立审计委员会。审计委员会负责审查企业内部控制，监督内部控制的有效实施和内部控制自我评价情况，协调内部控制审计及其他相关事宜等。审计委员会负责人应当具备相应的独立性、良好的职业操守和专业胜任能力； 4. 企业应当结合业务特点和内部控制要求设置内部机构，明确职责权限，将权利与责任落实到各责任单位。企业应当通过编制内部管理手册，使全体员工掌握内部机构设置、岗位职责、业务流程等情况，明确权责分配，正确行使职权；（内部机构） 5. 企业应当加强内部审计工作，保证内部审计机构设置、人员配备和工作的独立性。内部审计机构应当结合内部审计监督，对内部控制的有效性进行监督检查。内部审计机构对监督检查中发现的内部控制缺陷，应当按照企业内部审计工作程序进行报告；对监督检查中发现的内部控制重大缺陷，有权直接向董事会及其审计委员会、监事会报告；（内部机构） 6. 企业应当制定和实施有利于企业可持续发展的人力资源政策。人力资源政策应当包括下列内容：（1）员工的聘用、培训、辞退与辞职；（2）员工的薪酬、考核、晋升与奖惩；（3）关键岗位员工的强制休假制度和定期岗位轮换制度；（4）掌握国家秘密或重要商业秘密的员工离岗的限制性规定；（5）有关人力资源管理的其他政策；（人力资源） 7. 企业应当将职业道德修养和专业胜任能力作为选拔和聘用员工的重要标准，切实加强员工培训和继续教育，不断提升员工素质；（人力资源） 8. 企业应当加强文化建设，培育积极向上的价值观和社会责任感，倡导诚实守信、爱岗敬业、开拓创新和团队协作精神，树立现代管理理念，强化风险意识。董事、监事、经理及其他高级管理人员应当在企业文化建设中发挥主导作用。企业员工应当遵守员工行为守则，认真履行岗位职责； 9. 企业应当加强法制教育，增强董事、监事、经理及其他高级管理人员和员工的法制观念，严格依法决策、依法办事、依法监督，建立健全法律顾问制度和重大法律纠纷案件备案制度。
【总结】我国《企业内部控制基本规范》关于内部环境要素的要求： 管理层（1公司治理结构要求，2董事会、监事会、经理层，3审计委员会），内部机构（4总体要求，5内部审计），人力资源（6、7），企业文化建设（8），法制教育（9）。	

二、风险评估（★）

表 7–2　关于风险评估要素的要求与原则

COSO委员会《内部控制框架》（了解）	要求： 风险评估的前提是使经营目标在不同层次上相互衔接，保持一致。风险评估指识别、分析相关风险以实现既定目标，从而形成风险管理的基础。 原则： 1．企业制定足够清晰的目标，以便识别和评估有关目标所涉及的风险； 2．企业从整个企业的角度来识别实现目标所涉及的风险，分析风险，并据此决定应如何管理这些风险； 3．企业在评估影响目标实现的风险时，考虑潜在的舞弊行为； 4．企业识别并评估可能会对内部控制系统产生重大影响的变更。
我国《企业内部控制基本规范》（了解）	要求： 1．企业应根据设定的控制目标，全面系统持续地收集相关信息，结合实际情况，及时进行风险评估。 2．企业开展风险评估，应当准确识别与实现控制目标相关的内部风险和外部风险，确定相应的风险承受度。风险承受度是企业能够承担的风险限度，包括整体风险承受能力和业务层面的可接受风险水平。 3．企业识别内部风险，应当关注下列因素： （1）董事、监事、经理及其他高级管理人员的职业操守、员工专业胜任能力等人力资源因素； （2）组织机构、经营方式、资产管理、业务流程等管理因素； （3）研究开发、技术投入、信息技术运用等自主创新因素； （4）财务状况、经营成果、现金流量等财务因素； （5）营运安全、员工健康、环境保护等安全环保因素； （6）其他有关内部风险因素。 4．企业识别外部风险，应当关注下列因素： （1）经济形势、产业政策、融资环境、市场竞争、资源供给等经济因素； （2）法律法规、监管要求等法律因素； （3）安全稳定、文化传统、社会信用、教育水平、消费者行为等社会因素； （4）技术进步、工艺改进等科学技术因素； （5）自然灾害、环境状况等自然环境因素； （6）其他有关外部风险因素。 5．企业应当采用定性与定量相结合的方法，按照风险发生的可能性及其影响程度等，对识别的风险进行分析和排序，确定关注重点和优先控制的风险。企业进行风险分析，应当充分吸收专业人员，组成风险分析团队，按照严格规范的程序开展工作，确保风险分析结果的准确性。 6．企业应当根据风险分析的结果，结合风险承受度，权衡风险与收益，确定风险应对策略。企业应当合理分析、准确掌握董事、经理及其他高级管理人员、关键岗位员工的风险偏好，采取适当的控制措施，避免因个人风险偏好给企业经营带来重大损失。

（续上表）

我国《企业内部控制基本规范》（了解）	7. 企业应当综合运用风险规避、风险降低、风险分担和风险承受等风险应对策略，实现对风险的有效控制。 8. 企业应当结合不同发展阶段和业务拓展情况，持续收集与风险变化相关的信息，进行风险识别和风险分析，及时调整风险应对策略。

三、控制活动（★★★）

表 7–3　关于控制活动要素的要求与原则

COSO委员会《内部控制框架》（了解）	要求： 控制活动指那些有助于管理层决策顺利实施的政策和程序。控制行为体现在整个企业的不同层次和不同部门中。 原则： 1. 企业选择并制定有助于将目标实现风险降低至可接受水平的控制活动； 2. 企业用以支持目标实现的技术选择并制定一般控制政策； 3. 企业通过政策和程序来部署控制活动：政策用来确定所期望的目标；程序则将政策付诸行动。
我国《企业内部控制基本规范》（掌握）	要求： 1. 企业应当结合风险评估结果，通过手工控制与自动控制、预防性控制与发现性控制相结合的方法，运用相应的控制措施，将风险控制在可承受度之内，控制措施一般包括：不相容职务分离控制、授权审批控制、会计系统控制、财产保护控制、预算控制、运营分析控制和绩效考评控制等； 2. 不相容职务分离控制要求企业全面系统地分析、梳理业务流程中所涉及的不相容职务，实施相应的分离措施，形成各司其职、各负其责、相互制约的工作机制； 3. 授权审批控制要求企业根据常规授权和特别授权的规定，明确各岗位办理业务和事项的权限范围、审批程序和相应责任；企业应当编制常规授权的权限指引，规范特别授权的范围、权限、程序和责任，严格控制特别授权； 　　常规授权是指企业在日常经营管理活动中按照既定的职责和程序进行的授权。特别授权是指企业在特殊情况、特定条件下进行的授权； 　　企业对于重大的业务和事项，应当实行集体决策审批或者联签制度，任何个人不得单独进行决策或者擅自改变集体决策； 4. 会计系统控制要求企业严格执行国家统一的会计准则制度，加强会计基础工作，明确会计凭证、会计账簿和财务会计报告的处理程序，保证会计资料真实完整，企业应当依法设置会计机构，配备会计从业人员，会计机构负责人应当具备会计师以上专业技术职务资格，大中型企业应当设置总会计师，设置总会计师的企业，不得设置与其职权重叠的副职；

（续上表）

我国《企业内部控制基本规范》（掌握）	5. 财产保护控制要求企业建立财产日常管理制度和定期清查制度，采取财产记录、实物保管、定期盘点、账实核对等措施，确保财产安全，企业应当严格限制未经授权的人员接触和处置财产； 6. 预算控制要求企业实施全面预算管理制度，明确各责任单位在预算管理中的职责权限，规范预算的编制、审定、下达和执行程序，强化预算约束； 7. 运营分析控制要求企业建立运营情况分析制度，经理层应当综合运用生产、购销、投资、筹资、财务等方面的信息，通过因素分析、对比分析、趋势分析等方法，定期开展运营情况分析，发现存在的问题，及时查明原因并加以改进； 8. 绩效考评控制要求企业建立和实施绩效考评制度，科学设置考核指标体系，对企业内部各责任单位和全体员工的业绩进行定期考核和客观评价，将考评结果作为确定员工薪酬以及职务晋升、评优、降级、调岗、辞退等的依据； 9. 企业应当根据内部控制目标，结合风险应对策略，综合运用控制措施，对各种业务和事项实施有效控制； 10. 企业应当建立重大风险预警机制和突发事件应急处理机制，明确风险预警标准，对可能发生的重大风险或突发事件，制定应急预案、明确责任人员、规范处置程序，确保突发事件得到及时妥善处理。

【链接】企业不相容职务分工：即经济业务的授权者和执行者要分离，执行者与记录者、监督者要分离，物资财产的保管者和使用者与记录者要分离。不相容职务分离的核心是内部牵制，使不相容岗位和职务之间能够相互监督、相互制约，形成有效的制衡机制。

货币资金、实物资产、对外投资、工程项目、采购与付款、筹资、销售与收款、成本与费用等所有经济业务的会计控制，按不相容职务分离的要求，必须合理设计会计及相关工作岗位，明确职责权限，形成相互制衡机制。

不相容职务主要分为五种：授权批准职务、业务经办职务、会计记录职务、财产保管职务、稽核检查职务。

四、信息与沟通（★★）

表 7-4　关于信息与沟通要素的要求与原则

COSO委员会《内部控制框架》（了解）	要求： 公允的信息必须被确认、捕获并以一定形式及时传递，以便员工履行职责。信息系统产出涵盖经营、财务和遵循性信息的报告，以助于经营和控制企业。信息系统不仅处理内部产生的信息，还包括与企业经营决策和对外报告相关的外部事件、行为和条件等。

（续上表）

COSO委员会《内部控制框架》（了解）	有效的沟通从广义上说是信息的自上而下、横向以及自下而上的传递。所有员工必须从管理层得到清楚的信息，认真履行控制职责。 原则： 1. 企业获取或生成和使用相关的高质量信息，以支持内部控制其他要素发挥效用； 2. 企业于内部沟通的内部控制信息，包括内部控制目标和职责范围，必须能够支持内部控制的其他要素发挥效用； 3. 企业就影响内部控制其他要素发挥效用的事项与外部方进行沟通。
我国《企业内部控制基本规范》（掌握）	要求： 1. 企业应当建立信息与沟通制度，明确内部控制相关信息的收集、处理和传递程序，确保信息及时沟通，促进内部控制有效运行。 2. 企业应当对收集的各种内部信息和外部信息进行合理筛选、核对、整合，提高信息的有用性。 3. 企业应当将内部控制相关信息在企业内部各管理级次、责任单位、业务环节之间，以及企业与外部投资者、债权人、客户、供应商、中介机构和监管部门等有关方面之间进行沟通和反馈。信息沟通过程中发现的问题，应当及时报告并加以解决。重要信息应当及时传递给董事会、监事会和经理层。 4. 企业应当利用信息技术促进信息的集成与共享，充分发挥信息技术在信息与沟通中的作用。企业应当加强对信息系统开发与维护、访问与变更、数据输入与输出、文件储存与保管、网络安全等方面的控制，保证信息系统安全稳定运行。 5. 企业应当建立反舞弊机制，坚持惩防并举、重在预防的原则，明确反舞弊工作的重点领域、关键环节和有关机构在反舞弊工作中的职责权限，规范舞弊案件的举报、调查、处理、报告和补救程序。企业至少应当将下列情形作为反舞弊工作的重点：（1）未经授权或者采取其他不法方式侵占、挪用企业资产，谋取不当利益；（2）在财务会计报告和信息披露等方面存在的虚假记载、误导性陈述或者重大遗漏等；（3）董事、监事、经理及其他高级管理人员滥用职权；（4）相关机构或人员串通舞弊。 6. 企业应当建立举报投诉制度和举报人保护制度，设置举报专线，明确举报投诉处理程序、办理时限和办结要求，确保举报、投诉成为企业有效掌握信息的重要途径。举报投诉制度和举报人保护制度应当及时传达至全体员工。

五、监控（★★）

表 7-5　关于监控 / 内部监督要素的要求与原则

COSO委员会《内部控制框架》（了解）	要求： 内部控制系统需要被监控，即对该系统有效性进行评估的全过程。可以通过持续性的监控行为、独立评估或两者的结合来实现对内控系统的监控。持续性的监控行为发生在企业的日常经营过程中，包括企业的日常管理和监督行为、员工履行各自职责的行为。独立评估活动的广度和频度有赖于风险预估和日常监控程序的有效性。内部控制的缺陷应该自下而上进行汇报，性质严重的应上报最高管理层和董事会。 原则： 1. 企业选择、制定并实行持续及（或）单独的评估，以判定内部控制各要素是否存在且发挥效用； 2. 企业及时评估内部控制缺陷，并将有关缺陷及时通报给负责整改措施的相关方，包括高级管理层和董事会（如适当）。
我国《企业内部控制基本规范》	要求： 1. 企业应当根据本规范及其配套办法，制定内部控制监督制度，明确内部审计机构（或经授权的其他监督机构）和其他内部机构在内部监督中的职责权限，规范内部监督的程序、方法和要求； 内部监督分为日常监督和专项监督。 2. 企业应当制定内部控制缺陷认定标准，对监督过程中发现的内部控制缺陷，应当分析缺陷的性质和产生的原因，提出整改方案，采取适当的形式及时向董事会、监事会或者经理层报告。内部控制缺陷包括设计缺陷和运行缺陷。企业应当跟踪内部控制缺陷整改情况，并就内部监督中发现的重大缺陷，追究相关责任单位或者责任人的责任； 3. 企业应当结合内部监督情况，定期对内部控制的有效性进行自我评价，出具内部控制自我评价报告； 4. 企业应当以书面或者其他适当的形式，妥善保存内部控制建立与实施过程中的相关记录或者资料，确保内部控制建立与实施过程的可验证性。

【例1-2016-单选题】下列各项中，属于控制活动要素的是（　　）。

A. 企业实施全面预算管理制度

B. 企业制定内部控制缺陷认定标准

C. 企业根据设立的控制目标，及时进行风险评估

D. 董事会下设立审计委员会

【答案】A

学堂点拨

选项B属于内部监督要素；选项C属于风险评估要素；选项D属于内部环境要素。

【例2-2016-多选题】下列各项中，属于《企业内部控制基本规范》对内部环境要素要求的有（　　）。

A．企业应当建立举报投诉制度和举报人保护制度

B．企业应当建立重大风险预警机制和突发事件应急处理机制

C．企业应当制定和实施有利于企业可持续发展的人力资源政策

D．企业应当加强内部审计工作

【答案】CD

学堂点拨

选项A属于信息与沟通要素；选项B属于控制活动要素。

【例3-2016-多选题】下列各项关于风险评估的表述中，正确的有（　　）。

A．风险评估包括风险辨识、风险分析和风险评价三个步骤

B．风险定性评估时应统一制定各风险的度量单位和度量模型

C．企业应当定期或不定期对新风险或原有风险的变化进行重新评估

D．风险评估应将定性方法和定量方法相结合

【答案】ACD

学堂点拨

进行风险定量评估时，应统一制定各风险的度量单位和风险度量模型，因此选项B错误。

【例4-2015-单选题】随着全面风险管理意识的加强，甲公司的股东要求管理层建立重大风险预警机制，明确风险预警标准，对可能发生的重大风险事件，制定应急方案，明确相关责任人和处理流程、程序和政策，确保重大风险事件得到及时、稳妥的处理。甲公司股东的要求所针对的内部控制要素是（　　）。

A．风险评估　　B．控制活动

C．内部监督　　D．信息与沟通

【答案】B

学堂点拨

我国《企业内部控制基本规范》关于控制活动要素的要求的第10条规定是：企业应当建立重大风险预警机制和突发事件应急处理机制，明确风险预警标准，对可能发生的重大风险或突发事件，制定应急预案、明确责任人员、规范处置程序，确保突发事件得到及时妥善处理。因此选项B正确。

【例5-2014-单选题】根据COSO框架，反舞弊机制属于内部控制要素中的（　　）。

A．风险评估　　B．控制活动　　C．内部监督　　D．信息与沟通

【答案】D

学堂点拨

我国《企业内部控制基本规范》关于信息与沟通要素的要求的第5条规定是：企业应当建立反舞弊机制，坚持惩防并举、重在预防的原则，明确反舞弊工作的重点领域、关键环节和有关机构在反舞弊工作中的职责权限，规范舞弊案件的举报、调查、处理、报告和补救程序。

【例6-多选题】下列各项中，属于内部控制要素中的控制活动的有（　　）。

A．企业应在董事会下设立审计委员会

B．董事长对经理的决策授权与监督

C．董事、监事、经理的考核激励控制

D．企业及时评估内部控制缺陷，并将有关缺陷及时通报给负责整改措施的相关方，包括高级管理层和董事会

【答案】BC

学堂点拨

选项A属于控制环境因素；选项D属于内部监督因素。

【例7-2011-多选题】甲公司管理层为了改进完善内部控制，正在重新检查本公司现有的职责、岗位设置的合理性。下列各项中，属于兼任不相容岗位的情况有（　　）。

A．财务部主任同时担任采购部的审批主管

B．记录存货明细账的会计人员同时负责存货的实物管理

C．行政部经理兼任工会主席

D．销售部经理同时负责客户信用的调查评估与销售合同的审批签订

【答案】ABD

学堂点拨

不相容职务分离控制要求企业全面系统性分析、梳理业务流程中的不相容职务，实施相应的分离措施。行政部门经理和工会主席的工作职责在业务流程中不属于不相容职务；选项A、B、D都属于不相容职务。

第三节　内部控制的应用

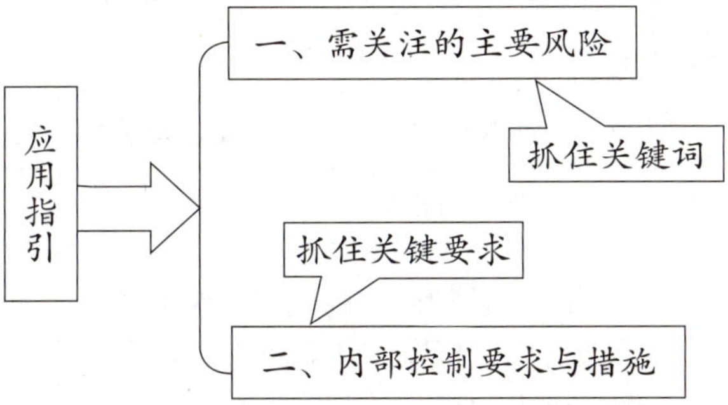

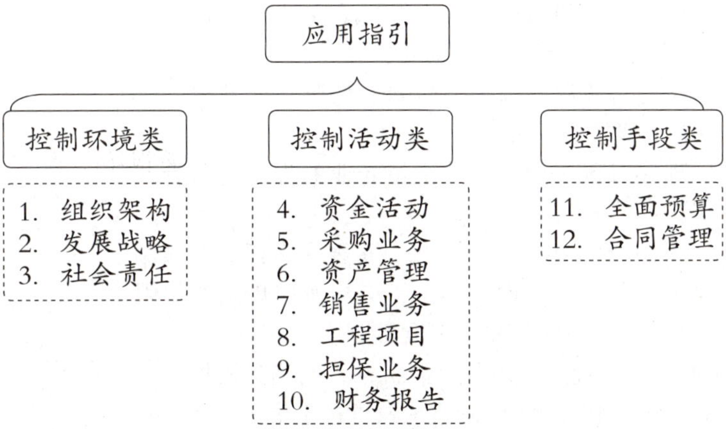

图 7–3　内部控制的应用知识框架

知识点1　应用指引第1号——组织架构（★★★）

组织架构，是指企业按照国家有关法律法规、股东（大）会决议和企业章程，结合本企业实际，明确股东（大）会、董事会、监事会、经理层和企业内部各层级机构设置、职责权限、人员编制、工作程序和相关要求的制度安排。

一、组织架构设计与运行中需关注的主要风险

表 7–6 组织架构设计与运行中需关注的主要风险

治理结构	治理结构形同虚设，缺乏科学决策、良性运行机制和执行力，可能导致企业经营失败，难以实现发展战略。
内部机构	内部机构设计不科学，权责分配不合理，可能导致机构重叠、职能交叉或缺失、推诿扯皮，运行效率低下。

二、内部控制要求与措施

表 7–7 组织架构的内部控制要求与措施

内控点	内控要求与措施	记忆点
组织架构的设计	1. 企业应当根据国家有关法律法规的规定，明确董事会、监事会和经理层的职责权限、任职条件、议事规则和工作程序，确保决策、执行和监督相互分离，形成制衡。 董事会对股东（大）会负责，依法行使企业的经营决策权。可按照股东（大）会的有关决议，设立战略、审计、提名、薪酬与考核委员会。 监事会对股东（大）会负责，监督企业董事、经理和其他高级管理人员。 经理层对董事会负责，主持企业的生产经营管理工作。 2. 企业的重大决策、重大事项、重要人事任免及大额资金支付业务等（三重一大），应当按照规定的权限和程序实行集体决策审批或者联签制度。 3. 企业应当合理设置内部职能机构，明确各机构的职责权限，避免职能交叉、缺失或权责过于集中，形成各司其职、各负其责、相互制约、相互协调的工作机制。 4. 不相容职务通常包括：可行性研究与决策审批；决策审批与执行；执行与监督检查等。 5. 企业应当制定组织结构图、业务流程图、岗（职）位说明书和权限指引等内部管理制度或相关文件，使员工了解和掌握组织架构设计及权责分配情况，正确履行职责。	1. 董事会、监事会和经理层。 2. 三重一大。 3. 内部职能机构。 4. 不相容职务。 5. 内部管理制度。

（续上表）

内控点	内控要求与措施	记忆点
组织架构的运行	1．企业应当根据组织架构的设计规范，对现有治理结构和内部机构设置进行全面梳理，确保本企业治理结构、内部机构设置和运行机制等符合现代企业制度（产权清晰、权责明确、政企分开、管理科学）要求。 2．企业拥有子公司的，应当建立科学的投资管控制度，通过合法有效的形式履行出资人职责、维护出资人权益，重点关注子公司特别是异地、境外子公司的发展战略、年度财务预决算、重大投融资、重大担保、大额资金使用、主要资产处置、重要人事任免、内部控制体系建设等重要事项。 3．企业应当定期对组织架构设计与运行的效率和效果进行全面评估，发现组织架构设计与运行中存在缺陷的，应当进行优化调整。企业组织架构调整应当充分听取董事、监事、高级管理人员和其他员工的意见，按照规定的权限和程序进行决策审批。	1．现代企业制度。 2．子公司投资管控制度。 3．定期全面评估。

【例1-2016-单选题】下列各项关于企业组织架构内部控制的表述中，错误的是（　　）。

A．经理层对董事会负责

B．监事会对股东（大）会负责，监督企业董事、经理和其他高管依法履行职责

C．经理层依法行使企业的经营决策权

D．企业重大决策、重大事项，应当按照规定的权限和程序实行集体决策审批或联签制度

【答案】C

学堂点拨

董事会对股东（大）会负责，依法行使企业的经营决策权。因此选项C的表述错误。

知识点2 应用指引第2号——发展战略（★★★）

一、制定与实施发展战略需关注的主要风险

（一）缺乏明确的发展战略或发展战略实施不到位，可能导致企业盲目发展，难以

形成竞争优势，丧失发展机遇和动力。

（二）发展战略过于激进，脱离企业实际能力或偏离主业，可能导致企业过度扩张，甚至经营失败。

（三）发展战略因主观原因频繁变动，可能导致资源浪费，甚至危及企业的生存和持续发展。

二、内部控制要求与措施

表 7–8 发展战略的内部控制要求与措施

内控点	内控要求与措施	记忆点
发展战略的制定	1. 企业应当在充分调查研究、科学分析预测和广泛征求意见的基础上制定发展目标。 2. 企业应当根据发展目标制定战略规划。战略规划应当明确发展的阶段性和发展程度，确定每个发展阶段的具体目标、工作任务和实施路径。 3. 企业应当在董事会下设立战略委员会，或指定相关机构负责发展战略管理工作，履行相应职责。战略委员会应当组织有关部门对发展目标和战略规划进行可行性研究和科学论证，形成发展战略建议方案。 4. 董事会应当严格审议战略委员会提交的发展战略方案，重点关注其全局性、长期性和可行性。企业的发展战略方案经董事会审议通过后，报经股东（大）会批准实施。	1. 制定发展目标。 2. 制定战略规划。 3. 战略委员会。 4. 董事会审议发展战略。
发展战略的实施	1. 企业应当根据发展战略，制订年度工作计划，编制全面预算，将年度目标分解、落实；同时完善发展战略管理制度，确保发展战略有效实施。 2. 企业应当重视发展战略的宣传工作，通过内部各层级会议和教育培训等有效方式，将发展战略及其分解落实情况传递到内部各管理层级和全体员工。 3. 战略委员会应当加强对发展战略实施情况的监控，定期收集和分析相关信息，对于明显偏离发展战略的情况，应当及时报告。 4. 由于经济形势、产业政策、技术进步、行业状况以及不可抗力等因素发生重大变化，确需对发展战略作出调整的，应当按照规定权限和程序调整发展战略。	1. 制订年度工作计划，编制全面预算。 2. 发展战略的宣传。 3. 战略委员会监控。 4. 调整发展战略。

知识点3 应用指引第4号——社会责任（★★）

一、履行社会责任方面需关注的主要风险

（一）安全生产措施不到位，责任不落实，可能导致企业发生安全事故。

（二）产品质量低劣，侵害消费者利益，可能导致企业巨额赔偿、形象受损，甚至破产。

（三）环境保护投入不足，资源耗费大，造成环境污染或资源枯竭，可能导致企业巨额赔偿、缺乏发展后劲，甚至停业。

（四）促进就业和员工权益保护不够，可能导致员工积极性受挫，影响企业发展和社会稳定。

二、内部控制要求与措施（了解）

【例2-2016-多选题】根据《企业内部控制应用指引第4号——社会责任》，企业在履行社会责任方面需要关注的主要风险有（　　）。

A．缺乏诚实守信的经营理念，可能导致舞弊事件的发生

B．安全生产措施不到位，责任不落实，可能导致安全事故的发生

C．产品质量低劣，侵害消费者利益，可能导致企业巨额赔偿、形象受损

D．促进就业和员工权益保护不够，可能导致员工积极性受挫

【答案】BCD

学堂点拨

履行社会责任需关注的主要风险包括：

1．安全生产措施不到位，责任不落实，可能导致企业发生安全事故；

2．产品质量低劣，侵害消费者利益，可能导致企业巨额赔偿、形象受损，甚至破产；

3．环境保护投入不足，资源耗费大，造成环境污染或资源枯竭，可能导致企业巨额赔偿、缺乏发展后劲，甚至停业；

4．促进就业和员工权益保护不够，可能导致员工积极性受挫，影响企业发展和社会稳定。

选项A属于企业文化需关注的主要风险。

【例3-2013-简答题】爱宝公司是B国一家婴幼儿用品生产商，公司的产品包括婴

儿床、婴儿车、婴幼儿学习及个人卫生用品等，产品主要在B国内销，B国近年生育率一直处于高位，为婴幼儿用品市场创造了不少商机。

最近，爱宝公司的客户服务单位分别从互联网及投诉信件两个途径，收到15宗与其刚推出市场3个月的新型号婴儿车（产品编号AB2202）有关的客户投诉。对于这些投诉，客户服务部主管已经向爱宝公司的运营部主管张大宏通报，投诉内容主要是婴儿车的前扶手及两侧的金属铰链容易卡住小孩的手指甚至脖子而导致婴儿受伤。

张大宏针对客户投诉与产品设计部主管胡总和生产部主管刘总商讨该新型号婴儿车在产品设计或生产程序上是否有改进的必要。在讨论过程中，胡总及刘总坚持AB2202号婴儿车的设计与生产程序没有问题，虽然B国没有任何针对该产品的设计及安全标准，但依据他们多年的工作经验，AB2202号婴儿车的设计与生产程序不会对婴儿产生任何安全问题。

此后，张大宏仍然非常担忧这类投诉会接踵而至，如果那样，局面将可能一发而不可收拾，因为B国婴儿用品质量始终是公众非常关注的问题。两个星期后，张大宏收到客户服务部主管的电邮，告知对AB2202型号婴儿车的投诉又增加了7宗，同时公司还收到报社记者对相关投诉的查询，公司在互联网上也发现有关投诉的言论。

要求：

1．依据《企业内部控制应用指引第4号——社会责任》，分析爱宝公司生产销售AB2202号婴儿车在履行社会责任方面需要关注的主要风险；

2．简述法律风险与合规风险的内涵，分析如果爱宝公司生产销售AB2202号婴儿车确实存在严重的质量问题，爱宝公司将面临的法律风险与合规风险。

【答案】

1．依据《企业内部控制应用指引第4号——社会责任》，爱宝公司生产销售AB2202号婴儿车在履行社会责任方面需要关注的主要风险是：产品质量低劣，侵害消费者利益，可能导致企业巨额赔偿、形象受损、甚至破产。表现为“如果那样，局面将可能一发而不可收拾”“投诉增加了7宗，同时公司还收到报社记者对相关投诉的查询，公司在互联网上也发现有关投诉的言论”。

2．法律风险是指企业在经营过程中因自身经营行为的不规范或者外部环境发生重大变化而造成的不利法律后果的可能性；合规风险是指因违反法律或监管要求而受到制裁、遭受金融损失以及因未能遵守所有适用法律、法规、行为准则或相关标准而给企业信誉带来的损失的可能性。

如果爱宝公司生产销售AB2202号婴儿车确实存在严重的质量问题，爱宝公司将面临的法律风险体现在爱宝公司对客户民事赔偿责任的承担；爱宝公司将面临的合规风险表现在监管机关的行政处罚、重大财产损失和声誉损失。

知识点4 应用指引第6号——资金活动（★★★）

资金活动，是指企业筹资、投资和资金营运等活动的总称。

一、资金活动需关注的主要风险

（一）筹资决策不当，引发资本结构不合理或无效融资，可能导致企业筹资成本过高或债务危机。

（二）投资决策失误，引发盲目扩张或丧失发展机遇，可能导致资金链断裂或资金使用效益低下。

（三）资金调度不合理、营运不畅，可能导致企业陷入财务困境或资金冗余。

（四）资金活动管控不严，可能导致资金被挪用、侵占、抽逃或遭受欺诈。

二、内部控制要求与措施

表 7–9 资金活动的内部控制要求与措施

内控点	内控要求与措施	记忆点
筹资	1. 根据筹资目标和规划，结合年度全面预算，拟订筹资方案，明确筹资用途、规模、结构和方式等相关内容，对筹资成本和潜在风险作出充分估计。 2. 对筹资方案进行科学论证，不得依据未经论证的方案开展筹资活动。重大筹资方案应当形成可行性研究报告。 3. 对筹资方案进行严格审批，重点关注筹资用途的可行性和相应的偿债能力。重大筹资方案，应当按照规定的权限和程序实行集体决策或者联签制度。筹资方案需经有关部门批准的，应当履行相应的报批程序。筹资方案发生重大变更的，应当重新进行可行性研究并履行相应审批程序。 4. 根据批准的筹资方案，严格按照规定权限和程序筹集资金。 5. 严格按照筹资方案确定的用途使用资金。由于市场环境变化等确需改变资金用途的，应当履行相应的审批程序，严禁擅自改变资金用途。 6. 加强债务偿还和股利支付环节的管理，对偿还本息和支付股利等作出适当安排。 7. 加强筹资业务的会计系统控制。定期与资金提供方进行账务核对。	1. 拟订筹资方案。 2. 科学论证。 3. 严格审批。 4. 筹集资金。 5. 使用资金。 6. 债务偿还和股利支付环节管理。 7. 会计系统控制。

内控点	内控要求与措施	记忆点
投资	1. 根据投资目标和规划，合理安排资金投放结构，科学确定投资项目，拟订投资方案，重点关注投资项目的收益和风险。选择投资项目应当突出主业。 2. 加强对投资方案的可行性研究，重点对投资目标、规模、方式、资金来源、风险与收益等作出客观评价。 3. 按照规定的权限和程序对投资项目进行决策审批。重大投资项目，应当按照规定的权限和程序实行集体决策或者联签制度。投资方案发生重大变更的，应当重新进行可行性研究并履行相应审批程序。 4. 根据批准的投资方案，与被投资方签订投资合同或协议，按规定的权限和程序审批后履行投资合同或协议。企业应当指定专门机构或人员对投资项目进行跟踪管理。 5. 加强对投资项目的会计系统控制。根据对被投资方的影响程度，合理确定投资会计政策，建立投资管理台账，详细记录投资对象、金额、持股比例、期限、收益等事项，妥善保管投资合同或协议、出资证明等资料。 6. 加强投资收回和处置环节的控制，对投资收回、转让、核销等决策和审批程序作出明确规定。 重视投资到期本金的回收。 转让投资应当由相关机构或人员合理确定转让价格，报授权批准部门批准，必要时可委托具有相应资质的专门机构进行评估。 核销投资应当取得不能收回投资的法律文书和相关证明文件。 企业对于到期无法收回的投资，应当建立责任追究制度。	1. 拟定投资方案。 2. 可行性研究。 3. 决策审批。 4. 签订投资合同。 5. 会计系统控制。 6. 投资收回和处置环节。
营运	1. 加强资金营运全过程的管理，全面提升资金营运效率。 2. 充分发挥全面预算管理在资金综合平衡中的作用，严格按照预算要求组织协调资金调度，确保资金及时收付，实现资金的合理占用和营运良性循环。企业应当严禁资金的体外循环，切实防范资金营运中的风险。 3. 定期组织召开资金调度会或资金安全检查，对资金预算执行情况进行综合分析，发现异常情况，及时采取措施妥善处理，避免资金冗余或资金链断裂。资金出现短期闲置的，在保证安全性和流动性的前提下，可以通过购买国债等多种方式，提高资金效益。 4. 加强对营运资金的会计系统控制，严格规范资金的收支条件、程序和审批权限。 企业在生产经营及其他业务活动中取得的资金收入应当及时入账，不得账外设账，严禁收款不入账、设立“小金库”。	1. 加强资金营运全过程的管理。 2. 加强全面预算管理。严禁资金的体外循环。 3. 定期组织召开资金调度会或资金安全检查。 4. 会计系统控制。

内控点	内控要求与措施	记忆点
营运	企业办理资金支付业务，应当明确支出款项的用途、金额、预算、限额、支付方式等内容，并附原始单据或相关证明，履行严格的授权审批程序后，方可安排资金支出。 企业办理资金收付业务，应当遵守现金和银行存款管理的有关规定，不得由一人办理货币资金全过程业务，严禁将办理资金支付业务的相关印章和票据集中一人保管。	

【说明】

企业财会部门负责资金活动的日常管理，参与投融资方案等可行性研究。总会计师或分管会计工作的负责人应当参与投融资决策过程。

企业应当采取合法有效措施，强化对子公司资金业务的统一监控。有条件的企业可探索财务公司、资金结算中心等资金集中管控模式。

【例4-2016-单选题】下列各项关于企业资金流动内部控制的表述中正确的是（　　）。

A．股利分配方案应当经过股东（大）会的批准

B．所有投资方案都应该按照规定的权限和程序实行集体决策或联签制度

C．资金出现短期闲置的，可以通过购买股票债券等多种方式，提高资金效益

D．相关印章和票据由一人保管

【答案】A

学堂点拨

重大投资项目，应当按照规定的权限和程序实行集体决策或者联签制度，选项B错误。资金出现短期闲置的，在保证安全性和流动性的前提下，可以通过购买国债等多种方式，提高资金效益，选项C错误。严禁将办理资金支付业务的相关印章和票据集中一人保管，选项D错误。

【例5-2016-单选题】下列各项关于企业投资活动内部控制措施的表述中正确的是（　　）。

A．重大投资项目应当按照规定权限和程序实行集体决策或联签制度

B．企业选择投资项目应当突出企业，不得从事股票投资或衍生金融产品和高风险投资

C．转让投资必须委托具有相应资质的专门机构进行评估并报授权批准部门批准

D．投资方案发生重大变更的应视情况决定是否重新进行可行性研究并履行相应审批程序

【答案】A

学堂点拨

企业可以根据自己的实际情况选择从事股票或衍生金融产品和高风险投资，选项B错误；转让投资必要时可委托具有相应资质的专门机构进行评估并报授权批准部门批准，选项C的说法过于绝对，并非所有转让投资必须委托专门机构进行评估并报授权批准部门批准；投资方案发生重大变更的，应当重新进行可行性研究并履行相应审批程序，选项D错误。

知识点5 应用指引第7号——采购业务（★★★）

一、采购业务需关注的主要风险

（一）采购计划安排不合理，市场变化趋势预测不准确，造成库存短缺或积压，可能导致企业生产停滞或资源浪费。

（二）供应商选择不当，采购方式不合理，招投标或定价机制不科学，授权审批不规范，可能导致采购物资质次价高，出现舞弊或遭受欺诈。

（三）采购验收不规范，付款审核不严，可能导致采购物资、资金损失或信用受损。

二、内部控制要求与措施

表7–10 采购业务的内部控制要求与措施

内控点	内控要求与措施	记忆点
购买	1．采购业务应当集中，避免多头采购或分散采购，以提高采购业务效率。 对办理采购业务的人员定期进行岗位轮换。 重要和技术性较强的采购业务，应当组织相关专家进行论证，实行集体决策和审批。 企业除小额零星物资或服务外，不得安排同一机构办理采购业务全过程。 2．建立采购申请制度，依据购买物资或接受劳务的类型，确定归口管理部门，授予相应的请购权，明确相关部门或人员的职责权限及相应的请购和审批程序。企业可以根据实际需要设置专门的请购部门。	1．采购业务应集中。 2．采购申请制度。

（续上表）

内控点	内控要求与措施	记忆点
购买	对于超预算和预算外采购项目，应先履行预算调整程序，由具备相应审批权限的部门或人员审批后，再行办理请购手续。 3. 建立科学的供应商评估和准入制度，确定合格供应商清单。建立供应商管理信息系统。可委托具有相应资质的中介机构对供应商进行资信调查。 4. 根据市场情况和采购计划合理选择采购方式。 大宗采购应当采用招标方式，合理确定招投标的范围、标准、实施程序和评标规则； 一般物资或劳务等的采购可以采用询价或定向采购的方式并签订合同协议； 小额零星物资或劳务等的采购可以采用直接购买等方式。 5. 建立采购物资定价机制，合理确定采购价格。 大宗采购等应当采用招投标方式确定采购价格。 其他商品或劳务的采购，应当根据市场行情制定最高采购限价，并对最高采购限价适时调整。 6. 拟订采购合同，准确描述合同条款。 7. 建立严格的采购验收制度，由专门的验收机构或验收人员出具验收证明。涉及大宗和新、特物资采购的，还应进行专业测试。 8. 加强物资采购供应过程的管理，做好采购业务各环节的记录。	3. 建立供应商评估和准入制度。 4. 选择采购方式。 5. 确定采购价格。 6. 拟订采购合同。 7. 建立采购验收制度。 8. 加强物资采购供应过程的管理。
付款	1. 企业应当加强采购付款的管理，严格审核采购预算、合同、相关单据凭证、审批程序等相关内容，审核无误后按照合同规定及时办理付款。企业在付款过程中，应当严格审查采购发票的真实性、合法性和有效性。发现虚假发票的，应查明原因，及时报告处理。 企业应当重视采购付款的过程控制和跟踪管理，发现异常情况的，应当拒绝付款，避免出现资金损失和信用受损。 企业应当合理选择付款方式，并严格遵循合同规定，防范付款方式不当带来的法律风险，保证资金安全。 2. 企业应当加强预付账款和定金的管理。涉及大额或长期的预付款项，应当定期进行追踪核查，综合分析预付款项的期限、占用款项的合理性、不可回收风险等情况。 3. 企业应当加强对购买、验收、付款业务的会计系统控制，确保会计记录、采购记录与仓储记录核对一致。 企业应当指定专人通过函证等方式，定期与供应商核对应付账款、应付票据、预付账款等往来款项。 4. 企业应当建立退货管理制度。	1. 加强采购付款的管理。 2. 加强预付账款和定金的管理。 3. 会计系统控制。 4. 建立退货管理制度。

【例6-2016-多选题】下列各项关于企业采购环节内部控制措施的表述中，错误的有（　　）。

A．不得安排同一机构办理采购业务的全过程

B．对于超预算和预算外采购项目，应先办理请购手续，再履行预算调整程序

C．大宗采购应当根据市场行情制定最高采购限价，并对最高采购限价适时调整

D．一般物资或劳务的采购可以采用询价或定向采购的方式并签订合同协议

【答案】ABC

学堂点拨

企业除小额零星物资或服务外，不得安排同一机构办理采购业务全过程，选项A错误；对于超预算和预算外采购项目，应先履行预算调整程序，由具备相应审批权限的部门或人员审批后，再行办理请购手续，选项B错误。大宗采购等应当采用招投标方式确定采购价格，其他商品或劳务的采购，应当根据市场行情制定最高采购限价，并对最高采购限价适时调整，选项C错误。

【例7-2015-多选题】下列各项中，符合《企业内部控制应用指引第7号——采购业务》关于企业内部控制要求与措施的有（　　）。

A．一般物资或劳务的采购采用询价或定向采购的方式

B．企业应指定专人通过函证等方式，定期与供应商核对往来款项

C．小额零星物资或劳务的采购，可以采用直接购买的方式

D．重要和技术性较强的采购业务应当组织专家进行论证并进行集体决策

【答案】ABCD

学堂点拨

上述措施均符合《企业内部控制应用指引第7号——采购业务》关于企业内部控制要求与措施，所以选项A、B、C和D正确。

知识点6　应用指引第8号——资产管理（★★★）

资产，是指企业拥有或控制的存货、固定资产和无形资产。

一、资产管理需关注的主要风险

（一）存货积压或短缺，可能导致流动资金占用过量、存货价值贬损或生产中断。

（二）固定资产更新改造不够、使用效能低下、维护不当、产能过剩，可能导致企业缺乏竞争力、资产价值贬损、安全事故频发或资源浪费。

（三）无形资产缺乏核心技术、权属不清、技术落后、存在重大技术安全隐患，可能导致企业法律纠纷、缺乏可持续发展能力。

二、内部控制要求与措施

表 7–11 资产管理的内部控制要求与措施

内控点	内控要求与措施	记忆点
存货	1. 企业应当采用先进的存货管理技术和方法，规范存货管理流程，明确各环节的管理要求，充分利用信息系统，强化会计、出入库等相关记录，确保存货管理全过程的风险得到有效控制。 2. 企业应当建立存货管理岗位责任制，切实做到不相容岗位相互分离、制约和监督。企业内部除存货管理、监督部门及仓储人员外，其他部门和人员接触存货，应当经过相关部门特别授权。 3. 企业应当重视存货验收工作。 外购存货的验收，应当重点关注合同、发票等原始单据与存货的数量、质量、规格等核对一致。 自制存货的验收，应当重点关注产品质量，通过检验合格的半成品、产成品才能办理入库手续，不合格品应及时查明原因、落实责任、报告处理。 其他方式取得存货的验收，应当重点关注存货来源、质量状况、实际价值是否符合有关合同或协议的约定。 4. 企业应当建立存货保管制度，定期对存货进行检查，重点关注下列事项： （1）存货在不同仓库之间流动时应当办理出入库手续； （2）应当按仓储物资所要求的储存条件贮存，并健全防火、防洪、防盗、防潮、防病虫害和防变质等管理规范； （3）加强生产现场的材料、周转材料、半成品等物资的管理，防止浪费、被盗和流失； （4）对代管、代销、暂存、受托加工的存货，应单独存放和记录，避免与本单位存货混淆； （5）结合企业实际情况，加强存货的保险投保，保证存货安全，合理降低存货意外损失风险。	1. 先进的存货管理技术和方法。 2. 建立存货管理岗位责任制。 3. 重视存货验收工作。 4. 建立存货保管制度。

（续上表）

内控点	内控要求与措施	记忆点
存货	5．企业应当明确存货发出和领用的审批权限，大批存货、贵重商品或危险品的发出应当实行特别授权。仓储部门应当根据经审批的销售（出库）通知单发出货物。 6．企业仓储部门应当详细记录存货入库、出库及库存情况，做到存货记录与实际库存相符，并定期与财会部门、存货管理部门进行核对。 7．合理确定存货采购日期和数量，确保存货处于最佳库存状态。 8．企业应当建立存货盘点清查制度。企业至少应当于每年年度终了开展全面盘点清查，盘点清查结果应当形成书面报告。	5．发出和领用的审批权限。 6．仓储部门详细记录存货入库、出库及库存情况并对账。 7．最佳库存状态。 8．建立存货盘点清查制度。
固定资产	1．加强各类固定资产的管理，重视固定资产维护和更新改造，不断提升固定资产的使用效能，积极促进固定资产处于良好运行状态。 2．企业应当制定固定资产目录，对每项固定资产进行编号，按照单项资产建立固定资产卡片。企业应当严格执行固定资产日常维修和大修理计划，定期对固定资产进行维护保养，切实消除安全隐患。 3．根据发展战略，充分利用国家有关自主创新政策，加大技改投入，不断促进固定资产技术升级，淘汰落后设备，切实做到保持本企业固定资产技术的先进性和企业发展的可持续性。 4．严格执行固定资产投保政策，对应投保的固定资产项目按规定程序进行审批，及时办理投保手续。 5．企业应当规范固定资产抵押管理，确定固定资产抵押程序和审批权限等。 6．企业应当建立固定资产清查制度，至少每年进行全面清查。	1．加强管理。 2．制定固定资产目录。 3．促进固定资产技术升级。 4．执行固定资产投保政策。 5．规范固定资产抵押管理。 6．建立固定资产清查制度。
无形资产	1．加强对品牌、商标、专利、专有技术、土地使用权等无形资产的管理。分类制定无形资产管理办法，落实无形资产管理责任制，促进无形资产有效利用，充分发挥无形资产对提升企业核心竞争力的作用。	1．加强无形资产的管理。

（续上表）

内控点	内控要求与措施	记忆点
无形资产	2．企业应当全面梳理外购、自行开发以及其他方式取得的各类无形资产的权属关系，加强无形资产权益保护，防范侵权行为和法律风险。无形资产具有保密性质的，应当采取严格保密措施，严防泄露商业秘密。 企业购入或者以支付土地出让金等方式取得的土地使用权，应当取得土地使用权有效证明文件。 3．对无形资产的先进性进行评估，淘汰落后技术，加大研发投入，促进技术更新换代，不断提升自主创新能力，努力做到核心技术处于同行业领先水平。 4．企业应当重视品牌建设，加强商誉管理。	2．梳理权属关系。严格保密。土地使用权应当取得有效证明文件。 3．加大研发投入。 4．品牌建设。

【例8-2016-多选题】下列各项关于企业存货管理内部控制措施的表述中，错误的有（　　）。

A．库存管理人员应经常抽时间对存货进行全面盘点清查

B．企业仓储部门应当详细记录存货入库、出库及库存情况，并定期和财会部门、存货管理部门进行核对

C．对代管、代销、暂存、受托加工的存货应该单独存放，其记录和会计核算可以和本单位存货合并处理

D．除仓储人员外，企业内部其他人员接触存货，应当经过相关部门的特别授权

【答案】ACD

学堂点拨

企业至少应当于每年年度终了之时开展全面盘点清查，选项A的说法错误；对于代管、代销、暂存、受托加工的存货，应单独存放和记录，避免与本单位存货混淆，选项C的说法错误；企业内部除存货管理、监督部门及仓储人员外，其他部门和人员接触存货，应当经过相关部门特别授权，选项D的说法错误。

【例9-2014-简答题】秦川公司是一家研发、制造和销售手机设备的上市公司。由于没有掌握核心技术，秦川公司只能从外部购买手机芯片。经测算，手机芯片占秦川公司手机生产成本的40%。秦川公司采购制度规定：每季度初，采购部经理以定向集中采购方式采购本季度生产所需要的数量较大的手机芯片；验收部门负责人对购进芯片的品

种、规格和数量进行验收，如果无误，在开具验收单后直接入库。

秦川公司仓库管理制度规定，仓库保管员同时负责登记手机芯片、手机成品等存货明细账，以便对仓库中的所有存货项目的验收、发出、存储进行永续记录。当收到验收部门送交的存货和验收单据后，仓库保管员根据验收单登记存货明细账。仓库保管员根据车间材料员填写的领料单和销售人员填写的销货单发出手机芯片和手机成品。仓库保管员在空闲时间对存货进行必要的实地盘点。

要求：

1．根据《企业内部控制应用指引第7号——采购业务》“内部控制要求与措施”，分析秦川公司在采购业务环节存在的内部控制弱点，并提出改进建议；

2．根据《企业内部控制应用指引第8号——资产管理》“内部控制要求与措施”，分析秦川公司在存货管理环节存在的内部控制弱点，并提出改进建议。

【答案】

1．根据《企业内部控制应用指引第7号——采购业务》，秦川公司在采购业务上存在以下内部控制弱点：

（1）采购部经理每季度初，以定向集中采购方式采购手机芯片的做法存在内部控制弱点。手机芯片采购属于公司重要和技术性较强的采购业务，应当组织相关专家进行论证，实行集体决策和审批；

（2）秦川公司缺乏采购申请制度，应当建立采购申请制度。秦川公司应依据购买物资或接受劳务的类型，确定归口管理部门，授予相应的请购权，明确相关部门或人员的职责权限及相应的请购和审批程序；

（3）秦川公司采购手机芯片没有合理选择采购方式。每季度手机芯片购买数量较大，应按大宗采购处理，采用招标方式来采购，合理确定招投标的范围、标准、实施程序和评标规则；

（4）采购的芯片到公司后的验收环节存在内部控制弱点。手机芯片技术性较强，且采购量较大，秦川公司的验收部门对手机芯片的品种、规格、数量、质量等相关内容进行验收，还应进行专业测试。

2．根据《企业内部控制应用指引第8号——资产管理》，秦川公司在存货管理环节存在以下内部控制弱点：

（1）保管员负责登记芯片、手机成品等存货明细账存在内部控制弱点。存货的保管和记账职责未进行分离，存货的保管和记账属于不相容职务，应该由不同的人来担任保管和记账职责；

（2）仓库保管员收到和领用存货环节存在内部控制弱点。仓库保管员收到存货时没有办理入库手续，而且领取原材料未进行审批控制。存货入库应该办理入库手续，同时领用原材料应该有审批制度；

（3）秦川公司的存货盘点存在内部控制弱点。仓库保管员有空闲时间也会对存货进行实地盘点的做法错误。公司应当建立存货定期盘点制度，至少应每年年末开展盘点清算，结果应当形成书面报告。

知识点7 应用指引第9号——销售业务（★★★）

一、销售业务需关注的主要风险

（一）销售政策和策略不当，市场预测不准确，销售渠道管理不当等，可能导致销售不畅、库存积压、经营难以为继。

（二）客户信用管理不到位，结算方式选择不当，账款回收不力等，可能导致销售款项不能收回或遭受欺诈。

（三）销售过程存在舞弊行为，可能导致企业利益受损。

二、内部控制要求与规范

表 7–12　销售业务的内部控制要求与规范

内控点	内控要求与规范	记忆点
销售	1. 企业应当加强市场调查，合理确定定价机制和信用方式，根据市场变化及时调整销售策略。企业应当健全客户信用档案。企业对于境外客户和新开发客户，应当建立严格的信用保证制度。 2. 在销售合同订立前，与客户进行业务洽谈、磋商或谈判，关注客户信用状况、销售定价、结算方式等相关内容。 　　重大的销售业务谈判应当吸收财会、法律等专业人员参加，并形成完整的书面记录。 　　销售合同应当明确双方的权利和义务，审批人员应当对销售合同草案进行严格审核。重要的销售合同，应当征询法律顾问或专家的意见。 3. 企业销售部门应当按照经批准的销售合同开具相关销售通知。	1. 确定定价机制和信用方式，调整销售策略。健全客户信用档案。严格的信用保证制度。 2. 业务谈判。 3. 销售通知。

（续上表）

内控点	内控要求与规范	记忆点
销售	发货和仓储部门应当对销售通知进行审核，严格按照所列项目组织发货，确保货物的安全发运。 企业应当加强销售退回管理。 企业应当严格按照发票管理规定开具销售发票。严禁开具虚假发票。 4．做好销售业务各环节的记录，填制相应的凭证，设置销售台账，实行全过程的销售登记制度。 5．企业应当完善客户服务制度，加强客户服务和跟踪，提升客户满意度和忠诚度，不断改进产品质量和服务水平。	4．销售业务各环节的记录。 5．客户服务制度。
收款	1．企业应当完善应收款项管理制度，严格考核，实行奖惩。 销售部门负责应收款项的催收，催收记录（包括往来函电）应妥善保存；财会部门负责办理资金结算并监督款项回收。 2．企业应当加强商业票据管理，防止票据欺诈。 企业应当关注商业票据的取得、贴现和背书，对已贴现但仍承担收款风险的票据以及逾期票据，应当进行追索监控和跟踪管理。 3．企业应当加强对销售、发货、收款业务的会计系统控制。指定专人通过函证等方式，定期与客户核对应收账款、应收票据、预收账款等往来款项。加强应收款项坏账的管理。	1．完善应收款项管理制度。 2．加强商业票据管理。 3．加强会计系统控制。

【例10–单选题】下列各项关于企业销售业务内部控制的表述中，正确的是（　　）。

A．企业对于已贴现的票据和逾期票据，应进行追索监控和跟踪管理

B．企业财会部门负责办理往来资金结算，同时负责应收账款的催收

C．企业销售业务谈判应当吸收财会、法律等专业人员参加，并形成完整的书面记录

D．企业对于境外客户和新开发客户，应该建立严格的信用保证制度

【答案】D

学堂点拨

对已贴现但仍承担收款风险的票据以及逾期票据，应当进行追索监控和跟踪管理，选项A错误；销售部门负责应收款项的催收，选项B错误；重大销售业务谈判应当吸收财会、法律等专业人员的参加，并形成完整的书面记录，选项C错误。

【例11-2015-简答题】东方公司是一家中等规模的地方炼油企业，产品包括汽油、柴油等主要产品及其副产品，在本省以及周边省份出售给经销商或终端客户。

东方公司面临的竞争压力既来自国有特大型炼油企业，还来自本省数量众多的其他炼油企业。为了掌握销售主动权和吸引客户，公司销售政策规定：对于资产额在1 000万元至3 000万元的客户，给予50万元的赊销额度；对于资产额在3 000万元至1亿元的客户，给予100万元的赊销额度；对于资产额在1亿元以上的客户，给予200万元的赊销额度。公司对销售程序作出如下规定：

客户申请赊销额度时，需提供经审计的上一年度资产负债表，由销售部负责审核。额度经公司批准后，不得变更。销售部负责客户信用档案的管理，对于重要客户的资信材料一般情况下不得变更。同时，对于所有客户都建立严格的信用保证制度。

重大的销售业务须由销售部开具销售订单，订单上的内容包括：销售日期、客户名称、产品名称、产品单价、总价款、付款方式。销售订单经客户签字盖章，交由公司销售部部长加盖销售专用章后生效。

由财务部门定期与客户进行对账并负责催收。

要求：

1．根据《企业内部控制应用指引第9号——销售业务》，简要分析东方公司制定赊销政策所防范的主要风险；

2．根据《企业内部控制应用指引第9号——销售业务》，分析东方公司销售程序规定中存在的内部控制弱点，并提出改进建议。

【答案】

1．根据《企业内部控制应用指引第9号——销售业务》，东方公司赊销业务需防范的主要风险是：销售政策和策略不当、市场预测不准确或销售渠道管理不当等可能导致销售不畅、库存积压、经营难以为继的风险以及客户信用管理不到位，结算方式选择不当，账款回收不力等，可能导致销售款项不能收回或遭受欺诈。

2．根据《企业内部控制应用指引第9号——销售业务》“内部控制要求与规范”，东方公司销售程序规定中存在以下内部控制弱点：

（1）由于赊销额度经公司批准后，不得变更，造成公司未根据市场变化及时调整信用销售的策略，存在内部控制弱点。公司应当加强市场调查，合理确定信用方式，并根据市场变化及时调整信用销售的策略；

（2）销售部负责客户信用档案的管理，对于重要客户的资信材料，一般情况下不得变更，这一规定存在内部控制弱点。公司应当健全客户的信用档案，关注重要客户资信变动情况，采取有效措施，防范信用风险；

（3）公司对所有客户都建立了严格的信用保证制度，不能灵活运用信用销售等策略促进销售目标实现，存在内部控制弱点。企业应当对客户进行分类，对于境外客户和新开发的客户，应当建立严格的信用保证制度；

（4）重大的销售业务仅由销售部门参与，存在内部控制弱点。重大的销售业务谈判应当吸收财会、法律等专业人员参加，并形成完整的书面记录，审批人员应当对销售合同草案进行严格审核；

（5）公司规定由财务部门负责催收应收账款，存在内部控制弱点。应当由销售部门负责应收账款的催收，财务部门负责办理资金结算并监控款项的回收。

知识点8 应用指引第11号——工程项目（★★★）

一、工程项目需关注的主要风险

（一）立项缺乏可行性研究或者可行性研究流于形式，决策不当，盲目上马，可能导致难以实现预期效益或项目失败。

（二）项目招标暗箱操作，存在商业贿赂，可能导致中标人实质上难以承担工程项目、中标价格失实及相关人员涉案。

（三）工程造价信息不对称，技术方案不落实，概预算脱离实际，可能导致项目投资失控。

（四）工程物资质次价高，工程监理不到位，项目资金不落实，可能导致工程质量低劣，进度延迟或中断。

（五）竣工验收不规范，最终把关不严，可能导致工程交付使用后存在重大隐患。

二、内部控制要求与规范

表 7–13　工程项目的内部控制要求与规范

内控点	内控要求与规范	记忆点
工程立项	1. 指定专门机构归口管理工程项目，根据发展战略和年度投资计划，提出项目建议书，开展可行性研究，编制可行性研究报告。可委托具有相应资质的专业机构开展可行性研究。	1. 可行性研究。

（续上表）

内控点	内控要求与规范	记忆点
工程立项	2. 对项目建议书和可行性研究报告进行充分论证和评审。可委托具有相应资质的专业机构对可行性研究报告进行评审。从事项目可行性研究的专业机构不得再从事可行性研究报告的评审。 3. 按照规定的权限和程序对工程项目进行决策，决策过程应有完整的书面记录。 重大工程项目的立项，应当报经董事会或类似权力机构集体审议批准。总会计师或分管会计工作的负责人应当参与项目决策。任何个人不得单独决策或者擅自改变集体决策意见。 4. 企业应当在工程项目立项后、正式施工前，依法取得建设用地、城市规划、环境保护、安全、施工等方面的许可。	2. 论证和评审。 3. 决策。 4. 取得许可。
工程招标	1. 企业的工程项目一般应当采用公开招标的方式，择优选择具有相应资质的承包单位和监理单位。 在选择承包单位时，企业可以将工程的勘察、设计、施工、设备采购一并发包给一个项目总承包单位，也可以将其中的一项或者多项发包给一个工程总承包单位，但不得违背工程施工组织设计和招标设计计划，将应由一个承包单位完成的工程肢解为若干部分发包给几个承包单位。 可以根据项目特点决定是否编制标底。需要编制标底的，标底编制过程和标底应当严格保密。 在确定中标人之前，企业不得与投标人就投标价格、投标方案等实质性内容进行谈判。 2. 企业应当依法组织工程招标的开标、评标和定标，并接受有关部门的监督。 3. 企业应当依法组建评标委员会。评标委员会应当按照招标文件确定的标准和方法，对投标文件进行评审和比较，择优选择中标候选人。 4. 评标委员会成员和参与评标的有关工作人员不得透露对投标文件的评审和比较、中标候选人的推荐情况以及与评标有关的其他情况，不得私下接触投标人，不得收受投标人的财物或者其他好处。	1. 公开招标。 2. 依法组织工程招标的开标、评标和定标。 3. 组建评标委员会。 4. 评标委员会成员和参与评标的有关工作人员“三不得”。

（续上表）

内控点	内控要求与规范	记忆点
工程招标	5. 企业应当按照规定的权限和程序从中标候选人中确定中标人，及时向中标人发出中标通知书，在规定的期限内与中标人订立书面合同，明确双方的权利、义务和违约责任。企业和中标人不得再行订立背离合同实质性内容的其他协议。	5. 确定中标人。
工程造价	1. 企业应当加强工程造价管理，明确初步设计概算和施工图预算的编制方法。按照规定的权限和程序进行审核批准。 企业可以委托具备相应资质的中介机构开展工程造价咨询工作。 2. 企业应当向招标确定的设计单位提供详细的设计要求和基础资料，进行有效的技术、经济交流。 3. 企业应当建立设计变更管理制度。 4. 组织工程、技术、财会等部门的相关专业人员或委托具有相应资质的中介机构对编制的概预算进行审核。 工程项目概预算按照规定的权限和程序审核批准后执行。	1. 加强工程造价管理。 2. 提供详细的设计要求和基础资料。 3. 设计变更管理制度。 4. 概预算审核。
工程建设	1. 加强对工程建设过程的监控，实行严格的概预算管理，切实做到及时备料，科学施工，保障资金，落实责任，确保工程项目达到设计要求。 2. 按照合同约定，企业自行采购工程物资的，应当按照《企业内部控制应用指引第7号——采购业务》等相关指引的规定，组织工程物资采购、验收和付款；由承包单位采购工程物资的，企业应当加强监督，确保工程物资采购符合设计标准和合同要求。严禁不合格工程物资投入工程项目建设。重大设备和大宗材料的采购应当根据有关招标采购的规定执行。 3. 企业应当实行严格的工程监理制度，委托经过招标确定的监理单位进行监理。 未经工程监理人员签字，工程物资不得在工程上使用或者安装，不得进行下一道工序施工，不得拨付工程价款，不得进行竣工验收。 4. 企业财会部门应当加强与承包单位的沟通，准确掌握工程进度，根据合同约定，按照规定的审批权限和程序办理工程价款结算，不得无故拖欠。 5. 企业应当严格控制工程变更。 重大的项目变更应当按照项目决策和概预算控制的有关程序和要求重新履行审批手续。	1. 加强工程建设的监控。 2. 物资采购。 3. 工程监理制度。 4. 财会部门掌握工程进度，办理工程价款结算。 5. 严格控制工程变更。

（续上表）

内控点	内控要求与规范	记忆点
工程建设	因工程变更等原因造成价款支付方式及金额发生变动的，应当提供完整的书面文件和其他相关资料，并对工程变更价款的支付进行严格审核。	
工程验收	1．企业收到承包单位的工程竣工报告后，应当及时编制竣工决算，开展竣工决算审计，组织设计、施工、监理等有关单位进行竣工验收。 2．企业应当组织审核竣工决算。企业应当加强竣工决算审计，未实施竣工决算审计的工程项目，不得办理竣工验收手续。 3．企业应当及时组织工程项目竣工验收。 4．企业应当按照国家有关档案管理的规定，及时收集、整理工程建设各环节的文件资料，建立完整的工程项目档案。 5．企业应当建立完工项目后评估制度。	1．编制竣工决算，开展竣工决算审计。 2．审核竣工决算。 3．组织竣工验收。 4．建立档案。 5．建立完工项目后评估制度。

【例12-2016-多选题】下列各项对企业工程项目内部控制措施的表述中，错误的有（　　）。

A．工程项目的立项，应当报董事会或类似权力机构集体审议批准

B．确定工程项目中标人之前，企业可以与投标人就投标方案进行谈判

C．从事工程项目可行性研究的专业机构不得再从事可行性研究报告的评审

D．工程项目招标前，企业可以根据项目特点决定是否编制标底

【答案】AB

学堂点拨

重大工程项目的立项，应当报经董事会或类似权力机构集体审议批准，选项A的表述错误；在确定中标人之前，企业不得与投标人就投标价格、投标方案等实质性内容进行谈判，选项B的表述错误。

【例13-2016-多选题】根据我国《企业内部控制应用指引第11号——工程项目》，下列各项中，属于需要分离的不相容职务有（　　）。

A．概预算编制与审核　　　　B．项目实施与价款支付

C．可行性研究与业务执行　　D．竣工决算与审计

【答案】ABD

学堂点拨

企业应当建立和完善工程项目各项管理制度，全面梳理各个环节可能存在的风险点，规范工程立项、招标、造价、建设、验收等环节的工作流程，明确相关部门和岗位的职责、权限，做到可行性研究与决策、概预算编制与审核、项目实施与价款支付、竣工决算与审计等不相容职务相互分离，强化工程建设全过程的监控，确保工程项目的质量、进度和资金安全，选项A、B和D正确，不相容职务不包括可行性研究与业务执行。

知识点9 应用指引第12号——担保业务（★★★）

担保，是指企业作为担保人按照公平、自愿、互利的原则与债权人约定，当债务人不履行债务时，依照法律规定和合同协议承担相应法律责任的行为。

一、办理担保业务需关注的主要风险

（一）对担保申请人的资信状况调查不深，审批不严或越权审批，可能导致企业担保决策失误或遭受欺诈。

（二）对被担保人出现财务困难或经营陷入困境等状况监控不力，应对措施不当，可能导致企业承担法律责任。

（三）担保过程中存在舞弊行为，可能导致经办审批等相关人员涉案或企业利益受损。

二、内部控制要求与措施

表 7–14 担保业务的内部控制要求与措施

内控点	内控要求与措施	记忆点
调查评估与审批	1. 指定相关部门负责办理担保业务，对担保申请人进行资信调查和风险评估，评估结果应出具书面报告。 可委托中介机构对担保业务进行资信调查和风险评估工作。 企业在对担保申请人进行资信调查和风险评估时，应当重点关注以下事项： （1）担保业务是否符合国家法律法规和本企业担保政策等相关要求；	1. 资信调查和风险评估。

（续上表）

内控点	内控要求与措施	记忆点
调查评估与审批	（2）担保申请人的资信状况。一般包括：基本情况、资产质量、经营情况、偿债能力、盈利水平、信用程度和行业前景等； （3）担保申请人用于担保和第三方担保的资产状况及其权利归属； （4）企业要求担保申请人提供反担保的，还应当对与反担保有关的资产状况进行评估。 反担保是指债务人或第三人向担保人作出保证或设定物的担保，在担保人因清偿债务人的债务而遭受损失时，债务人向担保人作出清偿。 2．企业对担保申请人出现以下情形之一的，不得提供担保： （1）担保项目不符合国家法律法规和本企业担保政策的； （2）已进入重组、托管、兼并或破产清算程序的； （3）财务状况恶化、资不抵债、管理混乱、经营风险较大的； （4）与其他企业存在较大经济纠纷，面临法律诉讼且可能承担较大赔偿责任的； （5）与本企业已经发生过担保纠纷且仍未妥善解决的，或不能及时足额缴纳担保费用的。 3．企业应当建立担保授权和审批制度。不得超越权限审批。重大担保业务，应当报经董事会或类似权力机构批准。对于审批人超越权限审批的担保业务，经办人员应当拒绝办理。 4．企业应当采取合法有效的措施加强对子公司担保业务的统一监控。 （1）企业内设机构未经授权不得办理担保业务。 （2）企业为关联方提供担保的，与关联方存在经济利益或近亲属关系的有关人员在评估与审批环节应当回避。 （3）对境外企业进行担保的，应当遵守外汇管理规定，并关注被担保人所在国家的政治、经济、法律等因素。 5．被担保人要求变更担保事项的，企业应当重新履行调查评估与审批程序。	2．不得提供担保的情形。 3．建立担保授权和审批制度。 4．加强对子公司担保业务的统一监控。 5．重新履行调查评估与审批程序。

（续上表）

内控点	内控要求与措施	记忆点
执行与监控	1. 企业应当根据审核批准的担保业务订立担保合同。 2. 企业担保经办部门应当加强担保合同的日常管理，定期监测被担保人的经营情况和财务状况，对被担保人进行跟踪和监督。 3. 企业应当加强对担保业务的会计系统控制。 4. 企业应当加强对反担保财产的管理。 5. 企业应当建立担保业务责任追究制度。 6. 企业应当在担保合同到期时，全面清查用于担保的财产、权利凭证，按照合同约定及时终止担保关系。企业应当妥善保管担保合同、与担保合同相关的主合同、反担保函或反担保合同，以及抵押、质押的权利凭证和有关原始资料，切实做到担保业务档案完整无缺。	1. 订立担保合同。 2. 担保合同的日常管理。 3. 会计系统控制。 4. 对反担保财产的管理。 5. 责任追究制度。 6. 及时终止担保关系、保管权利凭证和有关原始资料。

【例14-2016-单选题】下列各项关于企业担保业务内部控制的表述中正确的是（　　）。

A. 重大担保业务由总经理审批

B. 在采取相应措施的情况下，可以给经营风险较大的企业进行担保

C. 企业的内设机构不得办理担保业务

D. 被担保人被要求变更担保事项的，企业应当重新履行评估的审批程序

【答案】D

学堂点拨

重大担保业务，应当报经董事会或类似权力机构批准，选项A错误。对于财务状况恶化、资不抵债、管理混乱、经营风险较大的担保申请人不得提供担保，选项B错误。企业内设机构未经授权不得办理担保业务，选项C错误。

知识点10 应用指引第14号——财务报告（★★）

财务报告，是指反映企业某一特定日期财务状况和某一会计期间经营成果、现金流量的文件。

一、编制、对外提供和分析利用财务报告需关注的主要风险

（一）编制财务报告违反会计法律法规和国家统一的会计准则制度，可能导致企业

承担法律责任和声誉受损。

（二）提供虚假财务报告，误导财务报告使用者，造成决策失误，干扰市场秩序。

（三）不能有效利用财务报告，难以及时发现企业经营管理中存在的问题，可能导致企业财务和经营风险失控。

二、内部控制要求与措施

表 7–15 财务报告的内部控制要求与措施

内控点	内控要求与措施	记忆点
财务报告的编制	1．企业编制财务报告，应当重点关注会计政策和会计估计，对财务报告产生重大影响的交易和事项的处理应当按照规定的权限和程序进行审批。在编制年度财务报告前，应当进行必要的资产清查、减值测试和债权债务核实。 2．企业应当按照国家统一的会计准则制度规定，根据登记完整、核对无误的会计账簿记录和其他有关资料编制财务报告。 3．企业财务报告列示的资产、负债、所有者权益金额应当真实可靠。 4．企业财务报告应当如实列示当期收入、费用和利润。 5．企业应当按照规定划清经营活动、投资活动和筹资活动现金流量的界限。 6．企业应当按照国家统一的会计准则制度编制附注。 7．企业集团应当编制合并财务报表，明确合并财务报表的合并范围和合并方法，如实反映企业集团的财务状况、经营成果和现金流量。 8．企业编制财务报告，应当充分利用信息技术，提高工作效率和工作质量，减少或避免编制差错和人为调整因素。	1．会计政策和会计估计。 2．根据会计账簿记录和其他有关资料编制财务报告。 3．资产、负债、所有者权益。 4．收入、费用和利润。 5．经营活动、投资活动和筹资活动现金流量。 6．附注。 7．合并财务报表。 8．利用信息技术。
财务报告的对外提供	1．企业应当依照法律法规和国家统一的会计准则制度的规定，及时对外提供财务报告。 2．企业财务报告编制完成后，应当装订成册，加盖公章，由企业负责人、总会计师或分管会计工作的负责人、财会部门负责人签名并盖章。 3．财务报告须经注册会计师审计的，注册会计师及其所在的事务所出具的审计报告，应当随同财务报告一并提供。	1．及时对外提供财务报告。 2．签名并盖章。 3．审计。

（续上表）

内控点	内控要求与措施	记忆点
财务报告的分析利用	1．企业应当重视财务报告分析工作，定期召开财务分析会议，充分利用财务报告反映的综合信息，全面分析企业的经营管理状况和存在的问题，不断提高经营管理水平。 2．企业应当分析企业的资产分布、负债水平和所有者权益结构，通过指标分析企业的偿债能力和营运能力；分析企业净资产的增减变化，了解和掌握企业规模和净资产的不断变化过程。 3．企业应当分析各项收入、费用的构成及其增减变动情况，通过指标分析企业的盈利能力和发展能力，了解和掌握当期利润增减变化的原因和未来发展趋势。 4．企业应当分析经营活动、投资活动、筹资活动现金流量的运转情况，重点关注现金流量能否保证生产经营过程的正常运行，防止现金短缺或闲置。 5．定期的财务分析应当形成分析报告，构成内部报告的组成部分。	1．定期财务分析会议。 2．分析资产分布、负债水平和所有者权益结构；分析企业净资产。 3．分析收入、费用。 4．分析经营活动、投资活动、筹资活动现金流量。 5．分析报告。

【例15-2014-单选题】下列选项中，符合《企业内部控制应用指引第14号——财务报告》规定的是（　　）。

A．在编制年度财务报告后，进行资产清查和资产减值测试

B．企业应当根据已批准的全面预算编制财务报告

C．对财务报告可能产生重大影响的会计政策，按规定权限和程序审批后执行

D．财务报告编制完成后，加盖公章由总会计师签名并盖章后即可对外提供

【答案】C

学堂点拨

企业在编制年度财务报告前，进行资产清查和资产减值测试和债权债务核实，选项A错误；企业应当按照国家统一的会计准则制度规定，根据登记完整、核对无误的会计账簿记录和其他有关资料编制财务报告，做到内容完整、数字真实、计算准确，不得漏报或者随意进行取舍，并不需要根据已批准的全面预算编制财务报告，选项B错误；企业财务报告编制完成后，应当装订成册，加盖公章，由企业负责人、总会计师或分管会计工作的负责人、财会部门负责人签名并盖章。财务报告须经注册会计师审计的，注册会计师及其所在的事务所出具的审计报告，应当随同财务报告一并提供，选项D错误。

知识点11 应用指引第15号——全面预算（★★★）

全面预算，是指企业对一定期间经营活动、投资活动、财务活动等做出的预算安排。

一、实行全面预算管理需关注的主要风险

（一）不编制预算或预算不健全，可能导致企业经营缺乏约束或盲目经营。

（二）预算目标不合理、编制不科学，可能导致企业资源浪费或发展战略难以实现。

（三）预算缺乏刚性、执行不力、考核不严，可能导致预算管理流于形式。

二、内部控制要求与措施

企业应当加强全面预算工作的组织领导，明确预算管理体制以及各预算执行单位的职责权限、授权批准程序和工作协调机制。

企业应当设立预算管理委员会履行全面预算管理职责，其成员由企业负责人及内部相关部门负责人组成。

预算管理委员会主要的职责有：

（一）拟定预算目标和预算政策，制定预算管理的具体措施和办法；

（二）组织编制、平衡预算草案；

（三）下达经批准的预算，协调解决预算编制和执行中的问题；

（四）考核预算执行情况，督促完成预算目标。

预算管理委员会下设预算管理工作机构，由其履行日常管理职责。预算管理工作机构一般设在财会部门。

会计师或分管会计工作的负责人应当协助企业负责人负责企业全面预算管理工作的组织领导。

表 7-16 全面预算的内部控制要求与措施

内控点	内控要求与措施	记忆点
预算编制	1. 建立和完善预算编制工作制度；应当于预算年度开始前完成全面预算草案的编制工作。 2. 根据发展战略和年度生产经营计划，综合考虑预算期内经济政策、市场环境等因素，明确预算编制依据、按照上下结合、分级编制、逐级汇总的程序，编制年度全面预算。 3. 预算管理委员会对预算管理工作机构提交的预算方案进行研究论证，形成全面预算草案，提交董事会。	1. 预算编制工作制度。 2. 编制年度全面预算。 3. 预算管理委员会研究论证。

（续上表）

内控点	内控要求与措施	记忆点
预算编制	4．董事会审核全面预算草案，重点关注科学性和可行性，确保全面预算与企业发展战略、年度经营计划相协调。全面预算应当按照相关法律法规及企业章程的规定报经审议批准。批准后，应当以文件形式下达执行。	4．审核、批准。
预算执行	1．企业应当加强对预算执行的管理。明确预算指标分解方式、预算执行审批权限和要求、预算执行情况报告等，落实预算执行责任制，确保预算刚性，严格预算执行。 2．各预算执行单位将预算指标横向和纵向分解。企业应当以年度预算作为组织、协调各项生产经营活动的基本依据。 3．根据全面预算管理要求，组织各项活动，严格预算执行和控制。加强资金收付业务的预算控制，及时组织资金收入；严格控制资金支付，调节资金收付平衡，防范支付风险；对于超预算或预算外的资金支付，实行严格的审批制度。 4．企业预算管理工作机构应当加强与各预算执行单位的沟通。 5．企业预算管理工作机构和各预算执行单位应当建立预算执行情况分析制度，定期召开预算执行分析会议。从定量和定性两个层面充分反映预算执行单位的现状、发展趋势及其存在的潜力。 6．预算不得随意调整。预算执行发生重大差异确需调整预算的，应当履行严格的审批程序。	1．预算执行的管理。 2．预算指标横向和纵向分解。 3．严格预算执行和控制。 4．沟通。 5．定期召开预算执行分析会议。 6．预算不得随意调整。
预算考核	1．企业应当建立严格的预算执行考核制度，对各预算执行单位和个人进行考核。 2．预算管理委员会定期组织预算执行情况考核，将各预算执行单位负责人签字上报的预算执行报告和已掌握的动态监控信息进行核对，确认各执行单位预算完成情况。必要时，实行预算执行情况内部审计制度。 3．考核过程及结果应有完整记录。	1．预算执行考核制度。 2．定期组织预算执行情况考核。 3．记录。

【例16-2015-单选题】下列各项中，符合《企业内部控制应用指引第15号——全面预算》规定的是（　　）。

A．公司的股东大会负责审核全面预算草案

B．公司预算管理工作机构一般设在财会部门

C．公司预算管理委员会成员由企业财务负责人及内部相关部门负责人组成

D．由于市场环境等客观因素导致预算执行发生重大差异确需调整时，可由公司财务经理调整预算

【答案】B

学堂点拨

企业预算管理委员会应当对预算管理工作机构在综合平衡基础上提交的预算方案进行研究论证，从企业发展全局角度提出建议，形成全面预算草案，并提交董事会，选项A错误。企业应当设立预算管理委员会履行全面预算管理职责，其成员由企业负责人及内部相关部门负责人组成，选项C错误。由于市场环境、国家政策或不可抗力等客观因素，导致预算执行发生重大差异确需调整预算的，应当履行严格的审批程序，选项D错误。

【例17-2014-单选题】下列各项中，不符合《企业内部控制应用指引第15号——全面预算》要求的是（　　）。

A．预算管理工作机构设在财会部门

B．对投融资项目等重大预算项目，进行密切跟踪和严格监控

C．企业董事会审核全面预算草案

D．预算管理委员会成员由企业独立董事组成

【答案】D

学堂点拨

企业应当设立预算管理委员会履行全面预算管理职责，其成员由企业负责人及内部相关部门负责人组成，选项D是答案。

【例18-2016-简答题】华星公司成立于2011年，是一家致力于汽车零配件研发、生产与销售的公司。2015年，公司拟实行全面预算管理体系，并于2015年年底由财务总监牵头各部门负责人成立预算管理小组，该小组根据公司的发展战略与经营计划直接编制2016年年度预算草案，由总经理审核通过并下发给各部门。公司给销售部门下达的2016年预算收入指标为5 000万元。2016年6月，甲公司采购员李某联系华星公司销售员张某，表示需要采购一批价值300万元的汽车零件，李某承诺先交付定金30万元，余款3个月内偿还。这几年甲公司李某向华星公司几次大规模订购货物，是华星公司的重要客户，在华星公司的信用不错，双方合作愉快。销售员张某认为李某很有购买诚意，该业务又是公司的重要销售业务，就直接与甲公司签订了购销合同，并电话通知仓储部门按合同3天内发送甲公司全部货物。甲公司3个月后并未支付余款。华星公司财务部联系甲公司催收货款，发现甲公司2016年2月已经陷入财务危机，8月份已经处于破产清算状态，华星公司只能全部计提坏账准备。受甲公司事件的影响，10月份销售部门发现今年

预算难以完成，自行将预算额调整为4 500万元，并就详细情况通报了预算管理小组。

要求：

1．根据《企业内部控制应用指引第9号——销售业务》，简要分析在销售环节中存在的内部控制缺陷。

2．根据《企业内部控制应用指引第15号——全面预算》，简要分析在预算管理中存在的内部控制缺陷。

【答案】

1．（1）企业在销售合同订立前，应当与客户进行业务洽谈、磋商或谈判，关注客户信用状况、销售定价、结算方式等相关内容。重大的销售业务谈判应当吸收财会、法律等专业人员参加，并形成完整的书面记录。审批人员应当对销售合同草案进行严格审核。

“销售员张某认为李某很有购买诚意，该业务又是公司的重要销售业务，就直接与甲公司签订了购销合同”存在内部控制缺陷。

销售员张某并没有按照规定与客户进行业务洽谈、磋商或谈判，关注客户信用状况、销售定价、结算方式等相关内容，该业务属于公司的重要销售业务，却未吸收财会、法律等专业人员参加，未形成完整的书面记录。审批人员也没有对销售合同草案进行严格审核，上述内容均存在内部控制缺陷。

（2）企业销售部门应当按照经批准的销售合同开具相关销售通知。发货和仓储部门应当对销售通知进行审核，严格按照所列项目组织发货，确保货物的安全发运。

“并电话通知仓储部门按合同3天内发送甲公司全部货物”存在内部控制缺陷。仓储部门发货没有经过审批，存在内部控制缺陷。

（3）企业应当完善应收款项管理制度，严格考核，实行奖惩。销售部门负责应收款项的催收，催收记录（包括往来函电）应妥善保存；财会部门负责办理资金结算并监督款项回收。

“华星公司财务部联系甲公司催收货款”，所以财务部催收货款存在内部控制缺陷。

2．（1）企业应当设立预算管理委员会履行全面预算管理职责，其成员由企业负责人及内部相关部门负责人组成。

“于2015年年底由财务总监牵头各部门负责人成立预算管理小组，该小组根据公司的发展战略与经营计划直接编制2016年年度预算草案”存在内部控制缺陷。

（2）企业董事会审核全面预算草案，应当重点关注预算科学性和可行性，确保全面预算与企业发展战略、年度生产经营计划相协调。企业全面预算应当按照相关法律法规及企业章程的规定报经审议批准。预算管理委员会下达经批准的预算。

“2016年年度预算草案，由总经理审核通过并下发给各部门”。因此，由总经理审核通过并下发存在内部控制缺陷。

（3）企业批准下达的预算应当保持稳定，不得随意调整。由于市场环境、国家政策或不可抗力等客观因素，导致预算执行发生重大差异确需调整预算的，应当履行严格的审批程序。

“10月份销售部发现今年预算难以完成，自行将预算额调整为4 500万元，并就详细情况通报了预算管理小组”存在内部控制缺陷。销售部自行修改预算指标，虽通报了预算管理小组，但仍存在内部控制缺陷。

知识点12 应用指引第16号——合同管理（★★★）

合同，是指企业与自然人、法人及其他组织等平等主体之间设立、变更、终止民事权利义务关系的协议。企业与职工签订的劳动合同，不适用本指引。

一、合同管理需关注的主要风险

（一）未订立合同、未经授权对外订立合同、合同对方主体资格未达要求、合同内容存在重大疏漏和欺诈，可能导致企业合法权益受到侵害。

（二）合同未全面履行或监控不当，可能导致企业诉讼失败、经济利益受损。

（三）合同纠纷处理不当，可能损害企业利益、信誉和形象。

二、内部控制要求与措施

表 7–17 合同管理的内部控制要求与措施

内控点	内控要求与措施	记忆点
合同的订立	1. 企业对外发生经济行为，除即时结清方式外，应当订立书面合同。合同订立前，应当充分了解合同对方的主体资格、信用状况等有关内容，确保对方当事人具备履约能力。对于影响重大、涉及较高专业技术或法律关系复杂的合同，应当组织法律、技术、财会等专业人员参与谈判，必要时可聘请外部专家参与相关工作。 谈判过程中的重要事项和参与谈判人员的主要意见，应当予以记录并妥善保存。	1. 订立书面合同。

（续上表）

内控点	内控要求与措施	记忆点
合同的订立	2. 企业应当根据协商、谈判等的结果，拟订合同文本。合同文本一般由业务承办部门起草、法律部门审核。重大合同或法律关系复杂的特殊合同应当由法律部门参与起草。国家或行业有合同示范文本的，可以优先选用。合同文本须报经国家有关主管部门审查或备案的，应当履行相应程序。 3. 企业应当对合同文本进行严格审核。对影响重大或法律关系复杂的合同文本，应当组织内部相关部门进行审核。 4. 企业应当按照规定的权限和程序与对方当事人签署合同。正式对外订立的合同，应当由企业法定代表人或由其授权的代理人签名或加盖有关印章。授权签署合同的，应当签署授权委托书。 属于上级管理权限的合同，下级单位不得签署。 下级单位认为确有需要签署涉及上级管理权限的合同，应当提出申请，并经上级合同管理机构批准后办理。上级单位应当加强对下级单位合同订立、履行情况的监督检查。 5. 企业应当建立合同专用章保管制度。合同经编号、审批及企业法定代表人或由其授权的代理人签署后，方可加盖合同专用章。 6. 企业应当加强合同信息安全保密工作，未经批准，不得以任何形式泄露合同订立与履行过程中涉及的商业秘密或国家机密。	2. 拟订合同文本。业务承办部门起草、法律部门审核。 3. 审核。 4. 签署合同。 5. 合同专用章保管制度。 6. 合同信息安全保密工作。
合同的履行	1. 遵循诚实信用原则严格履行合同，对合同履行实施有效监控，强化对合同履行情况及效果的检查、分析和验收，确保合同全面有效履行。 2. 在合同履行过程中发现有显失公平、条款有误或对方有欺诈行为等情形，或因政策调整、市场变化等客观因素，已经或可能导致企业利益受损，应当按规定程序及时报告，并经双方协商一致，按照规定权限和程序办理合同变更或解除事宜。 3. 企业应当加强合同纠纷管理，在履行合同过程中发生纠纷的，应当依据国家相关法律法规，在规定时效内与对方当事人协商并按规定权限和程序及时报告。合同纠纷经协商一致的，双方应当签订书面协议。合同纠纷经协商无法解决的，应当根据合同约定选择仲裁或诉讼方式解决。 企业内部授权处理合同纠纷的，应当签署授权委托书。 4. 企业财会部门应当根据合同条款审核后办理结算业务。	1. 履行合同、有效监控。 2. 合同变更或解除。 3. 合同纠纷管理。 4. 财会部门办理结算业务。

（续上表）

内控点	内控要求与措施	记忆点
合同的履行	5．合同管理部门应当加强合同登记管理，充分利用信息化手段，定期对合同进行统计、分类和归档，详细登记合同的订立、履行和变更等情况，实行合同的全过程封闭管理。 6．企业应当建立合同履行情况评估制度，至少于每年年末对合同履行的总体情况和重大合同履行的具体情况进行分析评估，对分析评估中发现合同履行中存在的不足，应当及时加以改进。企业应当健全合同管理考核与责任追究制度。	5．合同登记管理。 6．合同履行情况评估制度。

【例19-2016-单选题】下列各项关于企业合同管理内部控制的表述中，正确的是（　　）。

A．企业对外发生经济行为，必须订立书面合同

B．正式对外订立的合同，必须由企业法定代表人签名并加盖有关印章

C．公司文本一般由法律部门起草，总经理审核

D．企业对影响重大或法律关系复杂的合同文本，应该组织内部有关部门进行审核

【答案】D

学堂点拨

企业对外发生经济行为，除即时结清方式外，应当订立书面合同，选项A错误。正式对外订立的合同，应当由企业法定代表人或由其授权的代理人签名或加盖有关印章，选项B错误。合同文本一般由业务承办部门起草、法律部门审核，选项C错误。重大合同或法律关系复杂的特殊合同应当由法律部门参与起草，选项D正确。

第四节　内部控制评价与审计

知识点1　内部控制评价（★★）

内部控制自我评价是由企业董事会和管理层实施的。

进行评价的具体内容应围绕《基本规范》提及的内部控制五个要素，即内部环境、风险评估、控制活动、信息与沟通、内部监督，以及《基本规范》及《应用指引》中的内容。

在确定具体内容后，企业应制定内部控制评价程序，对内部控制有效性进行全面评价，包括财务报告内部控制有效性和非财务报告内部控制有效性，同时为内部评价工作形成工作底稿，详细记录企业执行评价工作的内容，包括评价要素、关键风险点、采取的控制措施、有关证据资料以及认定结果等。

企业还应在评价工作中明确内部控制缺陷的认定准则。

完成评价后，企业应当准备一份内部控制自我评价报告，在其年报中进行披露。

企业董事会应当对内部控制评价报告的真实性负责。

一、内部控制评价应当遵循的原则（★）

（一）全面性原则。包括内部控制的设计与运行，涵盖企业及其所属单位的各种业务和事项。

（二）重要性原则。应当在全面评价的基础上，关注重要业务单位、重大业务事项和高风险领域。

（三）客观性原则。应当准确地揭示经营管理的风险状况，如实反映内部控制设计与运行的有效性。

二、内部控制评价的内容（★）

（一）企业应当对内部控制设计与运行情况进行全面评价。

（二）企业对内部环境的设计及实际运行情况进行认定和评价。

（三）企业对日常经营管理过程中的风险识别、风险分析、应对策略等进行认定和评价。

（四）企业对相关控制措施的设计和运行情况进行认定和评价。

（五）企业对信息收集、处理和传递的及时性、反舞弊机制的健全性、财务报告的真实性、信息系统的安全性，以及利用信息系统实施内部控制的有效性等进行认定和评价。

（六）企业对内部监督机制的有效性进行认定和评价，重点关注监事会、审计委员会、内部审计机构等是否在内部控制设计和运行中有效发挥监督作用。

（七）内部控制评价工作应当形成工作底稿，详细记录企业执行评价工作的内容，包括评价要素、主要风险点、采取的控制措施、有关证据资料以及认定结果等。评价工作底稿应当设计合理、证据充分、简便易行、便于操作。

【总结】全面评价【（一）】、内部控制五大要素【（二）～（六）】、形成工作底稿【（七）】。

三、内部控制评价的程序（★★★）

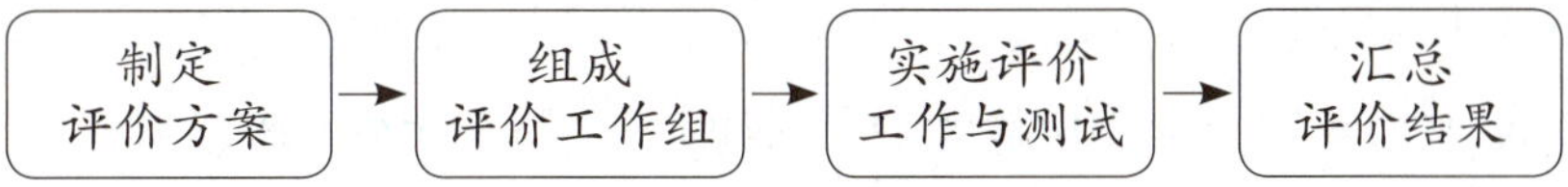

图 7–4　内部控制评价的程序

（一）制定评价控制方案

企业可以授权审计部门或专门机构负责内部控制评价组织的实施工作。

该评价部门或机构应具备以下条件：

1．能够独立行使对内部控制系统建立与运行过程及结果进行监督的权力；

2．具备与监督和评价内部控制系统相适应的专业胜任能力和职业道德素养；

3．与企业其他职能机构就监督与评价内部控制系统方面应当保持协调一致，在工作中相互配合、相互制约；

4．能够得到企业董事会和经理层的支持，通常直接接受董事会及其审计委员会的领导和监事会的监督，有足够的权威性来保证内部控制评价工作的顺利开展。

（二）组成评价工作组

评价工作组成员应具备独立性、业务胜任能力和职业道德素养及吸收企业内部相关机构熟悉情况、参与日常监控的负责人或业务骨干参加。

对于拥有内部审计部门的企业来说，内审部门很大可能也同样地担当内部控制评价组的工作。

如果企业决定利用外聘会计师事务所为其提供内部控制评价服务，根据《基本规范》的要求，该事务所不应同时为企业提供内部控制的审计服务。

（三）实施评价工作与测试

1．了解公司层面基本情况。了解其经营业务范围、企业文化、发展战略、组织结构、人力资源等内部环境及内部控制内容中五个要素的运作情况。

2．了解各业务层面的主要流程及风险。把工作重点放在主要业务流程中，如资金管理流程、销售流程和采购流程等。为支持评估工作与相关测试有效进行，企业应建立全面文档记录。评价工作组可审阅的内控流程文档可能有：（1）风险控制矩阵文档，关注点在于复核风险流程的合理性；（2）流程图文档；（3）审批权限表文档。

3．确定检查评价范围和重点。

4．开展现场检查测试。如果发现内部控制出现缺陷，则需与管理层沟通，对有关缺陷进行认定并进行记录。

评价方法包括：（1）个别访谈（企业层和业务层）；（2）调查问卷（企业层）；（3）专题讨论；（4）穿行测试；（5）实地查验（业务层）；（6）抽样；（7）比较分析；（8）审阅与检查（业务层）。

学堂点睛

1．个别访谈。个别访谈企业或被评价单位的不同人员，了解公司内部控制各个方面。

2．调查问卷。通过扩大对象范围，如通过向企业中的全体员工收集问卷。

3．专题讨论。召集相关专业人员就内部控制问题进行讨论。

4．穿行测试。在流程中任意选取一项交易为样本，获取原始单据、跟踪交易从最初起源，到会计处理，信息系统和财务报告编制，直到这项交易在财务报表中报告出来的全过程。

5．实地查验。如实地盘点。

6．抽样。抽样方法可以分为随机抽样和其他抽样。

7．比较分析。通过数据比较分析。

8．审阅与检查。核对有关证据。

（四）汇总评价结果

应当建立评价质量交叉复核制度。有关评价报告应由评价工作组负责人严格审核确认，与被评价单位进行通报，在提交内部控制评价部门或机构前得到被评价单位相关责任人签字确认。重大缺陷应当由董事会予以最终认定。

【例1-2016-单选题】下列各项关于内部控制评价工作组开展现场检查测试所采用方法的错误的说法是（　　）。

A．实地检查是一个适合于企业层面评价的方法

B．个别访谈是一个适合于企业层面和业务层面的方法

C．审阅与检查是一个适合于业务层面评价的方法

D．抽样是从样本库抽取一定数量的样本进行控制测试，以获取有关控制运行情况

【答案】A

学堂点拨

实地查验，适用于业务层面评价，选项A的说法错误。

【例2-2014-单选题】下列关于内部控制评价的说法中，正确的是（　　）。

A．企业可以聘请一家会计师事务所为其提供内部控制审计服务和内部控制自我评价服务

B．企业内部控制评价工作组应根据现场测试获取的证据，对内部控制缺陷进行最终认定

C．评价报告在提交内部控制评价部门前需要得到被评价单位相关责任人签字确认

D．企业内部控制评价工作组对内部控制评价报告的真实性负责

【答案】C

学堂点拨

如果企业决定利用外聘会计师事务所为其提供内部控制评价服务，该事务所不应同时为企业提供内部控制的审计服务，选项A错误；企业对内部控制缺陷的认定，应当以日常监督和专项监督为基础，结合年度内部控制评价，由内部控制评价部门或机构进行综合分析后提出认定意见，按照规定的权限和程序进行审核后予以最终认定，选项B错误；董事会对内部评价报告的真实性负责，选项D错误。

【例3-2013-简答题】凌辉重工创立于1990年，是一家主要从事建筑工程、能源工程、环境工程、交通工程等基础设施建设的工程公司。凌辉重工成立20多年来，销售额年均增长率超过45%，是国内增长最为迅速的企业之一，国际业务也蒸蒸日上。但是，凌辉重工承接的业务已经超越了公司人力资源承受能力。最近，公司管理层花了很大精力与C国政府达成协议，将已中标承接的C国政府一项环保建设工程进行外包。凌辉重工由负责工程建设改为管理工程项目的质量和监督外包商的施工及竣工，并提供项目建设的咨询服务。

凌辉重工的行政总裁陈文峰预计，如果这个项目可行，未来公司可以采用同样的运营模式，承接和开拓更多的业务。陈文峰相信这类业务将使公司在有限的人力资源条件下，增加另一收入来源。

为有效管理C国的环保建设工程，陈文峰建议董事会利用密封投标方式进行招标，他已预先向几个承包商朋友发出投标邀请书，并告知有关投标程序和要求:

1．投标者应于7月31日前把密封投标文件提交到工程部；

2．标书中应包含投标的项目细节；

3．收到密封投标文件信封后，凌辉重工工程部主管在信封口签名，并将投标文件放入保险箱；

4．8月5日，陈文峰将负责打开所有密封的投标文件，以最低价为标准选出中标者，并于稍后向董事会汇报。

陈文峰根据以上程序，在8月5日选出中标者，并于一周内向公司董事会汇报，获得董事会审批。

要求：

1．依据《企业内部控制应用指引第11号——工程项目》，指出凌辉公司在工程招标管理上存在的不足之处；

2．如果凌辉重工的内控评价工作组评价公司招标管理流程是否完善，简要说明工程部应当提供的几种内控流程文档及其用处。

【答案】

1．依据《企业内部控制应用指引第11号——工程项目》，凌辉公司在工程招标管理上存在的不足之处：

（1）企业应当采用公开招标方式，选择具有相应资质的承包商承接工程。而凌辉重工只是“向几个承包商朋友发出投标邀请书”；

（2）企业应当依法组织工程开标、评价和定价，并接受有关部门的监督。而开标时“陈文峰将负责打开所有密封的投标文件”，有欠公开；

（3）企业应当依法组建评标委员会，由各方专家客观公正地提出评审意见。而凌辉重工招标中中标只由陈文峰一人进行评价，“以最低价为标准选出中标者”；

（4）参与评标的有关工作人员不得私下接触投标人。而陈文峰“预先向几个承包商朋友发出投标邀请书，并告知有关投标程序”。

2．凌辉公司工程部应当提供的几种内控流程文档及其用处：

（1）风险控制矩阵文档。关注点在于复核招标管理风险流程的合理性；

（2）流程图文档。关注点在于招标管理流程图是否与实际操作及风险控制矩阵描述相符合；

（3）审批权限表文档。关注点在于招标管理部门及岗位的描述是否准确、权限的划分和设置是否合理。

四、内部控制缺陷的认定（★★★）

（一）内部控制缺陷的分类

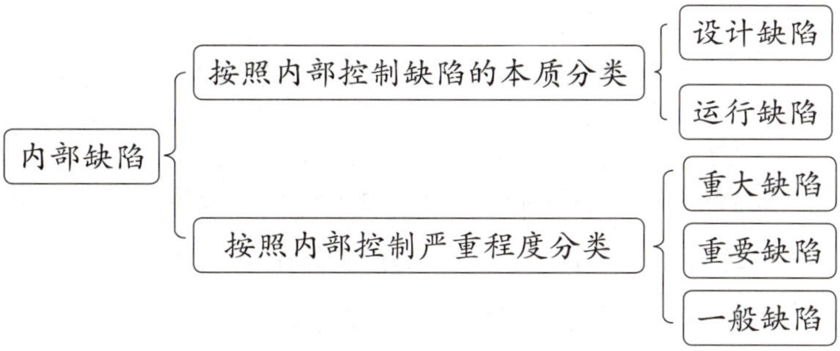

图 7–5 内部控制缺陷的分类

1．按照内部控制缺陷的本质分类

按照内部控制本质上的不同，可以把内部控制缺陷分为设计缺陷和运行缺陷。

（1）设计缺陷指企业缺少为实现控制目标的必须控制，或现存的控制并不合理及未能满足控制目标。例如，“未建立定期的现金盘点程序”即属于控制设计问题。

（2）运行缺陷指设计合理及有效的内部控制，但在运作上没有被正确地执行。例如，“物资采购申请金额已超其采购权限，却未向上级公司申请安排大宗物品采购”。

2．按照内部控制严重程度分类

对内部控制缺陷进行初步认定，并按其影响程度分为重大缺陷、重要缺陷和一般缺陷。

（1）重大缺陷指一个或多个控制缺陷的组合，可能严重影响内部整体控制的有效性，进而导致企业无法及时防范或发现严重偏离整体控制目标的情形。

（2）重要缺陷指一个或多个一般缺陷的组合，其严重程度低于重大缺陷，但导致企业无法及时防范或发现严重偏离整体控制目标的严重程度依然重大，需引起管理层关注。

（3）一般缺陷指除重要缺陷、重大缺陷外的其他缺陷。

（二）内部控制认定程序与整改

设计缺陷：企业需在已有的内控管理制度体系中补充相关规定或修改原有规定，按照企业既定的管理制度报批程序对做出的补充或修改进行审批。

执行缺陷：企业需加强内控的执行力度，要求控制执行人严格按照相关规定执行。

重大缺陷和重要缺陷应向董事会（审计委员会）、监事会或经理层报告并审定。如果出现不适合向经理层报告的情形，例如，存在与管理层舞弊相关的内部控制缺陷，内部控制评价组应当直接向董事会（审计委员会）、监事会报告。

重要缺陷并不影响企业内部控制的整体有效性，但是应当引起董事会和管理层的重视。

一般缺陷可以与企业管理层报告，并视情况考虑是否需要向董事会（审计委员会）、监事会报告。

内部控制的一般缺陷、重要缺陷应定期（至少每年）报告，重大缺陷应立即报告。

【例4-2016-单选题】下列各项关于内部控制缺陷的表述中，正确的是（　　）。

A．重要缺陷也称实质性漏洞，其严重程度低于重大缺陷

B．对于重大缺陷和重要缺陷的整改方案，应向股东（大）会报告并审定

C．只要存在重大缺陷，内部控制评价报告就不得做出内部控制有效的结论

D．重大缺陷是一个或多个一般缺陷的组合

【答案】C

学堂点拨

重大缺陷（也称实质性漏洞），是指一个或多个控制缺陷的组合，选项A、D错误。对于重大缺陷和重要缺陷的整改方案，应向董事会（审计委员会）、监事会或经理层报告并审定，选项B错误。

【例5-单选题】企业进行内部控制评价时，发现采购部门的部分采购项目未按制度规定进行公开招标。按照内部控制缺陷的本质分类，这种缺陷属于（　　）。

A．一般缺陷　　B．运行缺陷　　C．重要缺陷　　D．设计缺陷

【答案】B

学堂点拨

按照内部控制本质上的不同，可以把内部控制缺陷分为设计缺陷和运行缺陷。设计缺陷是指企业缺少为实现控制目标的必需控制，或现存的控制并不合理及未能满足控制目标。运行缺陷是指设计合理及有效的内部控制，但在运作上没有被正确地执行。采购部门未按制度规定进行公开招标属于有制度但没有被正确执行，所以是运行缺陷。

【例6-2012-单选题】甲公司在内部控制自评中发现，多项业务流程和控制手段存在缺陷或风险隐患。有些属于设计缺陷，有些属于运行缺陷。下面所列情况中，属于运

行缺陷的是（　　）。

A．规定更换库房保管员时要盘点核实库存，但没有规定要交接双方一同进行

B．规定使用清澈的酒精溶液清洗容器，但未提供酒精溶液清澈的判断标准

C．规定要对大宗物料供应商实地考察，但对必须考察生产现场则缺少核实办法

D．规定审核研发产品的技术先进性，但研发人员并不提供技术先进性的证据及证明

【答案】D

学堂点拨

运行缺陷指的是设计合理及有效的内部控制，但在运作上没有被正确地执行。选项A、B和C均属于设计缺陷，选项D属于运行缺陷。

【例7-2015-多选题】下列各项关于内部控制缺陷的说法中，错误的有（　　）。

A．重大缺陷应当由董事会予以最终认定

B．内部控制缺陷分为设计缺陷和运行缺陷

C．重要缺陷的整改方案都应向管理层报告并审定

D．重要缺陷会影响企业内部控制的整体有效性，应当引起董事会的重视

【答案】CD

学堂点拨

对于重大缺陷和重要缺陷的整改方案，应向董事会（审计委员会）、监事会或经理层报告并审定。如果出现不适合向经理层报告的情形，例如，存在与管理层舞弊相关的内部控制缺陷，内部控制评价组应当直接向董事会（审计委员会）、监事会报告。选项C的说法错误。重要缺陷是指一个或多个一般缺陷的组合，其严重程度低于重大缺陷，但导致企业无法及时防范或发现严重偏离整体控制目标的严重程度依然重大，需引起管理层关注，选项D的说法错误。

五、内部控制评价报告（★）

内部控制评价报告应当报经董事会或类似权力机构批准后对外披露或报送相关部门。

企业应当以12月31日作为年度内部控制评价报告的基准日，并于基准日后4个月内报出内部控制评价报告。

《评价指引》要求企业在评价报告中至少披露以下内容：

（一）董事会对内部控制报告真实性的声明，实质就是董事会全体成员对内部控制

有效性负责；

（二）内部控制评价工作的总体情况，即概要说明；

（三）内部控制评价的依据，一般指《内控规范》《评价指引》及企业在此基础上制定的评价办法；

（四）内部控制评价的范围，描述内部控制评价所涵盖的被评价单位，以及纳入评价范围的业务事项；

（五）内部控制评价的程序和方法；

（六）内部控制缺陷及其认定情况，主要描述适用于企业的内部控制缺陷具体认定标准，并声明与以前年度保持一致，同时，根据内部控制缺陷认定标准，确定评价期末存在的重大缺陷、重要缺陷和一般缺陷；

（七）内部控制缺陷的整改情况及重大缺陷拟采取的整改措施；

（八）内部控制有效性的结论。对不存在重大缺陷的情形，出具评价期末内部控制有效结论；对存在重大缺陷的情形，不得做出内部控制有效的结论，并需描述该重大缺陷的成因、表现形式及其对实现相关控制目标的影响程度。

知识点2 企业内部控制审计（★）

一、内部控制的审计要求

上市公司和非上市大中型企业聘请符合资格的会计师事务所，根据规范及配套办法和相关执业准则，对企业财务报告内部控制的有效性进行审计并出具审计报告。

会计师事务所及其签字的从业人员应当对发布的内部控制审计意见负责。

上市公司聘请的会计师事务所应当具有证券、期货业务资格。

学堂点睛

《内控规范》中表明为企业内部控制提供评价服务的会计师事务所，不得同时为同一企业提供内部控制审计服务。

二、注册会计师的责任与角色

内部控制审计是指会计师事务所接受委托，对特定基准日内部控制设计与运行的有效性进行审计。

一般情况下，如果企业的财务报表的年末日为12月31日，通常此日也会定为基准日为内部控制的有效性发表意见。

《审计指引》中重申建立健全和有效实施内部控制，评价内部控制的有效性是企业董事会的责任。注册会计师的责任是在实施审计工作的基础上，获取充分、适当的证据，对内部控制的有效性发表意见并提供合理保证。

注册会计师应按照《审计指引》以及其他有关的审计准则的要求，计划和实施审计工作，评价控制缺陷，从而整合其对内部控制有效性的意见。注册会计师会对财务报告内部控制的有效性发表审计意见，如果在审计过程中注意到的非财务报告内部控制的重大缺陷，将会在其内部控制审计报告中增加“非财务报告内部控制重大缺陷描述段”予以披露。

注册会计师可以单独进行内部控制审计，也可将内部控制审计与财务报表审计整合进行。在整合审计中，注册会计师应当对内部控制设计与运行的有效性进行测试，以同时实现下列目标：

（一）获取充分、适当的证据，支持其在内部控制审计中对内部控制有效性发表的意见；

（二）获取充分、适当的证据，支持其在财务报表审计中对控制风险的评估结果。

知识点3 审计委员会在内部控制中的作用（★★★）

一、审计委员会与内部控制

审计委员会是企业董事会下设立的专门委员会。委员会负责审查企业内部控制，监控内部控制的有效实施和内部控制的自我评价情况，协调内部控制审计及其他相关事宜等。审计委员会负责人应当具备相应的独立性、良好的职业操守和专业胜任能力。

审计委员会应全部由独立、非执行董事组成，他们至少拥有相关的财务经验。

我国《公司法》规定：上市公司董事会可以按照股东大会的有关决议，设立战略、审计、提名、薪酬与考核等专门委员会。专门委员会成员全部由董事组成，其中审计委员会、提名委员会、薪酬与考核委员会中独立董事应占多数并担任召集人。

审计委员会的职能是监督、评估和复核企业内的其他部门和系统。

就内部控制而言：

（一）董事会关于内部控制的主要目标会授权给审计委员会负责；

（二）审计委员会应复核企业的内部财务控制以及企业的所有内部控制和风险管理系统，除非这项任务由另外的独立风险委员会或董事会承担；

（三）审计委员会还应批准年报中有关内部控制和风险管理的陈述；

（四）审计委员会亦会收到管理层关于企业内部运作的内部控制系统的有效性的报告，以及关于内部或外聘审计师对控制所执行测试的结论的报告。

二、审计委员会履行职责的方式

审计委员会的责任由董事会明确；审计委员会的任务会因企业的规模、复杂性及风险状况而有所不同。

建议审计委员会每年至少举行三次会议，并于审计周期的主要日期举行。

审计委员会应每年至少与外聘及内部审计师会面一次，讨论与审计相关的事宜，但无须管理层出席。审计委员会主席可能特别希望与其他关键人员（比如董事会主席、首席执行官、财务总监、高级审计合伙人和内部审计主管）进行私下会面。（定期单独）

审计委员会成员之间的不同意见如无法内部调解，应提请董事会解决。

审计委员会应每年对其权限及其有效性进行复核，并就必要的人员变更向董事会报告。

三、审计委员会与合规

审计委员会的主要活动之一是核查对外报告规定的遵守情况。审计委员会一般有责任确保公司履行对外报告义务，并结合企业财务报表的编制情况，对重大的财务报告事项和判断进行复核。

管理层的责任是编制财务报表，审计师的责任是编制审计计划和执行审计。

要倾听审计师关于财务报告的看法。如有不满意的地方，须向董事会汇报。

四、审计委员会与内部审计

审计委员会的义务是确保充分且有效的内部控制。

审计委员会负责监督内部审计部门的工作，监察和评估内部审计职能在企业整体风险管理系统中的角色和有效性。它应该核查内部审计的有效性，并批准对内部审计主管的任命和解聘。它还应确保内部审计部门能直接与董事会主席接触，并负有向审计委员会说明的责任。审计委员会复核及评估年度内部审计工作计划。审计委员会收到关于内部审计部门工作的定期报告，复核和监察管理层对内部审计的调查结果的反应。确保内部审计部门提出的建议已执行。审计委员会有助于保持内部审计部门对压力或干涉的独立性，确保内部审计部门正在有效运作。

它在四个主要方面对内部审计进行复核，即组织中的地位、职能范围、技术才能和专业应尽义务。

表 7–18 内部审计的具体内容

内部审计的相关描述	具体说明
内部审计活动	1. 内部审计职能部门的组成，取决于企业的规模、复杂性、经营活动范围和风险概况，以及董事会为审计部门分配的责任。 2. 内部审计师必须对所审计的活动保持独立性，直接向董事会报告；如果主管审计师向高管报告日常行政事务，董事会必须采取额外措施保证这种报告关系不会影响独立性。 3. 审计师拥有相应的权力。必须拥有针对企业内的所有大业务部门、部门及职能进行检查的权力，与企业的任何人员直接进行沟通的权力，以及使用审计工作所需的所有的记录、文档或数据的权力。 4. 具备必要的知识、技能和训练，以熟练、专业地实施审计工作。 5. 继续教育和培训。
内部审计师在企业中的地位	内部审计师的主要作用是，独立且客观地复核及评价企业的活动，以维持或改善企业风险管理、内部控制及公司治理的效益与效率。 1. 必须了解企业的策略方向、目标、产品、服务和程序。 2. 审计师应将相关结果向董事会或其下属的审计委员会以及高级管理层报告。 3. 内部审计师必须保持客观性和独立性，不受任何约束。 4. 内部审计师应被允许直接与外聘审计师沟通。
内部审计师的职能范围	外聘审计师应被允许不受限制地使用企业的账簿记录或进入控制系统。 1. 基本职能：评价会计、运营及行政控制的可靠性、充分性及有效性；确保企业的内部控制能使交易得以迅速及正确地记录，正确地保护资产；确定公司是否遵循了法律法规及其自身制定的政策及管理层是否采取了适当的步骤，来应对控制的不足。（本职工作，致力于公司治理层面） 2. 扩展职能：为企业增加新产品或服务提供建设性的商业建议，帮助企业制定及修订新的政策、程序、做法，在兼并、收购和转型活动中发挥作用。包括帮助董事会和管理层评价在收购计划及实施过程中的安全措施及控制，包括适当的文件记录及审计痕迹。
内部审计报告	1. 审计报告通常包括工作目标、审计师已实施的程序概述、审计意见及建议。 2. 审计工作的目标为报告使用者说明了复核的目的。 3. 审计师已实施的程序概述，说明了审计师如何收集和整理能够支持其所发表的意见及所提出的建议和证据。 4. 审计意见对接受复核的内部控制的有效性进行总结。 5. 审计师的建议突出说明了控制上的不足之处，并提出改进措施的建议。

五、向股东报告内部控制

董事会如要为股东提供其所需的保证，则应对集团内部控制系统的有效性展开复核，并至少每年向股东汇报一次。

此外，年报亦应为股东提供有关审计委员会的工作信息。

审计委员会主席应出席年度股东大会，并回答股东提出的关于审计委员会工作方面的问题。

企业管理层必须就企业实施的内部控制进行汇报。

学堂点睛

应用指引（如何建立有效内控）；评价指引（公司自我评价）；审计指引（CPA外部审计鉴证企业内部控制有效性）。

【例8-多选题】下列各项对审计委员会与外聘会计师事务所之间关系的表述中，正确的有（　　）。

A. 审计委员会会收到外聘审计师关于对控制所执行测试的结论的报告

B. 审计委员会应每年至少与外聘及内部审计师会面一次，讨论与审计相关的事宜

C. 审计委员会应监督外聘会计师事务所的原雇员到本企业担任高级职务的情况

D. 审计委员会与外聘会计师事务所的注册会计师会面讨论审计相关事宜时，不须管理层参与

【答案】ABCD

学堂点拨

选项A、B、C和D的表述均正确。

【例9-2011-多选题】甲公司是一家非上市大型企业，为了提前实施《企业内部控制基本规范》，正在考虑设立审计委员会。下列各项关于甲公司设立审计委员会的具体方案内容中，正确的有（　　）。

A. 在董事会下设立审计委员会

B. 审计委员会的主要活动之一是核查对外报告规定的遵守情况

C. 确保充分有效的内部控制是审计委员会的义务，其中包括负责监督内部审计部门的工作

D. 审计委员会应当每两年对其权限及其有效性进行复核，并就必要的人员变更向

董事会报告

【答案】ABC

学堂点拨

审计委员会应每年对其权限及其有效性进行复核，选项D错误。

【例10-2010-单选题】某科技类上市公司董事会由下述人员构成：董事长张跃、总经理林君、技术总监王能、财务总监区翔、独立董事刘克（某会计师事务所合伙人）、独立董事翟飞（某律师事务所合伙人）、独立董事肖锋（另一家上市公司董事长）。最符合公司治理结构要求的上市公司审计委员会的构成是（　　）。

A．刘克、翟飞、肖峰　　B．林君、区翔、刘克

C．张跃、刘克、肖峰　　D．张跃、林君、区翔

【答案】A

学堂点拨

审计委员会是董事会下设的委员会，全部由独立、非执行董事组成，他们至少拥有相关的财务经验。刘克、翟飞、肖峰符合要求。

【例11-2012-简答题】南山公司成立于1998年，主营业务为中药研发、生产和销售，现成为一家销售网络遍布各地的医药公司。2011年初，公司股东大会决定筹备公司上市申请事宜。为了进一步完善公司治理，股东大会重组了董事会，引入3名独立董事。改组后的董事会包括7名成员，董事会主席由公司总经理翟某担任，并成立了审计委员会等4个专业委员会。审计委员会由3人组成，分别是独立董事某大学会计学教授李某、独立董事卫生管理部门退休医学专家张某和公司董事兼财务总监赵某。

一年来，独立董事张某就公司战略制定、总经理任免和公司高管薪酬发表了独立意见。独立董事李某就公司内部控制、风险管理和大股东占用公司资金问题发表了独立意见。

审计委员会成立一年来开展了一系列的工作：召开了1次审计委员会会议，讨论建立健全公司内部控制事宜；与内部审计师、总经理一起讨论公司内部控制缺陷事宜；向董事会建议由甲会计师事务所为公司提供年报审计服务，因为卓越会计师事务所（Excellent Accounting Co.）今年初已经为公司提供了验资服务，董事会以损害审计的独立性为由否决了该提案。

要求：

简要分析南山公司审计委员会组成的缺陷和日常工作中存在的问题。

【答案】

1. 南山公司审计委员会组成的缺陷：

（1）审计委员会应该全部由独立、非执行董事组成，他们应拥有相关的财务经验，所以张某和赵某都不应该成为南山公司审计委员会委员；

（2）作为前卫生部退休医学专家，张某缺乏相关的财务经验，不具备在审计委员会中的专业胜任能力；

（3）公司董事兼财务总监赵某进入审计委员会违反了审计委员会的独立性原则。

2. 审计委员会日常工作存在的问题有：

第一，审计委员会每年应至少召开3次会议，并于审计周期的主要日期举行。而南山公司审计委员会一年中只召开1次会议，不符合规定；

第二，审计委员会在与内部审计师见面讨论审计相关事宜时，管理层不应在场。而南山公司总经理参与审计委员会和内部审计师会谈，不符合规定；

第三，董事会以损害审计的独立性为由否决了审计委员会提案的做法错误。外部审计师的独立性，是指他们在为公司提供审计服务的同时，不得向公司提供某些可以影响其独立性的非审计服务。如为企业内部控制提供评价服务的会计师事务所，不得同时为同一企业提供内部控制审计服务。而年报审计业务和验资业务可以由同一家会计师事务所进行，并不影响独立性。

【例12-2012-简答题（改）】某汽车生产商的内部审计部门正就旗下生产的渣土运输车进行尾气排放测试。内部审计部门发现，公司针对渣土运输车向外公布的尾气排放信息与内部记录的实际数据有重大差异。内部审计部门经理表示，测试样本显示的尾气排放量实际上要高于对外公布的排放量，有可能涉及虚假披露和违反环保法律法规。虽然已向相关部门主管报告，但该部门主管只承认错误并未采取任何改进措施。

要求：

1. 评价内部审计经理就以上事件进行通报的恰当性，并简要说明审计委员会与内部审计相关的职能范围和责任；

2. 针对上述事件，应对企业内部控制提出哪些改进措施？

【答案】

1. 内部审计经理就以上事件进行通报的恰当性存在问题：内部审计经理不应只向

错报事件的部门进行通报，他还有责任直接将发现的问题向董事会或其下属的审计委员会通报。

审计委员会的职能范围和责任：确保内部控制系统充分且有效，其中包括负责监督内部审计部门在企业整体风险管理系统中的角色的有效性；批准内部审计主管的任命和解聘；确保内部审计部门能直接与董事会接触，并向审计委员会进行汇报。

2. 企业内部控制方面的改进措施：

（1）企业应当建立重大风险预警机制和突发事件应急处理机制，确保突发事件得到及时妥善处理；

（2）倡导企业道德文化建设，培育积极向上的价值观和社会责任感。企业文化建设应注重企业治理层和经理层的示范作用，并加强对员工的道德教育，绝不纵容虚假报告，明确违反道德原则的后果和纪律处分；

（3）制定完善的人力资源政策。将职业道德修养和专业胜任能力作为选拔和聘用员工的重要标准，其实加强员工培训和进行继续教育，不断提升员工素质，以减低在各业务流程当中可能出现的操作风险；

（4）建立反舞弊机制。明确反舞弊工作的重点领域包括：在财务会计报告和信息披露等方面存在不正确、误导性陈述或者重大漏报，有关机构在反舞弊工作中的权限，以及规范舞弊案件的举报、调查、处理、报告和补救措施。

【例13-简答题】甲公司为一家以饮品生产和销售为主业的上市公司。2011年，甲公司根据财政部等五部委联合发布的《企业内部控制基本规范》及其配套指引，结合自身经营管理实际，制订了《企业内部控制手册》（以下简称《手册》），自2012年1月1日起实施。为了检验实施效果，甲公司于2012年7月成立内部控制评价工作组，对内部控制设计与运行情况进行检查评价。内部控制评价工作组接受审计委员会的直接领导，组长由董事会指定，组员由公司各职能部门业务骨干组成。2012年9月，甲公司审计委员会召集公司内部相关部门对检查情况进行讨论，要点如下：

1. 内部控制评价工作组对公司业务层面的控制活动进行了全面测试，发现《手册》中有关资金投放、资金筹集、物资采购、资产管理和商品销售等环节的内部控制设计可能存在缺陷，有关资料如下：

（1）资金投放环节。一是实施货币资金支付审批分级管理。单笔付款金额5万元及5万元以下的，由财务部经理审批；5万元以上、20万元及20万元以下的，由总会计师审批；20万元以上的由总经理审批。二是为提高资金使用效率，《手册》规定，报经总会计师批准，投资部门可以从事一定额度的投资，但大额期权期货交易，必须报经总经理批准；

（2）资金筹集环节。为降低资金链断裂的风险，《手册》规定，总会计师在无法正常履行职权的情况下，应当授予其副职在紧急状况下进行直接筹资的一切权限；

（3）物资采购环节。强化采购申请制度，明确相关部门或人员的职责权限及相应的请购和审批程序。对于超预算外采购项目，无论金额大小，均应在办理请购手续后，按程序报请具有审批权限的部门或人员审批。但《手册》也同时规定，当库存水平较低时，授权采购部门直接购买；

（4）资产管理环节。为应对突发事件造成的财产损失风险，《手册》规定，公司采取投保方式对财产进行保全，财产保险业务全权委托外部专业机构开展，公司不再另行制定有关投保业务的控制规定；

（5）商品销售环节。建立信用调查制度。销售经理应对客户的信用状况作充分评估，并在确认符合条件后经审批签订销售合同。同时，为提高经营效率和缩短货款回收周期，《手册》规定，指定商品的销售人员可以直接收取货款，公司审计部门应当定期或不定期派出监督人员对该岗位的运行情况和有关文档记录进行核查。

2. 关于信息沟通。甲公司在已经建立管理信息系统和业务信息系统的基础上，充分利用信息系统之间的可集成性。将内部控制措施嵌入公司经营管理和业务流程中，初步实现了自动控制。

3. 关于内部监督。内部审计部门经董事会授权开展内部控制监督和评价，检查发现内部控制缺陷，督促缺陷整改。甲公司内部审计部门和财务部门均由总会计师分管。

要求：

1. 根据《企业内部控制基本规范》及其配套指引等有关规定的要求，逐项判断资料1、2、3项内容是否存在不当之处，分别指出不当之处，并逐项说明理由；

2. 根据以上可能存在的不当之处，识别资金管理的风险。

【答案】

1. 资料1：

（1）资金投放环节；

不当之处一：20万元以上资金支付由总经理审批。

理由：大额资金支付应当实行集体决策或联签制度。（或：对于总经理的支付权限也应当设置上限。）

学堂点拨

20万元以上的资金支付属于“三重一大”中的“大”，对于“三重一大”的审批应当实行集体决策或联签制度。

不当之处二：大额期权期货交易，必须报经总经理批准。

理由：大额期权期货交易应当实行集体决策或联签制度。（或：大额期权期货交易应当经董事会或股东大会批准。）

学堂点拨

大额期权期货交易属于“三重一大”中的“大”，对于“三重一大”的审批应当实行集体决策或联签制度。

（2）资金筹集环节的内部控制设计无效；

理由：特别授权应当按照规定的权限和程序进行。（或：特别授权不当。）

学堂点拨

对于筹资方案的审批，应根据分级授权审批制度，按照规定程序严格审批经过可行性论证的筹资方案，审批中应实行集体审议或联签制度，保证决策的科学性。对于特殊情况下筹资审批的处理，也应当按照规定的权限和程序进行，不应授予在任何情况下进行直接筹资的一切权限，虽然这样筹资审批在操作上简单了，但极大地增加了筹资的风险。

（3）物资采购环节；

不当之处一：超预算和预算外采购项目，无论金额大小，均应在办理请购手续后，按程序报请具有审批权限的部门或人员审批。

理由：超预算和预算外采购项目，应先履行预算调整程序，由具有审批权限的部门或人员审批后，再行办理请购手续。

学堂点拨

企业批准下达的预算应当保持稳定，不得随意调整。由于市场环境、国家政策或不可抗力等客观因素，导致预算执行发生重大差异确需调整预算的，应当履行严格的审批程序。

不当之处二：当库存水平较低时，授权采购部门直接购买。

理由：公司应当建立采购申请制度，明确相关部门和人员的职责权限及相应的请购审批程序。（或：库存较低时由采购部门直接采购可能会增加原材料过度采购或采购不足的风险。）

学堂点拨

企业应当根据各种物资的采购间隔期和当前库存，综合考虑企业生产经营计划、市场供求等因素，充分利用信息系统，合理确定物资采购日期和数量，确保存货处于最佳库存状态。要保证物资采购业务按计划申报程序进行，由物资采购部门根据企业生产经营的计划和物资请购单编制采购计划，提出具体的采购目录，经主管计划的负责人审核后报主管领导审批，授权由采购部门直接购买的规定显然违背了物资请购与采购控制规范。

（4）资产管理环节的内部控制设计无效；

理由：公司应当对财产保险业务外包实施相应的控制。（或：公司不再另行制定有关投保政策的控制规定不符合全面性原则的要求。）

学堂点拨

业务外包，是指企业利用专业化分工优势，将日常经营中的部分业务委托给本企业以外的专业服务机构或其他经营组织（简称承包方）完成的经营行为。业务外包活动中也会面临各种风险，企业应当建立和完善业务外包管理制度，规定业务外包的范围、方式、条件、程序和实施等相关内容，明确相关部门和岗位的职责权限，强化业务外包全过程的监控，防范外包风险，充分发挥业务外包的优势，因此题目中对于企业全权委托外部专业机构执行财产保险业务，“不再另行制定有关投保业务的控制规定”的做法显然是不恰当的。

（5）商品销售环节。

①不当之处：销售经理同时负责客户信用调查和销售合同审批签订。

理由：客户信用调查和销售合同审批签订属于不相容职责，应当分离。题目中的做法违背了不相容职务相分离原则。

学堂点拨

企业应当建立销售活动的岗位责任制，明确相关部门和岗位的职责权限，确保办理销售活动的不相容岗位相互分离、制约和监督。

销售活动不相容岗位至少应当包括：

1. 客户信用管理、与销售合同协议的审批、签订；
2. 销售合同协议的审批、签订与办理发货；
3. 销售货款的确认、回收与相关会计记录；
4. 销售退回货品的验收、处置与相关会计记录；
5. 销售业务经办与发票开具、管理；
6. 坏账准备的计提与审批、坏账的核销与审批。

②“为提高经营效率和缩短货款回收周期，指定商品的销售人员可以直接收取货款，公司审计部门应当定期或不定期派出监督人员对该岗位的运行情况和有关文档记录进行核查”的内部控制设计有效。

理由：虽然特定商品的销售和收款未完全分离，但公司采取了必要的补偿性控制措施，符合适应性原则和成本效益原则的要求。

学堂点拨

内部控制原则是企业建立与实施内部控制应当遵循的基本指针，其包括五个方面，即全面性、重要性、制衡性、适应性和成本效益原则。

适应性原则要求：内部控制应当与企业经营规模、业务范围、竞争状况和风险水平等相适应，并随着情况的变化加以调整。适应性原则要求企业建立与实施内部控制应当具有前瞻性，适时地对内部控制系统进行评估，发现可能存在的问题，并及时采取措施予以补救。

成本效益原则要求：内部控制应当权衡实施成本与预期效益，以适当的成本实现有效控制。成本效益原则要求企业内部控制建设必须统筹考虑投入成本和产出效益之比。对成本效益原则的判断需要从企业整体利益出发，尽管某些控制会影响工作效率，但可能会避免整个企业面临更大损失，此时仍应实施相应控制。

按照内部控制规范的要求，销售与收款的职责应当予以分离，但是企业为提高经营效率和缩短货款回收周期，虽未对销售与收款的职责严格分离，但对于预期到的风险，及时地采取了措施予以补救，即安排公司审计部门定期或不定期派出监督人员对该岗位的运行情况和有关文档记录进行核查，既满足了企业当前的状况（适应性原则），又统筹考虑了投入的成本和获取的效益（成本效益原则）。

资料2不存在不当之处。

资料3存在不当之处。

不当之处：总会计师同时分管内部审计部门和财务部门。

理由：内部审计部门工作的独立性无法得到保证。（或：总会计师同时分管内部审计部门和财务部门违背了不相容职务相分离的原则或制衡性原则的要求。）

学堂点拨

内部审计部门是为了增加价值并改善机构的运营而提供独立、客观的保证与咨询服务的部门、处或小组的顾问或其他从业人员。内部审计部门通过系统化、规范化的方法，对风险管理、控制与治理程序进行评价，进而提高它们的效果。内部审计部门在评价内部控制的有效性，以及提出改进建议等方面起着关键作用。企业应当授予内部审计部门适当的权力以确保其独立地履行审计职责。内部审计部门直接向审计委员会汇报工作，以保持独立性。

2．资金活动需关注的主要风险包括：（1）筹资决策不当，引发资本结构不合理或无效融资，可能导致企业筹资成本过高或债务危机；（2）投资决策失误，引发盲目扩张或丧失发展机遇，可能导致资金链断裂或资金使用效益低下；（3）资金调度不合理、营运不畅，可能导致企业陷入财务困境或资金冗余；（4）资金活动管控不严，可能导致资金被挪用、侵占、抽逃或遭受欺诈。

本章强化练习

一、单项选择题

1．在COSO《内部控制——整合框架》中，没有作为内部控制的目标的是（　　）。

A．盈利目标　　B．经营目标　　C．财务报告目标　　D．合规目标

2．以下选项中，不符合《企业内部控制应用指引第9号——销售业务》要求的是（　　）。

A．企业应当指定专人以函证等方式，定期与客户核对应收账款、应收票据、预收账款等往来款项

B．销售部门负责应收款项的催收，催收记录应妥善保存

C．企业应当建立客户信用档案，并实施严格的信用保证制度，可以简化大客户的信用审查流程

D．重大的销售合同谈判时，由销售、财务和法律人员组成小组参加谈判，并征求法律顾问的意见

3．根据《企业内部控制应用指引第6号——资金活动》，以下需关注的主要风险是（　　）。

A．存货积压或短缺，可能导致流动资金占用过量、存货价值贬损或生产中断

B．投资决策失误，可能导致资金链断裂或资金使用效益低下

C．固定资产更新改造不够，可能导致企业缺乏竞争力、资产价值贬值

D．无形资产缺乏核心技术、权属不清，可能导致企业法律纠纷、缺乏可持续发展能力

4．下列各项中，不属于常见的内部控制活动是（　　）。

A．授权审批控制　　B．财产保护控制

C．财务决算控制　　D．绩效考评控制

5．甲公司下面所列情况中，属于运行缺陷的是（　　）。

A．规定自动化流水线的标准以后，工人在生产过程中并未根据这一标准，进行生产和检验产品

B．规定使用清澈的酒精溶液清洗容器，但未提供酒精溶液清澈的判断标准

C．规定要对现金进行盘点，但缺少现金盘点操作流程

D．规定更换会计要进行交接，但没有规定要交接双方一同进行

6．企业进行内部控制评价时，发现企业有明确存货发出和领用的审批权限，但实

际执行中并未按规定执行。按照内部控制缺陷的本质分类，这种缺陷属于（　　）。

A. 重大缺陷　　B. 设计缺陷　　C. 重要缺陷　　D. 运行缺陷

7. 下列关于内部控制评价的说法中，正确的是（　　）。

A. 企业聘请一家会计师事务所为其提供内部控制审计服务时，不得同时为该企业实行内部控制自我评价服务

B. 内部控制评价遵循全面性、重要性、有用性原则

C. 审计委员会对内部控制评价报告的真实性负责

D. 企业对内部控制缺陷的认定，应当以日常监督为基础，结合年度内部控制评价，由内部控制评价部门或机构进行综合分析后提出认定意见，按照规定的权限和程序进行审核后予以最终认定

8. 根据《企业内部控制应用指引第12号——担保业务》的规定，下列不得办理担保业务的是（　　）。

A. 没有经过授权的甲公司会计部门

B. 股份有限公司乙公司

C. 有限责任公司丙公司

D. 上市公司丁公司

9. 甲公司是一家房地产企业，现在处于迅速发展阶段。随着资金的积累，公司决定向多元化发展，进军家具产业。最终企业由于内部经营整合问题导致不但没有迅猛发展，房地产行业也受到一定影响。该企业制定与实施发展战略中应该关注的主要风险是（　　）。

A. 缺乏明确的发展战略

B. 发展战略过于激进，脱离企业实际能力或偏离主业

C. 发展战略实施不到位

D. 发展战略因主观原因频繁变动

二、多项选择题

1. 大都旅行社近期频频开展对地方旅行社的并购活动。根据《企业内部控制应用指引第2号——发展战略》，下列选项中，与大都旅行社发展战略无关的风险有（　　）。

A. 过度激进，超出了大都旅行社管理人员的实际能力，导致企业过度扩张，甚至经营失败

B．忽视企业间的文化差异和理念冲突，可能导致并购重组失败

C．偏离主业，导致企业资源分散，甚至经营失败

D．未定期对组织架构设计与运行的效率和效果进行全面评估，未进行优化调整

2．甲公司在董事会下设立了审计委员会，审计委员会负责审查内部控制，监督内部控制的有效实施及内控自我评价等。下列选项中，符合《企业内部控制基本规范》和《企业内部控制配套指引》要求的有（　　）。

A．审计委员会负责人应当具备相应的独立性和良好的职业操守，不需具备专业胜任能力

B．甲公司审计委员会的职能是监督、评估和复核除内部财务部门之外的其他所有部门和系统

C．甲公司审计委员会的成员全部为独立、非执行董事

D．甲公司审计委员会的职责由董事会确定，审计委员会每年应对其权限及其有效性进行复核

3．某商贸公司的商业票据管理存在缺陷。下列各项中可以完善应收票据的内部控制措施有（　　）。

A．明确商业票据的受理范围

B．严格审查商业票据的真实性和合法性，防止票据欺诈

C．确保会计记录、销售记录与仓储记录核对一致

D．对已贴现但仍承担收款风险的票据以及逾期票据，应当进行追索监控和跟踪管理

4．下列各项中，内部审计部门的职能包括（　　）。

A．负责整个风险管理过程，包括确保内部控制系统是充分且有效的

B．评价企业是否遵守法律法规及其自身制定的政策及管理层是否采取了适当的步骤

C．确保充分且有效的内部控制

D．确保企业的内部控制能使交易得以迅速及正确的记录

5．某上市公司根据《企业内部控制基本规范》建立了反舞弊机制，关注的反舞弊风险重点应当包括（　　）。

A．在财务会计报告和信息披露等方面存在的舞弊风险

B．未经授权或者采取其他不法方式侵占、挪用企业资产，谋取不当利益

C．董事、监事和经理及其他高级管理人员滥用职权

D．相关机构和人员串通舞弊的风险

6．甲公司管理层为了改进完善内部控制，核查公司内部不相容职务。下列各项

中，属于兼任不相容岗位的情况有（　　）。

A．财务部经理同时负责存货的实物管理

B．销售部经理同时负责客户信用的调查评估

C．办公室主任兼任工会主席

D．出纳同时监管会计档案

7．下列各项甲公司内部控制的安排中，不能有效预防坏账损失发生的内部控制有（　　）。

A．应收账款全部无法收回的，应接受现实，今后注意

B．企业对于境外客户，应当建立严格的信用保证制度

C．在销售合同中明确规定预收账款在整个交易金额中的比例，并要求客户对未付款项提供担保

D．甲公司法律部必须在欠款客户破产清算过程中及时申报其债权，并要求合理清偿

8．下列关于内部控制审计的说法中，正确的有（　　）。

A．会计师事务所及其签字的从业人员应当对发布的内部控制审计意见负责

B．如果财务报表的年末日为12月31日，通常此日也定为基准日为内部控制的有效性发表意见

C．对于非财务报告内部控制的重大缺陷，应在内部控制审计报告中增加“非财务报告内部控制重大缺陷描述段”予以披露

D．评价内部控制的有效性是注册会计师的责任

9．企业的下列各项活动中，属于内部控制活动的有（　　）。

A．为固定资产投保

B．人力资源部门安排员工年度考核评价

C．采购存货物资需经过授权审批

D．将企业向红十字会捐款列入预算

10．下列各项中，说法正确的有（　　）。

A．审计委员会应每年至少与外聘及内部审计师会面一次，讨论与审计相关的事宜，但无须管理层出席

B．审计委员会成员之间的不同意见如无法内部调解，应提请董事会解决

C．董事会会收到管理层关于企业内部运作的内部控制系统的有效性的报告，以及关于内部或外聘审计师对控制所执行测试的结论的报告

D．董事会关于内部控制的主要目标会授权给监事会负责

11．下列选项中符合《内部控制评价指引》相关规定的有（　　）。

A．内部控制评价报告应当报经董事会或类似权力机构

B．企业应当以12月31日作为年度内部控制评价报告的基准日

C．企业应当于基准日后3个月内报出内部控制评价报告

D．对存在重要缺陷的情形，不得做出内部控制有效性的结论

三、简答题

1．甲集团公司（以下简称“集团公司”）下设A、B两个事业部，分别从事医药化工电子设备制造业务。2017年7月10日，集团公司召开上半年工作会议，就预算执行情况及企业发展的重要问题进行了专题研究，会议要点如下。

（1）预算编制方面。成立预算管理委员会履行全面预算管理职责，其成员由财务负责人及内部相关负责人组成。企业预算管理委员会应当对预算方案进行研究论证，从企业发展全局角度提出建议，形成全面预算草案，并提交总经理。总经理审核全面预算草案。企业全面预算应当按照相关法律法规及企业章程的规定报经审议批准。批准后，应当以文件形式下达执行。

（2）预算执行方面。应当根据全面预算管理要求，组织各项生产经营活动和投融资活动，严格预算执行和控制。对于超预算和预算外的资金支付，如时间紧迫，可以按照例外管理原则，不进行审批。对于工程项目、对外投融资等重大预算项目，企业应当密切跟踪其实施进度和完成情况，实行严格监控。

（3）预算调整方面。集团公司全面预算管理委员会认为，努力完成全年预算目标仍是本年度的主要任务。预算应当保持稳定，不得调整。所以预算编制要慎重，一旦报经审议批准后，必须严格执行。

要求：

（1）根据资料（1），指出预算编制存在的主要问题；

（2）根据资料（2），指出预算执行存在的主要问题；

（3）根据资料（3），指出预算调整存在的主要问题；

（4）说明全面预算管理需关注的主要风险。

2．甲企业为一家中央级企业，2017年7月，该企业总会计师听取有关人员关于近期工作的汇报，有关事项如下。

（1）6月，甲企业因火灾毁损生产用设备一台，该设备账面原价1 000万元，已计提折旧50万元，该资产在应投保名册中，但相关资产管理人员解释当时正在国外采购专用设备，导致未及时投保，发生了巨额资产损失。

（2）6月，甲企业经批准采购一批大宗专用仪器设备，采用询价采购方式并签订合同协议。采购后由相关人员对采购项目的品种、规格、数量等内容进行验收，出具验收证明。

（3）6月，甲企业规范研发项目审批流程，重大研发项目由总经理办公会审议通过后实施。

（4）6月，甲企业加强合同纠纷管理，合同纠纷经协商一致的，应与对方当事人签订书面协议；合同纠纷经协商无法解决的，应根据合同约定选择仲裁或诉讼方式解决。纠纷处理过程中，甲企业经办人员向对方当事人做出实质性答复或承诺，加快纠纷处理节奏。未按合同条款履约的，财会部门有权拒绝付款，要求对方加快履约，因此未向企业有关负责人报告。

（5）甲企业审计处对本企业2017年上半年进行审计时发现，财务处确认收入以各业务部门提供的收入通知单为依据，未附相应的合同协议，对应收账款、应收票据以及预收账款从未进行函证，未定期与客户核对往来款项。审计处认为，收款业务的关键控制环节存在疏漏，无法确保各项收入应收尽收、及时入账，坏账概率加大，应进行整改。

（6）6月，甲企业提前进行存货清查盘点，由于年底企业较忙，计划年底不进行存货盘点了。

要求：

根据内部控制等相关规定，逐项判断甲企业事项（1）至（6）的处理或观点是否正确；对不正确的，分别说出理由。

3. 中国航油公司（新加坡）（以下简称“中航油”）开始以获取期权费的方式出售石油期权（option），合约约定未来对方当事人可以固定的执行价格向中航油购入石油，中航油在初始交易中获利。谁知好景不长，从2004年一季度开始，油价一路高歌猛涨，到12月，在亏损5.5亿美元后，中航油宣布向法庭申请破产保护令。中航油新加坡公司有内部风险管理委员会，其风险控制的基本结构是：实施交易员—风险控制委员会—审计部—CEO—董事会，层层上报，交叉控制，每名交易员亏损20万美元时，要向风险控制委员会汇报，亏损37.5万美元时，要向CEO汇报，亏损达50万美元时，必须平仓，抽身退出。从表面看，中航油（新加坡）的风险管理系统没有问题，而事实是中航油总裁陈久霖，手中权力过大，经常绕过交易员私自操盘，发生损失也不向上级汇报，长期投机违规操作酿成苦果。而在“一人集权”的表象下也同时反映了公司内部监管存在严重问题。公司实际上是建立起了由会计师事务所设计的风控体系来预防风险的，但因为总裁的独断专行，该机制完全虚设，导致对陈久霖的权力缺乏有效的制约机制。中航油长达数月的投机业务竟然没有得到任何监管部门的监督，也暴露出中航油监管体系的苍白无力。

要求：

（1）结合案例，说明中航油采取的期权交易类型，并解释期权套期保值和期权投机的区别。

（2）我国《企业内部控制基本规范》关于控制措施有哪些？结合案例，关于控制活动要素，说明中航油缺乏哪些控制措施。

（3）中航油的风险管理委员会形同虚设，从风险管理的角度说明风险管理委员会的职责以及总经理的职责。

（4）结合案例，说明中航油内部控制缺陷的类型。

四、综合题

1. 甲公司为一家非国有控股主板上市公司，自2015年1月1日起全面实施《企业内部控制基本规范》及其配套指引，甲公司就此制定了内部控制规范体系实施工作方案。该方案要点如下。

（1）建立内部控制体系时应符合以下目标：绝对保证企业经营管理合法合规、资产安全、财务报告及相关信息真实完整，提高经营效率和效果，促进公司实现利润最大化。

（2）组织领导。管理层对内部控制的建立健全和有效实施负责，管理层关于内部控制的主要目标会授权给审计委员会负责。在一般情况下，审计委员会负责整个风险管理过程，包括确保内部控制系统是充分且有效的。

审计委员会应每年至少与外聘及内部审计师会面一次，讨论与审计相关的事宜，为了及时解决问题，需要管理层出席。审计委员会成员之间的不同意见如无法内部调解，应提请管理层解决。此外，审计委员会应每两年对其权限及其有效性进行复核，并就必要的人员变更向管理层报告。

风险管理委员会的主要活动之一是核查对外报告规定的遵守情况。

（3）工作流程安排：第一阶段，梳理业务流程，公司严格按照《企业内部控制基本规范》及其配套指引的要求，认真梳理现行管理制度和业务流程；第二阶段，开展风险评估，公司根据战略规划和发展目标，组织开展风险评估工作，识别和分析经营管理过程中的各种内部风险以及相关的各类外部风险，制定风险应对策略并实施相应的控制活动；第三阶段，组织内部控制试运行，在全公司范围内组织开展内部控制试运行工作；第四阶段，在内部控制正式运行的基础上，开展内部控制自我评价。

（4）控制重点，公司根据业务特点和发展实际，在梳理业务流程和开展风险评估的基础上。拟重点对采购业务、销售业务，有针对性地实施控制。一是规范采购业务，为防止出现舞弊应选择多头采购或分散采购，为提高采购业务效率，安排采购部门办理采购业务全过程。二是规范销售业务，健全客户信用档案，关注新客户资信变动情况，对合作多年的老客户不必关注资信变化。

（5）组成评价工作组。评价工作组成员应具备独立性、业务胜任能力和职业道德素养及吸收企业内部相关机构熟悉情况、参与日常监控的负责人或业务骨干参加。

公司拟聘用A会计师事务所为公司提供2015年内部控制评价工作；同时，为了方便双方工作沟通以及无须重复提供资料信息，同时委托该会计师事务所提供内部控制审计服务。

（6）自我评价，内部控制自我评价是由企业董事会和审计委员会实施的，进行评价的具体内容应围绕内部控制的五个要素，即内部环境、风险评估、控制活动、系统维护、内部监督。完成评价后，企业应当准备一份内部控制自我评价报告，在其年报中披露。企业管理层应当对内部控制评价报告的真实性负责。

要求：

根据《企业内部控制基本规范》及其配套指引的要求，逐项分析判断甲公司（1）至（6）项内容是否存在不当之处；对存在不当之处的，分别指出不当之处，并分别说明理由。

2．2008年12月25日，河北省石家庄市政府举行新闻发布会，通报三鹿集团股份有限公司破产案处理情况。三鹿牌婴幼儿配方奶粉重大食品安全事故发生后，三鹿集团于2008年9月12日全面停产。截止2008年10月31日财务审计和资产评估，三鹿集团资产总额为15.61亿元，总负债17.62亿元，净资产-2.01亿元，12月19日三鹿集团又借款9.02亿元付给全国奶协，用于支付患病婴幼儿的治疗和赔偿费用。目前，三鹿集团净资产为-11.03亿元（不包括2008年10月31日后企业新发生的各种费用），已经严重资不抵债。至此，经中国品牌资产评价中心评定，价值高达149.07亿元的三鹿品牌资产灰飞烟灭。

作为与人们生活饮食息息相关的乳制品企业，本应加强奶源建设，充分保证原奶质量，特别是婴幼儿奶粉。然而在实际执行中，为了不丧失奶源的控制，三鹿集团在有些时候接受了质量低下的原奶。

三鹿集团为了抢占市场，通过降价以提高市场占有率，为了保证自身的利润份额，想方设法压低上游产业原奶供应的收购价格，势必造成原奶供应质量出现问题，上游企业原奶供应商要想保住利润，就必然会牺牲奶源质量。三鹿集团奶源供应商中一半以上来自于散户，要想控制奶源在各个环节如生产、收购、运输环节实时监控几乎不可能，因此只能依靠最后一个环节：质量检测，如果对质量检测环节监管不力，则会滋生巨大的腐败和舞弊，不合格的奶制品就在商业腐败中流向市场。

2007年底，三鹿集团已经先后接到农村偏远地区反映，称食用三鹿婴幼儿奶粉后，婴儿出现尿液中有颗粒现象。到2008年6月中旬，又收到婴幼儿患肾结石去医院治疗的信息。与此同时，三鹿集团并没有把奶粉对婴幼儿造成的严重危害进行信息披露，召回有毒奶粉的迟缓与隐瞒事实真相耽误了大量宝贵时间，使得更多的婴幼儿受到严重的健康危害。

此外，三鹿集团缺乏危机处理能力。在危机发生后，仍然遮掩事实真相，从而使得消费者彻底丧失了对其的信赖。导致年轻妈妈们不远万里、通过各种方式从国外购买幼儿奶粉，这一事件，不仅对于三鹿奶粉，对于整个国产奶粉都带来了难以计量的巨额损失。

三鹿集团涉及虚假披露和违反法律法规，势必给其带来灭顶之灾。

要求：

（1）从外部风险和内部风险角度，解释说明三鹿集团可能存在的主要风险类型；

（2）根据我国《中央企业全面风险管理指引》，说明三鹿集团违背了哪些风险管理的总体目标；

（3）根据案例资料以及《企业内部控制应用指引第4号——社会责任》，说明三鹿集团履行社会责任时本应该关注而未关注的风险和本应该执行而未执行的内部控制措施；

（4）根据《企业内部控制应用指引第7号——采购业务》，建议三鹿集团在购买原奶环节应关注的内部控制要求与措施。

3．资料一：

C国蓝先生在D国攻读物理学硕士学位期间，兼职于D国一家光伏产业的公司，从事光伏组件的销售业务。蓝先生熟悉太阳能电极板零部件产品的销售渠道及客户群体，积累了丰富的销售经验及客户资源，善于搜集客户需求信息，并能够根据客户需求对产品提出改进的建议。

2008年蓝先生回国创业，与几位具有丰富行业经验的有识之士按不同比例出资成立了天翔公司。天翔公司认为，石油、煤炭等传统能源都是不可再生能源，而且会产生污染。太阳能是传统能源重要的替代品，光伏产业作为对太阳能的开发利用，已经被社会接受并获得推崇，国内外市场需求不断攀升，市场潜力巨大。各国政府鼓励光伏产业发展的政策相继出台。光伏产业生产技术已被市场认可，企业生产成本与产品价格不断降低。天翔公司因此选择生产太阳能光伏电池板，产品主要出口欧洲市场，供光伏设备装机时使用。天翔公司的产品在欧洲市场的交易以美元结算，以预防欧元币值的大幅度变动。

天翔公司的光伏电池板是基于以往积累的客户需求做出的改良产品，研发成本较低，相对市场上的一般产品具有一定的优势。天翔公司根据市场变化，不断对产品进行再创新，比同行业的竞争者获得了更高的利润和更多的客户。

在C国，由于几年来国际市场对光伏产品需求的快速增长和光伏产品的丰厚利润，吸引了大量产业资本蜂拥而入。一些低端制造企业，也从2009年起投资或组建光伏项目，光伏电池板生产企业很多。天翔公司基于自身的技术与外销渠道优势，与国内多家光伏电池板生产商达成协议，采用代工模式（OEM），由生产商按照天翔公司的订单要求，为其提供符合标准的产品。

天翔公司的主要客户是欧洲太阳能发电企业。欧洲国家的太阳能发电产业发展迅速，对光伏电池板需求很大，且不断增长，为公司提供了广阔的发展空间。

基于自身优势及市场状况，天翔公司将收付款模式设定为，在收到客户全部货款后发货，并且在收到合格产品后，支付生产商剩余货款。由此，天翔公司可以很好地控制资金周转，也有效防范了一些销售舞弊行为。同时，不必在生产阶段投入资金，仅赚取产品购销差价，以最小的资金投入获得最大的资金收益。

天翔公司的光伏电池板业务经营很成功，至2010年已实现净利润1 900万元。

资料二：

2010年底，天翔公司召开股东会，研究公司下一步发展方向。蓝先生认为，对于太阳能光伏电池板制造商而言，进军电池板销售业务领域障碍不大。根据他了解的信息，受利润吸引已经有更多的企业投入到这一行业中，其中不乏一批大型太阳能光伏电池板生产企业，这些企业产销一体的优势对天翔公司业务形成威胁，且对市场的供需状况带来重大影响，2011年以后的市场不一定乐观。因此蓝先生认为，公司应该基于自身的研发实力，开发新的太阳能光伏产品，以有效规避光伏电池板行业由卖方市场转向买方市场的市场风险，同时，可以充分发挥公司自身的优势，将企业做强做大。

根据市场环境的变化，天翔公司开始研发和生产光伏电池接线盒。接线盒在光伏电池组件中起着非常重要的作用。天翔公司凭借自身研发实力很快研制出新型光伏电池接线盒，并开始投放市场。这使得天翔公司的客户从原来的光伏发电企业，扩展到光伏电池板的生产企业，使公司原来的供应商变成了公司的客户。

天翔公司研发的新型光伏电池接线盒供不应求，急需扩大生产规模。传统精密制造企业中山公司提出与其合作的意愿。中山公司正在寻求新的发展机遇，而与天翔公司合作生产新型太阳能光伏电池接线盒，正是中山公司向新兴产业转型的契机。于是天翔公司与中山公司以合资企业的形式达成上马新型太阳能光伏电池接线盒生产线的协议，目标是3年内实现1.5亿元的销售收入。根据协议，总投资为1千万元，天翔公司以研发成果及100万元资金为投入，占40%的股份，其余资金由中山公司投资，占60%的股份。该项目于2011年初投产。

资料三：

随着全球太阳能光伏产业的日益成熟，光伏产业技术革新日新月异，各国政府的相关政策也在不断调整，C国政府已经缩减了对光伏行业的税收优惠政策范围。蓝先生认为，天翔公司处于太阳能光伏产业的中游，必须向产业链的下游拓展，才能最终成为太阳能光伏企业中的重要一员。天翔公司于2011年5月将发展方向投向太阳能光伏产业链的下游，开始从事光伏逆变器的研发工作，并于2012年8月底投入生产。在太阳能光伏发电系统中，逆变器效率的高低是决定太阳能电池容量大小的重要因素，与接线盒相比，逆变器具有更高的科技含量，产品进入门槛更高，也意味着竞争对手相对减少。

对于新研发的光伏逆变器及其生产线，天翔公司采用了不同于与中山公司合作的方式，以投入自有资金为主，再吸收部分风险投资资金入股，以有效降低融资成本，并能完全掌控生产线的运作。

2011年，C国大型制造企业上天公司提出与天翔公司共同开拓光伏产品海外市场的意向，天翔公司与上天公司签订了营销合作协议，由天翔公司负责上天公司产品在海外市场的销售。至此，天翔公司从基于合资形式的太阳能光伏电池接线盒生产线，到采取控股方式的太阳能光伏逆变器生产线，再到与上天公司合作的太阳能光伏产品贸易业务，天翔公司在光伏产业中的产业链不断延伸，其组织结构也从创业期的职能制发展成为矩阵制。天翔公司正在一步步地实现“成为国内乃至全球太阳能光伏产业的优秀企业”的目标。

要求：

（1）从宏观环境角度简要分析天翔公司2008年初创时光伏产业所面临的机会与2010年后光伏产业所面临的威胁；

（2）从产业五种竞争力角度分析天翔公司从2008年开始经营光伏电池板业务时所面临的机会与2010年后所面临的威胁；

（3）阐述企业战略联盟的主要类型，简要分析天翔公司与合作伙伴所结成的战略联盟的类型、各方的主要动因；

（4）简要分析天翔公司企业能力的主要表现；

（5）简要分析天翔公司在发展中注重规避的主要市场风险；

（6）依据《企业内部控制应用指引第9号——销售业务》，简要分析天翔公司在采用OEM方式经营光伏电池板业务时注重规避的主要风险，并分析天翔公司在此项业务中还应当防范哪些风险。

4．资料一：

C国嘉明公司成立于1986年，主营业务是向国内外主要知名钢琴厂家提供钢琴的各种零部件。

钢琴的核心部件是码克，做工要求极为精细。2002年嘉明公司开始自行研发码克，公司创始人投入多年积蓄，并向亲朋好友借款，累计筹资4 000万元，引进了世界最先进的五轴联动CMC加工技术，同时开发了全套数控系统。由于大量的资金和人员投入，嘉明公司实现了码克的自主生产。在2003年举办的国际乐器展销会上，嘉明公司的码克以优良的性能和低于欧洲同类产品三分之二的价格受到世界顶尖钢琴企业的关注。欧洲著名钢琴制造商A公司因此向嘉明公司购买了大批码克，并提出采用OEM方式生产钢琴整琴的合作意向。嘉明公司承接订单后，将码克及配件、A公司的生产要求交给国内一家钢琴生产企业万顺公司生产钢琴整琴。但万顺公司钢琴整琴质量达不到A公司的要求，于是嘉明公司决定自己生产钢琴整琴。

在钢琴整琴生产之初，嘉明公司确定了“高技术、高质量、高起点”的经营原则，直接与世界领先的设计和工艺接轨。2005年开始，嘉明公司先后投资8 500多万元，从发达国家引进钢琴专用数控加工设备16台，组建了现代化的钢琴生产线，采用标准化、系列化、正规化管理，最大限度地应用现代高新科技成果设计和制造钢琴，并注重继承和发展钢琴的传统音乐特性。至此，嘉明公司钢琴整琴开始面世，实现了从钢琴配套厂到钢琴整琴生产商的转型。

为了进一步提高钢琴的设计和制造水平，嘉明公司聘请了世界顶级钢琴设计、制作、调音、整理检验等专家担任研发团队的高级顾问。嘉明公司每年研发费用占销售收入5%以上。嘉明公司已拥有31项专利技术，并形成了专业技术人才梯队。

由于钢琴整琴产量和质量不断提升，嘉明公司向A公司提出使用联合品牌的要求。

经协商，至2007年底，嘉明公司的钢琴开始在欧洲市场以“A—嘉明”品牌销售。在欧洲这个钢琴普及率相对较高的市场上，“A”代表质量保证，“嘉明”代表价格优势，二者的结合使得嘉明公司的钢琴在欧洲市场的占有率不断提高。嘉明公司的“A-嘉明”牌钢琴随即打入北美市场。短短数年时间，嘉明公司知名度和美誉度快速提升，跻身C国三大名牌钢琴生产企业。

资料二：

2007年嘉明公司以产品创新和品质保障为基点，确定了公司发展的“三步走”战略：即系列钢琴、精品钢琴、智能钢琴三个发展阶段，计划用10至15年完成。第一步研发生产嘉明系列化钢琴，力求建成C国品种最全、销量最大的钢琴生产线；第二步研发生产嘉明精品钢琴，确保产品品质达到C国各类品牌钢琴的最高水平；第三步，在精品钢琴的基础上，进一步着手开展智能钢琴研发的准备工作。

嘉明公司制定的“三步走”战略和具体实施方案取得了良好的效果。至2011年，嘉明公司出厂了20余个品种、几十个款式的系列钢琴；立式精品钢琴也开始投放市场，并取得良好的销售业绩。目前嘉明公司正在进行三角精品钢琴的研发工作，并着手开展智能钢琴的研发准备工作。

嘉明公司始终坚持质量至上的理念，在产品设计、生产、销售、服务的全过程中加强质量控制。嘉明公司销售政策规定，如客户发现钢琴存在质量问题，一切退、换及维修费用均由嘉明公司承担；对于提出嘉明钢琴存在设计缺陷的客户，嘉明公司给予一定的奖励。

经过多年跨越式发展，嘉明公司的实际产量已经超出原有的设计生产能力，产能瓶颈的限制非常明显。为了满足不断增长的订单需求，嘉明公司决定改变过去的融资方式，以进一步扩大生产规模。

嘉明公司通过公司股份制改组，进一步明晰了产权，健全了管理制度；同时，引进外部创投机构，增加了公司透明度，为公司上市奠定了基础。2012年嘉明股份有限公司在创业板上市，募集了所需资金，开始启动新的精品钢琴及智能钢琴生产线的建设，进一步扩大了生产规模。

资料三：

上市后嘉明公司面临诸多新的挑战。

首先，随着C国逐渐成为全球钢琴生产中心，C国具有一定规模的钢琴企业增至30多家，普通钢琴市场竞争日趋激烈。嘉明公司部分技术人员被新建企业挖走，个别技术人员甚至在离职时带走了一些设计图纸，一些研发项目被迫中断。

其二，金融危机之后，钢琴生产所需部分原材料价格随市场波动上升，C国劳动力成本也持续上升；此外，汇率变化也使嘉明公司产品的国际竞争力下降。

其三，国际一流品牌大量进入C国，带来了新技术新观念。顾客对钢琴产品的品质、外观、款式的要求也在不断提高，加大了企业技术创新压力。

面对新的挑战，嘉明公司提出未来三年发展目标为：完善产品生产线；扩建钢琴制造工程技术中心，提高研发能力；拓展优化市场渠道。

要求：

（1）简要分析嘉明公司与A公司结成战略联盟的类型与双方主要动因；

（2）简述安索夫矩阵包括的发展战略的基本类型；依据研发的战略作用，简要分析嘉明公司如何通过研发实现这些战略类型；

（3）简要分析嘉明公司上市后所面临的主要市场风险。

5. A国是亚洲经济发展最快的国家。A国的B省在过去30年间大力发展各类制造及加工业务，成为A国南方沿海经济第一大省。随着B省经济的快速发展，省内几个主要城市均建造了民用机场。近几年，A国政府开始大力推动铁路网络建设，目标是覆盖全国各主要省市。B省亦开始建设通往其他各省及首都的铁路，部分路段已经开通运行。

B省的龙天机场于1994年启用，现已发展为全国以及全球最优秀和最繁忙的国际机场之一。超过95家航空公司在龙天机场提供航空服务，往来约180个城市，其中约50个城市在A国境内。龙天机场能够迅速发展成为国际航空枢纽，是由于龙天市处于亚太地区的中心，且其经济发展早于B省的其他城市，因此成为全省以及全国市场的门户，广泛联系世界各地的城市，不但提供点对点直航服务，还提供客货运中转服务。

龙天机场的客货运量及航空联系紧密度不断提升，从1994年的年客运量3 000万人次及年货运量180万吨，每天500架次飞机升降及联系100个城市，分别激增至去年的6 000万人次及400万吨，900架次及180个城市。其中，大部分为国际航运业务，国内业务相对较少。

为了更全面地发展市场经济，A国近年开始私有化所有国有交通运输企业，包括民航、铁路及海运等。龙天机场被政府指定为首个私有化试点机场，于两年前重组为龙天机场股份有限公司，并且成功上市。龙天机场原董事长功成身退，于本年初退休，其职位由年轻进取的王宏继任。鉴于交通运输需求量与日俱增，且省内不少机场都拟订了提高客货运量的措施，加之政府大力推动铁路的发展，王宏认为必须研究应对策略，防止龙天机场的竞争力受损。王宏因此委派了首席执行官林华主持研究工作，并要求其制订龙天机场未来20年发展规划大纲。林华委托了几家各具专长的国际知名咨询公司对不同战略范畴进行深入研究。其研究结果包括：未来20年往来A国的客货运输需求将随着经济的持续发展而不断增加；B省是龙天机场的腹地市场，也是全国最多元化和发展最快速的地区之一，亦是一个制造业中心和最富裕的地区，其客货运输需求的增长快于全国平均水平；B省内6个机场（含龙天机场）的容量明显不足以满足10年后的中期航空服务需求，更难以适应20年后的长期需求；目前龙天机场处理了B省所有机场的70%国际客运量及80%的国际货运量；省内其他机场已拟订了提高客货运量的计划，拟将跑道数量由目前的2条增加到3条至5条；新一代的铁路运输系统可将当前铁路旅程时间缩短三分之一，全国省际直通铁路网络在5年内大致形成，并于10年内全面覆盖各主要城市；除现已建有机场的6个城市外，B省其他城市达到可以兴建机场规模的可能性很小。

林华依据波特提出的最具影响力的战略分析模型——五力模型，对以上结果进行分析，以确定龙天机场在行业中的竞争优势。经研究分析后，林华与王宏讨论了其他一些方案。在王宏的大力支持下，林华向董事会提议建设第三条机场跑道。除了兴建第三条跑道外，林华向董事会提出了在兴建第三条跑道的基础上，龙天机场还可以同时采用以下两个方案或其中之一，以进一步增加龙天机场的竞争力和客货运量。

方案一：葛咸市与龙天市是一河之隔。由龙天机场购入葛咸机场的20%股权，成为其战略投资者，并在此基础上商讨两个机场在客货运上如何合作互补。

方案二：向龙天市政府游说，由市政府出面向省政府及A国交通部争取将规划中的省际铁路在B省内的主要转运枢纽建于龙天机场旁，理由是龙天机场是国际航运枢纽，若与省际铁路转运枢纽相结合，将更有利于提升B省以及全国的客货运效率。林华建议，向政府争取由龙天机场负责建造及营运该省际直通铁路转运枢纽站。

龙天机场董事会在讨论上述兴建第三条跑道以及其他两个方案时，有数位资历较深的董事对这些建议抱有怀疑，认为前董事长多年以来比较保守稳健地经营龙天机场，不作重大投资，亦能取得较好的成果。现在王宏和林华的建议涉及重大投资，必然带来较高的风险。董事会因此要求王宏和林华提交一份分析龙天机场可能面临的市场风险和应对风险的措施文件，其中必须分析风险应对的各种常用措施。

部分董事认为兴建一条新跑道的工程浩大，龙天机场的现有跑道及其他基础设施是多年前兴建的，龙天机场已经很久没有管理庞大工程项目的经验，因此希望王宏和林华提交兴建第三条跑道时采用工程外包的可行性研究报告。董事们还特别关注如何控制外包工程。

另外，董事们认为跑道信号管理是机场的核心日常业务之一，但龙天机场的信息技术管理部门人力有限，因此要求在报告中重点分析是否可将第三条跑道所有信号的信息系统的日常经营管理外包。

要求：

（1）简述五力模型中除供应商议价能力和购买商议价能力以外的其他与竞争对手有关的“三力”的内涵，并根据咨询公司的研究结果以及对机场行业的基本认识，据此“三力”分析龙天机场在其行业中的竞争优势，并简要说明林华向董事会提议兴建第三条机场跑道的主要原因；

（2）简要分析龙天机场前董事长在其退休前所采取的是何种类型的公司总体战略，指出该种战略是否符合龙天机场在未来10年至20年的经营要求。分别指出林华向董事会提出的建议（①兴建第三条跑道；②入股葛咸机场；③建造及营运铁路枢纽站）属于何种公司总体战略，并简要说明理由；（如战略类型可进一步细分，应将其细分）

（3）影响行业风险的关键因素包括生命周期阶段、波动性和集中程度，简要说明这三个关键因素的内涵，并据此评价龙天机场所面临的行业风险；

（4）除行业风险外，龙天机场还需面临各种经营风险，简要说明常见的风险应对策略及其内涵。

6. 资料一：

天美公司前身是C国J省一家冷气设备生产企业。1985年开始，公司集中资源研发、生产当时国内市场处于一片空白的家用空调和大型柜式空调，企业获得了迅猛发展。到1994年，天美公司已成为C国最大空调生产基地。

1994年，天美公司积累了大量的资金，急需找到新的投资渠道。为了最大限度地利用市场机会和公司在家电行业的优势地位，天美公司陆续上马了电冰箱、洗衣机、电视机、电脑等产品项目，希望利用公司的品牌优势，为企业获取更多的利润。

然而，1994年后，天美公司领导层不再看好家电行业，认为家电行业已经面临行业生命周期的衰退期，因此，公司必须开拓新的领域，建立新的经济增长点。

资料二：

1995年初，天美公司开始向机动车领域发展。到1995年底，天美公司投资1.5亿元兴建了年产100万辆摩托车的生产线，投资2.5亿元兴建了年产100万台摩托车发动机的生产线。天美公司生产的摩托车凭借先进的技术和新颖的外观，1997年上半年就实现了6万台的销量，销售收入近10亿元。但好景不长，由于天美公司的摩托车单台车的售价较高，其主要消费对象是大中城市中收入较高的人群，而主要的大中城市都于1997年前后相继实行了“禁摩令”，封闭了天美摩托车的消费市场。2005年天美公司不得不将摩托车业务低价转让给其他公司。

1997年，天美公司斥资7.2亿元收购了C国国内一家汽车厂，上马中型卡车项目，成为首家非汽车企业入主汽车行业的企业。但是，天美公司在汽车制造方面缺乏高素质的管理人员，对相关业务流程的监管及持续改进能力不足，同时没有对汽车市场需求与行业发展状况进行深入的调研和分析，其生产经营的中型卡车的载重量都在15吨以下，与市场需求脱节较大，且关键零部件都需外购，尤其是动力配置须向竞争对手采购，企业的发展受到竞争对手的制约。2012年天美公司不得不将中型卡车业务出售。

从1998年开始，C国加大对新能源行业的政策支持，天美公司领导层认为这一领域发展潜力巨大、前景广阔。1999年天美公司对高能动力镍氢电池项目进行了立项。2002年，天美公司召开了“高能动力镍氢电池及应用发布会”，标志着这个跨度更大的新能源行业成为天美公司的又一个主营领域。至2013年，天美公司是C国仅有的掌握镍氢电池自主专利技术的厂家，技术优势明显，但C国整个镍氢电池市场规模还不大，企业从新能源产业上的获利不足以支撑整个企业的发展。

2009年天美公司的领导力排众议，坚持成立天美房地产开发有限公司，宣布进入房地产行业，希望高回报率的房地产业能给企业发展带来新的转机。然而，之后不久C国政府对房地产行业进行宏观调控，房地产业进入了一个“寒冬期”，资金链紧张，房地产销售面积大降。而作为一个没有房地产开发经验的行业“新手”，要想在宏观政策收紧的情况下，从众多经验丰富、实力雄厚、拥有良好品牌的房地产企业中夺取市场份额无疑难度极大。2010年天美公司房地产业务亏损近千万元。

资料三：

在C国，空调等家电产品的市场需求巨大，行业发展前景依然十分广阔。在这样的背景下，天美公司将大量人力、财力、物力转向与主业完全不相关的领域，对其主业发展带来了极大的负面影响，原有的核心能力基本丧失殆尽。

天美公司家电业几大业务的经营状况如下。

（1）空调器业务。天美公司曾经是C国最大空调生产基地、世界空调器生产企业七强之一，由于天美公司的领导层未充分利用企业资源对空调业务扩大投资，公司生产的空调逐渐失去了市场优势，其市场份额逐年下降，已沦为C国内空调器三类品牌。

（2）洗衣机业务。天美公司的洗衣机业务只在投产的第一年实现盈亏基本平衡，其余年份都是亏损。天美公司试图通过调整产品结构、不断推出新产品来打开市场局面，但效果一直不理想，洗衣机业务的经营状况未得到根本扭转。

（3）电冰箱业务。天美品牌电冰箱的发展不尽如人意。2003年天美公司将电冰箱业务全部出售给另一家公司。

要求：

（1）按照企业发展战略可选择的三种途径，分析天美公司进入几个主要产业所选择的途径；

（2）简要分析天美公司实施多元化战略的类型、动机与风险；

（3）根据波士顿矩阵划分企业经营业务的两维坐标及其四类业务的内容，分析天美公司现存的家电业务、新能源业务、房地产业务在波士顿矩阵中的业务类型，并根据波士顿矩阵的原理说明这三类业务下一步的发展方向；

（4）根据《企业内部控制应用指引第2号——发展战略》，简要分析天美公司在发展战略制定中存在的问题；

（5）简要分析天美公司发展进程中所表现出的主要运营风险。

答案及解析

一、单项选择题

1. 【答案】A

【学堂点拨】本题主要考查“内部控制的目标”知识点。盈利目标不属于COSO《内部控制——整合框架》中的内部控制的目标。COSO《内部控制——整合框架》中内部控制的三大目标包括：取得经营的效率和有效性；确保财务报告的可靠性；遵循适用的法律法规。

2. 【答案】C

【学堂点拨】本题主要考查“企业内部控制应用指引第9号——销售业务”知识点。企业应当健全客户信用档案，关注重要客户资信变动情况，采取有效措施，防范信用风险。企业对于境外客户和新开发客户，应当建立严格的信用保证制度。对于大客户的信用审批流程仍应关注，不能简化，选项C的说法错误。

3. 【答案】B

【学堂点拨】本题主要考查“企业内部控制应用指引第6号——资金活动”知识点。资金活动需关注的主要风险有：（1）筹资决策不当，引发资本结构不合理或无效融资导致企业筹资成本过高或债务危机；（2）投资决策失误，引发盲目扩张或丧失发展机遇，导致资金链断裂或资金使用效益低下；（3）资金调度不合理、营运不畅，可能导致企业陷入财务困境或资金冗余；（4）资金流动管控不严，可能导致资金被挪用、侵占、抽逃或遭受欺诈。选项A、C、D属于资产管理需关注的主要风险。

4. 【答案】C

【学堂点拨】本题主要考查“控制活动”知识点。常见的内部控制活动有：不相容职务分离控制、授权审批控制、会计系统控制、调节和复核、财产保护控制、预算控制、运营分析控制、绩效考评控制。选项C不属于常见的内部控制活动。

5. 【答案】A

【学堂点拨】本题主要考查“内部控制缺陷的认定”知识点。选项B、C、D属于设计缺陷，选项A属于运行缺陷。

6. 【答案】D

【学堂点拨】本题主要考查“内部控制缺陷的认定”知识点。按照内部控制本质上的不同，可以把内部控制缺陷分为设计缺陷和运行缺陷。设计缺陷是指企业缺少为实现控制目标的必需控制，或现存的控制并不合理及未能满足控制目标。运行缺陷是指设计合理及有效的内部控制，但在运作上没有被正确地执行。企业有相关规定但在实际执行中并未按规定执行，所以是运行缺陷。

7. 【答案】A

【学堂点拨】本题主要考查“内部控制评价”知识点。如果企业决定利用外聘会计师事务所为其提供内部控制评价服务，根据《基本规范》的要求，该事务所不应同时为企业提供内部控制的审计服务。选项A正确；内部控制评价遵循全面性、重要性、客观性原则，选项B错误；董事会对内部评价报告的真实性负责，选项C错误；企业对内部控制缺陷的认定，应当以日常监督和专项监督为基础，选项D错误。

8. 【答案】A

【学堂点拨】本题主要考查“企业内部控制应用指引第12号——担保业务”知识点。企业内设机构未经授权不得办理担保业务。甲公司的会计部门属于企业的内设机构，未经授权不得办理担保业务。

9. 【答案】B

【学堂点拨】本题主要考查“企业内部控制应用指引第2号——发展战略”知识点。制定与实施发展战略需关注的主要风险包括：（1）缺乏明确的发展战略或发展战略实施不到位，可能导致企业盲目发展，难以形成竞争优势，丧失发展机遇和动力；（2）发展战略过于激进，脱离企业实际能力或偏离主业，可能导致企业过度扩张，甚至经营失败；（3）发展战略因主观原因频繁变动，可能导致资源浪费，甚至危及企业的生存和持续发展。该公司发展过于激进，盲目进军家具行业，最终企业不但没有迅猛发展，房地产的业绩也受到一定影响。所以该企业应该关注的最主要风险是发展战略过于激进，脱离企业实际能力或偏离主业，可能导致企业过度扩张，甚至经营失败。

二、多项选择题

1. 【答案】BCD

【学堂点拨】本题主要考查“企业内部控制应用指引第2号——发展战略”知识点。根据《企业内部控制应用指引第2号——发展战略》，制定与实施发展战略需关注的主要风险包括：（1）缺乏明确的发展战略或发展战略实施不到位，可能导致企业盲目发展，难以形成竞争优势，丧失发展机遇和动力；（2）发展战略过于激进，脱离企业实际能力或偏离主业，可能导致企业过度扩张，甚至经营失败；（3）发展战略因主观原因频繁变动，可能导致资源浪费，甚至危及企业的生存和持续发展。选项B属于企业文化建设需关注的主要风险；大都旅行社的并购还是在旅行社行业，并没有偏离主业，选项C错误；选项D属于组织架构设计与运行需关注的主要风险，选项D错误。

2. 【答案】CD

【学堂点拨】本题主要考查“审计委员会在内部控制中的作用”知识点。审计委员会负责人应当具备相应的独立性和良好的职业操守以及具备专业胜任能力，选项A错误；审计委员会的职能是监督、评估和复核企业内的其他部门和系统，选项B错误。选项C、D正确。

3. 【答案】ABD

【学堂点拨】本题主要考查“企业内部控制应用指引第9号——销售业务”知识点。确保会计记录、销售记录与仓储记录核对一致，不属于完善商业票据管理的内部控制措施。

4. 【答案】BD

【学堂点拨】本题主要考查“审计委员会在内部控制中的作用”知识点。选项A、C属于审计委员会的职责，所以选项B、D正确。

5. 【答案】ABCD

【学堂点拨】本题主要考查“信息与沟通”知识点。选项A、B、C、D均正确。

6. 【答案】ABD

【学堂点拨】本题主要考查“控制活动”知识点。不相容职务分离控制要求企业全面系统地分析、梳理业务流程中的不相容职务，实施相应的分离措施，形成相互制约、各司其职的工作机制。办公室主任负责企业内部的行政管理业务，工会主席负责工会工作，并不会涉及到企业内部的行政业务，所以这两个职务不属于不相容职务；选项A、B、D均属于不相容职务。

7. 【答案】AD

【学堂点拨】本题主要考查“企业内部控制应用指引第9号——销售业务”知识点。建立严格的信用保证制度、对未付款项的担保，都可以有效的预防坏账损失的发生。选项A对于无法全部收回的应收账款，应当查明原因，明确责任，选项A的做法错误。选项D甲公司法律部必须在欠款客户破产清算过程中及时申报其债权，并要求合理清偿不能有效预防坏账损失的产生，选项D的做法错误。

8. 【答案】ABC

【学堂点拨】本题主要考查“内部控制审计”知识点。建立健全和有效实施内部控制，评价内部控制的有效性是董事会的责任，选项D错误。

9. 【答案】ABCD

【学堂点拨】本题主要考查“控制活动”知识点。为固定资产投保，属于控制活动中的财产保护控制，选项A正确；人力资源部门安排员工年度考核评价，属于活动中的绩效考评控制，选项B正确；采购存货物资需经过授权审批，属于控制活动中的授权审批控制，选项C正确；将企业向红十字会捐款列入预算，属于控制活动中的预算控制，选项D正确。

10. 【答案】AB

【学堂点拨】本题主要考查“审计委员会在内部控制中的作用”知识点。审计委员会亦会收到管理层关于企业内部运作的内部控制系统的有效性的报告，以及关于内部或外聘审计师对控制所执行测试的结论的报告，选项C错误；董事会关于内部控制的主要目标会授权给审计委员会负责，选项D错误。

11. 【答案】AB

【学堂点拨】本题主要考查“内部控制评价报告”知识点。企业应当于基准日后4个月内报出内部控制评价报告，选项C错误；对存在重大缺陷（并非重要缺陷）的情形，不得做出内部控制有效性的结论，选项D错误。

三、简答题

1. 【答案】本题考查“全面预算”知识点。

（1）预算管理委员会成员由企业负责人（而非财务负责人）及内部相关负责人组成。企业形成全面预算草案提交董事会（而非总经理）并由董事会（而非总经理）审核全面预算草案。

（2） 对于超预算和预算外的资金支付，应当实行严格的审批制度。即使时间紧迫，也不能按照例外管理原则，必须进行审批。

（3）预算应当保持稳定，不得随意调整（而非不得调整）。由于市场环境、国家政策或不可抗力等客观因素，导致预算执行发生重大差异确需调整预算的，应当履行严格的审批程序。

（4）实行全面预算管理需关注的主要风险：

①不编制预算或预算不健全，可能导致企业经营缺乏约束或盲目经营；

②预算目标不合理、编制不科学，可能导致企业资源浪费或发展战略难以实现；

③预算缺乏刚性、执行不力、考核不严，可能导致预算管理流于形式。

2.【答案】本题考查“内部控制的应用”知识点。

（1）事项（1）的处理不正确。

理由：企业应当严格规范固定资产投保政策，对应投保的固定资产项目按规定程序进行审批，及时办理投保手续。依题意，相关人员以出差不在国内等理由没有投保导致企业发生巨大损失。

（2）事项（2）的处理不正确。

理由：采购大宗专用仪器设备，应采用招标方式进行。采购后由相关人员对采购项目的品种、规格、数量等内容进行验收，此外，对质量也必须进行验收，涉及大宗和新、特物资采购的，还应进行专业测试。

（3）事项（3）的处理不正确。

理由：重大研发项目应当由董事会或类似权力机构集体审议决策，并非由总经理办公会审议通过。

（4）事项（4）的处理不正确。

理由：纠纷处理过程中，未经授权批准，甲企业经办人员不得向对方当事人做出实质性答复或承诺。未按合同条款履约的，财会部门有权拒绝付款的同时，应该及时向企业有关负责人报告。

（5）事项（5）的处理正确。

（6）事项（6）的观点不正确。

理由：企业应当建立存货盘点清查制度。企业至少应当于每年年度终了开展全面盘点清查，盘点清查结果应当形成书面报告。因此，即使甲企业6月进行存货盘点，年底也必须进行存货盘点工作。

四、综合题

1.【答案】本题主要考查“内部控制”知识点。

（1）存在不当之处。

建立内部控制体系时应符合以下目标：合理保证（并非绝对保证）企业经营管理合法合规；资产安全、财务报告及相关信息真实完整，提高经营效率和效果，促进公司实现发展战略（并非利润最大化）。

（2）存在不当之处。

不当之处一：管理层对内部控制的建立健全和有效实施负责，管理层关于内部控制的主要目标会授权给审计委员会负责。

理由：董事会对内部控制的建立健全和有效实施负责，董事会关于内部控制的主要目标会授权给审计委员会负责。

不当之处二：审计委员会应每年至少与外聘及内部审计师会面一次，讨论与审计相关的事宜，为了及时解决问题，需要管理层出席。审计委员会成员之间的不同意见如无法内部调解，应提请管理层解决。

理由：审计委员会应每年至少与外聘及内部审计师会面一次，讨论与审计相关的事宜，但无须管理层出席。审计委员会成员之间的不同意见如无法内部调解，应提请董事会解决。

不当之处三：审计委员会应每两年对其权限及其有效性进行复核，并就必要的人员变更向管理层报告。

理由：审计委员会应每年对其权限及其有效性进行复核，并就必要的人员变更向董事会报告。

不当之处四：风险管理委员会的主要活动之一是核查对外报告规定的遵守情况。

理由：审计委员会的主要活动之一是核查对外报告规定的遵守情况。

（3）不存在不当之处。

（4）存在不当之处。

不当之处一：规范采购业务，为防止出现舞弊应选择多头采购和分散采购，为提高采购业务效率，安排采购部门办理采购业务全过程。

理由：采购业务应当集中，避免多头采购或分散采购，以提高采购业务效率。除小额零星业务，不得安排同一机构办理采购业务全过程。

不当之处二：关注新客户资信变动情况，对合作多年的老客户不必关注资信变化。

理由：关注重要客户资信变动情况，包括对合作多年的重要客户仍需关注。

（5）存在不当之处。

不当之处：公司拟聘用A会计师事务所为公司提供2015年内部控制评价工作；同时，为了方便双方工作沟通以及无须重复提供资料信息，同时委托该会计师事务所提供内部控制审计服务。

理由：如果企业决定利用外聘会计师事务所为其提供内部控制评价服务，根据《基本规范》的要求，该事务所不应同时为企业提供内部控制的审计服务。

（6）存在不当之处。

不当之处一：内部控制自我评价是由企业董事会和审计委员会实施的。

理由：内部控制自我评价是由企业董事会和管理层实施的。

不当之处二：进行评价的具体内容应围绕内部控制的五个要素，即内部环境、风险评估、控制活动、系统维护、内部监督。

理由：进行评价的具体内容应围绕内部控制的五个要素，即内部环境、风险评估、控制活动、信息与沟通、内部监督。

不当之处三：企业管理层应当对内部控制评价报告的真实性负责。

理由：企业董事会应当对内部控制评价报告的真实性负责。

2. 【答案】本题考查“企业面对的风险种类”“风险管理的总体目标”“社会责任”“采购业务内控要求”知识点。

（1）三鹿集团可能存在的主要风险类型有：法律风险、合规风险、市场风险、运营风险、操作风险等。

外部风险。

①法律风险：是指企业在经营过程中因自身经营行为的不规范或者外部法律环境发生重大变化而造成的不利法律后果的可能性。表现为“三鹿牌婴幼儿配方奶粉重大食品安全事故发生后，三鹿集团于2008年9月12日全面停产”以及“12月19日三鹿集团又借款9.02亿元付给全国奶协，用于支付患病婴幼儿的治疗和赔偿费用”。

②合规风险：是指因违反法律或监管要求而受到制裁、遭受金融损失以及因未能遵守所有适用法律、法规、行为准则或相关标准而给企业信誉带来的损失的可能性。表现为“三鹿牌婴幼儿配方奶粉重大食品安全事故发生后，三鹿集团于2008年9月12日全面停产”以及“12月19日三鹿集团又借款9.02亿元付给全国奶协，用于支付患病婴幼儿的治疗和赔偿费用”，“经中国品牌资产评价中心评定，价值高达149.07亿元的三鹿品牌资产灰飞烟灭”，“三鹿集团缺乏危机处理能力。在危机发生后，仍然遮掩事实真相，从而使得消费者彻底丧失了对其的信赖”。

③市场风险：是指企业所面对的外部市场的复杂性和变动性所带来的与经营相关的风险。能源、原材料、配件等物资供应的充足性、稳定性和价格的变化带来的风险以及主要客户、主要供应商的信用风险均属于市场风险。表现为“三鹿集团为了抢占市场，通过降价以提高市场占有率，为了保证自身的利润份额，想方设法压低上游产业原奶供应的收购价格，势必造成原奶供应质量出现问题，上游企业原奶供应商要想保住利润，就必然会牺牲奶源质量”。

内部风险。

①运营风险：是指企业在运营过程中，由于内外部环境的复杂性和变动性以及主体对环境的认知能力和适应能力的有限性，而导致的运营失败或使运营活动达不到预期目标的可能性及其损失。表现为“然而在实际执行中，为了不丧失奶源的控制，三鹿集团在有些时候接受了质量低下的原奶”，“三鹿集团并没有把奶粉对婴幼儿造成的严重危害进行信息披露，召回有毒奶粉的迟缓与隐瞒事实真相耽误了大量宝贵时间”以及“三鹿集团缺乏危机处理能力。在危机发生后，仍然遮掩事实真相，从而使得消费者彻底丧失了对其的信赖”。

②操作风险：是指由于内部程序、人员和系统的不完备或失效，或由于外部事件造成损失的风险。表现为“三鹿奶源供应商中一半以上来自于散户，要想控制奶源在各个环节如生产、收购、运输环节实时监控几乎不可能，因此只能依靠最后一个环节：质量检测，如果对质量检测环节监管不力，则会滋生巨大的腐败和舞弊，不合格的奶制品就在商业腐败中流向市场”。

（2）根据我国《中央企业全面风险管理指引》，三鹿集团违背了以下风险管理的总体目标：

①确保将风险控制在与公司总体目标相适应并可承受的范围内；

②确保内外部，尤其是企业与股东之间实现真实、可靠的信息沟通，包括编制和提供真实、可靠的财务报告；

③确保遵守有关法律法规；

④确保企业有关规章制度和为实现经营目标而采取重大措施的贯彻执行，保障经营管理的有效性，提高经营活动的效率和效果，降低实现经营目标的不确定性；

⑤确保企业建立针对各项重大风险发生后的危机处理计划，保护企业不因灾害性风险或人为失误而遭受重大损失。

（3）三鹿集团履行社会责任时本应该关注而未关注的风险是产品质量低劣，侵害消费者利益，可能导致企业巨额赔偿、形象受损，甚至破产。

本应该执行而未执行的内部控制措施：

①企业应当根据国家和行业相关产品质量的要求，从事生产经营活动，切实提高产品质量和服务水平，努力为社会提供优质安全健康的产品和服务，最大限度地满足消费者的需求，对社会和公众负责，接受社会监督，承担社会责任；

②企业应当规范生产流程，建立严格的产品质量控制和检验制度，严把质量关，禁

止缺乏质量保障、危害人民健康的产品流向社会；

③企业应当加强产品的售后服务。售后发现存在严重质量缺陷、隐患的产品，应当及时召回或采取其他有效措施，最大限度地降低或消除缺陷、隐患产品对社会的危害、企业应当妥善处理消费者提出的投诉和建议，切实保护消费者权益。

（4）三鹿集团在购买原奶环节应关注的内部控制要求与措施。

①采购业务应当集中，避免多头采购或分散采购，以提高采购业务效率，确保采购质量。

②建立科学的供应商评估和准入制度，确定合格供应商清单。建立供应商管理信息系统。可委托具有相应资质的中介机构对供应商进行资信调查。

③根据市场情况和采购计划合理选择采购方式。大宗采购应当采用招标方式，合理确定招投标的范围、标准、实施程序和评标规则；一般物资或劳务等的采购可以采用询价或定向采购的方式并签订合同协议；小额零星物资或劳务等的采购可以采用直接购买等方式。

④建立采购物资定价机制，合理确定采购价格。大宗采购等应当采用招投标方式确定采购价格。其他商品或劳务的采购，应当根据市场行情制定最高采购限价，并对最高采购限价适时调整。

⑤企业应当建立严格的采购验收制度，由专门的验收机构或验收人员对采购项目的品种、规格、数量、质量等相关内容进行验收，出具验收证明。涉及大宗和新、特物资采购的，还应进行专业测试。

⑥企业应当加强物资采购供应过程的管理，做好采购业务各环节的记录。

3. 【答案】本题主要考查“PEST分析”“五力分析模型”“企业战略联盟”“企业能力”“市场风险”“企业内部控制应用指引第9号——销售业务”知识点。

（1）从PEST角度分析天翔公司2008年初创时光伏产业所面临的机会：

①政治法律因素：“各国政府鼓励光伏产业发展的政策相继出台”；

②经济因素：“国内外市场需求不断攀升，市场潜力巨大”；

③社会和文化因素：“光伏产业已经被社会接受并获得推崇”；

④技术因素：“光伏产业生产技术已被市场认可，企业生产成本与产品价格不断降低”。

从PEST角度分析2010年后光伏产业所面临的威胁：

①政治法律因素：“各国政府的相关政策也在不断调整，C国已经缩减了对光伏行

业的税收优惠政策范围”；

②技术因素：“光伏产业技术革新日新月异”。

（2）从产业五种竞争力角度分析天翔公司从2008年开始经营光伏电池板业务时所面临的机会：

①供应者：“由于几年来国际市场对光伏产品需求的快速增长和光伏产品丰厚的利润，吸引了大量产业资本蜂拥而入。一些低端制造行业的企业，也从2009年起投资或组建光伏项目，光伏电池板生产企业很多”；

②购买者：“主要客户是欧洲太阳能发电企业。欧洲的太阳能发电产业发展迅速，对光伏电池板需求很大，且不断增长，为公司提供了广阔的发展空间”；

③现有竞争者：“天翔公司的光伏电池板是基于以往积累的客户需求做出的改良产品，研发成本较低，相对市场上的一般产品具有一定的优势。天翔公司根据市场变化，不断对现有产品进行再创新，比同行业的竞争者获得了更高的利润和更多的客户”；

④替代品：“太阳能是传统能源重要的替代品”。

从产业五种竞争力角度分析天翔公司2010年后经营光伏电池板贸易业务面临的威胁：

①潜在进入者：“对于太阳能光伏电池板制造商而言，进军电池板销售业务领域障碍不大”；

②供应商：“对市场的供需状况带来重大影响”；

③购买者：“光伏电池板行业由卖方市场转向买方市场的市场风险”；

④现有竞争者：“这些企业产销一体的优势对天翔公司业务形成威胁”。

（3）“天翔公司基于自身的技术与外销渠道优势，与国内多家光伏电池板生产商达成协议，采用代工模式（OEM），由生产商按照天翔公司的订单要求，为其提供符合标准的产品”，属于功能性协议类型（或契约式类型）。

“天翔公司与中山公司以合资企业的形式达成上马新型太阳能光伏电池接线盒生产线的协议”，属于合资企业类型（或股权参与方式）。

“对于新研发的光伏逆变器及其生产线，天翔公司以投入自有资金为主，再吸收部分风险投资资金入股”，属于相互持股类型（或股权参与方式）。

“天翔公司与上天公司签订了营销合作协议”，属于功能性协议类型（或契约式类型）。

各方的主要动因：

①促进技术创新，“天翔公司基于自身的技术与外销渠道优势，与国内多家光伏电池板生产商达成协议”，“天翔公司研发的新型光伏电池接线盒供不应求，急需扩大生产规模”，“对于新研发的光伏逆变器及其生产线，天翔公司采用了以投入自有资金为主，再吸收部分风险投资资金入股”；

②避免经营风险，“可以很好地控制资金周转，同时，不必在生产阶段投入资金，仅赚取产品购销差价，以最小的资金投入获得最大的资金收益”；

③避免或减少竞争，“天翔公司采用代工模式（OEM），由生产商按照天翔公司的订单要求，为其提供符合标准的产品”，减少了自己生产所要承担的竞争压力；

④实现资源互补，“天翔公司基于自身的技术与外销渠道优势，……生产商按照天翔公司的订单要求，为其提供符合标准的产品”，“天翔公司研发的新型光伏电池接线盒供不应求，急需扩大生产规模”；

⑤开拓新的市场，“生产商按照天翔公司的订单要求，为其提供符合标准的产品……向欧洲市场提供光伏设备装机时所需的光伏电池板”，“与天翔公司合作生产新型太阳能光伏电池接线盒，正是中山公司向新兴产业转型的契机”，“上天公司提出与天翔公司共同开拓光伏产品海外市场的意向”，“天翔公司从基于合资方式的太阳能光伏电池接线盒生产线，到采取控股方式的太阳能光伏逆变器生产线，再到与上天公司合作的太阳能光伏产品贸易业务，天翔公司在光伏产业中产业链不断延伸”。

（4）企业能力主要由研发能力、生产管理能力、营销能力、财务能力和组织管理能力等组成。

①研发能力。“天翔公司的光伏电池板是基于以往积累的客户需求做出的改良产品，研发成本较低，相对市场上的一般产品具有一定的优势。天翔公司根据市场变化，不断对现有产品进行再创新”；“天翔公司研发的新型光伏电池接线盒供不应求”；“与接线盒相比，逆变器具有更高的技术含量，产品进入门槛更高，也意味着竞争对手相对减少”。

②生产管理能力。“以投入自有资金为主，再吸收部分风险投资资金入股，以有效降低融资成本，并能完全掌控生产线的运作”。

③营销能力。“蓝先生熟悉太阳能电极板零部件产品的销售渠道及客户群体，积累了丰富的销售经验及客户资源，善于搜集客户需求信息，并能够根据客户需求对产品提出改进的建议”。

④财务能力。“收付款模式……可以很好地控制资金周转。同时，不必在生产阶段

投入资金，仅赚取产品购销差价，以最小的资金投入获得最大的资金收益”；“天翔公司与中山公司以合资企业的形式达成上马新型太阳能光伏电池接线盒生产线的协议”。

⑤组织管理能力。“天翔公司在光伏产业中产业链不断延伸，其组织结构也从创业期的职能制发展成为矩阵制”。

（5）天翔公司在发展中注重规避的主要市场风险：

①产品或服务的价格及供需变化带来的风险，“这些企业产销一体的优势对天翔公司业务形成威胁，且对市场的供需状况带来重大影响，2011年以后的市场不一定乐观”；

②税收政策的变化带来的风险，“各国政府的相关政策也在不断调整，C国政府已经缩减了对光伏行业的税收优惠政策范围”；

③原材料和配件等物资供应的充足性、稳定性和价格变化带来的风险，“一批大型太阳能光伏电池板生产企业，这些企业产销一体的优势对天翔公司业务形成威胁”；

④潜在进入者的竞争带来的风险，“对于太阳能光伏电池板制造商而言，进军电池板销售业务障碍不大”；

⑤潜在进入者、竞争者与替代品的竞争带来的风险，“对于太阳能光伏电池板制造商而言，进军电池板销售业务领域障碍不大”，“其中不乏一批大型太阳能光伏电池板生产企业，这些企业产销一体的优势对天翔公司业务形成威胁”，“随着全球太阳能光伏产业的日益成熟，光伏产业技术革新日新月异”。

（6）依据《企业内部控制应用指引第9号——销售业务》，与天翔公司采用OEM方式经营光伏电池板业务相关的主要风险有：

①客户信用管理不到位，结算方式选择不当，账款回收不力等，可能导致销售款项不能收回或遭受欺诈；

②销售过程存在舞弊行为，可能导致企业利益受损；

“天翔公司将收付款模式设定为，在收到客户全部货款后发货，并且在收到合格产品后，支付生产商剩余货款……天翔公司可以很好地控制资金周转，也有效防范了一些销售舞弊行为”，反映天翔公司很好地规避了上述第一类风险和第二类风险。

但是，如果天翔公司不能根据市场条件与自身优势的变化增加此项政策执行的灵活性，可能会导致另一类风险的发生，即：

③销售政策和策略不当，市场预测不准确，销售渠道管理不当等，可能导致销售不畅、库存积压、经营难以为继。

4. 【答案】本题主要考查“企业战略联盟”“发展战略”“市场风险”知识点。

（1）嘉明公司与A公司结成战略联盟的类型是功能性协议（或契约式联盟）。“A公司因此向嘉明公司购买了大批码克，并提出采用OEM方式生产钢琴整琴的合作意向”。

双方主要动因：

①促进技术创新，“在钢琴整琴生产之初，嘉明公司就确定了‘高技术、高质量、高起点’的经营原则，直接与世界领先的设计和工艺接轨”；

②避免经营风险，“嘉明公司的码克以优良的性能和低于欧洲同类产品三分之二的价格受到世界顶尖钢琴企业的关注，欧洲著名钢琴制造商A公司因此向嘉明公司购买了大批码克，并提出采用OEM方式生产钢琴整琴的合作意向”；

③避免或减少竞争，“二者的结合使得嘉明公司的钢琴在欧洲市场的占有率不断提高”；

④实现资源互补，“‘A’代表质量保证，‘嘉明’代表价格优势”；

⑤开拓新的市场，“嘉明公司的钢琴在欧洲市场的占有率不断提高。嘉明公司的‘A-嘉明’牌钢琴随即打入北美市场”。

（2）安索夫矩阵包括的发展战略的基本类型有：

①市场渗透——现有产品和现有市场；

②市场开发——现有产品和新市场；

③产品开发——新产品和现有市场；

④多元化——新产品和新市场。

依据研发的战略作用，研发支持上述四种发展战略。

①可以通过产品求精实现市场渗透和市场开发战略。“嘉明公司的码克以优良的性能和低于欧洲同类产品三分之二的价格受到世界顶尖钢琴企业的关注”；“嘉明公司的钢琴在欧洲市场的占有率不断提高。嘉明公司的‘A-嘉明’牌钢琴随即打入北美市场”。

②产品开发和产品多元化需要更显著的产品创新。“由于大量的资金和人员投入，嘉明公司实现了码克的自主生产”；“为了进一步提高钢琴的设计和制造水平，嘉明公司聘请了世界顶级钢琴设计、制作、调音、整理检验等专家担任研发团队的高级顾问。嘉明公司每年研发费用占销售收入5%以上。嘉明公司已拥有31项专利技术，并形成了专业技术人才梯队”；“嘉明公司实现了从钢琴配套厂到钢琴整琴生产商的转型”；

“嘉明公司以产品创新和品质保障为基点，确定了公司发展的‘三步走’规划：即系列钢琴、精品钢琴、智能钢琴三个发展阶段”。

（3）嘉明公司上市后所面临的主要市场风险：

①产品或服务的价格及供需关系变化带来的风险，“具有一定规模的钢琴企业增至30多家，普通钢琴市场竞争日趋激烈”，“国际一流品牌大量进入C国，带来了新技术新观念。顾客对钢琴产品的品质、外观、款式的要求也在不断提高”，都会使原有的供需关系发生变化；

②从供应者角度考虑产品或服务的价格及供需关系变化带来的风险，“钢琴生产所需部分原材料价格随市场波动上升，C国劳动力成本也持续上升”；

③汇率、股票价格指数的变化带来的风险，“汇率变化也使嘉明公司产品的国际竞争力下降”，“嘉明股份有限公司在创业板上市”，将面临股票价格指数的变化带来的风险；

④潜在进入者、竞争者的竞争带来的风险，“具有一定规模的钢琴企业增至30多家，市场竞争日趋激烈”，“国际一流品牌大量进入C国，带来了新技术新观念”。

5.【答案】本题主要考查“五力分析模型”“发展战略”“产业风险”“风险应对策略”知识点。

（1）波特的五力模型中除了供应商议价能力和购买商议价能力以外的其他“三力”为：同业竞争者的竞争强度、新进入者的威胁和替代产品的威胁。

第一，同业竞争者的竞争强度，是指行业现有竞争者之间的竞争程度。一个企业的行为可能会引来另一个竞争对手采取相应的行为。竞争亦会令企业看到其需要改善地位的机会，以增强自身的竞争力。竞争强度取决于以下因素。

①竞争者数量。市场中的竞争者越多，竞争强度越大。研究结果显示，B省内已有6个机场，而且经济规模符合条件兴建机场的城市均建有机场，因此竞争者数量较多，强度因而较大。

②行业增长率。如果行业增长缓慢或停滞，现有企业之间争夺既有市场份额的竞争就会变得激烈。研究结果显示，未来的客货运需求将随着经济的发展而不断增加，这一因素将对机场之间的竞争起舒缓作用。

第二，新进入者的威胁，是指新进入者越容易进入行业市场，当前行业的获利能力就越容易被削弱。新进入者分割市场份额并激化市场竞争。新进入者的数量和威胁力度很大程度上取决于各种进入壁垒的高度。因为机场基本建设需投入巨额资金，是传统的垄断性行业，因此无须考虑其他因素已经可以确定进入壁垒是较高的。

研究结果亦显示未来10至20年B省建设新机场的可能性不大。

第三，替代品的威胁，是指其他企业提供的不同产品或服务具有的功能大致与企业现有产品或服务的功能相似，可满足消费者同样的需求。研究结果显示，全国省际直通铁路网络在可见未来将成为A国国内航空交通的替代品，与各个机场竞争。然而，龙天机场主要从事国际航运业务，因此铁路运输只是与B省内的其他机场竞争国内客货运，并未对龙天机场的国际航运业务构成任何重大的威胁。

总括而言，B省在可见将来兴建更多的新机场的可能性不大，而全国省际直通铁路并未对龙天机场的国际航运业务构成重大威胁。但由于国内运输业务的竞争加剧，将导致B省其他机场加大开拓国际航远业务，增加与龙天机场的竞争。因此，龙天机场在未来10至20年间的主要竞争威胁来自B省内的其他机场。综合各相关因素，来自省内其他机场的竞争强度较大。研究结果显示，随着客货运需求的持续增加，各机场的容量明显不足以应付。省内其他机场已拟定了提升设施的计划，将跑道由现时的2条增加到3条至5条。若龙天机场不增加其容量，未能满足的客货运需求，特别是国际客货运需求，将会转至省内的其他机场，其国际航空枢纽的重要角色亦可能被其他机场取代。因此，林华必须向董事会提议建设第三条机场跑道。

（2）龙天机场原本是由2条跑道组成，在不作出重大基建投资或收购合并的情况下，前董事长采用的是稳定型战略，即企业在战略方向上没有重大改变，在业务领域、市场地位和产销规模等方面基本保持现有状况。稳定型战略一般较适宜在短期内运用。由于调查研究显示未来10至20年间无论是客货运业务需求以至市场竞争情况均会发生较重大的变化，稳定型战略不再适用。

兴建第三条跑道，是在现有的市场（航运）增长现有的服务，增加或保持现有的市场份额，因此属于成长型战略中的密集型成长战略，可再细分为市场渗透型战略。

入股葛咸机场是属于一体化战略中的横向一体化战略，而建造及营运铁路枢纽站是属于一体化战略中的纵向一体化战略。

一体化战略是指企业对具有优势和增长潜力的业务，沿其经营链条的纵向或横向扩大业务的深度和广度，扩大经营规模，实现成长。一体化战略按照业务拓展方向可分为纵向一体化战略和横向一体化战略两种。

横向一体化战略是指企业收购、兼并或联合竞争企业的战略。

纵向一体化战略是指企业沿着业务链向前或向后延伸和扩展企业现有业务的战略。

由于铁路可以用以连接由机场至旅客最终目的地的交通，属于下游活动，因此建造和营运铁路枢纽站属于纵向一体化战略中的前向一体化战略。由于铁路并非龙天机场的主要竞争对手，因此建造和营运铁路枢纽站并不属于横向一体化战略。

（3）在评价龙天机场所面对的行业风险时应考虑以下三个关键因素。

①生命周期阶段。行业会经历起步期、成长期、成熟期及最后的衰退期。显然，处于成长期的行业会比处于成熟期或衰退期的企业有利得多。根据研究结果，相关客货运业务在未来10至20年间仍会有大幅增长，因此龙天机场所处的航运业是在成长期中，相对其他生命周期阶段而言，风险较低。

②波动性。波动性是与变化相关的一个指标。波动性行业是指需求迅速变化，充满上下起伏的行业。波动性行业会涉及较大的不确定性，使计划和决策变得更难。航运需求一般跟随经济发展稳定增长，虽然中短期可能出现波动但长期来说，波动性较少，行业风险相对较低。

③集中程度。对企业来说，比较好的情况是在一个受保护的行业中处于垄断地位。龙天机场的主要竞争对手是B省内的其他几个机场，而且研究显示，B省在可见将来均不会额外兴建新的机场，因此龙天机场所处行业集中程度较高，相对风险较低。

综上三个关键因素考虑，龙天机场的行业风险相对较低。

（4）常见的风险应对策略包括：

①风险规避，是指为了免除风险的威胁，采取试图使损失发生概率等于零的风险应对策略，也就是放弃或者停止与该风险相关的业务活动；

②风险保留（风险承担、风险自留），是指接受和容忍该风险。采用这种策略或是因为这是比较符合成本效益的策略，或者是因为没有其他可以选择的方案；

③风险转移，是将风险以合同方式转移给另一家企业或机构，转移风险并不会降低其可能的严重程度，只是从一方移除后由另一方承担该风险。常见方式是购买保险；

④风险转换，是指企业通过战略调整等手段将企业面临的风险转换成另一个风险。风险转换的手段包括战略调整和衍生产品等；

⑤风险对冲，是指采取各种手段，引入多个风险因素或承担多个风险，使得这些风险能够互相对冲，也就是，使这些风险的影响互相抵消；

⑥风险补偿，是指企业对风险可能造成的损失采取适当的措施进行补偿，风险补偿表现在企业主动承担风险，并采取措施以补偿可能的损失，风险补偿的形式有财务补偿、人力补偿、物资补偿等；

⑦风险控制，是指控制风险事件发生的动因、环境、条件等，来达到减轻风险事件发生时的损失或降低风险事件发生的概率的目的。

6. 【答案】本题主要考查“发展战略”“波士顿矩阵”“运营风险”“企业内部控制应用指引第2号——发展战略”知识点。

（1）发展战略一般可以采用三种途径，即外部发展（并购）、内部发展（新建）与战略联盟。

天美公司进入空调业等家电业采用内部发展（新建）途径，“生产当时国内市场处于一片空白的家用空调和大型柜式空调”，“陆续上马了电冰箱、洗衣机、电视机、电脑等产品项目”。

进入摩托车行业采用内部发展（新建）途径，“投资1.5亿元兴建了年产100万辆摩托车生产线，投资2.5亿兴建年产100万台摩托车发动机的生产线”。

进入中型卡车行业采用外部发展（并购）途径，“收购了C国国内一家汽车厂”。

进入新能源行业采用内部发展（新建）途径，“对高能动力镍氢电池项目进行了立项”。

进入房地产行业采用内部发展（新建）途径，“成立天美房地产开发有限公司”。

（2）天美公司主业是空调器，进入电冰箱、洗衣机、电视机、电脑等产业是相关多元化；进入摩托车、中型卡车、房地产、高能动力镍氢电池产品等产业是非相关多元化。

天美公司实施多元化战略的动机包括：

①分散风险，“天美公司领导层不再看好家电行业，认为家电行业已经面临行业生命周期的衰退期”；

②在企业无法增长的情况下找到新的增长点，“公司必须开拓新的领域，开辟新的经济增长点”；

③利用未被充分利用的资源，“为了最大限度地利用市场机会和公司在家电行业的优势地位”；

④运用盈余资金，“天美公司积累了大量的资金，急需找到新的投资渠道”；

⑤运用企业在某个产业或某个市场中的形象和声誉来进入另一个产业或市场，“希望利用公司的品牌优势，为企业获取更多的利润”。

天美公司实施多元化战略面临的风险如下。

①来自原有经营产业的风险。多元化经营往往意味着原有经营的产业要受到削弱。

"由于天美公司的领导层未充分利用企业资源对空调业务扩大投资，公司生产的空调逐渐失去了市场优势，其市场份额逐年下降，已沦为C国内空调器三类品牌"。

②市场整体风险。市场经济中的广泛相互关联性决定了多元化经营的各产业仍面临共同的风险。"公司生产的空调逐渐丧失了市场优势"，"洗衣机业务的经营状况未得到根本扭转"，"将电冰箱业务全部出售给另一家公司"，"不得不将摩托车业务低价转让给其他公司"，"中型卡车业务的发展受到竞争对手强大的制约"，"房地产业务亏损近千万元"。

③产业进入风险。企业在进入新产业之后还必须不断地注入后续资源，竞争者的策略也是一个未知数。"中型卡车的载重量都在15吨以下，与市场需求脱节较大，且关键零部件都需外购，尤其是动力配置须向竞争对手采购，企业的发展受到竞争对手的制约"；"作为一个没有房地产开发经验的行业'新手'……从众多经验丰富、实力雄厚、拥有良好品牌的房地产企业中夺取市场份额无疑难度极大"。

④内部经营整合风险。新投资的业务会通过财务流、物流、决策流、人事流给企业以及企业的既有产业经营带来全面的影响。"由于天美公司的领导层未充分利用企业资源对空调业务扩大投资"，"缺乏高素质的管理人员"，"将大量人力、财力、物力转向与主业完全不相关的领域，对其主业发展带来了极大的负面影响"。

（3）天美公司现存的家电业务在波士顿矩阵中属于高增长——低竞争地位的"问题"业务，"在C国空调等家电产品的市场需求巨大，发展前景广阔"；"公司生产的空调逐渐丧失了市场优势"，"洗衣机业务的经营状况未得到根本扭转"。企业对于"问题"业务的进一步投资需要进行分析，判断使其转移到"明星"业务所需要的投资量，分析其未来盈利，研究是否值得投资等问题。

天美公司现存的新能源业务在波士顿矩阵中属于高增长——强竞争地位的"明星"业务，"这一领域发展潜力巨大、前景广阔"，"天美公司是C国仅有的掌握镍氢电池自主专利技术的厂家，技术优势明显"。为了保护和扩展"明星"业务在增长的市场上占主导地位，企业应在短期内优先供给其所需的资源，支持其继续发展。

天美公司现存的房地产业务在波士顿矩阵中属于低增长——弱竞争地位的"瘦狗"业务，"房地产业进入了一个'寒冬期'"，"行业'新手'"，"房地产业务亏损近千万元"。对这类产品应采用撤退战略。

（4）依据《企业内部控制应用指引第2号——发展战略》中"内部控制要求与措施"，发展战略制定的要求，天美公司在发展战略制定中存在的问题主要有以下表现。

①企业应当在充分调查研究、科学分析预测和广泛征求意见的基础上制定发展目标。

“在C国，空调等家电产品的市场需求巨大，行业发展前景依然十分广阔。在这样的背景下，天美公司将大量人力、财力、物力转向与主业完全不相关的领域，对其主业发展带来了极大的负面影响，原有的核心能力基本丧失殆尽”。

②企业应当在董事会下设立战略委员会，或指定相关机构负责发展战略管理工作，履行相应职责；董事会应当严格审议战略委员会提交的发展战略方案，重点关注其全局性、长期性和可行性。“天美公司的领导力排众议，坚持成立天美房地产开发有限公司”。

（5）依据《中央企业全面风险管理指引》，天美公司发展进程中主要表现出以下运营风险。

①企业产品结构、新产品研发方面可能引发的风险；“天美公司将大量人力、财力、物力转向与主业完全不相关的领域，对其主业发展带来了极大的负面影响，原有的核心能力基本丧失殆尽”。

②企业新市场开发，市场营销策略（包括产品或服务定价与销售渠道，市场营销环境状况等方面可能引发的风险）；“主要的大中城市都于1997年前后相继实行了‘禁摩令’，封闭了天美摩托车的消费市场”；“作为一个没有房地产开发经验的行业‘新手’，要想在宏观政策收紧的情况下，从众多经验丰富、实力雄厚、拥有良好品牌的房地产企业中夺取市场份额无疑难度极大”。

③企业组织效能、管理现状、企业文化，高、中层管理人员和重要业务流程中专门人员的知识结构、专业经验等方面可能引发的风险；“在汽车制造方面缺乏高素质的管理人员”。

④企业现有业务流程和信息系统操作运行情况的监管、运行评价及持续改进能力方面引发的风险；“对相关业务流程的监管及持续改进能力不足，同时没有对汽车市场需求与行业发展状况进行深入的调研和分析”。

2018年注册会计师全国统一考试

历年真题

公司战略与风险管理

注册会计师资格考试辅导教材研究院 编

SPM 南方出版传媒 广东人民出版社

·广 州·

目　　录

2017 年注册会计师全国统一考试
《公司战略与风险管理》历年真题

一、单项选择题

1. 环美公司原以家电产品的生产和销售为主，近年来逐渐把业务范围扩展到新能源、房地产、生物制药等行业，依据波士顿矩阵分析，下列对业务定位错误的是（　　）。
   A. 家电业务的多数产品进入成熟期，公司在家电行业竞争优势显著，公司应加大投入力度，以维持优势地位
   B. 新能源行业发展潜力巨大，前景广阔，公司该领域竞争优势不足，公司应对新能源重点投资提高市场占有率
   C. 房地产进入寒冬期，公司房地产业务始终没有获利，应果断撤出
   D. 生物制药行业今年发展迅猛，公司收购的一家生物制药企业由弱到强，竞争优势迅猛展现，公司应在短期内优先供给其所需资源，支持发展
2. 下列各项中，对准时生产系统（JIT）的作用说法错误的（　　）。
   A. 该系统降低了存货变质、陈旧或过时的可能性
   B. 该系统可能导致生产环节一旦出错则弥补空间小
   C. 该系统能够减少对供应商的依赖
   D. 该系统避免了因需求突然变动而导致大量产品无法出售的情况
3. 育英公司是一家英语培训机构，定位高端培训，该公司实行纯英文教学，全部课程由外籍教师授课，另外配合中文教师担任助教，所有教师有 5 年以上教学经验，育英公司组织协调机制是（　　）。
   A. 相互适应，自行调整　　B. 技艺（知识）标准化
   C. 工作过程标准化　　D. 工作成果标准化
4. 2007 –2013 年，S 公司在作为 P 公司最大的元器件和闪存供应商的同时，推出了原创智能手机和平板，成为 P 公司在智能手机和平板市场主要的竞争对手，P 公司很想摆脱对 S 公司的依赖，但由于 S 公司在生产关键零件方面的能力显著强于其他公司，因而短期内 P 公司仍离不开 S 公司，最后影响了 S 公司对 P 公司讨价还价能力的主要因素是（　　）。
   A. 业务量　　B. 产品差异化程度和与资产专用性程度
   C. 纵向一体化程度　　D. 信息把握程度
5. 2016 年，R 国汽车制造商 G 预计，随着绿色环保理念的普及和政府相关产业政策推出，R 国的新能源汽车将迎来一个巨大的发展机遇，其本国竞争对手汽车制造商 S 公司将凭借雄厚资金实力和强大科研能力，把投资和研发重点转向新能源汽车领域。G 对 S 的上述分析属于（　　）。

A. 财务能力分析　　B. 成长能力分析

C. 适应变化能力分析　　D. 快速反应能力分析

6. 国内家电企业宏洁集团在 2016 年 5 月宣布，将斥资 45 亿美元收购发达国家 G 工业机器人制造商 K，K 是该国市场上专注于工业制造流程数字化企业，其研发的机器人已经被用来装配轿车和飞机，宏洁集团收购 K 的动机是（　　）。

A. 寻求市场　　B. 寻求效率

C. 寻求资源　　D. 寻求现成资产

7. 甲公司是一家知名淮扬菜餐厅，在全国有 100 多家门店，为了在行业中始终保持领先，公司内设立研究所，紧跟市场需求变化，定期开发特色菜上市，赢得消费者好评。甲采取的发展战略类型是（　　）。

A. 多元化战略　　B. 市场开发战略

C. 市场渗透战略　　D. 产品开发战略

8. P 是一家经营日化用品的跨国公司，其母公司在 U 国，在其他国家设立 20 余个子公司，在该公司经营中，母公司将产品的研发技术和新产品提供给子公司，子公司也会把当地畅销的产品提供给母公司和其他子公司，P 的国际化经营战略类型为（　　）。

A. 国际战略　　B. 跨国战略

C. 全球化战略　　D. 多国本土化战略

9. 甲为大型商场，开业以来，公司积累了丰富的销售数据，公司战略部门每年都会对这些数据整理，据此推算出来年度企业的销售风险，甲的风险管理方法是（　　）。

A. 正推　　B. 后推

C. 前推　　D. 逆推

10. 为了克服对客户需求的变化缺乏敏感性，公司结构性产能过剩问题，神大钢铁公司近年来收购了远航造船厂，参股国兴造船厂，与天州钢帘线制造厂签订合作协议，神大钢铁公司的发展战略是（　　）。

A. 前向一体化战略　　B. 后向一体化战略

C. 多元化战略　　D. 密集型战略

11. 根据波特的价值分析理论，下列属于企业支持活动（辅助活动）的是（　　）。

A. 聘请咨询公司实施广告策略　　B. 物流配送产品

C. 通过互联网进行广告宣传　　D. 生产设备维修

12. 通过核对有关证据而获取有关控制的运行状况，追溯到相应的单据记录或检查有关负责人签字，这种检查内控方法是（　　）。

A. 专题讨论　　B. 实地查验

C. 穿行测试　　D. 审阅与检查

13. 2014 年，华阳矿业公司由于一次投资活动失败而遭受重大损失，后经相关机构调查发现，华阳公司投资失败的原因是该公司未建立重大投资项目按照规定的权限和程序实行集体决策或者联签的制度。按照内部控制缺陷的本质分类，华阳公司的上述缺陷属于（　　）。

A. 运行缺陷　　B. 其他缺陷

C. 一般缺陷　　D. 设计缺陷

14. 竹岭公司是我国知名的白酒生产企业。随着我国公务消费改革的日益推进，白酒市场需求发生了重大变化，该公司积极应对这一变化，对旗下多个白酒品牌重新进行了定位。并按照“系列酒薄利多销”的策略，快速实现了从满足公务消费需求向满足商务消费和大众消费需求的转型，该公司采取的总体战略类型属于（　　）。

A. 多元化战略　　B. 转向战略

C. 放弃战略　　D. 产品开发战略

15. J 国的公司是一家全球 500 强企业，依靠严格的规章制度进行精细化管理，内部等级分明，决策权主要集中在上层，资历在员工晋升中发挥了重要作用。S 公司的企业文化类型属于（　　）。

A. 任务导向型　　B. 人员导向型

C. 角色导向型　　D. 权力导向型

16. 甲公司是一家餐饮外卖公司，该公司运用大数据挖掘技术，对某软件园区的客户订餐行为进行了深入调查，并根据调查结果，针对该区域的客户制定和实施了一套促销方案，取得了良好效果，甲公司实施的竞争战略属于（　　）。

A. 差异化战略　　B. 成本领先战略

C. 集中化战略　　D. 蓝海战略

17. 华胜公司是生产经营手机业务的跨国公司，其组织按照两维结构设计，一维是按照职能专业化原则设立区域组织，它们为业务单位提供支持、服务和监管；另一维是按照业务专业化原则设立四大业务运营中心，它们对应客户需求来组建管理团队并确定生意人经营目标和考核制度。华胜公司采取的组织结构是（　　）。

A. 事业部结构　　B. 战略业务单位结构

C. 矩阵制组织结构　　D. 职能结构

18. 宏远海运公司为了加强对损失事件的管理成立了一家附属机构，这家附属机构的职责是用母公司提供的资金建立损失储蓄金，并为母公司提供保险，宏远海运公司管理损失事件的方法属于（　　）。

A. 损失融资　　B. 风险资本

C. 保险　　D. 专业自保建立损失储备金

19. 近年来，国内智能家电产业的产品销售量节节攀升，竞争者不断涌入，各厂家的产品虽然在技术和性能方面有较大差异，但均可被消费者接受。产品由于供不应求，价格高企，在产品寿命周期的这个阶段，从市场角度看，国内智能家电产业的成功关键因素应当是（　　）。

A. 建立商标信誉，开拓新销售渠道　　B. 保护现有市场，渗入别人的市场

C. 选择区域市场，改善企业形象　　D. 广告宣传，开辟销售渠道

20. 下列各项关于风险管理解决方案的表述，错误的是（　　）。

A. 风险管理解决方案中的外部解决方案一般指外包

B. 风险管理解决方案应有风险解决的具体目标和风险管理工具等方面的内容

C. 落实风险管理解决方案必须认识到风险管理是企业价值创造的根本源泉

D. 风险管理解决方案中的内部解决方案一般指风险管理策略

21. 思达集团原是一家房地产企业。2016 年，思达集团以银行贷款为主要资金来源，开始大举并购一些发达国家的酒店和娱乐，体育健身等方面的业务。最近，思达集团由于收购规模过大，资金出现短缺。同时银行收紧了银根，不再向思达集团发放贷款。因此，思达集团被迫终止了收购活动，并为弥补资金漏洞出售了一些已购的业务。根据《企业内部控制应用指引第 2 号——发展战略》，思达集团在制定和实施发展战略方面存在的主要风险是（　　）。

A. 发展战略实施不到位

B. 发展战略过于激进，脱离企业实际能力或偏离主业

C. 发展战略因主观原因频繁变动

D. 缺乏明确的发展战略

22. 面对未来国内外经济形势不确定因素增加的局面，鑫华基金公司按照较好、一般、较差三种假设条件，对公司未来可能遇到的不确定因素及其对公司收入和利润的影响作出定性和定量分析。鑫华基金公司使用的风险管理技术与方法是（　　）。

A. 情景分析法　　B. 敏感性分析法

C. 统计推论法　　D. 马尔科夫分析法

23. 凌云公司近年来不断加强企业内部控制体系建设，在董事会下设立了审计委员会，审计委员会负责审查企业内部控制，监督内部控制的不实施和内部控制自我评价情况，协调内部控制审计及其他相关事宜，根据 COSO《内部控制框架》，凌云公司的上述做法属于内部控制要素的（　　）。

A. 风险评估　　B. 控制活动

C. 监控　　D. 控制环境

24. 甲公司是一家玩具生产企业，1998 年以来，该公司依靠其成本优势，将产品成功打入了东南亚、欧洲和北美市场。去年，为了进入 F 国市场，甲公司在该国第二大城市经济开发区建成了一家工厂，并顺利将其产品销往 F 国各地，甲公司采取的发展战略类型是（　　）。

A. 市场开发　　B. 相关多元化

C. 市场渗透　　D. 产品开发

二、多项选择题

1. 靓影公司是一家经营照相、冲印、彩扩的企业。靓影公司应当采用的竞争战略有（　　）。

A. 聚焦细分市场需求，如婚庆大尺寸照片的拍摄、冲印、美化等

B. 适应多样化的顾客需求，开发多种服务品种

C. 增加服务的附加价值，如在顾客等候时提供茶水、杂志等

D. 连锁经营或特许经营，将服务点分散在居民生活区中

2. 当前，在国内上市公司中，终级股东对中小股东的“隧道挖掘问题”有多种表现形式，其中包括（　　）。

A. 过高的在职消费　　B. 产品购销的关联交易

C. 以对大股东有利的形式转移定价　　D. 扩股发行稀释其他股东权益

3. 华星公司是一家致力于手机研发、制造和销售的企业。公司每年从外部购买大量手机芯片。经测算，手机芯片占公司手机生产成本的40%以上。华星公司建立了一套采购制度。依据《企业内部控制应用指引第7号——采购业务》，下列华星公司采购制度规定中，符合内部控制要求与规范的是（　　）。

A. 验收部门负责人对购进芯片的品种、规格和数量进行验收后，确定准确无误，开具验收单后方可入库

B. 对于购买手机芯片预付的款项，必须定期追踪核查，综合分析预付账款的合理性、不可收回等风险情况，发现问题，应当及时采取措施

C. 在与供货商的合同中，对退货条件、退货手续、货物出库、退货货款回收等应当作出明确规定

D. 每季度初，采购部经理以定向集中采购方式采购本季度生产所需要的手机芯片

4. 近年来，国内调味品企业面临着激烈的竞争压力：其一，海外调味品企业不断通过收购国内品牌或在国内直接建厂进入国内市场；其二，原料成本、用工成本不断上涨，同时由于国内企业众多，产品差异小，利润微薄；其三，天然营养的综合型调味品层出不穷，对传统调味品形成部分替代。从五种竞争力角度考察，国内调味品生产企业面临的竞争压力包括（　　）。

A. 产业内现有企业的竞争　　B. 潜在进入者的进入威胁

C. 供应者讨价还价　　D. 购买者讨价还价

5. 甲公司是一家电动摩托车制造商，长期从一家电机公司购买发动机，下列各项中，属于甲公司货源策略优点的是（　　）。

A. 便于信息的保密

B. 能产生规模经济

C. 随着与供应商关系的加强，更可能获得价格上的优惠

D. 能与供应商建立较为稳固的关系

6. 甲公司是一家环保设备制造商，2010年，甲公司把以投资建设环保项目为由从银行取得的贷款转而投入了房地产开发。几年后，由于政府宏观调控政策出台和房地产业的收缩，甲公司投入房地产开发的大部分资金无法收回，经营陷入危机。上述案例所涉及的风险有（　　）。

A. 法律和合规风险　　B. 产业风险

C. 操作风险　　D. 政治风险

7. 分析企业运营风险，企业应至少收集与该企业、本行业相关的信息，其中包括（　　）。

A. 企业风险管理的现状和能力

B. 潜在竞争者、竞争者及其主要产品、替代品情况

C. 期货等衍生产品业务曾发生或易发生失误的流程和环节

D. 新市场开发、市场营销策略

8. 天翔航空公司于2016年初率先布局航空互联网，现在该公司已有50多架飞机完成改造和机组培训，为乘客提供了稳定的互联网接入服务，并由此赢得了明显的竞争优势。天翔航空公司的竞争优势来源于其拥有的（　　）。

A. 文化资源　　B. 人力资源

C. 技术资源　　D. 物质资源

9. Z公司是澳洲一家矿产公司，其拥有的铜、锌、银、铅、金资源储量非常可观。2008 年国际金融危机爆发，Z公司面临巨大的债务压力。国内蓝太公司的主营业务为铜、铅、锌等金属产品的生产和经营。2009 年经双方充分协商，蓝太公司以 80% 的自有资金，完成了对Z公司的并购。蓝太公司对Z公司并购的类型属于（　　）。

A. 友善并购　　B. 产业资本并购

C. 杠杆并购　　D. 纵向并购

10. 富友公司实行全面预算管理，每年年底都在深入分析每个部门的需求和成本的基础上，根据未来的需求编制预算。富友公司编制预算采用的方法的优点有（　　）。

A. 系统相对容易操作和理解　　B. 能够促进更为有效的资源配置

C. 鼓励管理层寻找替代方法　　D. 容易实现协调预算

11. 顺通公司是一家快递公司，2016 年，顺通公司使用平衡计分卡衡量公司业绩，并选取了业务量增长率、交货时间、主要员工保留率、预期利润等指标作为业绩衡量指标。上述指标涵盖的角度有（　　）。

A. 创新与学习角度　　B. 顾客角度

C. 内部流程角度　　D. 财务角度

12. 华生公司开发了有助于失明患者进行义眼移植的Y产品，并且取得了发明专利。公司随后建立了生产Y产品的工厂，目前形成了较为完善的进货、生产、发货、服务与分销体系。从企业价值链角度考察，华生公司与Y产品有关的价值活动包括（　　）。

A. 基础设施　　B. 生产经营

C. 内部后勤　　D. 技术开发

13. 威能公司是一家生产日常消费品的企业，有四大事业部，分别负责研发和生产洗发类产品、婴儿类产品、洗漱类产品和化妆类产品。每个事业部拥有多个产品线。公司总部对各个事业部统一进行资源配置。威能公司采取的组织结构类型的特点有（　　）。

A. 能够通过资本回报率等方法对事业部进行绩效考核

B. 集权化的决策机制放慢了反应速度

C. 职权分派到事业部，并在事业部内部进行再次分派

D. 为各事业部分配企业的管理成本比较困难

14. 星云公司制造手机所需要的部分零部件由奇象公司提供。星云公司为了防范和应对采购过程中可能出现的风险，与奇象公司签订了严格而规范的合同，其中一项规定是：如果由于外界不可抗力因素造成奇象公司不能按时供货并给星云公司带来损失，只要损失额超过一定数量，那么超过的部分由奇象公司予以赔偿，在上述案例中，星云公司采取的风险管理工具有（　　）。

A. 风险规避　　B. 风险转移

C. 风险补偿　　D. 风险承担

三、简答题

1. 博兴公司成立于2014年，是一家以信用担保为主要业务的专业担保机构。截至2015年末，公司商业性担保余额为16.8亿元。2016年1月，博兴公司业务员李某受理了甲公司600万元债务的担保申请。李某根据公司的担保标准和担保条件对甲公司进行了资信调查和风险评估，并作出接受甲公司担保申请的决定。为了降低风险，李某要求甲公司提供反担保，甲公司同意把其拥有的郊区一块土地作为反担保的资产，双方签订了担保合同。2016年10月，甲公司经营陷入困境，要求把担保额提高到1 000万元，李某考虑到双方有反担保财产，同意了对方要求并修改了合同，事后通报了部门经理。2017年2月，甲公司的债权人某银行通过法院起诉博兴公司支付其为甲公司担保的1 000万元，根据法院的终审判决，博兴公司须偿还其担保的甲公司到期债务本息。随后，李某跳槽到另外一家担保公司工作，后来调查发现，李某和甲公司董事长是表兄弟关系，甲公司反担保的土地存在产权法律纠纷，已于2016年8月被法院依法判决给了乙公司，博兴公司从一开始就没有获得该土地的权利凭证，也没有甲公司调查评估的书面报告，只有甲公司的反担保说明。

   要求：依据《企业内部控制应用指引第12号——担保业务》，简要分析博兴公司在担保业务中存在的内部控制缺陷。

2. 学朗书吧位于某大学城内，其主要顾客是学生和教师，该书吧主人在创建该书吧前进行了市场调查，调查结果显示：该大学城现有书店两家，书店空间较小，书籍种类较少，以各种考试辅导用书为主。由于商品严重同质化，两家书店的竞争异常激烈，该大学城还有若干饮品店，它们只外卖各种冷饮和奶茶，没有给顾客留出休憩的位置。学朗书吧的创建者决定把书店和饮品店具有的两类互补性功能结合起来，建立一个集读书、休闲、生活服务为一体的综合性服务书吧。

   现有一些书吧往往注重营造高雅的环境，通过豪华装修来吸引顾客，比如在书架旁放置高大的古董瓷瓶、在墙壁上挂上油画等。但这并不是大学城附近的消费者关注的重点，却会产生高昂的成本。学朗书吧抛弃这些流行的理念和做法，只在墙壁上描绘一些山水画提高意境，舍去了昂贵的摆设，大大降低了成本，进而降低了饮品和图书的售价，提升了竞争力。

   随着电子商务的普及，饮品的网上销售日益火爆，许多网站均提供网售平台。学朗书吧与时俱进，也提供网上点单、送货上门。另外，现在大学中自习室紧张，抢位现象严重，学朗书吧计划打造自习位出租系列，并且提供午餐，为学生们提供理想的学习和休息场所。学朗书吧以创新的理念和定位，进入竞争激烈的文化和生活服务领域，开创了新的生存与发展空间。

要求：

（1）依据红海战略和蓝海战略的关键性差异，简要分析学朗书吧的经营怎样体现了蓝海战略的特征；

（2）依据蓝海战略重建市场边界的基本原则（开创蓝海战略的路径），简要分析学朗书吧如何在竞争激烈的文化和生活服务领域，开创了新的生存与发展空间。

3. 2000 年以来，随着国内经济的快速发展、居民生活水平的提高以及人口老龄化的加剧，国内市场对医药产品的需求快速增长，世界著名医药跨国公司纷纷进入国内市场。

神农医药公司是国内一家生产和经销药品及医疗器械的企业，由于缺乏拥有自主知识产权的药品，多年来以生产仿制药为主；其生产的医疗器械科技含量较低，难以满足用户对高科技医疗器械的需要，国内高科技医疗器械市场基本被进口产品占领。神农医药公司的管理层通过深入分析认识到，与国外跨国公司相比，自己在规模及利润两个方面存在着巨大差距，在研发经费的投入方面差距更大，如 2012 年，神农公司投入的研发费用占营业收入的比重为2.3%，而国外一家同类企业 Y 公司投入的研发费用占营业收入的比重高达 19%。此外，神农公司还存在着专业化程度和品牌认知度较低等问题。上述种种差距，使神农公司不仅在国内市场上面临国外跨国公司的巨大挑战，而且进入国际市场步履维艰。

2013 年初，神农公司管理层制定并实施了新的发展战略。新战略的核心是设立若干个中小型医药高科技分公司，每个分公司相对独立经营，有的专攻国外跨国公司关注的盲区（如罕见病特殊需求），在产品上逐渐形成自己的特色；有的通过承接国外跨国公司医药研发外包业务将业务重点转向价值链的研发环节；还有的着力于将自身具有相对优势的本土医药产品拓展至周边欠发达国家和地区。几年来，神农公司在国内市场与跨国公司的较量中，注重向跨国公司学习，合理整合和运用国内外优势资源，克服自身技能和资本匮乏的缺陷，以期发展为实力强大的大型跨国企业，在国内外市场上与国外跨国医药公司展开真正的较量。

（1）依据“进入障碍”中几种主要“结构性障碍”简要分析神农公司进入国际市场举步维艰的主要原因；

（2）依据新兴市场本土企业战略选择理论，简要分析神农公司面对跨国公司的大规模进入和挑战所做出的战略选择。

4. 南天集团是一家川味特色餐饮集团，成立于2001年，通过不断创新菜品和高端餐饮的定位在国内餐饮市场上赢得了一席之地。2012年以来，受宏观经济的影响，国内餐饮行业整体增长趋势明显放缓，行业收入增速同比下降，特别是2012年年底政府出台各种限制“三公”消费的政策，这些政策引起了社会公众的强烈反响，个人消费攀比之风得到遏制，大众的消费需求更加理性，高端餐饮行业受到猛烈冲击，市场需求萎缩。此外，房地产市场的火爆推升了房租价格，也加大了餐饮行业的经营成本。

面对前所未有的困局，南天集团决定向“大众餐饮”转型，主推中低档大众菜品。近年来国内移动互联网行业呈现井喷式发展，催生出了新的商业模式和消费习惯，南天集团开始通过微信、微博和网络外卖等互联网工具扩大销售，并通过大数据来发现客户的就餐习惯和餐饮偏好，提升服务质量。与此同时，南天集团认为环保行业将是产业政策的下一个风口，前景看好。2015年南天集团通过收购洁丽公司大举进入环保行业，由于环保行业竞争日趋激烈，短期内盈利前景不明朗，南天集团用于环保业务的资本支出不断加大，同时两家公司的文化存在差异，内耗不断。洁丽公司的经营一直处于亏损状态，导致了后来南天集团现金流断裂，不仅使集团在新业务上进退两难，还拖累了刚走出低谷的餐饮业务。

（1）运用PEST分析方法，简要分析2012年以来南天集团面临的机会与威胁；

（2）简要分析南天集团多元化经营面临的风险。

四、综合题

资料一

上世纪90年代，亚洲H国有近百家自行车企业转移到亚洲C国。留在H国的自行车企业采用多种路径实现了整体产业升级，这些路径主要有：

1. 产业重新定位，形成产业分工模式。H国排名前三位的自行车厂商均在C国设厂。基于对自行车商品在“后工业社会”“休闲社会”大背景下的功能、特性以及消费特点的重新认识和深刻理解，H国自行车企业将留在本国的企业定位于生产中高价位的多品种车型，致力于自动化生产与研发；而将设在C国的企业定位于生产中低价位、以交通工具为主的少品种车型，充分利用C国劳动力成本低、生产效率高、规模经济显著、生产能力利用程度高等优势，明确的分工使H国自行车企业摆脱了与C国自行车企业的低价竞争，奠定了其在全球高级自行车供应领域的领先地位。

2. 研发新材料与新工艺，实现产品与技术的跨越升级。面对日益挑剔和多样化的国内外消费者对自行车产品的需求，H国自行车企业集中力量在新材料和新工艺上实现了技术跨越，积极研发设计和生产关键零部件，引进了美国模块化技术与日本供应链模式。1983年至今，H国自行车材料从钢管发展到钛合金、镁合金，甚至碳纤合金，重量由原来的30公斤降低至7公斤，制造技术从铜焊发展到氩焊，从一体成形发展到无氧化电弧焊接，实现了产品轻量化，同时保持了高标准的刚性、韧性和强度。

3. 在发展自有品牌的同时注重品牌并购，获取新市场机会与新技术。H国第二大自行车企业“星友”通过并购发达国家U国自行车品牌SP和D国品牌CE，以较低的成本和较短的时间获得发达国家的许多市场机会和先进技术，其订单掌握度、生产安排效率及在欧美高档车市场占有率大幅提高。

4. 从OEM到ODM再到0BM，沿着价值链升级。OEM（Original Equipment Manufacturer）是指品牌企业提供设计图纸，制造企业按单生产；ODM（Orgina Design Manufacturer）是指品牌企业看中生产企业设计制造的某一产品，生产企业按品牌企业的要求生产该产品；OBM（Original Brand Manufacturer）则是指制造企业做自有品牌。H国自行车企业普遍经历了从模仿到创新性改进，再到领先的产品设计与创新的过程。通过这一过程，H国自行车企业将研究开发、生产制造、市场营销三个主要环节在企业发展不同阶段采用不同模式进行资源配置与整合。例如，H国第一大自行车企业“天空机械”原本以OEM为主，发挥其生产制造的优势，进而为发达国家U国CH公司做ODM，打造自身设计能力。之后，“天空机械”开始创建自有品牌，在不断提高自身设计与营销能力的同时将其具有自主品牌和研发优势的一部分零部件和整车的生产制造以OEM方式向C国企业转移，现在“天空机械”自有品牌销售收入占其总收入的比重为70%。其ODM客户均为全球知名品牌。

5. 组织创新，建立新的网络型战略联盟。H国自行车企业实现从OEM到ODM再到OBM的升级，网络型战略联盟发挥了重要作用。2003年，H国自行车第一大企业“天空机械”联合其主要竞争对手“星友”及11家零部件生产企业组成行业战略联盟“ATC”。“ATC”具有如下功能：第一，形成大企业带动小企业、中心厂带动卫星厂的“中心卫星体系”。这一体系内的两大企业“天空机械”和“星友”以“ATC”为载体，与零部件生产企业形成中心卫星体系，卫星企业订单稳定，完全致力于专业性生产，同时借助中心企业的协助并按照合约要求提高生产力。而中心企业集中力量开展生产调研、拓展、研发、检验与装配等工作。相互的整合活动，带动了整个产业向高技术、高附加值方向升级和发展。第二，高效的互动学习机制。“ATC”打破了竞争对手不该彼此交换信息的旧模式，降低了企业在产业内的交易成本和信息不对称的程度。通过互动学习机制，横向促进成员紧密交流，纵向共建产业链并加强合作，确保各方优先共享先进经验，提高信任程度。联盟内频繁的活动及由此产生的组织学习，使零部件企业在产品开发初期就能参与研发活动；各个企业的研发力量集合起来，同步工程缩短产品上市时间，联盟内部知识的消化能力变得更为强大。第三，协同发展“ATC”规定优先供应成员间具有竞争力的产品，协助改善作业流程，提供辅导与培训，鼓励成员创新设计和参与特殊车种的合作开发，参与各种自行车会展，并与科研院所合作建设信息平台，“ATC”为成员企业提供了良好的技术开发和服务环境，实现了整车企业与零部件企业的协同发展。

2003 年成立的“ATC”仅有 22 家成员企业，在 H 国 343 家自行车企业中只是少数，但其销售收入占比却达六至成七成，这表明“ATC”企业的绩效明显优于非“ATC”企业，例如，“ATC”企业在 2006 年出口自行车平均单价为 350 美元，大大高于行业平均单价 206.6 美元。另外，“ATC”成员中有 95.2% 是以自有品牌销售，而行业平均水平是 55.46%。这说明“ATC”有效推动了产业整体升级。

资料二

H 国自行车产业经过重大调整与转型，实现了整体升级，目前已在全球占据高端、高附加值市场。H 国第一大自行车企业“天空机械”的自有品牌已成为欧洲市场上的三大品牌之一，全球销售网络分布在 50 多个国家和地区，拥有 10 000 多个经销服务点，是全球企业组织网分布最广、最绵密的公司之一。H 国第三大自行车品牌“神飞”，2003 年以自有品牌扩展到美国与亚洲的市场。C 国和 H 国均是全球自行车的主要产销地，1991 年 C 国自行车外销数量首度超过 H 国，2000 年起外销量与出口值双双超越 H 国，近年来 C 国自行车出口量占据全球第一位，年均出口总值已达到 C 国的一半。

近年来，C 国自行车产业也面临升级的压力。一方面，人们生活观念的变化以及收入水平提高，使自行车不再是单纯的交通工具，而是演化为集健身用品、休闲用具、玩具、高档消费品于一体的商品，由此，出现了对自行车新的需求，形成了多个新的细分市场，C 国用途单一的低端自行车生产线的优势在国际市场受到极大挑战；另一方面，由于 C 国劳动力成本大幅上升，自行车产业的低端产品开始向劳动力成本更低的东南亚转移。业内人士指出，C 国自行车产业转型升级势在必行。

【要求】

1. 说明 H 国与 C 国的自行车企业所实施的竞争战略的类型，并从资源和能力角度简要分析 H 国与 C 国自行车企业实施该种竞争战略的条件，以及 C 国自行车企业所实施的竞争战略面临的风险；

2. 运用价值链分析方法，简要分析H国自行车企业是如何实现“从OEM到ODM再到OBM，沿着价值链升级”的；

3. 简要分析H国自行车第一大企业“天空机械”联合其主要竞争对手“星友”及11家企业零部件企业组成的行业战略联盟群体“ATC”的类型与动因；

4. 依据钻石模型，简要分析H国自行车产业的竞争优势；

5. 简要分析H国自行车企业进入欧美市场的动机；

6. 依据企业发展战略可采用的3种途径，简要分析H国自行车企业进入欧美市场所采用的发展战略的途径。

2016 年注册会计师全国统一考试
《公司战略与风险管理》历年真题

一、单项选择题

1. 下列各项关于企业担保业务内部控制的表述中，正确的是（　　）。
   A. 重大担保业务由总经理审批
   B. 在采取相应措施的情况下，可以给经营风险较大的企业进行担保
   C. 被担保人要求变更担保事项的，企业应当重新履行评估与审批程序
   D. 企业的内设机构不得办理担保业务
2. 甲公司是一家中式连锁快餐企业，长期分别从三家粮油公司采购大米、面粉和色拉油等。下列各项中，不属于甲公司货源策略优点的是（　　）。
   A. 可利用三家粮油公司之间的竞争压低采购价格
   B. 有利于促使三家粮油公司提供有统一质量保证的产品
   C. 不会因某家粮油公司的供货问题而严重影响企业经营
   D. 有利于从三家粮油公司获得更多的知识和技术信息
3. 下列各项关于企业组织架构内部控制的表述中，错误的是（　　）。
   A. 经理层对董事会负责
   B. 监事会对股东（大）会负责，监督企业董事、经理和其他高管依法履行职责
   C. 企业重大决策、重大事项，应当按照规定的权限和程序实行集体决策审批或联签制度
   D. 经理层依法行使企业的经营决策权
4. 甲公司是一家玩具制造商，其业务已扩展到国际市场，甲公司在劳动力成本较低的亚洲设立玩具组装工厂，在欧洲设立玩具设计中心，产品销往全球 100 多个国家和地区。甲公司国际化经营的战略类型属于（　　）。
   A. 跨国战略　　B. 全球化战略
   C. 多国本土化战略　　D. 国际战略
5. 2002 年，小王在市区黄金位置开了一家咖啡店，由于经营有方，小店开业不到一个月就创造了销售佳绩。正在小王准备大干一场时，社会上一场流行性疾病袭来，小店经营陷入困境。小王采取各种措施试图挽救，失败后不得不关闭了咖啡店。根据战略失效理论，小王创业没达到预期目标属于（　　）。
   A. 前期失效　　B. 正常失效
   C. 偶然失效　　D. 晚期失效
6. 下列各项关于企业合同管理内部控制的表述中，正确的是（　　）。
   A. 企业对外发生经济行为，必须订立书面合同
   B. 正式对外订立的合同，必须由企业法定代表人签名并加盖有关印章
   C. 企业对影响重大或法律关系复杂的合同文本，应该组织内部有关部门进行审核
   D. 合同文本一般由法律部门起草，总经理审核

7. 受国家政策扶持，3D 打印产业及市场呈现爆发式增长，智创三维有限公司是国内一家 3D 打印设备制造商，该公司通过仿造国外同类产品，制造用来打印珠宝、齿科产品等中小型产品的 3D 打印设备。但是，受技术水平的制约，其产品质量欠佳，故障率明显高于国外同类产品。根据 SWOT 分析，该公司应采取的战略是（　　）。

A. 增长型战略　　B. 扭转型战略

C. 防御型战略　　D. 多元化战略

8. 甲公司是一家成功的家电企业，多年来致力于为消费者提供整套家电解决方案。随着互联网技术的兴起，公司于 2004 年制定并实施了进军智能家居领域的战略，通过建立“家庭网络标准产业联盟”，推出了一系列信息及多媒体共享的智能家居产品。同时，公司组织结构进行了重大改革，管理制度也作了相应调整，并与企业多年形成的文化保持了一致。根据战略稳定性与文化适应性矩阵的要求，甲公司在实施上述新战略时，应当（　　）。

A. 加强协同作用　　B. 以企业使命为基础

C. 根据文化进行管理　　D. 重新制定战略

9. 飞翔公司是国内一家奶粉生产企业。近年来，很多具有品牌优势的国外奶粉制造商纷纷涉足中国市场，竞争十分激烈。飞翔公司为了自身的长期发展，与新西兰乳品巨头甲公司结成战略联盟，双方以 50%∶50% 的股权比例合资成立一家新的公司，产品从奶粉扩展到各类奶制品。从战略选择角度看，飞翔公司扮演的角色可称为（　　）。

A. 防御者　　B. 躲闪者

C. 抗衡者　　D. 扩张者

10. 福海公司是国内一家著名的肉类加工企业，为了保持业绩持续增长，福海公司近年来陆续收购了几家规模较大的养殖场、肉类连锁超市，福海公司采取的发展战略属于（　　）。

A. 多元化战略　　B. 一体化战略

C. 产品开发战略　　D. 差异化战略

11. 甲公司是一家计划向移动互联网领域转型的大型传统媒体企业。为了更好地了解企业转型中存在的风险因素，甲公司聘请了 20 位相关领域的专家，根据甲公司面临的内外部环境，针对六个方面的风险因素，反复征询每个专家的意见，直到每一个专家不再改变自己的意见、达成共识为止。该公司采取的这种风险管理方法是（　　）。

A. 德尔菲法　　B. 情景分析法

C. 因素分析法　　D. 头脑风暴法

12. 西江公司是一家拥有 100 多年历史的医药公司，其使用国家级保密配方配制的某种药品，从上世纪初推出以来，疗效显著，一直深受患者欢迎。西江公司拥有的具有不可模仿性的资源属于（　　）。

A. 物理上独特的资源　　B. 具有因果含糊性的资源

C. 具有路径依赖性的资源　　D. 具有经济制约性的资源

13. M 国的甲航空公司专营国内城际航线，以低成本战略取得很大成功，专营 B 国国内城际航线的 H 国乙航空公司，也采用低成本战略，学习甲公司的成本控制措施，在 H 国竞争激烈的航空市场取得了良好的业绩。乙公司基准分析的类型是（　　）。

A. 内部基准　　B. 竞争性基准

C. 过程或活动基准　　D. 一般基准

14. 在最简单的组织结构中，适宜采用的组织协调机制是（　　）。

A. 共同价值观　　B. 直接指挥，直接控制

C. 相互适应，自行调整　　D. 标准化体系结构

15. 下列各项中，属于企业一般不应把风险承担作为风险管理策略的情况是（　　）。
A. 企业管理层及全体员工都未辨识出风险
B. 企业从成本效益考虑认为选择风险承担是最适宜的方案
C. 企业缺乏能力对已经辨识出的风险进行有效管理与控制
D. 企业面临影响企业目标实现的重大风险

16. 某公司安装了一套信息系统。该系统以满足客户要求为目标，将供应商、制造商、仓库、配送中心和渠道商等有效组织在一起，进行产品制造、转运、分销及销售。根据以上描述，该系统属于（　　）。
A. ERP 系统　　B. CRM 系统
C. MIS 系统　　D. SCM 系统

17. 下列各项关于企业投资活动内部控制措施的表述中，正确的是（　　）。
A. 重大投资项目应当按照规定的权限和程序实行集体决策或联签制度
B. 企业选择投资项目应当突出主业，不得从事股票投资或衍生金融产品等高风险投资
C. 投资方案发生重大变更的，应视情况决定是否重新进行可行性研究并履行相应审批程序
D. 转让投资必须委托具有相应资质的专门机构进行评估，并报授权批准部门批准

18. 近年来中国公民出境游市场处于高速发展的阶段，实行多元化经营的鸿湖集团于 2006 年成立了甲旅行社，该旅行社专门提供出境游的服务项目，其市场份额位列第二。根据波士顿矩阵原理，鸿湖集团的甲旅行社业务属于（　　）。
A. 明星业务　　B. 瘦狗业务
C. 现金牛业务　　D. 问题业务

19. 瑞祥公司是一家啤酒制造和销售企业。2016 年初，公司管理层预计今年夏天温度较高，加上今年属于奥运会年，啤酒的销售将比去年有较大增长。因此，瑞祥公司决定加大公司上半年的产量，以应对未来需求的增长。瑞祥公司采用的平衡产能与需求的方法是（　　）。
A. 库存生产式生产　　B. 资源订单式生产
C. 准时生产式生产　　D. 订单生产式生产

20. 内部控制评价工作组开展现场检查测试所采用方法的表述中，错误的是（　　）。
A. 实地查验是一个适合于企业层面评价的方法
B. 个别访谈是一个适合于企业层面和业务层面评价的方法
C. 抽样是从样本库抽取一定数量的样本，进行控制测试，以获取有关控制的运行情况
D. 审阅与检查是一个适合于业务层面评价的方法

21. 根据波特的五种竞争力分析理论，下列各项关于供应商讨价还价能力的说法中，错误的是（　　）。
A. 供应商提供的产品专用性程度越高，其讨价还价能力越强
B. 供应商借助互联网平台掌握的购买者转换成本信息越多，其讨价还价能力越强
C. 占市场份额 80% 以上的少数供应商将产品销售给较为零散的购买者时，其讨价还价能力强
D. 供应商拥有足够的资源能够进行后向一体化时，其讨价还价能力强

22. 甲公司是一家区别于传统火锅店的新式火锅餐饮企业，在给顾客提供用餐服务的同时，还免费给顾客提供拖鞋、美甲、擦拭眼镜等服务。甲公司的经营模式取得了成功，营业额高速增长。甲公司实施蓝海战略的路径是（　　）。

A. 跨越时间　　B. 重新界定产业的买方群体
C. 重设客户的功能性或情感性诉求　　D. 跨越战略群体

23. 东海公司为了提升公司的信息化管理水平，聘请某著名咨询公司为其开发一套管理信息系统。东海公司的上述活动属于价值链支持活动中的（　　）。
A. 采购　　B. 人力资源管理
C. 公司基础设施　　D. 技术开发

24. 我国某纺织生产企业甲公司向欧洲H国出口“双羊”牌高档羊绒被，其英文商标名为“Goats”。该产品虽然质量上乘，但在H国一直销路不佳。甲公司进行详细调查后发现，在H国，“Goats”除了有山羊的意思以外，还有其他的贬义，一些消费者因此产生不好的联想，影响了产品的销售。这个案例表明，企业跨国营销可能面临（　　）。
A. 市场风险　　B. 环境风险
C. 文化风险　　D. 品牌风险

二、多项选择题

1. 根据《企业内部控制应用指引第4号——社会责任》，企业在履行社会责任方面需要关注的主要风险有（　　）。
A. 缺乏诚实守信的经营理念，可能导致舞弊事件的发生
B. 安全生产措施不到位，责任不落实，可能导致安全事故的发生
C. 产品质量低劣，侵害消费者利益，可能导致企业巨额赔偿、形象受损
D. 促进就业和员工权益保护不够，可能导致员工积极性受挫

2. 下列各项关于企业采购环节内部控制措施的表述中，错误的有（　　）。
A. 不得安排同一机构办理采购业务的全过程
B. 对于超预算和预算外采购项目，应先办理请购手续，再履行预算调整程序
C. 大宗采购应当根据市场行情制定最高采购限价，并对最高采购限价适时调整
D. 一般物资或劳务的采购可以采用询价或定向采购的方式，并签订合同协议

3. 下列各项中，属于企业采取市场渗透战略的有（　　）。
A. 某酒店收购一家旅游公司，进入新的业务领域
B. 甲公司通过与国外经销商合作的方式将其生产的智能手机出口至拉美国家
C. 甲银行与乙航空公司发行联名卡，刷该银行信用卡客户可累计航空里程积分
D. 某超市为提高牙膏的销量，采用美化产品包装、买赠等促销措施

4. 甲公司是一家提供社交媒体服务的互联网公司，乙公司是一家著名的电子商务公司。2015年，甲公司和乙公司签署交换彼此30%股份的战略合作协议。根据协议，双方将在网络支付服务方面进行合作，同时，甲公司将向乙公司提供社交媒体客户端的一级入口位置及其他主要平台的支持。甲公司和乙公司结成的战略联盟的特点有（　　）。
A. 投资转置成本较高　　B. 联盟内成员之间的沟通不充分
C. 双方具有较好的信任感和责任感　　D. 企业对联盟的控制能力差

5. 下列各项对企业风险管理文化方针和措施的表述中，正确的有（　　）。
A. 风险管理文化的日常工作由风险管理部门负责
B. 风险管理文化应与人事制度和薪酬制度相结合
C. 风险管理文化应当在企业全体员工中广泛传播
D. 风险管理文化建设应融入企业文化建设全过程

6. 下列各项关于企业存货管理内部控制措施的表述中，错误的有（　　）。

A. 存货管理人员应该经常抽时间对存货进行全面盘点清查

B. 企业仓储部门应当详细记录存货入库、出库及库存情况，并定期和财会部门、存货管理部门进行核对

C. 对代管、代销、暂存、受托加工的存货应该单独存放，其记录和会计核算可以和本单位存货合并处理

D. 除仓储人员外，企业内部其他人员接触存货，应当经过相关部门特别授权

7. 甲公司是一家不锈钢生产企业，为了提高企业竞争力，甲公司决定运用平衡计分卡衡量公司绩效，并选取了销售增长率、预期利润、交货时间、客户满意度等作为绩效衡量指标。甲公司选取的绩效衡量指标涵盖的角度有（　　）。

A. 财务角度　　B. 内部流程角度

C. 创新与学习角度　　D. 顾客角度

8. 甲公司是一家从事手机研发和制造的高科技企业。2015 年，甲公司将手机的制造外包给乙公司。此后，市场上发生多起甲公司的手机电池爆炸，给用户造成人身和财产损失的事故。甲公司详细调查后发现，乙公司提供的手机电池质量不合格，存在很大的安全隐患，甲公司将手机的制造外包给乙公司后面临的风险有（　　）。

A. 法律风险　　B. 运营风险

C. 操作风险　　D. 技术风险

9. 甲公司是一家制造和销售洗衣粉的公司。目前洗衣粉产业的产品逐步标准化，技术和质量改进缓慢，洗衣粉市场基本饱和。处于目前发展阶段的甲公司具备的财务特征有（　　）。

A. 财务风险高　　B. 股利分配率高

C. 资金来源于保留盈余和债务　　D. 股价迅速增长

10. 甲公司是吉祥集团控股的一家钢铁厂。几年来由于扩张过快和市场竞争激烈等原因，甲公司陷入不能偿还到期债务的危机。由于钢铁厂的高炉等设备难以转产，所以吉祥集团拟通过甲公司破产的方式退出钢铁行业，并用买断方式终止与甲公司员工的劳动合同，但引起一些职工的抵触。后来在当地政府的协调下，甲公司被某外资企业收购。在上述案例中，吉祥集团面临的退出障碍有（　　）。

A. 退出成本　　B. 政府与社会约束

C. 固定资产的专用性程度　　D. 感情障碍

11. 下列各项关于企业人力资源内部控制的表述中，正确的有（　　）。

A. 企业应当对试用期满考核不合格的员工安排再培训或安排转岗培训

B. 企业选聘优秀人才时，应当重点关注选聘对象的专业水平和业务能力

C. 企业应当制定与业绩考核挂钩的薪酬制度，做到薪酬安排与员工贡献相协调

D. 企业确定选聘人员后，应当依法签订劳动合同，建立劳动用工关系

12. 南汇公司实行全面预算管理，每年年底都以当年的实际业绩为基础编制下一年的预算。南汇公司编制预算使用的方法的特征有（　　）。

A. 没有降低成本的动力　　B. 不能拥有启发新观点的动力

C. 能够促进更为有效的资源分配　　D. 能够应对环境的变化

13. 下列各项关于企业全面风险管理的表述中，正确的有（　　）。

A. 企业全面风险管理是增进企业价值的过程

B. 企业全面风险管理旨在把风险控制在风险容量以内

C. 企业全面风险管理的参与者由管理层和全体员工组成

D. 企业全面风险管理对企业所有风险进行管理

14. 管理信息系统功能结构的划分，高层管理子系统所需要的外部信息包括（　　）。
A. 顾客喜好
B. 区域经济指数
C. 提供的服务质量
D. 竞争者的信息

三、简答题

1. C国北方机床集团于1993年成立，主导产品是两大类金属切削机床，销售市场覆盖全国30多个省、市、自治区，并出口N国、C国等80多个国家和地区。G国S公司是一个拥有140多年历史的知名机床制造商，其重大机床加工制造技术始终处于世界最高水平。但S公司内部管理存在诸多问题，其过高的技术研发成本造成资金链断裂。2004年初，S公司宣布破产。2004年10月，北方机床集团收购了S公司全部有形资产和无形资产，北方机床集团在对S公司进行整合中颇费思量，首先采取"以诚信取信于G国员工"的基本策略，承诺不解雇一个S公司员工，S公司的总经理继续留任；其次，北方机床集团与S公司总经理多次沟通，谋求双方扬长避短、优势互补，使"混合文化形态"成为S公司未来的个性优势，以避免跨国并购可能出现的文化整合风险；其三，在运营整合方面，仍由S公司主要负责开发、设计及制造重要机械和零部件，组装则在C国完成，力求实现S公司雄厚的技术开发能力和C国劳动力成本优势的最佳组合。整合后第二年，S公司实现2 000多万欧元的销售收入，生产经营状况已恢复到S公司历史最高水平。

然而，2008－2009年，受世界金融危机的影响，加上S公司内部原有的管理问题尚未彻底解决，公司陷入亏损困境。北方机床集团不得不开始更换S公司的管理团队，逐渐增加北方机床集团在S公司的主导地位。2010年，S公司经营情况有所好转，实现3 500万欧元的销售收入，但仍然处于亏损状态。

2012年，由于受到国内下游需求方——汽车、铁路等固定资产投资放缓的影响，北方机床集团销售收入同比下降8%，尽管如此，北方机床集团仍然表示将继续投资S公司项目，因为S公司承载着北方机床集团孜孜以求的核心技术和迈入国家高端市场的梦想。由于并购后在技术整合上存在缺陷，北方机床集团尚未掌握S公司的全部核心技术，集团计划到2015年对S公司投入近1亿欧元，同时招聘新的研发人员。

要求：

（1）依据联合国贸易和发展会议（UNCTAD）2006年《世界投资报告》提出的影响发展中国家跨国公司对外投资决策的四大动机，简要分析北方机床集团跨国并购G国S公司的主要动机；

（2）简要分析北方机床集团并购G国S公司所面对的主要风险。

2. 华星公司成立于2011年，是一家致力于汽车零配件研发、生产及销售的公司。2015年公司拟实行全面预算管理体系，并于2015年底由财务总监牵头各部门负责人成立预算管理小组，该小组根据公司的发展战略和经营计划直接编制2016年年度预算草案，由总经理审核通过并下发各部门。公司给销售部下达的2016年预算收入指标为5 000万元。2016年6月，甲公司采购员李某联络华星公司销售员张某，表示需要购买价值300万元的汽车零部件，李某承诺先支付定金30万元，余款在3个月内偿还。过去几年甲公司李某从华星公司大批量采购过几次货物，属于华星公司的重要客户，这几年的交易中甲公司信用不错，双方合作愉快。这次销售员张某见其很有购买诚意，该业务又属于公司重大的销售业务，便直接与甲公司签订了购销合同，并电话通知仓储部门按合同3天内给甲公司发送全部货物。3个月后甲公司并没有支付余款，华星公司财务部联系甲公司催收货款，发现甲公司2016年2月就已经陷入财务危机，8月已经处于破产清算状态。华星公司只能全额计提坏账准备。由于受甲公司事件影响，10月份销售部发现今年预算难以完成，自行把预算销售额调整为4 500万元，然后就详细情况通告了预算管理小组。

要求：

（1）根据《企业内部控制应用指引第9号——销售业务》，简要分析华星公司在销售环节中存在的内部控制缺陷；

（2）根据《企业内部控制应用指引第15号——全面预算》，简要分析华星公司在预算管理环节中存在的内部控制缺陷。

3. 2004年，春城白药开始尝试进军日化行业。而此时日化行业的竞争已经异常激烈。B公司、L公司、D公司、H公司等国际巨头们凭借其规模经济、品牌、技术、渠道和服务等优势，基本上占领了C国日化行业的高端市场，占据了C国牙膏市场60%以上的份额；清雅公司、蓝天公司等本土日化企业由于普遍存在产品特色不突出、品牌记忆度弱等问题，加上自身实力不足，因而多是在区域市场的中低端市场生存。整个产业的销售额达到前所未有的规模，且市场基本饱和。谁想要扩大市场份额，都会遇到竞争对手的顽强抵抗，已有相当数量的本土日化企业退出市场。价格竞争开始成为市场竞争的主要手段，定位在高端市场的国际巨头们也面临着发展的瓶颈，市场份额、增长速度、盈利能力都面临着新的考验，它们的产品价格开始向下移动。

春城白药进入日化行业先从牙膏市场开始，春城白药没有重蹈本土企业的中低端路线，而是反其道而行之。通过市场调研，春城白药了解到广大消费者对口腔健康日益重视，而当时市场上的牙膏产品大多专注于美白、防蛀等基础功能，具有更多口腔保健功能的药物牙膏还是市场“空白点”。于是，春城白药创出了一个独特的、有助于综合解决消费者口腔健康问题的药物牙膏——春城白药牙膏，并以此树立起高价值、高价格、高端的“三高”形象。春城白药进入牙膏市场短短几年表现突出，不仅打破本土品牌低端化的现状，还提升了整个牙膏行业价格体系。从2010年开始，随着春城白药推出功能化的高端产品，国际巨头们也纷纷凭借自身竞争优势推出功能化的高端产品抢占市场。B公司推出抗过敏牙膏；L公司推出全优七效系列牙膏；D公司推出去渍牙膏；H公司推出专效抗敏牙膏。这些功能性很强的口腔保健牙膏定价都与春城白药牙膏不相上下，这些功能化的高端牙膏产品出现后，消费者的需求得到进一步满足，整个市场呈现出“销售额增长大于销售量增长”的新特点。

要求：

（1）简要分析春城白药进军日化行业时，日化行业所处的产品生命周期发展阶段；

（2）运用“解决口腔健康问题功能程度”和“价格水平”两个战略特征，各分为“高”“低”两个档次，对2010年以前的B公司、L公司、D公司、H公司、清雅公司、蓝天公司、春城白药进行战略群组划分；

（3）根据战略群组分析的作用，分析：①定位在高端市场的国际巨头们的产品价格开始向下移动的依据；②春城白药在日化行业中战略群组定位的依据；③B公司、L公司、D公司、H公司相继推出功能化高端牙膏的依据。

4. 缘梦公司成立于2004年，公司主营业务是将工业二氧化碳共聚物材料经过提纯改性，应用于医用耗材类产品。缘梦公司的核心优势在于科研与技术支持。企业获得多项专利，在国内外都处于领先地位，成功地进入高附加值的医疗制品应用领域。

缘梦公司的发展战略分为三个阶段。公司根据不同阶段的发展状况，采用不同模式构筑企业竞争优势。

第一阶段：一体化商业模式（2004年至2010年）

缘梦公司实施科研、中试、生产一体化，将资源和能力配置到价值链的各个环节，牢牢掌控价值链的各个经营活动，把握生产经营的全部所得。

第二阶段：外包转型（2010年至2014年）

随着企业业务发展，缘梦公司发现自己在融资、采购、生产、销售等价值活动方面处于劣势，导致企业开发出的产品无法尽快实现商业化转化。于是以增加最终的企业利润为目标，公司将自身的经营业务聚焦于研发和营销服务两个价值创造环节上，而将生产制造环节外包出去。同时，缘梦公司还在价值链上增加了一个价值创造环节，将自己的核心专利业务通过许可的方式获取专利许可使用费，提高企业的价值。

第三阶段：平台战略（2014 年至今）。

第二阶段的转型外包，不仅使缘梦公司优化了资源配置，而且使缘梦公司与生产企业达成了协作关系，这提供了平台战略实施的前提。而网络技术的发展，使得缘梦公司实施平台战略成为可能。缘梦公司的平台战略就是以技术研发以及核心医疗产品为核心，以网络效应吸引生产企业、客户（医院、养老院、药店）等多方加入，搭建起跨企业、跨区域、距行业的医疗设备资源合作、共享的专业化平台。

要求：

（1）运用价值链分析方法，简要分析缘梦公司在各个发展阶段是如何通过运用价值链分析自身的资源和能力而构筑其竞争优势的；

（2）简要分析信息技术在缘梦公司平台战略中的作用。

四、综合题

20 世纪 90 年代，兰微公司在 C 国推出微波炉产品。兰微公司充分利用市场对微波炉产品价格的高度敏感，通过集中生产少数品种、规模经济，减少各种要素成本、提高生产效率、不断改进产品工艺设计、承接外包等多种手段降低成本，以“价格战”不断摧毁竞争对手的防线，抬高行业的进入门槛，使自己成为微波炉行业的“霸主”，国内市场占有率超过 70%，全球产量占比超过 30%。国内微波炉生产厂商从超过 200 家，迅速下降到不足 30 家。

1999 年，在众人的质疑声中，光美公司宣布大举进入微波炉行业。光美公司当时的战略决策是基于两点理由：一是从制造技术的角度看，微波炉和光美公司已生产的电饭煲、电磁炉等产品都是使用电能转换加入系统，因此对微波炉的技术研发、生产制造和营销网络都有着极其便利的条件和经验，还可以利用光美公司的其他厨具小家电市场上的品牌优势开拓市场；二是光美公司的主打产品空调、风扇等，销售旺季集中在每年的 3 – 8 月，在其余时间里资金和经销商资源的利用都明显不足，而推出微波炉产品可以弥补这一缺陷，有利于优化公司整体运营和产品结构，建立新的增长点。

对于光美公司的挑战，兰微公司予以回击，不仅再次举起了“价格战”的大旗，而且宣布大举进军光美公司已拥有的优势产业，如空调、冰箱、风扇、电暖气等产业。针对兰微公司的行为和兰微公司价格血洗形成的行业规模壁垒，光美公司的微波炉业务确立了“低成本、规模化”的跟随发展策略，利用光美公司强大的品牌优势、销售网络和资源实力，以“低价渗透”的方式与兰微公司展开正面竞争。其地位不稳固，多年来一直被迫接受价格战，而没有通过差异化创新建立与兰微公司相抗衡的产品特色和品牌形象。

2006 年，在一次光美公司每年例行的经营策略高层研讨会上，与会人员对微波炉行业的发展趋势和公司应对策略形成了统一的判断和认识。与炉灶等加热工具相比，微波炉具有多种优点，它不仅能够快速加热和烹调食物，而且没有油烟，还能保持食物的原汁原味与减少营养损失。在 C 国，虽然 80% 以上的家庭已经使用微波炉，但微波炉只是作为一个加热工具，它的多种优点还没被消费者充分认识。同时，市场上的微波炉设计、构造与性能雷同，缺少创新型产品。如果能够开发并向市场推出使消费者迅速认识并接受微波炉的多种优点的产品，微波炉市场将进入另一个高速发展期。

光美公司对全球微波炉产销调研情况显示，在国内市场，日本、韩国垄断了中高端市场，C 国企业控制了中低端市场，而全球微波炉市场中低端制造向 C 国转移已经接近尾声，随着材料成本、物流成本的加速上升，微波炉行业的利润空间将进一步缩小，日本、韩国企业由于在规模、产业链上的配套不如 C 国企业，成本劣势进一步凸显，只能逐步退出制造领域，因此为 C 国企业进入中高端制造领域、实现中高端产品出口增长提供了机会。与会人员一致认为，光美公司应当从以跟随为主的“低成本”战略向“差异化”战略转变，公司竞争的焦点应当从关注竞争对手向关注消费者、关注客户需求转变；用 3 – 5 年时间，扭转目前品牌竞争的被动局面。由“中低端”向“中高端”转变，最终超越兰微公司成为全球微波炉行业霸主，成为全球最优秀的微波炉供应商。

资料二

光美公司于 2006 年在国内率先推出具备蒸功能的产品，这是第一款针对国内市场消费者使用习惯开发的本土化创新产品，实现了 C 国传统烹饪习惯与微波炉功能优点的有效结合，光美公司决定通过对微波炉蒸功能的持续升级和传播实现战略转型，扭转在国内市场上竞争的被动局面。

2007 年，公司确立了以 80 后白领阶层以及一二线城市家庭作为蒸功能微波炉的主要目标客户群，推出了第二代具备蒸功能的产品——“全能蒸”微波炉，这款微波炉可以使国内 8 大菜系的代表性菜式烹饪通过蒸功能实现，并将健康、营养、口感、杀菌与外观的时尚及使用的安全、便捷、完美地结合在一起。此后，光美公司以“蒸功能”为主题的产品功能不断升级，针对不同消费群体的产品线不断扩充，蒸功能逐步普及，公司和产品的品牌形象日益鲜明。

2008 年，光美公司发布了 5 个系列 14 款蒸功能微波炉。该产品在智能化、时尚设计方面对第二代产品进行了升级，并针对不同细分市场推出系列制品。

2009 年，公司第三代产品“蒸立方”面世，该款产品创造了三项纪录：首创新的蒸技术，即不借助其他器具，由蒸汽将食物蒸熟；首创炉腔内蒸汽温度达 300℃，使食物脱脂减盐，更有效地保留营养；首创自动供水、排水系统，使用更加便捷，也更省电。

2010 年，光美公司发布第五代蒸功能系列新品，新产品顺应节能、绿色、环保的时代潮流，率先将历时 4 年开发的变频技术应用于微波炉上，产品更节能。同时，光美公司宣布，退出 300 元以下微波炉市场，主流变频蒸立方产品价格集中在 3 000 ~ 5 000 元，最高端变频高温产品的零售价格高达 10 000 元。

2012 年光美公司发布可半导体、太阳能和云技术微波炉三大创新产品，而且宣布把蒸立方作为独立的高端品牌。从 2012 年开始，超市系统将停止销售 300 元以下产品，连锁销售系统将停止销售 599 元以下产品。光美公司解释，从光美公司掌握的数据看，国内市场的高端化消费趋势已经非常明显，低端产品对消费者已再不具有吸引力。光美公司在不断创新和推出产品的过程中，成功开展了一系列促销活动。

2006 年，光美公司开展了以“时尚蒸滋味”为主题的全年推广活动，首次在各大电视台开展广告营销活动，同时在全国主要市场开展产品的循环演示活动。2008 年，光美公司主办了“蒸夺营养冠军”的全国推广活动。2009 年，光美公司推出“全蒸宴”的全国演示推广活动。2010 年，光美公司推出“蒸出营养与健康——光美公司蒸立方”微波炉的电视形象广告片。

配合线上的品牌广告推广以及线下的循环演示活动，2010 年光美公司斥巨资在国内主要城市的核心终端，开辟了 1 000 个“蒸立方”品牌专柜。2011 年公司开发了新一代营销管理系统，该系统实现了全国主要终端的销售、库存数据动态更新，公司能及时了解市场销售变化情况。2012 年光美公司推出另一项重大变革措施，变以生产定销为以销定产。这项变革成效显著，仅 2012 年第一季度工厂库存就下降了 60%。

自 2007 年起，光美公司在海外前 15 大市场设立了区域经理，同时针对不同区域的主流客户设立了专门的产品开发团队，通过资源的聚焦，本土市场拓展以及公司技术、品牌等后台支持体系的不断强化，至 2010 年，光美公司生产的微波炉在 9 个国家成功实现对竞争对手产品的超越，在 10 个国家中市场占有率排名首位。

资料三

提升自主创新能力一直是光美公司努力的方向和管理的重点。光美公司在这方面开展的主要工作有：

1. 确定公司技术发展方向以及技术发展路线。2009 年公司制定了三年技术路线图，其中不仅规划出公司主要技术发展方向，而且第一次将产品实现技术（关键制造技术）纳入到技术规划中，形成基础研究、核心技术研究、产品开发的阶梯创新模式，实现了技术与市场的有效对接。

2. 开展广泛技术合作。2008 年光美公司引进变频器开发的鼻祖——日本 D 公司的变频技术以及高温蒸汽技术和生产工艺。经过一年多的消化吸收，公司于 2010 年在国内市场推出变频蒸立方高端新品，树立了光美公司在微波炉蒸功能上的绝对技术领先地位。因此，公司广泛开展与国内外科研院校、零部件供应商在研发项目上的合作，公司还与其他单位建立联合实验室开展长期的合作研究。

3. 投入巨资改善软硬件条件。到 2012 年底，光美公司研发体系的人员从转型前的约 100 人增加到 240 人，形成了 10 多个前沿、关键技术研究团队。公司调整了研发项目激励方式，提高了基础研究项目的激励比例。同时，公司调整了科技人员的薪酬结构，减少年薪绩效收入，提高固薪，以稳定研发队伍，公司累计投资 3 亿多元，建立了包括零部件质量检验、整机性能寿命检测、消费者体验研究、营养分析等在内的全球最先进最完善的研发测试体系。

4. 大刀阔斧进行组织变革。2009 年之后公司不断完善以市场、客户为导向的矩阵式管理模式，各产品、客户经理对经营结果负责，并拥有相应的产品企划和定价、供应商选择、人员选择等关键决策权力；其他管理人员在各自职责体系中对产品、客户经理经营提供后台支持。

5. 变革学习、考核机制。公司不断加大对各类人员培训的投入，同时转变培训方式。公司要求中高层管理者每年必须走访市场不少于 4 次，倾听市场和客户的声音。公司定期组织中高层管理者到日本韩国企业进行学习交流取经。公司每年投入超过 1 000 万元的培训费用用于员工的专业技能培训。公司出台专项政策，鼓励员工进行再学习、再深造。公司经常组织读书心得分享会，书目由公司总经理亲自选定，均与公司当期推动的变革措施有关。光美公司的绩效导向文化深入到员工骨髓，公司也结合各阶段工作重点在绩效考核导向方面进行不断的调整和优化。

6. 提升成本竞争力。为了避免差异化成本过高，光美公司通过加大部件自制、精益运营、加强价值链信息共享和协同降低成本等手段来创新成本管控，解决成本与结构材料间的矛盾，应对资源要素价格的持续上升，保证成本优势。经过多年的努力，光美公司在 2010

年成功超越兰微公司成为微波炉出口冠军，在2012年，光美公司微波炉国内市场品牌价值指数全面超越兰微公司，由行业追随者升级为行业领导者，规避了微波炉行业“价格战”的恶性循环，实现了企业业绩持续增长。

要求：

1．简要分析光美公司实行多元化经营进入微波炉产业的动因（即采用多元化战略的优点）；

2．简要分析兰微公司微波炉产品实施成本领先战略的条件（从市场情况、资源能力两个方面）与风险；

3．简要分析光美公司微波炉产品战略转型、实施差异化战略的条件（从市场情况、资源能力两个方面），以及光美公司如何防范差异化战略的风险；

4．简要分析兰微公司为阻止光美公司进入微波炉产业所设置的行为性障碍；

5．简要分析光美公司战略变革的主要任务；

6．简要分析光美公司战略转型中研发的类型、动力来源和定位；

7．依据市场营销组合四个要素，简要分析光美公司如何运用市场营销来实现战略转型。

2015年注册会计师全国统一考试
《公司战略与风险管理》历年真题

一、单项选择题

1. 当产业面临的全球压力很大，而企业优势资源可以转移到其他市场时，新兴市场本土企业可以选择的战略方向是（　　）。

   A. 作为"抗衡者"，通过全球竞争发动进攻

   B. 作为"防御者"，利用国内市场的优势防卫

   C. 作为"扩张者"，将企业的经验转移到周边市场

   D. 作为"躲闪者"，通过转向新业务或缝隙市场避开竞争

2. 鲍莫尔（Baumol W. J.）的"销售最大化"模型，描述了企业在追求利润最大化和销售额最大化之间的博弈过程，这一模型反映了（　　）。

   A. 企业利益与社会效益的矛盾与均衡

   B. 企业与外部利益相关者的矛盾与均衡

   C. 企业员工与企业之间的利益矛盾与均衡

   D. 股东与经理人员的利益矛盾与均衡

3. 达美公司在全国各地拥有10多个仓储物流中心，还控制了多个中药材交易市场。基于此优势，达美公司决定构建一个中药材电子商务市场，并把它建成实物市场与虚拟市场相结合、中药材电子交易与结算服务为一体的中药材大宗交易平台。目前许多企业计划进入中药材电子商务业务。达美公司给潜在进入者设置的进入障碍是（　　）。

   A. 规模经济　　　　B. 现有企业的市场优势

   C. 资金需求　　　　D. 现有企业对关键资源的控制

4. 宏远海运公司为加强对风险损失事件的管理，与甲银行签订协议，规定在一定期间内，如果宏远海运公司由于台风等自然灾害遭受重大损失，可从甲银行取得贷款，并为此按约定的期间向甲银行缴纳权力费。宏远海运公司管理损失事件的方法称为（　　）。

   A. 专业自保　　　　B. 应急资本

   C. 风险补偿合约　　D. 损失融资

5. 与契约式战略联盟相比，股权式战略联盟（　　）。

   A. 更具有战略联盟的本质特征

B．更强调相关企业的协调与默契

C．初始投入较大，转置成本较高

D．在经营的灵活性、自主权等方面具有更大的优越性

6．某轮胎制造商为汽车制造商和农用拖拉机制造商分别生产两种安全标准不同的轮胎，其中为汽车制造商生产的轮胎安全标准高于为农用拖拉机制造商生产的轮胎安全标准。该轮胎制造商进行市场细分的依据是（　　）。

A．最终用户　　B．顾客规模

C．消费者的欲望和需要　　D．消费者对某种商品的使用率

7．1999年，发展中国家M国家电产品生产企业甲公司开始向国外拓展市场，在发达国家U国建立生产厂。2004年，甲公司的家电产品生产开始在全球布局。甲公司国际化经营的战略途径是（　　）。

A．连续模式　　B．传统模式

C．非连续模式　　D．企业国际化阶段模式

8．下列股利政策中，适合于成熟企业且能为投资者提供可预测的现金流量的是（　　）。

A．零股利政策　　B．固定股利政策

C．剩余股利政策　　D．固定股利支付率政策

9．根据国际生产折中理论，如果企业同时具备所有权优势、区位优势与内部化优势，企业最适合采用的国际化经营方式是（　　）。

A．技术转移　　B．出口贸易

C．证券投资　　D．对外直接投资

10．某企业管理层拟将该公司旗下的两家子公司合并以实现业务重组，致使这两家子公司的大部分员工面临工作环境改变甚至下岗的风险。这些员工联合起来进行了坚决的抗争，致使公司管理层放弃了上述决定，公司管理层对待和处理这场冲突的策略是（　　）。

A．协作　　B．折中

C．和解　　D．规避

11．以营利为目的而成立的组织，其首要目的是（　　）。

A．保证员工利益　　B．实现经营者期望

C．履行社会职责　　D．为其所有者带来经济价值

12．下列各项中，属于多元化公司总体战略的核心要素的是（　　）。

A．明确企业竞争战略　　B．选择企业可以竞争的经营领域

C．协调每个职能中各种活动之间的关系　　D．协调不同职能与业务流程之间的关系

13．根据产品生命周期理论，产业从导入期到衰退期，其经营风险（　　）。

A．不断提高　　B．先提高后下降

C．先下降后提高　　D．不断下降

14. W航空公司以“家庭式愉快，节俭而投入”的企业文化为基础，构建起U国航空业的竞争优势，竞争对手难易模仿。W公司的竞争优势来源于（　　）。

A. 物理上独特的资源　　B. 具有路径依赖性的资源

C. 具有因果含糊性的资源　　D. 具有经济制约性的资源

15. 下列各项中，属于造成产业零散的原因是（　　）。

A. 技术不确定性　　B. 战略不确定性

C. 成本的迅速变化　　D. 市场需求多样导致高度产品差异化

16. 下列关于蓝海战略的表述中，正确的是（　　）。

A. “蓝海”的开创是基于价值的创新

B. “蓝海”的开创是基于价值的突破

C. “蓝海”不会萌生在产业现有的“红海”之中

D. 企业不能以系统的、可复制的方式去寻求蓝海

17. 在企业ERP实施的前期工作中，ERP软件实施选型的主要依据是（　　）。

A. 立项报告　　B. 需求分析报告

C. 软件测试报告　　D. 可行性分析报告

18. 甲公司是一家生产遮阳用品的企业，2013年，公司在保留原有业务的同时，进入雨具生产业务，从风险管理策略的角度看，甲公司采取的策略是（　　）。

A. 风险规避　　B. 风险转换

C. 风险对冲　　D. 风险承担

19. 甲公司拟新建一个化工项目。经过可行性研究，该项目预计净现值为420万元，内部收益率为13%。甲公司进一步分析初始投资、建设期及寿命期的变动对该项目预计净现值的影响及影响程度。甲公司采取的风险管理技术与方法是（　　）。

A. 事件树分析法　　B. 敏感性分析法

C. 决策树分析法　　D. 情景分析法

20. 下列各项关于企业全面风险管理的说法，错误的是（　　）。

A. 全面风险管理既管理纯粹风险也管理机会风险

B. 全面风险管理主要由财务会计和内部审计等部门负责

C. 全面风险管理的焦点在所有利益相关者的共同利益最大化上

D. 全面风险管理主动将风险管理作为价值中心

21. 由于管理层次的构成和目的不同，每个层次的信息需求也不同，下列各项中，对不同管理层次信息需求特点表述正确的是（　　）。

A. 管理控制层信息需求概括性较高

B. 运行控制层信息需求以外部信息为主

C. 战略计划层信息需求不确定程度较低

D. 业务处理层信息需求精确性较低

22. 随着全面风险管理意识的加强，甲公司的股东要求管理层建立重大风险预警机制，明确风险预警标准，对可能发生的重大风险条件，制定应急方案，明确相关责任人和处理流程、程序和政策，确保重大风险事件得到及时、稳妥的处理。甲公司股东的要求所针对的内部控制要素是（　　）。

A. 控制活动　　B. 内部监督

C. 信息与沟通　　D. 风险评估

23. 下列主体中，在公司内部属于公司治理直接参与者的是（　　）。

A. 外部审计师　　B. 审计委员会

C. 内部审计师　　D. 债权人

24. 下列各项中，符合《企业内部控制应用指引第 15 号——全面预算》规定的是（　　）。

A. 公司的股东大会负责审核全面预算草案

B. 公司预算管理机构一般设在财务部门

C. 公司预算管理委员会由企业财务负责人及内部相关部门负责人组成

D. 由于市场环境等客观因素导致预算执行发生重大差异确需调整时，可由公司财务经理调整预算

二、多项选择题

1. 甲公司是我国一家长期向 X 国出口摩托车的企业。2013 年，X 国对我国出口的摩托车大幅度提高了关税。面对这种情况，甲公司在 X 国与当地企业组建了一家合资公司，生产销售摩托车。甲公司在 X 国组建合资公司规避的风险有（　　）。

A. 运营风险　　B. 市场风险

C. 政治风险　　D. 产业风险

2. 乙公司近年来实施全面风险管理，运用衍生产品等风险理财工具防范风险。下列对乙公司风险理财的表述中，正确的有（　　）。

A. 乙公司运用风险理财工具不需要判断风险定价

B. 乙公司运用风险理财工具注重风险因素对现金流的影响

C. 乙公司运用风险理财工具的主要目的是降低风险

D. 乙公司运用风险理财工具既可以针对不可控风险也可以针对可控风险

3. 下列风险度量方法中，建立在概率基础上的方法有（　　）。

A. 在险值法　　B. 层次分析法

C. 期望值法　　D. 最大可能损失法

4. 下列关于决策支持系统基本特征的表述中，正确的有（　　）。

A. 决策支持系统主要解决结构化的问题，分析能力强

B. 决策支持系统用于提供决策支持，但不能代替决策者决策

C. 决策支持系统主要面向决策者，特别是基层管理人员

D. 决策支持系统强调对环境及决策问题变化的适应性和快速响应能力

5. 下列各项对审计委员会与外聘会计师事务所之间关系的表述中，正确的有（　　）。

A. 审计委员会负责批准会计师事务所的聘请和解聘

B. 审计委员会与外聘会计师事务所的注册会计师会面讨论审计相关事宜时，不须管理层参与

C. 审计委员会应制定政策，明确外聘会计师事务所不得提供的服务类型

D. 审计委员会应监督外聘会计师事务所的原雇员到本企业担任高级职务的情况

6. 甲公司专门经营一项其率先推出的手机业务。该业务以基于位置定位的手机信息系统为核心，使用户到与甲公司合作的商家消费时，有一定的优惠，甲公司也可从合作商家得到佣金。甲公司实施的竞争战略有（　　）。

A. 混合战略　　B. 集中化战略

C. 差异化战略　　D. 成本领先战略

7. 下列各项关于内部控制缺陷的说法中，错误的有（　　）。

A. 重大缺陷应当由董事会予以最终认定

B. 重要缺陷的整改方案都应向管理层报告并审定

C. 内部控制缺陷分为设计缺陷和运行缺陷

D. 重要缺陷会影响企业内部控制的整体有效性，应当引起董事会的重视

8. 在企业经营风险与财务风险结合的几种方式中，同时符合股东和债权人期望的有（　　）。

A. 高经营风险与高财务风险搭配　　C. 高经营风险与低财务风险搭配

B. 低经营风险与高财务风险搭配　　D. 低经营风险与低财务风险搭配

9. 甲公司是国内火力发电装备制造行业的龙头企业，拥有雄厚的资金实力和品牌优势。2012 年，甲公司在国家政策支持下，投资开展了为核电企业提供配套设备的新业务，由于相关技术研发力量不足，且市场竞争激烈，该业务一直处于亏损状态。下列各项对甲公司所作的 SWOT 分析并提出的相应战略中，正确的有（　　）。

A. 甲公司新业务的相关技术研发力量不足，且市场竞争激烈，应将新业务出售，此为 WT 战略

B. 甲公司虽然新业务的相关技术研发力量不足，但面对国家政策的支持，应寻找有实力的公司，结成战略联盟，此为 ST 战略

C. 甲公司拥有雄厚的资金实力和品牌优势，但自身研发能力不足，应寻求有实力的公司，结成战略联盟，此为 WO 战略

D. 甲公司拥有雄厚的资金实力和品牌优势，应借国家政策支持的东风，加强技术攻关力度，争取新业务尽快扭亏为盈，此为 SO 战略

10. 下列选项中符合《企业内部控制应用指引第 7 号——采购业务》关于企业内部控制要求与措施的有（　　）。

A. 一般物资或劳务的采购采用询价或定向采购的方式

B. 企业应指定专人通过函证等方式，定期与供应商核对往来款项

C. 小额零星物资或劳务的采购，可以采用直接购买的方式

D. 重要和技术性较强的采购业务应当组织专家进行论证并进行集体决策

11. 下列各项关于“战略钟”中几种竞争战略的表述中，正确的有（　　）。

A. 成本领先战略包括集中成本领先战略

B. 低价低值战略是一种很有生命力的战略

C. 混合战略包括可能导致企业失败的战略

D. 差异化战略包括高值战略和高价高值战略

12. 下列各项中，属于后向一体化战略主要适用条件的有（　　）。

A. 企业的销售商利润率较高　　B. 企业现有供应商可靠性差

C. 企业现有销售商可靠性差　　D. 控制原材料成本对企业非常重要

13. 大众火锅店规定：10 万元以下的开支，每个分店的店长就可以做主。普通的一线员工，拥有免单权，而且可以根据客人的需求，赠送水果盘。根据组织纵向分工结构集权与分权理论，大众火锅店这种组织方式的优点有（　　）。

A. 降低管理成本　　B. 易于协调各职能间的决策

C. 提高企业对市场的反应能力　　D. 能够对普通员工产生激励效应

14. 按照波特的价值链分析方法，企业支持活动中的基础设施包括（　　）。

A. 财务管理

B. 厂房、道路等

C. 企业高层管理人员

D. 企业的组织、惯例、控制系统以及文化等活动

三、简答题

1. C 国太乐厨具有限公司（简称太乐公司）创办于 1996 年。近 20 年来，太乐公司运用成本领先战略，迅速提高市场占有率，在国内外享有较高的知名度。太乐公司集中全部资源，重点发展厨具小家电产品。公司利用与发达国家企业 OEM 合作方式获得的设备，进行大批量生产，从而获得规模经济优势。在此基础上，公司多次主动大幅度降低产品价格，使得生产该种产品的企业都无利可图，在市场上既淘汰了高成本和劣质企业，又令新进入者望而却步。

太乐公司实行 24 小时轮班制，设备的利用率很高。因而其劳动生产率同国外同类企业基本持平。同时，由于国内劳动力成本低，公司产品成本中的人工成本大大低于国外家电业的平均水平。对于一些成本高且太乐公司自身有生产能力的上游资源，如集成电路等，公司通过多种形式自行配置生产，这样，一方面可以大幅度降低成本，确保质量，降低经营风险，另一方面还可以获得核心元器件的生产和研发技术。而对于一些成本高，自身还不具备生产能力的上游资源，公司由于在其他各环节上成本低于竞争对手，也能够消化这些高成本投入的价格。近几年来，C 国厨具小家电的销售数量每年递增 30% 左右，

吸引了众多国内外大型家电企业加入。这些企业放弃了原有在大家电市场走的高端产品路线，以中低端的价格进入市场。这些企业认为，在厨具小家电市场，企业销售的都是标准化的产品，消费者大都对价格比较敏感，价格竞争仍然是市场竞争的主要手段。

要求：

（1）简要分析太乐公司在C国厨具小家电市场采用成本领先战略的优势；

（2）从市场情况和企业资源能力两个方面，简要分析太乐公司在C国厨具小家电市场实施成本领先战略的条件。

2. C国亚威集团是一家国际化矿业公司，其前身是主营五金矿产进出口业务的贸易公司。2004年7月，亚威集团在“从贸易型企业向资源型企业转型”的战略目标指引下，对北美N矿业公司发起近60亿美元的收购。当时国际有色金属业正处于低潮，收购时机较好。2005年5月，虽然购并双方进行了多个回合沟通和交流，但N矿业公司所在国政府否决了该收购方案，否决的理由主要有两点：一是亚威集团资产负债率高达69.82%，其收购资金中有40亿美元由C国国有银行贷款提供，质疑此项收购有C国政府支持；二是亚威集团在谈判过程中一直没有与工会接触，只与N矿业公司管理层谈判，这可能导致收购方案在管理与企业文化整合方面存在不足。

Z公司原来澳洲一家矿产上市公司，其控制的铜、锌、银、铅、金等资源储量非常可观。2008年，国际金融危机爆发，Z公司面临巨大的银行债务压力，于当年11月停牌。之后Z公司努力寻求包括出售股权在内的债务解决方案。亚威有色公司是亚威集团下属子公司，主营业务为生产经营铜、铅、锌、锡等金属产品。2009年6月，经过双方充分协商，亚威有色公司以70%的自有资金，成功完成对Z公司的收购，为获取Z公司低价格的有色金属资源奠定了重要基础。

要求：

（1）根据并购的类型，从不同角度简要分析亚威集团和亚威有色公司跨国收购的类型；

（2）简要分析亚威集团收购N矿业公司失败的主要原因；

（3）简要分析亚威集团和亚威有色公司通过跨国收购实现国际化经营的主要动机。

3. 东方公司是一家中等规模的地方炼油企业，产品包括汽油、柴油等主要产品及其副产品，在本省以及周边省份出售给经销商或终端客户。东方公司面临的竞争压力既来自国有特大型炼油企业，还来自本省数量众多的其他炼油企业。为了掌握销售主动权和吸引客户，公司销售政策规定：对于资产额在1 000万元至3 000万元的客户，给予50万元的赊销额度；对于资产额在3 000万元至1亿元的客户，给予100万元的赊销额度；对于资产额在1亿元以上的客户，给予200万元的赊销额度。

公司对销售程序作出如下规定：

（1）客户申请赊销额度时，需提供经审计的上一年度资产负债表，由销售部负责审核。额度经公司批准后，不得变更。销售部负责客户信用档案的管理。对于重要客户的资信材料一般情况下不得变更。同时，对于所有客户都建立严格的信用保证制度。

（2）重大的销售业务须由销售部开具销售订单，订单上的内容包括：销售期、客户名称、产品名称、产品单价、总价款、付款方式。销售订单经客户签字盖章，交由公司销售部部长加盖销售专用章后生效。

（3）由财务部门定期与客户进行对账并负责催收。

要求：

（1）根据《企业内部控制应用指引第9号——销售业务》，简要分析东方公司制订赊销政策需防范的主要风险；

(2) 根据《企业内部控制应用指引第9号——销售业务》，分析东方公司销售程序规定中存在的内部控制弱点，并提出改进建议。

4. 在C国，卫浴产品属于兼具功能性和时尚性的产品。其功能性和外观时尚性的不同导致了不同企业之间的差异。

T公司、K公司都为知名的国际品牌企业，设计研发水平高，在品牌塑造上投入较大，具有很强的品牌影响力，其提供的产品和服务的特征是追求顾客的高端体验，满足了顾客对于功能性与外观时尚性完美结合的要求，在行业中处于标杆地位。

英鸟、达成、维亚、恩典、雄高是C国国内老品牌，通过模仿国际品牌高端产品，其外观和功能都达到一定水准。生产这些产品的企业注重节约设计和研发成本，通过价格优势和广告攻势，不断扩大市场份额，实现了规模经济效益。还有一批以各大产区的杂牌为代表的企业，其产品的功能和外观较为低端、简陋。但由于产品简单，生产线投资成本小，产品价格低廉，适合不发达地区一部分用户的需求。

近年来，伴随人工成本、原料成本的不断攀升，以及恶性竞争带来的大量广告支出，英鸟、达成、维亚、恩典、雄高等产品生产企业的利润率逐年下降，企业亟待寻求新的出路。由于T公司、K公司等国际品牌的产品研发成本很高，固定资产投入大，退出壁垒高，追赶这些企业难度较大。有专家建议，国内这些老品牌企业可以从增强售后服务功能寻找出路。因为目前C国国内各类品牌卫浴产品的生产企业都未对安装、更换、维修等售后服务投入应有的精力，而消费者对这类服务的需求很高。

要求：

(1) 运用“功能性”“外观时尚性”2个战略特征，各分为“高”“中”“低”3个档次，将案例中所提及的C国卫浴产品企业进行战略群组划分；

(2) 简要分析案例中所提及的C国各类卫浴产品生产企业竞争战略的定位；

（3）根据战略群组分析的作用，分析专家建议国内这些老品牌企业可以从增强售后服务功能寻找出路的依据。

四、综合题

资料一

思达公司前身是 C 国 J 省一家冷气设备生产企业。1985 年开始生产当时国内市场一片空白的家用空调和大型柜式空调，企业获得了迅猛发展。到 1994 年，思达公司已成为 C 国最大空调生产基地。

1994 年，思达公司积累了大量的资金，急需找到新的投资渠道。为了最大限度地利用市场机会和公司在家电行业的优势地位，思达公司陆续上马了电冰箱、洗衣机、电视机、电脑等产品项目，希望利用公司的品牌优势，为企业获取更多的利润。然而，1994 年后，思达公司领导层不再看好家电行业，认为家电行业已经面临行业生命周期的衰退期，因此，公司必须开拓新的领域，建立新的经济增长点。

资料二

1995 年初，思达公司开始向机动车领域发展。到 1995 年底，思达公司投资 1.5 亿元兴建了年产 100 万辆摩托车的生产线，投资 2.5 亿元兴建了年产 100 万台摩托车发动机的生产线。思达公司生产的摩托车凭借先进的技术和新颖的外观，1997 年上半年就实现了 6 万台的销量，销售收入近 10 亿元。但好景不长，由于思达公司的摩托车单台车的售价较高，其主要消费对象是大中城市中收入较高的人群，而主要的大中城市都于 1997 年前后相继实行了“禁摩令”，封闭了思达摩托车的消费市场。2005 年思达公司不得不将摩托车业务低价转让给其他公司。

1997 年，思达公司斥资 7.2 亿元收购了 C 国国内一家汽车厂，上马中型卡车项目，成为首家非汽车企业入主汽车行业的企业。但是，思达公司在汽车制造方面缺乏高素质的管理人员，对相关业务流程的监管及持续改进能力不足，同时没有对汽车市场需求与行业发展状况进行深入的调研和分析，其生产经营的中型卡车的承重量都在 15 吨以下，与市场需求脱节较大，且零部件都需要外购，尤其是动力配置须向竞争对手采购，企业的发展受到竞争对手的制约。2013 年思达公司不得不将中型卡车业务出售。从 1998 年开始，C 国加大对新能源行业的政策支持，思达公司领导层认为这一领域发展潜力巨大、前景广阔。1999 年思达公司对高能动力镍氢电池项目进行了立项。2002 年，思达公司召开了“高能动力镍氢电池及应用发布会”，标志这个跨度更大的新能源行业成为思达公司的又一个主营领域。至 2013 年，思达公司是 C 国仅有的掌握镍氢电池自主专利技术的厂家，技术优势明显，但 C 国整个镍氢电池市场规模还不大，企业从新能源产业上的获利不足以支撑整个企业的发展。

2009 年思达公司现任领导人力排众议，坚持成立思达房地产开发有限公司，宣布进入房地产行业，希望高回报率的房地产业能给企业发展带来新的转机。然而，之后不久 C 国政府对房地产行业进行了宏观调控，房地产业已进入了一个“寒冬期”，资金链紧张，房地产销售面积大降。而作为一个没有房地产开发经验的行业新手，要想在宏观政策收紧的情况下，从众多经验丰富、实力雄厚、拥有良好品牌的房地产企业中夺取市场份额无疑难度极大。2010 年思达公司房地产业务损失近千万元。

资料三

在 C 国空调等家电产品的市场需求巨大，行业发展前景十分广阔。在这样的背景下，思达公司将大量人力、财力、物力转向与主业完全不相关的领域，对其主业发展带来了极大的负面影响，原有的核心能力基本丧失殆尽。

思达公司家电业几大业务的经营状况如下：

1. 空调器业务。思达公司曾经是 C 国最大空调生产基地，世界空调器生产企业七强之一，由于思达公司的领导层未充分利用企业资源对空调业务扩大投资，公司生产的空调逐渐失去了市场优势，其市场份额逐年下降，已沦为 C 国内空调器三类品牌。

2. 洗衣机业务。思达公司的洗衣机业务只在投产的第________年实现盈亏平衡，其余年份都是亏损，思达公司试图通过调整产品结构、不断推出新产品来打开市场局面，但效果一直不理想，洗衣机业务的经营状况未得到根本扭转。

3. 电冰箱业务。思达品牌电冰箱的发展不尽如人意。2003 年思达公司将电冰箱业务全部出售给另一家公司。

要求：

1. 按照企业发展战略可选择的三种途径，分析思达公司进入几个主要产业所选择的途径；

2. 简要分析思达公司实施多元化战略的类型、动机与风险；

3．根据波士顿矩阵划分企业经营业务的两维坐标及其四类业务的内容，分析思达公司现存的家电业务、新能源业务、房地产业务在波士顿矩阵中的业务类型，并根据波士顿矩阵原理说明这三类下一步的发展方向；

4．根据《企业内部控制应用指引第2号——发展战略》，简要分析思达公司在发展战略制定中存在的问题；

5．简要分析思达公司发展进程中所表现出的主要运营风险。

2014年注册会计师全国统一考试
《公司战略与风险管理》历年真题

一、单项选择题

1. 甲公司某年的投资资本回报率为7%，销售增长率为10%；经测算甲公司的加权资本成本为7.5%，可持续增长率为7%。该年甲公司的业务属于财务战略矩阵中的（　　）。
   A. 减损型现金短缺　　B. 增值型现金剩余
   C. 增值型现金短缺　　D. 减损型现金剩余
2. 下列各项中，属于风险管理委员会职责的是（　　）。
   A. 组织协调全面风险管理日常工作
   B. 督导企业风险管理文化的培育
   C. 审议风险管理策略和重大风险管理解决方案
   D. 批准重大决策的风险评估报告
3. 下列各项中，属于企业操作风险的是（　　）。
   A. 泥石流导致公路中断，使某企业运输途中的设备未能按期送达
   B. 设备零件发生故障，导致某化工企业生产被迫中断
   C. 某高科技企业总经理管理知识缺乏，企业仍处于粗放式管理阶段
   D. 人民币汇率升值导致某外贸企业损失100万元
4. 下列关于波士顿矩阵的表述中，错误的是（　　）。
   A. 纵轴表示企业销售额增长率
   B. 横轴表示企业在产业中的相对竞争地位
   C. 市场增长率是决定企业产品结构是否合理的外在因素
   D. 波士顿矩阵事实上暗含了一个假设，企业的市场份额与投资回报是正相关的
5. 企业信息安全管理中发生失误导致的风险属于（　　）。
   A. 市场风险　　B. 运营风险
   C. 技术风险　　D. 操作风险
6. 下列各项中，对企业风险管理成本理解正确的是（　　）。
   A. 惩治成本是一种主动的成本费用列支
   B. 损失成本包含给企业带来的潜在经济损失
   C. 纠正成本是风险发生后对企业带来现实危害所付出的成本
   D. 惩治成本是预防成本的追加和补充

7. 今年以来，受国内外各种不确定性因素的影响，房地产行业的发展进入了一个新阶段。甲房地产公司从定性和定量的角度，按照很好、较好、一般、较差4种不同的假设条件，预测了本公司本年度将面临的各种不确定因素以及由此给公司带来的各种不同后果。甲房地产公司采用的风险管理技术与方法是（　　）。

A. 敏感性分析法　　B. 条件预测法

C. 情景分析法　　D. 统计推论法

8. 下列关于内部控制评价的说法中，正确的是（　　）。

A. 企业可以聘请一家会计师事务所为其提供内部控制审计服务和内部控制自我评价服务

B. 企业内部控制评价工作组应根据现场测试获取的证据，对内部控制缺陷进行最终认定

C. 评价报告在提交内部控制评价部门前需要得到被评价单位相关责任人签字确认

D. 企业内部控制评价工作组对内部控制评价报告的真实性负责

9. 下列各项中，不属于分析企业战略风险应收集的信息是（　　）。

A. 主要客户、供应商及竞争对手的有关情况

B. 市场对企业产品或服务的需求

C. 科技进步、技术创新的有关内容

D. 企业组织效能和管理现状

10. 公司总体战略的构成要素是（　　）。

A. 选择经营范围，发挥协同作用

B. 确立竞争优势，有效地控制资源的分配和使用

C. 配置企业内部资源，发挥协同作用

D. 选择经营范围，合理配置企业经营所需资源

11. 甲公司是国内一家语言培训公司，公司率先采用引进外籍教师“一对一”的培训方式，在国内外办出了名气，考生们慕名而来，公司因此又获得规模经济优势。甲公司的竞争战略的类型属于（　　）。

A. 集中战略　　B. 混合战略

C. 差异化战略　　D. 成本领先战略

12. 甲公司是国内一家电信设备生产企业。2000年公司开始实施国际化经营，对外直接投资国首先选择东南亚发展中国家Y国。这一选择基于以下三点考虑：一是开发Y国市场；二是以Y国为基地，向东盟市场进军，降低产品进入东盟的关税；三是以Y国为基地，辐射欧盟地区市场，避开反倾销调查。甲公司这一行为的动因是（　　）。

A. 寻求市场　　B. 寻求效率

C. 寻求资源　　D. 寻求现成资产

13. 根据我国《企业内部控制基本规范》，反舞弊机制属于内部控制要素中的（　　）。

A. 风险评估　　B. 控制活动

C. 内部监督　　D. 信息与沟通

14. 下列选项中，符合《企业内部控制应用指引第 14 号——财务报告》规定的是（　　）。

A. 在编制年度财务报告后，进行资产清查和资产减值测试

B. 企业应当根据已批准的全面预算编制财务报告

C. 对财务报告可能产生重大影响的会计政策，按规定权限和程序审批后执行

D. 财务报告编制完成后，加盖公章由总会计师签名并盖章后即可对外提供

15. 下列各项中，不符合《企业内部控制应用指引第 15 号——全面预算》要求的是（　　）。

A. 预算管理工作机构设在财会部门

B. 对投融资项目等重大预算项目，进行密切跟踪和严格监控

C. 企业董事会审核全面预算草案

D. 预算管理委员会成员由企业独立董事组成

16. 某酒店的使命是“为客人提供舒适”，其目标顾客是那些愿意支付高额住宿费用和希望享受一流个人服务的高端旅行者和度假者。该酒店的经营特色包括：周五是孩子们的卡拉 OK 之夜；周六，全家在私人小屋里吃龙虾，小游客们可以在月夜下露营；酒店一共有 365 间客房，每间都能看到海景，还有大量的套房；附属设施有游泳池、海滩、网球场、儿童俱乐部等。该酒店的竞争战略是（　　）。

A. 产品开发战略　　B. 混合战略

C. 产品组合战略　　D. 集中差异化战略

17. 企业进行内部控制评价时，发现采购部门的部分采购项目未按制度规定进行公开招标。按照内部控制缺陷的本质分类，这种缺陷属于（　　）。

A. 一般缺陷　　B. 运行缺陷

C. 重要缺陷　　D. 设计缺陷

18. 下列关于产业内战略群组分析的表述中，正确的是（　　）。

A. 有助于预测市场变化或发现战略机会

B. 有助于寻找产业内的合作伙伴结成战略联盟

C. 有助于了解产业的进入障碍

D. 有助于了解产业内企业之间的纵向或横向的联系

19. 甲公司评估战略备选方案时，主要考虑选择的战略是否发挥了企业优势，克服了劣势，是否利用了机会，将威胁削弱到最低程度，是否有助于企业实现目标。甲公司评估战略备选方案使用的标准是（　　）。

A. 适宜性标准　　B. 外部性标准

C. 可行性标准　　D. 可接受性标准

20. 下列各项中，对规模经济和学习经济之间的关系作出正确表述的是（　　）。

A. 两者总是同方向变动

B. 在劳动密集型产业中，学习经济很小，规模经济却很大

C. 在资本密集型产业中，规模经济很小，学习经济却很大

D. 两者交叉地影响产品成本的下降水平

21. 对于产品质量差异较小的软饮料行业而言，最重要的企业资源是（　　）。

A. 财务资源　　B. 企业文化

C. 商誉　　D. 技术

22. 成功的管理者需要建立起榜样权和专家权。关于榜样权和专家权，下列表述中正确的是（　　）。

A. 是管理者的权力来源之一　　B. 主要存在于正式组织中

C. 是管理者在管理层次中的体现　　D. 是管理者对资源的控制的体现

23. 下列战略分析工具中，用来分析企业外部环境的是（　　）。

A. 波士顿矩阵　　B. 成功关键因素分析

C. SWOT 分析　　D. 通用矩阵

24. 自由现金储备、留存借贷能力、厂房设备的余力、定型的但尚未推出的新产品等因素，决定着企业竞争对手的（　　）。

A. 快速反应能力　　B. 成长能力

C. 适应变化的能力　　D. 持久力

二、多项选择题

1. 下列各项中，属于内部控制要素中的控制活动，在风险管理框架下的公司治理中的体现有（　　）。

A. 独立董事的独立性

B. 董事长对经理的决策授权与监督

C. 董事、监事、经理的考核激励控制

D. 董事会聘请独立第三方对经理履行职责情况的检查

2. 关于现代市场经济中人们对风险观念的理解，下列表述中正确的有（　　）。

A. 可以由人的主观判断来决定选择不同的风险

B. 风险是一系列可能发生的结果而不是最有可能的结果

C. 风险总是与机遇并存

D. 风险是可预测、可度量的负面因素

3. 近年来，受出口番茄酱价格持续上涨影响，某省原有的番茄企业纷纷增加生产线，导致产能过剩。甲番茄酱厂于 2013 年新建了 2 条生产线，投产以来一直面临着原料紧缺的问题。在番茄种植季节，甲番茄酱厂与农民签订了收购合同，但到了收购季节，随着番茄收购价格一路攀升，部分农民拒绝供货，转而将番茄卖给了出价更高的企业。甲番茄酱厂此时面临的风险包括（　　）。

A. 信用风险　　B. 技术风险

C. 市场风险　　D. 产业风险

4. 下列关于企业全面风险管理特征的表述中，正确的有（　　）。

A. 使用系统的、规范的方法，以确保所有的风险都得到识别

B. 主要运用于企业的日常风险管理层面

C. 对企业所有风险进行管理

D. 由风险管理专业人才实施专业化管理

5. 甲公司是C国一家生产经营消费类电子产品的企业，准备到发展中国家N国投资彩电生产业务，对N国诸多条件进行了认真的调查分析。以下分析内容属于钻石模型4要素的有（　　）。

A. 国际名牌家电企业早已进入N国彩电市场，且竞争激烈

B. N国市场上质量高、价格适中的大众化彩电较少

C. 由于C国产品在N国名声不好，N国政府对于C国家电产品的进入制定了许多限制性政策

D. N国劳动力价格比C国明显偏低，且劳动者的文化与技术水平较低

6. 甲公司是C国一家以乳制品业务为主体的多元化经营企业，业务范围涉及乳制品、煤化工、房地产、新能源等。甲公司对其业务发展状况进行分析，以下各项符合SWOT分析的有（　　）。

A. 乳制品行业增长缓慢，公司市场占有率高，应采用SO战略

B. 房地产行业不景气，公司市场占有率低，应采用WT战略

C. 新能源行业具有广阔的发展前景，公司在该行业不具有竞争优势，应采用WO战略

D. 煤化工行业近年来发展势头明显回落，公司在该行业中具备一定优势，应采用ST战略

7. 甲公司服装事业部的经营持续严重亏损。2014年初，甲公司决定关闭服装事业部并进行清算。消息一传出，立即引发了职工的抗议。当地政府要求甲公司就职工补偿和重新安置提出方案。甲公司股东则担心其服装生产线专用性程度高难以对外出售。甲公司关闭服装事业部碰到的退出障碍有（　　）。

A. 固定资产的专用性程度　　B. 退出成本

C. 感情障碍　　D. 政府和社会约束

8. 甲公司是M国的一家电子商务公司。2006年甲公司收购了N国一家从事电子商务业务的乙公司，从而正式进军N国。甲公司收购乙公司涉及的发展战略的类型有（　　）。

A. 横向一体化战略　　B. 市场开发战略

C. 产品开发战略　　D. 相关多元化战略

9. 某商品经销商在期货市场上做与现货市场商品相同或者相近但交易部位相反的买卖行为，以便将现货市场价格波动的风险在期货市场上抵消。下列各项中，对该经销商采用的风险管理方法表述正确的有（　　）。

A. 该经销商采用的风险管理方法是风险对冲

B. 该经销商采用的风险管理方法主要是为了盈利

C. 该经销商采用的风险管理方法回避了价格风险

D. 该经销商采用的风险管理方法主要是为了管理财务风险

10．在采购战略中，相对单一货源策略，采用多货源策略的优点有（　　）。

A．能与供应商建立较为稳固的关系　　B．能获取更多的知识和专门技术

C．能获得高质量的货源　　D．有利于降低采购成本

11．下列关于公司建立战略目标体系目的的表述中，正确的有（　　）。

A．提高股利增长率　　B．获得满意的投资回报率

C．提高公司在客户中的声誉　　D．获得持久的竞争优势

12．下列关于消费者分析的表述中，正确的有（　　）。

A．消费者分析主要围绕消费细分、消费动机以及未满足的需求等3个方面进行

B．最具有吸引力的潜在客户也是消费细分的研究内容

C．常用的消费者市场细分变量主要有地理、人口、心理和行为4类

D．最终用户、顾客规模和追求利益都可以作为产业市场细分的变量

13．下列各项中，属于企业市场营销组合中产品策略的有（　　）。

A．广告促销策略　　B．产品组合策略

C．营业推广策略　　D．品牌与商标策略

14．下列关于产品生命周期的表述中，正确的有（　　）。

A．以产业销售额增长率曲线的拐点划分，产业生命周期可以划分为导入期、成长期、成熟期和衰退期4个阶段

B．成熟期开始的标志是竞争者之间出现挑衅性的价格竞争

C．与产品生命周期每一阶段相联系的竞争属性随着产业的不同而不同

D．一个产业所处的生命周期具体阶段通常比较清晰

三、简答题

1．秦川公司是一家研发、制造和销售手机设备的上市公司。由于没有掌握核心技术，秦川公司只能从外部购买手机芯片。经测算，手机芯片占秦川公司手机生产成本的40%。秦川公司采购制度规定：每季度初，采购部经理以定向集中采购方式采购本季度生产所需要的数量较大的手机芯片；验收部门负责人对购进芯片的品种、规格和数量进行验收，如果无误，在开具验收单后直接入库。秦川公司仓库管理制度规定，仓库保管员同时负责登记手机芯片、手机成品等存货明细账，以便对仓库中的所有存货项目的验收、发、存进行永续记录。当收到验收部门送交的存货和验收单据后，仓库保管员根据验收单登记存货明细账。仓库保管员根据车间材料员填写的领料单和销售人员填写的销货单发出手机芯片和手机成品。仓库保管员在空闲时间对存货进行必要的实地盘点。

要求：

（1）根据《企业内部控制应用指引第7号——采购业务》“内部控制要求与措施”，分析秦川公司在采购业务环节存在的内部控制弱点，并提出改进建议。

（2）根据《企业内部控制应用指引第 8 号——资产管理》“内部控制要求与措施”，分析秦川公司在存货管理环节存在的内部控制弱点，并提出改进建议。

2. 江康公司是 C 国一家大型药品生产企业。江康公司自身的优势在于药品的生产与新药研发的前期业务。近年来公司以多种方式进行业务拓展。为了保障原料药的稳定供给与产品质量，降低产业链中的交易成本，2009 年以来，江康公司在 C 国 3 个省建设了 5 个原料药材现代化种植基地，全面推进原料药材规范化绿色种植工程。

2011 年，为建立营销网络，江康公司收购了两家医药分销公司。之后，又将并购重心转向特色原料药领域，收购在这一领域具有优势地位的常丽制药公司 70% 股权，以增强公司在特色原料药生产方面的竞争实力。

为了提高江康公司的研发效率，同时保持江康公司自身在经营中的相对独立性，2012 年江康公司以合作研究开发协议的方式与通健公司进行合作，通健公司的优势在于新药研发后期的毒理学试验。这一合作使江康公司实现了从新药研发到临床前试验一体化的业务整合。

要求：

（1）简要分析江康公司实施纵向一体化的具体类型、内涵与优点。

（2）分析江康公司业务拓展所属的企业发展战略途径的具体类型。

3. 2005年之前金宝集团着重于公用事业，主要围绕城市燃气来推动企业发展。从2005年开始金宝集团专注于清洁能源的开发和利用，依托技术创新和商业模式创新，形成从能源开发、能源转化、能源物流到能源分销的上中下游纵向一体化的产业链条，为客户提供多种清洁能源组合的整体解决方案。金宝集团“清洁能源生产与应用”的宗旨日益清晰。随着集团清洁能源战略目标的日益清晰，金宝集团于2006年初进行了重大调整。一是调整组织结构，将金宝集团的原有3大产业调整为能源分销、能源装备、能源化工、生物化工等产业板块，总部下设的支持保障机构也做了相应的变更。二是人力资源政策调整，实施以科技牵引集团发展清洁能源的战略升级。金宝集团启动科技人才梯队建设，努力实现拥有科研人员、工程设计人员、技术管理人员、项目管理人员、技术工人五类人才和领军人物、核心人才、骨干人才三级智力网络的优秀科技人才梯队。三是在科技人才激励体系、运行机制方面，金宝集团依据价值共创与价值共享的人本思想建立科技人才激励机制。金宝集团的激励政策致力于激发员工创新能力，重实绩、重贡献、重成果，向优秀科技创新人才和关键技术岗位倾斜，实行“智慧参与分配”和“技术参与股利分配”政策。技术与资本、劳动、管理一起，作为集团价值分配要素，以引导技术人员创造性地工作，全力攻克技术难关。建立以项目为基本单元，以项目成果为导向的激励机制，使激励和项目运作有机地结合起来。

要求：

（1）简要分析金宝集团从2005年开始启动的战略变革的类型；

（2）简要分析钱德勒“组织结构服从战略”理论在金宝集团的战略变革中是如何应用的；

（3）简要分析金宝集团还可采取哪些人力资源战略措施。

4. 保圣公司是一家汽车制造企业。保圣公司进行战略分析后，选择了成本领先战略作为其竞争战略，并通过重构价值链各项活动以求获取成本优势。保圣公司主要重构措施包括：

（1）与汽车发动机的供应厂家建立良好关系，保证生产进度不受影响。

（2）生产所需要的外购配件大部分由就近的朝辉公司生产，与保圣公司总装厂距离非常近，减少了物流费用。

（3）内部各个配件厂分布在保圣公司总装厂周围，建立大规模生产线实现规模经济；并根据销售量数据预测制订生产计划，最大限度地减少库存。

（4）总装厂根据装配工序，采用及时生产模式（JIT），让配件厂按照流程进度提供配件，减少存储费用。

（5）订单处理人员根据全国汽车经销商的分布就近调配车型，并选择最优路线配送以降低物流费用。

（6）利用售前热线开展市场调查活动，有的放矢地进行广告宣传，提高广告效率。

（7）终端车主可以通过售后热线反馈不同车型的质量问题，将信息与汽车经销商共享，以获得最佳配件库存，提高前来维修的客户的满意度。

（8）通过市场调查，开发畅销车型，提高资金周转率。

（9）定期对员工进行培训，使其及时掌握公司所采用的最新技术、工艺或流程，尽快实现学习经济。

（10）从产品研发阶段就开始实施成本企划来控制成本，事业部制和矩阵式相交融，在减少了管理层次的同时提高了效率。

要求：

（1）依据企业价值链分析理论，对保圣公司的价值活动进行分类；

（2）依据成本领先战略的实施条件中关于“实现成本领先战略的资源和能力”所包括的内容，简要分析保圣公司是如何获得这些资源与能力的。

四、综合题

资料一

C 国蓝先生在 D 国攻读物理学硕士学位期间，于 D 国一家光伏产业的公司兼职，从事光伏组件的销售业务。蓝先生熟悉太阳能电极板零部件产品的销售渠道及客户群体，积累了丰富的销售经验及客户资源，善于搜集客户需求信息，并能够根据客户需求对产品提出改进建议。

2008 年蓝先生回国创业，与几位具有丰富行业经验的有识之士按不同比例出资成立了蓝天公司。蓝天公司认为，石油、煤炭等传统能源都是不可再生能源，而且会产生污染。太阳能是传统能源重要的替代品，光伏产业作为对太阳能的开发利用，已经被社会接受并获得推崇，国内外市场需求不断攀升，市场潜力巨大。各国政府鼓励光伏产业发展的政策相继出台。光伏产业生产技术已被市场认可，企业生产成本与产品价格不断降低。蓝天公司因此选择生产太阳能光伏电池板，产品主要出口欧洲市场，供光伏设备装机时使用。蓝天公司的产品在欧洲市场的交易以美元结算，以预防欧元币值的大幅度变动。

蓝天公司的光伏电池板是基于以往积累的客户需求做出的改良产品，研发成本较低，相对市场上的一般产品具有一定的优势。蓝天公司根据市场变化，不断对产品进行再创新，比同行业的竞争者获得了更高的利润和更多的客户。

在 C 国，由于几年来国际市场对光伏产品需求的快速增长和光伏产品的丰厚利润，吸引了大量产业资本涌入。一些低端制造企业，也从 2009 年起投资或组建光伏项目，光伏电池板生产企业很多。蓝天公司基于自身的技术与外销渠道优势，与国内多家光伏电池板生产商达成协议，采用代工模式（OEM），由生产商按照蓝天公司的订单要求，为其提供符合标准的产品。

蓝天公司的主要客户是欧洲太阳能发电企业。欧洲国家的太阳能发电产业发展迅速，对光伏电池板需求很大，且不断增长，为公司提供了广阔的发展空间。

基于自身优势及市场状况，蓝天公司将收付款模式设定为，在收到客户全部货款后发货，并且在收到合格产品后，支付生产商剩余货款。由此，蓝天公司可以很好地控制资金周转，也有效防范了一些销售舞弊行为。同时，不必在生产阶段投入资金，仅赚取产品购销差价，以最小的资金投入获得最大的资金收益。

蓝天公司的光伏电池板业务经营很成功，至 2010 年已实现净利润 1 900 万元。

资料二

2010 年底，蓝天公司召开股东会，研究公司下一步发展方向。蓝先生认为，对于太阳能光伏电池板制造商而言，进军电池板销售业务领域障碍不大。根据他了解的信息，受利润吸引已经有更多的企业投入到这一行业中，其中不乏一批大型太阳能光伏电池板生产企业，这些企业产销一体的优势对蓝天公司业务形成威胁，且对市场的供需状况带来重大影响，2011 年以后的市场不一定乐观。因此蓝先生认为，公司应该基于自身的研发实力，开发新的太阳能光伏产品，以有效规避光伏电池板行业由卖方市场转向买方市场的市场风险，同时，可以充分发挥公司自身的优势，将企业做强做大。

根据市场环境的变化，蓝天公司开始研发和生产光伏电池接线盒。接线盒在光伏电池组件中起着非常重要的作用。蓝天公司凭借自身研发实力很快研制出新型光伏电池接线盒，并开始投放市场。这使得蓝天公司的客户从原来的光伏发电企业，扩展到光伏电池板的生产企业，公司原来的供应商变成了公司的客户。

蓝天公司研发的新型光伏电池接线盒供不应求，急需扩大生产规模。传统精密制造企业中山公司提出与其合作的意愿。中山公司正在寻求新的发展机遇，而与蓝天公司合作生产新型太阳能光伏电池接线盒，正是中山公司向新兴产业转型的契机。于是蓝天公司与中山公司以合资企业的形式达成上马新型太阳能光伏电池接线盒生产线的协议，目标是3年内实现1.5亿元的销售收入。根据协议，总投资为1千万元，蓝天公司以研发成果及100万元资金作为投资，占40%的股份，其余资金由中山公司投资，占60%的股份。该项目于2011年初投产。

资料三

随着全球太阳能光伏产业的日益成熟，光伏产业技术日新月异，各国政府的相关政策也在不断调整，C国政府已经缩减了对光伏行业的税收优惠政策范围。蓝先生认为，蓝天公司处于太阳能光伏产业的中游，必须向产业链的下游拓展，才能最终成为太阳能光伏企业中的重要一员。蓝天公司于2011年5月将发展方向投向太阳能光伏产业链的下游，开始从事光伏逆变器的研发工作，并于2012年8月底投入生产。在太阳能光伏发电系统中，逆变器效率的高低是决定太阳能电池容量大小的重要因素，与接线盒相比，逆变器具有更高的科技含量，产品进入门槛更高，也意味着竞争对手相对减少。

对于新研发的光伏逆变器及其生产线，蓝天公司采用了不同于与中山公司合作的方式，以投入自有资金为主，再吸收部分风险投资资金入股，以有效降低融资成本，并能完全掌控生产线的运作。

2011年，C国大型制造企业上天公司提出与蓝天公司共同开拓光伏产品海外市场的意向，蓝天公司与上天公司签订了营销合作协议，由蓝天公司负责上天公司产品在海外市场的销售。至此，蓝天公司从基于合资形式的太阳能光伏电池接线盒生产线，到采取控股方式的太阳能光伏逆变器生产线，再到与上天公司合作的太阳能光伏产品贸易业务，蓝天公司在光伏产业中的产业链不断延伸，其组织结构也从创业期的职能制发展成为矩阵制。蓝天公司正在一步步地实现“成为国内乃至全球太阳能光伏产业的优秀企业”的目标。

要求：

1. 从宏观环境角度简要分析蓝天公司2008年初创时光伏产业所面对的机会与2010年后光伏产业所面临的威胁；

2. 从产业五种竞争力角度分析蓝天公司从2008年开始经营光伏电池板业务时所面对的机会与2010年后所面临的威胁；

3. 阐述企业战略联盟的主要类型，简要分析蓝天公司与合作伙伴所结成的战略联盟的类型、各方的主要动因；

4. 简要分析蓝天公司企业能力的主要表现；

5. 简要分析蓝天公司在发展中注重规避的主要市场风险；

6. 依据《企业内部控制应用指引第9号——销售业务》，简要分析蓝天公司在采用OEM方式经营光伏电池板业务时注重规避的主要风险，并分析蓝天公司在此项业务中还应当防范哪些风险。

2017年注册会计师全国统一考试
《公司战略与风险管理》历年真题参考答案及解析

一、单项选择题

1.【答案】A

【解析】选项A属于现金牛业务，本身不需要投资，说法错误。选项B属于问题业务，选项C属于瘦狗业务，选项D属于明星业务，说法都是正确的。

2.【答案】C

【解析】JIT的缺点之一是生产对供应商的依赖性较强，故选项C错误。

3.【答案】B

【解析】技艺（知识）标准化，是指组织对其成员所应有的技艺、知识加以标准化。这种协调机制主要是依靠组织成员在任职以前就接受了必要的、标准化的训练，成为具有标准化知识和技能的人才。

4.【答案】B

【解析】当供应者的产品存在着差异化，因而替代品不能与供应者所销售的产品相竞争时，供应者讨价还价的能力就会增强。由于S公司在生产关键零件方面的能力显著强于其他公司，因而短期内P公司仍离不开S公司，最后影响了S公司对P公司的讨价还价能力。

5.【答案】C

【解析】随着绿色环保理念的普及和政府相关产业政策推出，S公司将凭借雄厚资金实力和强大科研能力，把投资和研发重点转向新能源汽车领域。说明S公司具备对外部事件作出反应的能力，即适应变化的能力。

6.【答案】D

【解析】寻求现成资产型对外投资主要是发展中国家跨国公司向发达国家投资，其主要动机是主动获取发达国家企业的品牌、先进技术与管理经验等现成资产。国内家电企业宏洁集团收购发达国家G工业机器人制造商K，是因为K拥有成熟的工业制造流程数字化技术，所以收购的动机是寻求现成资产。

7.【答案】D

【解析】产品开发战略是在原有市场上，通过技术改进与开发研制新产品。这种战略可以延长产品的寿命周期，提高产品的差异化程度，满足市场新的需求，从而改善企业的竞争地位。甲公司定期推出新菜，面对的还是现有的消费群体，目的是为了在行业中始终保持领先，所以是产品开发战略。

8.【答案】B

【解析】为了避免外部市场的竞争压力，跨国战略中母公司与子公司、子公司与子公司的关系是双向的，不仅母公司向子公司提供产品与技术，子公司也可以向母公司提供产品与技术，所以P公司的国际化经营战略类型为跨国战略。

9.【答案】C

【解析】统计推论法分为前推、后推和旁推，其中前推就是根据历史的经验和数据推断出未来事件发生的概率及其后果，所以甲商场用积累的销售数据推算年度销售风险属于前推。

10.【答案】A

【解析】前向一体化战略通过控制销售过程和渠道，有利于企业控制和掌握市场，增强对消费者需求变化的敏感性，提高企业产品的市场适应性和竞争力。远航造船厂、国兴造船厂、天州钢帘线制造厂都是神大钢铁公司的下游企业，所以其发展战略是前向一体化战略。

11.【答案】A

【解析】选项A属于辅助活动中的采购，选项B属于基本活动中的外部后勤，选项C属于基本活动中的市场销售，选项D属于基本活动中的生产运营。

12.【答案】D

【解析】审阅与检查是在业务层面评价的常用方法，通过核对有关证据而获取有关控制的运行状况，如选择某些调节表上的差异，追溯到相应的单据记录（如银行对账单）或检查调节表是否有相关负责人签字。

13.【答案】D

【解析】按照内部控制本质上的不同，可以把内部控制缺陷分为设计缺陷和运行缺陷。设计缺陷是指企业缺少为实现控制目标的必需控制，或现存的控制并不合理及未能满足控制目标。根据本题可知：该公司未建立重大投资项目按照规定的权限和程序实行集体决策或者联签的制度，说明其是由于没有设计相应的制度导致的缺陷，而不是内部控制运行不到位，所以是设计缺陷。

14.【答案】B

【解析】从满足公务消费转型为商务消费和大众消费，属于转向战略中的重新定位或调整现有的产品和服务。

15.【答案】C

【解析】依靠严格的规章制度，决策权集中在上层，属于角色导向型。角色导向型企业尽可能追求理性和秩序，与权力文化的独裁截然不同的是，角色文化十分重视合法性、忠诚和责任，这类文化一般是围绕限定的工作规章和程序建立起来的，理性和逻辑是这一文化的中心，分歧由规章和制度来解决，稳定和体面几乎被看成与能力同等重要，但是，这类企业的权力仍在上层，这类结构十分强调等级和地位，权利和特权是限定的，大家必须遵守。

16.【答案】C

【解析】针对某软件园区，属于集中化战略。

17.【答案】C

【解析】两个维度，一个是职能专业化，一个是业务专业化。对应客户需求组建团队属于矩阵制组织结构。

18.【答案】D

【解析】专业自保公司又称专属保险公司，是非保险公司的附属机构，为母公司提供保险，并由其母公司筹集保险费，建立损失储备金，题中附属机构为母公司。

19.【答案】A

【解析】销量节节攀升，属于成长期的特点，主要战略途径是市场营销，此时是改变价格形象和质量形象的好时机。

20.【答案】D

【解析】内部解决方案是后面要阐述的风险管理体系的运转，在具体实施中，一般是以下几种手段的综合应用：风险管理策略；组织职能；内部控制（简称“内控”），包括政策、度、程序；信息系统，包括报告体系；风险理财措施。选项D说法错误。

21.【答案】B

【解析】思达集团由于收购规模过大，资金出现短缺，是发展过于激进，脱离企业的实际能力。

22.【答案】A

【解析】对未来可能遇到的不确定因素做出定性和定量分析。属于情景分析法。情景分析法：通过模拟不确定性情景，对企业面临的风险进行定性和定量分析。

23.【答案】D

【解析】企业应当在董事会下设立审计委员会，审计委员会负责审查企业内部控制，监督内部控制的有效实施和内部控制的自我评价情况，协调内部控制审计及其他相关事宜等属于控制环境的范畴，选项D正确。

24.【答案】A

【解析】市场开发是新市场和原有产品的组合，题中产品没有变化，市场发生改变。

二、多选题

1.【答案】ACD

【解析】靓影公司所处产业属于零散产业，该产业的战略选择包括：（1）克服零散——获得成本优势；（2）增加附加价值——提高产品差异化程度；（3）专门化——目标集聚。

2.【答案】BCD

【解析】选项A是经理人对于股东的“内部人控制”问题表现形式，其余三个是终极股东对于中小股东的“隧道挖掘”问题表现形式。

3.【答案】BC

【解析】企业应当建立严格的采购验收制度，确定检验方式，由专门的验收机构或验收人员对采购项目的品种、规格、数量、质量等相关内容进行验收，出具验收证明，选项A错误。大宗采购应当采用招标方式，华星公司手机芯片占公司手机生产成本的40%以上，应属于大宗采购，所以选项D错误。

4. 【答案】ABCD
【解析】“海外调味品企业不断通过收购国内品牌或在国内直接建厂进入国内市场”体现的是潜在进入者的进入威胁大；“原料成本、用工成本不断上涨”体现了供应者讨价还价能力强；“同时由于国内企业众多，产品差异小”体现了购买者讨价还价能力强和产业内现有企业的竞争激烈；“天然营养的综合型调味品层出不穷，对传统调味品形成部分替代”体现了替代品的替代威胁大。
5. 【答案】ABD
【解析】甲公司选用的是单一货源策略。随着与供应商关系的加强，更可能获得高质量的货源。所以选项C错误。
6. 【答案】ABD
【解析】甲公司将从银行取得的贷款投入了房地产开发，没有按照合同约定的用途用款，体现了合规风险。产业风险是指在特定产业中与经营相关的风险。房地产业收缩，体现了产业风险。政治风险是指完全或部分由于政府官员行使权力和政府组织的行为而产生的不确定性。政府宏观调控政策的出台，体现了政治风险。
7. 【答案】ACD
【解析】分析运营风险，企业应至少收集与该企业、本行业相关的以下信息：
（1）产品结构、新产品研发；
（2）新市场开发、市场营销策略，包括产品或服务定价与销售渠道、市场营销环境等；
（3）企业组织效能、管理现状、企业文化，高、中层管理人员和重要业务流程中专业人员的知识结构、专业经验；
（4）期货等衍生产品业务中曾发生或易发生失误的流程和环节；
（5）质量、安全、环保、信息安全等管理中曾发生或易发生失误的业务流程或环节；
（6）因企业内、外部人员的道德因素致使企业遭受损失或业务控制系统失灵；
（7）给企业造成损失的自然灾害以及除上述有关情形之外的其他纯粹风险；
（8）对现有业务流程和信息系统操作运行情况的监管、运行评价及持续改进能力；
（9）企业风险管理的现状和能力。
8. 【答案】BCD
【解析】现在该公司已有50多架飞机完成改造和机组培训，体现了人力资源和物质资源。为乘客提供了稳定的互联网接入服务，体现了技术资源。
9. 【答案】ABD
【解析】2009年经双方充分协商，所以是友善并购。蓝太公司是非金融机构，以80%的自有资金，完成了对Z公司的并购，所以是产业资本并购。Z公司是是澳洲一家矿产公司，其拥有的铜、锌、银、铅、金资源储量非常可观。国内蓝太公司的主营业务为铜、铅、锌等金属产品的生产和经营。Z公司属于蓝太公司的上游企业，所以属于纵向并购。
10. 【答案】BC
【解析】每年都要重新编制，所以富友公司使用的是零基预算。
零基预算的优点包括：
（1）能够识别和去除不充分或者过时的行动；
（2）能够促进更为有效的资源分配；
（3）需要广泛的参与；
（4）能够应对环境的变化；
（5）鼓励管理层寻找替代方法。
11. 【答案】ABCD
【解析】业务量增长率、预期利润体现了财务角度；交货时间体现了顾客角度和内部流程角度；主要员工保留率体现了创新与学习角度。
12. 【答案】AD
【解析】形成了较为完善的进货、生产、发货、服务与分销体系，属于基础设施；开发了有助于失明患者进行义眼移植的Y产品，并且取得了发明专利，属于技术开发。
13. 【答案】ACD
【解析】每个事业部拥有多个产品线，属于M型组织结构。M型组织结构的优点：
第一，便于企业的持续成长，随着新产品线的创建或收购，这些新产品线可能被整合到现有的事业部中，或者作为新开发的事业部的基础。
第二，由于每一个事业部都有其自身的高层战略管理者，因此首席执行官所在总部员工的工作量会有所减轻。这样，首席执行官就有更多的时间分析各个事业部的经营情况以及进行资源配置。
第三，职权被分派到总部下面的每个事业部，并在每个事业部内部进行再次分派。
第四，能够通过诸如资本回报率等方法对事业部的绩效进行财务评估和比较。
M 型组织结构的缺点：
第一，为事业部分配企业的管理成本比较困难并略带主观性。
第二，由于每个事业部都希望取得更多的企业资源，因此经常会在事业部之间滋生功能失调性的竞争和摩擦。
第三，当一个事业部生产另一事业部所需的部件或产品时，确定转移价格也会产生冲突。

14. **【答案】** BD

【解析】 这道题考查的是对各种风险应对策略本质特征的深刻理解，超出的损失由交易对手来承担，这是典型的风险转移策略的特征，对于未超出损失额的部分，需要企业自己承担，这属于风险承担策略。

三、简答题

1. **【答案】**（1）李某根据公司的担保标准和担保条件对甲公司进行资信调查和风险评估，并作出接受甲公司担保申请的决定，存在内部控制缺陷。理由：企业应当建立担保授权和审批制度，规定担保业务的授权批准方式、权限、程序、责任和相关控制措施，在授权范围内进行审批。重大担保业务，应当报经董事会或类似权力机构批准。

（2）甲公司要求把担保额提高到1000万元，李某考虑到对方有反担保财产，同意了对方要求并修改了合同，事后通报部门经理，存在内部控制缺陷。理由：被担保人要求变更担保事项的，企业应当重新履行调查评估与审批程序。

（3）李某和甲公司董事长是表兄妹关系，与甲公司的担保事项由李某进行，存在内部控制缺陷。理由：企业为关联方提供担保的，与关联方存在经济利益或近亲属关系的有关人员在评估与审批环节应当回避。

（4）博兴公司从一开始就没有获得该土地的权利凭证，也没有调查的书面报告，只有甲公司的反担保说明，存在内部控制缺陷。理由：企业应当指定相关部门负责办理担保业务，对担保申请人进行资信调查和风险评估，评估结果应出具书面报告。企业在对担保申请人进行资信调查和风险评估时，应当重点关注的事项包括：担保申请人用于担保和第三方担保的资产状况及其权利归属；企业要求担保申请人提供反担保的，还应当对与反担保有关的资产状况进行评估。而且企业应当加强对反担保财产的管理，妥善保管被担保人用于反担保的权利凭证，定期核实财产的存续状况和价值，发现问题及时处理，确保反担保财产安全完整。

2. **【答案】**

（1）红海和蓝海的区别

红海战略	蓝海战略
在已经存在的市场竞争	拓展非竞争性市场空间
参与竞争	规避竞争
争夺现有需求	创造并摄取新需求
遵循价值与成本互替规律	打破价值与成本互替规律
根据差异化或低成本的战略选择，把企业行为整合为一个体系	同时追求差异化和低成本，把企业行为整合为一个体系

由于现有两家书店的竞争异常激烈，商品严重同质化，饮品店只有外卖各种冷饮而没有为顾客留出休憩的位置，学朗书吧将书店和饮品店所具有的这两类互补性功能结合起来，建立个集读书，休闲、生活服务为一体的综合性服务书吧，不但规避了已有市场内的激烈竞争，拓展了非竞争性市场空间，而且还创造了阅读与饮食相结合的新需求，并加以满足，从而带来新的商机。
学朗书吧抛弃流行的装修理念和做法，以墙壁绘画替代昂贵摆设，实现了差异化与低成本的较好结合，进而降低了饮品和图书的售价，提高了竞争力，打破了价值与成本互替规律。

（2）开创蓝海战略的路径包括审视他择产业、跨越战略群组、重新界定产业的买方群体、放眼互补性产品或服务看市场、重设客户的功能性或情感性诉求和跨越时间。

①从“随着电子商务的普及，饮品的网上销售日益火爆，许多网站均提供网售平台。学朗书店与时俱进，也提供网上点单、送货上门”，这属于跨越时间路径。

②从“现在大学中自习室紧张，抢位现象严重，学朗书吧计划打造自习位出租系列，并且提供午餐，为学生们提供理想的学习和休息场所，并提供成本适中的装修来提供合适得体的环境”，这属于重设客户的功能性或情感性诉求路径。

③学朗书吧的创建者决定把书店和饮品店具有的两类互补性功能结合起来，建立一个集读书、休闲、生活服务为一体的综合性服务书吧，这属于放眼互补性产品或服务路径。

④学朗书吧将饮品及自习服务引入传统的书店，属于跨越战略群组的路径。

3.【答案】

（1）结构性障碍主要包括规模经济、现有企业对关键资源的控制以及现有企业的市场优势，其中现有企业对关键资源的控制一般表现在对资金、专利或专有技术、原材料供应、分销渠道、学习曲线等关键资源的积累与控制，现有企业的市场优势主要表现在品牌优势上。

①从“由于缺乏拥有自主知识产权的药品，多年以来生产仿制药为主，其生产的区疗器械科技含量较低，难以满足用户对高科技医疗器械的需要，国内高科技医疗器械市场基本被进口产品占领”可以看出神农公司缺乏专利或专有技术，而专利或专有技术属于现有企业对关键资源的控制范畴。

②从“与国外跨国公司相比，自己在规模及利润两个方面存在着巨大差距，在研发经费的投入方面差距更大”可以看出神农公司缺乏规模经济效应。

③从“神农公司还存在着专业化程度和品牌认知度较低等问题”可以看出神农公司缺少市场优势。

（2）新兴市场本土企业的战略选择包括防御者、躲闪者、抗衡者和扩张者。神农公司采用的是抗衡者战略。

所谓抗衡者战略，即如果企业面临的全球化压力大，而且企业优势资源可以转移到其他市场，企业有可能与发达国家跨国公司在全球范围内展开正面竞争，将采取这种战略的本土企业称之为“抗衡者”。

神农公司不仅在国内市场上面临国外跨国公司的巨大挑战，而且进入国际市场步履维艰，在此情况下，神农公司设立若干个中小型医药高科技分公司，在各自领域重点突破与发展，提升自身竞争优势，并将自身具有相对优势的本土医药产品拓展至周边欠发达国家和地区，在应对跨国公司竞争中，注重向跨国公司学习，合理整合和运用国内外优势资源，克服自身技能和资本匮乏的缺陷，最终在国内外市场上与国外跨国医药公司展开真正的较量。因此，神农公司的战略选择为“抗衡者”战略。

4.【答案】

（1）①机会：近年来国内移动互联网行业呈现井喷式发展，生出了新的行业模式和消费习惯，南天集团开始通过微信、微博和网络外卖等互联网工具扩大销售，并通过大数据来发现客户的就餐习惯和餐饮偏好，提升服务质量。

②威胁：受宏观经济的影响，国内餐饮行业整体增长趋势明显放缓，行业收入增速同比下降。特别是2012年年底政府出台各种限制“三公”消费的政策，这些政策引起了社会公众的强烈反响，个人消费攀比之风得到遏制，大众的消费需求更加理性，高端餐饮行业受到猛烈冲击，市场需求萎缩。此外，房地产市场的火爆推升了房租价格，也加大了餐饮行业的经营成本，环保行业竞争日趋激烈，短期内盈利前景不明朗。

（2）实施多元化战略的风险包括：①来自原有经营产业的风险；②市场整体风险；③产业进入风险；④产业退出风险；⑤内部经营整合风险。

“2015年南天集团通过收购洁丽公司大举进入环保行业，但是由于环保行业竞争日趋激烈，短期内盈利前景不明朗，洁丽公司一直处于亏损状态”体现了南天集团将面临产业进入风险。

“两家公司的文化存在差异，内耗不断”体现了内部经营整合风险。

“洁丽公司一直处于亏损状态，导致南天集团现金流断裂，还拖累了刚走出低谷的餐饮业务”体现了原有经营产业的风险。

四、综合题

【答案】

1.（1）H国自行车企业所实施的竞争战略的类型是差异化战略。

实施差异化战略应具备的资源和能力包括：

①具有强大的研发能力和产品设计能力。“致力于自动化生产与研发”；“研发新材料与新工艺，实现产品与技术的跨越升级，满足日益挑剔和多样化的国内外消费者对自行车产品的需求，H国自行车企业集中力量在新材料和新工艺上实现了技术跨越，积极研发设计和生产关键零部件”。

②具有很强的市场营销能力。“H国第二大自行车企业‘星友’通过并购发达国家U国自行车品牌SP和D国品牌CE，其订单掌握度、生产安排效率及在欧美高档车市场占有率大幅提高。

③有能够确保激励员工创造性的激励体制、管理体制和良好的创新性文化。“高度的互动学习机制。‘ATC’打破了竞争对手不该彼此交换信息的旧模式，降低了企业在产业内的交易成本和信息不对称的程度。”“优先供应成员间具有竞争力的产品，协助改善作业流程，提供辅导与培训，鼓励成员创新设计和参与特殊车种的合作开发，参与各种自行车会展，并与科研院所合作建设信息平台，‘ATC’为成员企业提供了良好的技术开发和服务环境，实现了整车企业与零部件企业的协同发展。”

④具有从总体上提高某项经营业务质量、树立产品形象、保持先进技术和建立完善分销渠道的能力。“在发展自有品牌的同时注重品牌并购，获取新市场机会与新技术”。

(2) C国的自行车企业所实施的竞争战略的类型是成本领先战略。

实现成本领先战略的资源和能力包括：

①规模经济显著的产业中装备相应的生产设施来实现规模经济。“规模经济显著”。

②降低各种要素成本。“充分利用C国劳动力成本低”。

③提高生产率。“生产效率高”。

④提高生产能力利用程度。“生产能力利用程度高”。

(3) 采取成本领先战略的风险：

①技术的变化可能使过去用于降低成本的投资（如扩大规模、工艺革新等）与积累的经验一笔勾销。

②产业的新进入者或追随者通过模仿或者以更高技术水平设施的投资能力，达到同样的甚至更低的产品成本。

③市场需求从注重价格转向注重产品的品牌形象，使得企业原有的优势变为劣势，演化为集健身用品、休闲用具、玩具、高档消费品于一体的商品，出现了对自行车新的需求。“C国用途单一的低端自行车生产线的优势在国际市场受到极大挑战”。

企业在采用成本领先战略时，应注意这些风险，及早采取防范措施。

2. (1) 确认那些支持企业竞争优势的关键性活动。“H国第一大自行车企业‘天空机械’原本以OEM为主，发挥其生产制造的优势。”

(2) 明确价值链内各种活动之间的联系。“H国自行车企业普遍实现了从模仿到创新性改进，再到领先的产品设计与创新的过程。”

(3) 明确价值系统内各项活动之间的联系。“2003年，H国自行车第一大企业‘天空机械’联合其主要竞争对手‘星友’及11家零部件生产企业组成行业战略联盟‘ATC’”。

3. (1) 战略联盟类型是契约式战略联盟。

(2) 形成动因：

①促进技术创新。“中心企业集中力量开展生产调研、拓展、研发、检验与装配等工作。相互的整合活动，带动了整个产业向高技术、高附加值方向升级和发展。”“使零部件企业在产品开发初期就能参与研发活动”“各个企业的研发力量集合起来，同步工程，缩短产品上市时间，联盟内部知识的消化能力变得更为强大”“鼓励成员创新设计和参与特殊车种的合作开发，参与各种自行车会展，并与科研院所合作建设信息平台”。

②避免经营风险。“相互的整合活动，带动了整个产业向高技术、高附加值方向升级和发展。”“各个企业的研发力量集合起来，同步工程，缩短产品上市时间”“实现了整车企业与零部件企业的协同发展”“‘ATC’企业的绩效明显优于非‘ATC’企业”。

③避免或减少竞争。“‘ATC’打破了竞争对手不该彼此交换信息的旧模式，降低了企业在产业内的交易成本和信息不对称的程度。”

④实现资源互补。“卫星企业订单稳定，完全致力于专业性生产，同时借助中心企业的协助并按照合约要求提高生产力，而中心企业集中力量开展生产调研、拓展、研发、检验与装配等工作。相互的整合活动，带动了整个产业向高技术高附加值方向升级和发展。”“通过互动学习机制，横向促进成员紧密交流，纵向共建产业链并加强合作，确保各方优先共享先进经验，提高信任程度。”

⑤开拓新的市场。“中心企业集中力量开展生产调研与拓展”“2003年成立的‘ATC’仅有22家成员企业，在H国343家自行车企业中只是少数，但其销售收入占比却达六至成七成”。

⑥降低协调成本。"'ATC'打破了竞争对手不该彼此交换信息的旧模式，降低了企业在产业内的交易成本和信息不对称的程度。"

4. 钻石模型四要素包括生产要素、需求条件、相关与支持性产业及企业战略、企业结构和同业竞争。
(1) 生产要素："H国自行车企业集中力量在新材料和新工艺上，实现了技术跨越""H国自行车材料从钢管发展到钛合金、镁合金，甚至碳纤合金，重量由原来的30公斤降低至7公斤。"通过研发新材料与新工艺，实现产品与技术的跨越升级。
(2) 需求条件："面对日益挑剔和多样化的国内外消费者对自行车产品的需求"，迫使企业进行技术更新。
(3) 相关与支持性产业："两大企业'天空机械'和'星友'以'ATC'为载体，与零部件生产企业形成中心卫星体系，卫星企业订单稳定""'ATC'为成员企业提供了良好的技术开发和服务环境，实现了整车企业与零部件企业的协同发展。"
(4) 企业战略、企业结构和同业竞争："组织创新，建立新的网络型战略联盟。H国自行车企业实现从OEM到ODM再到OBM的升级，网络型战略联盟发挥了重要作用。2003年，H国自行车第一大企业'天空机械'联合其主要竞争对手'星友'及11家零部件生产企业组成行业战略联盟'ATC'。""2003年成立的'ATC'仅有22家成员企业，在H国343家自行车企业中只是少数，但其销售收入占比却达六至成七成，这表明'ATC'企业的绩效明显优于非'ATC'企业。"说明H国企业在国内竞争中取得成功，具备国际化的能力，"ATC"有效推动了产业整体升级。

5. 进入欧美市场的动机：
H国自行车产业进入欧美市场主要是为了寻求市场和现成资产。"在发展自有品牌的同时注重品牌并购，获取新市场机会与新技术，以较低的成本和较短的时间就获得发达国家的许多市场机会和先进技术"。

6. 发展战略可采用的3种途径包括：外部发展（并购），内部发展（新建）和战略联盟。
外部发展（并购）：企业可以凭借自身强大的实力对欧美市场的企业进行并购直接获得市场。"H国第二大自行车企业'星友'通过并购发达国家U国自行车品牌SP和D国品牌CE，以较低的成本和较短的时间就获得发达国家的许多市场机会和先进技术，其……在欧美高档车市场占有率大幅提高。"
战略联盟：企业可以与当地市场的企业建立战略联盟，来进入市场。"H国第大自行车企业'天空机械'原本以OEM为主，发挥其生产制造的优势，进而为发达国家U国CH公司做ODM，打造自身设计能力。"
内部发展（新建）："H国第三大自行车品牌'神飞'，2003年以自有品牌扩展到美国与亚洲的市场"。

2016年注册会计师全国统一考试
《公司战略与风险管理》历年真题参考答案及解析

一、单项选择题

1. 【答案】C
【解析】重大担保业务，应当报经董事会或类似权力机构批准，选项A错误；出现财务状况恶化、资不抵债、管理混乱、经营风险较大的情形不得提供担保，选项B错误；企业内设机构未经授权不得办理担保业务，选项D错误。被担保人要求变更担保事项的，企业应当重新履行评估与审批程序，选项C正确。

2. 【答案】B
【解析】甲公司采用的是多货源策略。多货源策略的优点有：(1) 能够取得更多的知识和专门技术（选项D）；(2) 一个供应商的供货中断产生的影响较低（选项C）；(3) 供应商之间的竞争有利于对供应商压价（选项A）。有利于提供有统一质量保证的产品属于单一货源策略的优点。

3. 【答案】D
【解析】董事会对股东（大）会负责，依法行使企业的经营决策权。所以，选项D错误。

4. 【答案】B
【解析】全球化战略是向全世界的市场推销标准化的产品和服务，并在较有利的国家集中进行生产经营活动，由此形成经验曲线和规模经济效益，以获得高额利润。所以，选择B正确。

5. 【答案】C
【解析】在战略实施过程中，偶然会因为一些意想不到的因素导致战略失效，这就是偶然失效。所以，选项 C 正确。

6. 【答案】C

【解析】企业对外发生经济行为，除即时结清方式外，应当订立书面合同，选项 A 错误；正式对外订立的合同，应当由企业法定代表人或由其授权的代理人签名或加盖有关印章，选项 B 错误；合同文本一般由业务承办部门起草、法律部门审核，选项 D 错误；企业对影响重大或法律关系复杂的合同文本，应该组织内部有关部门进行审核，选项 C 正确。

7. 【答案】B

【解析】企业面临着巨大的外部机会，却受到内部劣势的限制，应采用扭转型战略，充分利用环境带来的机会，设法清除劣势。所以，选项 C 正确。

8. 【答案】B

【解析】当企业实施一个新的战略时，重要的组织要素会发生很大变化，而这些变化大多与企业现有文化具有潜在的一致性，此时应以企业使命为基础推进变革。所以，选项 B 正确。

9. 【答案】B

【解析】如果全球化压力大，企业就会面临更大的挑战。如果企业优势资源只能在本土发挥作用，企业就必须围绕仍有价值的本土资源，对其价值链的某些环节进行重组，以躲避外来竞争对手的冲击，从而保持企业的独立性。这类企业，我们称之为"躲闪者"，其战略选择包括与跨国公司建立合资、合作企业等。所以，选项 B 正确。

10. 【答案】B

【解析】一体化战略是指企业对具有优势和增长潜力的产品或业务，沿其经营链条的纵向或横向延伸业务的深度和广度，扩大经营规模，实现企业成长。一体化战略包括纵向一体化战略和横向一体化战略，福海公司采取的发展战略属于纵向一体化战略。所以，选项 B 正确。

11. 【答案】A

【解析】德尔菲法又名专家意见法，是在一组专家中取得可靠共识的程序。其基本特征是专家单独、匿名表达各自的观点，同时随着过程的进展，他们几乎有了解其他专家的观点。德尔菲法采用背对背的通信方式征询专家小组成员的意见，专家之间不得互相讨论，不发生横向联系，只能与调查人员发生关系。通过反复填写问卷，搜集各方意见，以形成专家之间的共识。所以，选项 A 正确。

12. 【答案】A

【解析】物理上独特的资源是由物质本身的特性所决定的，是不可能被模仿的。例如，企业所拥有的房地产处于极佳的地理位置，拥有矿物开采权或是拥有法律保护的专利生产技术等。所以，选项 A 正确。

13. 【答案】C

【解析】因为甲航空公司与乙航空公司经营不同国家的国内城际航线，虽处于同一行业提供相同服务，但不是直接竞争对手，排除竞争性基准，以一般基准来界定也不够精准，因为一般基准大多是服务类行业之间的比较，如服务业之于旅游业与服务业之于搬家公司之间的比较，所以乙公司的基准分析类型属于过程或活动基准。

14. 【答案】C

【解析】企业组织简单时，只需要相互适应、自行调整的协调机制。企业组织扩大后需要某人单独执行控制工作时，便产生了直接指挥、直接控制机制。所以，选项 C 正确。

15. 【答案】D

【解析】对未能辨识出的风险，企业只能采用风险承担。对于辨识出的风险，企业也可能由于以下几种原因采用风险承担：（1）缺乏能力进行主动管理，对这部分风险只能承担；（2）没有其他备选方案；（3）从成本效益考虑，这一方案是最适宜的方案。对于企业的重大风险即影响到企业目标实现的风险，企业一般不应采用风险承担。所以，选项 D 错误。

16. 【答案】D

【解析】供应链管理是指在满足一定的客户服务水平条件下为了使整个供应链系统成本达到最小而把供应商、制造商、仓库、配送中心和渠道商等有效地组织在一起来进行的产品制造、转运、分销及销售的管理办法。所以，选项 D 正确。（此内容教材已经删除）

17. 【答案】A

【解析】重大投资项目应当按照规定的权限和程序实行集体决策或者联签制度。所以，选项 A 正确。企业选择投资项目应当突出主业，谨慎从事股票投资或衍生金融产品等高风险投资。所以，选项 B 错误。投资方案发生重大变更的，应当重新进行可行性研究并履行相应审批程序。所以，选项 C 错误。转让投资应当由相关机构或人员合理确定转让价格，报授权批准部门批准，必要时可委托具有相应资质的专门机构进行评估。所以，选项 D 错误。

18. 【答案】D

【解析】波士顿矩阵中的相对市场占有率是以企业某项业务的市场份额与这个市场上最大的竞争对手的市场份额之比。甲旅行社的出境游服务项目，其市场份额位列第二，表明其与市场份额位列第一的比值低于 1，且中国公民出境游市场处于高速发展的阶段，表明其市场增长率高，因此根据波士顿矩阵可知鸿湖集团的甲旅行社业务属于问题业务。

19. 【答案】A

【解析】瑞祥公司管理层预计今年夏天温度较高，加上今年属于奥运会年，啤酒的销售将比去年有较大增长，说明需求是可预测的，于是公司就加大上半年的产量作为库存，来应对未来需求的增长，所以，瑞祥公司采用的平衡产能与需求的方法是库存生产式生产。

20. 【答案】A

【解析】实地查验是一个用于业务层面评价的方法。例如，评价工作人员进行实地盘点以测试企业记录存货的数量，或有关控制的有效性。所以，选项 A 错误。

21. 【答案】D

【解析】供应商拥有足够的资源能够进行前向一体化时，其讨价还价能力就强。所以，选项 D 错误。

22. 【答案】C

【解析】企业服务的对象还是原有顾客，只是其又增加了一些服务（免费给顾客提供拖鞋、美甲、擦拭眼镜等服务）来满足客户的一些功能性或情感性诉求。所以，选项 C 正确。

23. 【答案】A

【解析】这里的采购是广义的，既包括原材料的采购，也包括其他资源投入的购买和管理。例如，企业聘请咨询公司为企业进行广告策划、市场预测、管理信息系统设计、法律咨询等均属于采购。所以，选项 A 正确。

24. 【答案】C

【解析】在 H 国，“Goats”除了有山羊的意思以外，还有其他的贬义，一些消费者因此产生不好的联想，影响了产品的销售。这个案例表明，甲公司跨国营销可能面临社会文化风险。

二、多项选择题

1. 【答案】BCD

【解析】企业履行社会责任方面需关注的主要风险有：（1）安全生产措施不到位，责任不落实，可能导致企业发生安全事故。（2）产品质量低劣，侵害消费者利益，可能导致企业巨额赔偿、形象受损，甚至破产。（3）环境保护投入不足，资源耗费大，造成环境污染或资源枯竭，可能导致企业巨额赔偿、缺乏发展后劲，甚至停业。（4）促进就业和员工权益保护不够，可能导致员工积极性受挫，影响企业发展和社会稳定。选项 A 属于企业文化需关注的主要风险。所以选项 B、C、D 正确。

2. 【答案】ABC

【解析】企业除小额零星物资或服务外，不得安排同一机构办理采购业务全过程，选项 A 错误；对于超预算和预算外采购项目，应先履行预算调整程序，由具备相应审批权限的部门或人员审批后，再行办理请购手续，选项 B 错误；大宗采购等应当采用招投标方式确定采购价格，其他商品或劳务的采购，应当根据市场行情制定最高采购限价，并对最高采购限价适时调整，选项 C 错误。

3. 【答案】CD

【解析】市场渗透战略的基础是增加现有产品或服务在现有市场的市场份额。选项 A 属于多元化战略，选项 B 属于市场开发战略。选择 C、D 属于市场渗透战略。

4. 【答案】AC

【解析】股权式战略联盟的初始投入较大，转置成本较高，有利于扩大企业的资金实力，并通过部分“拥有”对方的形式，增强双方的信任感和责任感，因而更利于长久合作，不足之处是灵活性差。契约式战略联盟具有较好的灵活性，但也有一些先天不足，如企业对联盟的控制能力差、松散的组织缺乏稳定性和长远利益、联盟内成员之间的沟通不充分、组织效率低下等。本题属于股权式战略联盟，选项 A 和 C 正确。选项 B 和 D 属于契约式战略联盟的特点。

5. 【答案】BCD

【解析】董事会应高度重视企业风险管理文化的培育，总经理负责企业风险管理文化培育的日常工作。

所以，选项 A 错误。（本考点涉及的知识点，教材已经进行了删除，考生不必深究，了解即可）

6.【答案】ACD

【解析】企业至少应当于每年年度终了开展全面盘点清查，选项 A 错误；对代管、代销、暂存、受托加工的存货，应单独存放和记录，避免与本单位存货混淆，选项 C 错误；企业内部除存货管理、监督部门及仓储人员外，其他部门和人员接触存货，应当经过相关部门特别授权，选项 D 错误。

7.【答案】ABD

【解析】销售增长率、预期利润属于财务角度；交货时间属于内部流程角度和顾客角度；客户满意度属于顾客角度。

8.【答案】ABC

【解析】甲公司将手机的制造外包给乙公司，可能会出现不恰当的外包导致产品质量不合格，导致操作风险；市场上发生多起甲公司的手机电池爆炸，给用户造成人身和财产损失的事故，可能会引发一些法律风险，如法律诉讼等；甲公司详细调查后发现，乙公司提供的手机电池质量不合格，存在很大的安全隐患属于运营风险中的质量、安全、环保等管理中发生失误导致的风险。所以，选项 A、B、C 正确。（该知识点在现有的教材中发生变化，建议按照最新内容进行掌握）

9.【答案】BC

【解析】处于成熟期的企业财务风险属于中等水平，股利分配率高，资金来源于保留盈余和债务，而股价是比较稳定的。所以，选项 B、C 正确。

10.【答案】ABCD

【解析】用买断方式终止与甲公司员工的劳动合同，说明企业需要按工龄给予员工一定的辞退补偿，这涉及到了退出成本，选项 A 正确；在当地政府的协调下，甲公司被某外资企业收购属于政府与社会约束的范畴，选项 B 正确；由于钢铁厂的高炉等设备的专用性程度比较高，所以就造成了高炉等设备难以转产，选项 C 正确；引起一些职工的抵触属于感情障碍的范畴，选项 D 正确。

11.【答案】CD

【解析】试用期满考核合格后，方可正式上岗，试用期满考核不合格者，应当及时解除劳动关系，选项 A 错误；企业应当根据人力资源能力框架要求，明确各岗位的职责权限、任职条件和工作要求，遵循德才兼备、以德为先和公开、公平、公正的原则，通过公开招聘、竞争上岗等多种方式选聘优秀人才，重点关注选聘对象的价值取向和责任意识，选项 B 错误。

12.【答案】AB

【解析】每年年底都以当年的实际业绩为基础编制下一年的预算，说明其运用的预算编制方法是增量预算，增量预算的缺点在于：（1）它假设经营活动以及工作方式都以相同的方式继续下去；（2）不能拥有启发新观点的动力；（3）没有降低成本的动力；（4）它鼓励将预算全部用光以便明年可以保持相同的预算；（5）它可能过期，并且不再和经营活动的层次或者执行工作的类型有关。所以选项 A、B 正确，选项 C、D 属于零基预算的优点。

13.【答案】ABD

【解析】企业全面风险管理是一个由企业治理层、管理层和所有员工参与的，旨在把风险控制在风险容量以内，增进企业价值的过程。全面风险管理既要管理纯粹的风险，也要管理机会风险。所以，选项 C 错误，选项 A、B、D 正确。

14.【答案】ABCD

【解析】高层战略决策要求广泛地综合外部信息和内部信息，主要包括数据检索和分析，以及决策支持系统。它所需要的外部信息包括竞争者的信息、区域经济指数、顾客喜好和提供的服务质量。所以，选项 A、B、C、D 正确。（此考点教材已经删除，考生不必深究，了解即可）

三、简答题

1.【答案】

（1）发展中国家对外投资的四大动机包括寻求市场、寻求效率、寻求资源和寻求现成资产。

①“北方机床集团收购了 S 公司全部有形资产和无形资产”体现了寻求现成资产的动机。

②“北方机床力求实现 S 公司雄厚的技术开发能力和 C 国劳动力成本优势的最佳组合”体现了寻求效率的动机。

③“北方机床集团仍然表示将继续投资 S 公司项目，因为 S 公司承载着北方机床集团孜孜以求的核心技术和迈入国家高端市场的梦想”体现了寻求市场的动机。

（2）①并购决策不当可能引发的风险。2008 年金融危机以及 2012 年国内投资放缓，皆对北方机床并购后财务压力、运营转型困难提出考验；“由于并购后在技术整合上存在缺陷，北方机床集团尚未掌握 S 公司的全部核心技术，集团计划到 2015 年对 S 公司投入近 1 亿欧元”。

②并购后整合风险。“北方机床集团在对 S 公司进行整合中颇费思量，首先采取‘以诚信取信于 G 国员工’的基本策略，承诺不解雇一个 S 公司员工，S 公司的总经理继续留任”“招聘新的研发人员”；“北方机床集团与 S 公司总经理多次沟通，谋求双方扬长避短、优势互补，使‘混合文化形态’成为 S 公司未来的个性优势，以避免跨国并购可能出现的文化整合风险”“在运营整合方面，仍由 S 公司主要负责开发、设计及制造重要机械和零部件，组装则在 C 国完成，力求实现 S 公司雄厚的技术开发能力和 C 国劳动力成本优势的最佳组合”。

③支付过高并购费用的风险。“北方机床集团收购了 S 公司全部有形资产和无形资产”，可能涉及高额的并购费用。

2. 【答案】

（1）①应当关注重要客户的资信变动情况，甲公司的信用状况已经发生重大变化，而张某依据以往甲公司信用不错而签订合同，存在内部控制缺陷。

②企业在销售合同订立前，应当与客户进行业务洽谈、磋商或谈判，重大的销售业务谈判应当吸收财会、法律等专业人员参加，并形成完整的书面记录。重要的销售合同，应当征询法律顾问或专家的意见，而张某直接签订了合同，存在内部控制缺陷。

③销售部门应当根据经审批的销售合同开具相关销售通知，发货和仓储部门应当对销售通知进行审核，张某电话通知仓储部门按合同 3 天内给甲公司发送全部货物，存在内部控制缺陷。

④销售部门负责货款的催收，而华星公司由财务部催收，存在内部控制缺陷。

（2）①企业设立的预算管理小组履行全面预算管理职责，其成员由企业负责人及内部相关负责人组成，而不是由财务总监牵头各部门负责人组成。

②企业应当根据发展战略和生产经营计划，综合考虑预算期内经济政策、市场环境等因素，按照上下结合、分级编制、逐级汇总的程序，编制年度全面预算。而该公司根据公司的发展战略和经营计划就直接编制 2016 年年度预算草案，存在内部控制缺陷。

③预算管理小组应当对预算管理工作机构在综合平衡基础上提交的预算方案进行研究论证，从企业发展全局角度提出建议，形成全面预算草案，并提交董事会或经理办公会审核，经审议批准后，应当以文件形式下达执行。该公司预算草案没有经过董事会或经理办公会审核而由总经理审核通过并下发各部门，存在内部控制缺陷。

④企业应当以年度预算作为组织、协调各项生产经营活动的基本依据，将其细分为季度、月度指标，通过实施分期预算控制，实现年度预算目标。而华星公司直接给销售部下达了整年 5 000 万任务，不利于预算控制。

⑤企业预算管理工作机构应当加强与各预算执行单位的沟通，运用财务信息和其他相关资料监控预算执行情况。该公司缺少对各预算执行单位的监控，存在内部控制缺陷。

⑥企业预算管理工作机构和各预算执行单位应当建立预算执行情况分析制度，定期召开预算执行分析会议，通报预算执行情况，研究、解决预算执行中存在的问题，提出改进措施。该公司没有建立预算执行情况分析制度，存在内部控制缺陷。

⑦企业批准下达的预算应当保持稳定，不得随意调整。预算调整应当履行严格的审批制度，销售部自行调整预算的做法存在内部控制缺陷。

3. 【答案】

（1）春城白药进军日化行业时，日化行业处于成熟期；“而此时日化行业的竞争已经异常激烈”“整个产业的销售额达到前所未有的规模，且市场基本饱和。谁想要扩大市场份额，都会遇到竞争对手的顽强抵抗”“价格竞争开始成为市场竞争的主要手段”。

（2）解决口腔健康问题功能程度高、价格水平高：春城白药。

解决口腔健康问题功能程度低、价格水平高：B 公司、L 公司、D 公司、H 公司。解决口腔健康问题功能程度低、价格水平低：清雅公司、蓝天公司。

（3）①定位在高端市场的国际巨头们的产品价格开始向下移动的依据是体现了战略群组分析中的有助于很好地了解战略群组间的竞争状况这一条；

②春城白药在日化行业中战略群组定位的依据是体现了战略群组分析中的利用战略群组图有助于预测市场变化或发现战略机会这一条；

③B 公司、L 公司、D 公司、H 公司相继推出功能化高端牙膏的依据里体现了战略群组分析中的有助于了解战略群组内的企业竞争的主要着眼点这一条。

4. **【答案】**

(1) 价值链将企业的生产经营活动分为基本活动和支持活动两大类。基本活动，又称主体活动，是指生产经营的实质性活动，一般可以分为内部后勤、生产经营、外部后勤、市场销售和服务五种活动。支持活动，又称辅助活动，是指用以支持基本活动而且内部之间又相互支持的活动，包括采购管理、技术开发、人力资源管理和企业基础设施。

价值活动和资源能力之间的联系是企业的竞争优势的源泉。因此，资源分析必须是一个从资源评估到对怎样使用这些资源的评估过程。资源使用的价值链分析要明确以下几点：

①确认那些支持企业竞争优势的关键性活动。

虽然价值链的每项活动，包括基本活动和支持活动都是企业成功所必经的环节，但是，这些活动对企业竞争优势的影响是不同的。在关键价值活动的基础上建立和强化这种优势很可能获得成功。支持企业竞争优势的关键性活动事实上就是企业的独特能力的一部分。“缘梦公司在第一阶段通过确认那些支持企业竞争优势的关键性活动，将资源和能力配置到价值链关键活动中，把握生产经营的全部所得”。

②明确价值链内各种活动之间的联系。

价值链中基本活动之间、基本活动与支持活动之间以及支持活动之间存在各种联系，选择或构筑最佳的联系方式对于提高价值创造和战略能力是十分重要的。“缘梦公司在第二阶段通过明确价值链内各种活动之间的联系，选择构筑了对于提高价值最佳的方式，将自身的经营业务聚焦于研发和营销服务两个价值创造环节上，而将企业制造环节外包出去。同时增加了一个价值创造环节，将自己的核心专利业务通过许可的方式获取专利许可使用费，提高企业的价值”。

③明确价值系统内各项价值活动之间的联系。

价值活动的联系不仅存在于企业价值链内部，而且存在于企业与企业的价值链之间。“缘梦公司在第三阶段通过明确价值系统内各项价值活动之间的联系，自身以技术研发以及核心医疗产品为核心搭建平台，以网络效应吸引生产企业、客户等多方加入”。

(2) ①缘梦公司以技术研发以及核心医疗产品为核心构建的平台战略，由其统领着这个生态系统，可以突破传统的组织边界限制，实现跨企业、跨区域、跨行业，甚至全球化的发展和合作。

②信息技术在企业生态系统建立与运作中扮演着强有力的角色。价值网络中的企业通过网络技术等构筑的信息技术平台凝聚在一起，形成整体运作的企业生态系统。信息技术能够帮助企业全面渗透到企业价值链的各主要环节，有效降低成本，提升客户价值，赢得竞争优势。

四、综合题

【答案】

1. 光美公司实行多元化经营进入微波炉产业的动因：

(1) 分散风险。“光美公司的主打产品空调、风扇等，销售旺季集中在每年的 3 – 8 月，在其余时间里资金和经销商资源的利用都明显不足，而推出微波炉产品可以弥补这一缺陷”。

(2) 当企业在原产业无法增长时找到新的增长点。“有利于优化整体运作和产品结构，找到新的增长点”。

(3) 利用未被充分利用的资源。“一是从制造技术的角度看，微波炉和光美公司已生产的电饭煲、电磁炉等产品都是使用电能转换加入系统，因此对微波炉的技术研发、生产制造和营销网络都有着极其便利的条件和经验”；“在其余时间里资金和经销商资源的利用都明显不足”。

(4) 运用盈余资金。“在余下的时间里资金的配置都明显不足”。

(5) 运用企业在某个产业或某个市场中的形象和声誉来进入另一个产业或市场。“还可以利用光美公司的其他厨具小家电市场上的品牌优势开拓市场”。

2. 从市场情况考察，兰微公司微波炉产品实施成本领先战略的条件：

(1) 产品具有较高的价格弹性，市场中存在大量的价格敏感用户。“充分利用市场对微波炉产品价格的高度敏感”。

(2) 产业中所有企业的产品都是标准化的产品，产品难以实现差异化。“通过集中生产少数品种使自己成为微波炉行业的‘霸主’”。

(3) 价格竞争是市场竞争的主要手段，消费者的转换成本较低。“以‘价格战’不断摧毁竞争对手的防线”。

兰微公司微波炉产品实施成本领先战略的资源和能力包括：
（1）在规模经济显著的产业中装配相应的生产设备来实现规模经济。“通过规模经济等多种手段降低成本”。
（2）降低各种要素成本。“通过减少各种要素成本等多种手段降低成本”。
（3）提高生产率。“通过提高生产效率等多种手段降低成本”。
（4）改进产品工艺设计。“通过不断改进产品工艺设计等手段降低成本”。
（5）选择适宜的交易组织形式。“通过承接外包等多种手段降低成本”。
（6）重点集聚。“通过集中生产少数品种等多种手段降低成本”。
兰微公司微波炉产品实施成本领先战略的风险：
市场需求从注重价格转向注重产品的品牌形象，使得企业原有的优势变为劣势。“从光美公司掌握的数据看，国内市场的高端化消费趋势已经非常明显，低端产品对消费者已不再具有吸引力”；“经过多年的努力，光美公司在2010年成功超越兰微公司成为微波炉出口冠军，在2012年，光美公司微波炉国内市场品牌价值指数全面超越兰微公司，由行业追随者升级为行业领导者，规避了微波炉行业‘价格战’的恶性循环，实现了企业业绩持续增长”。

3. 光美公司微波炉产品战略转型、实施差异化战略的市场情况条件：
（1）产品能够充分地实现差异化，且为顾客所认可。“如果能够开发并向市场推出使消费者迅速认识并接受微波炉的多种优点的产品，微波炉市场将进入另一个高速发展期”；“从光美公司掌握的数据看，国内市场的高端化消费趋势已经非常明显，低端产品对消费者已不再具有吸引力”。
（2）顾客的需求是多样化的。“微波炉具有多种优点，它不仅能够快速加热和烹调食物，而且没有油烟，还能保持食物的原汁原味与减少营养损失。在C国，虽然80%以上的家庭已经使用微波炉，但微波炉只是作为一个加热工具，它的多种优点还没被消费者充分认识”。
（3）企业所在产业技术变革较快，创新成为竞争的焦点。“如果能够开发并向市场推出使消费者迅速认识并接受微波炉的多种优点的产品，微波炉市场将进入另一个高速发展期”；“从光美公司掌握的数据看，国内市场的高端化消费趋势已经非常明显，低端产品对消费者已不再具有吸引力”。
光美公司实施差异化战略具备的资源和能力包括：
（1）具有强大的研发能力和产品设计能力。“确定公司技术发展方向以及技术发展路线”；“开展广泛技术合作”；“投入巨资改善软硬件条件”；“变革学习、考核机制”。
（2）具有很强的市场营销能力。“2006年，光美公司开展了以‘时尚蒸滋味’为主题的全年推广活动，首次在各大电视台开展广告营销活动，同时在全国主要市场开展产品的循环演示活动。2008年，光美公司主办了‘蒸夺营养冠军’的全国推广活动。2009年，光美公司推出‘全蒸宴’的全国演示推广活动。2010年，光美公司推出‘蒸出营养与健康——光美公司蒸立方’微波炉的电视形象广告片”；“配合线上的品牌广告推广以及线下的循环演示活动，2010年光美公司斥巨资在国内主要城市的核心终端，开辟了1000个‘蒸立方’蒸立方品牌专柜”；“2011年公司开发了新一代营销管理系统，该系统实现了全国主要终端的销售、库存数据动态更新，公司能及时了解市场销售变化情况”；“自2007年起，光美公司在海外前15大市场设立了区域经理，同时针对不同区域的主流客户设立了专门的产品开发团队，通过资源的聚焦，本土市场拓展以及公司技术、品牌等后台支持体系的不断强化，至2010年，光美公司生产的微波炉在9个国家成功实现对竞争对手产品的超越，在10个国家中市场占有率排名首位”。
（3）有能够确保激励员工创造性的激励体制、管理体制和良好的创造性文化。“变革学习、考核机制”。
（4）具有从总体上提高某项经营业务质量、树立产品形象、保持先进技术和建立完善分销渠道的能力。“确定公司技术发展方向以及技术发展路线”；“投入巨资改善软硬件条件”；“自2007年起，光美公司在海外前15大市场设立了区域经理，同时针对不同区域的主流客户设立了专门的产品开发团队，通过资源的聚焦，本土市场拓展以及公司技术、品牌等后台支持体系的不断强化”。
光美公司防范差异化战略风险的措施：
（1）企业形成产品差别化的成本过高。“为了避免差异化成本过高，光美公司通过加大部件自制、精益运营、加强价值链信息共享和协同降低成本等手段来创新成本管控，解决成本与结构材料间的矛盾，应对资源要素价格的持续上升，保证成本优势”。
（2）市场需求发生变化。“公司不断加大对各类人员培训的投入，同时转变培训方式。公司要求中高层管理者每年必须走访市场不少于4次，倾听市场和客户的声音”；“2009年之后公司不断完善基于以市场、客户为导向的矩阵式管理模式，各产品、客户经理对经营结果负责，并拥有相应的产品企划和定价、供应商选择、人员选择等关键决策权力；其他管理人员在各自职责体系中对产品、客户经理经营提供后台支持”。
(3) 竞争对手的模仿和进攻使已建立的差异缩小甚至转向。“2009年公司制定了三年技术路线图，其中不仅规划出公司主要技术发展方向，而且第一次将产品实现技术（关键制造技术）纳入到技术规划中，形成基础研究、核心技术研究、产品开发的阶梯创新模式，实现了技术与市场的有效对接”；“2008年光美公司引进变频器开发的鼻祖——日本D公司的变频技术以及高温蒸汽技术和生产工艺。经过一年多的消化吸收，公司于2010年在国内市场推出变频蒸立方高端新品，树立了光美公司在微波炉蒸功能上的绝对技术领先地位。因此，公司广泛开展与国内外科研院校、零部件供应商在研发项目上的合作，公司还与其他单位建立联合实验室开展长期的合作研究”。

4. 行为性障碍是指现有企业对进入者实施报复手段所形成的进入障碍，其报复手段主要有限制进入定价和进入对方领域两类。
(1) 限制进入定价。“对于光美公司的挑战，兰微公司予以回击，再次举起了‘价格战’的大旗”。
(2) 进入对方领域。“宣布大举进军光美公司已拥有的优势产业，如空调、冰箱、风扇、电暖气等产业”。

5. 光美公司战略变革的主要任务：
(1) 调整企业理念。“2006年，在一次光美公司每年例行的经营策略高层研讨会上，与会人员对微波炉行业的发展趋势和公司应对策略形成了统一的判断和认识”。
(2) 企业战略重新进行定位。“与会人员一致认为，光美公司应当从以跟随为主的‘低成本’战略向‘差异化’战略转变；公司竞争的焦点应当从关注竞争对手向关注消费者、关注客户需求转变”。
(3) 根据企业战略重新设计企业的组织结构。“自2007年起，光美公司在海外前15大市场设立了区域经理，同时针对不同区域的主流客户设立了专门的产品开发团队”；“2009年之后公司不断完善以市场、客户为导向的矩阵式管理模式，各产品、客户经理对经营结果负责，并拥有相应的产品企划和定价、供应商选择、人员选择等关键决策权力；其他管理人员在各自职责体系中对产品、客户经理经营提供后台支持”。

6. 光美公司战略转型中研发的类型：产品研究——新产品开发。
研发的动力来源：既是“需求拉动”的，也是“技术推动”的。
光美公司战略转型中研发的定位：
(1) 成为向市场推出新技术产品的企业。“光美公司于2006年在国内率先推出具备蒸功能的产品，这是第一款针对国内市场消费者使用习惯开发的本土化创新产品，实现了C国传统烹饪习惯与微波炉功能优点的有效结合”；“2009年，公司第三代产品‘蒸立方’面世，该款产品创造了三项纪录：首创新的蒸技术，即不借助其他器具，由蒸汽将食物蒸熟；首创炉腔内蒸汽温度达300℃，使食物脱脂减盐，更有效地保留营养；首创自动供水、排水系统，使用更加便捷，也更省电”；“2010年，光美公司发布第五代蒸功能系列新品，新产品顺应节能、绿色、环保的时代潮流，率先将历时4年开发的变频技术应用于微波炉上，产品更节能”。
(2) 成为成功产品的创新模仿者。“针对兰微公司的行为和兰微公司价格血洗形成的行业规模壁垒，光美公司的微波炉业务确立了‘低成本、规模化’的跟随发展策略，利用光美公司强大的品牌优势、销售网络和资源实力，以‘低价渗透’的方式与兰微公司展开正面竞争”。
(3) 成为成功产品的低成本制造者。“2008年光美公司引进变频器开发的鼻祖——日本D公司的变频技术以及高温蒸汽技术和生产工艺。经过一年多的消化吸收，公司于2010年在国内市场推出变频蒸立方高端新品，树立了光美公司在微波炉蒸功能上的绝对技术领先地位”；“公司广泛开展与国内外科研院校、零部件供应商在研发项目上的合作，公司还与其他单位建立联合实验室开展长期的合作研究”。

7. 光美公司运用市场营销来实现战略转型：市场营销组合可以概括为四个基本变量，即产品、促销、地点（分销）、价格。
(1) 产品策略：
①产品组合策略：“光美公司以‘蒸功能’为主题的产品功能不断升级，针对不同消费群体的产品线不断扩充，蒸功能逐步普及，公司和产品的品牌形象日益鲜明”；“2008年，光美公司发布了5个系列14款蒸功能微波炉。该产品在智能化、时尚设计方面对第二代产品进行了升级，并针对不同细分市场推出系列制品”；“光美公司宣布，退出300元以下微波炉市场，主流变频蒸立方产品价格集中在3 000～5 000元，最高端变频高温产品的零售价格高达10 000元”。
②品牌和商标策略：“2012年光美公司发布可半导体、太阳能和云技术微波炉三大创新产品，而且宣布把蒸立方作为独立的高端品牌”。

③产品开发策略："光美公司于2006年在国内率先推出具备蒸功能的产品"；"2007年，推出了第二代具备蒸功能的产品——'全能蒸'微波炉"；"2008年，光美公司发布了5个系列14款蒸功能微波炉"；"2009年，公司第三代产品'蒸立方'面世，该款产品创造了三项纪录"；"2010年，光美公司发布第五代蒸功能系列新品"。

（2）促销策略："2006年，光美公司开展了以'时尚蒸滋味'为主题的全年推广活动，首次在各大电视台开展广告营销活动，同时在全国主要市场开展产品的循环演示活动。2008年，光美公司主办了'蒸夺营养冠军'的全国推广活动。2009年，光美公司推出'全蒸宴'的全国演示推广活动。2010年，光美公司推出'蒸出营养与健康——光美公司蒸立方'微波炉的电视形象广告片"。

（3）分销策略："2010年光美公司斥巨资在国内主要城市的核心终端，开辟了1 000个'蒸立方'品牌专柜"；"2011年公司开发了新一代营销管理系统，该系统实现了全国主要终端的销售、库存数据动态更新，公司能及时了解市场销售变化情况"。

（4）价格策略："光美公司宣布，退出300元以下微波炉市场，主流变频蒸立方产品价格集中在3 000～5 000元，最高端变频高温产品的零售价格高达10 000元"；"从2012年开始，超市系统将停止销售300元以下产品，连锁销售系统将停止销售599元以下产品"。

2015年注册会计师全国统一考试
《公司战略与风险管理》历年真题参考答案及解析

1. 【答案】A

【解析】如果全球化压力大，而企业优势资源可以转移到其他市场，企业有可能与发达国家跨国公司在全球范围内展开正面竞争，我们称这种情况下的本土企业为"抗衡者"，其战略定位是通过全球竞争发动进攻。

2. 【答案】D

【解析】鲍莫尔用"销售最大化"模型表达了他对经理人员强调销售额的重要性的理解。作为企业的实际代表，经理总是期望企业获得最大化销售收益，但企业赚取的利润并不一定能满足股东对红利的需求，也不一定能达到资本市场的需求；另一方面利润最大化的产出点则往往要求企业的经营活动低于其全部生产能力。事实上，往往企业并不会去追求这两种产出量中的任何一种，各方利益均衡的结果是企业可能在这两种产出量中选择一个中间点，这个产出量反映了代表经理人员利益的销售额最大化与代表股东利益的利润最大化的均衡结果。所以，选项D正确。

3. 【答案】D

【解析】现有企业对关键资源的控制一般表现为资金、专利或专有技术、原材料供应、分销渠道、学习曲线等资源及资源使用方法的积累与控制。如果现有企业控制了生产经营所必需的某种资源，那么它就会受到保护而不被进入者所侵犯。题干中强调达美公司拥有了10多个仓储物流中心，还控制了多个中药材交易市场，属于对关键资源的控制，所以选择选项D。

4. 【答案】B

【解析】应急资本是一个金融合约，规定在某一时间段内、某个特定事件发生的情况下公司有权从应急资本提供方处募集股本或贷款（或资产负债表上的其他实收资本项目），并为此按时间向资本提供方缴纳权力费，这里特定事件称为触发事件。

5. 【答案】C

【解析】相对于股权式战略联盟而言，契约式战略联盟由于更强调相关企业的协调与默契，从而更具有战略联盟的本质特征，所以选项A、B错误。股权式战略联盟初始投入较大，转置成本较高，投资难度大，灵活性差；而契约式战略联盟不存在这类问题，具有较好的灵活性，所以选项C正确，选项D错误。

6. 【答案】A

【解析】某轮胎制造商为汽车制造商和农用拖拉机制造商分别生产两种安全标准不同的轮胎，属于产业市场的细分。产业市场的细分变量，有一些与消费者市场细分变量相同，如追求利益、使用者情况、使用程度、对品牌的信赖程度、购买准备阶段、使用者对产品的态度等。此外，细分产业市场的常用变量还有最终用户、顾客规模及其他变量等。该轮胎制造商进行市场细分的依据是最终用户。

7. 【答案】C

【解析】企业国际化过程的非连续模式理论认为，企业国际化过程是不连续的，即企业国际化完全不必遵循传统的企业国际化顺序，而采取灵活的、甚至是跳跃式的发展，以达到快速国际化的目的，从而提出了一条与传统理论所提出的连续国际化模式完全不同的企业国际化经营的途径。因此，甲公司国际化经营的战略途径是非连续模式。（该内容在 2018 年教材中已经删除，不需要继续深究。）

8. 【答案】B

【解析】固定股利政策为投资者提供可预测的现金流量，减少管理层将资金转移到盈利能力差的活动的机会，并为成熟的企业提供稳定的现金流，但是盈余下降时也可能导致股利发放遇到一些困难。

9. 【答案】D

【解析】企业同时具有所有权优势、内部化优势与区位优势，应选择对外直接投资。所以，选项 D 正确。

10. 【答案】C

【解析】和解是不坚定行为与合作行为的组合。一方利益相关者面对利益矛盾与冲突时，设法满足对方的要求，目的在于保持或改进现存的关系。和解模式通常表现为默认和让步。对于该公司管理层来说，是和解。所以，选项 C 正确。

11. 【答案】D

【解析】公司目的是企业组织的根本性质和存在理由的直接体现。组织按其存在理由可以分为两大类：营利组织和非营利组织。以营利为目的而成立的组织，其首要目的是为其所有者带来经济价值。

12. 【答案】B

【解析】总体战略是根据企业的目标，选择企业可以竞争的经营领域，合理配置企业经营所必需的资源，使各项经营业务相互支持、相互协调，所以，选项 B 正确。选项 A 属于竞争战略的战略核心要素；选项 C、D 属于职能战略的核心要素。

13. 【答案】D

【解析】导入期的经营风险非常高；成长期的经营风险有所下降，但是经营风险仍然维持在较高水平；成熟期的经营风险进一步降低，达到中等水平；进入衰退期后，经营风险会进一步降低。所以综上所述，选择选项 D。

14. 【答案】C

【解析】企业对有些资源形成的原因并不能给出清晰地解释。例如，企业的文化常常是一种具有因果含糊性的资源，难以被竞争对手模仿。所以，选项 C 正确。

15. 【答案】D

【解析】选项 A、B、C 属于新兴产业共同的结构特征。选项 D 属于造成产业零散的原因。

16. 【答案】A

【解析】由于蓝海的开创是基于价值的创新而不是技术的突破，是基于对现有市场现实的重新排序和构建，而不是对未来市场的猜想和预测，所以企业就能够以系统的、可复制的方式去寻求它。"蓝海"既可以出现在现有产业疆域之外，也可以萌生在产业现有的"红海"之中。

17. 【答案】B

【解析】需求分析报告是企业 ERP 软件实施选型的主要依据。（本题涉及的知识点教材已经进行了删除，考生不必继续深究，了解即可。）

18. 【答案】C

【解析】由遮阳用品发展为遮阳用品和雨具，采用的是资产组合，所以说属于风险对冲，选项 C 正确。

19. 【答案】B

【解析】敏感性分析是针对潜在的风险性，研究项目的各种不确定因素变化至一定幅度时，计算其主要经济指标变化率及敏感程度的一种方法。敏感性分析是在确定性分析的基础上，进一步分析不确定性因素对项目最终效果指标的影响及影响程度。敏感性因素一般可选择主要参数（如销售收入、经营成本、生产能力、初始投资、寿命期、建设期、达产期等）进行分析。所以，选项 B 正确。

20. 【答案】B

【解析】传统风险管理主要由财务会计和内部审计等部门负责，所以选择选项 B。

21. 【答案】A

【解析】此知识点在教材中已删除，所以简单了解一下，不必深究。

22. 【答案】A

【解析】企业应当建立重大风险预警机制和突发事件应急处理机制，明确风险预警标准，对可能发生的重大风险或突发事件，制定应急预案、明确责任人员、规范处置程序，确保突发事件得到及时妥善处理，属于我国《企业内部控制基本规范》关于控制活动要素的要求中的第 10 条。所以，选项 A 正确。

23. 【答案】B

【解析】公司治理直接参与者有执行管理层、董事会和审计委员会，所以选项 B 正确。外部审计师、内部审计师和债权人属于公司治理的促进者。

24. 【答案】B

【解析】企业董事会审核全面预算草案，选项 A 错误；预算管理工作机构一般设在财会部门，选项 B 正确；企业应当设立预算管理委员会履行全面预算管理职责，其成员由企业负责人及内部相关部门负责人组成，选项 C 错误；由于市场环境、国家政策或不可抗力等客观因素，导致预算执行发生重大差异确需调整预算的，应当履行严格的审批程序，选项 D 错误。

二、多项选择题

1. 【答案】BC

【解析】2013 年，X 国对我国出口的摩托车大幅度提高了关税，表明甲公司向 X 国出口摩托车面临政治风险。税收风险指由于税收政策变化使企业税后利润发生变化产生的风险。税收风险属于市场风险。

2. 【答案】BD

【解析】风险理财需要判断风险的定价，因此量化的标准较高，不仅需要风险事件的可能性和损失的分布，更需要量化风险本身的价值，选项 A 错误；风险理财注重风险因素对现金流的影响，选项 B 正确；运用风险理财工具的主要目的是为了价值创造，而不是降低风险，选项 C 错误；风险理财既可以针对不可控风险也可针对可控风险，选项 D 正确。

3. 【答案】AC

【解析】常用的风险度量包括：最大可能损失、概率值、期望值、波动性、方差或均方差、在险值。在险值法和期望值法是在已知概率的条件下计算出来的，而最大可能损失是无法判断发生概率或无须判断概率的时候，使用最大可能损失作为风险的度量，所以选项 A、C 正确，选项 D 错误。选项 B 属于干扰项，所以选项 B 不选。

4. 【答案】BD

【解析】决策支持系统的基本特征：（1）DSS 主要用来解决半结构化和非结构化的决策问题，分析能力强；（2）DSS 主要面向决策者，特别是中高层的管理人员；（3）DSS 用于提供决策支持，而不能代替决策者决策，人仍然是决策的主体；（4）DSS 易于非计算机专业人员（管理者）以交互会话的方式方便地使用；（5）DSS 引入了模型和分析技术，把模型或分析技术与传统的数据存取技术及检索技术结合起来；（6）DSS 强调对环境及决策问题变化的适应性和快速响应能力。（该内容教材已经删除，不需要继续深究，了解即可。）

5. 【答案】BCD

【解析】选项 A，审计委员会应承担就任命、重新任命或解聘、外聘审计师向董事会提出建议的主要责任，监督新审计师的选择过程，批准外聘审计师的业务条款及审计服务的报酬，应该是由董事会批准的。选项 B，审计委员会应每年至少与外聘及内部审计师会面一次，讨论与审计相关的事宜，但无须管理层出席。选项 C，审计委员会应制定一项政策，明确外聘审计师不得提供的服务类型，并且说明外聘审计师能够提供的无须请示审计委员会的服务类型。选项 D，审计委员会应监察有多少外聘会计师事务所原雇员现在在本企业担任高级职务。所以，选择选项 BCD。

6. 【答案】BC

【解析】本题中“率先推出”体现了差异化战略；“用户到与甲公司合作的商家消费时，有一定的优惠。甲公司也可从合作商家得到佣金”体现了集中化战略。

7. 【答案】BD

【解析】选项 B：对于重大缺陷和重要缺陷的整改方案，应向董事会（审计委员会）、监事会或经理层报告并审定。如果出现不适合向经理层报告的情形，例如，存在与管理层舞弊相关的内部控制缺陷，内部控制评价组应当直接向董事会（审计委员会）、监事会报告。选项 D：重要缺陷并不影响企业内部控制的整体有效性，但是应当引起董事会和管理层的重视。对于一般缺陷，可以与企业管理层报告，并视情况考虑是否需要向董事会（审计委员会）、监事会报告。

8. 【答案】BC

【解析】高经营风险与低财务风险的搭配以及低经营风险与高财务风险的搭配，具有中等程度的总风险，该种搭配是一种可以同时符合股东和债权人期望的现实搭配。

9. 【答案】AD

【解析】本题考核的是 SWOT 分析的内容。内部环境中：S 代表优势，W 代表劣势。外部环境中：O 代表机会，T 代表威胁。SWOT 分析的战略一定是内部环境和外部环境的组合，所以不可能出现 SW 组合和 OT 组合，而选项 C 表述的是内部环境（拥有雄厚的资金实力和品牌优势属于优势，自身研发能力不足属于劣势），而不涉及外部环境，所以选项 C 一定是错误。选项 B："研发能力不足"属于内部环境中的劣势，而"国家政策支持"属于外部环境中的机会，所以是 WO 组合，选项 B 错误。

10. 【答案】ABCD

【解析】大宗采购应当采用招标方式，一般物资或劳务等的采购可以采用询价或定向采购的方式，小额零星物资或劳务等的采购可以采用直接购买等方式，所以选项 A、C 正确。企业应当指定专人通过函证等方式，定期与供应商核对应付账款、应付票据、预付账款等往来款项，所以选项 B 正确。重要和技术性较强的采购业务，应当组织相关专家进行论证，实行集体决策和审批，所以选项 D 正确。

11. 【答案】ABD

【解析】鲍曼提出的"战略钟"指出，有效竞争战略分为 3 大类 5 种：成本领先战略包括低价低值战略（集中成本领先战略）和低价战略（成本领先战略）；差异化战略包括高值战略（差异化战略）和高值高价战略（集中差异化战略）；混合战略（成本领先和差异化战略）。

12. 【答案】BD

【解析】后向一体化战略的主要适用条件包括：(1) 企业现有的供应商成本较高、可靠性较差而难以满足企业对原材料、零件等的需求；(2) 供应商数量较少而需求方竞争者众多；(3) 企业所在产业的增长潜力较大；(4) 企业具备后向一体化所需的资金、人力资源等；(5) 供应环节的利润率较高；(6) 企业产品价格的稳定对企业而言十分关键，后向一体化有利于控制原材料成本，从而确保产品价格的稳定。选项 A、C 为前向一体化战略的适用条件。

13. 【答案】ACD

【解析】大众火锅店实行的是分权型决策机制。分权型决策的优点：减少了信息沟通的障碍，提高了企业对市场的反应能力，能够为决策提供更多的信息并对员工产生激励效应；在管理中，通过分权制减少管理层次，降低企业内部的管理成本。选项 B 属于集权型决策的优点。

14. 【答案】ACD

【解析】企业支持活动中的基础设施是指企业组织结构、惯例、控制系统以及文化等活动。企业高层管理人员往往在这些方面发挥重要作用，因此高层管理人员也往往被视作基础设施的一部分。企业的基础设施与其他支持活动有所不同，企业的基础设施包括企业的总体管理、计划、财务、法律支援、质量管理等，还包括企业与政府以及公众的公共关系。公司的厂房属于固定资产而不是一种活动，所以选项 B 错误。

三、简答题

1. 【答案】

(1) 太乐公司在 C 国厨具小家电市场采用成本领先战略的优势：

①形成进入障碍。"太乐公司多次主动大幅度降低产品价格……又令新进入者望而却步"。

②增强讨价还价能力。"而对于一些成本高，自身还不具备生产能力的上游资源，公司由于在其他各环节上成本低于竞争对手，也能够消化这些高成本投入的价格"。

③保持领先的竞争地位。"在市场上既淘汰了高成本和劣质企业"；"迅速提高市场占有率，在国内外享有较高的知名度"。

(2) 太乐公司在 C 国厨具小家电市场实施成本领先的条件：

市场情况：

①产品具有较高的价格弹性，市场中存在大量价格敏感用户，"消费者大都对价格比较敏感"。

②产业中所有企业的产品都是标准化的产品，产品难以实现差异化，"在厨具小家电市场，企业的产品都是标准化的产品"。

③价格竞争是市场竞争的主要手段，"价格竞争仍然是市场竞争的主要手段"。

资源和能力：

①在规模经济显著的产业中装备相应的生产设施来实现规模经济，"利用与发达国家企业 OEM 合作方式获得的设备，进行大批量生产，从而获得规模经济优势"。

②降低各种要素成本，"由于国内劳动力成本低，公司产品成本中的人工成本大大低于国内制造业的平

均水平”“对于一些成本高且太乐公司自身有生产能力的上游公司资源，公司通过多种形式自行配套生产，可以大幅度降低成本”。

③提高生产率，“太乐公司实行24小时轮班制，设备的利用率很高，因而其劳动生产率与国外同类企业基本持平”。

④提高生产能力利用程度，“太乐公司实行24小时轮班制，设备的利用率很高”。

⑤选择适宜的交易组织形式，“对于一些成本高且太乐公司自身有生产能力的上游资源，如集成电路等，公司通过多种形式自行配套生产，可以大幅度降低成本”。

⑥重点集聚，“太乐公司集中全部资源，重点发展厨具小家电产品”。

2. **【答案】**

(1) 按并购双方所处的产业分类，亚威集团收购N矿业公司属于纵向并购，“从贸易型企业向资源型企业转型”；亚威有色公司对Z公司的收购属于横向并购，“亚威有色公司是亚威集团下属子公司，主营业务为生产经营铜、铅、锌、锡等金属产品；Z公司是澳洲一家矿产公司，其控制的铜、锌、银、铅、金资源储量非常可观”。

按被并购方的态度分类，亚威集团收购N矿业公司为友善并购，“购并双方进行了多个回合沟通和交流”；亚威有色公司对Z公司的收购也属于友善并购，“经过双方充分协商”。

按并购方的身份分类，亚威集团收购N矿业公司为产业资本并购；亚威有色公司对Z公司的收购也属于产业资本并购。

按收购资金来源分类，亚威集团收购N矿业公司属于杠杆收购，“亚威集团收购资金中有40亿美元由C国国有银行贷款提供（总共60亿美元的收购）；亚威有色公司对Z公司的收购属于非杠杆收购，“亚威有色公司以70%的自有资金，成功完成对Z公司的收购”。

(2) 亚威集团收购N矿业公司失败的主要原因：

①并购后不能很好地进行企业整合。“亚威集团在谈判过程中一直没有与工会接触，只与N矿业公司管理层谈判，这可能导致收购方案在管理与企业文化整合方面存在不足”。

②跨国并购面临政治风险。“N矿业公司所在国政府否决了该收购方案……，其收购资金中有40亿美元由C国国有银行贷款提供，质疑此项收购有C国政府支持”。

(3) 发展中国家企业对外投资的主要动机有：①寻求市场；②寻求效率；③寻求资源；④寻求现成资产。亚威集团公司和亚威有色公司跨国收购的主要动机都是寻求资源，“将亚威从贸易型企业向资源型企业转型”；“为获取Z公司低价格的有色金属资源奠定了重要的基础”。

3. **【答案】**

(1) 根据《企业内部控制应用指引第9号——销售业务》，东方公司赊销业务需防范的主要风险是：客户信用管理不到位，结算方式选择不当，账款回收不力等，可能导致销售款项不能收回或遭受欺诈。由于东方公司产品供大于求，制订赊销政策是为了掌握销售主动权，吸引客户，防范“因销售政策和策略不当、市场预测不准确或销售渠道管理不当等可能导致的销售不畅、库存积压，经营难以为继”的风险。

(2) 根据《企业内部控制应用指引第9号——销售业务》“内部控制要求与规范”，东方公司销售程序规定中存在以下内部控制弱点：

①由于赊销额度经公司批准后，不得变更，造成公司未根据市场变化及时调整信用销售的策略，存在内部控制弱点。公司应当加强市场调查，合理确定信用方式，并根据市场变化及时调整信用销售的策略。

②销售部负责客户信用档案的管理，对于重要客户的资信材料，一般情况下不得变更，这一规定存在内部控制弱点。公司应当健全客户的信用档案，关注重要客户资信变动情况，采取有效措施，防范信用风险。

③公司对所有客户都建立了严格的信用保证制度，不能灵活运用信用销售等策略促进销售目标实现，存在内部控制弱点。企业应当对客户进行分类，对于境外客户和新开发的客户，应当建立严格的信用保证制度。

④重大的销售业务仅由销售部门参与，存在内部控制弱点。重大的销售业务谈判应当吸收财会、法律等专业人员参加，并形成完整的书面记录，审批人员应当对销售合同草案进行严格审核。

⑤公司规定由财务部门负责催收应收账款，存在内部控制弱点。应由销售部门负责应收账款的催收，财务部门负责办理资金结算并监督款项的回收。

4. **【答案】**

(1) 运用“功能性”“外观时尚性”2个战略特征，各分为“高”“中”“低”3个档次，将案例中所提及的C国卫浴产品企业进行战略群组划分，可分为3个战略群组：
①功能性高、外观时尚性高的群组，包括T公司、K公司；
②功能性中等、外观时尚性中等的群组，包括英鸟、达成、维亚、恩典、雄高等企业；
③功能性低、外观时尚性低的群组，包括一批以各大产区的杂牌为代表的企业。
（2）T公司、K公司竞争战略定位在差异化。“设计研发水平高，在品牌塑造上投入较大，具有很强的品牌影响力，其提供的产品和服务的特征是追求高端的顾客体验，满足了顾客对于功能性与外观时尚度完美结合的要求，在行业中处于标杆地位”。
英鸟、达成、维亚、恩典、雄高5大品牌企业竞争战略定位在成本领先。“其外观和功能都达到一定水准。这些产品的生产企业注重节约设计和研发成本，通过价格战和广告攻势，不断扩大市场份额，实现了规模经济效益”。
一批以各大产区的杂牌为代表的企业竞争战略定位在集中成本领先战略。“其功能和外观较为低端、简陋。但由于产品简单，生产线投资成本小，产品价格低廉，适合不发达地区的一部分用户的需求”。
（3）战略群组分析有助于企业了解相对于其他企业本企业的战略地位以及公司战略变化可能引起的对竞争的影响：
①有助于很好地了解战略群组间的竞争状况，主动地发现近处和远处的竞争者。
②有助于了解各战略群组之间的“移动障碍”。
③有助于了解战略群组内企业竞争的主要着眼点。
④利用战略群组图还可以预测市场变化或发现战略机会。
“由于T公司、K公司等国际品牌的产品研发和成本很高，固定资产投入大，退出壁垒高，追赶这些企业难度较大”是基于对战略群组间的竞争状况、各战略群组之间的移动障碍、战略群组内企业竞争的主要着眼点的了解，专家建议“国内这些老品牌企业可以从增强售后服务功能寻找出路，因为目前C国国内各类卫浴产品品牌都未对安装、更换、维修等售后服务投入应有的精力，消费者对这类服务的需求很高”，则是预测市场变化或发现战略机会的体现，建议C国老品牌企业向功能高、外观时尚性中等的群组移动，这是一片蓝海。

四、综合题

【答案】

1. 发展战略一般可以采用三种途径，即外部发展（并购），内部发展（新建）和战略联盟。思达公司进入空调业等家电业采用内部发展（新建）途径，“生产当时国内市场一片空白的家用空调和大型柜式空调”“陆续上马了电冰箱、洗衣机、电视机、电脑等产品项目”；进入摩托车行业采用内部发展（新建）途径，“投资1.5亿元兴建了年产100万辆摩托车生产线，投资2.5亿元兴建年产100万台摩托车发动机的生产线”；
   进入中型卡车行业采用外部发展（并购）途径，“收购C国国内一家汽车厂”；
   进入新能源行业采用内部发展（新建）途径，“对高能动力镍氢电池项目进行了立项”；
   进入房地产行业采用内部发展（新建）途径，“成立思达房地产开发有限公司”。
2. 思达公司主业是空调器，进入电冰箱、洗衣机、电视机、电脑等产品是相关多元化；进入摩托车、中型卡车、房地产、高能动力镍氢电池产品是非相关多元化。
   思达公司实施多元化战略的动机包括：
   （1）分散风险。“思达公司领导层不再看好家电行业，认为家电行业已经面临行业生命周期的衰退期”。
   （2）当企业在原产业无法增长时找到新的增长点。“公司必须开拓新的领城，开辟新的经济增长点”。
   （3）利用未被充分利用的资源。“为了最大限度地利用市场机会和公司在家电行业的优势地位”。
   （4）运用盈余资金。“思达公司积累了大量的资金，急需找到新的投资渠道”。
   （5）运用企业在某个产业或某个市场中的形象和声誉来进入另一个产业或市场。“希望利用公司的品牌优势为企业获取更多的利润”。
   思达公司实施多元化战略面临的风险：
   （1）来自原有经营产业的风险。多元化经营往往意味着原有经营的产业要受到削弱，“由于领导层未充分利用企业资源对空调业务进行扩大投资，公司空调逐渐失去了市场优势，其市场份额逐年下降，已沦为C国内空调器三类品牌”。
   （2）市场整体风险。市场经济中的广泛相互关联性决定了多元化经营的各产业仍面临共同风险，“公司空调逐渐丧失优势”“洗衣机业务的经营状况未得到根本扭转”“将电冰箱业务全数出售给另一家公司，从电冰箱业务中抽身”“不得不您将摩托车业务低价转让给其他公司”“中型卡车业务的发展受到竞争对手的强大的制约”“房地产业务亏损近千万元”。

（3）产业进入风险。企业在进入新产业之后还必须不断地注入后续资源，竞争对手的策略也是一个未知数，“中型卡车的载重量都在15吨以下，与市场需求脱节较大，且关键零部件都需外购，尤其是动力配置须向竞争对手采购，企业的发展受到竞争对手的制约”；“作为一个没有房地产开发经验的行业新手……从众多经验丰富、实力雄厚、拥有良好品牌的房地产企业中夺取市场份额无疑是难度很大”。

（4）内部经营整合风险。新投资的业务会通过财务流、物流、决策流、人事流给企业以及企业的既有产业经营带来全面的影响，“由于思达公司的领导层未充分利用企业资源对空调业务进行扩大投资”“缺乏高素质的管理人员”“将大量人力、财力、物力转向与主业完全不相关的领域，对其主业发展带来了极大的负面影响”。

3. 思达公司现存的家电业务在波士顿矩阵中属于高增长——低竞争地位的“问题”业务，“在C国空调等家电产品的市场需求巨大，发展前景广阔”；“公司空调逐渐丧失了市场优势”“洗衣机业务的经营状况未得到根本扭转”。企业对于“问题”业务的进一步投资需要进行分析，判断使其转移到“明星”业务所需要的投资量，分析其未来盈利，研究是否值得投资等问题。

思达公司现存的新能源业务在波士顿矩阵中属于高增长——强竞争地位的“明星”业务，“行业发展前景广阔”“思达公司是C国仅有的掌握镍氢电池自主专利技术的厂家，技术优势明显”。为了保护和巩固“明星”业务在增长的市场上占主导地位，企业应在短期内优先供给其所需的资源，支持其继续发展。

思达公司现存的房地产业务在波士顿矩形中属于低增长——弱竞争地位的“瘦狗”业务，“房地产业已进入了一个‘寒冬期’”、行业新手、房地产业务亏损近百万元。对这类产品应采用撤退战略。

4. 依据《企业内部控制应用指引第2号——发展战略》中“内部控制要求与措施”、发展战略制定的要求，思达公司在发展战略制定中存在的问题主要表现为：

（1）企业应当在充分调查研究、科学分析预测和广泛征求意见的基础上制定发展目标。“在C国，空调等家电产品的市场需求巨大，行业发展前景依然十分广阔。在这样的背景下，思达公司将大量人力、财力、物力转向与主业完全不相关的领域，对其主业发展带来了极大的负面影响，原有的核心能力基本丧失殆尽”；

（2）企业应当在董事会下设立战略委员会，或指定相关机构负责发展战略管理工作，履行相应职责；董事会应当严格审议战略委员会提交的发展战略方案，重点关注全局性、长期性和可行性。“思达公司现任领导人力排众议，坚持成立思达房地产开发有限公司”。

5. 依据《中央企业全面风险管理指引》，思达公司发展进程中所表现出的主要运营风险为：

（1）企业产品结构、新产品研发方面可能引发的风险。“思达公司将大量人力、物力、财力转向与主业完全不相关的领域，对其主业发展带来了极大的负面影响，原有的核心能力基本丧失殆尽”。

（2）企业新市场开发，市场营销策略（包括产品或服务定价与销售渠道，市场营销环境状况等）方面可能引发的风险。“主要的大中城市都于1997年前后相继实行了‘禁摩令’，封闭了思达摩托车的消费市场”“作为一个没有房地产开发经验的行业新手，要想在宏观政策收紧的情况下，从众多经验丰富、实力雄厚、拥有良好品牌的房地产行业中夺取市场份额无疑难度极大。”

（3）企业组织效能、管理现状、企业文化，高、中层管理人员和重要业务流程中专业人员的知识结构、专业经验等方面可能引发的风险。“在汽车制造方面缺乏高素质的管理人员”。

（4）企业现有业务流程和信息系统操作运行情况的监管、运行评价及持续改进能力方面引发的风险。“对相关业务流程的监管及持续改进能力不足，同时没有对汽车市场需求与行业发展状况进行深入的调研和分析”。

2014年注册会计师全国统一考试
《公司战略与风险管理》历年真题参考答案及解析

1. **【答案】** A

【解析】 投资资本回报率7%小于加权平均资本成本7.5%，属于减损型；销售增长率为10%大于可持续增长率为7%，属于现金短缺。所以选项A正确。

2. **【答案】** C

【解析】 风险管理委员会对董事会负责，主要履行以下职责：（1）提交全面风险管理年度报告；（2）审议风险管理策略和重大风险管理解决方案；（3）审议重大决策、重大风险、重大事件和重要业务流程的判断标准或判断机制，以及重大决策的风险评估报告；（4）审议内部审计部门提交的风险管理监督评价审计综合报告；（5）审议风险管理组织机构设置及其职责方案；（6）办理董事会授权的有关全面风险管理的其他事项。选项 A 属于风险管理职能部门的职责，选项 B 和 D 是企业董事会的职责。

3. 【答案】B

【解析】选项 A 和 C 属于运营风险；选项 D 属于市场风险。

4. 【答案】A

【解析】波士顿矩阵的纵轴表示市场增长率，是指企业所在产业某项业务前后两年市场销售额增长的百分比，所以选项 A 错误。波士顿矩阵，横轴表示企业在产业中的相对市场占有率，是指以企业某项业务的市场份额与这个市场上最大的竞争对手的市场份额之比。这一市场占有率反映企业在市场上的竞争地位，所以选项 B 正确。市场增长率，这是决定企业产品结构是否合理的外在因素，所以选项 C 正确。波士顿矩阵事实上暗含了一个假设：企业的市场份额与投资回报是成正比的，所以选项 D 正确。

5. 【答案】B

【解析】运营风险至少要考虑以下几个方面：（1）企业产品结构、新产品研发方面可能引发的风险；（2）企业新市场开发，市场营销策略（包括产品或服务定价与销售渠道，市场营销环境状况等）方面可能引发的风险；（3）企业组织效能、管理现状、企业文化，高、中层管理人员和重要业务流程中专业人员的知识结构、专业经验等方面可能引发的风险；（4）期货等衍生产品业务中发生失误带来的风险；（5）质量、安全、环保、信息安全等管理中发生失误导致的风险；（6）因企业内、外部人员的道德风险或业务控制系统失灵导致的风险；（7）给企业造成损失的自然灾害等风险；（8）企业现有业务流程和信息系统操作运行情况的监管、运行评价及持续改进能力方面引发的风险。题干“企业信息安全管理中发生的失误导致的风险”属于上述（5），所以选项 B 正确。

6. 【答案】B

【解析】惩治成本是一种被动的成本费用列支，所以选项 A 错误。损失成本是风险发生后对企业带来现实危害所付出的成本，所以选项 C 错误。纠正成本是预防成本的追加和补充，所以选项 D 错误。（本题涉及的知识点，教材已经进行了删除，建议考生不要深究）

7. 【答案】C

【解析】情景分析法，在识别和分析那些反映诸如最佳情景、最差情景及期望情景的多种情景时，可用来识别在特定环境下可能发生的事件并分析潜在的后果及每种情景的可能性。情景分析法的适用范围，通过模拟不确定性情景，对企业面临的风险进行定性和定量分析。题干中“甲房地产公司从定性和定量的角度，按照很好、较好、一般、较差 4 种不同的假设条件，预测了本公司年度将面临的各种不确定因素”属于情景分析法，所以选项 C 正确。

8. 【答案】C

【解析】如果企业决定利用外聘会计师事务所为其提供内部控制评价服务，根据《基本规范》的要求，该事务所不应同时为企业提供内部控制的审计服务，所以选项 A 错误。企业对内部控制缺陷的认定，应当以日常监督和专项监督为基础，结合年度内部控制评价，由内部控制评价部门或机构进行综合分析后提出认定意见，按照规定的权限和程序进行审核后予以最终认定，所以选项 B 错误。董事会对内部评价报告的真实性负责，所以选项 D 错误。

9. 【答案】D

【解析】分析战略风险，企业应广泛收集国内外企业战略风险失控导致企业蒙受损失的案例，并至少收集与本企业相关的以下重要信息：（1）国内外宏观经济政策以及经济运行情况、企业所在产业的状况、国家产业政策；（2）科技进步、技术创新的有关内容；（3）市场对该企业产品或服务的需求；（4）与企业战略合作伙伴的关系，未来寻求战略合作伙伴的可能性；（5）该企业主要客户、供应商及竞争对手的有关情况；（6）与主要竞争对手相比，该企业实力与差距；（7）本企业发展战略和规划、投融资计划、年度经营目标、经营战略，以及编制这些战略、规划、计划、目标的有关依据；（8）该企业对外投融资流程中曾发生或易发生错误的业务流程或环节。而企业的组织效能、管理现状是运营风险应该考虑的方面，所以选项 D 错误。

10. 【答案】D

【解析】总体战略（公司层战略），是企业最高层次的战略。它需要根据企业的目标，选择企业可以竞争的经营领域，合理配置企业经营所必需的资源，使各项经营业务相互支持、相互协调。所以选项 D 正确。

11.【答案】B

【解析】率先采用外籍老师"一对一"培训方式，是差异化战略；公司因此又获得规模经济优势，是成本领先战略；成本领先战略与差异化战略的结合，属于混合战略。

12.【答案】A

【解析】发展中国家对外投资动机中，最重要的是寻求市场型的外国直接投资，他们特别关心如何规避贸易壁垒和反倾销。甲公司作为中国的一家企业对外直接投资，主要关注Y国的市场、降低关税和避开反倾销调查，所以选项A正确。

13.【答案】D

【解析】根据我国《企业内部控制基本规范》关于信息与沟通要素的要求之第5点：企业应当建立反舞弊机制，坚持惩防并举、重在预防的原则，明确反舞弊工作的重点领域、关键环节和有关机构在反舞弊工作中的职责权限，规范舞弊案件的举报、调查、处理、报告和补救程序。

14.【答案】C

【解析】企业在编制年度财务报告前，应当进行必要的资产清查、减值测试和债权债务核实，所以选项A错误。企业应当按照国家统一的会计准则制度规定、根据登记完整、核对无误的会计账簿记录和其他有关资料编制财务报告，做到内容完整、数字真实、计算准确，不得漏报或者随意进行取舍。而预算并不是实际的真实数据，所以选项B错误。企业财务报告编制完成后，应当装订成册，加盖公章，由企业负责人、总会计师或分管会计工作的负责人、财会部门负责人签名并盖章。财务报告须经注册会计师审计的，注册会计师及其所在的事务所出具的审计报告，应当随同财务报告一并提供，所以选项D错误。

15.【答案】D

【解析】企业应当设立预算管理委员会履行全面预算管理职责，其成员由企业负责人及内部相关部门负责人组成。所以选项D错误。

16.【答案】D

【解析】该酒店集中于高端旅行者和度假者，同时提供的是特色的服务，所以是集中差异化竞争战略。

17.【答案】B

【解析】按照内部控制本质上的不同，可以把内部控制缺陷分为设计缺陷和运行缺陷。设计缺陷是指企业缺少为实现控制目标的必须控制，或现存的控制并不合理及未能满足控制目标。运行缺陷是指设计合理及有效的内部控制，但在运作上没有被正确地执行。采购部门没有按着制度规定进行公开招标属于制度没有被正确地执行，所以是运行缺陷。

18.【答案】A

【解析】战略群组分析有助于企业了解相对于其他企业本企业的战略地位以及公司战略变化可能的竞争性影响：（1）有助于很好地了解战略群组间的竞争状况，主动地发现近处和远处的竞争者，也可以很好地了解某一群体与其他群组间的不同；（2）有助于了解各战略群组之间的"移动障碍"；（3）有助于了解战略群组内企业竞争的主要着眼点；（4）利用战略群组图还可以预测市场变化或发现战略机会。

19.【答案】A

【解析】适宜性标准，考虑选择的战略是否发挥了企业的优势，克服了劣势，是否利用了机会，将威胁削弱到最低程度，是否有助于企业实现目标。所以选项A正确。

20.【答案】D

【解析】"学习曲线"（又称"经验曲线"），是指当某一产品累积生产量增加时，由于经验和专有技术的积累所带来的产品单位成本的下降。它与规模经济往往交叉地影响产品成本的下降水平。规模经济使得当经济活动处于一个比较大的规模时，能够以较低的单位成本进行生产；学习经济是由于积累经验而导致的单位成本的减少。即使是学习经济规模很小的情况下，规模经济也可能是很大的。这在诸如铝罐制造这样的简单资本密集型的生产中通常能够产生；同样的，在规模经济很小时，学习经济也可以是很大的，这存在于诸如计算机软件开发等复杂的劳动密集型产业中。

21.【答案】C

【解析】对于产品质量差异较小的行业，例如软饮料行业，商誉可以说是最重要的企业资源。

22.【答案】A

【解析】榜样权和专家权是属于企业利益相关者权力来源中个人的素质和影响的表现。榜样权与专家权不仅存在于正式组织之中，企业的非正式组织中也大量存在。

23.【答案】B

【解析】选项 A 和 D 属于企业内部资源和能力的分析，选项 C 属于外部环境和内部环境分析的结合模型。

24. 【答案】A

【解析】竞争对手对其他公司的行动迅速作出反应的能力如何？或立即发动进攻的能力如何？这将由下述因素决定：自由现金储备、留存借贷能力、厂房设备的余力、定型的但尚未推出的新产品。

二、多项选择题

1. 【答案】BC

【解析】选项 A 属于内部控制要素中的控制环境在风险管理框架下的公司治理的体现，选项 D 属于内部控制要素中的监督在风险管理框架下的公司治理的体现。（本题涉及的知识点教材已经删除，考生不要深究，了解即可）

2. 【答案】ABC

【解析】从现代市场经济的角度考虑企业风险是指那些影响企业实现其战略目标的不确定性，而不能简单的理解为风险就是负面因素。风险总是和机遇并存的。所以选项 D 错误。

3. 【答案】ACD

【解析】番茄酱价格持续上涨属于市场风险；部分农民拒绝供货，属于信用风险；某省原有的番茄企业纷纷增加生产线，导致产能过剩，体现了产业集中程度低，属于产业风险。

4. 【答案】ACD

【解析】本题考查企业风险管理的特征，由于企业风险管理具有战略性，尽管风险管理渗透到现代企业各项活动中，存在于现代企业管理者对企业的日常管理当中，但它主要运用于企业战略管理层面，站在战略层面整合和管理企业层面风险是全面风险管理的价值所在，所以选项 B 错误。选项 A 和 C 是系统性的体现，选项 D 是专业性的体现。

5. 【答案】ABD

【解析】钻石模型 4 要素是：生产要素，需求条件，相关与支持性产业，企业战略、企业结构和竞争对手的表现。选项 A、B 属于同业竞争的表现；选项 D 属于生产要素的表现。

6. 【答案】BCD

【解析】乳制品行业增长缓慢，属于威胁（T），公司市场占有率高属于优势（S），所以应该采用 ST 战略，因此选项 A 错误。

7. 【答案】ABCD

【解析】甲公司股东担心服装生产线的专用性程度高难以对外出售，体现了固定资产的专用性程度引起的退出障碍，所以选项 A 正确。甲公司关闭事业部，政府要求就职工补偿和重新安置提出方案，“政府要求”体现了政府和社会的约束，“职工补偿和重新安置”则体现了退出成本，所以选项 B 和 D 正确。关闭服装事业部的消息一传出，立即引发职工的抗议，体现了感情障碍引起的退出障碍，所以选项 C 正确。

8. 【答案】AB

【解析】甲公司和乙公司的业务相同，都是电子商务，两者具有竞争关系，所以甲公司收购乙公司属于横向一体化战略，选项 A 正确。甲公司通过收购乙公司，可以将其电子商务业务扩展到 N 国，属于市场开发战略，所以选项 B 正确。

9. 【答案】AC

【解析】该商品经销商采用的风险管理办法是期货的套期保值，而套期保值的目的是降低风险，投机的目的才是承担额外的风险以盈利，所以选项 B 错误；套期保值主要是回避价格风险，所以主要管理的是市场风险，所以选项 D 错误。

10. 【答案】BD

【解析】采购方选择采用多货源策略的优点：（1）能够取得更多的知识和专门技术；（2）一个供应商的供货中断产生的影响较低；（3）供应商之间的竞争有利于对供应商压价。所以选项 B 和选项 D 正确。选项 A 和 C 是单一货源策略的优点。

11. 【答案】CD

【解析】战略目标体系建立的目的在于为公司赢得下列结果：获取足够的市场份额，在产品质量、客户服务或产品革新等方面压倒竞争对手，使整体成本低于竞争对手的成本，提高公司在客户中的声誉，在国际市场上建立更强大的立足点，建立技术上的领导地位，获得持久的竞争优势，抓住诱人的成长机会等等。选项 A 和 B 属于财务目标体系的目的。

12. 【答案】ABCD

【解析】该题考查的是市场需求分析的内容，四个选项的表述都是正确的。

13. 【答案】BD

【解析】市场营销组合包括产品策略、促销策略、分销策略和价格策略。产品组合策略、品牌和商标策略属于产品策略。选项 A 和 C 属于促销策略。

14. 【答案】ABC

【解析】产品各阶段的持续时间随着产业的不同而非常不同，并且一个产业究竟处于生命周期的哪一个阶段通常不清楚。所以选项 D 错误。

三、简答题

1. 【答案】

(1) 根据《企业内部控制应用指引第 7 号——采购业务》，秦川公司在采购业务上存在以下内部控制弱点：

①采购部经理每季度初，以定向集中采购方式采购手机芯片的做法存在内部控制弱点。手机芯片采购属于公司重要和技术性较强的采购业务，应当组织相关专家进行论证，实行集体决策和审批。

②秦川公司缺乏采购申请制度，应当建立采购申请制度。秦川公司应依据购买物资或接受劳务的类型，确定归口管理部门，授予相应的请购权，明确相关部门或人员的职责权限及相应的请购和审批程序。

③秦川公司采购手机芯片没有合理选择采购方式。每季度手机芯片购买数量较大，应按大宗采购处理，采用招标方式来采购，合理确定招投标的范围、标准、实施程序和评标规则。

④采购的芯片到公司后的验收环节存在内部控制弱点。秦川公司的验收部门应该对手机芯片的品种、规格、数量、质量等相关内容进行验收，而且手机芯片技术性较强，采购量较大，还应进行专业测试。

(2) 根据《企业内部控制应用指引第 8 号——资产管理》，秦川公司在存货管理环节存在以下内部控制弱点：

①保管员负责登记芯片、手机成品等存货明细账存在内部控制弱点。存货的保管和记账职责未进行分离，存货的保管和记账属于不相容职务，应该由不同的人分别担任保管和记账职责。

②仓库保管员收到和领用存货环节存在内部控制弱点。仓库保管员收到存货时没有办理入库手续，而且领取原材料未进行审批控制。存货入库应该办理入库手续，同时领用原材料应该有审批制度。

③秦川公司的存货盘点存在内部控制弱点。仓库保管员有空闲时间也会对存货进行实地盘点的做法错误。公司应当建立存货定期盘点制度，至少应每年年末开展盘点清算，结果应当形成书面报告。

2. 【答案】

(1) 江康公司向原料药材业务延伸（建设 5 个原料药材现代化种植基地、收购在这一领域具有优势地位的常丽制药公司）是后向一体化战略。后向一体化战略是指获得供应商的所有权或加强对其控制权。后向一体化有利于企业有效控制关键原材料等投入的成本、质量及供应可靠性，确保企业生产经营活动稳步进行。“为了保障原料药的稳定供给与产品质量，降低产业链中的交易成本”；“以增强公司在特色原料药生产的竞争实力”。

江康公司向医药分销领域延伸是前向一体化战略，其研发向后期的毒理学试验延伸也是前向一体化战略。前向一体化战略是指获得分销商或零售商的所有权或加强对他们的控制权的战略。前向一体化战略有利于企业控制和掌握市场，增强对消费者需求变化的敏感性，提高企业产品的市场适应性和竞争力。“实现从新药研发到临床前试验一体化的业务整合，提高研发效率”。

(2) 发展战略一般可以采用 3 种途径，即外部发展（并购）、内部发展（新建）与战略联盟。

江康公司向原料药材业务延伸采用了新建与并购两种途径，“建设了 5 大原料药材现代化种植基地”是新建，“收购在这一领域具有优势地位的常丽制药公司”是并购。江康公司向医药分销领域延伸采用了并购方式，“江康公司收购了两家医药分销公司”。向研发毒理学试验延伸采用了战略联盟方式，“江康公司以合作研究开发协议的方式与通健公司进行合作”。

3. 【答案】

(1) 金宝集团战略变革的类型有：

①产品和服务变革，指企业的产出的变革，包括开发新产品或改进现有产品。“2005 年之前金宝集团着重于公用事业，主要围绕城市燃气来推动企业发展，从 2005 年开始金宝集团专注于清洁能源的开发和利用”。

②结构和体系变革，指企业运作的管理方法的变革，包括结构变化、政策变化和控制系统变化。“集团的原有3大产业调整为能源分销、能源装备、能源化工、生物化工等产业板块，总部下设的支持保障机构也做了相应的变更”。
③人员变革，指企业员工价值观、工作态度、技能和行为方式的转变，目的是确保职工努力工作，完成企业目标。“金宝集团启动科技人才梯队建设，……建立科技人才激励机制。……以引导技术人员创造性地工作”。
（2）钱德勒的组织结构服从战略理论可以从以下两个方面展开：
①战略的前导性与结构的滞后性。这是指企业战略的变化快于组织结构的变化，企业组织结构的变化常常慢于战略的变化速度。企业应努力缩短结构反应滞后的时间，使结构配合战略的实施。
②企业发展阶段与结构。企业发展到一定阶段，其规模、产品和市场都发生了变化。这时，企业应采用合适的战略，并要求组织结构做出相应的反应。本案例中“从2005年开始金宝集团专注于清洁能源的开发和利用”，体现战略前导性；“随着集团清洁能源战略目标的日益清晰，金宝集团组织结构也在不断调整”，体现结构的滞后性，也体现出当企业发展到一定阶段，企业会采用合适的战略，并要求组织结构做出相应的反应。
（3）金宝集团还可采取以下人力资源战略措施：
①精确识别出企业为实现短期、中期和长期的战略目标所需要的人才类型。
②通过培训、发展和教育来激发员工潜力。
③尽可能地提高任职早期表现出色的员工在员工总数中所占的比重。
④招聘足够的、有潜力成为出色工作者的年轻新就业者。
⑤确保采取一切可能的措施来防止竞争对手挖走企业的人才。
⑥招聘足够的、具备一定经验和成就的人才，并使其迅速适应新的企业文化。

4.【答案】
（1）价值链将企业的生产经营活动分为基本活动和支持活动两大类。
①基本活动（或主体活动）。基本活动是指生产经营的实质性活动，一般可以分为内部后勤（进货物流）、生产经营、外部后勤（出货物流）、市场销售和服务五种活动。
②支持活动（或辅助活动）。支持活动是指用以支持基本活动而且内部之间又相互支持的活动，包括采购、技术开发、人力资源管理和企业基础设施。
按照价值链活动的分类，保圣公司的10类活动可如下划分：
①内部后勤（进货物流）：活动（2）；
②生产经营：活动（3）、（4）；
③外部后勤（出货物流）：活动（5）；
④市场销售：活动（6）；
⑤服务：活动（7）；
⑥采购：活动（1）；
⑦技术开发：活动（8）；
⑧人力资源管理：活动（9）；
⑨企业基础设施：活动（10）。
（2）依据成本领先战略的实施条件中关于“实现成本领先战略的资源和能力”所包括的主要方面，保圣公司的具体做法是：
①在规模经济显著的产业中建立生产设备来实现规模经济。“建立大规模生产线实现规模经济”。
②降低各种要素成本。“生产所需要的外购配件大部分由就近的朝辉公司生产，与保圣总装厂距离非常近，减少了存储费用”“各个配件厂分布在保圣总装厂周围，……最大限度地减少库存”“总装厂……减少物流费用”“订单处理……选择最优路线以降低物流费用”“从产品研发阶段就开始实施成本企划来控制成本”。
③提高生产率。“各个配件厂分布在总装厂周围，……最大限度地减少库存”“总装厂……减少存储费用”“订单处理……选择最优路线以降低物流费用”“有的放矢地进行广告宣传”“在减少了管理层次的同时提高了效率”“定期对员工进行培训，……尽快实现学习经济”“开发畅销车型，提高资金周转率”“与发动机的供应厂家建立良好关系，保证生产进度不受影响”。
④改进产品工艺设计。“使其及时掌握公司所采用的最新技术、工艺或流程”。
⑤提高生产能力利用程度。“通过市场调查，开发畅销车型”“提高广告效率”“终端车主可以通过售后

热线反馈不同车型的质量问题，保证来维修的客户的满意度”。（保证销量，从而保证生产能力利用率）。

四、综合题

【答案】

1. 从 PEST 角度分析蓝天公司 2008 年年初创时光伏产业所面对的机会：
   （1）政治法律因素：“各国政府鼓励光伏产业发展的政策相继出台”。
   （2）经济因素：“国内外市场需求不断攀升，市场潜力巨大”。
   （3）社会和文化因素：“光伏产业已经被社会接受并获得推崇”。
   （4）技术因素：“光伏产业生产技术已被市场认可，企业生产成本与产品价格不断降低”。
   从 PEST 角度分析 2010 年后光伏产业所面临的威胁：
   （1）政治法律因素：“各国政府的相关政策也在不断调整，C 国已经缩减了对光伏行业的税收优惠政策范围”。
   （2）技术因素：“光伏产业技术日新月异”。
2. 从产业五种竞争力角度分析蓝天公司从 2008 年开始经营光伏电池板业务时所面对的机会：
   （1）供应者：“由于几年来国际市场对光伏产品需求的快速增长和光伏产品丰厚的利润，吸引了大量产业资本涌入。一些低端制造行业的企业，也都从 2009 年起投资或组建光伏项目，光伏电池板生产企业很多”。
   （2）购买者：“主要客户是欧洲太阳能发电企业。欧洲的太阳能发电产业发展迅速，对光伏电池板需求很大，且不断增长，为公司提供了广阔的发展空间”。
   （3）现有竞争者：“蓝天公司的光伏电池板是基于以往积累的客户需求做出的改良产品，研发成本较低，相对市场上的一般产品具有一定的优势。蓝天公司根据市场变化，不断对现有产品进行再创新，比同行业的竞争者获得了更高的利润和更多的客户”。
   （4）替代品：“太阳能是传统能源重要的替代品”。
   从产业五种竞争力角度分析蓝天公司 2010 年后经营光伏电池板贸易业务面临的威胁：
   （1）潜在进入者：“对于太阳能光伏电池板制造商而言，进军电池板销售业务领域障碍不大”。
   （2）供应商：“对市场的供需状况带来重大影响”。
   （3）购买者：“光伏电池板行业由卖方市场转向买方市场的市场风险”。
   （4）现有竞争者：“这些企业产销一体的优势对公司业务形成威胁”。
3. “蓝天公司基于自身的技术与外销渠道优势，与国内多家光伏电池板生产商达成协议，采用代工模式（OEM），由生产商按照蓝天公司的订单要求，为其提供符合标准的产品”，属于功能性协议类型（或契约式类型）。
   “蓝天公司与中山公司以合资企业的形式达成上马新型太阳能光伏电池接线盒生产线的协议”，属于合资企业类型（或股权参与方式）。
   “对于新研发的光伏逆变器及其生产线，蓝天公司采用了以投入自有资金为主，再吸收部分风险投资资金入股”，属于相互持股类型（或股权参与方式）。
   “蓝天公司与上天公司签订了营销合作协议”，属于功能性协议类型（或契约式类型）。
   各方的主要动因：
   （1）促进技术创新。“蓝天公司基于自身的技术与外销渠道优势，与国内多家光伏电池板生产商达成协议”；“蓝天公司研发的新型太阳能电池接线盒供不应求，急于扩大生产”；“对于新研发的光伏逆变器及其生产线，蓝天公司采用了以投入自有资金为主，再吸收部分风险投资资金入股”。
   （2）避免经营风险。“可以很好地控制资金周转，同时，不必在生产阶段投入资金，仅赚取产品购销差价，以最小的资金投入获得最大的资金收益”。
   （3）避免或减少竞争。“蓝天公司采用代工模式（OEM），由生产商按照蓝天公司的订单要求，为其提供符合标准的产品”，减少了自己生产所要承担的竞争压力。
   （4）实现资源互补。“蓝天公司基于自身的技术与外销渠道优势，……生产商按照蓝天公司的订单要求，为其提供符合标准的产品”；“蓝天公司研发的新型太阳能电池接线盒供不应求，急于扩大生产”。
   （5）开拓新的市场。“生产商按照蓝天公司的订单要求，为其提供符合标准的产品，……向欧洲市场提供光伏设备装机时所需的光伏电池板”；“与蓝天公司合作生产新型太阳能光伏电池接线盒，正是中山公司向新兴产业转型的契机”；“上天公司提出与蓝天公司共同开拓光伏产品海外市场的合作意向”；“蓝天公司从基于合资方式的太阳能光伏电池接线盒生产线，到采取控股方式的太阳能光伏逆变器生产线，再到与上天公司合作的太阳能光伏产品贸易业务，蓝天公司在光伏产业中产业链不断延伸”。

4. 企业能力主要由研发能力、生产管理能力、营销能力、财务能力和组织管理能力等组成。

(1) 研发能力。“蓝天公司的光伏电池板是基于以往积累的客户需求做出的改良产品，研发成本较低，相对市场上的一般产品具有一定的优势。蓝天公司根据市场变化，不断对现有产品进行再创新”；“蓝天公司研发的新型太阳能电池接线盒供不应求”；“与接线盒相比，逆变器具有更高的技术含量，产品进入门槛更高，也意味着竞争对手相对减少”。

(2) 生产管理能力。“以投入自有资金为主，再吸收部分风险投资资金入股，以有效降低融资成本，并能完全掌控生产线的运作”。

(3) 营销能力。“蓝先生熟悉太阳能电极板零部件产品的销售渠道及客户群体，积累了丰富的销售经验及客户资源，善于搜集客户需求信息，并能够根据客户需求对产品做出改进的建议”。

(4) 财务能力。“收付款模式……可以很好地控制资金周转。同时，不必在生产阶段投入资金，仅赚取产品购销差价，以最小的资金投入获得最大的资金收益”；“蓝天公司与中山公司以合资企业的形式达成上马新型太阳能光伏电池接线盒生产线的协议”；“对于新研发的光伏逆变器及其生产线，蓝天公司以投入自有资金为主，再吸收部分风险投资资金入股，以有效降低融资成本，并能完全掌控生产线的运作”。

(5) 组织管理能力。“蓝天公司在光伏产业中产业链不断延伸，其组织结构也从创业期的职能制发展成为矩阵制”。

5. 蓝天公司在发展中注重规避的主要市场风险：

(1) 产品或服务的价格及供需变化带来的风险。“……一批大型太阳能电池生产企业，这些企业产销一体的优势对公司业务形成威胁，且对市场的供需状况带来重大影响，2011 年以后的市场不一定乐观”。

(2) 税收政策的变化带来的风险。“各国政府的相关政策也在不断调整，C 国已经缩减了对光伏行业的税收优惠政策范围”。

(3) 汇率的变化带来的风险。“蓝天公司的产品在欧洲市场的交易以美元结算，以预防欧元币值的大幅度变动”。

(4) 潜在进入者的竞争带来的风险。“对于太阳能光伏电池板制造商而言，进军电池板销售业务障碍不大”。

(5) 潜在进入者、竞争者与替代品的竞争带来的风险。“对于太阳能光伏电池板制造商而言，进军电池板销售业务领域障碍不大”；“其中不乏一批大型太阳能电池生产企业，这些企业产销一体的优势对公司业务形成威胁”；“随着全球太阳能光伏产业的日益成熟，光伏产业技术日新月异”。

6. 依据《企业内部控制应用指引第 9 号——销售业务》，与蓝天公司采用 OEM 方式经营光伏电池板业务相关的主要风险有：

(1) 销售政策和策略不当，市场预测不准确，销售渠道管理不当等，可能导致销售不畅、库存积压、经营难以为继。

(2) 客户信用管理不到位，结算方式选择不当，账款回收不力等，可能导致销售款项不能收回或遭受欺诈。

(3) 销售过程存在舞弊行为，可能导致企业利益受损。“蓝天公司将收付款模式设定为，在收到客户全部货款后发货，并且在收到合格产品后，支付生产商剩余货款……蓝天公司可以很好地控制资金周转，也有效防范了一些销售舞弊行为”，反映蓝天公司很好地规避了上述第二类风险和第三类风险。但是，如果蓝天公司不能根据市场条件与自身优势的变化增加此项政策执行的灵活性，可能会导致第一类风险的发生。

重点难点随身记

公司战略与风险管理

注册会计师资格考试辅导教材研究院 编

SPM 南方出版传媒 广东人民出版社
·广州·

前　言

参加CPA考试的众多考生都是上班族，经常会感觉复习时间不够，为了让考生利用碎片时间进行学习，本书编委会精心编制了各科目的重难点手册，方便大家随时随地巩固重要知识点。

本书的特点如下：1．小巧玲珑，携带方便。精美的小册子使得考生任何时候都能从口袋中掏出一本复习资料。2．图表对比，清晰简洁。大量重难点内容我们都用图表的方式呈现出来，简洁明了，便于记忆。3．重点难点一网打尽。本书是教材的精华，是对教材重难点内容的高度提炼，可进一步提高考生记忆知识点的效率。

虽然一再精益求精，但由于水平和时间有限，本书难免存在不足之处，欢迎广大考生批评指正。最后，衷心地祝愿大家都能顺利通过考试！

本书编委会

目　录

第一章 战略与战略管理

【知识点1】公司战略的基本理论（★）

传统概念	现代概念
波特：是公司为之奋斗的一些终点与公司为达到它们而寻求的途径的结合物。	明茨伯格：一系列或整套的决策或行动方式。这套方式包括刻意安排的（或计划性）战略和任何临时出现的（或非计划性）的战略。
计划性、全局性和长期性	应变性、竞争性和风险性
区别：1. 现代概念只包括为达到企业的终点而寻求的途径，而不包括企业终点本身。 2. 本质区别：现代概念强调应变性、竞争性和风险性。	

【知识点2】公司的使命、目标（★★）

公司的使命是要阐明企业组织的根本性质与存在理由。

公司目标是公司使命的具体化，一般是具体的、量化的和可测度的标准，是一个具体的概念，而公司的使命比较抽象；公司的目标是一个体系，包括财务目标体系和战略目标体系。

公司的使命——三方面阐述

公司目的	公司目的是企业组织的根本性质和存在理由的直接体现，组织按其存在理由可以分为两大类：营利组织和非营利组织。
公司宗旨	公司宗旨旨在阐述公司长期的战略意向，其具体内容主要说明公司目前和未来所要从事的经营业务范围。公司宗旨反应出企业的定位。
经营哲学	经营哲学是公司为其经营活动方式所确立的价值观、基本信念和行为准则，是企业文化的高度概括。

公司的目标

财务目标体系（定量）	满意的市场占有率、收益增长率、投资回报率、股利增长率、股票价格评价、良好的现金流以及公司的信任度等。
战略目标体系（定性）	获取足够的市场份额，在产品质量、客户服务或产品革新等方面压倒竞争对手，使整体成本低于竞争对手的成本，提高公司在客户中的声誉，在国际市场上建立更强大的立足点，建立技术上的领导地位，获得持久的竞争优势，抓住诱人的成长机会等。

【知识点3】公司战略的层次（★★）

一般将战略分为三个层次：总体战略、业务单位战略（竞争战略）和职能战略。

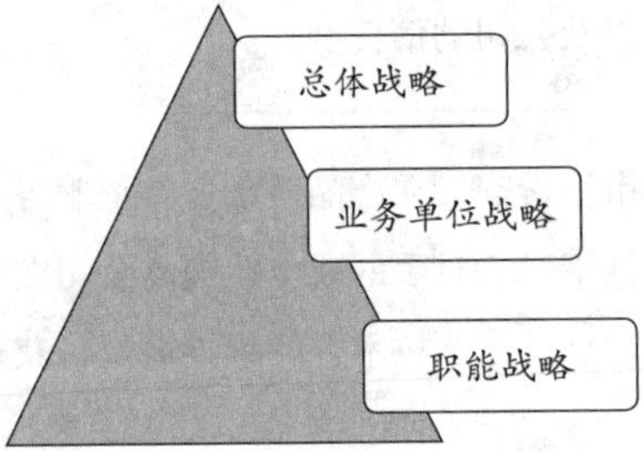

战略层次	定义	举例
总体战略（公司层战略）	根据企业的目标，选择企业可以竞争的经营领域，合理配置企业经营所必需的资源，使各项经营业务相互支持、相互协调。	甲企业选择进入家电、服装、食品、房地产产业经营。

（续上表）

战略层次	定义	举例
业务单位战略（竞争战略）	针对不断变化的外部环境，在各自的经营领域中有效竞争。	甲企业采取各种措施不断提高在房地产业务中的竞争力。
职能战略（职能层战略）	主要涉及企业内各职能部门，如营销、财务、生产、研发（R&D）、人力资源、信息技术等，如何更好地配置企业内部资源，为各级战略服务，提高组织效率。	甲企业分别设置各个职能部门，提高整个企业集团的运作效率。

【知识点4】战略管理过程（★）

战略管理包含三个关键因素：

战略分析——里外照镜子：明确企业目前处于什么位置；

战略选择——制定、评估和选择战略；

战略实施——战略付诸实施。

【知识点5】战略变革管理（★★★）

一、战略变革不同发展阶段的特点

阶段名称	特点
连续阶段	基本上没有发生大的变化，仅有一些小的修正。
渐进阶段	发生缓慢的变化。可能是零打碎敲的，也可能是系统性的。
不断改变阶段	呈现无方向或无重心的特点。
全面阶段	在一个较短的时间内、发生革命性或转化性的变化。

二、战略变革的类型及定义

类型	定义
技术变革	涉及企业的生产过程，包括开发使之有能力与竞争对手抗衡的知识和技能。涉及工作方法、设备和工作流程等生产和服务技术。
产品和服务变革	企业产出的变革，包括开发新产品或改进现有产品。
结构和体系变革	企业运作的管理方法的变革，包括结构变化、政策变化和控制系统变化。
人员变革	企业员工价值观、工作状态、技能和行为方式的转变。

三、变革受到抵制的原因与实现障碍

变革会对人们的境遇产生重要的影响：

（一）生理变化：这是由工作模式、工作地点的变化造成的。

（二）环境变化：新的关系、新的规则。

（三）心理变化：1. 迷失方向。2. 不确定性可能导致无安全感。3. 无助。

变革会面临如下障碍：（团体和个人）

（一）文化障碍。（团体）

（二）私人障碍。（个人）

1. 习惯。

2. 改革对个人收入的影响。

3. 对于未知的恐惧。

4. 选择性的接受和处理信息。

四、克服变革阻力的策略

（一）变革的节奏：循序渐进。

（二）变革的管理方式：鼓励冲突领域的对话、为员工提供针对新技能和系统应用的学习课程、鼓励个人参与。

（三）变革的范围：在同一个变革目标下，可以考虑采用变革范围比较小的方式。

第二章　战略分析

- 战略分析
  - 外部环境分析
    - 宏观环境分析
      - 政治和法律环境
      - 经济环境
      - 社会和文化环境
      - 技术环境
    - 闰业环境分析
      - 产品生命周期
      - 产业五种竞争力
      - 成功关键因素分析
    - 竞争环境分析
      - 竞争对手分析
      - 产业内的战略群组
    - 国家竞争优势（钻石模型）分析
  - 内部环境分析
    - 企业资源与能力分析
      - 企业资源分析
      - 企业能力分析
      - 企业的核心能力
    - 价值链分析
      - 基本活动和支持活动
      - 价值链确定
      - 企业资源能力的价值链分析
    - 业务组合分析
      - 波士顿矩阵
      - 通用矩阵
  - SWOT分析
    - 基本原理
    - 应用

【知识点1】产业环境分析（★★★）

产品环境分析
- 产品生命周期
- 产业五种竞争力（五力模型）
- 成功关键因素分析

一、产品生命周期特征

	导入期	成长期	成熟期	衰退期
产品特征	不成熟	差异化	标准化	差别小
销量	小，高收入用户才会尝试	销售群扩大	稳定，基本饱和	下降
竞争	很少	竞争加剧	价格竞争（最激烈）	有些竞争者先于产品退出市场

（续上表）

	导入期	成长期	成熟期	衰退期
利润	净利润较低	价格最高，单位 净利润最高	毛利率和净利润率都下降，利润空间适中	产品的价格、毛利都很低，只有到后期，多数企业退出后，价格才有望上扬
经营风险	非常高	高	中	低
战略目标	扩大市场份额，争取成为“领头羊”	争取最大市场份额，坚持到成熟期	巩固市场份额，高投资报酬率	防御，获取最后现金流
战略路径	研发以提高质量	市场营销	提高效率，降低成本	控制成本；若缺乏成本优势，尽早退出

二、

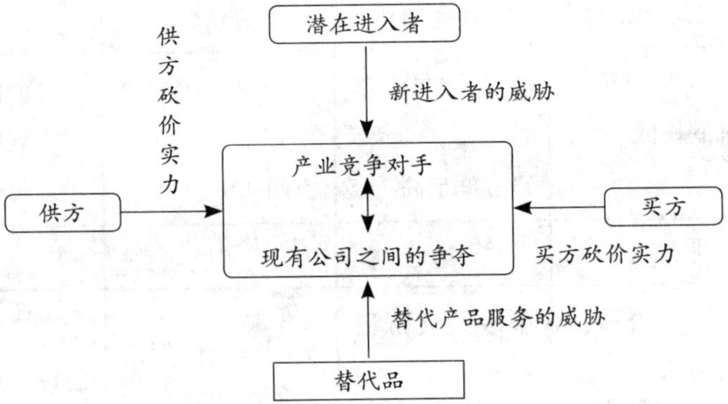

规模经济是指在一定时期内，企业所生产的产品或劳务的绝对量增加时，其单位成本趋于下降。

学习曲线，又称经验曲线，是指当某一产品累计生产量增加时，由于经验和专有技术的积累所带来的产品单位成本的下降。

在学习经济很小时，规模经济也可能是很大的。这在诸如铝罐制造这样的简单资本密集型的生产中通常能够产生。

在规模经济很小时，学习经济也可以是很大的。这存在于诸如计算机软件开发等复杂的劳动密集型产业中。

【知识点2】竞争环境分析（★★）

竞争对手分析内容

竞争对手的未来目标	对竞争对手未来目标的分析与了解，有利于预测竞争对手对其目前的市场地位以及财务状况的满意程度，从而推断其改变现行战略的可能性以及对其他企业战略行为的敏感性。 竞争对手目标分析对本公司制定竞争战略的作用。 分析竞争对手业务单位（包括其各个公司实体）的目标的主要方面。 多元化公司母公司对其业务单位未来目标的影响。

（续上表）

竞争对手的假设	包括竞争对手对自身企业的评价和对所处产业以及其他企业的评价。了解竞争对手的假设有利于正确判断竞争对手的战略意图。
竞争对手的现行战略	揭示竞争对手正在做什么、能够做什么。
竞争对手的能力	1. 核心能力。 2. 成长能力。 3. 快速反应能力：竞争对手对其他公司的行动迅速做出反应的能力如何，或立即发动进攻的能力如何？这将由下述因素决定：自由现金储备、留存借贷能力、厂房设备的余力、定型的但尚未推出的新产品。（对同行竞争对手的反应） 4. 适应变化的能力（对外部环境的反应）。 5. 持久力。

【知识点3】国家竞争优势（钻石模型）分析（波特）（★★）

国家竞争优势分析的主要内容

生产要素（两种分类）	1. 分为初级生产要素和高级生产要素： （1）初级生产要素：天然资源、气候、地理位置、非技术工人、资金等。 （2）高级生产要素：现代通讯、信息、交通等基础设施，受过高等教育的人力、研究机构等。 2. 分为一般生产要素和专业生产要素： （1）一般生产要素。 （2）专业生产要素：高级专业人才，专业研究机构，专用的软、硬件设施等。 【学堂点睛】 1. 一个国家如果想通过生产要素建立起产业强大而又持久的优势，就必须发展高级生产要素和专业生产要素。

（续上表）

生产要素（两种分类）	2. 一个国家的竞争优势其实可以从不利的生产要素中形成。（如日本自然资源匮乏，但高科技节能产品处于世界领先水平）
需求条件	国内需求市场是产业发展的动力。 （本地客户的挑剔本质、预期性需求）
相关与支持性产业	“产业集群”——如印刷业、造纸业、油墨业等强强联手。
企业战略、企业结构和同业竞争	动力来自于国际需求的拉力，也可能来自于本地竞争者的压力或市场的推力。

【知识点4】企业资源与能力分析（★★）

企业资源的主要类型

资源类型	内容	提示
有形资源	主要包括物质资源和财务资源： 物质资源包括企业的土地、厂房、生产设备、原材料等，是企业的实物资源。 财务资源是企业可以用来投资或生产的资金，包括应收账款、有价证券等。	资产负债表所记录的账面价值并不能完全代表有形资源的战略价值。 具有稀缺性的有形资源能使公司获得竞争优势。

（续上表）

资源类型	内容	提示
无形资源	通常包括品牌、商誉、技术、专利、商标、企业文化及组织经验等。	技术资源就是一种重要的无形资源，它主要是指专利、版权和商业秘密等。技术资源具有先进性、独创性和独占性等特点。 资产负债表中的无形资产并不能代表企业的全部无形资源。 无形资源是一种十分重要的企业核心竞争力的来源。
人力资源	组织成员向组织提供的技能、知识以及推理和决策能力。	

决定企业竞争优势的企业资源判断标准

资源的稀缺性	短缺。
资源的不可模仿性	1．物理上独特的资源：物质本身的特性所决定的。 例如，企业所拥有的房地产处于极佳的地理位置，拥有矿物开采权或是拥有法律保护的专利生产技术等。 2．具有路径依赖性的资源：必须经过长期的积累才能获得的资源。 例如，海尔有一支训练有素的售后服务人员队伍。 3．具有因果含糊性的资源：有些资源的形成原因并不能给出清晰的解释。 例如，美国西南航空公司以拥有“家庭式愉快，节俭而投入”的企业文化著称。 4．具有经济制约性的资源：企业的竞争对手已经具有复制其资源的能力，但因市场空间有限不能与其竞争的情况。（“一山不容二虎”）
资源的不可替代性	一些旅游景点的独特优势很难被其他景点所代替。
资源的持久性	资源的贬值速度越慢，就越有利于形成核心竞争力。

基准分析的主要内容

基准类型	解释	举例
内部基准	企业内部各个部门之间互为基准进行学习与比较。	同一公司财务部门向采购部门学习。
竞争性基准	直接以竞争对手为基准进行比较。	航空公司向其他航空公司学习。
过程或活动基准	以具有类似核心经营的企业为基准进行比较，但是二者之间的产品和服务不存在直接竞争的关系。	航空公司向酒店学习（类似核心业务）。
一般基准	以具有相同业务功能的企业为基准进行比较。	航空公司向教育培训机构学习（相同业务功能：大服务业）。
顾客基准	以顾客的预期为基准进行比较。	按游客的需求比较旅游线路。

【知识点5】价值链分析（★★★）

一、价值链基本活动的主要内容

名称	解释	举例
内部后勤（进货物流）	与产品投入有关的进货、仓储和分配等活动。（原材料的由外到内）	原材料的装卸、入库、盘存、运输以及退货等。
生产经营	将投入转化为最终产品的活动。（原材料到产成品）	机加工、装配、包装、设备维修、检测等。
外部后勤（出货物流）	与产品的库存、分送给购买者有关的活动。（产成品由内到外）	最终产品的入库、接受订单、送货等。
市场销售	与促进和引导购买者购买企业产品的活动。	广告、定价、销售渠道等。
服务	与保持和提高产品价值有关的活动。	培训、修理、零部件的供应和产品的调试等。

二、价值链支持活动的主要内容

名称	解释	举例
采购管理	采购企业所需投入品的职能，而不是被采购的投入品本身。	采购是广义的，既包括生产原材料的采购，也包括其他资源投入的管理。
人力资源管理	是指企业对职工的管理。	企业职工的招聘、雇用、培训、提拔和退休等各项管理活动。
技术开发	可以改进企业产品和工序的一系列技术活动（不仅与企业最终产品直接相关，而且支持着企业的全部活动，成为判断企业竞争实力的一个重要因素）。	广义的概念既包括生产性技术，也包括非生产性技术。
公司基础设施	企业的组织结构、惯例、控制系统以及文化等活动（软环境）。（一般用来支撑整个价值链的运行）	企业高层管理人员。

【知识点6】波士顿矩阵（★★★）

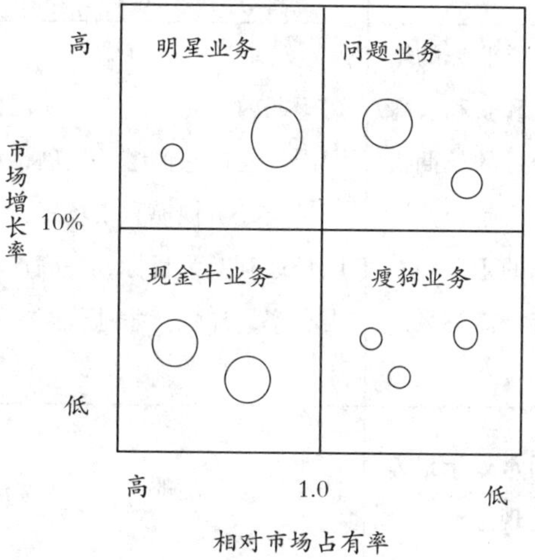

波士顿矩阵的主要内容

类型	指标特征	现金流量	战略	组织结构
明星（双高）	市场占有率：高 市场增长率：高	此类业务的增长和获利有着极好的长期机会，是企业资源的主要消费者，需要大量的投资。	在短期内优先供给它们所需的资源，支持它们继续发展，积极扩大经济规模和市场机会，以长远利益为目标，提高市场占有率，加强竞争地位。	采用事业部形式，由对生产技术和销售两方面都很内行的经营者负责。
问题（一低一高）	市场占有率：低。 市场增长率：高。	通常处于最差的现金流量状态。	选择性投资战略。	最好是采取智囊团或项目组织等形式，选拔有规划能力、敢于冒风险、有才干的人负责。

（续上表）

类型	指标特征	现金流量	战略	组织结构
现金牛（一低一高）	市场占有率：高。市场增长率：低。	本身不需要投资，反而能为企业提供大量资金，用以支持其他业务的发展。	采用收获战略，即所投入资源以达到短期收益最大化为限。1．把设备投资和其他投资尽量压缩；2．采用榨油式方法；3．对于市场增长率仍有所增长的业务，应进一步进行市场细分，维持现存市场增长率或延缓其下降速度。	用事业部制进行管理，其经营者最好是市场营销型人物。

（续上表）

类型	指标特征	现金流量	战略	组织结构
瘦狗（双低）	市场占有率：低。市场增长率：低。	可获利润很低，不能成为企业资金的来源。	采用撤退战略： 1．应减少批量，逐渐撤退，对那些还能自我维持的业务，应缩小经营范围，加强内部管理；而对那些市场增长率和企业市场占有率均极低的业务则应立即淘汰。 2．将剩余资源向其他产品转移。 3．整顿产品系列，最好将“瘦狗”产品与其他事业部合并，统一管理。	最好将“瘦狗”产品与其他事业部合并，统一管理。

波士顿矩阵的运用

运用	解释	情形
发展	以提高经营单位的相对市场占有率为目标，甚至不惜放弃短期收益。	“明星”业务、能成为明星业务的“问题”业务
保持	投资维持现状，目标是保持业务单位现有的市场占有率。	较大的“现金牛”
收割	主要是为了获得短期收益，目标是在短期内尽可能地得到最大限度的现金收入	处境不佳的“现金牛”业务、没有发展前途的“问题”业务、“瘦狗”类业务。
放弃	目标在于清理和撤销某些业务，减轻负担，以便将有限的资源用于效益较高的业务。	无利可图的“瘦狗”类、“问题”类业务。

【知识点7】SWOT分析基本原理及应用（★★★）

内部环境 \ 外部环境	机会O	威胁T
优势S	增长型战略（SO）（Ⅰ）	多种经营战略（ST）（Ⅳ）
劣势W	扭转型战略（WO）（Ⅱ）	防御型战略（WT）（Ⅲ）

类型	应用
第I类型	企业具有很好的内部优势以及众多的外部机会，应当采取增长型战略，如开发市场、增加产量等

（续上表）

类型	应用
第Ⅱ类型	企业面临着巨大的外部机会，却受到内部劣势的限制，应采用扭转型战略，充分利用环境带来的机会，设法清除劣势。
第Ⅲ类型	企业内部存在劣势，外部面临强大威胁，应采用防御型战略，进行业务调整，设法避开威胁和消除劣势。
第Ⅳ类型	企业具有一定的内部优势，但外部环境存在威胁，应采取多种经营战略，利用自己的优势，在多样化经营上寻找长期发展的机会；或进一步增强自身竞争优势，以对抗竞争对手的威胁。

第三章　战略选择

【知识点1】总体战略的主要类型（★★★）

- 总体战略（公司层战略）
  - 发展战略
    - 一体化战略
      - 纵向一体化战略
        - 前向一体化战略
        - 后向一体化战略
      - 横向一体化战略
    - 密集型战略
      - 市场渗透
      - 市场开发
      - 产品开发
    - 多元化战略
      - 相关多元化
      - 非相关多元化
  - 稳定战略
  - 收缩战略
    - 紧缩与集中战略
    - 转向战略
    - 放弃战略

一、一体化战略

项目	途径	优点	适用条件
前向一体化	获得分销商或零售商的所有权或加强对他们的控制权	通过控制销售过程和渠道，有利于企业控制和掌握市场，增强对消费者需求变化的敏感性，提高企业产品的市场适应性和竞争力	1．企业现有销售上的销售成本较高或者可靠性较差而难以满足企业的销售需要 2．企业所在产业的增长潜力较大 3．企业具备前向一体化所需的资金、人力资源等 4．销售环节的利润率较高
后向一体化	获得供应商的所有权或加强对其的控制权	有利于企业有效控制关键原材料等投入的成本、质量及供应可靠性，确保企业生产经营活动稳步进行。	1．企业现有供应商的供应成本较高或者可靠性较差而难以满足企业对原材料、零件等的需求 2．供应商数量较少而需求方竞争者众多 3．企业所在产业的增长潜力较大 4．企业具备后向一体化所需的资金、人力资源等

（续上表）

项目	途径	优点	适用条件
后向一体化		汽车、钢铁等产业采用得较多	5. 供应环节的利润率较高 6. 有利于控制原材料陈本，从而确保产品价格的稳定

二、密集型

安索夫的“产品—市场战略组合”矩阵

		产品	
		现有产品	新产品
市场	现有市场	市场渗透： 在单一市场，依靠单一产品，目的在于大幅度增加市场占有率。	产品开发： 在现有市场上推出新产品；延长产品寿命周期。

（续上表）

		产品	
		现有产品	新产品
市场	新市场	市场开发： 将现有产品推销到新地区；在现有实力、技能和能力基础上发展，改变销售和广告方法。	多元化（不属于密集型战略）： 以新技术或市场而言的相关多元化；与现有产品或市场无关的非相关多元化。

三、多元化战略的类型

类型	定义	适用条件
相关多元化战略（同心多元化）	企业以现有业务或市场为基础进入相关产业或市场。	企业在产业或市场内具有较强的竞争优势，而该产业或市场的成长性或吸引力逐渐下降。

（续上表）

类型	定义	适用条件
非相关多元化战略（离心多元化）	企业进入与当前产业和市场均不相关的领域。	企业当前产业或市场缺乏吸引力，而企业也不具备较强的能力和技能转向相关产品或市场。

四、收缩战略类型

收缩战略类型	方式
紧缩与集中战略：往往集中于短期效益，主要涉及采取补救措施制止利润下滑，以期立即产生效果。	机制变革：调整企业领导班子；重新制定新的政策和管理控制系统等。
	财政和财务战略：严格控制现金流量；将负债转换为权益资本等。
	削减成本战略：如削减人工成本、材料成本；缩小部门规模等。

（续上表）

收缩战略类型	方式
转向战略：更多地涉及企业的经营方向或经营策略的改变。	重新定位或调整现有的产品和服务（对内）。
	调整营销策略（对外）。
放弃战略：涉及企业（或子公司）产权的变更（彻底）。	特许经营、分包、卖断、管理层与杠杆收购、拆产为股/分拆、资产互换与战略贸易（不需要深入了解）。

【知识点2】发展战略的主要途径（★★★）

发展战略一般可以采用三种途径，即外部发展（并购）、内部发展（新建）与战略联盟。

一、外部发展（并购）

<table>
<tr><th>依据</th><th colspan="2">类别</th><th>定义</th></tr>
<tr><td rowspan="4">按并购双方所处的产业分类</td><td colspan="2">横向并购</td><td>指并购方与被并购方处于同一产业。</td></tr>
<tr><td rowspan="2">纵向并购</td><td>前向并购</td><td>沿着产品经营实体流动方向所发生的并购，如并购下游销售商。</td></tr>
<tr><td>后向并购</td><td>沿着产品经营实体流动的相反方向所发生的并购，如并购上游供应商。</td></tr>
<tr><td colspan="2">多元化并购</td><td>指处于不同产业、在经营上也无密切联系的企业之间的并购。</td></tr>
<tr><td rowspan="2">按被并购方的态度分类</td><td colspan="2">友善并购</td><td>指并购方与被并购方通过友好协商确定并购条件，在双方意见基本一致的情况下实现产权转让的一类并购。</td></tr>
<tr><td colspan="2">敌意并购</td><td>又叫恶意并购，通常是指当友好协商遭到拒绝，并购方不顾被并购方的意愿采取强制手段，强行收购对方企业的一类并购。</td></tr>
</table>

（续上表）

依据	类别	定义
按并购方的身份分类	产业资本并购	一般由非金融企业进行，目的是获得产业利润。
	金融资本并购	一般由投资银行或非银行金融机构（如金融投资企业、私募基金、风险投资基金等）进行收购，目的是获得投资利润。
按收购资金来源分类	杠杆收购	收购方在实施企业收购时，如果其主体资金来源是对外负债，即是在银行贷款或金融市场借贷的支持下完成的收购。
	非杠杆收购	收购方的主体资金来源是自有资金。

二、内部发展（新建）

动因	1. 开发新产品的过程能使企业最深刻地了解该市场及产品。 2. 不存在合适的收购对象。 3. 保持同样的管理风格和企业文化。

（续上表）

动因	4. 为管理者提供职业发展机会。 5. 代价较低，因为获得资产时无须为商誉支付额外的金额。 6. 收购通常会产生隐藏的或无法预测的损失，而内部发展不太可能产生这种情况。 7. 这可能是唯一合理的、实现真正技术创新的方法。 8. 可以有计划地进行，很容易从企业资源获得财务支持，并且成本可以按时间分摊。 9. 风险较低，收购中购买者可能还需承担被并购者以前所做决策而产生的后果。 10. 内部发展的成本增速较慢。
缺点	1. 与购买市场中现有的企业相比，市场上增加了竞争者，可能会激化某一市场内部的竞争。 2. 企业并不能接触到另一知名企业的知识及系统，可能会更具风险。 3. 从一开始就缺乏规模经济或经验曲线效应。 4. 当市场发展得非常快时，内部发展会显得过于缓慢。 5. 可能会对进入新市场产生非常高的障碍。

（续上表）

应用条件	1．产业处于不均衡状况，结构性障碍还没有完全建立起来。 2．产业内现有企业的行为性障碍容易被制约。 3．企业有能力克服结构性壁垒与行为性障碍，或者企业克服障碍的代价小于企业进入后的收益。

三、战略联盟

动因	1．促进技术创新　2．避免经营风险　3．避免或减少竞争 4．实现资源互补　5．开拓新的市场　6．降低协调成本
主要类型	1．合资企业：将各自不同的资产组合在一起进行生产，共担风险和共享收益。 2．相互持股投资：双向交换彼此少量股份，不需要将彼此的设备和人员合并。 3．功能性协议：契约式战略联盟，包括技术交流协议、合作研究开发协议、生产营销协议、产业协调协议。

【知识点3】基本竞争战略（★★★）

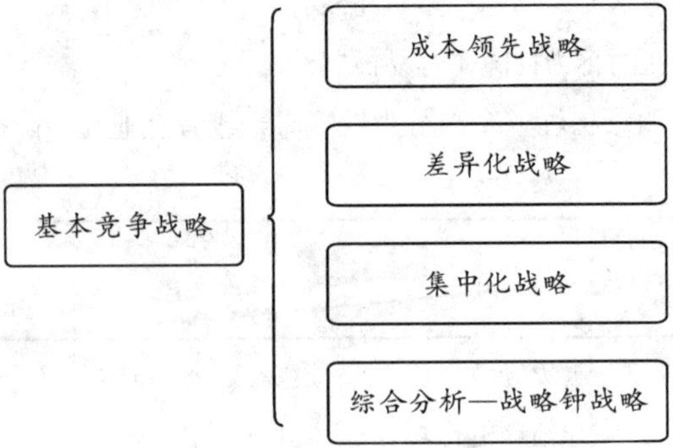

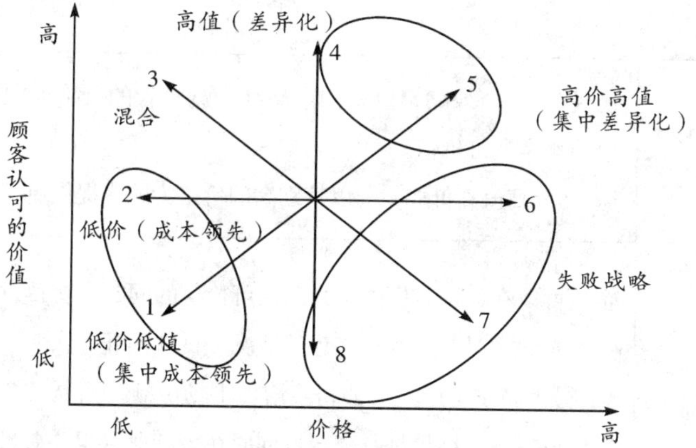

战略钟

成本领先战略	包括途径1和途径2。	途径1：低价低值战略，关注的是对价格非常敏感的细分市场。 途径2：低价战略，在降低价格的同时，努力保持产品或服务的质量不变。

（续上表）

差异化战略	包括途径4和途径5。	途径4：高值战略，以相同或略高于竞争者的价格向顾客提供高于竞争对手的顾客认可价值。 途径5：高值高价战略，以特别高的价格为顾客提供更高的顾客认可价值。
混合战略	包括途径3。	企业可以在为顾客提供更高的认可价值的同时，获得成本优势。 一个企业同时获得两种优势的情况（良性循环）： 1．提供高质量产品的公司会增加市场份额，而这又会因规模经济而降低平均成本。其结果是，公司可同时在该产业取得高质量和低成本的定位。 2．高质量产品的累积经验降低成本的速度比低质量产品快，即工人必须更留心产品的生产，这又会因经验曲线的降低而平均成本。 3．注重提高生产效率可以在高质量产品的生产过程中降低成本。

（续上表）

失败的战略	包括途径6、途径7、途径8。	价格>顾客认可的价值，顾客不接受。

【知识点4】蓝海战略（★★★）

红海和蓝海战略比较

红海战略（挤进来）	蓝海战略（走出去）
在已经存在的市场内竞争	拓展非竞争性市场空间
参与竞争	规避竞争
争夺现有需求	创造并攫取新需求
遵循价值与成本互替定律	打破价值与成本互替定律

（续上表）

红海战略（挤进来）	蓝海战略（走出去）
根据差异化或低成本的战略选择，把企业行为整合为一个体系	同时追求差异化和低成本，把企业行为整合为一个体系

蓝海战略的六项原则

战略制定原则	各原则降低的风险因素
重建市场边界（重点）	↓搜寻的风险
注重全局而非数字	↓规划的风险
超越现有需求	↓规模的风险
遵循合理的战略顺序	↓商业模式风险
战略执行原则	各原则降低的风险因素

（续上表）

战略制定原则	各原则降低的风险因素
克服关键组织障碍	↓组织的风险
将战略执行建成战略的一部分	↓管理的风险

从肉搏式竞争到蓝海战略

	肉搏式竞争	开创蓝海战略
产业	专注于产业内的竞争者	审视他择产业
战略群体	专注于战略群体内部的竞争地位	跨越产业内不同的战略群体看市场
买方群体	专注于更好地为买方群体服务	重新界定产业的买方群体
产品或服务范围	专注于在产业边界内将产品或服务的价值最大化	放眼互补性产品或服务

（续上表）

	肉搏式竞争	开创蓝海战略
功能——情感导向	专注于产业既定功能——情感导向下性价比的改善	重设产业的功能与情感导向
时间	专注于适应外部发生的潮流	跨越时间参与塑造外部潮流

【知识点5】市场营销战略（★★）

消费者细分的依据

地理细分	按照消费者所在的地理位置以及其他地理变量（包括城市农村、地形气候、交通运输等）来细分消费者市场。
人口细分	按照人口变量（包括年龄、性别、收入、职业、教育水平、家庭规模、家庭生命周期阶段、宗教、种族、国籍等）来细分消费者市场。

（续上表）

心理细分	按照消费者的生活方式、个性等心理变量来细分消费者市场。
行为细分	按照消费者购买或使用某种产品的时机、消费者对某种产品的使用率、消费者对品牌（或商店）的忠诚程度、消费者对产品的态度等行为变量来细分消费者市场。

目标市场涵盖战略

无差异市场营销	企业在市场细分之后，不考虑各子市场的特性，而只注重子市场的共性，决定只推出单一产品，运用单一的市场营销组合，力求在一定程度上适合尽可能多的顾客的需求。
差异市场营销	企业决定同时为几个子市场服务，设计不同的产品，并在渠道、促销和定价方面都加以相应的改变，以适应各个子市场的需要。
集中市场营销	指企业集中所有力量，以一个或少数几个性质相似的子市场作为目标市场，试图在较少的子市场上占领较大的市场份额。

促销组合的四要素

广告促销	在媒体中投放广告。
营业推广	非媒体促销手段，如试用品、折扣、礼品等方式。
公关宣传	宣传企业形象，建立良好公众形象。
人员推销	面对面。

定价法策略

产品差别定价法	对市场不同部分中的类似产品确定不同的价格： 1. 基于细分市场定价。企业把同一种商品或服务按照不同的价格卖给不同的顾客。（公交卡，学生与老年人群享受打折优惠） 2. 基于地点定价。（经济舱与头等舱、电影院的座位类型） 3. 基于产品的版本定价。（华为荣耀8手机分“荣耀8青春版”和“荣耀8”）

（续上表）

产品差别定价法	4. 基于时间定价。价格随着季节、日期甚至钟点的变化而变化。这样可以促使消费需求均匀化，避免企业资源的闲置或超负荷运转。 5. 动态定价。例如廉价航空先确定一个较低初始价格，接着跟踪销量，当销量上升较快时，则提高价格。
产品上市定价法	1. 渗透定价法：在新产品投放市场时确定一个非常低的价格，以便抢占销售渠道和消费者群体，从而使竞争者较难进入市场。这是牺牲短期利润来换取长期利润的策略。（小米手机） 2. 撇脂定价法：指在新产品上市之初确定较高的价格，并随着生产能力的提高逐渐降低价格。这一方法旨在产品生命周期的极早阶段获取较高的单位利润。（苹果手机）

【知识点6】生产运营战略（★★）

一、产能计划

类型	领先策略（进攻型）	根据对需求增长的预期增加产能。
	滞后策略（保守型）	仅当企业因需求增长而满负荷生产或超额生产后才增加产能。
	匹配策略（稳健性）	少量地增加产能来应对市场需求的变化。
平衡产能与需求的方法	资源订单式生产	订单→资源→生产 例如，建筑企业可能会收到承建新的道路桥梁的大订单。该建筑企业将仅在签订了合同之后才开始采购必需的资源。
	订单生产式生产	资源→订单→生产 例如，旅行社会有一批兼职导游，在旅游旺季才为旅行社服务。
	库存生产式生产	资源→生产（库存）→订单 糖果生产企业在春节前夕就生产大量糖果等待销售。
	提示：三种类型主要看流程中的第二步骤来记忆。	

二、准时生产系统（JIT：Just In Time）

要素	1．不断改进 2．消除浪费，包括时间、资源以及材料的浪费。浪费共有七种类型：（1）生产过剩的浪费；（2）等待的浪费；（3）搬运的浪费；（4）加工的浪费；（5）库存的浪费；（6）运作的浪费；（7）不良产品的浪费。 3．良好的工作场所整理 4．缩短生产准备时间 5．企业中所有员工的参与
优点	缺点
1．库存量低。 2．由于仅在需要时才取得存货，因此降低了花费在存货上的运营资本。	1．由于仅为不合格产品的返工预留了最少量的库存，因而一旦生产环节出错则弥补空间较小。

（续上表）

3. 降低了存货变质、陈旧或过时的可能性； 4. 避免因需求突然变动而导致大量产成品无法出售的情况出现； 5. 由于JIT着重于第一次就执行正确的工作这一理念，因而降低了检查和返工产品的时间。	（2）生产对供应商的依赖性较强，并且如果供应商没有按时配货，则整个生产计划都会被延误。 （3）由于企业按照实际订单生产所有产品，因此并无备用的产成品来满足预期之外的订单。

【知识点7】财务战略（★★★）

一、股利政策的分类和定义

股利政策	定义	特点
固定股利政策	每年支付固定的或者稳定增长的股利。	为投资者提供可预测的现金流，减少管理层将资金转移到盈利能力差的活动的机会，并为成熟的企业提供稳定的现金流，盈余下降时也可能导致股利发放遇到一些困难。

（续上表）

股利政策	定义	特点
固定股利支付率政策	企业发放的每股现金股利除以企业的每股盈余保持不变。	保持盈余、再投资率和股利现金流之间的稳定关系，但投资者无法预测现金流、无法表明管理层的意图或者期望，并且如果盈余下降或者出现亏损的时候，这种方法就会出现问题。
零股利政策	所有剩余盈余都留存企业。	成长阶段通常使用，并将其反映在股价的增长中。当成长阶段已经结束，并且项目不再有正的现金净流量时，就需要积累现金并需要新的股利分配政策。
剩余股利政策	只有在没有现金净流量为正的项目的时候才会支付股利。	成长阶段，不能轻松获得其他融资来源的企业比较常见。

二、产品生命周期不同发展阶段的经营特征

		企业的发展阶段			
		导入期	成长期	成熟期	衰退期
风险搭配情况	经营风险（由高到低）	非常高	高	中等	低
	财务风险（由低到高）	非常低	低	中等	高
财务战略	资本结构（权益减少，债务增加）	权益融资	主要是权益融资	权益+债务融资	权益+债务融资
	资金来源	风险资本	权益投资增加	保留盈余+债务	债务
	股利（由低到高）	不分配	分配率很低	分配率高	全部分配

（续上表）

		企业的发展阶段			
		导入期	成长期	成熟期	衰退期
常见指标	价格/盈余倍数（市盈率）（由高到低）	非常高	高	中	低
	股价（低–高–持平–低）	迅速增长	增长并波动	稳定	下降并波动

三、财务风险与经营风险的匹配方式

匹配方式	特点	举例
高经营风险与高财务风险的匹配	具有很高的总体风险。该种匹配不符合债权人的要求，符合风险投资者的要求。	一个初创期的高科技公司，假设能够通过借款取得大部分资金，其破产的概率很大，而成功的可能很小。

（续上表）

匹配方式	特点	举例
高经营风险与低财务风险的匹配	具有中等程度的总体风险。该种匹配是一种可以同时符合股东和债权人期望的现实搭配。	一个初创期的高科技公司，主要使用权益筹资，较少使用或不使用负债筹资。
低经营风险与高财务风险的匹配	具有中等程度的总风险。该种匹配是一种可以同时符合股东和债权人期望的现实搭配。	一个成熟的公用企业，大量使用借款筹资。
低经营风险与低财务风险的匹配	具有很低的总体风险。该种匹配不符合权益投资人的期望，不是一种现实的搭配。	一个成熟的公用企业，只借入很少的债务资本。

四、基于价值创造或增长率的财务战略选择

情况	财务战略
增值型现金短缺（第一象限） （投资资本回报率－资本成本）大于0 （销售增长率－可持续增长率）大于0	1．如果高速增长是暂时的，则应通过借款来筹集所需资金； 2．如果高速增长是长期的，则资金问题有两种解决途径： （途径1）提高可持续增长率，包括提高经营效率（提高税后经营利润率和周转率）和改变财务政策（停止支付股利、增加借款），使之向销售增长率靠拢； （途径2）增加权益资本（增发股份、兼并成熟企业），提供增长所需资金。
增值型现金剩余（第二象限） （投资资本回报率－资本成本）大于0 （销售增长率－可持续增长率）小于0	首选的战略是利用剩余现金加速增长。 途径包括：1．内部投资；2．收购相关业务。 如果加速增长之后仍有剩余现金，找不到进一步投资的机会，则应把多余的钱还给股东，即分配剩余现金。 途径包括：1．增加股利支付；2．回购股份。

（续上表）

情况	财务战略
减损型现金剩余（第三象限） （投资资本回报率－资本成本）小于0 （销售增长率－可持续增长率）小于0	首选的战略是提高投资资本回报率。 途径包括：1．提高税后经营利润率；2．提高经营资产周转率。 在提高投资资本回报率的同时，如果负债比率不当，可以适度调整，以降低平均资本成本。 如果企业不能提高投资资本回报率或者降低资本成本，则应该将企业出售。
减损型现金短缺（第四象限） （投资资本回报率－资本成本）小于0 （销售增长率－可持续增长率）大于0	1．如果盈利能力低是本公司独有的问题，并且觉得有能力扭转价值减损局面，则可以选择“彻底重组”； 2．如果盈利能力低是整个行业的衰退引起的，则应该选择的财务战略是“尽快出售”以减少损失。

【知识点8】国际化经营的战略类型（★★★）

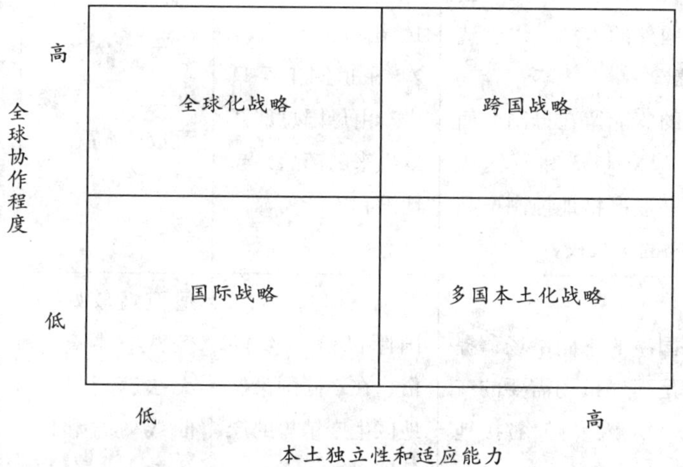

类型	说明	表现形式	特点	适应情况
国际战略	企业将其具有价值的产品与技能转移到国外的市场，以创造价值的举措。 产品开发的职能留在母国，而在东道国建立制造和营销职能，总部一般严格地控制产品与市场战略的决策权。	1. 出口； 2. 东道国工厂只生产由母国总部开发出来的产品，当地没有决策权。	适应性较差、重复建设、经营成本高、集权化管理	企业的特殊竞争力如果在国外市场上拥有竞争优势，而且在该市场上降低成本的压力较小时
多国本土化战略	根据不同国家的不同市场，提供更能满足当地市场需要的产品和服务。（入乡随俗/接地气）	国际品牌入乡随俗，在不同国家、地区生产销售的产品不一样。	适应性较好、经营成本高、无法获得经验曲线效益和区位效益、分权化管理	在当地市场强烈要求根据当地需求提供产品和服务，并降低成本时

（续上表）

类型	说明	表现形式	特点	适应情况
全球化战略	向全世界的市场推销标准化的产品和服务，并在较有利的国家集中地进行生产经营活动，由此形成经验曲线和规模经济效益，以获得高额利润。企业采用该战略的目的是实施成本领先战略，通过提供标准化产品来促使不同国家的习俗和偏好趋同。（在最有利的地方做最合适的工作）	总部决定生产何种产品，产品生产的各个环节在全球范围内安排到最合适的国家，生产出的标准化产品全球销售	适应性较差、经营成本低、集权管理体制	在成本压力大而当地特殊要求小的情况下。

（续上表）

类型	说明	表现形式	特点	适应情况
跨国战略	形成以经验为基础的成本效益和区位效益，转移企业的核心竞争力，同时注意当地市场的需要。 为了避免外部市场的竞争压力，母公司与子公司、子公司与子公司的关系是双向的。	综合了多国本土化战略和全球化战略的做法	适应性较好、经营成本低	充分考虑到东道国的需求，同时也要保证跨国公司的核心目标和技能的实现，理想化而非现实的形式。

【知识点9】新兴市场的企业战略（★★★）

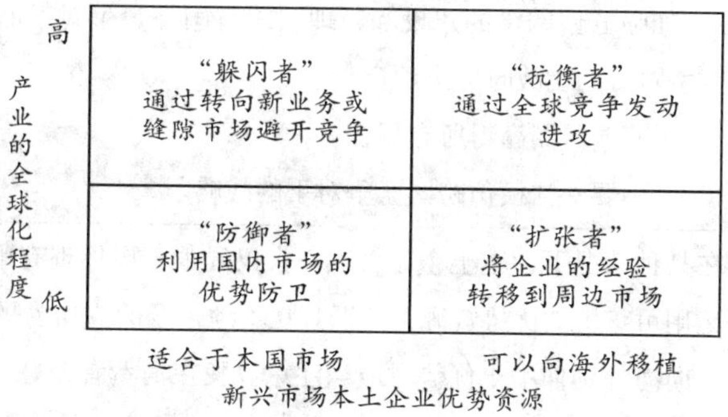

四种本土企业的战略选择的具体做法：

“防御者”的战略：利用本土优势进行防御	具体做法：（孤芳自赏） 1．把目光集中于喜欢本国产品的客户，而不考虑那些崇尚国际品牌的客户； 2．频繁地调整产品和服务，以适应客户特别的甚至是独一无二的需求；

（续上表）

“防御者”的战略：利用本土优势进行防御	3．加强分销网络的建设和管理，缓解国外竞争对手的竞争压力。在面临跨国竞争对手的挑战时应当注意： （1）不要试图赢得所有顾客； （2）不要一味模仿跨国竞争对手的战略。
“扩张者”战略：向海外（周边）延伸本土优势	在某种情况下，本土企业可以不仅仅局限于保住现有市场，它们可以通过合理运用可移植的优势资源，并以其在本地市场的成功为平台，向其他市场扩张。在向海外延伸本土优势时应当注意寻找在消费者偏好、地缘关系、分销渠道或政府管制方面与本国市场相类似的市场，来最有效地利用自己的资源。
“躲闪者”战略：避开跨国公司的冲击（夹缝中求生存：委曲	企业最好的选择可能是以下几个： 1．与跨国公司建立合资、合作企业； 2．将企业出售给跨国公司； 3．重新定义自己的核心业务，避开与跨国公司的直接竞争；

（续上表）

求全、妥协、隐忍、讨好）	4. 根据自身的本土优势专注于细分市场，将业务重心转向价值链中的某些环节； 5. 生产与跨国公司产品互补的产品，或者将其改造为适合本国人口味的产品。
“抗衡者”战略：在全球范围内对抗	1. 不要拘泥于成本上竞争，而应该比照行业中的领先公司来衡量自己的实力（不要一味低成本战略，要做到高大上）。 2. 找到一个定位明确又易于防守的市场。 3. 在一个全球化的产业中找到一个合适的突破口。 4. 学习从发达国家获取资源，以克服自身技能不足和资本的匮乏（虚心好学）。

第四章　战略实施

【知识点1】纵横向分工结构（★★★）

一、纵向分工结构：

（一）高长型组织结构

特点：管理层级多。在每个层次上，管理人员的控制幅度较窄。

有利于企业内部的控制，但对市场变化的反应较慢。

（二）扁平型组织结构

特点：管理层级较少。在每个层次上，管理人员的控制幅度较宽。

可以及时地反映市场的变化，并作出相应的反应（快），但容易造成管理的失控。

二、横向分工结构的基本类型：

企业组织结构有8种基本类型：创业型组织结构、职能制组织结构、事业部制组织结构、M型组织结构（多部门结构）、战略业务单位组织结构（SBU）、矩阵制组织结构和H型结构（控股企业/控股集团组织结构）和国际化经营企业的组织结构。

（一）创业型组织结构

定义	创业型组织结构是一种最早的、最简单的组织结构。这种组织结构没有职能机构，从最高管理层到最低管理层实现直线垂直领导。企业的所有者或管理者对若干下属实施直接控制，并由其下属执行一系列工作任务。
特点	弹性较小并缺乏专业分工，其成功主要依赖于该中心人员的个人能力。
适用范围	小型企业。

（二）职能组织结构

定义	职能制组织结构是一种按职能划分部门的纵向职能结构。企业内部按职能划分成若干部门，各部门独立性很小，均有企业高层领导直接进行管理，即企业实行集中控制和统一指挥。它被大多数人认为是组织结构的典型模式。

（续上表）

优点	1. 能够通过集中单一部门内所有某一类型的活动来实现规模经济。 2. 有利于培养职能专家。 3. 由于任务为常规和重复性任务，因而工作效率得到提高。 4. 董事会便于监控各个部门。
缺点	1. 由于对业务流程进行了过度细分，在协调不同职能时可能出现问题。 2. 难以确定各项产品产生的盈亏。 3. 导致职能间发生冲突、各自为政，而不是出于企业整体利益进行相互合作。 4. 等级层次以及集权化的决策机制会放慢反应速度。
适用情况	单一业务企业。

（三）区域事业部制结构

定义	区域事业部是按照特定的地理位置对企业的活动和人员进行分类。

（续上表）

优点	1．在企业与其客户的联系上，区域事业部制能实现更好更快的地区决策。 2．与一切皆由总部来运作相比，建立地区工厂或办事处会削减成本费用。 3．有利于海外经营企业应对各种环境变化。
缺点	1．管理成本的重复。 2．难以处理跨区域的大客户的事务。
适用情况	企业在不同的地理区域开展业务。

（四）产品/品牌事业部制结构

定义	产品事业部是以企业产品的种类为基础设立若干产品部，而不是以职能或区域为基础进行划分。

（续上表）

优点	1．生产与销售不同产品的不同职能活动和工作可以通过事业部/产品经理来予以协调和配合。 2．各个事业部都可以集中精力在其自身的区域。 3．易于出售或关闭经营不善的事业部。
缺点	1．各个事业部会为了争夺有限资源而产生摩擦。 2．各个事业部之间会存在管理成本的重叠和浪费。 3．若产品事业部数量较大，则难以协调。 4．若产品事业部数量较大，事业部的高级管理层会缺乏整体观念。
适用情况	具有若干生产线的企业。

（五）M型企业组织结构

定义	通过产品线的增加，企业会不断扩张；随着企业规模的扩大，在这一阶段，具有多个产品线的企业应当采用M型结构。
优点	1．便于企业的持续成长。随着新产品线的创建或收购，这些新产品线可能被整合到现有的事业部中，或者作为新开发的事业部的基础。 2．由于每一个事业部都有其自身的高层战略管理者，首席执行官就有更多的时间分析各个事业部的经营情况以及进行资源配置。 3．职权被分派到总部下面的每个事业部，并在每个事业部内部进行再次分派。 4．能够通过诸如资本回报率等方法对事业部的绩效进行财务评估和比较。
缺点	1．为事业部分配企业的管理成本比较困难并略带主观性。 2．事业部之间滋生功能失调性的竞争和摩擦。 3．当一个事业部生产另一事业部所需的部件或产品时，确定转移价格也会产生冲突。
适用情况	具有多个产品线。

（六）战略业务单位组织结构

定义	企业的成长最终需要将相关产品线归类为事业部，然后将这些事业部归类为战略业务单位。
优点	1. 降低了企业总部的控制跨度（管理幅度）。 2. 由于不同的企业单元都向其上级领导报告其经营情况，因此控制幅度的降低也减轻了总部的信息过度情况。 3. 这种结构使得具有类似使命的产品、市场或技术的事业部之间能够更好地协调。 4. 由于几乎无须在事业部之间分摊成本，因此易于监控每个战略业务单位的绩效。
缺点	1. 由于采用这种结构多了一个垂直管理层，因此总部与事业部和产品层的关系变得更疏远。 2. 战略业务单位经理为了取得更多的企业资源会引发竞争和摩擦，从而对企业的总体绩效产生不利影响。
适用范围	规模较大的多元化经营企业。

（七）矩阵制组织结构

定义	矩阵制组织结构是为了处理非常复杂项目中的控制问题而设计的，这种结构在职能和产品或项目之间起到了联系作用。这样员工就拥有了两个直接上级，其中一名上级负责产品或服务，而另外一名负责职能活动。
优点	1．由于项目经理与项目的关系更紧密，因而能更直接地参与到与其产品相关的战略中来，从而激发其成功的动力。 2．能更加有效地优先考虑关键项目，加强对产品和市场的关注，从而避免职能型结构对产品和市场的关注不足。 3．与产品主管和区域主管之间的联系更加直接，从而能够做出更有质量的决策。 4．实现了各个部门之间的协作以及各项技能和专门技术的相互交融。 5．双重权力使得企业具有多重定位，这样职能专家就不会只关注自身的业务范围。

（续上表）

缺点	1. 可能导致权力划分不清晰（比如谁来负责预算），并在职能工作和项目工作之间产生冲突。 2. 双重权力容易使管理者之间产生冲突。如果采用混合型结构，非常重要的一点就是确保上级的权力不相互重叠，并清晰地划分权力范围。下属必须知道其工作的各个方面应对哪个上级负责。 3. 管理层可能难以接受混合型结构，并且管理者可能会觉得另一名管理者将争夺其权力，从而产生危机感。 4. 协调所有的产品和地区会增加时间成本和财务成本，从而导致制定决策的时间过长。
适用范围	非常复杂项目中的控制问题。

（八）H型结构

定义	控股企业其下属企业具有独立的法人资格，下属公司能独立经营并可能保留其原本的企业名称。母公司的作用仅限于做出购买或出售这些企业的决策，而很少参与它们的产品或市场战略。
特点	1．其业务单元的自主性强。 2．企业无须负担高额的中央管理费，因为母企业的职员数量很可能非常少；业务单元能够自负盈亏并从母企业取得较便宜的投资成本。 3．在某些国家如果将这些企业看成一个整体，业务单元还能够获得一定的节税收益。 4．控股企业可以将风险分散到多个企业中，但是有时也很容易撤销对个别企业的投资。
适用范围	业务领域涉及多个方面，甚至上升到全球化竞争层面。

【知识点2】企业战略与组织结构（★★）

组织的战略类型

类型	特点	适合情形
防御型战略组织	1. 追求一种稳定的环境，试图通过解决开创性问题来达到自己的稳定。创造一个稳定的经营领域，占领一部分产品市场。常采用竞争性定价或高质量产品来阻止竞争对手进入自己的领域。 2. 运用大量的资源解决自身的工程技术问题，集中于技术效率，尽可能有效地生产与销售产品或提供服务。 3. 采取“机械式”结构机制。	适合于较为稳定的产业。但是，该产业也有潜在的危险，不可能对市场环境做重大的改变。
开拓型战略组织	1. 追求一种更为动态的环境，将其能力表现在探索和发现新产品和市场的机会上，技术具有很大的灵活性。 2. 行政管理具有很大的灵活性，采用“有机式”机制。	在不断求变当中可以减少环境动荡的影响，但它要冒利润较低与资源分散的风险。

（续上表）

类型	特点	适合情形
开拓型战略组织		缺乏效率性，很难获得最大利润。
分析型战略组织	在寻求新的产品和市场机会的同时，保持传统的产品和市场。需要在保持技术的灵活性与稳定性之间进行平衡。 主要任务是如何区分组织结构的各个方面，以适应既稳定又变动的经营业务，使两种经营业务达到平衡。这个问题可以由分析型组织的矩阵结构解决。	稳定性与灵活性并存的状态，在一定程度上限制了组织的应变能力。如果分析型组织不能保持战略与结构关系的必要平衡，它最大的危险就是既无效能又无效率。

（续上表）

类型	特点	适合情形
反应型战略组织	对其外部环境的反应上采取一种动荡不定的调整模式，缺少在变化的环境中随机应变的机制。往往会对环境变化和不确定性做出不适当的反应，随后又会执行不力，对以后的经营行动犹豫不决。结果，反应型组织永远处于不稳定的状态。	一个企业组织之所以成为反应型组织，主要有3个原因： 1．决策层没有明文表达企业战略； 2．管理层次中没有形成可适用于现有战略的组织结构； 3．只注重保持现有的战略与结构的关系，忽视了外部环境条件的变化。

【知识点3】企业文化的类型（★★★）

类型	特点	适用范围
权力导向型	掌权人试图对下属保持绝对控制，企业组织结构往往是传统框架。企业的决策可以很快地做出，但其质量在很大程度上取决于企业经理人员的能力。企业的变革主要由企业中心权力来决定。	通常存在于家族式企业和刚开创企业。
角色导向型	尽可能追求理性和秩序，角色文化十分重视合法性、忠诚和责任。企业的权力仍在上层，十分强调等级和地位。 具有稳定性、持续性的优点，可能导致高效率，但是，这类企业不太适合动荡的环境。	最常见于国有企业和公务员机构。
任务导向型	管理者关心的是不断地和成功地解决问题。采用的组织结构往往是矩阵式。实现目标是任务导向型企业的主导思想。企业强调的是速度和灵活性，专长是个人权力和职权的主要来源，并且决定一个人在给定情景中的相对权力。	常见于新兴产业中的企业，特别是一些高科技企业。

（续上表）

类型	特点	适用范围
任务导向型	具有很强的适应性，个人能高度控制自己分内的工作，在十分动荡或经常变化的环境中会很成功。也会给企业带来很高的成本。	
人员导向型	企业存在的目的主要是为其成员的需要服务，员工通过示范和助人精神来互相影响，而不是采用正式的职权。这类文化中的人员不易管理，企业能给他们施加的影响很小。	常见于俱乐部、协会、专业团体和小型咨询公司。

【知识点4】战略稳定性与文化适应性（★★）

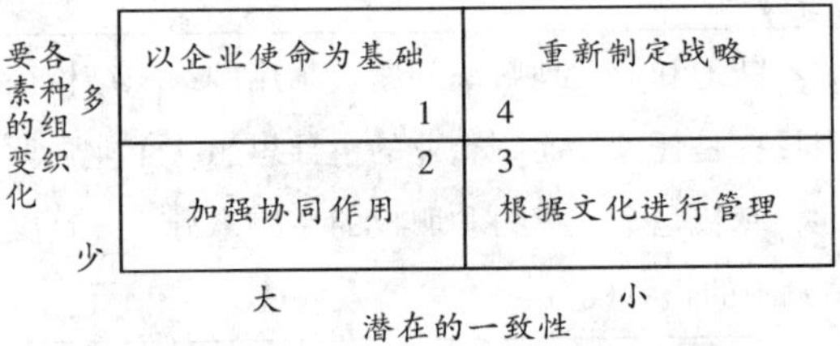

类型	基本含义	说明
以企业使命为基础	这种企业多是那些以往效益好的企业，可以根据自己的实力，寻找可以利用的重大机会，或者试图改变自己的主要产品和市场，以适应新的要求。	注意： 1．企业在进行重大变革时，必须考虑与企业基本使命的关系。 2．发挥企业现有人员在战略变革中的作用。 3．在调整企业的奖励系统时，必须注意与企业组织目前的奖励行为保持一致。 4．考虑进行与企业组织目前的文化相适应的变革，不要破坏企业已有的行为准则。
加强协调作用	发生在企业采用稳定战略（或维持不变战略）时。	考虑： 1．利用目前的有利条件，巩固和加强企业文化。 2．利用文化相对稳定的这一时机，根据企业文化的需求，解决企业生产经营中的问题。

（续上表）

类型	基本含义	说明
根据文化的要求进行管理	企业要素变化不大，但多与企业组织目前的文化不大一致。	可以根据经营的需要，在不影响企业总体文化一致的前提下，对某种经营业务实行不同的文化管理。
重新制定战略	企业首先要考察是否有必要推行这个新战略，如果没有必要，企业则需要考虑重新制定战略。	四个方面采取管理行动： 1. 企业的高层管理人员要痛下决心进行变革，并向全体员工讲明变革的意义。 2. 招聘或从内部提拔一批与新文化相符的人员。 3. 将奖励的重点放在具有新文化意识的事业部或个人的身上，促进企业文化的转变。 4. 设法让管理人员和员工明确新文化所需要的行为，形成一定的规范。

【知识点5】预算的类型（★★）

类型	定义	优点	缺点
增量预算	新的预算使用以前期间的预算或者实际业绩作为基础来编制，在此基础上增加相应的内容。	1. 预算是稳定的，并且变化是循序渐进的。 2. 经理能够在一个稳定的基础上经营他们的部门。 3. 系统相对容易操作和理解。 4. 遇到类似威胁的部门能够避免冲突。 5. 容易实现协调预算。	1. 它假设经营活动以及工作方式都以相同的方式继续下去。 2. 不能拥有启发新观点的动力。 3. 没有降低成本的动力。 4. 它鼓励将预算全部用光以便明年可以保持相同的预算。 5. 它可能过期，并且不再和经营活动的层次或者执行工作的类型有关。
零基预算	在每一个新的期间必须重新判断所	1. 能够识别和去除不充分或者过时的行动； 2. 能够促进更为有效的资源	1. 它是一个复杂的、耗费时间的过程。 2. 它可能强调短期利益而忽视长期

（续上表）

类型	定义	优点	缺点
零基预算	有的费用。 在每一个新的期间必须重新判断所有的费用。	分配； 3．需要广泛的参与。 4．能够应对环境的变化。 5．鼓励管理层寻找替代方法。	目标。 3．管理团队可能缺乏必要的技能。

【知识点6】在战略决策与实施过程中的权力运用（★★）

对待矛盾与冲突的行为模式

对抗	坚定行为+不合作行为	企业利益相关者运用这种模式处理矛盾与冲突，目的在于使对方彻底就范，根本不考虑对方的要求，并坚信自己有能力实现所追求的目标。

（续上表）

和解	不坚定行为＋合作行为	一方利益相关者面对利益矛盾与冲突时，设法满足对方的要求，目的在于保持或改进现存的关系。和解模式通常表现为默认和让步。
协作	坚定行为＋合作行为	在对待利益矛盾与冲突时，既考虑自己利益的满足，也考虑对方的利益，力图寻求相互利益的最佳结合点，并借助于这种合作，使双方的利益都得到满足。
折中	中等程度的坚定性＋中等程度的合作性行为	通过各方利益相关者之间的讨价还价，相互做出让步，达成双方都能接受的协议。折中模式既可以采取积极的方式，也可以采取消极的方式。前者是指对冲突的另一方做出承诺，给予一定的补偿，以求得对方的让步；后者则以威胁、惩罚等要挟对方做出让步。多数场合，则是双管齐下。
规避	不坚定行为＋不合作行为	以时机选择的早晚区分为两种情况：一种是当预期将要发生矛盾与冲突时，通过调整来躲避冲突；另一种情况是当矛盾与冲突实际发生时主动撤出。

【知识点7】平衡计分卡的衡量角度（★★★）

财务角度	主要关注股东对企业的看法，以及企业的财务目标。 指标包括利润、销售增长率、投资回报率、现金流等。
顾客角度	采用的指标： 1. 滞后指标：市场份额、客户保留率、新客户开发率、客户满意度和盈利率（事后才能计算出结果）。 2. 领先指标：时间、质量、价格、可选性、客户关系、企业形象（事先的计划安排）。
内部流程角度	采用的指标： 在新工作中与顾客相处的时间、每个雇员的收入、收益率、交货时间、工程进度完成率。

（续上表）

创新与学习角度	平衡计分卡最大的优点就是能够把创新与学习列为四个角度中的一个。 采用的指标： 新产品占销售的比例、雇员调查、主要员工保留率、员工能力评估与发展。

【知识点8】大数据时代企业战略转型（★★★）

大数据指所涉及的资料规模巨大，无法通过目前常规软件工具，在合理时间内达到撷取、管理、处理、整理成为有用信息的数据集合。

大数据的主要特征

特征	内容
大量性	指大数据的数据量巨大。

（续上表）

多样性	指数据类型繁多。大数据包括结构化数据、半结构化和非结构化数据,并以半结构化和非结构化数据为主。
高速性	指大数据处理时效性高。
价值性	指大数据价值巨大，但价值密度低（有价值的信息可能转瞬即逝）。

大数据时代企业战略转型的主要方面

大数据时代企业战略转型的主要方面	内容
1. 市场调研与预测	（1）市场需求调研与预测。（2）资金需要量预测。（3）现金流量预测。

（续上表）

2. 营销管理	（1）用户行为与特征分析。（2）企业重点客户的筛选。 （3）客户分级管理。（4）改善用户体验。 （5）竞争对手监测与品牌传播。 （6）品牌危机监测与管理。
3. 生产管理	（1）产品创新过程调研。（2）生产流程优化。 （3）提高质量管理水平。（4）科学制定生产计划。 （5）产品科学合理定价。（6）优化库存管理。 （7）完善供应商管理。（8）实现产品生命周期管理。 （9）提高固定资产利用率。
4. 应收账款管理	

【知识点9】大数据时代企业战略转型的主要任务（★★）

一、树立大数据思维，转变经营管理模式。

二、优化专业人才队伍，提升对数据收集、挖掘与分析的能力。

三、加强基础设施建设，积极推进共享模式。

四、提高风险管理水平，确保企业与客户信息安全。

（一）客户个人数据管理。

（二）企业数据管理。

（三）建立应急管理系统。

第五章　公司治理

【知识点1】企业的起源与演进（★）

一、企业的形式经历了“单人业主制—合伙制—公司制”的发展。

二、企业理论

（一）古典企业理论与新古典企业理论

古典经济学家亚当·斯密在《国富论》中论述，随着生产力的发展，劳动社会化程度不断提升，精细分工的趋势催生了劳动合作的需求。而企业就是一种可以实现劳动的有效分工与合作的组织形式，通过企业实现劳动力的有效合作从而更好地实现财富的增值，提升经济绩效。

在古典理论的基础上，新古典经济学家对相关理论进行了进一步的完善与阐述。新古典企业理论认为企业是一个生产函数，在技术和资源既定的条件下，通过生产将资本、土地、劳动力等生产要素转换为产出，以追求实现利益最大化的目标。

（二）交易成本理论

随着产权理论的提出，以交易成本理论为代表的经济学家开始关注生产与交易之间的区别，并从交易成本入手对市场—企业双重治理结构进行探讨。交易成本理论认为，企业产生是因为市场交易成本的存在。

（三）不完全契约理论

格罗斯曼、哈特和莫尔范式（简称GHM范式）将企业看成是可控制的物质资产集合，认为企业本身是一个合约关系。

公司治理研究基本遵循从新古典经济学的厂商理论、新制度主义经济学派的交易成本理论到不完全契约理论的研究思路，将企业的本质分别视为简单生产单元、治理结构、契约集合。当前，公司治理研究集中关注于企业契约本质特征以及因有限理性和机会主义而导致的不完全契约问题。

【知识点2】公司治理问题的产生以及公司治理的定义（★★）

一、公司治理问题的产生

随着公司制企业的不断发展，现代公司呈现出股权结构分散化、所有权与经营权分离等典型特征，由此产生了治理问题，使公司治理成为现代企业所应关注的核心问题。

二、公司治理的定义

（一）狭义的公司治理是指所有者（主要是股东）对经营者的一种监督与制衡机制，即通过一种制度安排，合理地配置所有者和经营者之间的权力和责任关系。它是借助股东大会、董事会、监事会、经理层所构成的公司治理结构来实现的内部治理。其目标是保证股东利益的最大化，防止经营者对所有者利益的背离。

（二）在广义上，公司已不仅是股东的公司，而是一个利益共同体，公司的治理机制也不仅限于以治理结构为基础的内部治理，而是利益相关者通过一系列的内部、外部机制来实施共同治理，治理的目标不仅是股东利益的最大化，而是保证所有利益相关者的利益最大化。

（三）泛广义的公司治理概念，认为公司治理是董事和高级管理人员为了股东、职员、顾客、供应商及提供间接融资的金融机构的利益而管理与控制公司的制度或方法。即泛广义的公司治理概念在涵盖狭义与广义的公司治理内涵的同时，还包括了企业的战略决策系统、企业文化、企业高管控制制度、收益分配激励制度、财务制度、人力资源管理等制度。

【知识点3】三大公司治理问题（★★★）

三大公司治理问题

三大公司治理问题	内容
1. 经理人对于股东的“内部人控制”问题	表现形式：过高的在职消费，盲目过度投资；信息披露不规范、不及时；经营者的短期行为，过度耗用资产，工资、奖金等收入增长过快，侵占利润；资产转移，敷衍偷懒；大量拖欠债务，甚至严重亏损；等等。国有资产流失、会计信息失真是我国国企改革过程中的“内部人控制”的主要表现形式。

（续上表）

三大公司治理问题	内容
2．终极股东对于中小股东的“隧道挖掘”问题	表现形式：可以通过资产购销、产品购销的关联交易，以对控股大股东有利的形式转移定价，债务担保，对公司投资机会进行侵占。另外，还可以利用各种金融手段直接实现利益侵占，如采用通过扩股发行稀释其他股东权益、冻结少数股权、操纵上市公司的会计报告、渐进的收购行为、以低于市场价格回购中小股东的股票，以及“高派现”等其他旨在侵害中小股东的各种财务交易行为。
3．企业与其他利益相关者之间的关系问题（新增）	在企业的治理模式中过度强调股东利益最大化，而缺乏必要机制维护各利益相关者的权益的现象十分普遍。在利益相关者对企业经营和公司治理的影响越来越明显的背景下，企业经营必须重视将利益相关者融入企业的治理模式中，让外部与企业利益相关的主体共同参与公司治理。

第六章　风险与风险管理

【知识点1】企业面对的风险种类（★★★）

风险种类	内容
外部风险（7种）	政治风险、法律风险与合规风险、社会文化风险、技术风险、自然环境风险、市场风险、产业风险
内部风险（4种）	战略风险、操作风险、运营风险、财务风险

外部风险：

一、政治风险

政治风险是指完全或部分由政府官员行使权力和政府组织的行为而产生的不确定性。包括：

（一）外汇管制的规定；（限制资金汇回母国）；

（二）进口配额和关税；

（三）组织结构及要求最低持股比例；（要求有东道国企业参与）

（四）限制向东道国的银行借款；（仅向本国企业提供资金）

（五）没收资产。

二、法律风险与合规风险

合规风险是指因违反法律或监管要求而受到制裁、遭受金融损失以及因未能遵守适用法律、法规、行为准则或相关标准而给企业信誉带来损失的可能性。

法律风险是指企业在经营过程中因自身经营行为的不规范或者外部法律环境发生重大变化而导致不利法律后果的可能性。法律风险通常包括以下三方面：一是法律环境因素，包括立法不完备、执法不公正等；二是市场主体自身法律意识淡薄，在经营活动中不考虑法律因素等；三是交易相对方的失信、违约或欺诈等。

三、社会文化风险

社会文化风险是指文化这一不确定性因素给企业经营活动带来的影响。包括：

（一）跨国经营活动引发的文化风险（东道国和母国文化差异）；

（二）企业并购活动引发的文化风险（企业之间文化差异）；

（三）组织内部因素引发的文化风险（组织内部文化差异）。

四、技术风险

技术设计风险	技术在设计阶段，由于技术构思或设想的不全面性致使技术及技术系统存在先天"缺陷"或创新不足而引发的各种风险。
技术研发风险	在技术研究或开发阶段，外界环境变化的不确定性、技术研发项目本身的难度和复杂性、技术研发人员自身知识和能力的有限性都可能导致技术的研发面临着失败的危险。
技术应用风险	技术成果在产品化、产业化的过程中由一系列不确定性带来的负面影响或效应。

五、自然环境风险

自然环境风险是指企业由于其自身或影响其业务的其他方造成的自然环境破坏而承担损失的风险。

六、市场风险

市场风险是指企业所面对的外部市场的复杂性和变动性所带来的与经营相关的风险。包括：

（一）产品或服务的价格（P）及供需变化（Q）带来的风险；

（二）能源、原材料、配件等物资供应的充足性（Q）、稳定性（Q）和价格（P）的变化带来的风险；

（三）主要客户、主要供应商的信用风险（五力之二力）；

（四）税收政策和利率、汇率、股票价格指数的变化带来的风险（金融市场）；

（五）潜在进入者、竞争者与替代品的竞争带来的风险（五力之三力）。

【总结】PQ+5力+金融市场。

七、产业风险

产业风险是指在特定产业中与经营相关的风险。包括以下因素：

（一）产业（产品）生命周期阶段——导入、成长、成熟、衰退

（二）产业波动性——不确定性

（三）产业集中程度——垄断

内部风险：

一、战略风险

具体体现在以下三个方面

有无发展战略	缺乏明确的发展战略或发展战略实施不到位，可能导致企业盲目发展，难以形成竞争优势，丧失发展机遇和动力

（续上表）

战略是否合理	发展战略过于激进，脱离企业实际能力或偏离主业，甚至危及企业过度扩张，甚至经营失败
战略变动	发展战略因主观原因频繁变动，可能导致资源浪费，甚至危及企业的生存和持续发展

二、运营风险

运营风险是指企业在运营过程中，由于内外部环境的复杂性和变动性以及主体对环境的认知能力和适应能力的有限性，而导致运营失败或使运营活动达不到预期目标的可能性及其损失。包括：

（一）企业产品结构、新产品研发方面可能引发的风险——产品

（二）企业新市场开发、市场营销策略（包括产品或服务定价与销售渠道、市场营销环境状况等）方面可能引发的风险——市场

（三）企业组织效能、管理现状、企业文化及高、中层管理人员和重要业务流程中专业人员的知

识结构、专业经验等方面可能引发的风险——企业组织

（四）期货等衍生产品业务中发生失误带来的风险——衍生

（五）质量、安全、环保、信息安全等管理中发生失误导致的风险；

（六）因企业内、外部人员的道德因素或业务控制系统失灵导致的风险；

（七）给企业造成损失的自然灾害等风险——自然灾害

（八）企业现有业务流程和信息系统操作运行情况的监管、运行评价及持续改进能力方面引发的风险。

三、操作风险

操作风险是指由于内部程序、人员和系统的不完备或失效，或由于外部事件造成损失的风险。包括：

（一）内部欺诈：机构内部人员参与。

（二）外部欺诈：第三方参与。

（三）雇用合同以及工作状况带来的风险事件：不履行合同，或不符合劳动法规等导致赔偿。

（四）客户、产品以及商业行为引起的风险事件：无法满足顾客的需求，或产品的设计等存在问题。

（五）有形资产的损失。

（六）经营中断和系统出错。如软件或者硬件错误、通信问题以及设备老化。

（七）涉及执行、交割以及交易过程管理的风险事件。如交易失败、与合作伙伴的合作失败、交易数据输入错误、不完备的法律文件、未经批准访问客户账户，以及卖方纠纷等。

四、财务风险

财务风险是指企业在生产经营过程中，由于内外部环境的各种难以预料或无法控制的不确定性因素的作用，使企业在一定时期内所获得的财务收益与预期收益发生偏差的可能性。

财务风险的内容

筹资风险	企业筹资渠道：借入资金和所有者投资。 借入资金的筹资风险：企业是否能按时还本付息。 所有者投资的筹资风险：使用效益的不确定性。（产生的回报投资人不满意）

（续上表）

投资风险	投资项目不能达到预期收益，从而影响企业盈利水平和偿债能力的风险。
资金回收风险	销售时：成品资金→结算资金→货币资金。转化过程在时间和金额上的不确定性，（如赊销产生坏账）就是资金回收风险。
收益分配风险	由于收益分配而可能给企业今后的生产经营活动带来的不利影响。来源于： 1．收益确认的风险。当期少计成本费用，多确认当期收益，从而虚增当期利润，使企业提前纳税，导致大量资金提前流出而引起企业财务风险；或者有可能多计成本费用，少确认当期收益，从而虚减了当期利润，影响了企业声誉。 2．对投资者分配收益的形式、时间和金额的把握不当而产生的风险。如资金紧缺，却大规模分配而影响后续经营。

【知识点2】风险管理的概念（★★）

一、企业风险管理的主要特征

战略性	尽管风险管理渗透到现代企业各项活动中，存在于企业管理者对企业的日常管理当中，但它主要运用于企业战略管理层面，站在战略层面整合和管理企业层面风险是全面风险管理的价值所在。
全员化	企业全面风险管理是一个由企业治理层、管理层和所有员工参与，旨在把风险控制在风险容量以内，增进企业价值的过程。（注意管理层和治理层）
专业性	要求风险管理的专业人才实施专业化管理。
二重性	企业全面风险管理的商业使命在于：1. 损失最小化（当风险损失不能避免时，尽量减少损失至最小化）；2. 不确定性管理（风险损失可能发生，也可能不发生，设法降低风险发生的可能）；3. 绩效最优化管理（风险预示着机会时，化风险为增进企业价值的机会）。全面风险管理既要管理纯粹的风险，也要管理机会风险。

（续上表）

系统性	全面风险管理必须拥有一套系统的、规范的方法，建立健全全面风险管理体系，包括风险管理策略、风险理财措施、风险管理的组织职能体系、风险管理信息系统和内部控制系统，从而为实现风险管理的总体目标提供合理的保证。

二、风险管理的新旧理念对比

	传统风险管理	全面风险管理
涉及面	主要由财务会计主管和内部审计等部门负责；就单个风险实施个体风险管理，主要是可保风险和财务风险。	在高层的参与下，每个成员都承担与自己行为相关的风险管理责任；从总体上集中考虑和管理所有风险（包括纯企业风险和机会风险）。
连续性	只有管理层认为必要时才进行。	企业系统的、有重点的、持续的行为。

（续上表）

	传统风险管理	全面风险管理
态度	被动地将风险管理作为成本中心。	主动积极地将风险管理作为价值中心。
目标	与企业战略联系不紧，目的是转移或避免风险。	紧密联系企业战略，目的是寻求风险优化措施。
方法	事后反应式的风险管理方法，即先检查和预防经营风险，然后采取应对措施。	事前风险防范，事中风险预警和及时处理，事后风险报告、评估、备案及其他相应措施。
注意焦点	专注于纯粹和灾害性风险。	焦点在所有利益相关者的共同利益最大化上。

【知识点3】风险管理工具（★★★）

名称	定义	说明
风险承担	亦称风险保留、风险自留。是指企业对所面临的风险采取接受的态度，从而承担风险带来的后果。	1. 对未能辨识出的风险，企业只能采用风险承担。 2. 对辨识出的风险，可能由于以下原因采用风险承担： （1）缺乏能力进行主动管理。 （2）没有其他备选方案。 （3）从成本效益考虑，风险承担最适宜。 3. 对于重大风险，一般不应采用风险承担。
风险规避	指企业回避、停止或退出蕴含某一风险的商业活动或商业环境，避免成为风险的所有人。	例如： 1. 退出某一市场以避免激烈竞争。 2. 拒绝与信用不好的交易对手进行交易。 3. 外包某项对工人健康安全风险较高的工作。 4. 停止生产可能有潜在客户安全隐患的产品。

（续上表）

名称	定义	说明
风险规避		5．禁止各业务单位在金融市场进行投机。 6．不准员工访问某些网站或下载某些内容。
风险转移	指企业通过合同将风险转移到第三方，企业对转移后的风险不再拥有所有权。转移风险不会降低其可能的严重程度，只是从一方移除后转移到另一方。	例如： 1．保险（将风险由企业转移给保险公司）。 2．非保险型的风险转移（将风险转移给非保险机构）。例如，服务保证书等。 3．风险证券化：通过证券化保险风险形成的保险连接型证券（ILS）。如与地震有关的债券发行。这种债券的利息支付和本金偿还取决于某个风险事件的发生或严重程度。

（续上表）

名称	定义	说明
风险转换	指企业通过战略调整等手段将企业面临的风险转换成另一个风险。风险转换的手段包括战略调整和衍生产品等。	1．风险转换一般不会直接降低企业总的风险，其简单形式就是在减少某一风险的同时，增加另一风险。例如，通过放松交易客户信用标准，增加了应收账款，但扩大了销售。 2．企业可以通过风险转换在两个或多个风险之间进行调整，以达到最佳效果。 3．风险转换可以在低成本或者无成本的情况下达到目的。
风险对冲	指采取各种手段，引入多个风险因素或承担多个风险，使得这些风险能够互相对冲。	风险对冲必须涉及风险组合，而不是对单一风险；对于单一风险，只能进行风险规避、风险控制。例如，资产组合使用，多种外币结算的使用和战略上的多种经营，利用期货进行套期保值等。

（续上表）

名称	定义	说明
风险补偿	指企业对风险可能造成的损失采取适当的措施进行补偿。	风险补偿的形式有财务补偿、人力补偿、物资补偿等。财务补偿是损失融资，包括企业自身的风险准备金或应急资本等。
风险控制	指控制风险事件发生的动因、环境、条件等，来达到减轻风险事件发生时的损失或降低风险事件发生的概率的目的。	1．降低发生概率：室内使用不易燃地毯、山上禁止吸烟。 2．减轻损失：修建水坝防洪、设立质量检查防止次品出厂等。

【知识点4】风险管理技术与方法（★★）

一、头脑风暴法（★★）

头脑风暴法又称智力激励法、BS法、自由思考法，是指刺激并鼓励一群知识渊博、知悉风险情况的人员畅所欲言，开展集体讨论的方法。（面对面）

适用范围：适用于充分发挥专家意见，在风险识别阶段进行定性分析。

头脑风暴法的主要优点和局限

主要优点	1. 激发了想象力，有助于发现新的风险和全新的解决方案。 2. 让主要的利益相关者参与其中，有助于进行全面沟通。 3. 速度较快并易于开展。
局限性	1. 参与者可能缺乏必要的技术及知识，无法提出有效的建议。 2. 由于头脑风暴法相对松散，因此较难保证过程的全面性。

（续上表）

局限性	3．可能会出现特殊的小组状况，导致某些有重要观点的人保持沉默而其他人成为讨论的主角。 4．实施成本较高，要求参与者有较好的素质，这些因素是否满足会影响头脑风暴法实施的效果。

二、德尔菲法（★★）

适用范围：适用于在专家一致性意见基础上，在风险识别阶段进行定性分析。

德尔菲法的主要优点和局限性

主要优点	1．由于观点是匿名的，因此更有可能表达出那些不受欢迎的看法。 2．所有观点有相同的权重，避免重要人物占主导地位的问题。 3．专家不必一次聚集在某个地方，比较方便。 4．这种方法具有广泛的代表性。

（续上表）

局限性	1. 权威人士的意见影响他人的意见； 2. 有些专家碍于情面，不愿意发表与其他人不同的意见； 3. 出于自尊心而不愿意修改自己原来不全面的意见。 主要缺点是过程比较复杂，花费时间较长。

三、失效模式影响和危害度分析法

适用范围：适用于对失效模式、影响及危害进行定性或定量分析，还可以对其他风险识别方法提供数据支持。

主要优点和局限性

主要优点	1. 广泛适用于人力、设备和系统失效模式，以及硬件、软件和程序。 2. 识别组件失效模式及其原因和对系统的影响，同时用可读性较强的形式表现出来。

（续上表）

主要优点	3. 通过在设计初期发现问题，从而避免了开支较大的设备改造。 4. 识别单点失效模式以及对冗余或安全系统的需要。
局限性	1. 只能识别单个失效模式，无法同时识别多个失效模式。 2. 除非得到充分控制并集中充分精力，否则研究工作既耗时且开支较大。

四、流程图分析法（★★）

流程图分析法是对流程的每一阶段、每一环节逐一进行调查分析，从中发现潜在风险，找出导致风险发生的因素，分析风险产生后可能造成的损失以及对整个组织可能造成的不利影响。

流程图分析法的主要优点和局限性

主要优点	清晰明了，易于操作，且组织规模越大，流程越复杂，流程图分析法就越能体现出优越性。

（续上表）

局限性	该方法的使用效果依赖于专业人员的水平。

五、马尔科夫分析法

如果系统未来的状况仅取决于其现在的状态，那么就可以使用马尔科夫分析法。通常用于对那些存在多种状态（包括功能、降级、故障状态）的可维修复杂系统进行分析。马尔科夫分析是一项定量技术，可以是不连续的（利用状态间变化的概率）或者连续的（利用各状态的变化率）。

适用范围：适用于对复杂系统中不确定性事件及其状态改变的定量分析。

马尔科夫分析法的主要优点和局限性

主要优点	能够计算出具有维修能力和多重降级状态的系统的概率。
局限性	1. 无论是故障还是维修，都假设状态变化的概率是固定的。 2. 所有事项在统计上具有独立性，因此未来的状态独立于一切过去的状态，除非两个状态紧密相连。

（续上表）

局限性	3. 需要了解状态变化的各种概率。 4. 有关矩阵运算的知识比较复杂，非专业人士很难看懂。

六、风险评估系图法（★★）

适用范围：适用于对风险初步的定性分析。

险评估系图法的主要优点和局限性

主要优点	风险评估系图法作为一种简单的定性方法，直观明了。
局限性	如需要进一步探求风险原因，则显得过于简单，缺乏有效的经验证明和数据支持。

七、情景分析法（★★）

适用范围：通过模拟不确定性情景（最佳情景、基准情景、最差情景），对企业面临的风险进行定性和定量分析。

情景分析法的主要优点和局限性

主要优点	对于未来变化不大的情况能够给出比较精确的模拟结果。
局限性	1. 在存在较大不确定性的情况下，有些情景可能不够现实。 2. 在运用情景分析时，主要的难点涉及数据的有效性以及分析师和决策者开发现实情境的能力，这些难点对结果的分析具有修正作用。 3. 如果将情景分析作为一种决策工具，其危险在于所用情景可能缺乏充分的基础，数据可能具有随机性，同时可能无法发现那些不切实际的结果。

八、敏感性分析法（★★）

适用范围：适用于对项目不确定性对结果产生的影响进行的定量分析。

敏感性分析法的主要优点和局限性

主要优点	为决策者提供有价值的参考信息；可以清晰地为风险分析指明方向；可以帮助企业制定紧急预案。
局限性	主要包括分析所需要的数据经常缺乏，无法提供可靠的参数变化；分析时借助公式计算，没有考虑各种不确定因素在未来发生变动的概率，无法给出各参数的变化情况，因此其分析结果可能和实际相反。

九、事件树分析法（★★）

适用范围：适用于对故障发生以后，在各种减轻事件严重性的影响下，对多种可能后果的定性和定量分析。

事件树分析法的主要优点和局限性

主要优点	1．ETA以清晰的图形显示了经过分析的初始事项之后的潜在情景，以及缓解系统或功能成败产生的影响。 2．它能说明时机、依赖性，以及故障树模型中很烦琐的多米诺效应。 3．它生动地体现事件的顺序，而使用故障树是不可能表现的。
局限性	1．为了将ETA作为综合评估的组成部分，一切潜在的初始事项都要进行识别，这可能需要使用其他分析方法（如危害及可操作研究法），但总是有可能错过一些重要的初始事项。 2．事件树只分析了某个系统的成功及故障状况，很难将延迟成功或恢复事项纳入其中。 3．任何路径都取决于路径上以前分支点处发生的事项。因此，要分析各可能路径上众多从属因素。然而，人们可能会忽视某些从属因素，如常见组件、应用系统以及操作员等。如果不认真处理这些从属因素，就会导致风险评估过于乐观。

十、决策树法（★★）

适用范围：适用于对不确定性投资方案期望收益的定量分析。

决策树法的主要优点和局限性

主要优点	1．对于决策问题的细节提供了一种清楚的图解说明。 2．能够计算到达一种情形的最优路径。
局限性	1．大的决策树可能过于复杂，不容易与其他人交流。 2．为了能够用树形图表示，可能有过于简化环境的倾向。

十一、统计推论法（★★）

适用范围：适用于各种风险分析预测。

统计推论法的主要优点和局限性

主要优点	1．在数据充足可靠的情况下简单易行。 2．结果准确率高。

（续上表）

局限性	1．由于历史事件的前提和环境已发生了变化，不一定适用于今天或未来。 2．没有考虑事件的因果关系，使外推结果可能产生较大偏差。为了修正这些偏差，有时必须在历史数据的处理中加入专家或集体的经验修正。

【总结】

定性分析	头脑风暴法；德尔菲法；流程图分析法；风险评估系图法。（风流的（德）脑）
定量分析	马尔科夫分析法；敏感性分析法；决策树法。（马赶（感）树）
定性和定量分析	失效模式影响和危害度分析法；情景分析法；事件树分析法。（情事失效）
适用于各种风险分析预测	统计推论法

第七章　内部控制

【知识点1】COSO委员会关于内部控制的定义与框架（★）

三项目标：取得经营的效率和有效性；确保财务报告的可靠性；遵循适用的法律法规。

五大要素：

一、控制环境：包括员工的正直、道德价值观和能力，管理当局的理念和经营风格，管理当局确立权威性和责任、组织和开发员工的方法等。

二、风险评估：为了达成组织目标而对相关的风险所进行的辨别与分析。

三、控制活动：为了确保实现管理当局的目标而采取的政策和程序，包括审批、授权、验证、确认、经营业绩的复核、资产的安全性等。

四、信息与沟通：为了保证员工履行职责而必须识别、获取的信息及其沟通。

五、监控：对内部控制实施质量的评价，主要包括经营过程中的持续监控，即日常管理和监督、员工履行职责的行动等，也包括个别评价，或者是两者的结合。

【学堂点睛】环评活动信沟肩（勾肩搭背）。

【知识点2】我国内部控制规范体系（★★★）

五个要素：一、内部环境；二、风险评估；三、控制活动；四、信息与沟通；五、内部监督。

【知识点3】应用指引第1号——组织架构（★★★）

内控点	内控要求与措施	记忆点
组织架构的设计	1. 企业应当根据国家有关法律法规的规定，明确董事会、监事会和经理层的职责权限、任职条件、议事规则和工作程序，确保决策、执行和监督相互分离，形成制衡。 董事会对股东（大）会负责，依法行使企业的经营决策权。可按照股东（大）会的有关决议，设立战略、审计、提名、薪酬与考核委员会。 监事会对股东（大）会负责，监督企业董事、经理和其他高级管理人员。	1. 董事会、监事会和经理层。 2. 三重一大。

（续上表）

内控点	内控要求与措施	记忆点
组织架构的设计	经理层对董事会负责，主持企业的生产经营管理工作。 2. 企业的重大决策、重大事项、重要人事任免及大额资金支付业务等（三重一大），应当按照规定的权限和程序实行集体决策审批或者联签制度。 3. 企业应当合理设置内部职能机构，明确各机构的职责权限，避免职能交叉、缺失或权责过于集中，形成各司其职、各负其责、相互制约、相互协调的工作机制。 4. 不相容职务通常包括：可行性研究与决策审批；决策审批与执行；执行与监督检查等。 5. 企业应当制定组织结构图、业务流程图、岗（职）位说明书和权限指引等内部管理制度或相关文件，使员工了解和掌握组织架构设计及权责分配情况，正确履行职责。	3. 内部职能机构。 4. 不相容职务。 5. 内部管理制度。

（续上表）

内控点	内控要求与措施	记忆点
组织架构的运行	1．企业应当根据组织架构的设计规范，对现有治理结构和内部机构设置进行全面梳理，确保本企业治理结构、内部机构设置和运行机制等符合现代企业制度（产权清晰、权责明确、政企分开、管理科学）要求。 2．企业拥有子公司的，应当建立科学的投资管控制度，通过合法有效的形式履行出资人职责、维护出资人权益，重点关注子公司特别是异地、境外子公司的发展战略、年度财务预决算、重大投融资、重大担保、大额资金使用、主要资产处置、重要人事任免、内部控制体系建设等重要事项。 3．企业应当定期对组织架构设计与运行的效率和效果进行全面评估，发现组织架构设计与运行中存在缺陷的，应当进行优化调整。企业组织架构调整应当充分听取董事、监事、高级管理人员和其他员工的意见，按照规定的权限和程序进行决策审批。	1．现代企业制度。 2．子公司投资管控制度。 3．定期全面评估。

【知识点4】应用指引第2号——发展战略（★★★）

内控点	内控要求与措施	记忆点
发展战略的制定	1．企业应当在充分调查研究、科学分析预测和广泛征求意见的基础上制定发展目标。 2．企业应当根据发展目标制定战略规划。战略规划应当明确发展的阶段性和发展程度，确定每个发展阶段的具体目标、工作任务和实施路径。 3．企业应当在董事会下设立战略委员会，或指定相关机构负责发展战略管理工作，履行相应职责。战略委员会应当组织有关部门对发展目标和战略规划进行可行性研究和科学论证，形成发展战略建议方案。 4．董事会应当严格审议战略委员会提交的发展战略方案，重点关注其全局性、长期性和可行性。企业的发展战略方案经董事会审议通过后，报经股东（大）会批准实施。	1．制定发展目标。 2．制定战略规划。 3．战略委员会。 4．董事会审议发展战略。

（续上表）

内控点	内控要求与措施	记忆点
发展战略的实施	1. 企业应当根据发展战略，制订年度工作计划，编制全面预算，将年度目标分解、落实；同时完善发展战略管理制度，确保发展战略有效实施。 2. 企业应当重视发展战略的宣传工作，通过内部各层级会议和教育培训等有效方式，将发展战略及其分解落实情况传递到内部各管理层级和全体员工。 3. 战略委员会应当加强对发展战略实施情况的监控，定期收集和分析相关信息，对于明显偏离发展战略的情况，应当及时报告。 4. 由于经济形势、产业政策、技术进步、行业状况以及不可抗力等因素发生重大变化，确需对发展战略作出调整的，应当按照规定权限和程序调整发展战略。	1. 制定年度工作计划，编制全面预算。 2. 发展战略的宣传。 3. 战略委员会监控。 4. 调整发展战略。

【知识点5】应用指引第4号——社会责任（★★）

履行社会责任方面需关注的主要风险

一、安全生产措施不到位，责任不落实，可能导致企业发生安全事故。

二、产品质量低劣，侵害消费者利益，可能导致企业巨额赔偿、形象受损，甚至破产。

三、环境保护投入不足，资源耗费大，造成环境污染或资源枯竭，可能导致企业巨额赔偿、缺乏发展后劲，甚至停业。

四、促进就业和员工权益保护不够，可能导致员工积极性受挫，影响企业发展和社会稳定。

【知识点6】应用指引第6号——资金活动（★★★）

内控点	内控要求与措施	记忆点
筹资	1. 根据筹资目标和规划，结合年度全面预算，拟订筹资方案，明确筹资用途、规模、结构和方式等相关内容，对筹资成本和潜在风险作出	1. 拟订筹资方案。

（续上表）

内控点	内控要求与措施	记忆点
筹资	充分估计。 2. 对筹资方案进行科学论证，不得依据未经论证的方案开展筹资活动。重大筹资方案应当形成可行性研究报告。 3. 对筹资方案进行严格审批，重点关注筹资用途的可行性和相应的偿债能力。 重大筹资方案，应当按照规定的权限和程序实行集体决策或者联签制度。筹资方案需经有关部门批准的，应当履行相应的报批程序。筹资方案发生重大变更的，应当重新进行可行性研究并履行相应审批程序。 4. 根据批准的筹资方案，严格按照规定权限和程序筹集资金。 5. 严格按照筹资方案确定的用途使用资金。由于市场环境变化等确需改变资金用途的，应当履行相应的审批程序，严禁擅自改变资金用途。	2. 科学论证。 3. 严格审批。 4. 筹集资金。 5. 使用资金。 6. 债务偿还和股利支付环节管理。

（续上表）

内控点	内控要求与措施	记忆点
筹资	6. 加强债务偿还和股利支付环节的管理，对偿还本息和支付股利等作出适当安排。 7. 加强筹资业务的会计系统控制。定期与资金提供方进行账务核对。	7. 会计系统控制。
投资	1. 根据投资目标和规划，合理安排资金投放结构，科学确定投资项目，拟订投资方案，重点关注投资项目的收益和风险。选择投资项目应当突出主业。 2. 加强对投资方案的可行性研究，重点对投资目标、规模、方式、资金来源、风险与收益等作出客观评价。 3. 按照规定的权限和程序对投资项目进行决策审批。重大投资项目，应当按照规定的权限和程序实行集体决策或者联签制度。投资方案发生重大变更的，应当重新进行可行性研究并履行相应审批程序。	1. 拟定投资方案。 2. 可行性研究。 3. 决策审批。 4. 签订投资合同。

（续上表）

内控点	内控要求与措施	记忆点
投资	4．根据批准的投资方案，与被投资方签订投资合同或协议，按规定的权限和程序审批后履行投资合同或协议。企业应当指定专门机构或人员对投资项目进行跟踪管理。 5．加强对投资项目的会计系统控制。根据对被投资方的影响程度，合理确定投资会计政策，建立投资管理台账，详细记录投资对象、金额、持股比例、期限、收益等事项，妥善保管投资合同或协议、出资证明等资料。 6．加强投资收回和处置环节的控制，对投资收回、转让、核销等决策和审批程序作出明确规定。 重视投资到期本金的回收。 转让投资应当由相关机构或人员合理确定转让价格，报授权批准部门	5．会计系统控制。 6．投资收回和处置环节。

（续上表）

内控点	内控要求与措施	记忆点
投资	批准，必要时可委托具有相应资质的专门机构进行评估。 核销投资应当取得不能收回投资的法律文书和相关证明文件。 企业对于到期无法收回的投资，应当建立责任追究制度。	
营运	1．加强资金营运全过程的管理，全面提升资金营运效率。 2．充分发挥全面预算管理在资金综合平衡中的作用，严格按照预算要求组织协调资金调度，确保资金及时收付，实现资金的合理占用和营运良性循环。企业应当严禁资金的体外循环，切实防范资金营运中的风险。 3．定期组织召开资金调度会或资金安全检查，对资金预算执行情况进行综合分析，发现异常情况，及时采取措施妥善处理，避免资金冗余或资金链断裂。资金出现短期闲置的，在保证安全性和流动性的	1．加强资金营运全过程的管理。 2．加强全面预算管理。严禁资金的体外循环。

（续上表）

内控点	内控要求与措施	记忆点
营运	前提下，可以通过购买国债等多种方式，提高资金效益。 4. 加强对营运资金的会计系统控制，严格规范资金的收支条件、程序和审批权限。 企业在生产经营及其他业务活动中取得的资金收入应当及时入账，不得账外设账，严禁收款不入账、设立“小金库”。 企业办理资金支付业务，应当明确支出款项的用途、金额、预算、限额、支付方式等内容，并附原始单据或相关证明，履行严格的授权审批程序后，方可安排资金支出。 企业办理资金收付业务，应当遵守现金和银行存款管理的有关规定，不得由一人办理货币资金全过程业务，严禁将办理资金支付业务的相关印章和票据集中一人保管。	3. 定期组织召开资金调度会或资金安全检查。 4. 会计系统控制。

【知识点7】应用指引第7号——采购业务（★★★）

采购业务需关注的主要风险

一、采购计划安排不合理，市场变化趋势预测不准确，造成库存短缺或积压，可能导致企业生产停滞或资源浪费。

二、供应商选择不当，采购方式不合理，招投标或定价机制不科学，授权审批不规范，可能导致采购物资质次价高，出现舞弊或遭受欺诈。

三、采购验收不规范，付款审核不严，可能导致采购物资、资金损失或信用受损。

内控点	内控要求与措施	记忆点
购买	1．采购业务应当集中，避免多头采购或分散采购，以提高采购业务效率。 对办理采购业务的人员定期进行岗位轮换。 重要和技术性较强的采购业务，应当组织相关专家进行论证，实行集体	1．采购业务应集中。 2．采购申请制度。

（续上表）

内控点	内控要求与措施	记忆点
购买	决策和审批。 企业除小额零星物资或服务外，不得安排同一机构办理采购业务全过程。 2．建立采购申请制度，依据购买物资或接受劳务的类型，确定归口管理部门，授予相应的请购权，明确相关部门或人员的职责权限及相应的请购和审批程序。企业可以根据实际需要设置专门的请购部门。 对于超预算和预算外采购项目，应先履行预算调整程序，由具备相应审批权限的部门或人员审批后，再行办理请购手续。 3．建立科学的供应商评估和准入制度，确定合格供应商清单。建立供应商管理信息系统。可委托具有相应资质的中介机构对供应商进行资信调查。	3．建立供应商评估和准入制度。 4．选择采购方式。 5．确定采购价格。 6．拟订采购合同。 7．建立采购验收制度。

（续上表）

内控点	内控要求与措施	记忆点
购买	4．根据市场情况和采购计划合理选择采购方式。 大宗采购应当采用招标方式，合理确定招投标的范围、标准、实施程序和评标规则； 一般物资或劳务等的采购可以采用询价或定向采购的方式并签订合同协议； 小额零星物资或劳务等的采购可以采用直接购买等方式。 5．建立采购物资定价机制，合理确定采购价格。 大宗采购等应当采用招投标方式确定采购价格。 其他商品或劳务的采购，应当根据市场行情制定最高采购限价，并对最高采购限价适时调整。 6．拟订采购合同，准确描述合同条款。	8．加强物资采购供应过程的管理。

（续上表）

内控点	内控要求与措施	记忆点
购买	7. 建立严格的采购验收制度，由专门的验收机构或验收人员出具验收证明。涉及大宗和新、特物资采购的，还应进行专业测试。 8. 加强物资采购供应过程的管理，做好采购业务各环节的记录。	
付款	1. 企业应当加强采购付款的管理，严格审核采购预算、合同、相关单据凭证、审批程序等相关内容，审核无误后按照合同规定及时办理付款。 企业在付款过程中，应当严格审查采购发票的真实性、合法性和有效性。发现虚假发票的，应查明原因，及时报告处理。 企业应当重视采购付款的过程控制和跟踪管理，发现异常情况的，应当拒绝付款，避免出现资金损失和信用受损。 企业应当合理选择付款方式，并严格遵循合同规定，防范付款方式不当带来的法律风险，保证资金安全。	1. 加强采购付款的管理。 2. 加强预付账款和定金的管理。

（续上表）

内控点	内控要求与措施	记忆点
付款	2. 企业应当加强预付账款和定金的管理。涉及大额或长期的预付款项，应当定期进行追踪核查，综合分析预付款项的期限、占用款项的合理性、不可回收风险等情况。 3. 企业应当加强对购买、验收、付款业务的会计系统控制，确保会计记录、采购记录与仓储记录核对一致。 企业应当指定专人通过函证等方式，定期与供应商核对应付账款、应付票据、预付账款等往来款项。 4. 企业应当建立退货管理制度。	3. 会计系统控制。 4. 建立退货管理制度。

【知识点8】应用指引第8号——资产管理（★★★）

资产管理需关注的主要风险

一、存货积压或短缺，可能导致流动资金占用过量、存货价值贬损或生产中断。

二、固定资产更新改造不够、使用效能低下、维护不当、产能过剩，可能导致企业缺乏竞争力、资产价值贬损、安全事故频发或资源浪费。

三、无形资产缺乏核心技术、权属不清、技术落后、存在重大技术安全隐患，可能导致企业法律纠纷、缺乏可持续发展能力。

内控点	内控要求与措施	记忆点
存货	1. 企业应当采用先进的存货管理技术和方法，规范存货管理流程，明确各环节的管理要求，充分利用信息系统，强化会计、出入库等相关记录，确保存货管理全过程的风险得到有效控制。 2. 企业应当建立存货管理岗位责任制，切实做到不相容岗位相互	1. 先进的存货管理技术和方法。

（续上表）

内控点	内控要求与措施	记忆点
存货	分离、制约和监督。企业内部除存货管理、监督部门及仓储人员外，其他部门和人员接触存货，应当经过相关部门特别授权。 3．企业应当重视存货验收工作。 外购存货的验收，应当重点关注合同、发票等原始单据与存货的数量、质量、规格等核对一致。 自制存货的验收，应当重点关注产品质量，通过检验合格的半成品、产成品才能办理入库手续，不合格品应及时查明原因、落实责任、报告处理。 其他方式取得存货的验收，应当重点关注存货来源、质量状况、实际价值是否符合有关合同或协议的约定。	2．建立存货管理岗位责任制。 3．重视存货验收工作。 4．建立存货保管制度。 5．发出和领用的审批权限。 6．仓储部门详细记录存货入

（续上表）

内控点	内控要求与措施	记忆点
存货	4. 企业应当建立存货保管制度，定期对存货进行检查，重点关注下列事项： （1）存货在不同仓库之间流动时应当办理出入库手续。 （2）应当按仓储物资所要求的储存条件贮存，并健全防火、防洪、防盗、防潮、防病虫害和防变质等管理规范。 （3）加强生产现场的材料、周转材料、半成品等物资的管理，防止浪费、被盗和流失。 （4）对代管、代销、暂存、受托加工的存货，应单独存放和记录，避免与本单位存货混淆。 （5）结合企业实际情况，加强存货的保险投保，保证存货安全，合理降低存货意外损失风险。	库、出库及库存情况并对账。 7. 最佳库存状态。 8. 建立存货盘点清查制度。

（续上表）

内控点	内控要求与措施	记忆点
存货	5．企业应当明确存货发出和领用的审批权限，大批存货、贵重商品或危险品的发出应当实行特别授权。仓储部门应当根据经审批的销售（出库）通知单发出货物。 6．企业仓储部门应当详细记录存货入库、出库及库存情况，做到存货记录与实际库存相符，并定期与财会部门、存货管理部门进行核对。 7．合理确定存货采购日期和数量，确保存货处于最佳库存状态。 8．企业应当建立存货盘点清查制度。企业至少应当于每年年度终了开展全面盘点清查，盘点清查结果应当形成书面报告。	

（续上表）

内控点	内控要求与措施	记忆点
固定资产	1. 加强各类固定资产的管理，重视固定资产维护和更新改造，不断提升固定资产的使用效能，积极促进固定资产处于良好运行状态。 2. 企业应当制定固定资产目录，对每项固定资产进行编号，按照单项资产建立固定资产卡片。企业应当严格执行固定资产日常维修和大修理计划，定期对固定资产进行维护保养，切实消除安全隐患。 3. 根据发展战略，充分利用国家有关自主创新政策，加大技改投入，不断促进固定资产技术升级，淘汰落后设备，切实做到保持本企业固定资产技术的先进性和企业发展的可持续性。	1. 加强管理。 2. 制定固定资产目录。 3. 促进固定资产技术升级。 4. 执行固定资产投保政策。 5. 规范固定资产抵押管理。

（续上表）

内控点	内控要求与措施	记忆点
固定资产	4. 严格执行固定资产投保政策，对应投保的固定资产项目按规定程序进行审批，及时办理投保手续。 5. 企业应当规范固定资产抵押管理，确定固定资产抵押程序和审批权限等。 6. 企业应当建立固定资产清查制度，至少每年进行全面清查。	6. 建立固定资产清查制度。
无形资产	1. 加强对品牌、商标、专利、专有技术、土地使用权等无形资产的管理。分类制定无形资产管理办法，落实无形资产管理责任制，促进无形资产有效利用，充分发挥无形资产对提升企业核心竞争力的作用。 2. 企业应当全面梳理外购、自行开发以及其他方式取得的各类无	1. 加强无形资产的管理。 2. 梳理权属关系。严格保密。土地使用权应当

（续上表）

内控点	内控要求与措施	记忆点
无形资产	形资产的权属关系，加强无形资产权益保护，防范侵权行为和法律风险。无形资产具有保密性质的，应当采取严格保密措施，严防泄露商业秘密。 企业购入或者以支付土地出让金等方式取得的土地使用权，应当取得土地使用权有效证明文件。 3．对无形资产的先进性进行评估，淘汰落后技术，加大研发投入，促进技术更新换代，不断提升自主创新能力，努力做到核心技术处于同行业领先水平。 4．企业应当重视品牌建设，加强商誉管理。	取得有效证明文件。 3．加大研发投入。 4．品牌建设。

【知识点9】应用指引第9号——销售业务（★★★）

销售业务需关注的主要风险

一、销售政策和策略不当，市场预测不准确，销售渠道管理不当等，可能导致销售不畅、库存积压、经营难以为继。

二、客户信用管理不到位，结算方式选择不当，账款回收不力等，可能导致销售款项不能收回或遭受欺诈。

三、销售过程存在舞弊行为，可能导致企业利益受损。

内控点	内控要求与规范	记忆点
销售	1. 企业应当加强市场调查，合理确定定价机制和信用方式，根据市场变化及时调整销售策略。企业应当健全客户信用档案。企业对于境外客户和新开发客户，应当建立严格的信用保证制度。 2. 在销售合同订立前，与客户进行业务洽谈、磋商或谈判，关注客	1. 确定定价机制和信用方式，调整销售策略。健全

（续上表）

内控点	内控要求与规范	记忆点
销售	户信用状况、销售定价、结算方式等相关内容。 重大的销售业务谈判应当吸收财会、法律等专业人员参加，并形成完整的书面记录。 销售合同应当明确双方的权利和义务，审批人员应当对销售合同草案进行严格审核。重要的销售合同，应当征询法律顾问或专家的意见。 3. 企业销售部门应当按照经批准的销售合同开具相关销售通知。 发货和仓储部门应当对销售通知进行审核，严格按照所列项目组织发货，确保货物的安全发运。 企业应当加强销售退回管理。 企业应当严格按照发票管理规定开具销售发票。严禁开具虚假发票。 4. 做好销售业务各环节的记录，填制相应的凭证，设置销售台账，实行全过程的销售登记制度。	客户信用档案。严格的信用保证制度。 2. 业务谈判。 3. 销售通知。 4. 销售业务各环节的记录。

（续上表）

内控点	内控要求与规范	记忆点
销售	5．企业应当完善客户服务制度，加强客户服务和跟踪，提升客户满意度和忠诚度，不断改进产品质量和服务水平。	5．客户服务制度。
收款	1．企业应当完善应收款项管理制度，严格考核，实行奖惩。 销售部门负责应收款项的催收，催收记录（包括往来函电）应妥善保存；财会部门负责办理资金结算并监督款项回收。 2．企业应当加强商业票据管理，防止票据欺诈。 企业应当关注商业票据的取得、贴现和背书，对已贴现但仍承担收款风险的票据以及逾期票据，应当进行追索监控和跟踪管理。 3．企业应当加强对销售、发货、收款业务的会计系统控制。 指定专人通过函证等方式，定期与客户核对应收账款、应收票据、预收账款等往来款项。 加强应收款项坏账的管理。	1．完善应收款项管理制度。 2．加强商业票据管理。 3．加强会计系统控制。

【知识点10】应用指引第11号——工程项目（★★★）

工程项目需关注的主要风险

一、立项缺乏可行性研究或者可行性研究流于形式，决策不当，盲目上马，可能导致难以实现预期效益或项目失败。

二、工项目招标暗箱操作，存在商业贿赂，可能导致中标人实质上难以承担工程项目、中标价格失实及相关人员涉案。

三、工程造价信息不对称，技术方案不落实，概预算脱离实际，可能导致项目投资失控。

四、程物资质次价高，工程监理不到位，项目资金不落实，可能导致工程质量低劣，进度延迟或中断。

五、竣工验收不规范，最终把关不严，可能导致工程交付使用后存在重大隐患。

内控点	内控要求与规范	记忆点
工程立项	1. 指定专门机构归口管理工程项目，根据发展战略和年度投资计划，提出项目建议书，开展可行性研究，编制可行性研究报告。 可委托具有相应资质的专业机构开展可行性研究。 2. 对项目建议书和可行性研究报告进行充分论证和评审。可委托具有相应资质的专业机构对可行性研究报告进行评审。从事项目可行性研究的专业机构不得再从事可行性研究报告的评审。 3. 按照规定的权限和程序对工程项目进行决策，决策过程应有完整的书面记录。 重大工程项目的立项，应当报经董事会或类似权力机构集体审议批准。总会计师或分管会计工作的负责人应当参与项目决策。任何个人不得单独决策或者擅自改变集体决策意见。	1. 可行性研究。 2. 论证和评审。 3. 决策。 4. 取得许可。

（续上表）

工程立项	4. 企业应当在工程项目立项后、正式施工前，依法取得建设用地、城市规划、环境保护、安全、施工等方面的许可。	
工程招标	1. 企业的工程项目一般应当采用公开招标的方式，择优选择具有相应资质的承包单位和监理单位。 在选择承包单位时，企业可以将工程的勘察、设计、施工、设备采购一并发包给一个项目总承包单位，也可以将其中的一项或者多项发包给一个工程总承包单位，但不得违背工程施工组织设计和招标设计计划，将应由一个承包单位完成的工程肢解为若干部分发包给几个承包单位。 可以根据项目特点决定是否编制标底。需要编制标底的，标底编制过程和标底应当严格保密。 在确定中标人前，企业不得与投标人就投标价格、投标方案等实质性内容进行谈判。	1. 公开招标。 2. 依法组织工程招标的开标、评标和定标。 3. 组建评标委员会。 4. 评标委员会成员和参

（续上表）

工程招标	2. 企业应当依法组织工程招标的开标、评标和定标，并接受有关部门的监督。 3. 企业应当依法组建评标委员会。评标委员会应当按照招标文件确定的标准和方法，对投标文件进行评审和比较，择优选择中标候选人。 4. 评标委员会成员和参与评标的有关工作人员不得透露对投标文件的评审和比较、中标候选人的推荐情况以及与评标有关的其他情况，不得私下接触投标人，不得收受投标人的财物或者其他好处。 5. 企业应当按照规定的权限和程序从中标候选人中确定中标人，及时向中标人发出中标通知书，在规定的期限内与中标人订立书面合同，明确双方的权利、义务和违约责任。企业和中标人不得再行订立背离合同实质性内容的其他协议。	与评标的有关工作人员三不得。 5. 确定中标人。

（续上表）

工程造价	1. 企业应当加强工程造价管理，明确初步设计概算和施工图预算的编制方法。按照规定的权限和程序进行审核批准。 企业可以委托具备相应资质的中介机构开展工程造价咨询工作。 2. 企业应当向招标确定的设计单位提供详细的设计要求和基础资料，进行有效的技术、经济交流。 3. 企业应当建立设计变更管理制度。 4. 组织工程、技术、财会等部门的相关专业人员或委托具有相应资质的中介机构对编制的概预算进行审核。 工程项目概预算按照规定的权限和程序审核批准后执行。	1. 加强工程造价管理。 2. 提供详细的设计要求和基础资料。 3. 设计变更管理制度。 4. 概预算审核。
工程建设	1. 加强对工程建设过程的监控，实行严格的概预算管理，切实做到及时备料，科学施工，保障资金，落实责任，确保工程项目达到设计要求。	1. 加强工程建设的

（续上表）

工程建设	2．按照合同约定，企业自行采购工程物资的，应当按照《企业内部控制应用指引第7号——采购业务》等相关指引的规定，组织工程物资采购、验收和付款；由承包单位采购工程物资的，企业应当加强监督，确保工程物资采购符合设计标准和合同要求。严禁不合格工程物资投入工程项目建设。重大设备和大宗材料的采购应当根据有关招标采购的规定执行。 3．企业应当实行严格的工程监理制度，委托经过招标确定的监理单位进行监理。 未经工程监理人员签字，工程物资不得在工程上使用或者安装，不得进行下一道工序施工，不得拨付工程价款，不得进行竣工验收。 4．企业财会部门应当加强与承包单位的沟通，准确掌握工程进度，根据合同约定，按照规定的审批权限和程序办理工程价款结算，不得无	监控。 2．物资采购。 3．工程监理制度。 4．财会部门掌握工程进度，办理工程价款结算。 5．严格控制工程变更。

（续上表）

工程建设	故拖欠。 5．企业应当严格控制工程变更。 重大的项目变更应当按照项目决策和概预算控制的有关程序和要求重新履行审批手续。 因工程变更等原因造成价款支付方式及金额发生变动的，应当提供完整的书面文件和其他相关资料，并对工程变更价款的支付进行严格审核。	
工程验收	1．企业收到承包单位的工程竣工报告后，应当及时编制竣工决算，开展竣工决算审计，组织设计、施工、监理等有关单位进行竣工验收。 2．企业应当组织审核竣工决算。企业应当加强竣工决算审计，未实施竣工决算审计的工程项目，不得办理竣工验收手续。 3．企业应当及时组织工程项目竣工验收。 4．企业应当按照国家有关档案管理的规定，及时收集、整理工程	1．编制竣工决算，开展竣工决算审计。 2．审核竣工决算。

（续上表）

工程验收	建设各环节的文件资料，建立完整的工程项目档案。 5. 企业应当建立完工项目后评估制度。	3. 组织竣工验收。 4. 建立档案。 5. 建立完工项目后评估制度。

【知识点11】应用指引第12号——担保业务（★★★）

办理担保业务需关注的主要风险

一、对担保申请人的资信状况调查不深，审批不严或越权审批，可能导致企业担保决策失误或遭受欺诈。

二、对被担保人出现财务困难或经营陷入困境等状况监控不力，应对措施不当，可能导致企业承担法律责任。

三、担保过程中存在舞弊行为，可能导致经办审批等相关人员涉案或企业利益受损。

内控点	内控要求与措施	记忆点
调查评估与审批	1．指定相关部门负责办理担保业务，对担保申请人进行资信调查和风险评估，评估结果应出具书面报告。 可委托中介机构对担保业务进行资信调查和风险评估工作。 企业在对担保申请人进行资信调查和风险评估时，应当重点关注以下事项： （1）担保业务是否符合国家法律法规和本企业担保政策等相关要求。 （2）担保申请人的资信状况。一般包括：基本情况、资产质量、经营情况、偿债能力、盈利水平、信用程度和行业前景等。 （3）担保申请人用于担保和第三方担保的资产状况及其权利归属。	1．资信调查和风险评估。 2．不得提供担保的情形。 3．建立担保授权和审批制度。

（续上表）

内控点	内控要求与措施	记忆点
调查评估与审批	（4）企业要求担保申请人提供反担保的，还应当对与反担保有关的资产状况进行评估。 反担保是指债务人或第三人向担保人做出保证或设定物的担保，在担保人因清偿债务人的债务而遭受损失时，债务人向担保人作出清偿。 2．企业对担保申请人出现以下情形之一的，不得提供担保： （1）担保项目不符合国家法律法规和本企业担保政策的。 （2）已进入重组、托管、兼并或破产清算程序的。 （3）财务状况恶化、资不抵债、管理混乱、经营风险较大的。 （4）与其他企业存在较大经济纠纷，面临法律诉讼且可能承担较大赔偿责任的。	4．加强对子公司担保业务的统一监控。 5．重新履行调查评估与审批程序。

（续上表）

内控点	内控要求与措施	记忆点
调查评估与审批	（5）与本企业已经发生过担保纠纷且仍未妥善解决的，或不能及时足额缴纳担保费用的。 3．企业应当建立担保授权和审批制度。不得超越权限审批。重大担保业务，应当报经董事会或类似权力机构批准。对于审批人超越权限审批的担保业务，经办人员应当拒绝办理。 4．企业应当采取合法有效的措施加强对子公司担保业务的统一监控。 企业内设机构未经授权不得办理担保业务。 企业为关联方提供担保的，与关联方存在经济利益或近亲属关系的有关人员在评估与审批环节应当回避。 对境外企业进行担保的，应当遵守外汇管理规定，并关注被担保人所	

（续上表）

内控点	内控要求与措施	记忆点
	在国家的政治、经济、法律等因素。 5．被担保人要求变更担保事项的，企业应当重新履行调查评估与审批程序。	
执行与监控	1．企业应当根据审核批准的担保业务订立担保合同。 2．企业担保经办部门应当加强担保合同的日常管理，定期监测被担保人的经营情况和财务状况，对被担保人进行跟踪和监督。 3．企业应当加强对担保业务的会计系统控制。 4．企业应当加强对反担保财产的管理。 5．企业应当建立担保业务责任追究制度。	1．订立担保合同。 2．担保合同的日常管理。 3．会计系统控制。

（续上表）

内控点	内控要求与措施	记忆点
执行与监控	6. 企业应当在担保合同到期时，全面清查用于担保的财产、权利凭证，按照合同约定及时终止担保关系。企业应当妥善保管担保合同、与担保合同相关的主合同、反担保函或反担保合同，以及抵押、质押的权利凭证和有关原始资料，切实做到担保业务档案完整无缺。	4. 对反担保财产的管理。 5. 责任追究制度。 6. 及时终止担保关系、保管权利凭证和有关原始资料。

【知识点12】应用指引第14号——财务报告（★★）

编制、对外提供和分析利用财务报告需关注的主要风险

一、编制财务报告违反会计法律法规和国家统一的会计准则制度，可能导致企业承担法律责任和声誉受损。

二、提供虚假财务报告，误导财务报告使用者，造成决策失误，干扰市场秩序。

三、不能有效利用财务报告，难以及时发现企业经营管理中存在的问题，可能导致企业财务和经营风险失控。

内控点	内控要求与措施	记忆点
财务报告的编制	1．企业编制财务报告，应当重点关注会计政策和会计估计，对财务报告产生重大影响的交易和事项的处理应当按照规定的权限和程序进行审批。在编制年度财务报告前，应当进行必要的资产清查、减值测试和债权债务核实。	1．会计政策和会计估计。 2．根据会计账簿记录和其他有关资

（续上表）

内控点	内控要求与措施	记忆点
财务报告的编制	2. 企业应当按照国家统一的会计准则制度规定，根据登记完整、核对无误的会计账簿记录和其他有关资料编制财务报告。 3. 企业财务报告列示的资产、负债、所有者权益金额应当真实可靠。 4. 企业财务报告应当如实列示当期收入、费用和利润。 5. 企业应当按照规定划清经营活动、投资活动和筹资活动现金流量的界限。 6. 企业应当按照国家统一的会计准则制度编制附注。 7. 企业集团应当编制合并财务报表，明确合并财务报表的合并范围和合并方法，如实反映企业集团的财务状况、经营成果和现金流量。 8. 企业编制财务报告，应当充分利用信息技术，提高工作效率和工作质量，减少或避免编制差错和人为调整因素。	料编制财务报告。 3. 资产、负债、所有者权益。 4. 收入、费用和利润。 5. 经营活动、投资活动和筹资活动现金流量。 6. 附注。 7. 合并财务报表。 8. 利用信息技术。

（续上表）

内控点	内控要求与措施	记忆点
财务报告的对外提供	1. 企业应当依照法律法规和国家统一的会计准则制度的规定，及时对外提供财务报告。 2. 企业财务报告编制完成后，应当装订成册，加盖公章，由企业负责人、总会计师或分管会计工作的负责人、财会部门负责人签名并盖章。 3. 财务报告须经注册会计师审计的，注册会计师及其所在的事务所出具的审计报告，应当随同财务报告一并提供。	1. 及时对外提供财务报告。 2. 签名并盖章。 3. 审计。
财务报告的分析利用	1. 企业应当重视财务报告分析工作，定期召开财务分析会议，充分利用财务报告反映的综合信息，全面分析企业的经营管理状况和存在的问题，不断提高经营管理水平。 2. 企业应当分析企业的资产分布、负债水平和所有者权益结	1. 定期财务分析会议。 2. 分析资产分布、负债水平和所

（续上表）

内控点	内控要求与措施	记忆点
财务报告的分析利用	构，通过指标分析企业的偿债能力和营运能力；分析企业净资产的增减变化，了解和掌握企业规模和净资产的不断变化过程。 3．企业应当分析各项收入、费用的构成及其增减变动情况，通过指标分析企业的盈利能力和发展能力，了解和掌握当期利润增减变化的原因和未来发展趋势。 4．企业应当分析经营活动、投资活动、筹资活动现金流量的运转情况，重点关注现金流量能否保证生产经营过程的正常运行，防止现金短缺或闲置。 5．定期的财务分析应当形成分析报告，构成内部报告的组成部分。	有者权益结构；分析企业净资产。 3．分析收入、费用。 4．分析经营活动、投资活动、筹资活动现金流量。 5．分析报告。

【知识点13】应用指引第15号——全面预算（★★★）

实行全面预算管理需关注的主要风险

一、不编制预算或预算不健全，可能导致企业经营缺乏约束或盲目经营。

二、预算目标不合理、编制不科学，可能导致企业资源浪费或发展战略难以实现。

三、预算缺乏刚性、执行不力、考核不严，可能导致预算管理流于形式。

内控点	内控要求与措施	记忆点
预算编制	1. 建立和完善预算编制工作制度；应当于预算年度开始前完成全面预算草案的编制工作。 2. 根据发展战略和年度生产经营计划，综合考虑预算期内经济政策、市场环境等因素，明确预算编制依据、按照上下结合、分级编制、逐级汇总的程序，编制年度全面预算。	1. 预算编制工作制度。 2. 编制年度全面预算。

（续上表）

内控点	内控要求与措施	记忆点
预算编制	3. 预算管理委员会对预算管理工作机构提交的预算方案进行研究论证，形成全面预算草案，提交董事会。 4. 董事会审核全面预算草案，重点关注科学性和可行性，确保全面预算与企业发展战略、年度经营计划相协调。全面预算应当按照相关法律法规及企业章程的规定报经审议批准。批准后，应当以文件形式下达执行。	3. 预算管理委员会研究论证。 4. 审核、批准。
预算执行	1. 企业应当加强对预算执行的管理。明确预算指标分解方式、预算执行审批权限和要求、预算执行情况报告等，落实预算执行责任制，确保预算刚性，严格预算执行。 2. 各预算执行单位将预算指标横向和纵向分解。企业应当以年度预算作为组织、协调各项生产经营活动的基本依据。	1. 预算执行的管理。 2. 预算指标横向和纵向分解。

（续上表）

内控点	内控要求与措施	记忆点
预算执行	3．根据全面预算管理要求，组织各项活动，严格预算执行和控制。加强资金收付业务的预算控制，及时组织资金收入；严格控制资金支付，调节资金收付平衡，防范支付风险；对于超预算或预算外的资金支付，实行严格的审批制度。 4．企业预算管理工作机构应当加强与各预算执行单位的沟通。 5．企业预算管理工作机构和各预算执行单位应当建立预算执行情况分析制度，定期召开预算执行分析会议。从定量和定性两个层面充分反映预算执行单位的现状、发展趋势及其存在的潜力。 6．预算不得随意调整。预算执行发生重大差异确需调整预算的，应当履行严格的审批程序。	3．严格预算执行和控制。 4．沟通。 5．定期召开预算执行分析会议。 6．预算不得随意调整。

（续上表）

内控点	内控要求与措施	记忆点
预算考核	1．企业应当建立严格的预算执行考核制度，对各预算执行单位和个人进行考核。 2．预算管理委员会定期组织预算执行情况考核，将各预算执行单位负责人签字上报的预算执行报告和已掌握的动态监控信息进行核对，确认各执行单位预算完成情况。必要时，实行预算执行情况内部审计制度。 3．考核过程及结果应有完整记录。	1．预算执行考核制度。 2．定期组织预算执行情况考核。 3．记录。

【知识点14】应用指引第16号——合同管理（★★★）

合同管理需关注的主要风险

一、未订立合同、未经授权对外订立合同、合同对方主体资格未达要求、合同内容存在重大疏漏和欺诈，可能导致企业合法权益受到侵害。

二、合同未全面履行或监控不当，可能导致企业诉讼失败、经济利益受损。

三、合同纠纷处理不当，可能损害企业利益、信誉和形象。

内控点	内控要求与措施	记忆点
合同的订立	1. 企业对外发生经济行为，除即时结清方式外，应当订立书面合同。合同订立前，应当充分了解合同对方的主体资格、信用状况等有关内容，确保对方当事人具备履约能力。 对于影响重大、涉及较高专业技术或法律关系复杂的合同，应当组织法	1. 订立书面合同。 2. 拟订合同文本。业务承

（续上表）

内控点	内控要求与措施	记忆点
合同的订立	律、技术、财会等专业人员参与谈判，必要时可聘请外部专家参与相关工作。 谈判过程中的重要事项和参与谈判人员的主要意见，应当予以记录并妥善保存。 2．企业应当根据协商、谈判等的结果，拟订合同文本。合同文本一般由业务承办部门起草、法律部门审核。重大合同或法律关系复杂的特殊合同应当由法律部门参与起草。国家或行业有合同示范文本的，可以优先选用。合同文本须报经国家有关主管部门审查或备案的，应当履行相应程序。	办部门起草、法律部门审核。 3．审核 4．签署合同。 5．合同专用章保管制度。

（续上表）

内控点	内控要求与措施	记忆点
合同的订立	3．企业应当对合同文本进行严格审核。对影响重大或法律关系复杂的合同文本，应当组织内部相关部门进行审核。 4．企业应当按照规定的权限和程序与对方当事人签署合同。 正式对外订立的合同，应当由企业法定代表人或由其授权的代理人签名或加盖有关印章。授权签署合同的，应当签署授权委托书。 属于上级管理权限的合同，下级单位不得签署。 下级单位认为确有需要签署涉及上级管理权限的合同，应当提出申请，并经上级合同管理机构批准后办理。上级单位应当加强对下级单位合同订立、履行情况的监督检查。	6．合同信息安全保密工作。

（续上表）

内控点	内控要求与措施	记忆点
合同的订立	5. 企业应当建立合同专用章保管制度。合同经编号、审批及企业法定代表人或由其授权的代理人签署后，方可加盖合同专用章。 6. 企业应当加强合同信息安全保密工作，未经批准，不得以任何形式泄露合同订立与履行过程中涉及的商业秘密或国家机密。	
合同的履行	1. 遵循诚实信用原则严格履行合同，对合同履行实施有效监控，强化对合同履行情况及效果的检查、分析和验收，确保合同全面有效履行。 2. 在合同履行过程中发现有显失公平、条款有误或对方有欺诈行为等情形，或因政策调整、市场变化等客观因素，已经或可能导致企业利	1. 履行合同、有效监控。 2. 合同变更或解除。

（续上表）

内控点	内控要求与措施	记忆点
合同的履行	益受损，应当按规定程序及时报告，并经双方协商一致，按照规定权限和程序办理合同变更或解除事宜。 3. 企业应当加强合同纠纷管理，在履行合同过程中发生纠纷的，应当依据国家相关法律法规，在规定时效内与对方当事人协商并按规定权限和程序及时报告。合同纠纷经协商一致的，双方应当签订书面协议。合同纠纷经协商无法解决的，应当根据合同约定选择仲裁或诉讼方式解决。企业内部授权处理合同纠纷的，应当签署授权委托书。 4. 企业财会部门应当根据合同条款审核后办理结算业务。 5. 合同管理部门应当加强合同登记管理，充分利用信息化手段，定期对合同进行统计、分类和归档，详细登记合同的订立、履行和变更等情况，实行合同的全过程封闭管理。	3. 合同纠纷管理。 4. 财会部门办理结算业务。 5. 合同登记管理。 6. 合同履行情况评估制度。

（续上表）

内控点	内控要求与措施	记忆点
合同的履行	6．企业应当建立合同履行情况评估制度，至少于每年年末对合同履行的总体情况和重大合同履行的具体情况进行分析评估，对分析评估中发现合同履行中存在的不足，应当及时加以改进。企业应当健全合同管理考核与责任追究制度。	

营改增政策解读

注册会计师资格考试辅导教材研究院 编

SPM 南方出版传媒 广东人民出版社
·广州·

营改增政策解读

一、什么是营改增

营业税和增值税，原本是我国最为重要的两大流转税种。营改增，顾名思义，就是原纳入营业税征收范围的行业，现在将其划归为增值税的征税范围，全面营改增，就是将所有行业全部纳入增值税征收范围，最终取消营业税。

二、营改增的目的和意义

营改增，从制度上解决了营业税各个环节都要全额征税、不能抵扣、不能退税的重复征税弊端，实现增值税的“环环增收、层层抵扣”，使得税制更科学、更合理、更符合国际惯例，有利于加快经济发展方式转变和经济结构战略性调整，营改增的最大特点是避免重复征税，降低企业税负，作为一种减税政策，其具体有以下三点深远意义：

（一）有利于推动服务业的快速发展

现代服务业目前已经发展成为国民经济新的增长点，迫切需要通过营改增消除服务业发展的税制瓶颈约束。

（二）有利于促进制造业提升综合竞争力

增值税最大的特征就是它的“抵税机制”，服务业营改增后，一些制造业在获取服务的同时，也可以抵扣进项税，由此降低了税负。

（三）增加就业岗位

营改增的减税效果，对服务业和中小企业明显，而二者都是就业最大的容纳器。

三、营改增时间表

2011年10月，国务院决定开展营改增试点，逐步将征收营业税的行为改为征收增值税。

2012年1月1日起，率先在上海实施了交通搞运输业和部分现代服务业营改增试点。

2012年9月1日至2012年12月1日，交通运输业和部分现代服务业营改增试点由上海市分4批次扩大至北京市、江苏省、安徽省、福建省（含厦门市）、广东省（含深圳市）、天津市、浙江省（含宁波市）、湖北省等8省（直辖市）。

2013年8月1日起，交通运输业和部分现代服务业营改增试点推向全国，同时将广播影视服务纳入试点范围。

2014年1月1日起，铁路运输业和邮政业在全国范围实施营改增试点。

2014年6月1日起，电信业在全国范围实施营改增试点。

2016年5月1日起，全面推开营改增试点，将建筑业、房地产业、金融业、生活服务业纳入试点范围。

四、“营改增”实施前后政策差异对比解读

（一）基本规定解读

项目	原营业税政策	“营改增”政策	政策解读
纳税人	在中华人民共和国境内提供规定的劳务、转让无形资产或者销售不动产的单位和个人	在中华人民共和国境内销售服务、无形资产或者不动产的单位和个人	营改增后纳税人分为一般纳税人和小规模纳税人。
扣缴义务人	中华人民共和国境外的单位或者个人在境内提供应税劳务、转让无形资产或者销售不动产，在境内未设有经营机构的，以其境	中华人名共和国境外单位或者个人在境内发生应税行为，在境内未设有经营机构的，以购买方为增值内代理	进一步明确了扣缴责任，删除了代理人，直接指明购买方为扣缴义务人。

（续上表）

项目	原营业税政策	“营改增”政策	政策解读
扣缴义务人	人为扣缴义务人；在境内没有代理人的，以受让方或者购买方为扣缴义务人。	税扣缴义务人。财政部和国家税务总局另有规定的除外。	
会计核算	主要通过“营业税金及附加”科目核算	“应交税费–应交增值税—一般计税方法、简易计税方法”等三级明细科目	附加税通过“税金及附加”科目核算，删除了“营业二字”

（续上表）

项目	原营业税政策	“营改增”政策	政策解读
例外条款	单位或个体经营者聘用的员工为本单位或雇主提供应税劳务，不属于营业税征税范围。	单位或者个体工商户聘用的员工为本单位或者雇主提供取得工资的服务。	增加了“取得工资”的限制性条款，除此之外，增值税有偿服务那块的例外条款还包括： 行政单位收取的满足特定条件的政府性基金和行政事业型收费。 单位或者个体工商户为聘用的员工提供的服务。

（续上表）

项目	原营业税政策	“营改增”政策	政策解读
境外纳税人提供	境外单位或者个人在境外向境内单位或者个人提供的完全发生在境外的规定的劳务，不征收营业税。	1．境外单位或者个人向境内单位或者个人销售完全在境外发生的服务。 2．境外单位或者个人向境内单位或者个人销售完全在境外使用的无形资产。 3．境外单位或者个人向境内单位或者个人出租完全在境外使用的有形动产。 4．财政部和国家税务总局规定的其他情形。	境外纳税人向境内纳税人提供完全在境外发生服务不再采用列举的方法，全部纳入不征税的范围之内。

（续上表）

项目	原营业税政策	“营改增”政策	政策解读
视同销售	1．单位或者个人将不动产或者土地使用权无偿赠送其他单位或者个人 2．单位或者个人自己新建（以下简称自建）建筑物后销售，其所发生的自建行为 3．财政部、国家税务总局规定的其他情形	1．单位或者个体工商户向其他单位或者个人无偿提供服务，但用于公益事业或者以社会公众为对象的除外。 2．单位或者个人向其他单位或者个人无偿转让无形资产或者不动产，但用于公益事业或者以社会公众为对象的除外。 3．财政部和国家税务总局规定的其他情形。	营改增后，视同销售范围进一步扩大，原营业税仅在销售不动产、转让土地使用权和建筑业服务中提出了视同销售的概念。 “营改增”后，所有无偿提供的服务和无偿转让不动产、无形资产，只要不是用于公益性事业或者以社

（续上表）

项目	原营业税政策	“营改增”政策	政策解读
视同销售			会公众为对象，均要视同销售，缴纳增值税。

（二）不动产、高速公路车辆通行费、房地产行业政策解读

	原营业税政策	“营改增”政策	政策解读
税率	不管是销售不动产税目还是不动产租赁的服务	不动产租赁服务和销售不动产： 一般纳税人11%	过渡政策：基本保留了原营业税5%的政策，给纳税人一个政策缓冲期： 1. 不动产销售 （1）一般纳税人 ①“营改增”前取得或自建的不动产销售：简易征收

（续上表）

	原营业税政策	“营改增”政策	政策解读
税率	业税目均采用5%的税率	小规模纳税人：5%	办法，5%的征收率纳税。 ②“营改增”后取得或自建的不动产销售：先按5%预征率预征，再按一般计税办法，采用11%的税率计算应纳税额。 （2）小规模纳税人 不区分“营改增”前后，统一按5%的征收率纳税。 2．不动产经营租赁 （1）一般纳税人 ①“营改增”前取得或自建的不动产销售：简易征收办法，5%的征收率纳税。

（续上表）

	原营业税政策	“营改增”政策	政策解读
税率			②“营改增”后取得或自建的不动产销售：先按5%预征率预征，再按一般计税办法，采用11%的税率计算应纳税额。（例外：若不动产所在地和机构所在地不一致，预征率为3%，向不动产所在地预征，向机构所在地按一般计税方法申报纳税） （2）小规模纳税人 不区分“营改增”前后，一般按5%的征收率纳税。（例外：若不动产所在地和机构所在地不一致，预售率为3%） 【提示】上述内容均不含个人销售住房和出租住房

（续上表）

	原营业税政策	“营改增”政策	政策解读
高速公路车辆通行费	（财税[2005]77号）规定，自2005年6月1日起，对公路经营企业收取的高速公路车辆通行费收入统一减按3%的税率征收营业税。	公路经营企业中的一般纳税人收取试点前开工的高速公路的车辆通行费，可以选择适用简易计税方法，减按3%的征收率计算应纳税额。	过渡政策中，保留了原营业税中的税收优惠。征收率仍然采用3%。

（续上表）

	原营业税政策	“营改增”政策	政策解读
销售不动产销售额	一般规定：纳税人销售不动产收取的全部价款和价外费用。 特殊规定：如果是外购或者抵债取得的不动产，根据财税[2003]16号	一般规定：销售额，是指纳税人发生应税行为取得的全部价款和价外费用。 特殊规定：一般纳税人销售其“营	基本保留了原营业税的的征税方法，对于不动产销售，还是区分自建和外购（包括抵债，下同）取得的不动产两类纳税。 对于一般纳税人来说，“营改增”之前取得的不动产销售，纳税方法和征收率和营业税相同，自建全额纳税，外购差额纳税。如果是“营改增”之后取得的不动产销售，同样区分自建和外购，先按上述方法全额（自建）或差额（外购）采用5%的征收率计算预征（类似原来营业税政策）之后，再按一般计税方法纳税。此时，不再区分不动产是外购还是

（续上表）

	原营业税政策	“营改增”政策	政策解读
销售不动产销售额	中的规定，单位和个人销售或转让其购置或抵债所得的不动产，以全部收入减去不动产的购置或受让原价后的余额为营业额。	改增”前取得的不动产，可以选择适用简易计税方法，以取得的全部价款和价外费用减去该项不动产购置原价或	自建，统一按取得的全部价款和价外费用为销售额计算应纳税额，采用11%的税率计算。当然，进项税额可以正常抵扣。 小规模纳税人不区分“营改增”前后，但是要区分自建和外购，分别按全额（自建）和差额（外购），适用5%的征收率计算纳税。此政策不包括自然人个人销售不动产，也不包括个体工商户销售外购的住房。 【提示1】房地产开发企业的特殊规定：销售自行开发的房地产项目，一般纳税人可以选择按照5%的征

（续上表）

	原营业税政策	"营改增"政策	政策解读
销售不动产销售额		者取得不动产时的作价后的余额为销售额；销售其"营改增"后取得的不动产，按上述方法预征后，按一般计税方法计算纳税。	收率简易征收，当然，营改增后也可以按上述政策采用一般计税方法纳税；小规模纳税人，按5%的征收率简易征收。 【提示2】房地产开发企业中的一般纳税人销售其开发的房地产项目（选择简易计税方法的房地产老项目除外），以取得的全部价款和价外费用，扣除受让土地时向政府部门支付的土地价款后的余额为销售额。

（续上表）

	原营业税政策	“营改增”政策	政策解读
个人销售不动产	购买非住房销售，按上述一般政策纳税。住房销售，个人将购买不足2年的住房对外销售的，全额征收营业税；个人将购买2年以上	自然人购买非住房销售，按上述小规模纳税人购买非住房销售政策纳税。住房销售，个人将购买不足2年的住房	此项自然人销售住房政策，适用于北京市、上海市、广州市和深圳市之外的地区。北京市、上海市、广州市和深圳市四地，销售购买两年以上的住房，要区分是否是普通住房，普通住房免税，非普通住房差额纳税。此项政策本身营业税和增值税规定相同，只是变化了税种和征税机关等内容。另外，“营改增”新政策中，将个体工商户销售购买的住房，按自然人销售住房的政策纳税。此处调整变化较大。原营业税并没有讲个体工商户购买住房政策单独进行规定，一般按企业销售购买不动产差额纳税处理。

（续上表）

	原营业税政策	“营改增”政策	政策解读
个人销售不动产	（含2年）的住房对外销售的，免征营业税。	对外销售的，按照5%的征收率全额缴纳增值税；个人将购买2年以上（含2年）的住房对外销售的，免征增值税。	

（续上表）

	原营业税政策	“营改增”政策	政策解读
经营租赁	以租赁收入作为计税营业额，不得扣除任何费用。	一般纳税人区分出租“营改增”之前或之后分别适用不同的政策；小规模纳税人按简易征收办法纳税。	一般纳税人出租“营改增”之前取得不动产，可以选择适用简易计税方法,按照租金收入乘以5%的征收率计算纳税；若不动产所在地和纳税人机构所在地不一致的话，要向不动产所在地预缴。特殊之处：出租“营改增”之后的不动产，若出租的不动产所在地和机构所在地不同，那么向不动产所在地预征时，预征率选择3%。小规模纳税人的征税政策类似于一般纳税人。（个人出租住房单独规定）

（续上表）

	原营业税政策	“营改增”政策	政策解读
个人出租住房	对个人出租住房，不区分用途，按3%减半征收营业税。	个人出租住房，应按照5%的征收率减按1.5%计算应纳税额。	税种变化后，保留了原营业税的税收优惠。最终的税率或征收率都是1.5%，但是税种变化后，由于增值税是价外税，营业税是价内税，收到的租金，如果按含税价来理解的话，要考虑价税分离之后，再计算纳税。由于价内税和价外税规定不同，所导致的变化，也同样体现在其他地方，例如小规模纳税人直接收到的货款，要考虑价外税的价税分离，而营业税的营业额直接就是营业税的计税依据。

（三）建筑业服务政策解读

	原营业税政策	“营改增”政策	政策解读
税率	3%	一般纳税人：11% 小规模纳税人：3%	
计税依据	为承包建筑、修缮、安装、装饰和其他工程作业取得的营业收入额，建筑安装企业向建设单位收取的工程造价及工程价款之外收取的各种费用。纳税人提供建筑业劳务（不含装饰劳务）的，其营业额应当	计税依据没有特殊规定，按增值税一般销售额来计算纳税，以下四种情况采用简易征收： 1. 一般纳税人以清包工方式提供的建筑服务，可以选择适用简易计税方法计税。 2. 一般纳税人为甲供工程	试点纳税人提供建筑服务适用简易计税方法的，以取得的全部价款和价外费用扣除支付的分包款后的余额为销售额。 一般纳税人跨县（市）提供建筑服务，适用一般计税方法计税的，应以取得的全部价款和价外费用为

（续上表）

	原营业税政策	“营改增”政策	政策解读
计税依据	包括工程所用原材料、设备及其他物资和动力价款在内，但不包括建设方提供的设备的价款。	提供的建筑服务，可以选择适用简易计税方法计税。 3．一般纳税人为建筑工程老项目提供的建筑服务，可以选择适用简易计税方法计税。 4．纳税人为小规模纳税人。	销售额计算应纳税额。纳税人应以取得的全部价款和价外费用扣除支付的分包款后的余额，按照2%的预征率计算应纳税额；选择适用简易计税方法计税的，应以取得的全部价款和价外费用扣除支付的分包款后的余额为销售额，按照3%的征收率计算应纳税额。纳税人应按照上述

（续上表）

	原营业税政策	“营改增”政策	政策解读
计税依据			计税方法在建筑服务发生地预缴税款后，向机构所在地主管税务机关进行纳税申报。 一般计税方法：应纳税额=当期销售额×11%-当期进项税额 简易计税方法：应纳税额=当期含税销售额÷（1+3%）×3%，且不得抵扣进项税额

（四）金融业服务政策解读

	原营业税政策	“营改增”政策	政策解读
税率	5%	一般纳税人：6% 小规模纳税人：3%	
贷款服务	一般贷款业务的营业额为贷款利息收入（包括各种加息、罚息等）。	以提供贷款服务取得的全部利息及利息性质的收入为销售额。	纳税人接受贷款服务向贷款方支付的与该笔贷款直接相关的投融资顾问费、手续费、咨询费等费用，其进项税额不得从销项税额中抵扣。
直接收费金融服务	营业额为手续费（佣金）类全部收入。	以提供直接收费金融服务收取的手续费、佣金、酬金、管理费、服务费、经手费、开户费、过户费、	无实质性差异。

（续上表）

	原营业税政策	“营改增”政策	政策解读
直接收费金融服务		结算费、转托管费等各类费用为销售额。	
金融商品转让	营业额为买卖金融商品的价差收入，即营业额＝卖出价－买入价。买入价是指购进原价，不得包括购进金融商	按照卖出价扣除买入价后的余额为销售额。	转让金融商品出现的正负差，按盈亏相抵后的余额为销售额。若相抵后出现负差，可结转下一纳税期与下期转让金融商品销售额相抵，但年末时仍出现负差的，不得转入下一个会计年度。 金融商品的买入价，可以选

（续上表）

	原营业税政策	“营改增”政策	政策解读
金融商品转让	品过程中支付的各种费用和税金。卖出价是指卖出原价，不得扣除卖出过程中支付的任何费用和税金。		择按照加权平均法或者移动加权平均法进行核算，选择后36个月内不得变更。 金融商品转让，不得开具增值税专用发票。
经纪代理服务	营业额为手续费（佣金）类全部收入。 金融企业受托业	以取得的全部价款和价外费用，扣除向委托方收取并代为支付的政府性基金或者行政事业性收费后的	向委托方收取的政府性基金或者行政事业性收费，不得开具增值税专用发票。

（续上表）

	原营业税政策	“营改增”政策	政策解读
经纪代理服务	务，如代收电话费、水电煤气费、信息费、学杂费、寻呼费、社保统筹费、交通违章罚款、税款等，以全部收入减去支付给委托方价款后的余额为营业额。	余额为销售额。	

（续上表）

	原营业税政策	“营改增”政策	政策解读
融资租赁	以其向承租者收取的全部价款和价外费用（包括残值）减除出租方承担的出租货物的实际成本后的余额为计税营业额。	以取得的全部价款和价外费用，扣除支付的借款利息（包括外汇借款和人民币借款利息）、发行债券利息和车辆购置税后的余额为销售额。	增值税差额纳税的扣除项目规定更加详细和明确，便于纳税人操作。 纳税人取得的上述凭证属于增值税税款凭证的，其进项税额不得从销项税中抵扣。 借款利息、发行债券利息和车辆购置税等抵扣的增值税，通过“营改增抵减的销项税额”科目核算。

（续上表）

	原营业税政策	“营改增”政策	政策解读
融资性售后回租	融资性售后回租业务中承租方出售资产的行为，不属于增值税和营业税征收范围，不征收增值税和营业税，出租人须按照融资租赁业务缴纳营业税。	以取得的全部价款和价外费用（不含本金），扣除对外支付的借款利息（包括外汇借款和人民币借款利息）、发行债券利息后的余额作为销售额。	试点纳税人根据2016年4月30日前签订的有形动产融资性售后回租合同，在合同到期前提供的有形动产融资性售后回租服务，可继续按照有形动产融资租赁服务缴纳增值税：可以按以向承租方收取的全部价款和价外费用，扣除向承租方收取的价款本金，以及对外支付的借款利息（包括外汇借款和人民币借款利息）、发行债券利息后的余额为销售额；也可以按左侧的一般政策纳税。

（续上表）

	原营业税政策	"营改增"政策	政策解读
经济代理服务	对具体可差额扣除代理服务类项目进行了列举，包括知识产权代理、保险代理。	以取得的全部价款和价外费用，扣除向委托方收取并代为支付的政府性基金或者行政事业性收费，不得开具增值税专用发票。	营改增后，经济代理的范围比原营业税的内容有所扩大，绝大部分的代理类业务都包含在内。但明确经济代理服务销售额可扣除的项目，除政府性基金或行政事业性收费外，其他一律不得扣除，且扣除项目不得开具增值税专用发票。

【提示】不征增值税项目

1. 存款利息。

2. 被保险人获得的保险赔付。

（五）生活服务业政策解读

	原营业税政策	"营改增"政策	解读
征税范围	分为服务业、娱乐业、文化体育业	包括文化体育服务、教育医疗服务、旅游娱乐服务、餐饮住宿服务、居民日常服务和其他生活服务	新政策将原营业税三个税目的部分内容合并为"生活服务业"一并纳税。
税率	文化体育业：3% 服务业：5% 娱乐业：5%-20%	一般纳税人：6% 小规模纳税人：3%	注意新政策税目的划分，税目不同，税率的选择会存在差异。

（续上表）

	原营业税政策	“营改增”政策	解读
旅游	以其取得的全部价款和价外费用扣除替旅游者支付给其他单位或者个人的住宿费、餐费、交通费、旅游景点门票和支付给其他接团旅游企业的旅游费后的余额为营业额。	可以选择以取得的全部价款和价外费用，扣除向旅游服务购买方收取并支付给其他单位或者个人的住宿费、餐饮费、交通费、签证费、门票费和支付给其他接团旅游企业的旅游费用后的余额为销售额。	选择上述办法计算销售额的试点纳税人，向旅游服务购买方收取并支付的上述费用，不得开具增值税专用发票，可以开具普通发票。

五、“营改增”后纳税人发票的使用

增值税一般纳税人销售货物、提供加工修理修配劳务和应税行为，使用增值税发票管理新系统（以下简称新系统）开具增值税专用发票、增值税普通发票、机动车销售统一发票、增值税电子普通发票。

门票、过路（过桥）费发票、定额发票、客运发票和二手车销售统一发票继续使用。

自2016年5月1日起，地税机关不再向试点纳税人发放发票。试点纳税人已领取地税机关印制的发票以及本单位名称的发票，可继续使用至2016年6月30日，特殊情况经省国税局确定，可适当延长使用期限，最迟不超过2016年8月31日。

纳税人在地税机关已申报营业税未开具发票，2016年5月1日以后需要补开发票的，可于2016年12月31日前开具增值税普通发票（税务总局另有规定的除外）。